新田年鉴

(2016)

中共新田县委　新田县人民政府　主办
新 田 县 年 鉴 编 纂 委 员 会　　编

方志出版社
Publishing House of Local Records

图书在版编目（CIP）数据

新田年鉴. 2016 / 新田县年鉴编纂委员会编. -- 北京 : 方志出版社, 2017.4
ISBN 978-7-5144-2404-1

Ⅰ. ①新… Ⅱ. ①新… Ⅲ. ①新田县—2016—年鉴
Ⅳ. ①Z526.44

中国版本图书馆CIP数据核字(2017)第065714号

新田年鉴（2016）

编　　者：新田县年鉴编纂委员会
责任编辑：陈 菁
出 版 人：冀祥德
出 版 者：方志出版社
地址　北京市朝阳区潘家园东里9号（国家方志馆4层）
邮编　100021
网址　http://www.fzph.org
发　　行：方志出版社发行中心
电话（010）67110500
经　　销：各地新华书店
印　　刷：湖南奔腾文化创意股份有限公司
开　　本：889×1194　1/16
印　　张：28
字　　数：534千字
版　　次：2017年4月第1版　2017年4月第1次印刷
印　　数：0001～1000册
ISBN 978-7-5144-2404-1　　定价：200.00元

编 辑 说 明

一、《新田年鉴》是由中共新田县委、新田县人民政府主办，《新田年鉴》编委会主编的综合性年鉴。自2016年起，逐年编辑出版。

二、《新田年鉴（2016）》主要记载2015年新田县自然、政治、经济、文化、社会、生态等方面的基本面貌和发展情况，为各级领导、决策者和管理者提供准确的情况，为社会各界了解、研究新田提供基本信息，并为编修地方志书积累资料。

三、本年鉴采用分类法编辑。全书分特载、大事记、综述、建置沿革、政治、法制、经济、教科文卫体、地方军事、社会生活、乡镇概况等部类，下设类目、分目、条目3个层次。条目为记述的基本单位，其标题用黑体加“【】”表示。

四、由于2015年全县完成撤乡并镇工作，“乡镇概况”所载的内容来源于2015年编纂的“乡镇简志”。未分年度撰写，作为资料备存。

五、本年鉴所载稿件由新田县各部门各单位、各乡镇及驻新田单位提供，并经各级领导审核。全县国民经济和社会发展的数据以县统计公报为准，其他数据由各部门提供。

六、本年鉴刊载的领导名录（不含非领导职务人员），以2015年12月31日在职为主，原则上只收录组织部门提供的名单。

新田年鉴编纂委员会

名誉主任　唐　军　县委书记

主　　任　秦山成　县委副书记、县人民政府县长

副 主 任　王名扬　县委常委、县人民政府常务副县长

刘安平　县委常委、县委办主任

委　　员（排名不分先后）

谢新斌　县纪委副书记

郑水龙　县委组织部副部长（排第一）

唐志坚　县委办副主任

周荣和　县委政法委副书记

周宏武　县政府党组成员，县政府办党组书记、主任

周红霞　县人大常委会党组成员、办公室主任

郑新旺　县政协党组成员、县政协秘书长、县政协办公室主任

郑　霞　县人民法院党组副书记、副院长

罗诗佳　县公安局党委副书记、副局长

刘　鲲　县人民检察院党组成员、副检察长

龙石佑　县政协副主席（兼），县第一中学校长

廖　洋　湖南福音山国家森林公园管理局党委书记、局长

宋可文　县委党校校长

刘大军　县工业园管委会党工委书记

乐　辉　县档案局局长、县档案馆馆长

胡开亮　县环境保护局党组书记、局长

邓振斌　县统计局党组书记、局长

刘高庆　县教育局党委书记、局长

周祖顺　县民政局党组书记、局长

雷柏生　县司法局党组书记、局长

肖方英　县财政局党组书记、局长

肖亚飞　县人力资源和社会保障局党组书记、局长

郑乐平　县住房和城乡规划建设局党组书记、局长

郑　程　县交通运输局党组书记

骆月平　县文体旅广电新闻出版局党组书记

李文众　县卫生和计划生育委员会党委书记、主任

郑石湘　县市场和质量监督管理局党组书记、局长

唐文凯　县公安局交通管理大队大队长

成清华　县政务公开领导小组办公室（政务中心）主任

陈东平　县城市管理局负责人

乐石明　县公路局党组书记、局长、

陈小军　县城建投资集团公司董事长、总经理

张柏生　县机关事务服务中心主任

刘大军　县就业服务局局长

刘　涛　县方达公司总经理

唐金山　县残联党组书记、理事长

邝忠法　县教育局党组成员，县二中校长

谭宁锋　县人民医院党总支书记、院长

郑新建　县中医医院副院长（主持工作）

欧阳乐　县疾病预防控制中心主任

陈小燕　县龙泉镇党委副书记（主持工作）

钱海平　县金陵镇党委书记

邱露华　县新圩镇党委书记

何岳敏　县门楼下瑶族乡党委书记

主　　编　刘宏林

副 主 编　邓国福　　梁　剑　　乐照源

编　　辑　郑　萍　　危艳华　　熊阳军　　蒋毛英

目　　录

特　　载

大　事　记

新田概况

政　治

法　治

经　济

地方军事

社会生活

乡镇概况

附　录

彩版顺序

第一贴

新田县行政区划图
中共新田县委员会
新田县人民代表大会常务委员会
新田县人民政府
政协新田县委员会
中共新田县委组织部
中共新田县委统一战线工作部

第二贴

新田县人民检察院
新田县人民法院
新田县政务服务中心
新田县司法局
新田县人力资源和社会保障局
新田县就业服务局
新田县一号民生工程--城市供水工程专辑
湖南福音山国家森林公园

第三贴

新田县人口和计划生育委员会
新田县人民医院
新田县中医医院
新田县教育局
新田县第一中学
新田县第二中学
新田县龙泉镇第一完全小学
新田县思源学校

第四贴

新田县食品药品监督管理局
新田县工商行政管理局
新田县质量量技术监督局
中共新田县委党校
新田县工业园
新田县环境保护局
新田县城市管理局
龙泉镇人民政府

新田县行政区划图

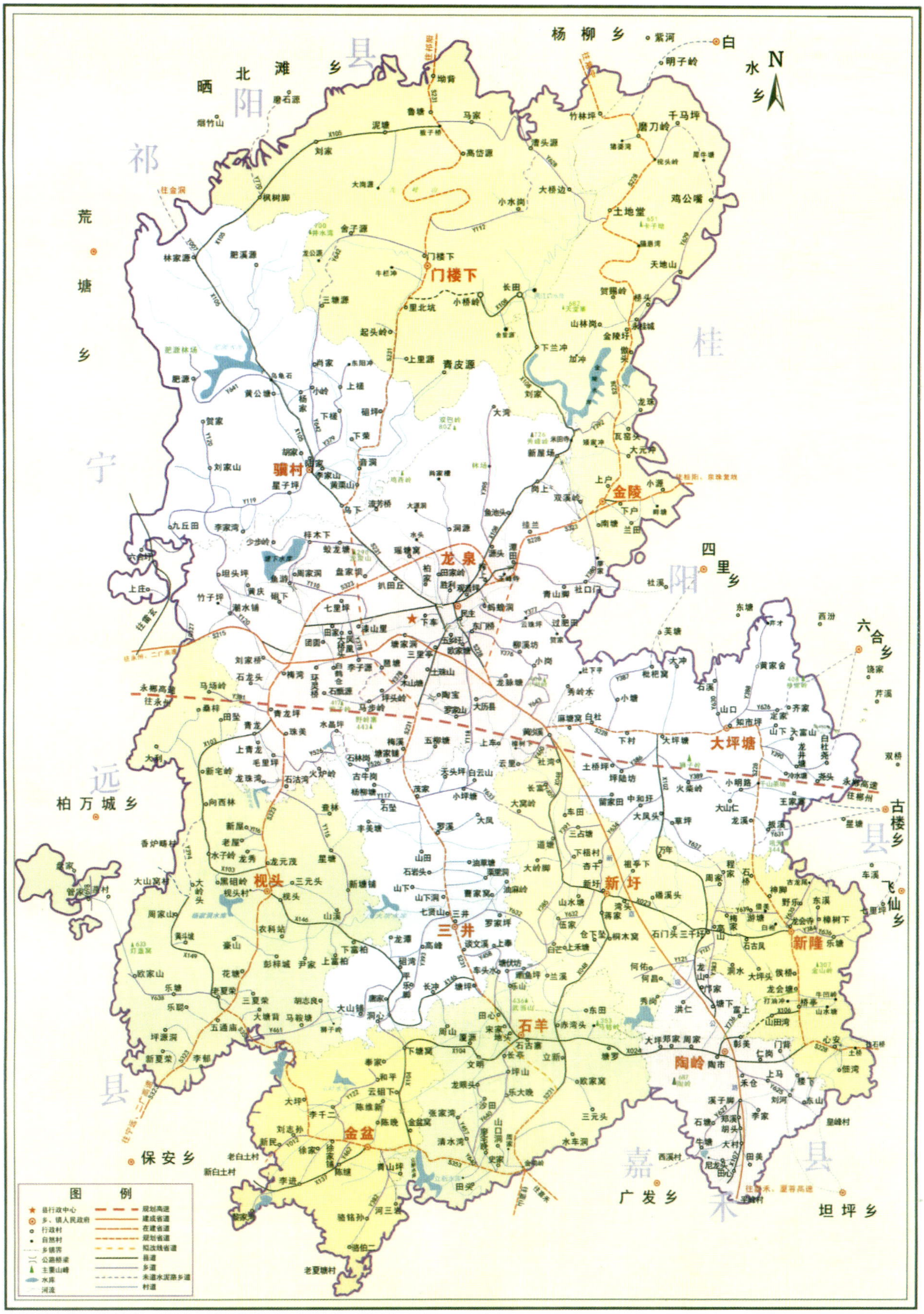

N
龙泉
门楼下
骥村
金陵
大坪塘
新圩
枧头
三井
石羊
陶岭
新隆
金盆
杨柳乡
晒北滩乡
白水乡
荒塘乡
四里乡
六合乡
柏万城乡
古楼乡
飞仙乡
保安乡
广发乡
坦坪乡
祁阳县
桂阳县
宁远县
嘉禾县
图例
县行政中心
乡、镇人民政府
行政村
自然村
乡镇界
公路桥梁
主要山峰
水库
河流
规划高速
建成省道
在建省道
规划省道
拟改线省道
县道
乡道
未通水泥路乡道
村道

中　共　新　田

县委书记唐军

县委副书记、县长秦山成

县委常委、常务副县长唐晓波

县委常委、宣传部部长赵红萍

2015年，中共新田县委团结带领全县上下大力弘扬“南有新田”精神，深入实施“产业提质、城镇带动、生态优先、民生为本”工作部署，开拓进取、奋发赶超，经济社会呈现出固本强基、稳中快进的发展势头，新田先后获得全国农村承包土地经营权抵押贷款试点县、国家级出口食品农产品质量安全示范区、湖南省平安县、湖南省全面小康推进工作十快进县等荣誉。

2015年，新田主要经济指标平稳增长，完成地方生产总值63亿元，同比增长8.9%；财政总收入完成6.1亿元，增长20.6%，增幅排全市第二位；完成固定资产投资63.9亿元，增长17.7%；实现社会消费品零售总额22.4亿元，增长11.7%；金融支持增势强劲，全年净增贷款9.3亿元，增速稳居全市前三；其他各项经济指标均有较大幅度提升。

2015年，新田家私、富硒、机械制造三大主导产业集群效应进一步凸显，产值占规模工业产值比重达71.1%。先后引进投资15亿元的中部家博城等一大批优质项目，全县重点项目总数达131个，比上年度增加

县委常委、政法委书记欧阳涛

县委常委、副县长刘安平

县 委 员 会

县委副书记（挂职）荀志坚

37个，亿元项目达12个，成为引领县域经济的重要支撑点。以创建国家卫生县城为抓手，引进湖南建工集团，实施县城提质改造行动计划，投入6.8亿元，完成中山路改造，实施飞马路等12条道路人行道板铺装和18条背街小巷改造，县城实现提质扩容。实施省道S231、S228等项目，成功争取国道G234过境，新田“大进大出、循环连通、辐射带动”的交通格局进一步完善。

2015年，新田完成乡镇行政区划调整改革，乡镇数量由19个合并为12个。探索政府性投融资平台公司改革转型，做大做强城投集团，融资规模达26亿元。建成全省规模最大的县级政务服务中心，政务服务有效延伸至乡镇、村（社区），打通了服务群众“最后一公里”。探索开展网格化管理，投入3000余万元，启动“智慧新田”二期建设，打造全省首个集智慧政务、公共服务、社会治理、智慧党建“四位一体”的智慧平台，实现了小县域大治理。群众满意度进一步提升，“反贪斗士”陈运周被中宣部评为十大最美人物，并荣获CCTV2015年度法治三大致敬英雄，社会管理综治民调排全省第18位。

县委常委、县委办主任蒋华

县委副书记唐富荣

县委常委、纪委书记聂朝飞

县委常委、组织部部长彭俊卿

县委常委、人武部政委蒋昌辉

新田县人民代表

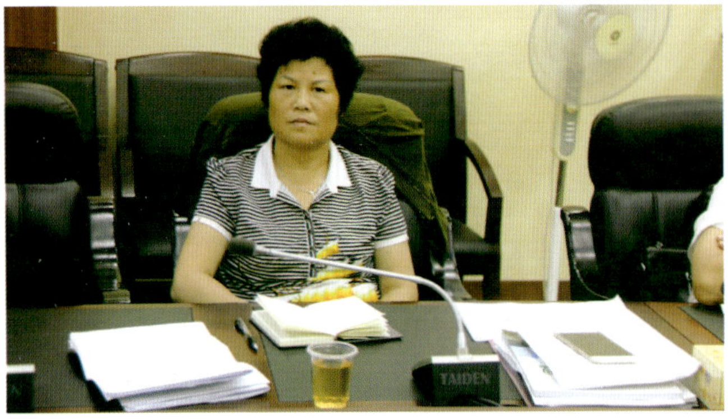

人大常委会主任曹桂秀

人大常委会副主任郑智新

人大常委会副主任刘小平

人大常委会副主任贺安祥

人大常委会副主任陈学军

县人大视察烤烟种植

县人大开展水污染执法检查

县人大视察创卫工作进展

永州市人大系统第三届老年门球赛

大会常务委员会

8月6日县人大常委会主任曹桂秀一行视察县水利工作

8月6日县人大视察水利工作

11月9日一进二访

11月9日县人大“一进二访”及农村淘宝招募会

爱心结对帮扶

城中村卫生整治

共话农村发展

新　田　县

县委副书记、县长秦山成

县委常委、常务副县长唐晓波

副县长刘大兵

2015年，新田县政府在县委的坚强领导下，凝心聚力，奋发作为，推动经济社会发展稳中有进、稳中向好，各项工作达到了预期目标。全县主要经济指标晋位突破，实现地方生产总值63亿元，同比增长8.9%，三次产业比调整为26.6:28.1:45.3。财政总收入、规模工业增加值、社会消费品零售总额分别实现6.1亿元、15.9亿元、22.4亿元，同比增长20.6%、11.2%、11.7%，

紧盯脱贫奔小康，增强了综合实力。首次跻身全省“县域经济快进县”，再次名列“湖南省全面小康推进工作十快进县”，成功创建“国家级出口食品农产品质量安全示范区”，获“湖南省平安县”荣誉称号，扶贫实绩综合考核排全省第6位。

集中力量办大事，夯实了发展基础。S231郜金段基本完工，国道省道建设有序推

副县长付海兵

副县长霍修勇

人　民　政　府

县委常委、副县长刘安平

副县长欧阳涛

进，所有行政村实现通畅，建成全市首座220千伏智能变电站，继续整合资金加快水利建设，一号民生工程——城市供水项目克服各种困难，如期竣工通水。

深入推进改革创新，激发了社会活力。建成全省规模最大的县级政务服务中心，完成“智慧新田”二期建设，并乡合村改革顺利推进，农商行正式挂牌运营，在全市率先启动农村淘宝项目、开通农村赶集客运班车，人民群众在深化改革中有了更多的获得感。

全力以赴创国卫，改变了城乡面貌。强化保洁服务，取缔“马路市场”，规范交通秩序，禁止燃放烟花爆竹，推进农村环境治理，加快绿化亮化工程建设，新田变得更干净、更漂亮、更宜居。人民群众的安全感和满意度持续提升，综治民调排全省第18位，全市第3位。

副县长李祥佐

副县长周平

副县长杨柳青

政　协　新　田

政协新田县委员会成立于1984年4月。现有委员界别13个，政协委员158人。机关内设机构有“一办三室”（办公室、提案法制群团委员会、经济科技人口资源环境委员会、学习文史宣教卫体民族宗教三胞联谊委员会），设党组一个，机关党支部两个，现有中共党员31名，干部职工39人（含离退休人员）。2015年，在中共新田县委的领导下，县政协始终高举社会主义和爱国主义两面旗帜，牢牢把握团结和民主两大主题，坚持“长期共存，互相监督，肝胆相照，荣辱与共”的基本方针，紧紧围绕中共新田县委、县人民政府的中心任务，服务工作大局，认真履行政治协商、民主监督、参政议政职能，为促进全县三个文明建设，推动社会发展和进步，维护人民团结和社会稳定，作出应有贡献，发挥不可替代作用。

县政协主席会议研究创国卫工作

县政协民主评议城管工作

县政协视察中小学为民办实事项目建设

县政协常委会集中学习

县政协“委员服务日”活动

县政协“委员服务日”活动

县 委 员 会

视察创新创业园“135”工程建设工作

视察创新创业园“135”工程建设

视察创新创业园“135”工程建设

视察城市饮水工程

视察学前教育及合格学校建设

视察城市饮水工程

视察学前教育及合格学校建设

中　共　新　田

时任省委巡视第八组组长郭树人到组织部调研新田智慧党建和“组工早读”

2015年，在市委组织部和县委的坚强领导下，全县组织工作主动聚焦聚力，服务中心大局，落实管党治吏责任，忠诚履职履责，全县组织工作呈现出风清气正、激情干事、创新创业的良好发展态势。“严以修身、严以律己、严以用权”三个专题研讨学习和“一进二访”专题活动严实开展，“守纪律、讲规矩”特色专题活动经验做法在《湘组信息》《湖南日报》宣传推介；在全市率先完成12个乡镇领导班子考察和调整工作；强化干部监督，创造性地将新提拔干部报告个人有关事项延伸到科级干部；创新“互联网+党建”打造了“新田智慧党建”云平台，打造模范支部40个，软弱涣散村完成整顿转化任务38个，建立流动党员定期服务机制和“两地共建共管”机制，特色做法被评为“2015年广东省社会治理十大创新奖”。

县委唐军书记一行考察调研广州花都流动党工委运转情况

陈志华部长到石羊调研软弱涣散村整顿工作

组工干部业务素质提升培训

县委组织部

新田县驻广州花都流动党工委庆祝建党94周年座谈会

党员七一奉献日活动

中共新田县委统一战线工作部

2015年5月，省委统战部机关党委专职副书记兰杨杰一行到我县调研考察“同心乡村”创建工作

2015年4月，县委常委、组织部部长、统战部部长彭俊卿带领县委统战部和县工商联有关负责人赴广东省调研新田异地商会建设情况

2015年9月，市级“同心项目”苦志育才慈善学校正式开学，中国佛教协会副会长、省佛教协会会长圣辉大和尚和省市领导出席开学典礼

2015年12月，全县党外干部、乡镇统战委员培训班在县委党校开班

特　　载

时不我待　奋发赶超
不断开创新田发展新局面

——在县委经济工作会议上的讲话

中共新田县委书记　唐　军

（2015年3月3日）

同志们：

这次会议的主要任务是，深入贯彻落实党的十八届三中、四中全会以及中央和省委、市委经济工作会议精神，总结2014年工作，安排部署2015年工作。下面，根据县委常委会研究的意见，我讲四个方面的问题。

一、2014年全县经济社会发展迈开大步，取得突破性进展

2014年，面对严峻的经济下行形势，全县上下迎难而上，负重奋进，咬定目标，突出重点，强化措施，经济社会呈现出固本强基、稳中快进的发展势头。

聚力实干、奋勇争先——县委坚持“稳中求进、改革创新”总基调，以坚定的决心和坚毅的勇气干事创业，取得成效

具体讲，有五个标志性亮点：**一是经济发展实现大进位。**地方生产总值增速排全市第6位，同比前移2位；规模工业增加值增速排全市第3位，同比前移5位；社会消费品零售总额增速排全市第3位，同比前移6位；财政总收入增速全市第2位，同比前移7位；全市综合排名大幅提升，摆脱“八九不离十”旧格局。**二是绩效评估实现大进步。**其中绩效评估排全市第3位；全面小康实现程度提升13.5个百分点，排全省三类县第1位，被评为全省全面小康推进工作十快进县、全市全面小康推进工作先进县区；“三项改革”排全市第2位；党风廉政建设排全市第2位；六件惠民实事(为民办实事)排全市第1位；新型工业化被评为企业上台阶工作先进县区和市优秀工业园区，“三项优先”排全市第4位；社会管理综合治理工作排全市第3位；农业农村工作排全市第3位；旅游产业发展排全市第3位。**三是各界评价实现大改观。**省委书记徐守盛、省长杜家亳、省政协主席陈求发、省委副书记孙金龙等十余位省领导和市委书记陈文浩、市长向曙光等市“四大家”领导先后亲临新田视察指导工作，对我县的工作给予充分肯定。新田先后获得“全国人民调解工作先进单位”“湖南省2014年度综治工作（平安建设）先进县”等多项荣誉称号。群众满意度持续走高，2014年综治民调排全省第11位、全市第2位。**四是**

改革创新实现大突破。社会治理机制改革，首创全省县级综合运用“云平台”，实现服务群众“零距离”。农村产权制度改革，农村土地确权颁证工作进度全市第一，农民凭“土地流转证”获得全省第一笔1.3亿元金融机构授信贷款。行政管理体制改革，在全市11个县区中率先申报“依法行政示范县”，便民服务中心、政务服务中心、公共资源交易中心“三中心”建设加快推进，服务群众更加便捷高效。财税金融体制改革，农商行组建顺利推进，华融湘江银行进驻新田，城投集团全年融资5个亿，为经济发展注入强大动力。**五是新田影响实现大提升。**第五届中国硒资源开发利用协作组织大会、全国超级卡车大赛总决赛、湖南省创建“百岁健康村”工作现场经验交流会、永州市城乡社区网格化建设现场推进会等国家、省、市会议或大型活动在我县成功举办。新田模式、新田经验被广为推介，广东、张家界、怀化、桂阳等省市县考察团先后来新考察学习，新田知名度和影响力不断提升。

放眼长远、革弊鼎新——县委坚持“打基础、谋长远，转作风、解难题”，一个问题一个问题跟进解决，一个节点一个节点扎实推进，体制机制不断理顺，发展基础日益夯实

2014年，是我们理清思路、完善机制、夯实基础、破解难题、增强后劲的一年，全县上下顶住压力、保持定力、深度用力、持续发力,不断筑牢制度平台，推动各项工作制度化、规范化、科学化。出台《新田县创先争优、加快发展考核方案》，精简“一票否决”项目，将小康、绩效、综合目标管理、干部实绩、文明指数等多项考核内容纳入创先争优考核体系，成立考核办，统筹调度考核，规范和完善综合考核方式、提升考核实效，激励全县上下创先争优，推动经济社会全面发展。坚持以督查增压力，建立大督查机制，有效整合各类督查资源，推进县委、县政府各项决策部署的落实，提升干部队伍执行力。按照省级工业集中区有关管理规定，理顺园区管理机制，赋予园区相应责权利，明确县国土、商务、经信、龙泉镇等部门和乡镇负责人到工业集中区兼职，增强工作合力。建立园区联席会议制度，组织住建、国土、发改等部门，对企业、项目入园落地流程严格把关，实行并联审批，提高办事效率，促进招商引资和项目落地。理顺国土管理体制，国土管理权限下放乡镇，促进土地管理及耕地保护。县领导带头承诺解难题，“三非”行为得到有效遏制和依法打击、信用社不良贷款清收进展顺利、历时14年建设的两江口水库成功下闸蓄水……一大批难点热点重大问题得到解决，为今后工作的顺利推进奠定坚实基础。

坚定目标、抓落实—县委始终坚持“产业提质、城镇带动、生态优先、民生为本”，清晰明确的工作思路，推动县域经济实现有质量、有效益、可持续发展

2014年，我们把抓落实作为加快经济发展的强大动力，很好地实现预期目标。

坚持产业提质，经济结构不断优化。抓住产业这个经济发展的核心，精准发力，有效稳增长，着力调结构，三次产业比优化。新建标准厂房15万平方米，水电路讯等基础设施不断完善,园区成为推动新田发展的强大引擎。家私产业园获批省级示范园，入驻家私企业12家。历年来单个投资额最大项目中国中部国际家居博览城成功签约，总投资达15亿元。龙昶机械和东新机械获批为“国家高新技术企业”，德力重工成为小微型工程机械的标兵。全国硒资源开发协作组织大会在我县成功召开，现场签订投资协议总额达57亿元。富硒农业加快发展，广东东升农场总部搬迁新田，建立富硒农产品示范基地6万亩。传统烤烟产业稳步发展，成为农民增收的重要途径。与广东温氏集团合作，投资5亿元的农业产业化养猪项目成功签约。文化旅游业繁荣进步。申报“国家级美丽乡村扶贫工程重点村”9个。深入挖掘明史文化，“建文帝踪迹新田说”引起众多专家学者关注。注重发展赛车文化，成功举办全国超级卡车大赛总决赛。新田被评为“湖南省海外高层次专家休假养生基地”。招商引资取得重大突破，全年共引进项目48个，到位内资46亿元、外资5400万美元。

坚持城镇带动，城乡面貌焕然一新。坚持高端策划和顶层设计，明确“两轴四区（城）五带”的城市空间格局。实施规划优化工程，县城控制性详规、专项规划编制工作有序推进，确定县城控规面积34平方公里。以创建国家卫生县城为抓手，县城提质改造行动计划加快推进，积极推进背街小巷改造、道路硬化及人行道板铺装，县城路灯亮化率达98%以上。加快乡村建设，十字、大坪塘撤乡设镇，新圩列入新一轮“全国重点镇”，创办新农村建设示范村11个。积极创建国家卫生县城，加强城乡建设、管理，坚持文明劝导，实行24小时保洁，城市变得干净靓丽、整洁有序，乡村变得更加美丽、和谐，面貌极大改善。

坚持生态优先，绿色新田成效显著。守住生态底线，统筹当前与长远。新田成功列入南岭山地森林及生物多样性生态功能区。倾力打造“绿色新田”，完成植树造林4.2万亩，建设“秀美村庄”示范村41个，森林覆盖率达55.31%。开展农村环境污染综合治理，创建市级卫生乡镇4个、省级卫生村21个、市级卫生村78个。实施历史遗留镉、钒污染治理工程，砷渣治理等一批环保项目，全县集中式饮用水源、检测断面水质达标率均达到100%。良好的生态环境，提升新田“养生之地”的知名度。

坚持民生为本，全面小康跨越推进。民生支出占财政支出保持75%以上。坚持教育优先，思源学校投入使用，解决城区学位3800个。建成合格学校3所、乡镇中心幼儿园2所，城乡办学条件改善。坚持就业优先，出台就业优先优惠政策，全年完成新增就业和再就业8993人。加强对困难群体、特殊群体帮扶，城乡低保实现应保尽保。扎实推进精准扶贫，利用部、厅定点扶贫机遇，加快扶贫开发步伐，全年减少贫困人口1.72万人，减贫率达20%以上。实施保障房建设工程，新增公租房664套，开展危房改造686户。坚持为民办实事，省里部署的15件实事、市里部署的6件实事实现预期目标，赢得群众的认可。社会大局和谐稳定，“打黑除恶”、打毒禁赌、打击“三强”等专项行动效果较好，得到群众认可。卫生事业再上新台阶，“新农合”参合率98.03%，居民健康水平持续改善。人口计生工作强化，服务管理水平明显提升，计生工作获全省、全市先进县称号，计生协会连续七年被评为湖南省先进单位。

持续发力、转变作风——县委坚持全面从严治党，干部执行力得到有效提升，发展环境不断优化

学教活动扎实开展。坚持高标准、严要求，完成党的群众路线教育实践活动各项规定动作，广大党员普遍受到一次深刻的群众观念教育，增强为民务实清廉意识。县级领导带头践行群众路线“八项规定”，带头抓专项整治，带头承诺解决一批“四风”问题以及群众反映强烈的突出问题，群众反响较好。食品药品专项整治工作得到中央群众教育实践活动办重点推介。**作风建设成效突出。**以一号文件形式出台“问责27条”，组织电视问政，实施联网考勤、公车统一标识，开展满意不满意测评，抓突出问题专项整治，重拳刹风肃纪，“四风”顽症得到整改，党风政风社会风气好转，干部执行力明显增强，发展环境不断优化，县市区直机关作风满意度调查排全省第7位。**基层党建不断加强。**开展党建工作述评考核，整顿软弱涣散基层党组织，加强乡镇、村（社区）干部队伍建设，强化外出流动人口管理服务，党的基层基础夯实，“围绕发展抓党建，抓好党建促发展”成为全县上下共识，党的创造力、凝聚力、战斗力不断增强。**廉政建设深入推进。**推进惩治和预防腐败体系建设，始终保持高压态势，强化对权力的监督和制约，对腐败行为形成强的震慑，不能腐、不想腐的机制逐步健全。强化党风廉政建设党委的主体责任和纪委的监督责任，党风廉政建设工作获得社会各界好评。党风政风社会风气的不断好转，提升我县发展软实力，为全面建成小康社会奠定坚实基础。

过去的一年，是新田发展史上不平凡、不容易、不简单的一年。这些成绩的取得，是省市正确领导的结果，是全县上下群策群力、勇于拼搏的结果。在此，我代表县委、县人大、县政府、县政协，向所有关心、支持新田发展的各级领导、社会各界人士和同志们，表示衷心感谢！

在肯定成绩的同时，我们也要清醒地看到存在的问题和不足。如全县经济总量小、结构不优、质量不高，经济下行压力大，财政收支紧张，部分群众生活比较困难，有的干部执行力不强，社会稳定的基础不够牢固等。对于这些，我们一定要高度重视，今后认真加以解决。

二、积极应对新常态，创新思维谋发展

习近平总书记在中央经济工作会议上，对经济新常态进行全面总结和系统阐述。概括而言，新常态呈现**“四个新特点”**，即：经济增长正从高速增长转向中高速增长，经济发展方式正从规模速度型粗放增长转向质量效率型集约增长，经济结构正从增量扩能为主转向调整存量、做优增量并存的深度调整，经济发展动力正从传统增长点转向新的增长点。省委经济工作会议明确提出“三个新”的要求，即：准确把握新常态带来的新要求、牢牢抓住新常态带来的新机遇、全面落实新常态提出的新目标。市委经济工作会议提出深刻认识，主动应对新常态。我们要结合新田实际，认真领会把握新常态战略思想的深刻内涵和重大意义，正确认识新常态，主动适应新常态，努力实现新作为。

1．新常态面临新挑战。认识新常态，必须分析新常态带来的新挑战。**一是增速放缓的挑战。**新常态下，经济进入增速换挡期，由高速转入中高速，我县的发展必然受到经济发展大环境的影响。新田是经济欠发达地区，发展面临经济基础薄弱、内生动力不足、城镇化水平低、民生工程欠账多等一系列问题。发展中的问题，只有通过发展才能解决。经济增长调速不等于失速，我们必须坚决防止在经济换档期“无所作为、听之任之”“不唯GDP就是不要发展”的错误思想，扭住经济建设中心不动摇，坚定目标、自我加压、迎难而上，保持合理经济增长区间，努力做到调速不减速、量增质更优。**二是加快产业转型升级的挑战。**目前，我县产业发展正处于打基础阶段，首先是有和无、多和少的问题，其次才是好和坏、优和劣的问题。面临这种特殊县情，新田的产业发展虽然有着巨大潜力、韧性和空间，但产业转型升级任重道远，不仅需要做大增量，而且需要调整存量、做优质量，要坚持改造提升传统产业和培育壮大新兴产业“两手抓”，把培育壮大产业、加快转变方式、优化发展环境作为解决现实问题的重大任务。**三是破解要素瓶颈的挑战。**经济增速下行、结构调整以及政府性债务管理新政的出台，资金缺乏将继续制约我县发展。土地储备少、用地报批难度增大，用地困难的现象突显。缺乏完善的货运物流中心，物流企业规模普遍偏小、服务方式和手段传统单一，制约投资难以保持高速增长。

2．新常态蕴藏新机遇。特别是后发展地区，新常态下面临的机遇更多。**一是政策利好。**新常态下，国家宏观调控更加注重定向调控。习总书记对湖南“一带一部”的定位，国家部署长江经济带的发展战略和建设生态文明先行示范区，中央投资向中西部倾斜，重点投向重大水利工程、铁路建设、基础设施、棚户区改造、贫困地区农村人居环境整治、重大生态工程等领域。政策“最后一公里”的打通，给我们稳增长、促改革、调结构、惠民生带来巨大的项目空间。**二是改革红利。**新常态下，改革创新激发强劲动力，成为破除阻力障碍、推进科学发展的重大契机。简政放权力度加大，有利于释放市场活力，让全民创新创业激情充分迸发。土地确权颁证工作全面完成，社会治理机制改革不断创新，必将增强经济增长动力和社会创造力。**三是赶超机遇。**新常态下，发达地区经济发展换挡减速，为我们加速追赶带来机遇。去年，在经济下行压力加大的情况下，我县各项主要经济指标逆势上扬，排全市前列。特别是财政总收入，全省有20多个县区出现负增长，但我县财政总收入增速高达25.9%，经济发展可谓风景这边独好。今年我县将继续加快推进大项目拉动战略，一批重大基础设施和产业项目将进入施工高峰期，为经济社会持续发展提供强大动力。

3. 新常态要有新思维。新常态面临新挑战、新机遇，我们必须以新的思维，谋划工作，推动发展，引领新常态。**一是树立改革思维。**既要看到全面深化改革所带来的阵痛，更要充分认识它所释放的发展红利，打破定势思维和主观偏见的束缚，突破思维瓶颈和观念障碍，树立改革创新意识，不断改进工作，找到破解发展难题的途径、举措和办法。**二是树立移动互联网思维。**移动互联网对经济社会生活带来颠覆性的变革，它对传统商业的不断冲击，成为一种不可逆转的发展趋势。我们必须在加快智慧新田建设的同时，认真做好互联网经济的实体支撑和智力支撑，借助移动互联网在创新驱动发展中的决定性作用，在商业运营、物流、社会治理等各方面早谋划、早行动，主动适应变革、推动变革。**三是树立法治思维。**提高运用法治思维和法治方式深化改革、推动发展、化解矛盾、维护稳定的能力，坚持以法治为引领和保障，把法治精神、法治意识和法治方式渗透到依法治县的全过程，渗透到依法行政和经济工作的各领域，渗透到人民群众生产生活的各方面。**四是树立人才思维。**人才资源已成为现代生产力中最重要的因素、生产经营的关键资本、社会发展的第一资源和主要推动力。我们要牢固树立人才是核心竞争力的理念，强化对人才的培养、引进和使用，支持引导外出务工人员返乡就业和创业，加大各类专业技术人才引进力度，力争变人力资源优势为人才资源优势。

4. 新常态谋求新发展。我县近年来的发展虽然取得一定成效，但经济总量不大、结构不优、速度不快的现状没有改变，基础薄弱、发展不足、贫困面广仍是我们最大的县情。面对群众加快发展、早日奔小康的期盼，我们没有任何掉队和落伍的资本，也没有以经济下滑为借口放慢发展速度的理由。新田作为后发展地区，追赶的脚步必须更加紧迫，别人走一步，我们要走两步。只有以时不我待、奋勇争先的决心和事不避难、敢想敢干的勇气，知难而进，迎难而上，坚定不移地走一条以质量和效益为导向、具有较高增长速度的追赶型发展道路，才能实现新田的崛起赶超。2014 年，我们有很多工作都超出预期，尤其是被评为全省全面小康推进工作十快进县，这在很多人看来都是可望不可即的目标。实践证明，只要我们深度发力，奋起跳跃，完全有可能在新一轮转型发展中赢得先机、赢得主动，实现赶超跨越。“旧岁已展千重锦，新年再进百尺竿”，2015 年，我们一定要坚定信心，奋力拼搏，不断推进各项工作再上新台阶。

三、明确目标，抓落实，建设品质活力智慧新田

今年是全面深化改革的关键之年，是全面推进依法治国的开局之年，也是“十二五”收官和“十三五”谋划之年。做好全年各项工作，我们要以**党的十八大、十八届三中、四中全会和中央、省委、市委经济工作会议精神为指引，坚持稳中求进工作总基调，以提高经济发展质量和效益为中心，以全面建成小康社会为总揽，主动适应经济发展新常态，**

继续坚持“产业提质、城镇带动、生态优先、民生为本”的工作思路，加快改革攻坚，突出创新驱动，抓工作落实，打基础、谋长远，转作风、解难题，促进全县经济社会有质量、有效益、可持续发展，加快建设品质活力智慧新田。

全年经济发展的主要预期目标是：地方生产总值增长10.5%，财政总收入增长15%，固定资产投资增长28%，规模工业增加值增长14%，社会消费品零售总额增长14%，城乡居民人均收入增长10.5%，小康实现程度提高4.5个百分点，城镇化率提高2.5个百分点，节能减排等各项任务严格控制在上级下达的指标之内。

实现上述目标任务，要弘扬“南有新田、奋勇争先”精神，保持昂扬斗志，强化举措，抓落实。具体讲，要突出做好十项重点工作，奋力破解五大难题。

做好十项重点工作：一**是推进新型工业化。**实施新型工业化带动战略，是实现富民强县的根本途径。**要着力实施创新创业园区“135”工程。**依托现有产业园区建设1个占地2平方公里的创新创业园区，两年新建30万平方米以上的标准厂房，两年重点引进50家创新型企业。树立创新创业的鲜明导向，促进创新智慧充分涌流、创业活力充分迸发，形成大众创新、万众创业的发展新格局。鼓励高新技术企业认定申请，全年争取省以上科技计划项目4个。**加快实施百亿园区建设工程。**以建设“工业新城、城市新区、美丽新景”为理念，加快推进产城融合和设施配套，争取完成园区基础设施等各类资金投入2亿元。完善园区总体规划，突出专业特色，重点培育富硒农产品加工、家私、机械制造三大主导产业，力争主导产业占全县工业总产值达60%以上，新增入统规模企业7个以上。加快引进电子信息、新型材料等新兴产业，打造新田特色工业经济。**加大招商引资。**坚持开放引进，创新招商方式，广泛开展专题招商、以商招商、产业链招商，力争年内引进企业25家以上，到位内资50亿元、外资6000万美元以上。

二是突出抓好重点项目建设。项目建设是发展经济的重要抓手。**要积极上争项目。**借助国家大干交通水利的有利机遇，吃透国家政策，精心谋划一批项目，做好项目包装，争取更多的项目进入国家和省规划笼子，提高项目争取成功率，力争社会固定资产投资完成72.5亿元。加快永郴高速招商引资政策的制定，尽快启动永郴高速的前期工作。**抓好在建项目。**集中力量加快家私产业园、机械工业园、富硒农产品加工园、“135”工程创新创业园、中部家博城、220千伏变电站、温氏生猪、创国卫基础设施建设等亿元项目建设，所有的工程项目，都要列出进度表，每个月对所有项目投资计划完成情况和施工进度进行通报。**加强项目调度和督查督办。**要强化项目调度，加强施工组织，严格按照合同约定兑现，确保工程不停摆、不拖延，实行“一月一督查、一通报，一季一调度、一会商”，对未开工和进度偏慢的项目，要进行个别会商，逐一调度，督促加快进度。

三是加快推进新型城镇化。新型城镇化是促进经济社会发展，实现共同富裕的重要手段。**要坚持规划先行。**加快推进建设、用地、环保等“多规合一”，完成县城总体规划修编。实施“轴线引领、串点成线、以线带面、组团发展”的城区扩容战略，推进东部人文宜居城、南部生态新城、西南工业新城、西北商贸物流城建设，实现县城发展“四轮驱动”。**要加快提质改造。**两年投入14.08亿元，完善市政设施，配套学校、市场、环卫、公园等公共服务设施，美化主干道，打通断头路，补齐半边路，加快县城扩容提质。加快社区公园、小游园、滨河风光带等公共绿地建设，不断提高公共绿地覆盖率，改善人居环境。抓好“两房两棚”“两供两治”工程，着力推进城中村改造和旧城区改造。**要突出品牌创建。**争创“国家卫生县城”“ 国家森林城市”和“省级文明县城”，打造城市名片，提升城市品质活力。从今年起，创建国家卫生县城、国家森林城市、省级文明县城不能仅仅停留在口头上，要坚持每月调度一次，抓紧抓死、盯紧看牢，推动工作见成效。**要注重生态建设。**深入推进“绿色新田”建设，实施城区绿化攻坚，抓好荒山造林和通道绿化，打造省级美丽乡村2个，秀美村庄40个。坚持生态优先，守好发展底线，不以牺牲环境为代价，在建设绿色、生态、宜居家园中提高发展竞争力。

四是扎实做好农业农村工作。农业农村工作始终是我县的一项基础性工作。**要积极推进现代农业产业。**稳步发展烤烟等传统富民产业，巩固壮大粮食生产。要立足富硒优势，扩大富硒农产品基地，加强对外合作，打响新田富硒品牌。要积极培育龙头公司、专业大户等新型经营主体，推行“公司+家庭农场”新型生产经营模式，提高农业生产效益，促进农民增收。**要加快新农村建设。**推动交通、供水等城乡一体化，推进农村危房改造和空心村改造，开展农村环境污染整治，打造一批小城镇建设示范点和新农村建设示范点。**要加快扶贫攻坚步伐，**以精准扶贫为总揽，创新扶贫机制，全面改善贫困地区生产生活条件。充分发挥国土资源部定点扶贫优势，深入推进精准扶贫。从今年开始，对已识别的125个重点贫困村，分两批实行驻村帮扶，不脱贫、不脱钩，实现全年减少贫困人口1.5万人。建立扶贫开发工作考核机制，将减贫率、贫困人口收入增幅列入目标管理考核，推动贫困群众与全县人民同步实现小康。

五是优化经济发展环境。始终树立保护新田经济发展环境，就是保护全县人民根本利益的理念，以改善环境促进软实力提升。**要抓好三个中心建设。**在民政大楼建立一个3000平方米的政务服务中心，将所有能够进入的行政审批事项全部进驻，与云平台对接，实现电子政务，打造成全市乃至全省一流的政务服务中心。继续完善公共资源交易中心，健全制度，规范管理，杜绝个别代理公司垄断行为，把公共资源交易中心打造成全市一流的交易中心。全县所有乡镇和社区都要建立或完善便民服务中心，结合社会治理机制改革，按要求下放公共服务职能，让群众足不出乡镇、社区就能把事情办好。通过三个中心的建设，方便企业家投资、审批、办证，使交易做到公平、公正、公开，以更加开放包容的心态迎接更多战略投资者。**要提升软实力。**深化行政审批制度，推进“四单管理”、推广并联审批，转变政府职能。继续开展“三强”行为专项整治活动，优化建设领域、建设工程周边环境。深化涉企检查、收费、处罚制度改革，坚持以严明的纪律保障发展环境，坚决向慢作为、不作为、乱作为亮剑，严厉整治索拿卡要和乱收费、乱摊派、乱罚款等现象。持续开展满意不满意民主测评和效能问责，落实问责制度，严肃处理影响新田发展的人和事，优化发展环境，助力新田发展。

六是不断推进“智慧新田”建设。去年的“智慧新田”云平台已经得到社会各界的认可。今年要实施“智慧新田”二期建设工程，打造智慧政务、智慧党建、社会治理、公共服务“四位一体”的智慧平台，为全县发展提供信息化支撑。**智慧政务，**要以政务服务中心建设为载体，坚持“为民服务”，全面深化政务公开，构建阳光效率服务型政务环境，打造基层社会政务服务创新典范，建设无边际新田之家。**智慧党建，**要通过随时随地、扁平化、开放、民主的基层组织互动，培养党员组织感，通过引导党员关心社会事务、参与城乡治理，强化党员责任感，通过组织评价、群众评议、提倡先锋意识，提升党员应有的价值感，打造基层党建创新典范，建设无边界新田“党员之家”。**社会治理，**要坚持党委总揽、协调各方、党政善治、社会共治，以信息技术加强安全防范，以群众参与推动社会和谐，打造城乡安全管理服务新典范，建设平安新田。**公共服务，**要突出信息惠民服务亭（站）建设，实现政府公共管理和服务全覆盖，构建基层城乡信息服务创新典范，助力品质活力智慧新田建设。要重点推进城市、园区、农地管理的信息化。园区要实行GPS定位，清晰定位园区的区域分布、四至界限，企业的具体位置、面积大小等信息。要加强农地管理，群众的土地要建立电子档案，实行GPS管理，确保土地的面积、经度、纬度等信息一目然。

七是深化改革。要科学统筹各项改革任务，处理好改革“最先一公里”和“最后一公里”的关系，突破“中梗阻”，防止不作为，把改革方案的含金量充分展示出来，让人民群众有更多获得感。**深化行政管理体制改革。**要按要求推进政府机构改革，转变政府职能，加快法治政府、服务型政府建设。上半年要完成所有涉改单位“三定”方案的制定和下发，年底前完成承担行政职能的事业单位和从事生产经营活动的事业单位改革。要抓好权力清单、负面清单、监管清单、责任清单“四单”管理。坚持做到权力清单之外无权力，目录之外无审批。对政府退出的领域，要加强事中事后监管，确保放活和监管同步到位。对保留的行政审批事项，优化流程，减少审批环节。**深化农村产权制度改革。**坚持把“做好确权颁证、促进土地流转、激活土地要素”作为工作主线，确保农村土地承包经营权确权颁证工作走在省市前列。要加快完成土地确权颁证任务，处理好矛盾纠纷和“飞地”问题，逐级审核公示后形成地籍图电子数据，给土地办好“身份证”，让农民吃下“定心丸”。要夯实农村土地流转平台，用好县、乡、村三级服务平台建设，完善服务体系，发挥载体功能。要创新土地流转方式，拓宽“三农”融资渠道，破解新型农业经营主体“融资难”问题，逐步释放农村产权制度改革红利。**深化社会治理机制改革。**要推动社区建设，总结试点建设经验，在所有社区铺增长、守红线、惠民生开网格化建设，适度调整社区区划，新建或改建五个社区办公用房，建好活动场所，规范街巷楼栋标识标牌等基础设施建设；配齐配强“一委一会三站一办一中心两所一校两栏十室一超市”队伍力量，完善服务设施。要加快乡镇网格化工作，在乡镇实施网格化试点建设，整合原乡镇相关科室（办、站、所）的职能和人员，建立乡镇便民服务中心、综治信访维稳中心和网格管理中心，努力将网格化管理工作范围拓展到的所有社区、村。要组建各级网格管理网络，实现县、乡镇、社区（村）、网格社会治理信息共享，整合城乡社会治理服务平台，实现社会治理资源的广泛协作运用，达到部门之间、条块之间顺畅流转，形成统一指挥、服务便捷、责任到位、处置及时、运转高效的工作机制。

八是认真谋划“十三五”。要本着对全县人民和新田未来发展高度负责的态度，编制好“十三五”规划。坚持上下联动，抢抓国家利好政策，加强项目包装申报，重点包装一批大的、有影响力的战略性项目，争取永郴高速、贵永郴赣铁路等更多项目列入国家、省级“十三五”规划。要立足发展需要，把握时代特征，加强战略思维，遵循发展规律，坚持开拓创新，无论是指标制定、项目编排还是保障措施，既要突出超前谋划、造势而上，又要坚持实事求是、可行；既要体现国家战略和时代精神，又要突出地域元素和新田特色。要加强衔接，各部门在编制专项规划时，要做好协同研究，不能闭门造车，确保规划研究具有可行性和操作性。

九是着力推进教育强县。强国必先强教，兴县必先兴教。**要提高思想认识。**加快推进教育强县，对于推动新田教育事业科学发展，助推全面小康新田建设，具有重要的战略意义。各级各部门要高度认识，增强加快发展教育事业的紧迫感和责任感，同心同德，齐抓共管，做到“三个优先”：即经济社会发展规划优先考虑教育发展，财政资金优先保障教育投入，公共资源优先满足教育和人力资源开发需要，使教育适度超前发展。**要抓软硬件建设。软件方面，**要加强教师队伍建设，完善教师队伍管理体制，严禁向教育系统借调、抽调教师。加强师德师风和工作作风建设，实施“名校、名校长、名师”工程，积极引进优秀人才，着力改善教师待遇，完善激励机制，继续实施“十大名师”“最美乡村教师”评选，在全社会形成尊师重教的良好氛围。要始终抓住提高教育质量不放松，加强教师的培训交流。围绕高考制度改革，强化教学常规管理，落实质量监测制度，扎实推进高效课堂建设，启动高中招生制度和初高中学制改革等工作，着力提高教学绩效。**硬件方面，**要抓好农村合格学校和乡镇中心幼儿园建设，加强农村学校现代信息技术的装配和适用，改善农村学校办学条件，争取年内建设合格学校5所，乡镇中心幼儿园3所，促进城乡教育均衡发展。要加快职业教育发展步伐，改善县职业中专的办学条件，扩大其办学规模，抓实异地培训工作，做好服务本地产业发展的专业设置和人才培训。要加大教育招商力度，引进有资金、有能力的企业来新田投资兴办优质民办教育，提升新田教育的竞争力和带动经济发展的能力。

十是全面做好为民办实事等各项社会事业工作。办好民生实事。统筹经济与社会发展，加大民生事项的财政投入，坚决完成省定为民办实事15项24个重点民生项目和市定“六件实事”。围绕2017年实现85%以上和2019年全面建成小康社会目标，抓工作重点，确保民生支出占财政支出在75%以上，统筹做好医疗卫生、就业优先、社会保障、住房、食品安全、安全生产、创新社会治理等各项重点民生工作。**统筹发展社会事业。**做大做强建文帝踪迹新田、富硒养生旅游品牌，注重加强重点文物的修缮与保护，加快推进福音山国家森林公园、龙家大院等景点景区开发和提质改造，力争年内创建“湖南省旅游产业发展工作十佳县”及湖南省“建文帝踪迹新田”新民俗传说“非物质文化遗产”。加大宣传推介力度，扩大新田旅游知名度和影响力，力争年内接待游客240万人次以上，实现旅游收入12亿元。深化医药卫生体制改革，全面推进县级公立医院综合改革，促进基本公共卫生服务均等化。继续强化人口计生工作，坚持计划生育基本国策不动摇，促进人口长期均衡发展，全面提升计生服务水平，继续保持全省先进县行列。**完善社会保障体系。**扩大社会保险覆盖面，按要求完成五险参保人次。完善社会救助体系，提高城乡低保、农村“五保”救助标准，加强城乡低保资金监管，保障特殊困难群众基本生活。推进社会养老服务，引导民间资金投入健康养老事业。

破解五大难题：**一要破解基础设施难题。**坚持打基础、利长远，努力破解交通、水利等基础设施瓶颈。加快S231（郭金公路）、S228县城至竹林坪段等干线公路建设，争取S228县城至土桥段、S234金十公路开工建设，早日实现乡镇二级公路全覆盖目标。要夯实农业生产基础，整合涉农项目和资金，实行“整区推进、综合治理”，加快农田水利基础设施建设和产业基地建设，实现资金整合，优势互补，效益放大。

二要破解资金难题。坚持政府投资与社会融资“两条腿”走路，优化政府融资，拓宽城市建设融资渠道。整合资源做大做强城投集团，促进平台公司转型发展，提升融资能力。积极培植财源，完成农商行组建，做大做强存贷规模。强化税收征管，加大协税护税力度，促进财税收入增长。加强国有资产管理，提高资产效益。激活民间投资，积极推进政银企融资对接工作，加强企业融资的协调、对接、服务等工作，破解企业融资瓶颈。鼓励社会资本参与城市建设和经营，形成透明规范、可持续的城市建设融资机制，有效撬动社会资本参与重点领域建设。加强金融监管，制定应对预案，有效防范金融和债务风险。

三要破解用地难题。坚持“管住总量、注重质量、盘活存量、做大增量”，以优化土地资源利用方式和提高土地资源利用效率为核心，促进土地集约节约利用，确保三赢。管住总量，要严格控制耕地建房，支持引导“空心村”改造和新农村建设，守住耕地红线；要适时调整土地利用总体规划，为县城建设与经济发展提供足够的用地空间。注重质量，要严把项目准入关、土地供应关、土地批后监管关，提升节约集约用地水平。盘活存量，要按市场规则和法治原则办事，重拳打击“三非”行为，对批而未供土地、闲置土地和低效利用土地进行专项清理，提高闲置低效用地效率。做大增量，要加大征地工作力度，抓好用地报批，为县域经济加速发展奠定坚实基础。

四要破解物流难题。立足实际，制定专业的物流规划。推进现代综合物流园、冷链物流园、中部国际家博城项目开工落地。培育现代物流企业，加快发展电子商务及现代物流产业，积极引进电商企业，形成信息畅通灵通、物资“快进快出”的格局，拓宽销售渠道，降低营销成本。

五要破解民生难题。积极回应群众期盼，从群众最关心最直接最现实的利益问题入手，破解民生难题。县级领导要带头认领并解决经济社会发展过程中面临的困难和问题，各部门、各单位要结合工作实际，从小事做起，从具体的事抓起，着力解决饮水、行路、用电、上学、就业、看病、环境卫生等关系群众切身利益的问题。2015 年要把破解县城供水难题作为一号民生工程，夯实城镇发展基础。

四、坚持从严治党，为经济社会发展提供坚强保障党建工作强不强、政治生态好不好、党风民风正不正，直接关系着一个地方的经济社会能不能又好又快发展。各级党组织及党员干部都要一心一意谋发展、聚精会神抓党建，营造干事创业、风清气正的浓厚氛围。

1．全面从严治党，持续转变作风。要党建引领强基层。经济发展进入新常态，党领导经济工作的观念、体制和方式方法也要与时俱进，要充分发挥党组织在经济发展领域的引领作用，积极抢抓深化改革发展机遇。坚持党要管党、从严治党方针，按照“三严三实”要求，把从严管理干部贯彻落实到干部队伍建设全过程。严格按照《2014－2018 年全国党政领导班子建设规划纲要》，加强各级领导班子建设，提升战斗力、凝聚力。要不断强化基层基础，抓好村“两委”班子建设，严格管好村支两委带头人，在村一级广泛开展加强党纪观念、法治观念、政策观念、群众观念的教育活动，把基层党组织建设成战斗堡垒。对基层干部既要严管，又要厚爱，要支持他们理直气壮开展工作，逐步改善基层干部工作环境和工作待遇。2015 年招录公务员，要拿出一定指标，从优秀村干部中招考录用。要认真落实党内关怀帮扶机制，加强对流动党员管理，增强基层党员的组织归属感。**要持续深入转变作风。**巩固和扩大党的群众路线教育实践活动成果，坚持不懈抓好各项整改任务的落实，防止“四风”反弹。今年要继续强化《新田县机关作风效能建设问责暂行办法》这个县委“1 号文件”的监督执行，使全县干部职工牢记“该干什么，不该干什么”。各级党组织对政治纪律和政治规矩，要十分明确地强调、十分坚定地执行；广大党员干部必须牢固树立纪律和规矩意识，做政治上的“明白人”，从源头上预防干部走错路、犯错误。要大兴求真务实之风，围绕“产业提质、城镇带动、生态优先、民生为本”的工作思路，牢牢把握今年工作的各项目标任务，细化方案、明确责任、脚踏实地干工作，掷地有声抓落实。**要抓廉政形成良好政治生态。**反腐倡廉是全面从严治党的重要内容。在反腐败问题上，必须旗帜鲜明、态度坚决、行动，做到“零容忍的态度不变、猛药去疴的决心不减、刮骨疗毒的勇气不泄、严厉惩处的尺度不松”。要严格落实党风廉政建设党委主体责任和纪委监督责任，形成“在遵纪守法中做好工作，在严以律己中担当责任，在清风正气中干事创业”的良好氛围，让不想腐、不能腐、不敢腐成为常态，以实际成效取信于民。

2．推进依法治县，加快建设法治新田。法兴则天下兴，法治则天下治。推进依法治县，是改革所趋、是发展所需，更是民心所向，各级各部门要全面贯彻落实党的十八届四中全会精神，以法治眼光审视发展问题、以法治思维谋划发展思路、以法治手段破解发展难题。**要弘扬法治精神，营造法治氛围。**要加大普法宣传力度，认真实施“六五”普法规划，持续抓好领导干部、执法人员、青少年、企业经营管理人员、农民等普法重点对象的学法用法工作，提高全民法制素养，在全社会形成尊法学法守法用法的浓厚氛围。**要推进依法行政，建设法治政府。**行政机关是实施法律法规的重要主体，要带头严格执法，维护公共利益、人民权益和社会秩序，使各项决策都遵循法定权限和程序，让行政执法权力在阳光下运行。**要坚持公正司法，维护公平正义。**司法机关要坚决维护法律的尊严和权威，规范司法行为，遵守法定程序，准确适用法律法规，努力把每一个案件都办得合法、合情、合理。要完善各项管理制度，提升法官、检察官的司法理念、业务能力和工作水平，维护司法公信力。**要以法治为引领，确保社会稳定。**加强基层治理，深入推进法治新田、平安新田及基层基础建设，保障群众安居乐业。大胆探索创新，不断创造社会治理新田经验。主动化解矛盾纠纷，及时听取群众意见，解决群众实际困难，不断夯实基层法制基础，维护社会稳定。巩固提升综治民调工作成果，稳步推进平安新田建设，争取创建省级平安县城。

3．坚持正确用人导向，营造干事创业的浓厚氛围。“任贤必治，任不肖必乱。”选人用人是干部管理的核心问题。要把习总书记提出的“信念坚定、为民服务、勤政务实、敢于担当、清正廉洁”的20字好干部标准落实到选人用人全过程，形成的治腐、治庸和治懒机制，引导干部敢于负责、勇于担当，想干事、能干事、干成事、不出事。要牢固树立凭实绩用人的正确导向。坚持德才兼备、以德为先的选人用人标准，选拔品行好、务实干事、敢于担当、实绩突出、廉洁奉公的好干部，多用跳出利益圈子一心为民的干部，千方百计支持、鼓励、推动各级干部进入新田发展主战场。要注重基层锻炼，坚持“人才到基层锻炼、干部从一线选拔”，让好干部向下扎根。要坚持把“创新驱动、人才立县”作为转型升级的重要战略，把人才作为经济社会发展的主力军，把企业作为人才发挥聪明才智的主战场，不断激活存量、扩大增量、提升质量，抓好本土人才的培养，优化人才发展环境，增加人才对发展的贡献。

4．构建“大督查”“大考核”格局，推进执行力建设。面对经济社会发展的繁重任务，要推进干部队伍执行力建设，构建大督查、大考核机制，突出县委、县政府工作部署和群众关注的焦点、热点、难点抓督查，在全县上下营造大干快上、创先争优的浓厚氛围。**整合力量，提高实效。**成立县大督查工作领导小组，对考核工作调度、领导干部工作实绩、绩效评估、文明指数测评、作风建设、效能建设、廉政建设等工作进行科学系统地分类督查，构建起“上下关联、横纵到边、覆盖全县、高效运转”的督查体系，达到扩大督查声势、树立督查权威、提高督查实效的目的。**完善机制，严格问责。**要建立联席会议机制、立项督查机制、联动督查机制、工作调度机制、工作交办机制、督查通报机制和媒体曝光机制，通过建立健全各项工作制度和机制，理顺工作关系，提高工作效率。督查工作要与问责相结合，在督查中对推进工作的好经验要及时推广，对措施不力、进展缓慢、影响较坏的行为在全县曝光，用督查带动执行，用督查推进落实。**实绩考核，明确奖惩。**要把执行力考核融入工作各领域各环节，增强考核针对性、精准性和差异性。推进领导干部实绩卡和执行力卡管理，坚决杜绝不作为、慢作为和乱作为等庸政懒政之风，提振干部精气神。要把考核结果与干部的位子、面子、票子挂钩，严格落实奖惩，防止“干多干少、干好干坏一个样”。对工作实绩突出的单位和个人表彰奖励，对工作落实不力、执行不到位的追究问责。

同志们，我们已经满怀豪情地迈进新的一年，新形势面临新常态，新挑战蕴藏新机遇。“百舸争流，疾行者领航；千帆竞发，奋勇者当先”。让我们时不我待、奋发赶超，为建设品质活力智慧新田而努力，向着全面建成小康社会目标进军，不断开创新田发展新局面！

新田县人大常委会工作报告

——2016年2月26日在新田县第十六届人民代表大会第四次会议上

新田县人大常委会主任　曹桂秀

各位代表：

我受县十六届人民代表大会常务委员会的委托，向大会报告工作，请予审议。

2015年主要工作

一年来，在县委的正确领导下，县人大常委会全面贯彻党的十八大和十八届三中、四中、五中全会精神以及习近平总书记系列重要讲话精神，坚持顾大局、议大事、求实效，忠实履职，忠诚为民，圆满完成县十六届人大三次会议所确定的各项目标任务，为推动品质活力智慧新田做出积极贡献。

一、议大事，解难事，助推小康新田建设

常委会始终坚持以科学发展为第一要务，围绕全县工作大局，积极主动作为，努力推进全县经济快速健康发展和社会和谐稳定，加快推进小康新田建设。

围绕中心，依法决定重大事项。一年来，常委会从人民群众的根本利益和长远利益出发，广泛听取各方面的建议意见，科学分析，严谨审议，民主决策，把一批事关全县经济社会发展重大事项，列入常委会的议程进行专题审议，全年依法科学作出决议决定12项。着眼于助推经济发展，支持重点项目建设，解决融资瓶颈难题，审议批准城投集团融资贷款及中国中部家居博览城项目、综合商贸物流中心项目、南部新城学校等8个议案；着眼于县城居民饮水安全、精准扶贫、生态文明建设等民生事业的发展，审议批准城市供水项目、加快扶贫开发、实行封山育林保护森林资源等4个议案。同时，对决议、决定的贯彻落实情况加强跟踪监督和督办落实，努力提高决议、决定效果。常委会第二十五次会议听取和审议2014年度县人大常委会审议决定的政府性投融资重大项目实施情况的报告，对实施情况进行认真审议，提出审议整改意见。

关注民生，认真开展视察调研。常委会坚持问题导向，围绕新田经济社会发展的重大问题，依法听取和审议教育强县、环境保护等18项专项工作报告。对县城规划、城乡同创、城区供水、工业园区及“135”工程等工作开展视察，组织常委会委员和部分驻新市人大代表及相关部门负责人赴郴州市桂东县、嘉禾县学习考察城乡同创工作，推进我县城乡一体化建设和创国卫工作。对“十三五”规划、乡镇区划调整、合村工作、精准扶贫等关系到我县经济社会发展和社会稳定大局的重大工作开展专题调研，提出针对性意见和建议，地推动县委重大工作部署的落实。特别是对“十三五”规划的调研，县人大常委会组成6个调研组，分别

由县人大常委会领导带队深入19个乡镇、60多个县直单位开展调研，广泛征求意见，听取专题汇报，积极向省市人大提出意见建议，地推动兴永郴赣铁路、门楼下上里源水库建设项目、家私产业园建设项目等一批事关全局的大项目列入省、市“十三五”规划。

服务大局，助推全县中心工作。常委会领导在做好人大工作的同时，自觉增强大局意识，主动参与全县中心工作，既当工作监督员，又当指导员、战斗员。按照县委分工，常委会班子成员分别负责或参与富锶矿泉水开发、城市供水项目、富硒产业开发、创国卫、小农水项目、农村安全饮水、凤神油茶种植加工、电力调度中心建设、牛肉干深加工建设、乡镇农贸市场建设等重点项目。各位班子成员能经常深入基层一线解情况，协调工作，破解难题，都较好地完成工作任务。特别是总投资达2亿元的富锶矿泉水开发项目，由县人大常委会牵头引进，加强与客商洽谈对接，去年12月底已全面完成项目征地工作，与此同时，常委会领导会同有关部门到省国土资源厅协调汇报，为项目顺利推进和争取将我县列入全省矿泉水开发示范县做大量工作。县人大常委会领导参与的城市供水项目作为全县的一号民生工程进展顺利，一期工程已于今年2月3日建成通水，有效保障县城居民安全饮水问题。在创国卫工作，常委会班子成员主动担责，积极作为，常委会主要领导负责挂大片区，其他副职分别担任创卫办公室常务副主任和4个专业组组长，为创卫工作做出积极贡献。同时，县人大机关在新农村建设、精准扶贫、征地拆迁、打击“三非”、创卫创森、乡镇区划调整及合村等中心工作方面负责牵头工作，取得较好成效，地推动全县经济社会的快速发展。

二、出实招，见实效，提高监督水平

县人大常委会始终坚持以人为本，围绕实现好和维护好人民群众的根本利益，选准监督的切入点和着力点，创新监督方式，加大监督工作力度，推动实事办实、好事办好。

开展执法检查，强化法律监督。一是认真组织执法检查。围绕全县工作大局，顺应群众呼声，精心组织开展城乡规划法执法检查。常委会组织2个检查组深入各乡镇和住建、国土等20多个部门开展执法检查，广泛调研，听取意见，形成有份量的执法检查报告，提请县人大常委会专题审议，并将集中审议意见向县政府和有关部门进行交办。通过执法检查，督促县政府及住建部门加大县城总体规划修改及控规、详规和专项规划的编制，目前县城总体规划修编已获得市政府批复，县城控规编制已全面完成，修建性详细规划、专项规划也正在编制之中。严格开展规划执法，建立日常巡查管控机制，从严打击“三非”行为，强化规划执法的刚性，共拆除和捣毁非法建筑201起，面积4.78万平方米。配合省、市人大开展水污染防治法执法检查，加大饮用水源的保护，确保饮用水的安全。**二是认真开展司法监督。**听取和审议县人民检察院关于新刑诉法贯彻执行情况的报告，督促公检法强化协同意识，提高办案质量，杜绝刑讯逼供。听取和审议县公安局关于开展禁毒工作的情况报告，督促公安机关加大对毒品犯罪的打击力度，建立健全禁毒工作的防控体系，全县禁毒形势得到有效好转。听取和审议县司法局关于律师队伍建设管理情况报告，督促司法部门加强对律师队伍的规范化管理，充分发挥全县律师在信访维稳、普法教育、法律援助等方面的积极作用。听取和审议县人民法院关于人民陪审员工作情况的报告，推动优化陪审员结构，提升陪审员综合素质，加强陪审员管理，促使陪审员依法履职，全年参与陪审案件达260件，位居全市法院前列。**三是认真做好信访工作。**常委会把信访工作作为畅通民意渠道，维护人民合法权益的重要工作来抓，规范工作程序，及时办理群众来信来访，尤其是对涉法涉诉、环境保护、劳动保障、撤乡合村等问题，加强调研督办，全年共受理群众来信来访163件次，其中重点交办36件，在乡镇区划调整和合村工作中，时间紧，任务重，常委会领导和机关干部深入到所挂和联系乡镇村组走访群众，宣讲政策，积极有效的化解矛盾纠纷，地助推全县社会大局稳定。**四是认真做好规范性文件备案审查工作。**全年共依法审查政府规范性文件43份，地维护合法文件的合法性、严肃性和权威性。

开展工作审议，督促依法行政。选择事关全县经济发展和民生联系紧密的县经信委、县扶贫办两个部门开展工作审议。常委会组成两个审议调查组深入各乡镇和有关单位开展调研，召开座谈会，实地察看现场，走访服务对象和群众，寄发征求意见函，掌握第一手资料。在常委会集中审议大会上，认真审议两个部门的工作报告，实事求是肯定成绩，直言不讳指出问题，集中交办8个方面的整改意见。从9月份起，开展为期四个月的跟踪督办，去年12月下旬对两个部门的整改工作进行审议和测评，促使被审议部门认真解决工作中存在的问题。县经信委会同县工业园管委会、县商务局等单位抢抓承接产业转移机遇，加大招商引资力度，全年引进16家企业进驻创新创业园，完成固定资产投资21亿元，建设标准厂房22万平方米，新增规模工业企业9家，完成规模工业增加值15.4亿元，同比增长31%。县扶贫办主动增强担当意识，按照县委政府精准扶贫的总体部署和要求，精准谋划，抓落实，制定扶贫攻坚的政策措施，全县选派机关干部256名开展驻村帮扶工作，整合部门资金6270万元，帮助贫困村改善基础设施，推进产业发展。

开展述职测评，强化任后监督。常委会坚持党管干部和依法任免有机统一，并严格执行任前调查、法律考试、任前公示、述职发言等程序，依法审查通过人事任免事项21人次，其中任免县人民政府副县长6人次，任命法院、检察院工作人员15人次，推动国家机关和干部队伍建设。为加强对干部的任后监督，县人大常委会对政府23个工作部门的“一把手”、9名“两院”副职开展年度工作述职测评，为做到精准评价，常委会组成5个调查组分别到部门开展评前调查，全面掌握干部履职情况，在集中述职测评会上，常委会组成人员进行认真审议，面对面开展询问，现场测评打分，测评结果在新闻媒体上公开，并向县委政府报告和通报。通过述职测评，增强政府部门负责人和“两院”班子成员的公仆意识、法律意识和责任意识。

开展“四行”活动，改善民本民生。以“加强污染防治，建设生态新田”为主题推进环保世纪行，推进创国卫步伐，加大富硒土壤资源、饮用水源保护力度，加强园区企业排污和农村养殖小区排污情况监测督察，依法开展“打非治违”专项行动，促进全县生态文明建设。以“畜禽水产品质量安全”为主题推进农产品质量安全行，推进建立县级农产品质量安全中心检测站，集中开展节假日市场专项整治和农产品质量安全监管月活动，确保全县无重大农产品质量安全事故发生。以“改善少数民族地区群众生产生活条件”为主题推进民族团结进步行，推动政府投入1000万元修建通村公路4条，实现民族乡通畅公路全覆盖，投入100多万元实施异地扶贫搬迁工程。以“推动村卫生室建设，提高农村卫生服务能力”为主题推进三湘农民健康行，加大乡镇卫生院、村级卫生室建设，推动解决乡村群众“看病难、看病贵”的问题。

三、抓基层，强基础，充分发挥代表作用

县、乡镇人大积极搭建代表履职服务平台，拓宽代表知情渠道，创新代表活动方式，努力为代表履职创造条件，充分发挥代表作用。

建平台,激发代表履职热情。一是搭建代表服务群众平台。县人大常委会指导原十字、毛里、知市坪等乡镇办点示范的基础上，大部分乡镇均建立代表工作室，代表联系选民、代表接待群众、代表小组活动进入常态化。**二是畅通代表参政议政渠道。**县人大常委会坚持邀请代表参加工作审议、视察、执法检查、调研和列席常委会会议制度，全年共邀请省、市、县人大代表参加会议、参与活动310人次，提出建议200余条。同时还推荐市、县人大代表参加县委、县政府组织的优化经济发展环境满意度测评、社会治安民意调查、讨论“十三五”规划纲要以及撤乡合村等活动，畅通代表参政议政渠道，较好地发挥代表的主体作用。

抓重点，创新建议督办机制。办理人大代表建议，既是民本要求，也是“一府两院”公信力所在。县人大常委会、县政府主要领导、分管领导高度重视，分工负责抓落实，把督办代表建议与开展“三严三实”专题教育紧密结合起来，作为为民办实事重点工作，创新代表建议督办模式，集中力量抓督办，取得实实在在的效果。**一是突出重点促办理。**县十六届人大三次会议结束后，县人大常委会积极主动与县政府对接，共同筛选确定16个重点建议，与3个议案一道，明确县政府分管领导和有关部门负责承办，县人大常委会领导和有关委室分工负责，会同县政府督查室共同开展重点督办，着力解决重点、难点问题。**二是创新方式促落实。**议案和建议实行“三专”“面对面”督办机制，即分管领导及委室专项督办、专题集中视察、专题听取汇报，代表与部门负责人“面对面”协同办理，形成议案和建议办理工作的强大合力，地促进闲置土地清理、农村规划、不良贷款清收、创卫创森、城乡同创、“村村响”工程等一批事关民生问题的解决。**三是集中测评促效果。**按照年度人大工作要点安排，2015年12月，常委会召开建议办理专题测评会，并邀请领衔代表参与，会上认真听取县政府办和13个承办单位的办理工作情况报告，进行集中审议、询问和测评，并对测评为不满意的单位要求限期整改，对办理建议效果好的单位在本次人代会上进行表彰。

重实效，议案建议办理成效明显。通过创新督办机制，加大督办力度,2015年代表建议办复率100%，解决和基本解决问题占83%，代表满意率和基本满意率达到90%，办理议案、建议的质量和满意率均比往年有较大幅度提高，特别是3个议案的办理，成效比较明显。比如在清理闲置土地议案的办理上，截至去年12月，我县清理处置收回国有土地使用权16宗，面积645.29亩，促进开工或重新约定开工时间的114.32亩，收缴闲置费270余万元。在清收农信社不良贷款议案的办理上，我县去年共清收不良贷款7460万元，下达支付令1505件，起诉、应诉案件107件，司法拘留276人次，依法查询银行账户9821个，冻结银行账户1067个，冻结银行存款2300余万元，依法扣划1500万元，我县清收不良贷款进度在全市名列第一。在城乡同创议案的办理上，推动县政府将乡镇规划编制工作列入2015年的重点工作，投入1000多万元，完成8个乡镇总体规划编制，214个村庄规划，20个村庄规划调查，1个传统村落保护规划编制。3个议案的成功办理，破解我县多年发展难题，为全县经济社会发展提供支撑。同时，县人大常委会还加大物流中心建设、县城城市供水项目、断头路建设等历年办理效果不理想的议案、建议的督办力度，都取得较好的办理成效。

四、转作风，树新风，不断加强自身建设

按照中央和省、市、县委的统一部署，县人大常委会和人大机关深入开展“三严三实”和“守纪律、讲规矩”专题教育活动，加强队伍建设。**一是以培训提能力。**常委会坚持开展会前业务培训、开展学政治理论、学政策法规活动，县人大机关坚持一会一周一学习制度，重点集中学习十八届三中、四中、五中全会精神、习近平总书记系列重要讲话精神以及预算法、环境保护法、城乡规划法等法律法规。常委会领导和办委主任分批次参加全国、省、市人大常委会组织的各类培训班，通过学习交流，使全体委员和机关干部综合素质和议事能力得到不断提升。**二是以活动转作风。**在巩固党的群众路线教育实践活动成果的基础上，扎实开展“三严三实”和“守纪律、讲规矩”专题教育活动，组织机关全体党员围绕主题开展大学习、大讨论，联系实际经常开展党性教育实践活动，增强党的宗旨观念，始终保持政治上的清醒和坚定，严守政治纪律和政治规矩。抓党风廉政建设，认真贯彻执行中央八项规定及省、市、县委有关规定，严肃工作纪律，严格机关管理，规范干部行为。结合精准扶贫工作，扎实开展“一进二访”活动，深入联系村访贫问苦，机关干部主动与贫困户“结穷亲”，支持帮助贫苦群众脱贫致富奔小康。以“学习型、服务型、创新型、实干型”为主题，积极开展市级文明单位创建活动。通过活动的开展，机关干部对自己要求严，工作实，机关作风变，凝聚力增强。**三是以宣传树形象。**组织常委会委员和部分市、县人大代表赴外地考察交流，积极参加全市各县区人大工作联系会，成功举办全市人大系统第三届老年门球赛，认真做好省、市人大领导来我县视察调研接待工作，邀请省、市人大和相关部门来新调研发展难题，联络感情，推动工作。积极开展“双联”活动，加强常委会领导、委员与基层代表与群众的联系，经常指导乡镇人大工作，积极推动乡镇人大开展代表活动。宣传人民代表大会制度和人大工作，在省市人大网站、杂志上稿70多篇，其中，《创新三项机制，做好人大信访工作》在全国人大常委会办公厅主办的《人大信访工作交流》杂志刊登，《新田：干部任后监督新常态》在省《人民之友》杂志刊登。

各位代表，过去的一年，县人大常委会的各项工作均取得新进步和新成绩，这是县委坚强领导、“一府两院”密切配合的结果，是全体代表共同努力、各乡镇人大和社会各界支持的结果，是常委会组成人员和机关工作人员辛勤工作的结果。在此，我谨代表县十六届人大常委会向所有关心、支持人大工作的各级领导和同志们表示崇高的敬意和衷心的感谢！

在取得以上成绩的同时，我们也清醒地看到，面对新的形势和任务，对照宪法和法律赋予的使命和全县人民的殷切期望，县人大常委会的工作还存在一定差距和不足，主要体现在：监督工作的针对性、有效性还需增强；常委会审议意见的交办督办力度还不大；代表履职的积极性、创造性有待发挥；常委会自身建设有待加强等等，这些问题需要我们在今后的工作中认真研究，加以解决。

2016年的主要任务

各位代表，2016年是“十三五”规划的开局之年，也是县、乡镇同步换届之年，做好今年的工作，为“十三五”开好局、起好步具有十分重要的意义。在新的一年里，常委会工作的指导思想是：高举中国特色社会主义伟大旗帜，以党的十八大和十八届三中、四中、五中全会精神为指引，深入贯彻习近平总书记系列重要讲话精神，围绕县委总体工作部署，忠实履职，强化监督，优化服务，为推进民主法治和全面小康进程，建设品质活力智慧新田发挥积极作用。着重做好以下几个方面的工作：

一、着力助推小康建设。县人大常委会要围绕“十三五”规划的组织实施，根据经济社会发展的客观要求，及时讨论决定事关我县全局性、长远性、根本性的重大事项，听取和审议“一府两院”提请审议的重要议案，并适时作出决议或决定。常委会要围绕全县工作大局，忠实履职，依法行权，助推全县小康建设进程。认真听取和审议计划、财政、公检法司、卫生计生、创国卫工作、城投融资建设、预算法执行情况等专项工作报告。对精准扶贫、工业园建设、重点项目建设、家私产业、交通建设、城区学校建设、水利渠系配套建设、政务中心运行效能、烤烟产业、文化旅游、易地扶贫搬迁、富锶矿泉水开发等工作开展视察调研。明确工作重点，持续推进“新田环保世纪行”“新田农产品质量安全行”“三湘农民健康行”和“民族团结进步行”活动上水平、见实效。同时，对本届常委会历年作出的重大决定、决议落实情况进行一次“回头看”，并适时听取专题情况汇报，确保决定、决议的有效实施。

二、着力推进法制建设。认真组织开展水污染防治法执法检查，继续跟踪督办城乡规划法执法检查整改落实情况，同时配合省、市人大开展法律法规的执法检查。听取和审议县法院、检察院、公安局、司法局工作报告，继续做好规范性文件备案审查工作，着力推进依法行政和公正司法。强化干部任前经济责任审计、法律知识考试、任前公示、任前调查、任职前发言等制度的刚性，依法任免国家工作人员，落实人民代表大会选举产生的及人大常委会任命的国家工作人员向宪法宣誓制度，加强干部任后监督，促进授任人员依法履职，勤政为民。认真做好群众来信来访工作，坚持上下联动和典型案件跟踪督办制度，有效解决一些信访难题，促进公平正义，维护群众合法权益。

三、着力做好换届选举。今年是县、乡换届之年，常委会要在县委的坚强领导下，认真学习贯彻《中共全国人大常委会党组关于加强县乡人大工作和建设的若干意见》和中央、省、市有关县、乡镇人大换届选举工作文件与会议精神，精心组织和指导，保证换届选举依法有序进行。要坚持原则，严格把握换届选举的政治方向。要高度重视，充分认识换届选举面临的新情况、新特点，深入搞好前期调查研究，精心制定工作方案，认真做好选区划分、选民登记、代表结构、投票选举等各个环节的工作。要严格纪律规矩，确保换届风清气正。坚持依法按程序办事，保障选民和代表依法行使选举权和被选举权，选好人大代表以及人大和“一府两院”领导班子，确保换届选举圆满成功。利用换届选举契机，积极争取县委支持，提高常委会专职组成人员比例，设立专门委员会，配备专职人员，为国家权力机关依法履职提供重要的组织保障。

四、着力发挥代表作用。要扎实开展“双联”工作，拓宽代表知情知政渠道，发挥好代表联系政府与人民群众的纽带作用。要认真组织代表活动，围绕中心有计划、有针对性的开展视察调研活动，增强代表小组活动实效。要完善代表学习培训制度，健全提高代表素质和能力的机制。要加强代表政治思想、作风建设和教育管理，督促代表勤勉尽职、遵纪守法。要加强议案建议、意见的督办工作，县人大常委会将从本次和本届历次人代会代表所提出的议案和建议中，筛选出若干件代表期盼解决、百姓关注已久、事关全县发展大局和民生、民本建议，作为重点建议加强督办，确保建议意见有效落实。

五、着力加强自身建设。主动适应新形势和新任务的要求，着力引导常委会组成人员和机关广大党员干部增强政治意识、大局意识、核心意识、看齐意识，在思想上政治上行动上同党中央和省、市、县委保持高度一致。巩固和深化党的群众路线教育实践活动和“三严三实”专题教育成果，加强政治理论学习，不断提高常委会组成人员思想政治素质和依法履职能力。坚持为民务实清廉作风，严格执行关于加强作风建设的各项规定，树立勤政务实、廉洁高效的地方国家权力机关形象。坚持理论联系实际，密切联系群众，改进工作作风，使人大工作更加顺应民心、反映民意、贴近民生。坚持完善工作制度，加强对人大工作新情况新问题研究，及时制定新的制度和规则，不断推进人大工作更加高效规范。加强对乡镇人大工作的指导，注重加强对新任乡镇人大主席、副主席业务工作培训，不断提升乡镇人大工作水平。

各位代表！“十三五”规划蓝图已经绘就，新常态、新规划、新任务激励我们前行，让我们在中共新田县委的坚强领导下，忠诚履职，团结奋进，为推进我县民主法治进程，建设品质活力智慧新田而努力奋斗！

政府工作报告

——2016年2月25日在新田县第十六届人民代表大会第四次会议上

新田县人民政府县长　秦山成

各位代表：

现在，我代表县人民政府，向大会作政府工作报告，请大家连同《新田县国民经济和社会发展第十三个五年规划纲要》（草案）一并审查，并请各位政协委员和其他列席人员提出意见。

2015年工作回顾和"十二五"发展成就

2015年，全县实现地方生产总值63亿元，同比增长8.9%，三次产业比调整为26.6 : 28.1 : 45.3。财政总收入、规模工业增加值、社会消费品零售总额分别实现6.1亿元（含市本级分解到我县财政收入4243万元）、15.9亿元、22.4亿元，同比增长20.6%、11.2%、11.7%，首次跻身全省"县域经济快进县"，再次名列"湖南省全面小康推进工作十快进县"，成功创建"国家级出口食品农产品质量安全示范区"，获"湖南省平安县"荣誉称号。

项目建设步伐加快。突出市"1511"重点投资计划，全年完成固定资产投资63.9亿元，同比增长17.7%。**项目包装争取提速。**精心编制"十三五"规划，认真谋划事关新田长远发展的大项目，共包装储备项目260个，总投资1850亿元，为新田未来发展打下基础。目前，已有60个项目纳入国家和省市笼子，投资达550亿元。其中，总投资10.3亿元的城乡供水工程、7.4亿元的棚户区改造项目、10.6亿元的易地扶贫搬迁项目，已在全市率先启动。**项目建设推进提速。**推进征地拆迁，破解洞头坝整体搬迁等难题，完成征地4503亩，清理工业闲置土地660亩。标准厂房项目在1个月内完成供地，220千伏变电站从开工到投入使用仅用8个月。"1号民生工程"—城市供水工程克服罕见冬汛如期竣工通水，解决县城供水难题。罗溪光伏发电站、中部家博城、现代综合物流园、南部新城学校等重大项目，均在较短时间内落地，目前进展顺利。**项目投产见效提速。**和祥润、普瑞达、凤神油茶等项目实现当年投产、当年达效。全县重点项目共完成投资36.7亿元，创税8000万元，项目的支撑作用明显增强。

产业发展提质增效。新型工业扩量提质。新增入统企业9家，规模工业总产值同比增长16.6%。实施"135"工程，规划建设2平方公里的创新创业园，新建标准厂房22万平方米，推进"三纵三横"路网建设，园区功能日趋完善。加大产业承接力度，引进项目34个，实际利用内资11亿元、外资3000万美元。完成外贸进出口5800万美元，同比增长57%。突出主导产业发展，中部家博城等项目相继开工，华泰家私综合楼加快建设，弘工智能引进国内先进生产线，东升富硒农业开发有限公司、恒丰粮油公司、湖南富林富硒食品有限公司等三家企业被评为“全国富硒明星企业”，吉星家居、龙昶机械获得“湖南名牌产品”称号，顶坚、弘盼、梦都、金波湖等4个商标获评湖南省著名商标。**特色农业稳步发展。**完成农林牧渔业总产值28.6亿元，同比增长3.8%。加快土地流转，建设富硒农产品核心示范基地8万亩，同比增长26%。完成粮食播种面积45.3万亩，种植富硒蔬菜17.5万亩，新造油茶1万亩，完成水果低改扩园2万亩。种植烤烟4.8万亩，收购烟叶9.3万担，实现烟农收入1.4亿元。出栏生猪50万头，出笼家禽750万羽。加快农业产业化发展，新增市级以上龙头企业5家、农民专业合作社28个、家庭农场38家。富硒品牌创建成效明显，新田大豆获评“国家地理标志保护产品”，回香大豆、陶岭三味辣椒获评“中国名优硒产品”，石羊醋水豆腐、洪源罗汉果获评“中国特色硒产品”。**第三产业繁荣活跃。**启动旅游总规和专项规划编制，完成文庙、万寿宫景区提质改造，实施龙家大院整体修缮和郑作民故居配套建设，红军西征纪念园投入使用。河山岩村被评为湖南省最美乡村，新屋场、东山岭、三占塘、谈文溪等村积极打造旅游名村，彭梓城、骆铭孙等传统古村落群启动维修保护工程。成功举办建文帝踪迹新田研讨会，新田知名度提升。全年接待游客、旅游综合收入同比分别增长27.8%和28.1%。电子商务蓬勃发展，农村淘宝县级运营中心和60个村级服务站点顺利开业，网购额度居全市第一。金融支持增势强劲，全年净增贷款9亿元，增速居全市前三。积极发展现代物流业，物流配送网点实现全覆盖。新型养老、休闲、餐饮、保险、信息等服务业迅速发展。

城乡面貌日新月异。坚持以创国卫为抓手、环境整治为重点，持续改善城乡面貌。**县城越来越靓。**严格维护规划权威，严厉打击“三非”行为，全年控违拆违4.8万平方米，建设秩序更为规范。新增建设用地指标85公顷，国土资源节约集约模范县创建工作成效显著。加强县城基础设施建设，完成中山路改造，实施飞马路、石马路等12条道路人行道板铺装。改造背街小巷57条，安装路灯1700盏。综合大市场、方达大市场投入使用，新隆、莲花等8个农贸市场完成改造。实行保洁服务外包，保洁区域向社区、城中村延伸，主次干道由清扫向清洗升级。集中整治全面铺开，渣土管理逐步好转，“禁燃”工作取得实效，中山商业广场、城区主干道更加规范有序，市容市貌焕然一新。**乡村越来越美。**完成村庄整体规划编制214个。扎实推进美丽乡村建设，新屋场省级示范点创建卓有成效，周家、知市坪等村连片拆除“空心房”1万余平方米。开展农村环境卫生整治，建成生活垃圾无害化焚烧炉20余个、农村污水集中处理设施3处，改厕村庄比例达76%。成功创建省级卫生镇1个，建成秀美村庄40个。新建农村公路68公里，改造危桥6座、渡改桥3座，行政村通畅率达100%。在全市率先开通农村赶集客运班车，农民出行更为安全便捷。实施小(二)型水库除险加固22座，新隆—知市坪、金盆圩—枧头两个全国小农水项目顺利推进，完成日西河、日东河治理。实施农村饮水安全工程6处，解决2.1万人饮水安全问题。整合资金4600万元，加强“五小”水利建设，农业综合生产能力提升。**生态越来越优。**严格执行环保“三同时”制度，取缔、关闭“五小”企业7家，全面完成主要污染物减排任务。积极开展创森工作，植树造林5.1万亩，县乡通道种植大苗5.5万株，完成滨河风光带等一批精品绿化工程。实施“拆墙透绿”，新建老武装部社区公园和新汽车站广场。新增封山育林5.2万亩，森林覆盖率提高到55.5%。

改革创新纵深推进。坚持向改革要动力，向创新要活力。**行政体制改革稳妥推进。**推行“四单”管理，顺利完成乡镇行政区划调整改革。加快政府职能转变，加大行政审批制度改革力度，取消审批事项27项。建成全省规模最大的县级政务服务中心，入驻职能部门60个、行政审批和公共服务事项351项，群众办事更加高效便捷。**社会治理机制改革成效显著。**完成“智慧新田”二期建设，形成电子政务、公共服务、社会治理、电子党建“四位一体”的云平台。强化网格员队伍建设，城区和乡镇网格化管理水平提升。成立社区党工委，社区标准化建设全面推进。下放公共服务职能，群众在社区就能享受60项基本公共服务。**农村产权制度改革效益初显。**土地确权颁证工作被评为全省先进，新增土地流转2.8万亩。30多个农业经营主体凭流转证融资4600万元，新田被列为国家级承包经营权抵押贷款试点县。**经济体制改革不断深化。**探索政府性投融资平台改革转型，做大做强城投集团，包装项目12个，融资26亿元，在全市名列前茅。加大金融改革力度，不良贷款清收工作得到省市肯定，新田农商行正式挂牌运营。全面实行“三证合一”“先照后证”，新增各类市场主体2530户。公共资源交易平台规范运行，进场交易268项，成交总额8.1亿元。

各项事业全面进步。坚持全民共建共享，全年财政总支出的四分之三用于民生领域。**精准扶贫扎实推进。**全面开展“一进二访”，完善建档立卡信息平台，按“五个一批”分别落实帮扶措施。出台“1+X+部门”精准扶贫方案，以国土资源部、湖南科技学院、市政法委等10个中央省市工作队定点扶贫为契机，向125个贫困村派出驻村帮扶工作组，因地制宜制定帮扶规划，不脱贫不脱钩。全年减少贫困人口1.6万人，25个贫困村实现“脱贫摘帽”。**社会保障能力增强。**坚持就业优先，创业培训、新增城镇就业、农村劳动力转移就业分别完成全年任务的127%、124%、135%。“新农合”、城居医保参保率均达98.5%以上，分别支付补偿金1.1亿元、0.2亿元。发放社保卡30.2万张，成为全市首个“一卡通”应用示范县。城乡低保管理规范，发放民政保障资金1亿元。改造农村危房1600户，建设保障性住房1069套。**社会大局持续稳定。**认真落实安全生产“一岗双责”，安全生产形势持续稳定好转，新圩创建省级示范镇，新隆、三井、茂家创建市级示范乡镇。加强矛盾排查和积案化解，接待群众来访2436人次，调解矛盾纠纷77起。严厉打击各类违法犯罪行为，成功侦破“4·28”特大跨省网络传销案，“百日会战”专项行动成果排全市第一。**社会事业协调发展。**为民办实事任务全面完成。着力改善办学条件，建成合格学校5所、乡镇中心幼儿园3所。努力提高教学质量，一、二批本科上线333人，其中1人被北大录取。职业中专入学人数大幅增加，异地职业技能培训效果明显。启动县级公立医院综合改革，实行药品零差率销售。抓医疗质量管理，县中医院、县妇幼保健院成功创建“二甲”医院。县疾控中心业务综合楼建设项目顺利启动，标准化乡镇卫生院建设有序推进，建成标准化村卫生室41个，城乡医疗卫生服务能力提升。科技创新成效明显，申请专利103件。电影公司改革全面完成，259个村配备群众文体活动器材，完成农村广播“村村响”工程。全民健身深入推进，群众性文体活动丰富多彩。人口计生工作保持全省良好县行列，计生协会工作获评全省模范，“诚信计生”工作模式在全国改革经验交流会上推介。移民工作连续五年被评为省市先进。积极开展统战工作，引导宗教力量创办全省唯一的贫困生全免费寄宿制慈善学校。以留守儿童为重点开展关心下一代工作。举办抗战胜利70周年系列活动。人防工作连续三年被评为市先进，国防动员和征兵工作任务圆满完成。外宣、民族、编制、质监、盐务、邮政、价管、气象、侨务、文史、档案、残联、工青妇、老龄等工作取得新的进步。

政府效能不断提升。全面加强法治政府建设，自觉运用法治思维和法律手段推进工作。自觉接受县人大及其常委会的法律监督、工作监督，县政协的民主监督，办理人大议案3件，人大代表建议、批评、意见共144件，政协委员提案181件，办复率100%。全面完成“六五”普法任务。深入开展“三严三实”和“守纪律讲规矩”专题教育，干部作风持续好转。作风效能“满意不满意”测评延伸到二级机构和重要股室，发展环境优化。办理“12345”服务热线工单1480件，办结率100%。严格落实党风廉政建设责任制，保持反腐高压态势，全年立案77件，给予党政纪处分75人，移送司法机关2人。规范“三公”经费管理，加强重点领域、关键环节的行政监察和审计监督，营造风清气正的发展氛围。

各位代表，在“十二五”圆满收官之际，回首过去五年，我们凝心聚力，同舟共济，走过艰辛、难忘和自豪的历程。

五年来，我们坚持科学发展第一要务，综合实力显著增强。做大总量，GDP、财政总收入、社会消费品零售总额年均增长10.4%、23.2%、18%，分别比“十一五”末净增29亿元、3.5亿元、12.6亿元。全面小康实现程度达到88.5%，较2012年提高22.1个百分点。**增加均量，**城乡居民人均可支配收入分别达到19112元和6971元。个人人均储蓄存款达17183元，较“十一五”末实现翻番。**提高质量，**产业结构更趋合理，二产占比超过一产，万元规模工业增加值能耗下降70%。财税结构优化，税收占比由65%提高到73%。

五年来，我们坚持项目

建设第一抓手，制约瓶颈逐个击破。交通建设完成投资9亿元，是“十一五”的2.5倍。成功争取G234过境新田，结束新田没有国道的历史。京珠复线新田连接线建成通车，S323、S231等5条省道成功争取并相继启动。新汽车站正式投入使用，现代综合物流园启动建设，辐射带动作用日益凸显。水利建设卓有成效，先后列为衡邵干旱走廊综合治理范围、国家小农水建设重点县、全国高标准农田建设示范县。建成金陵水库水源连通工程，惠及10万多人。两江口水库下闸蓄水，新增储水量1310万立方米。能源信息翻开新篇章，全市首座220千伏智能变电站投入运营，一批光伏发电、风电项目布点新田，移动通信进入4G时代，互联网走进千家万户。

五年来，我们坚持惠民富民第一追求，产业发展成效明显。着眼富民强县，推动产业提质，城乡居民收入与经济总量同步增长。农业打响富硒品牌。新田被认定为“中国天然富硒农产品之乡”“湖南省原生态富硒食品基地县”，富硒成为新田一张响亮名片。东升农场、温氏集团等全国知名龙头企业慕“硒”而来，第五届全国硒资源开发协作大会成功举办，新田富硒农产品走出湖南、走向世界。工业明晰发展思路。主攻家私、富硒农产品加工、机械制造等主导产业，产业链条不断延伸，集群效应凸显，产值占工业总产值的71.1%。着力招大引强，五年共引进项目163个，是“十一五”的1.5倍，其中亿元项目实现重大突破，达到20家。实际利用内资134亿元、外资1.8亿美元。文化旅游迈出新步伐。建文帝踪迹新田说引起全国关注，福音山国家森林公园申报成功，龙家大院列为全国重点文物保护单位。新增谈文溪等国家AAA景区、省级红色旅游景点3个、文物保护单位9处。

五年来，我们坚持环境友好第一责任，城乡面貌焕然一新。坚持走绿色发展之路，被列为国家第一批主体生态功能区试点示范。杜绝污染企业进入新田，完成历史遗留砷渣等项目治理，饮用水和空气质量达国家一级标准。完成造林15万亩，被评为全省营造林工作先进单位，森林覆盖率提高3个百分点。被评为“湖南省海外高层次专家休假养生基地”，成功举办湖南省“百岁健康村”现场会。发挥县城龙头作用，带动城乡统筹发展。县城建成区面积拓展2平方公里，城镇化率达到38%。新建、改造城区主次干道50余条，亮化率达到100%。污水处理厂、垃圾处理场在全市率先投入运营，农村生活垃圾实行分类减量、集中处理。“慢慢游”退出历史舞台，出租车投入运营，公交运力增强，城区秩序不断规范，成功创建省级卫生县城。

五年来，我们坚持社会和谐第一目标，民本民生全面改善。坚持把财政支出的四分之三以上用于民生领域。扎实推进扶贫攻坚，五年累计脱贫6.21万人。五大保险参保28.7万人，比“十一五”增加15.1万人，保障水平不断提升。加大教育投入，新建思源学校、双碧学校，完成合格学校建设任务。成立教育基金会，落实农村教师生活补助，重奖“十大名师”和“十佳最美乡村教师”。实施国家基本药物制度，乡镇卫生院推行新农合“10+100”付费模式，人民群众“看病难、看病贵”的问题得到有效缓解。计生工作连续五年、计生协会工作连续四年被评为省先进。成功创建永州市“依法行政示范单位”。加强网格化建设和社会治理创新，综治民调稳居全省前20位，连续三年被评为全省综治工作先进县。

各位代表，过去的五年，是充满挑战的五年，是共克时艰的五年，也是满载收获的五年。这些成绩的取得来之不易，是上级党委、政府和县委正确领导、科学决策的结果，是县人大、县政协监督、鼎力支持的结果，是历届县委、政府不懈努力、长期积累的结果，是社会各界献计献策、通力协作的结果，更是全县人民顽强拼搏、开拓奋进的结果。在此，我代表县人民政府，向关心支持新田发展的各级领导表示崇高的敬意！向国土资源部、厅和各级驻新单位，向省市驻村帮扶后盾单位，向为新田经济社会发展做出积极贡献的老领导、老同志、社会各界人士和全县人民表示衷心的感谢！

各位代表，回顾过去五年，我们不仅取得令人瞩目的发展成就，更积累许多弥足珍贵的经验。

同心同德、众志成城，凝聚强大的发展合力，是做好政府工作的保障。人心齐，泰山移。近年来，在县委的坚强领导下，“四大家”班子精诚团结、肝胆相照，各级各部门通力合作、协力奋进。县委提出的“产业提质、城镇带动、生态优先、民生为本”发展路子，得到广大干群坚决拥护和肯定，大家心往一处想、劲往一处使，汇聚同心同向促发展的强大合力，战胜前进路上各种艰难险阻。

坚定信心、奋勇争先，保持良好的精神状态，是做好政府工作的强大动力。信心创造奇迹，拼搏成就梦想。为新田的赶超发展，我们不畏苦、不言难、不服输，以“5+2”“白+黑”“晴+雨”的工作模式，推动各项工作勇攀新高峰。我们弘扬“南有新田、奋勇争先”精神，把不可能变成可能，把偶然变成必然，一些工作进入全市第一方阵，荣获全省小康快进县、全市综合绩效考核先进县等重要荣誉。

勇于创新、重点突破，掌握科学的工作方法，是做好政府工作的有效手段。创新引领发展，重点带动全局。近年来，我们勇当改革创新排头兵，在农村产权制度改革、社会治理、行政管理体制改革等领域大胆地试、勇敢地闯，创造系列“新田经验”“新田模式”。立足新田实际，我们突出招商引资、城市建设、产业发展等工作重点，破解交通、水利等发展瓶颈，推动经济社会发展迈上新台阶。

牢记宗旨、转变作风，赢得群众的信赖支持，是做好政府工作的坚实基础。作风正，事业兴。近年来，我们坚持把群众利益作为政府工作的出发点和落脚点，不断加大民生投入，大干民生实事，群众有更多获得感。县级领导带头解难题，县委“一号文件”持续关注干部作风和服务效能，勤督查严问责，凭实绩见功夫，干部的辛苦指数换来群众的幸福指数，人民群众对政府工作的满意度持续攀升。

在肯定成绩的同时，我们也清醒地认识到，经济新常态下，新田发展还存在不少困难和问题，主要是：经济总量不大，人均GDP和财政总收入等在省市排名靠后；主导产业还处于培植阶段，带动能力不强；要素制约依然突出，土地、资金、人才等难以满足发展需要；发展基础薄弱，扶贫攻坚任务十分繁重，部分群众生产生活还比较困难；少数干部责任心不强、作风不实、效率不高。对此，我们一定要勇于面对、敢于担当，采取有效措施，逐步加以解决。

“十三五”总体部署和2016年主要任务

“十三五”是新田完成精准脱贫、建成全面小康的关键五年，动力与压力同在，机遇与挑战并存。**讲挑战，**奔小康的冲锋号已经吹响，但我县数万群众还未脱贫，赶超发展压力巨大；作为后发地区，我们亟需扩大开放合作、推动产品走出去，但国际金融危机深层次影响还在继续，世界经济仍在深度调整期；正处于新型城镇化加速阶段，但国家的土地、信贷等政策越来越紧；国家主体功能区的定位要求我们必须优质发展，但相对薄弱的基础条件、科技人才支撑和非片区县的政策待遇，都严重制约我们快速发展。**讲机遇，一是国家2020年建成全面小康社会带来的战略机遇。**根据中央全面建成小康社会的决策部署，2020年我国现行标准下农村贫困人口要实现脱贫，贫困县全部摘帽，解决区域性整体贫困。中央关于支持革命老区开发建设等政策，为我县争取上级支持带来新的契机。**二是承接产业转移带来的转型机遇。**沿海地区、发达地区的资本和产业加速向中西部地区转移，我县位于湘南承接产业转移示范区中心地带，可以发挥独特的硒锶资源优势和丰富的劳动力资源优势，招商选资，推进转型发展。**三是改革创新深入推进带来的赶超机遇。**国家全面深化改革，各地机会均等，相当于站在同一起跑线上。我县完全可以抢抓“互联网+”“中国制造2025”等机遇，充分利用后发优势和比较优势，更好更快更稳地发展，实现后发赶超。**四是自身积累的发展优势带来的潜在机遇。**近年来，我们谋划和争取一批事关新田长远发展的大项目，交通、水利、能源等基础条件明显改善，为新田跨越式发展增强后劲。各级领导对新田近年来的发展给予充分肯定，全县上下干事创业的氛围浓厚，争先进位的信心十足，由此汇聚起来的强大合力，足以攻破任何艰难险阻，必将创造属于新田人民的光荣与梦想！

今后五年，政府工作的总体要求是：高举中国特色社会主义伟大旗帜，全面贯彻党的十八大和十八届三中、四中、五中全会精神，以马克思列宁主义、毛泽东思想、邓小平理论、“三个代表”重要思想、科学发展观为指导，深入贯彻习近平总书记系列重要讲话精神，坚持“四个全面”战略布局，坚定不移地走一条以质量和效益为中心、具有较高增长速度的赶超型发展道路，弘扬“南有新田”精神，围绕全面建成小康社会和脱贫出列这个总目标，深入实施“产业提质、城镇带动、生态优先、民生为本”工作部署，统筹推进经济建设、政治建设、文化建设、社会建设、生态文明建设和党的建设，加快建设品质活力智慧新田。

今后五年的奋斗目标

是：到2020年，地方生产总值达到100亿元，年均增长9.5%；财政总收入达到10亿元，年均增长15%；规模工业增加值年均增长12%；固定资产投资年均增长17 %；社会消费品零售总额年均增长13 %。万元GDP综合能耗下降10%以上，主要污染物完成减排任务。城乡居民人均可支配收入年均增长10%以上，人民生活质量、幸福感和获得感明显提升。

围绕上述目标，我们将集中精力、心无旁骛，破解发展难题，厚植发展优势，推进经济社会又好又快发展。

坚持创新发展，构建特色鲜明、结构优化的产业体系。经济发展由要素驱动向创新驱动转变，让发展的质量更好、效益更高。**提升新型工业带动力。**对接“中国制造2025”，促进家私、富硒农产品加工和机械制造三大主导产业延伸产业链，打造成中国中部家私之都、国内小型机械制造高地。三大主导产业各培植或引进省级龙头企业5家以上，争创全国驰名商标1个、省著名商标5个以上。培育引进新能源、信息产业、新型材料等战略性新兴产业，发展富锶矿泉水产业，形成转型升级新动能。到2020年，园区开发面积达7平方公里，功能齐全、资源配置合理，总产值达120亿元。**提升特色农业竞争力。**打响原生态富硒金字招牌，推出新田大豆、富硒蔬菜、陶岭三味辣椒等拳头产品，建成富硒农产品核心示范基地12万亩，实现产值20亿元。稳定水稻、烤烟、油茶等传统产业发展，运用“互联网+”、农业物联网等新技术，推进农业机械化，加速农业现代化进程。发展新型经营主体，新增市级以上龙头企业20家。**提升现代服务业支撑力。**推动服务业发展提速、比重提高、水平提升。努力建设福音山国家级生态旅游景区、翰林山和龙家大院两个AAAA景区、建文帝踪迹新田精品旅游走廊，建立大旅游发展格局，把文化旅游产业打造成新的经济增长点和支柱产业。发展现代物流、电子商务、科技服务等生产性服务业。顺应消费升级趋势，推进健康养老、教育医疗、体育健身等生活性服务业品质提升。

坚持协调发展，打造统筹融合、城乡一体的新型城镇。坚持以人为核心的新型城镇化，统筹推进县城、小城镇和新型农村社区建设，以城带乡，互促共进。**做大县城。**紧扣生态园林旅游城市定位，完成县城总规修编、控规和各种专业规划编制，形成“一环两轴三区五带”发展格局。“一环”，就是连通新田大道、G234、环城南路、叠翠街，形成县城大循环。“二轴”，就是以滨河路—公园路为纵轴，以龙泉大道为横轴。“三区”，就是纵轴以东为东部片区，建设人文宜居城；纵轴以西、横轴以南为西南片区，建设工业生态新城；横轴以北为西北片区，建设商贸物流新城。“五带”，就是依托日东河、日西河、新田河、里下河、双胜河，建设五条绿化景观带。推动县城全面扩容提质，实现所有主次干道白改黑和“管线下地”，完成棚户区改造8000户。县城建成区面积达20平方公里、集聚人口20万以上，城镇化率提高到50%以上。加快城市管理数字化、市场化进程，创建国家卫生县城、省级文明县城、园林城市。

做特城镇。全面完成12个乡镇的总体规划编制，引导产业、基础设施建设和公共服务向集镇聚集。加快扩权强镇，以县城建设和管理的理念，做好小城镇建设。坚持分类指导、彰显特色，打造新圩全国重点镇，枧头、石羊、大坪塘、骥村等中心镇，新隆、三井、金陵、陶岭等商贸旅游镇，扶持金盆、门楼下等边远后发乡镇。**做美乡村。**积极开展“乡乡示范、村村整治”行动，推进美丽乡村建设，每个乡镇创建省市级示范村2个以上。到2020年，全县建成美丽乡村20个以上，85%的行政村达到村庄环境整治要求。

坚持绿色发展，建设资源节约、生态宜居的美丽新田。按照国家主体生态功能区试点示范要求，塑造生态品牌，放大生态优势。全面实行封山育林，严格落实水库周边、水源地等重点区域的禁伐措施。加大植树造林力度，全县森林覆盖率达60%以上，县城建成区绿化覆盖率达40%以上。发展光伏、风能发电等清洁能源，改造升级110千伏、35千伏输变电站4个以上，完成所有行政村的农网升级改造和低电压整治。谋划推进污水处理厂二期、垃圾处理场二期建设，环境空气质量一级天数达到350天以上，地表水断面水质达标率保持100%。坚持最严格的节约用地制度，促进土地集约节约利用，坚决杜绝耕地建房。像保护眼睛一样保护生态环境，加强环境保护监管，深入推进湘江流域水污染综合防治和大气污染治理等工作，实施工业污染源全面达标排放，让青山永驻，绿水长流。

坚持开放发展，培育要素集聚、活力迸发的投资热土。坚定不移地解放思想、深化改革、扩大开放，努力使新田成为投资的热土、承接的高地、创业的乐园。**突出改革强引领。**以更大决心和勇气，着力深化“3+2”等重点领域和关键环节改革，完善法治化、便利化的营商环境，健全充满活力、富有效率、更加开放的体制机制。**突出项目夯基础。**积极争取策划实施一批重大基础设施项目，夯实开放承接的基础。举全县之力，争取兴永郴赣铁路过境新田，实现新田人民的“铁路梦”。积极争取永郴高速建设，完成G234、S231等道路建设，建成枧新（枧头—三井—新圩—新隆）旅游公路，启动主要出境通道改一级路工程。拉通乡际、村际断头路，加快客运南站、北站等站场建设，完成现代综合物流园、冷链物流园建设，打造“对内大循环、对外大通畅”的交通格局。推进中小型水利设施建设，实施大坝水库扩建工程，新建上里源、查林、沙塘窝等水库。实施金陵水库等一批除险加固工程，完成肥源、立新、杨家洞、心安等4个中型灌区的渠系配套。**突出承接引外力。**实施新一轮更高水平的对外开放，主动承接沿海产业转移，积极对接东盟。到2020年，实际利用内资、外资分别达到20亿元、4500万美元。**突出创业促就业。**放宽政策、放宽领域、放宽环境，引导支持非公企业转型创新发展，催生经济社会发展新动力。用好省级创业孵化基地，成立创业引导基金，深入推进大众创业、万众创新。加快培育一批本土企业家和创新创业精英，力争发展上市公司2家以上。

坚持共享发展，构建成

果普惠、社会和谐的幸福家园。坚持人人参与、人人享有，发展成果更多更公平地惠及全县人民。按照普惠性、可持续方向，新增财力更多地投向民生领域，解决群众最关心最直接最现实的问题。推进脱贫攻坚，按照“五个一批”要求，精准施策，精准发力。更加注重产业扶贫，推动“输血式”扶贫向“造血式”扶贫转变。积极实施易地扶贫搬迁，让贫困群众搬得出、稳得住、有事做、能致富。到2018年，实现全县所有贫困人口全部脱贫，所有贫困村全部摘帽。完善社会保障体系，实施全民参保计划。加大社会救助，保障城乡困难群众的基本生活。推进教育现代化，提高教育教学质量。深化医药卫生体制改革，健全分级诊疗制度和城乡居民大病保险制度。落实两孩政策，提高出生人口素质。加快发展老龄事业,新建老年公寓、老年人活动中心、老年大学各1所，争创“百岁健康县”。千方百计增加居民收入，实现居民收入和经济同步增长、劳动报酬和劳动生产率同步提高。创新社会治理模式，实现政府治理和社会调节、居民自治良性互动，争创省级安全生产示范县，保持省级平安县，形成社会和谐稳定、人民安居乐业的良好局面。

2016年是“十三五”的开局之年，也是我县乘势追赶、奋力跨越的关键一年。**全县经济社会发展主要预期目标建议为：**地方生产总值增长10%；规模工业增加值增长13%；财政总收入增长15%；固定资产投资增长18%；社会消费品零售总额增长13%；城、乡居民人均可支配收入分别增长10%、12%以上。精准脱贫1.9万人，全面小康实现程度提升3.5个百分点。

围绕上述目标，着力抓好以下七个方面的工作：

突出项目建设，扩大有效投资。把争大项目、抓大投入作为经济工作的重中之重，推进项目建设。**专心建项目。**2016年是项目建设年，年内计划实施重点项目143个，完成投资53.2亿元，形成热火朝天的建设场面。扎实推进十大基础设施项目：①国道G234南段建设 ②新嘉大道拓宽提质工程 ③龙泉大道提质改造工程 ④新田大道续建工程 ⑤工业集中区路网建设 ⑥金陵水库除险加固工程 ⑦双胜河片区开发 ⑧云鹤路、秀峰街等城区道路“白改黑”工程 ⑨S231县城段（陶然街）建设⑩新华北路、叠翠街等县城路网建设。十大产业项目：①中部家博城 ②罗溪光伏发电项目 ③俊毅标准厂房建设 ④温氏生猪养殖一体化 ⑤现代综合物流园 ⑥富锶矿泉水开发 ⑦东升农场现代农业示范项目 ⑧以龙家大院、新屋场为重点的乡村旅游开发 ⑨广隆农产品⑩奕豪电子。十大民生项目：①易地扶贫搬迁 ②西北片区学校建设 ③南部新城学校建设 ④城市集中供水二期 ⑤城市集中供气工程 ⑥保障性住房建设 ⑦农网改造升级 ⑧农村安全饮水工程 ⑨县社会福利中心建设 ⑩“智慧新田”三期建设。**用心管项目。**创新项目建设推进协调机制，及时解决建设过程中的矛盾问题。完善联席会议制度，全面推行并联审批、限时办结和受理监督卡制度，优化项目服务。创新考评方式，定期督查考核，严格兑现奖惩。加强质量、安全监管，坚决打击“三强”

等行为，净化招投标与建设环境。**精心谋项目。**及时把握国家产业政策和投资导向，着力开发包装一批大项目、好项目，完善项目储备库。立足“十三五”规划，积极上争外引，确保项目早立项、早开工。加大征地力度，年内新征土地5000亩。加快土地报批，缓解项目供地压力。盘活优质国有资产，发挥城投集团融资平台作用，力争年内融资15亿元。

突出升级转型，着力壮大新型工业。以最大的决心和行动发展工业，促进工业增量提质，实现规模工业增加值18亿元。**建园区，筑好载体。**完成园区总体规划和控制性规划修编，启动高新产业园、综合产业园等专业园区建设，引导企业分类入园。全面完成“135”工程建设任务，推进俊毅创新创业园等工业项目建设，建成标准厂房36万平方米以上。实施东溪街、南通路等7条园区主干道及4条支路建设，完善基础配套，提升园区承载能力。**抓招商，扩大增量。**加强专业招商队伍建设，加大客商服务力度，实现“以商招商”，提高招商引资实效。依托现有标准厂房和专业园区，围绕三大主导产业和新材料等产业，引入完整产业链条。重点瞄准世界及全国500强和行业龙头企业，年内引进项目15个以上；利用内资11.5亿元、外资3200万美元以上，实现外贸进出口5200万美元。**创品牌，提升质量。**鼓励现有企业优化重组，增强集群效应，全年培育壮大省市级龙头企业3家以上，新增规模企业9家。加大工业技改扩能，推动传统产业转型升级。强化品牌创建，引导企业规范化、标准化、品牌化发展，力争年内创建省市名牌各2个以上。结合“互联网+”“一带一路”等战略，鼓励企业开辟电商、外贸等多种营销渠道，拓展产品市场。

突出精准脱贫，支持“三农”发展。以精准扶贫、精准脱贫统揽“三农”工作，落实强农、富农、惠农措施，实现农业增效、农民增收、农村发展的新局面。**加快改善基础条件。**组建农村建设投资开发公司，整合涉农资金1亿元，加快农村尤其是贫困村的基础设施建设。启动G234县城至新隆心安段建设，加快推进竹林坪至县城段建设。改善农村交通条件，完成农村公路拓宽42公里，建设农村招呼站70个，改造危桥21座，完成安保工程76公里。加强水源工程建设，启动查林、沙塘窝水库建设前期工作，开展石羊河流域治理，实施金陵水库除险加固工程。加快渠系配套，改造和新建渠道120公里，新修山塘180处，改造河坝120处，新建小水池、小水窖90处。实施农村安全饮水工程建设，加强项目后续管理，解决2.8万人的安全饮水问题，实现75%以上的行政村通自来水。实施高标准农田改造1.8万亩，推广农机4000台套。保障农村用电安全，完成54个村农网改造升级。**加快培育富民产业。**积极推进“造血”式扶贫，因地制宜发展特色产业，引导贫困人口通过劳动致富。新增流转土地1.4万亩，高标准建设一批富硒农产品生产示范基地，力争核心基地达10万亩以上。种植优质水稻30万亩、富硒大豆6万亩，完成楠竹低改1万亩。强化烟基配套，种植烤烟5.5万亩，确保收购烤烟12万担，实现烟农收入1.7亿元。依托东升农场，在龙泉、骥村一带发展外销型无公害蔬菜。加快温氏集团生猪养殖基地建设，带动全县发展生猪养殖场300家，年出栏生猪52万头。依托万家鹅业，支持草鹅养殖业加快发展。加大富锶矿泉水开发力度，争创省级矿泉水开发示范县。坚持适度规模经营，发展省市级农业产业化龙头企业5家、专业合作社60家、家庭农场25家以上。落实科技兴农措施，加快农产品冷链物流、电商网络、配送入户体系建设。加强对富硒品牌的归口管理，鼓励石羊醋水豆腐争创国家地理标志保护产品。推进农业标准化生产，走精品、高端发展之路，力争富硒产业实现产值15亿元。**加快建设美丽乡村。**突出荒山造林和通道绿化，完成造林4万亩，种植大苗6万株。加强造林管护和封山育林，严防森林火灾，森林覆盖率达到56%。严格耕地保护，引导村民有序建房，改造危房1800户。推进美丽乡村建设，创建省级示范村1个，完成省定美丽乡村人居环境整治20个村，逐步推广垃圾分类减量，实现农村垃圾集中收运率85%，“厕所革命”覆盖率85%。增加农村赶集客运班车线路，实现赶集班车全覆盖。实施易地扶贫搬迁，引导贫困人口搬迁到小城镇或县城生活，年内完成搬迁任务7908人。扎实开展驻村帮扶与整村推进，严格落实“五个一批”要求，实现1.9万人脱贫、21个贫困村摘帽。

突出商贸旅游，推动三产繁荣。坚持把第三产业作为调结构、扩就业、促繁荣的重要着力点，变资源优势为经济优势。**推进文化旅游加快发展。**投入3000万元，加快龙家大院修缮及配套建设，尽快建成AAAA景区。全面完成文庙、万寿宫提质改造，争创国家AAA级旅游景点。整合青云公园等“四园”，纳入福音山国家森林公园管理，建设翰林山AAAA景区和游客集散中心，打造我县生态旅游的龙头。加大建文帝踪迹新田古建筑遗址群保护力度。全面启动旅游扶贫名村名镇工程，新屋场、三占塘、黑砠岭、谈文溪争创旅游扶贫示范村。**推进电商物流提速发展。**加快现代综合物流园和冷链物流园建设，构建“快进快出”的物流格局。加强与阿里集团等知名电商企业合作，深入推进农村淘宝，新增村级服务站100个，发展电商企业200家，年交易额达到4亿元。**推进服务业繁荣发展。**落实公积金贷款政策，办好新田县首届房产交易博览会，促进楼市去库存化。加强银企、银项对接，金融机构净增贷款11亿元。发展家政、健康、养老等生活性服务业，扩大消费市场。

突出国卫创建，奋力提升城市品位。举全县之力，确保2016年创国卫成功。**突出重点。**开工建设国道G234、环城南路，全线拉通新田大道，升级改造双碧街，四条主干道串连形成县城环路。提质改造龙泉大道、新嘉大道等8条道路，形成“五纵四横”的城区路网。完成先云路、银象路等22条道路人行道板铺装，完善垃圾中转站、垃圾箱、公厕等环卫设施。**突破难点。**加大清扫保洁力度，实现城市主次干道和社区保洁全覆盖。开展市容市貌、交通秩序、划行归市、渣土运输等专项整治。开展全民爱国卫生运动，强化宣传教育和文明劝导，发动群众参与城市建设和管理。继续保持对“三非”行为的高压态势，规范城市建设秩序。**打造亮点。**结合创国卫，打造一批亮点工程。将滴水岭等入城口打造成县城创卫“窗口”，将新田大道、滨河风光带、双胜河风光带等区域，打造成高品位城市景观带。推进小区整治，打造一批样板住宅小区。将滨河广场、市民广场等打造成城市“客厅”，把永得利、综合大市场等市场打造成核心市民服务区，将汽车站、鼎丰酒店周边打造成创卫精品工程。

突出改革创新，努力激发发展活力。把全面深化改革贯穿于经济社会发展各领域，聚合正能量，催生新活力。**深化行政管理体制改革。**继续实施“四单管理”，构建权责明晰、运转高效的政府职能体系。深入推进审批制度改革，对省市下放和要求取消的事项必须落实到位。充分发挥政务中心平台作用，全面推行政务服务事项“两集中两到位”改革和“一站式”服务，积极实施并联审批，变“多头受理”为“一口受理”。**深化农村综合改革。**扎实推进并村改革，夯实农村基层组织，稳步提升村干部待遇。整合农口、规划建设、国土等力量，完成县乡村农地利用规划编制工作。农村土地承包经营权颁证到户，加快农村土地流转，提升规模化和机械化生产水平。积极推进流转证抵押贷款试点，大胆探索农建投等农村投融资新途径，为发展现代农业注入新的活力。**深化财税金融制度改革。**做大做强城投集团，优化资产和财务结构，努力提高征信等级。创新融资担保抵押方式，建立县级产业基金、城建基金，引领、撬动社会资本联动。强化对接政策性金融支持，探索PPP、证券、企业上市和融资租赁等方式，实现从项目投资商向资本运营商转变、从债务性融资向资本性融资转变。全面推进预决算及“三公”经费公开。继续加大国库集中支付改革力度，全面实行公务卡结算。**深化社会治理机制改革。**全面实施“智慧新田”三期工程，以信息化为支撑，逐步实现扶贫、卫生、教育、交通、消费的智能化服务。统筹推进公车、不动产登记、公立医院管理等领域的改革，推进城乡居民医疗一体化改革。

突出共建共享，倾力增进民生福祉。提升社会保障水平。实施更加积极的创业就业政策，新增城镇就业4300人、农村劳动力转移就业4200人，职业技能培训4700人。加大专业技术人才培养力度，为加快发展提供人才支撑。扩大“五险”覆盖面,完成基金征缴1.4亿元。“新农合”参保率、实际住院补助比例98%、65%以上，确保基金安全运行。新建公租房600套，完成棚户区改造244户。开展低收入家庭认定工作，建立动态管理机制，提高社会救助精准化水平。完善残疾人等弱势群体的社会保障和服务体系。创新养老方式，完善居家养老和社区养老服务网络，鼓励引导民间资本参与养老服务事业，年内建设敬老院1家，增加养老床位100张。**统筹发展社会事业。**坚持教育优先，优化城区学校布局，加快推进南部新城学校建设，提质改造一中校园，启动西北片区学校建设。实施“全面改薄”、合格学校和乡镇中心幼儿园建设，改善农村办学条件。加强教师队伍建设，重点培育“名校、名师、名校长”。积极整合职业教育培训资源，开展校企合作，培养专业对口人才，为加快工业发展提供人才支撑。推进科技创新，培育国家高新技术企业1家以上。发挥文物保护基金作用，启动彭梓城、骆铭孙、河山岩等古村落保护维修。健全基本公共卫生服务体系，加快推进分级诊疗。完成县中医院、县妇幼保健院和县疾控中心项目建设，确保人民医院成功创建“二甲”医院。坚持计划生育基本国策，依法稳妥实施“全面两孩”政策，推动计生工作转型发展，实现保类进位。加快村级综合文化服务中心示范点建设，深入推进全民健身活动，丰富群众文体生活。发展移民产业，促进移民脱贫致富。加强国防后备力量建设，推动民兵预备役工作创新发展。抓好人防、价管、气象、民族宗教、外事侨务等工作，支持关工委、工会、共青团、妇联、工商联等群团组织开展工作，促进统战、烟草、石油、电信、移动、邮政、保险、红十字会、保密、档案、史志、机关事务管理等社会事业协调发展。**维护社会稳定。**深入推进“平安新田”建设，始终保持对“两抢一盗”、涉恶涉恐、黄赌毒等犯罪活动的严打高压态势。加强社会治安防控体系建设，维护社会安全稳定。加大矛盾纠纷调解力度，确保不发生群体性事件。加强信访积案难案化解，引导群众以理性合法的方式逐级表达诉求。积极推进社区治理和服务创新，探索建立社区、社会组织、社会工作者“三社联动”机制。抓安全生产，努力推进“省级安全生产示范县”创建工作。抓好食品药品监管，确保“舌尖上的安全”。加强应急救援体系建设，提高预防和处置突发公共事件能力。

加强政府自身建设

站在新的历史起点上，我们将以人民满意政府为目标，不断提高工作效率和服务水平，增强政府执行力和公信力，担负起带领群众脱贫奔小康的历史重任。

建设学习政府，以创新精神引领发展。新形势、新任务对我们的能力和素质提出更高的要求，全体政府工作人员要正视知识危机和本领危机，牢固树立终身学习的理念，始终保持自我加压的勇气、改革创新的锐气、争创一流的志气。深入研究政策，提高科学决策和谋划工作的能力。加强业务学习，坚持干什么学什么、缺什么补什么，不断提高履职能力，努力成为推动工作创新的行家里手。

建设法治政府，以依法行政护航发展。全面推进依法治县，将政府工作纳入法治化轨道。主动接受人大法律监督、政协民主监督，把人大代表建议、政协委员提案办理好、落实好。规范行政决策机制，重大行政决策坚持公众参与、专家论证、风险评估、合法性审查、集体讨论决定。开展“七五”普法，营造崇尚法治的良好社会氛围。坚持“法定职责必须为、法无授权不可为”，按照法定权限和法定程序办事，严格规范，文明执法。

建设服务政府，以民本理念促进发展。坚持问政于民、问需于民、问计于民，广泛进村入户解社情民意，通过“12345”公众服务热线、县长信箱等渠道倾听群众呼声，从群众最期盼、最需要的事情做起，努力解决好事关群众切身利益的现实问题。以政府机构改革为契机，健全部门协调配合机制，提高行政效能。严格实行“一站式”审批、代办制服务，加强网上政务和电子监察系统建设，精简文件、压缩会议，挤出更多时间、腾出更多精力去一线攻坚克难、落实工作。完善政府工作目标责任制、岗位负责制，对重点工作、重大项目，建立台账，明确时限，抓好督促落实。

建设廉洁政府，以纪律规矩保障发展。深入推进反腐倡廉，严格落实党风廉政建设“两个责任”和“一岗双责”，加大监督执纪问责力度。严格执行一把手“三个不直接分管”、末位表态和“三重一大”集体决策制度。规范政府采购、经营性土地招拍挂、建设工程招投标法规制度的执行，加大财政资金、项目资金的审计监督和管理，坚决杜绝铺张浪费和“雁过拔毛”式腐败，坚决查处发生在群众身边的腐败问题。

各位代表，宏伟的蓝图鼓舞人心，人民的期盼催人奋进。让我们在县委的坚强领导下，依靠和团结全县人民，一心一意、一鼓作气、一往无前，为加快建成全面小康新田而努力奋斗！

《政府工作报告》相关名词解释

1.易地扶贫搬迁：指将生活在缺乏生存条件地区的贫困人口搬迁安置到其他地区，并通过改善安置区的生产生活条件、调整经济结构和拓展增收渠道，帮助搬迁人口逐步脱贫致富。

2.“135”工程：指全省的创新创业园区发展战略，新田县任务是从2015年开始，用两年时间建设1个产业园区、30万平方米标准厂房、引进50家创新创业企业。

3.“五小”水利：指小水窖、小水池、小泵站、小塘坝、小水渠。

4.“四单”管理：指责任清单、权力清单、负面清单、监管清单管理。

5.“三证合一”：指企业登记时依次申请，由工商部门核发工商营业执照、质监部门核发组织机构代码证、税务部门核发税务登记证，改为一次申请、由工商部门核发一个加载法人和其他组织统一社会信用代码营业执照的登记制度。

6.“先照后证”：指对按照法律法规需要取得前置许可的事项，除涉及国家安全、公民生命财产安全等事项外，不再实行先主管部门审批、再工商登记的制度，商事主体向工商部门申请登记，取得营业执照后即可从事一般生产经营活动。对从事需要许可的生产经营活动，持营业执照和有关材料向主管部门申请许可。

7.“一进二访”：指领导干部“进村入户、访困问需、访贫问计”活动。

8.“五个一批”：指在精准扶贫中，发展生产脱贫一批、易地扶贫搬迁脱贫一批、生态补偿脱贫一批、发展教育脱贫一批、社会保障兜底一批。

9.“三公”经费：指用财政资金开支的公务接待费、因公出国(境)经费和公务用车购置及运行费

10.4G：是第四代移动通信技术，能够更加快速传输高质量音频、视频和图像等。

11.五大保险：指基本养老、医疗、失业、工伤和生育五种保险。

12.网格化：就是将管理

区域划分为一个个的“网格”，使这些网格成为政府管理基层社会的单元。

13.国家主体功能区：国家主体功能区是以国家重点生态功能区为主体，推动各地区严格按照主体功能定位发展，构建科学合理的城市化格局、农业发展格局、生态安全格局，是推动生态文明建设、实现中华民族永续发展的重要战略任务。

14.“互联网+”：“互联网+”就是“互联网+各个传统行业”，但这并不是简单的两者相加，而是利用信息通信技术以及互联网平台，让互联网与传统行业进行深度融合，创造新的发展生态。

15.“中国制造2025”：《中国制造2025》是国务院于2015年5月8日公布的强化高端制造业的国家战略规划，是把中国建设成为制造强国的三个十年战略中第一个十年的行动纲领。

16.“3+2”改革：行政管理体制改革、农村产权制度改革、社会治理机制改革、国有企业改革、财税金融和投融资体制改革。

17.农业物联网：农业物联网是指将大量的传感器节点构成监控网络，通过各种传感器采集信息，以帮助农民及时发现问题，并且准确地确定发生问题的位置。这样农业将逐渐地从以人力为中心、依赖于孤立机械的生产模式转向以信息和软件为中心的生产模式，从而大量使用各种自动化、智能化、远程控制的生产设备。

18.“一带一路”：是“丝绸之路经济带”和“21世纪海上丝绸之路”的简称。它将充分依靠中国与有关国家既有的双多边机制，借助既有的、行之有效的区域合作平台。“一带一路”战略是目前中国最高的国家级顶层战略。

19.厕所革命：是指对发展中国家的厕所进行改造的一项举措，最早由联合国儿童基金会提出。

20.两集中两到位：指行政机关的审批事项向一个处室集中、行政审批处室向行政审批服务中心集中，保障进驻行政审批服务中心的审批事项到位、审批权限到位。

21.PPP模式：指政府与私人组织合作经营模式。

22.“全面改薄”：指全面改善贫困地区农村义务教育阶段薄弱学校基本办学条件。

中国人民政治协商会议
新田县第八届委员会常务委员会工作报告

——在政协新田县第八届委员会第四次会议上

政协新田县委员会主席　王　佑　生

（2016年2月24日）

各位委员、各位同志：

我受政协新田县第八届委员会常务委员会委托，向大会报告工作，请予审议，并请列席会议的同志提出意见。

2015年工作回顾

2015年，县政协在中共新田县委的领导下，牢牢把握团结和民主两大主题，坚持把谋发展作为履行职能的第一要务，把惠民生作为开展工作的重要内容，把促和谐作为义不容辞的神圣职责，履行政治协商、民主监督、参政议政职能，为促进我县经济平稳较快发展、社会和谐稳定做出积极贡献。

一、围绕中心，服务大局，协商议政规范有序

规范协商程序。认真贯彻落实中央和省市关于发展社会主义协商民主的新要求，制定出台《政协新田县委员会关于政治协商、民主监督、参政议政的规定（试行）》，县委以新发〔2015〕20号文件予以下发，明确政协的工作定位，明晰履职内容，丰富履职形式，规范履职程序，成为我县政协组织和委员履职的总指南和工作总手册。参照全国政协和省政协“双周协商”、市政协“双月协商”的做法，探索实施“季度协商”，研究制定《政协新田县委员会专题协商实施办法》，明确规定专题协商的原则、内容、形式和要求，提高协商活动的计划性、规范性和实效性。

开展全会协商。在县政协八届三次会议期间，委员们与县党政领导一起共商大事、共谋大计。重点围绕政协常委会工作报告、提案工作报告、“一府两院”工作报告和计划、财政报告深入开展协商讨论，8名委员围绕福音山国家森林公园开发、“幸福社区”建设、传统村落保护、医患纠纷调处、农村土地流转、卫生人才队伍建设、农村医疗废物规范化处理、农村种养大户发展等重点工作作大会发言。70多名委员分别就文化旅游产业发展、基础教育发展、城区供水工程、非物质文化遗产保护、招商引资、城乡同创、生态环保等热点问题作联组讨论发言，这些建言成果引起县委、县政府领导的高度关注，为县委、县政府科学民主决策提供有益参考。

开展专题协商。2015年，县政协常委会重点就全县上半年经济发展形势、“十三五”经济社会发展规划和乡镇区划调整改革等重要工作开展专题协商。协商前，组织委员分专题充分调研；协商时，邀请县委、县政府领导及相关部门领导参加会议协商互动；协商后，及时将意见建议归纳汇总报送相关领导和部门。取得良好效果。为科学建言我县国民经济和社会发展“十三五”规划，县政协主席会议提前两个月作出安排，由副主席牵头，分5个组对规划涉及的相关问题进行认真调研，并分别提出意见建议。在9月份召开的“十三五”规划专题协商会上，10多名委员踊跃发言，围绕“十三五”规划发展思路、总体布局、发展目标、发展重点、保障措施以及项目库建设等方面提出有针对性的意见建议60多条，县委县政府在制定“十三五”规划建议时，充分吸收采纳政协的议政成果。

开展对口协商。重视发挥各专门委员会、委员工作组和乡镇政协工委的专业、界别优势，利用对口协商平台，掌握部门工作动态，助推热点难点问题解决。一年来，针对农村环境卫生整治、富硒特色农业和油茶产业开发、增加县城义务教育阶段学位、加快中山路改造、规范液化石油气价格、保障创“国卫”工作经费、维护妇女儿童合法权益等问题，共开展30余次对口协商活动，反映界别民意，使一些群众反映多年的具体问题得到较好的解决。

二、创新方法，加度，民主监督扎实推进

着力强化提案督办。县政协八届三次会议以来，共收到委员提案206件，经审查立案181件，经过各方共同努力，现已全部办结。在保证“答复率”的基础上，我们着力在提高“落实率”和“满意率”上下功夫，以涉及民生问题的提案为重点，从中选取10件重点提案，由主席、副主席领衔督办，确保提案所反映问题的办理落实。通过强化提案督办，一批群众反映强烈的问题得到有效解决，其中《关于实施异地扶贫搬迁，加快城镇化建设的建议》《关于恢复滨河广场风貌的建议》《关于在县城城区设立垃圾处理转运站的建议》《关于改进慢性病特殊门诊管理的建议》《关于尽快启动对县城中山路提质改造的建议》《关于在我县兴建电影院的建议》等提案，相关单位高度重视，认真调查研究，拿出可行方案，报经县委、县政府同意，得到较好落实。

认真开展民主评议。按照《政协新田县委员会关于民主评议工作的实施办法（试行）》要求，规范和改进民主评议工作，提升民主评议实效。从6月底开始，对县林业局履职工作开展为期5个月的民主评议，坚持“对事不对人”和“以评促改”的原则，通过认真抓好动员部署、听取汇报、座谈讨论、问卷调查、集中评议、交办整改等各评议环节，提高群众参与度、部门重视度和工作落实度。县林业局根据评议小组提出的问题，明确责任领导，制定整改方案，逐项进行整改，通过采取变更荒山造林供苗方式、加强生态公益林项目和补偿资金公示监督、强化机关及基层站所干部职工作风建设等措施，相关问题正逐步得到解决，取得一定成效。去年底，我们对上年度评议的县城市管理局工作组织开展“回头看”，总结经验，寻找差距，防止问题反弹，巩固评议效果，推动部门作风转变和工作落实。

跟踪问效大会发言。针对以往委员大会发言落实过程中存在的不足，为更好地发挥委员大会发言的民主监督和参政议政实效，去年下半年，县政协由分管副主席牵头，相关委室和政协委员参与，对县政协八届三次全会上的8篇大会发言的办理落实情况进行跟踪督办，推动大会发言有关建议的落实，促进部门工作。从跟踪督办的情况看，相关单位总体比较重视，尤其县卫生局、县民政局等单位领导重视，行动迅速，措施，效果较好。8篇大会发言落实得比较好的有《加快创建“幸福社区”，推进社区规范化建设》《化解医患矛盾纠纷，构建和谐医患关系》《加强我县卫生人才队伍建设》《加强农村医疗废物规范化处理》等4篇大会发言，部分落实和正在落实的有《推进农村土地流转，加快县域经济发展》《加大帮扶力度，助推种养大户健康发展》《加强新田传统村落保护开发》和《加快建设福音山国家森林公园》等大会发言。

扩大改进委派监督。不断创新监督形式，扩大民主监督覆盖面。根据委员的工作岗位、个人专长和界别特点，选派30多名综合素质高、议政能力强的委员，分别担任纪检监察机关、政法机关和政府有关部门的民主监督员。委员们围绕各部门行风建设的重点难点问题，认真开展民主监督工作，提出许多有价值的意见建议，得到有关单位的重视。去年，县政协委员参与有关部门的民主测评、行风评议等活动200多人次，拓宽委员知情明政、建言献策的渠道，促进部门作风的转变。

三、关注民生，聚焦热点，参政议政富有成效

深入开展调查研究。县政协各委、室、组和乡镇工委围绕常委会议、主席会议协商议题，组织委员深入开展调查研究，全年形成调研报告20多篇，获市政协优秀调研论文一等奖1篇、县政协优秀论文奖9篇，其中8篇转化成大会发言在本次大会上交流，内容涉及文化旅游产业开发、陶岭三味辣椒开发、工业强县、教育优先发展、公立医院改革、造林绿化、农村环境污染治理等方面，为县委、县政府推进经济社会发展提供参考。

精心组织专项视察。围绕县委、县政府中心工作和全县重点项目建设，精选课题，精心组织，认真开展视察活动。去年，县政协对全县学前教育、合格学校建设、工业园“135”工程建设、县人民法院工作、“创国卫”工作、县城供水引水工程等进行专项视察。在视察过程中，委员们既看工作亮点，又察工作难点；既解职能部门工作的推进情况，又关注群众生产生活变化的真切感受，所提建议得到县委、县政府领导和相关部门的重视，促进行政效能提高和重点项目建设。

积极反映社情民意。通过健全信息工作机制、畅通信息反映渠道、聘请特约信息员等，积极收集、报送社情民意，使群众普遍关心的热点难点问题得到及时、准确反映。一年来，共收到社情民意信息60多条，其中报送县委、县政府12条，报送市政协10条，通过市政协向省政协转报6条，其余以抄告或转来信方式送县直有关部门。县政协报送的这些社情民意信息，为上级政协组织全面解基层群众的呼声提供可靠来源，为县委、县政府的科学民主决策提供有益参考。

四、突出主题，彰显特点，团结联谊广泛深入

突出团结民主主题。发挥工商联、人民团体、无党派人士和社会各界在政协组织中的作用，积极支持他们参与我县重大问题的协商讨论，为他们议政建言、发挥作用提供广阔舞台。在坚持政协主席和副主席联系界别、政协常委联系委员、邀请委员参加调研视察活动等日常联络机制的基础上，积极通过培训会、座谈会、界别组活动等平台，加强与政协委员的联系。鼓励和动员委员加强同本界别群众的联系，协助党委政府做好说服教育、理顺情绪的工作，及时消除影响社会政治稳定的因素，减少阻力，增加助力，形成合力，为促进社会和谐稳定做出贡献。

广泛开展联络联谊。加强与省、市和兄弟县区政协的联谊交流，积极参加省政协《湘声报》组织开展的对部分县市区政协集中采访活动，学习外地政协工作经验，介绍新田政协的工作成效；协助各级各地政协来我县开展文化旅游产业发展、工业园区建设、食用菌产业发展、富硒产业开发、传统古村落保护、社区规范化建设和管理等调研考察活动；与长沙天心区政协在知市坪中心校联合开展“爱心守护、希望同行”帮扶困难留守儿童联谊活动；参加全市县区政协工作座谈会，永州市、县（区）政协第二十三次老主席文体活动邀请赛，全市政协系统第二届乒乓球联谊赛等活动。通过联络联谊活动，既增进与兄弟政协的友谊，又宣传推介新田良好的发展环境，塑造新田政协的对外形象。

组织委员服务社会。发挥委员的特长与界别优势，鼓励引导政协委员投身公益事业，致力扶贫济困，服务基层群众。医卫界委员先后在广州花都区和新田门楼下瑶族乡开展“委员服务日”活动，为在广州务工新田籍人员和贫困瑶族群众义务送医送药，免费发放药品1.5万元；社科文艺界委员在全县各乡镇开展“文化惠民”下乡演出活动20多场，活跃城乡文化生活。民族宗教组委员释法广牵线引资数百万元，在原冷水井乡捐建慈善学校1所，首批已招收农村孤儿和特困儿童49人，为他们免费提供食宿和教学。工商联组委员为县教育基金会捐款11万元，向贫困学生捐款1万元，向思源学校捐赠价值30万元的教学设备。县政协机关委员按要求深入开展“一进二访”活动，在党建扶贫联系村结对帮扶贫困家庭8户。这些形式多样的服务活动，展示政协委员的良好形象，扩大政协工作的社会影响。

加强文史宣传工作。重视发挥文史独特作用，扩大文史资料征集范围，全年征集文史资料25篇、10万余字。开展庆祝抗日战争胜利七十周年系列活动，走访慰问新田籍健在抗战老兵7人，组织政协委员前往广西昆仑关抗战遗址及南岳忠烈祠参观凭吊，编印新田文史抗战专辑2

册。选送优秀作品参加湖南省政协系统首届主题摄影赛，配合省、市政协完成知青专题、非物质文化遗产等文史资料征集。密切与新闻单位的合作，及时宣传报道政协重要会议、专项视察、民主评议、提案办理等活动，为我县政协工作不断发展营造良好的舆论氛围。

五、转变作风，激发活力，自身建设全面加强

深入开展专题教育。按照中央和省市县委的要求和统一部署，扎实开展“三严三实” 和“守纪律、讲规矩”专题教育。将“三严三实”专题教育作为一条主线，贯穿全年履职工作和自身建设始终。认真抓好专题教育各环节的工作，深入开展专题学习讨论，查找梳理问题，认真推进党风廉政建设，坚持边学边改、立行立改，把“三严三实”作为修身做人、用权律己的基本遵循和干事创业的行为准则，取得明显成效。

健全完善工作机制。制定《政协新田县委员会关于政治协商、民主监督、参政议政的规定（试行）》《政协新田县委员会关于民主评议工作的实施办法（试行）》和《政协新田县委员会“专题协商”的实施办法》，为加强政协“三化”建设提供制度保障。将政协年度工作任务分解落实到分管副主席和委室，并建立委室工作定期报告制度，各委室主任每月向主席会议、每半年向县政协常委会议报告履职情况。

加强委员管理服务。坚持常委集体学习制度，组织新委员学习培训，去年7月，邀请省政协研究室理论处处长、湖南省人民政协理论研究会秘书长廖国豪来新田讲课，帮助委员学习掌握政协理论和业务知识，拓展委员视野，增强履职能力。不断拓宽委员履职渠道，让更多的委员参与县政协组织的履职活动。坚持“主席接待日”制度、走访约谈委员制度、委员履职量化考核制度，委员的履职责任感和参与率不断提高。

各位委员，同志们：

过去一年县政协成绩的取得，是中共新田县委正确领导的结果，是县人大、县政府和社会各界支持的结果，是政协各参加单位、广大委员共同努力的结果。在此，我代表县政协常委会向大家表示衷心的感谢并致以崇高的敬意！在肯定成绩的同时，我们也清醒地认识到，我们的工作还存在一些不足，主要是：政治协商的计划性和规范性还需增强，民主监督的方式方法还需改进，建言献策的质量和水平还需提高，委员履职平台建设还需加强，部分委员履职的积极性、主动性、创造性还需提升。这些都需要我们认真研究，并在今后工作中加以改进。

2016年工作安排

2016年是实施“十三五”规划的开局之年，是全面深化改革的关键之年。新的一年，县政协将在中共新田县委的领导下，认真落实中共中央关于加强社会主义协商民主建设的意见，围绕“十三五”规划和县委经济工作会议确定的年度目标任务，做好协调关系、汇聚力量、建言献策、服务大局的工作，为全面建成小康新田贡献智慧和力量。

一、把握新常态，助

推全县改革发展

认真学习贯彻落实中共十八届五中全会和省、市、县委经济工作会议精神，准确把握国际国内形势及我县经济社会发展所面临的机遇和挑战，深刻领会中央“创新、协调、绿色、开放、共享”五大发展理念和“供给侧结构性改革”的政策含义，积极谋划深化改革和推动发展的新思路、新办法。围绕“产业提质、城镇带动、生态优先、民生为本”发展战略，紧扣县委、县政府中心工作和委员、群众关注的热点难点问题，重点就生态文明建设等前瞻性课题、创业创新等经济建设课题、精准扶贫等民生课题、富硒产业发展等特色课题、新田文化旅游和智慧新田建设等地方性课题，组织委员多层次、多形式地开展调查研究，吸纳各方智慧，提出诤言良策，为党委、政府科学民主决策提出富有价值、管用实在的意见建议，为我县“十三五”高点起步汇智尽力。

二、落实新要求，有序开展民主协商

认真贯彻落实《中共中央关于加强社会主义协商民主建设的意见》《中共中央办公厅关于加强人民政协协商民主建设的实施意见》，依据新田县委转发的《政协新田县委员会关于政治协商、民主监督、参政议政的规定（试行）》（新发（2015）20号文件）和《政协新田县委员会专题协商实施办法》，有序开展专题协商、对口协商、界别协商、提案办理协商等各种形式协商活动。按照科学合理、规范有序、简便易行、民主集中的要求，制定协商计划、明确协商议题和内容、确定协商人员、开展协商活动，注重协商成果运用反馈，确保协商活动有序务实高效。参照全国政协和省政协“双周协商”、市政协“双月协商”的办法，完善实施“季度协商”，每个季度围绕县委、县政府决策部署和事关全县改革发展的重大问题，组织开展一次专题协商议政活动。将政治协商与专题调研、委员视察、界别活动有机结合起来，丰富协商形式，提升协商实效，更好地发挥政协作为协商民主重要渠道和专门机构的作用，不断推进协商民主广泛多层制度化发展。

三、适应新形势，全面提升履职水平

积极适应全面深化改革新形势对人民政协工作提出的新要求，不断夯实履职基础，增强履职活力，提高履职成效。严格提案审查，提高提案质量，强化提案督办，确保办理实效，选择6件重点提案，安排承办部门到县政协常委会通报提案办理情况并组织委员测评；继续对大会发言办理落实情况进行跟踪问效，努力构建大会发言办理“思想落实、组织落实、措施落实、建言落实、制度落实”的工作格局；严格按照《政协新田县委员会关于民主评议工作的实施办法（试行）》开展民主评议，同时，对上年被评议单位组织开展“回头看”，巩固评议效果，防止出现反弹；完善委员特约监督，尝试向县直部门委派民主监督小组；认真贯彻落实《中国共产党统一战线工作条例（试行）》，紧扣团结民主两大主题，加强与工商联、人民团体、无党派人士和各族各界人士的联系，支持他们通过政协渠道发表意见，提出建议；继续开展“察民情、集民智、聚民心、解民忧”活动，广泛听取基层群众对推动我县科学发展的意见建议，组织委员以界别和委员工作组为单位，多渠道、多形式开展为民服务活动；完成《新田文史》（第七辑）和《新田政协志》的编写工作，配合省、市政协做好相关文史资料征编工作，努力征集、撰写一批高质量、高水平的文史作品；加强对委员履职的服务、管理和考核，激发委员履职动力；完善委员联络制度，充分发挥专委会和界别联络、服务委员的作用，扩大委员对调研、视察、协商、监督等履职活动的参与面，为委员履职尽责创造更好条件；加强政协组织自身建设，巩固深化“三严三实”专题教育成果，全面加强政协机关思想建设、作风建设、制度建设和党风廉政建设，为提升工作科学化水平和促进有效履职提供可靠保证。

四、开启新篇章，认真搞好政协换届

今年是县区政协换届之年。在承前启后的关键时期，县政协各参加单位和全体政协委员要继续以饱满昂扬的精神状态投身履职，以高度的政治责任感善始善终做好各项工作，为下届政协工作打好坚实基础。要在党委的统一领导下，配合党委有关部门，做好人事安排和委员推荐工作，不断夯实政协组织基础。要认真总结履职工作，提炼履职经验，为新一届政协提出好的意见和建议。要继续推动政协理论创新、工作创新和机制创新，永葆人民政协的生机和活力。

各位委员，各位同志：

民主汇聚智慧，合力成就伟业。站在“十三五”发展新的历史起点上，我们更加信心满怀，斗志昂扬。让我们在中共新田县委的坚强领导下，同心协力，开拓创新，扎实工作，为谱写我县人民政协事业的新篇章，为夺取全面建成小康新田的新胜利而努力奋斗！

大 事 记

1月

1月4日，市考核组到新田县督查考核落实党风廉政建设责任制、推进惩治和预防腐败体系建设等工作。唐军、秦山成等县领导参加汇报会。

1月6日，召开全县2014年度机关作风效能建设和优化经济环境工作“满意不满意单位”民主测评会。

1月6日，召开县委第十一届委员会第三次全体会议，传达中央省市会议精神，报告2014年县委常委会工作、党内关怀基金使用及领导干部选拔任用情况，部署依法治县等工作。县委书记唐军作工作报告，县委副书记、县长秦山成主持会议。

1月7日，县委副书记、县长秦山成主持召开县政府十六届二十次常务会议，征求即将召开的县十六届人大第三次会议上的《政府工作报告（征求意见稿）》的意见，讨论研究校车安全、农村客运工作。

1月8日，县委书记唐军利用参加“广东省湖南永州商会年会”的间隙，前往深圳市九矿集团考察，与该集团负责人共同探讨九矿集团在新5年投资计划，洽谈具体投资事宜。

1月9日，召开县第十六届人大常委会第二十二次会议，听取和审议县政府关于代表议案、建议、批评和意见办理情况的报告，并对3件议案和20件代表建议办理情况进行测评。

1月10日至11日，县委书记唐军，县委副书记、县长秦山成组织相关部门负责人先后前往广东深圳、东莞等地考察家具行业，对家具行业的发展现状、发展措施及未来的发展方向进行深入调研。

1月12日，市“三项优先”工作考评组到新田县考评生态优先、教育优先、就业优先工作。

1月13日，受县委书记唐军的委托，县委副书记、县长秦山成主持召开县委常委会，传达学习市委经济工作会议精神，讨论《政府工作报告（征求意见稿）》。

1月14日至1月17日，中国人民政治协商会议新田县第八届委员会第三次会议召开。

1月15日至1月17日，县第十六届人民代表大会第三次会议召开。

1月16日至17日，县委书记唐军，县委副书记、县长秦山成就国家森林城市创建工作进行现场办公。

1月18日，县委书记唐军应邀出席广东省湖南商会年会暨2015年永州(广州)招商推介会，开展招商活动。

1月23日，市委、市政府检查组到新田县进行2014年绩效考核年终检查。

2月

2月3日，省经管局副局长戴安华一行在市经管部门相关负责人的陪同下督查考核新田县农村土地承包经营权确权登记颁证整县推进试点工作。

2月6日,“中国首届建文帝踪迹新田暨文化旅游产业发展研讨会”在新田县举行。

同日，县委党校举行2014年下半年主体班结业典礼。

2月9日，县委书记唐军主持召开县委常委会议，传达省市“两会”等会议精神，研究《机关作风效能建设问责规定》、创新创业园区“135”工程实施方案、打击“三非”行为、闲置土地清理、信访维稳、安全生产、森林防火、群团组织、枧头小城镇建设等工作。

2月11日,副市长刘尤碧深入新田县督查指导安全生产工作。

2月11日,召开县人武部长部长调整命令大会，奉金菊退出现役，转业地方工作，许朝友任人武部部长。

2月11日,县委书记唐军主持召开县委常委会，专题研究机构改革工作。

2月13日上午,召开县2014年度领导班子和县处级干部考核测评会议，听取党政领导班子和县处级干部2014年度述职述德述廉工作报告，现场进行考核测评。

2月13日,召开县纪委第十一届五次全会暨全县反腐败工作会议。

2月15日,湖南省检察院党组成员、政治部主任刘建宽、永州市检察院检察长文兆平，走访慰问新田县已故的检察院原党组副书记、副检察长陈运周家属。

2月15日,永州市委常委、政法委书记唐湘林带领市民政部门人员，到新田县走访慰问困难群众和模范典型，为模范典型和困难群众送去党和政府的关心与问候。

2月15日,县委书记唐军，县委副书记、县长秦山成分别深入区乡镇开展节前走访慰问活动，为模范典型和困难群众送去党和政府的关心与问候。

2月16日,县委书记唐军主持召开书记办公会，研究部署春节期间打击“三非”工作，严防春节期间偷建、抢建行为的发生。

3月

3月1日，县委书记唐军主持召开县委常委会议，传达学习省市相关会议精神，讨论县委经济工作会议报告,2014年重点工作综合目标管理、招商引资、信访维稳、安全生产、农业农村等考核情况，研究部署党务和政法综治民调等工作。

3月3日，召开县委经济工作会议。会议全面总结2014年工作，提出2015年工作思路和目标任务。会议部署综治维稳、计划生育、安全生产和农业农村等工作，对2014年度综治维稳、计生、安全生产等工作先进集体和先进个人进行表彰。

3月5日，召开全县党务工作会议，贯彻落实省市党务工作的各项决策部署，回顾总结新田县2014年党务工作，统筹部署2015年全县党务工作。

3月6日，召开县第十六届政府二次全体会议，落实和部署县委经济工作会议、《政府工作报告》确定的目标任务，动员政府各部门和全体干部职工以只争朝夕的精神，迅速行动起来，推进各项工作任务的执行落实和人民代表建议意见的吸纳办理。

3月6日,县委副书记、县长秦山成主持召开征地工作调度会，回顾总结前段成绩，研究部署下段工作。

3月6日，县委副书记、县长秦山成主持召开县政府第十六届二十一次常务会议，专题研究2015年财政预算工作。

3月10日，县委书记唐军带领相关部门到县城投公司调研，了解公司发展基本情况、经营模式及存在的困难和问题，并就城投集团的组建等提出具体要求。

3月16日，县委书记唐军带领相关领导和部门负责人深入到工业集中区现场办公，研究解决工业园区存在的困难问题。

3月17日，县委书记唐军带领相关领导和部门负责人先后到公安、司法、检察、法院等部门现场办公，研究解决政法各部门的困难和问题。

3月19日至20日，北京电影学院视听传媒学院院长、博士生导师宿志刚一行应邀到新田县考察文化旅游资源保护开发工作。

3月21日，新田县分会场参加全省全面建成小康社会推进工作电视电话会议在长沙召开。新田县获得全面小康“十快进县”奖。

3月24日，县委书记唐军深入新圩、石羊、金盆圩、十字等烤烟生产乡镇，调研烤烟移栽、烟草精益技术生产等工作。

3月24日，召开县创建“国建卫生县城”工作领导小组会议，听取前段工作汇报，解当前创建工作存在的困难和问题，讨论“国建卫生县城”工作推进方案，安排下段工作。

3月25日，市委常委、市委政法委书记唐湘林率工作组深入新田县部分乡镇、学校、企业，对新田县的安全生产工作进行专项督促检查和指导。

3月25日，市委常委、市委秘书长颜海林到新田县调研小城镇管理体制改革工作。

3月26日，县委书记唐军主持召开县委常委会议。讨论研究人大、政协、学教活动、重点项目、招商引资、创国卫、城建集团组建、网格化管理、创建省级安全生产示范县、预算编制等工作。

3月27日，县委副书记、县长秦山成主持召开县政府第十六届二十二次常务会议，组织学习《中华人民共和国行政诉讼法》等法律法规，分析一季度经济形势，研究卫生、教育、公交和社保惠民卡发放等工作。

3月27日，全省林业产业工作会议在新田县召开。

3月27日，召开县第十六届人大常委会第二十三次会议。会议审议通过县人大常委会2015年工作计划要点（草案），《中华人民共和国城乡规划法》执法检查工作实施方案（草案），对县经信委、县扶贫办等2个部门开展工作审议的实施方案（草案），《新田县人大常委会关于“一府两院”有关国家机关工作人员任后履职测评暂行办法（草案）》《新田县人民政府关于依托国土资源部定点扶贫、加快扶贫开发工作的议案》，审议决定县检察院相关人事事项，审查2015年部门预算草案及批复部门预算。

4月

4月1日，新田县在分会场参加全省落实党风廉政建设主体责任监督责任和责任追究电视电话会议。

4月15日，县新任领导干部任职见面会在县行政中心三楼会议室举行。县委书记唐军主持见面会并希望新到任干部迅速进入角色，抓当前重点工作，率先垂范，奋勇争先，为推动全县经济社会快速健康发展做出积极贡献。

4月16日，县委书记唐军深入全县2015年集中开工重点项目建设工地进行现场调度，协调解决相关问题，推进项目建设进程。

4月17日，县委书记唐军率相关部门通过查看现场、召开座谈会等，调度全县创建国家森林城市工作。

4月17日，县委书记唐军深入双碧社区走访居民户，听取群众对县委、县政府工作和政法部门工作的建议与意见。

4月19日，省军区副政委刘建新在市委常委、永州军分区政委张恒洲的陪同下到新田县检查指导人武工作。

4月20日，县委书记唐军率考察团到零陵区考察学习创建国家卫生县城工作经验。

4月21日，永州市委常委、市委政法委书记唐湘林带领市司法局、保险公司等后盾单位负责人，到茂家乡五柳塘村指导建整扶贫工作。

4月21日，县委学习中心组开展2015年度第一次集中学习，永州市委宣传部副部长王再兴作"'四个全面'——引领中华民族伟大复兴的战略布局"的主题报告。

4月21日，召开创建国家卫生县城和省级安全生产示范县、打击"三非"行为、民调工作推进会。对这四项工作进行全面安排部署，对2014年创国卫、打击"三非"先进单位进行表彰，各单位递交打击"三非"工作责任书。

4月22日，县委书记唐军带领联系双胜社区创卫工作的县级领导和县直单位负责人到双胜社区区域路段及城中村，采取实地调研和召开座谈会方式，推进创国卫工作。

4月24日至26日，县委书记唐军带队赴广东东莞、深圳考察招商，并与海峡两岸中小企业联合促进会等企业座谈交流。在广州市花都区、天河区，唐书记一行考察学习如何加强新时期的党建工作。

4月28日，县委书记唐军在县住建局主持召开创国卫工作调度会。重点听取和调度基础设施建设、城区道路规划、环境卫生整治、市场改造等工作，要求各相关部门相互配合，加强协调，推动创国卫工作。

4月28日，全县2015年干部教育工作会议在县委党校召开，县委副书记、县委党校第一校长唐富荣出席，县委常委、县委组织部部长彭俊卿主持会议。会议回顾总结2014年度全县干部教育工作，全面部署2015年全县干部教育培训工作。

4月29日，召开耕地保护、农村环境污染治理、产权制度改革暨防汛工作现场会，总结前段工作成绩，分析当前形势，部署下段工作任务。县委书记唐军要求干部职工要有所作为，有的放矢，脚踏实地抓好各项工作，推动全县经济社会持续快速健康发展。与会人员参观莲花乡上户村的农村环境污染治理、产权制度改革和岗上村的河道整治，三井乡山下村的耕地保护、河道治理，新圩镇白芒村的耕地保护，高山乡何佑村的农村环境污染治理，石羊镇清水湾村的耕地保护、农村环境污染治理等工作，随后在石羊镇召开现场会。

4月30日，全县纪检监察工作会议召开。会议传达学习省、市纪检监察工作会议精神，简要总结前段工作，对下阶段工作进行安排部署。县委常委、县纪委书记聂朝飞作工作报告。

5月

5月4日，新田县共青团县委召开十六届三次全委（扩大）会议暨“五四”表彰大会。县委常委、县委组织部部长、县委统战部部长彭俊卿，团省委驻新扶贫工作队队长、省青基会理事长助理于跃出席会议。

5月4日，12位开国将军后代与中华蒋氏企业家协会会员一行20余人到新田县调研红色文化开发保护工作。参观考察蒋先云和郑作民故居，追寻先烈足迹，缅怀先烈的革命精神。

5月4日，县召开年轻干部座谈会，纪念“五四”青年节。县委书记唐军与全县各条战线的38名年轻干部一起座谈，勉励大家要乐于奉献、勤于学习、精于务实、勇于创新、严于自律，为加快全县经济社会发展贡献青春和汗水。

5月4日，省委党校第48期中青班第5学习小组进枧头镇老屋村入户体察民情，开展为期四天的体验式教学活动。县委副书记、县长秦山成参加活动。

5月5日，县委书记唐军主持召开县委常委会，讨论2015年新田县大考核方案、驻村扶贫工作方案，研究部署关心下一代、基层党建、农村环境卫生整治和农村产权制度改革、公共资源交易平台建设、推进新型工业化、城市供水工程及城投集团相关子公司组建等工作。县委副书记、县长秦山成及在家的其他县委常委会议组成人员出席会议。

5月5日，县与湖南省建工集团洽谈市政基础设施、园区配套设施、公路项目建设相关合作事宜。县委书记唐军介绍新田县经济社会发展情况及重点项目谋划等情况。

5月6日，县委副书记、县长秦山成主持召开县政府常务会议，就政府部门推行权力清单制度、机关事业单位工作人员年度考核、南部新城项目建设、资产划转及开元公司组建、封山育林、森林资源保护等工作进行讨论和研究。

5月7日，召开县干部驻村帮扶工作动员会，县委书记唐军提出具体工作要求，县委副书记、县长秦山成作动员讲话，县委副书记唐富荣主持会议。

5月7日，县委、县政府组织召开省、市驻新帮扶工作队队员座谈会。县领导荀志坚、唐富荣、刘安平与20余名省市驻新帮扶队队员、县扶贫办及相关乡镇负责人座谈，交流前段扶贫工作开展情况，畅谈下一步工作打算。

5月12日，在新华西路、双碧广场、文体中心、鸿大广场等城乡主要地段开展全国第七个“防灾减灾日”主题宣传活动。县应急办、民政、公安、安监、消防、水利、林业、教育、卫生、气象等20余个部门参加此次大型防灾减灾主题宣传活动。

5月12日，宁夏回族自治区国土资源厅巡视员张黎在湖南省国土资源厅巡视员彭悦等省市国土部门相关负责人陪同下，到新田调研富硒资源开发工作。调研组一行先后察看莲花乡新屋场富硒蔬菜基地、万家鹅业，详细解产业建设情况和相关的扶持政策。

5月13日，参加全市工业园区项目建设流动现场会的人员，在新田县工业集中区和创新创业园观摩考察华泰国际展厅、普瑞达公司、220千伏变电站等重点项目建设。市委副书记、市长向曙光带领全市各县区主要负责人深入项目建设现场实地观摩、点评、督导项目建设工作。唐军、唐富荣、唐晓波、彭俊卿等县领导陪同观摩考察。

5月14日，省委统战部机关党委专职副书记兰杨杰一行到新田县调研考察“同心乡村”创建工作。考察组一行参观考察莲花乡新屋场村“同心”楼、“同心”书屋、活动中心和对接“同心”企业，召开座谈会，详细解该村“同心乡村”创建工作开展情况。

5月15日，国土资源部原扶贫中心主任周景阳率队深入新田县老屋村、双溪岭村、新屋场村调研扶贫开发工作，探讨村级扶贫方式方法。周景阳一行先后察看老屋村新农村建设示范点，双溪岭村槐米、葡萄种植基地，新屋场村东升农场富硒有机蔬菜种植基地，详细解基础设施建设、产业发展规划、扶贫工作等情况，并与相关人员进行交流，探讨贫困村发展和贫困群众脱贫致富等问题。

5月18日，县委党校举行2015年上半年主体班开学典礼。该期主体班有47名科干班学员和51名中青班学员，培训时间两个月。

5月20日，市人大常委会主任高建华，市委常委、政法委书记唐湘林等省党代表到新田调研社会治理创新工作。县委书记唐军等陪同调研。

5月20日，省新闻出版广电局党组成员、纪检组长郑年田到火柴岭村调研扶贫工作。实地查看拟建中的火柴岭村新农村建设点、特色产业基地，召开座谈会，交流探讨如何在该村实施精准扶贫，帮助村民尽早实现小康生活等问题。

5月22日，县政府举行“135”工程标准化厂房建设项目签约仪式，县人民政府与湖南永强投资有限公司成功签订合作协议，项目总投资3亿元。

5月25日，召开坚持教育优先，加快推进教育强县工作座谈会。讨论《关于坚持教育优先加快教育强县步伐的决定》（征求意见稿）。县委书记唐军出席会议。

5月26日，中央宣传部、最高人民检察院在中国网络电视台向全社会公开发布10位“最美人物一一群众最喜爱的检察官”的先进事迹。新田县人民检察院原党组副书记、副检察长陈运周获“最美人物——群众最喜爱的检察官”称号，是新田省唯一获得此殊荣的检察官。

5月28日，县文体中心举办“弘扬婚育新风·关爱少儿成长”主题系列活动，庆祝中国计划生育协会成立35周年暨“六一”国际儿童节。湖南省计划生育协会常务副会长张斌，永州市人大常委会副主任、市计生协会会长袁满娥，市关工委副主任谢朝月、盘玉花等领导出席活动。县委书记唐军作主题讲话。会上，对20个农村 “计划生育幸福家庭”、100名“留守儿童之星” 进行表彰奖励；对20个计划生育困难家庭、180

名贫困学生进行资助；部分民营企业主与12名贫困学生进行结对帮扶。

5月28日，县委书记唐军主持召开县委常委会议，研究闲置土地清理、耕地保护、城区环卫作业服务外包、旅游、2014年机关事业单位工作人员年度考核、消防、“三严三实”专题教育等工作。

5月29日上午，召开全县“三严三实”专题教育工作会，学习贯彻习近平系列重要讲话精神和省委市委“三严三实”专题教育工作座谈会精神，对全县开展“三严三实”教育进行安排部署。县委书记唐军在会上作“践行‘三严三实’、争做新时期的好干部”专题党课讲座。

6月

6月1日，华诚公司捐建清华源学校教学楼启动仪式暨“六·一”文艺汇演活动在县文体中心举行。华诚公司为清华源学校教学楼捐资60万元。县委常委、县委宣传部部长赵红萍出席捐建仪式。

6月1日，县人民政府与湖南建工集团在长沙签订战略合作框架协议，合作投资规模达10亿元以上。湖南建工集团董事长、党委书记叶新平，新田县委书记唐军，县委副书记、县长秦山成，县委常委、县委政法委书记欧阳涛，副县长李祥佐及交通、城投集团负责人参加签约仪式。

6月2日，县委理论学习中心组开展2015年度第二次集中学习，邀请湖南省高级法院行政审判庭副庭长张坤世解读新《行政诉讼法》。

6月2日，省卫计委副主任张义昌率调研组在新田调研人口与计划生育工作。市卫计委党委书记周长光，县委副书记唐富荣等陪同调研。。

6月3日，2015永州（深圳）工业招商推介会暨重点项目签约仪式在广东省深圳市举行。东莞市怡上机械实业有限公司、湖南鑫建环保新型材料有限公司分别与新田县签约重点项目投资合同，年投资额达2亿元。县领导唐军、蒋华、刘大兵及商务局负责人参加推介会和重点项目签约仪式。

6月4日，永州市委常委、市委政法委书记唐湘林率工作组到新田专项督促检查安全生产工作。县委副书记唐富荣，县委常委、常务副县长唐晓波，县委常委、县委政法委书记欧阳涛陪同。工作组先后前往金陵水库轮船渡口、骥村镇敬老院以及南门桥客运站等地，察看解安全设施配套、安全制度建立、工作措施和安全责任落实情况。

6月7日，全县2015年普通高考在新田一中正式开考，1460余名考生参加高考。

6月12日，县委书记唐军到中山、朝阳等旧城区域开展“创建国家卫生城市”督查。召开书记办公会，推进“创建国家卫生城市”问题整治工作。

6月12日，县供销合作联社组织召开“富硒农产品种植专业合作社联合社”成立大会，标志着新田县富硒农产品的产业发展迈上新台阶。该联合社由县内17家种植专业合作社加盟组成，是新田县成立的首家联合社。

6月13日，县委副书记、县长秦山成主持召开县政府常务会议，重点讨论研究园区闲置土地清理和光伏发电项目工作，提出具体要求。

6月17日上午，全县2015年村党组织书记培训在县委党校开班。此次培训分两期举行，用两周的时间，对新田县所有村党组织书记进行一次集中培训。

6月17日，全县财政经济形势分析会在行政中心三楼会议室召开，总结分析当前全县财税工作形势，部署财政收入“双过半”工作。县委书记唐军出席会议并提出具体要求。县财政局、国税局、地税局汇报全县上半年各项财税工作开展情况，与会协税护税及相关项目单位就如何加快完成“双过半”任务作表态发言。

6月19日，县委书记唐军带领相关单位负责人深入项目建设现场，查看解项目建设情况，调度全县重点项目建设，强调要强化责任、敢于担当，推进项目建设。

6月23日，县委书记唐军主持召开县委常委会议，研究招商引资、省文明县城创建、优化经济发展环境及满意不满意单位测评、综合商贸物流中心建设等工作。县委副书记、县长秦山成等在家的县委常委会议组成人员参会。

6月24日下午，县委中心学习组召开“严以修身”专题学习研讨会，围绕“严以修身”主题，总结学习成果，交流修身体会，锤炼党性修养、筑牢理想信念。县委副书记唐富荣作主题报告，县委常委、县委组织部部长彭俊卿主持。

6月25日，召开全县庆祝建党94周年暨“守纪律讲规矩”专题教育动员大会。会议要求各级党组织和广大党员要以更务实的作风、更阳光的形象，在推进全县经济社会发展过程中做出新贡献。县委书记唐军出席会议并讲话。

6月25日，县政府举行中国中部国际家居博览城项目签约仪式，县城投集团与润新实业有限公司成功签订合作协议，项目总投资15亿元。

6月26日，县政府十六届二十六次常务会议召开，研究工业园闲置土地清理、城市供水工程建设融资、权力清单等工作。

6月26日，省老科协名誉会长、湖南省省委原书记熊清泉在省老科协副会长史小溪的陪同下到新田考察指导富硒产业开发和百岁健康县创建等工作。

6月29日，县政府与湖南五凌电力有限公司正式签署新田县50兆瓦地面光伏电站项目投资协议。该项目的签订对促进新田新能源建设、加快地方经济社会发展具有重要意义。

7月

7月2日，祁阳县委书记魏湘江，县委副书记、县长周新辉带领祁阳县全体在职县级领导，到新田开展“三严三实”专题教育红色文化体验活动并考察网格化建设。

7月6日，召开全县易地扶贫搬迁“十三五”规划编制座谈会，贯彻落实国家发改委《关于做好新时期易地扶贫搬迁工作的指导意见》、湖南省发改委《关于启动湖南省易地扶贫“十三五”规划编制工作的预通知》文件精神。

7月4日，县城投集团与湖南省建筑设计院、湖南省第三工程有限公司正式签约新田城市供水工程建设项目，标志着新田2015年1号民生工程正式启动。县委副书记、县长秦山成出席签约仪式并讲话，县领导唐晓波、聂朝飞、郑智新及相关部门人员参加签约仪式。

7月8日，全县“百岁健康村”创建工作现场观摩会在枧头镇老屋村召开。会议通过学习先进典型，总结交流经验，查摆存在问题，研究改进措施，理清创建思路，动员大家统一思想、提高认识、振奋精神、凝聚力量，推动全县百岁健康村、百岁健康县创建工作迈上新台阶。

7月8日，召开全县农村农业工作调度会，总结前段工作，研究部署加快转变农业发展方式、优化调整农业产业结构、推进农业现代化等重点工作。

7月9日，召开“守纪律讲规矩”专题教育活动推进会，明确责任分工，安排部署下阶段工作任务。县委书记唐军在会上强调，各部门要通过开展教育活动，转变作风、推动工作、促进新田发展。会议通报“守纪律讲规矩”专题教育活动开展情况和取得的成效，明确领导小组办公室及综合组、宣传组、督查组等各组人员组成、工作职责，对下段的工作进行研究和部署。

7月9日，广东省东莞市农办主任、市农业局局长张永忠率考察组，到新田县考察农村土地承包经营权确权登记与都市农业、休闲创意农业、农业文化发展等工作。

7月9日，市委常委、市委宣传部部长石艳萍到新田调研公共文化设施建设工作。县委书记唐军，县委常委、县委宣传部部长赵红萍陪同调研。先后深入龙泉镇中山社区、图书馆、文化馆、宣传部、网格管理中心、网政办等地，分别查看社区网格化管理、图书管理、数字影院建设、群众文艺活动开展、网络宣传建设等内容，对新田各项相关工作提出意见和建议，对“新田发布”等新媒体工作给予高度评价，提出更高的要求。

7月10日上午，县委书记唐军带领相关县级领导及有关单位负责人，到正在装修的县政务中心新办公大楼现场办公，着重查找工作中存在的问题，研究部署下段工作。唐军强调，政务中心建设是民生工程，要统一思想，形成共识，抓落实；要倒排工期，加快工程进度，强化安全意识，保证工程质量；要主动作为，加强协调配合，及时解决问题；要强化督查，严格追责，确保任务安全顺利完成，真正把政务中心打造成为民办实事的服务平台。

7月14日上午，县委书记唐军主持召开县委常委会议，专题研究新田富锶矿泉水开发项目，要求项目在维护当地群众利益的前提下科学运作，实现共赢。

7月15日，北京九台集团考察团到新田考察洽谈富锶矿泉水综合开发项目、富硒农业综合开发项目和旅游业开发项目，与县人民政府成功签约富锶矿泉水综合开发项目意向书。

7月15日，召开创建国家卫生县城、农村环境污染治理、计划生育推进会。县委书记唐军要求各级各部门统一思想，抓落实，推进各项工作的顺利开展。

7月17日，2015年上半年主体班结业典礼在县委党校举行。县委常委、县委组织部部长、县委统战部部长彭俊卿参加结业典礼。

7月16日，县委书记唐军带队赴广州参加“2015广东省农村电子商务发展峰会”，参观学习发达地区先进经验，为新田县农村电子商务发展探索路径。

7月21日下午，新田县召开全面深化改革工作调度会。通报当前各项改革工作进展，分析存在的困难和问题，为下一步工作再安排、再部署提供参考。

7月23日，任远芳等开国元勋后代到新田考察红军遗迹保护工作，同时寻找父辈当年长征的足迹。

7月23日，县委书记唐军主持召开县委常委会议。讨论研究“四风”及省委巡视组交办问题整治、党风廉洁建设、与建工集团合作相关事宜、工业园建设、容积率调整、全面小康建设、计划生育、反恐防暴等工作。会上传达学习省、市相关文件精神，通报上次常委会议精神落实情况。县委副书记、县长秦山成等县委常委会议组成人员参加会议。

7月24日下午，县委书记唐军，县委副书记、县长秦山成等县领导到秀峰社区、新华社区进行创国卫工作现场办公，查找突出问题，研究解决方案，部署下段工作。

7月27日，县委书记唐军，县委副书记、县长秦山成，县人大常委会主任曹桂秀，县政协主席王佑生等县“四大家”领导，到县人武部等地走访慰问驻新田部队、武警、消防官兵，并通过他们向全县复退军人、军烈属致以节日的祝福和亲切的慰问。

7月27日，县委理论学习中心组进行2015年度第三次集中学习，专题学习计划生育和安全生产方面知识。县委书记唐军主持学习报告会，县委副书记、县长秦山成等县领导参加学习活动。

7月30日至8月1日，新田县党政代表团86人在县委书记唐军，县委副书记、县长秦山成的带领下，先后到常德市武陵区、长沙市岳麓区和株州市荷塘区，对当地城市建设、工业发展、棚户区改造、社会治理及干部队伍建设等方面进行全面系统的考察。于8月2日在行政中心召开上半年经济形势分析会、务虚会暨全面深化改革、全面小康社会建设推进会。总结上半年工作，查找差距，凝聚力量，为推进下半年工作做好铺垫。县委书记唐军主持会议，县委副书记、县长秦山成出席会议并讲话。

8月

8月4日，市督查组到新田督察农村产权制度、行政管理体制、社会治理机制三项改革工作。通过走访试点乡镇，查看资料，听取工作情况汇报等方式，了解新田县“三项改革”工作情况及存在的问题，对新田县下段改革工作提出意见和建议。

8月7日，深圳邵东商会和深圳（深莞）新邵商会到新田县开展商务考察，了解新田俊毅创新创业园建设情况。考察团参观华泰家私有限公司和俊毅创新创业园，在座谈会上观看新田招商引资专题片，听取新田县招商引资优惠政策介绍。

8月10日，新田县“135”工程标准化厂房建设项目正式签约，县工业园管委会与新田俊毅创新创业园有限公司正式签订合作协议，项目总投资3亿元。同日，新田俊毅创新创业园有限公司正式挂牌成立。

8月12日，全县综治民调、城镇居民医保、城乡居民养老保险工作动员会召开。县委书记唐军在会上强调，各级各部门要以高度的政治责任感、强烈的工作使命感，以更加振奋的工作精神、更加扎实的工作作风、更加的工作措施，抓紧抓细抓实各项工作。县委副书记、县长秦山成主持会议。

8月13日，全县基层党建工作推进会召开。传达贯彻全省组织工作推进会会议精神，分析研判上半年党建工作情况，总结成绩，找准差距，着力把全县党建工作提升到一个新的水平。

8月13日，县委副书记、县长秦山成召集征地工作领导小组成员召开征地工作推进会，讨论研究当前征地工作中存在的困难和问题，安排部署下段工作。秦山成指出，征地工作问题复杂、难度大，做好2015年征地工作是保障全县重点项目和城市建设的需要，是推动全县经济社会发展的重要工作任务，各级各部门要统一思想，齐心协力，攻坚克难；要正视成绩，找准差距，增强做好征地工作的信心和决心；要有大局意识，长远规划，用发展的眼光看待征地工作，涉及到群众利益的问题，必须公平公正，强化措施，明确责任，用高效的执行力来推动征地工作。

8月18日，召开全县基础设施建设、划行归市工作调度会，要求相关部门明确目标、加强配合、科学选址，制定方案，快速推进各项工作。

8月20日，举行2015年县委理论学习中心组第4次集中学习，深入贯彻落实党的十八届四中全会精神，践行“三严三实”要求，全面落实“两个责任”，推动新田县党风廉政建设和反腐败工作再上新台阶。

8月24日，2015年县“爱心·成就梦想”大学新生助学、奖励大会在新田一中大礼堂举行。陈泽金等99名贫困大学新生受到扶助，肖怡欣等9名优秀师生，胡朋等11名农村两女结扎户和农村独生子女户大学新生受到奖励。发放扶助和奖励资金50余万元。

8月26日，召开全县信访维稳工作会议。会议分析当前新田县信访维稳形势，安排部署相关工作，动员全县上下，集中力量，采取措施，确保“抗战胜利70周年阅兵活动”及中秋、国庆期间全县社会大局稳定。县委书记唐军出席会议并讲话，县委副书记、县长秦山成主持会议。

8月26日，由宁夏吴忠市农牧局副局长何建民带队的富硒产业开发考察团在新田县就富硒产业发展情况进行考察。

8月26至28日，开展2015年全县处级以上领导干部第二次“三严三实”专题学习活动，围绕“严以律己，严守党的政治纪律和政治规矩，自觉做政治上的‘明白人’”主题，进行3天的集中学习。县委书记唐军、县长秦山成分别主持集中学习和集中研讨阶段的学习活动。唐军强调，全县处级领导干部要“在三严三实”学习教育中领会核心要义、打牢思想基底。要始终坚持发展是第一要务，小步快跑，赶超崛起；始终坚持优先创国卫、供水工程、精准扶贫、教育强县等民生工作，努力提升老百姓的幸福感；始终做到率先垂范，带头讲党性，重品行，做表率，带头依法办事，带头廉洁自律，带头接受党和人民的监督，带头清清白白的做人，干干净净做事，堂堂正正做官，真正做到以上率下，努力打造一支一流的干事团队。同时，要吸取反面典型的教训，增强行动自觉，时常打扫思想上的“灰尘”，做到心存敬畏，手握戒尺；要在闲置土地的清理、断头路建设、打击“三非”、征地拆迁等具体问题解决中践行“三严三实”，努力赢得老百姓的理解、信任和支持，从而推进品质活力智慧新田建设。

8月27日，县委副书记、县长秦山成主持召开第27次政府常务会议。研究讨论交通运输工作、农村直供电网改革、“县城禁实”工作、老县委大院改造建设工作、城投集团2015年融资和建设工作、殡葬改革工作等事项。

8月28日，县委书记唐军，县委副书记、县长秦山成带领相关部门负责人深入重点项目建设现场调研，就推进下段工作进行分析研究和安排调度。截至8月底，新田县确定的83个实施类项目开工63个，开工率75.9‰，其中，国家投资项目开工26个，民间投资项目开工37个。唐军、秦山成要求相关县领导和责任单位要振奋精神，勇于担当，主动作为，加大解决困难的力度；要加快进度，按照“谋划一批、储备一批、争取一批、开工一批、竣工一批”的思路和考核要求，突出重点，强化责任，积极破解项目难题，推进项目建设，实施项目带动战略，以项目集聚生产要素，以项目促进产业优化升级，地推动全县经济社会的快速发展。

8月29日，全市安全生产示范创建流动现场会到新田县现场观摩安全生产示范创建工作成果。市委常委、副市长蒋善生以及各县区政府分管领导、安监局等部门负责人参加会议。县领导唐军、秦山成、唐富荣、唐晓波陪同。

8月31日，县委书记唐军，县委副书记、县长秦山成组织全县副处级以上党员干部约40余人，赴永州祁阳陶铸故居和纪念馆参观学习，开展践行“三严三实”廉政文化教育活动，缅怀革命先烈，重温入党誓词，接受革命传统和思想作风的洗礼。

9月

9月1日，县城市供水工程项目在莲花乡新屋场举行开工仪式，标志着备受群众关注的全县2015年“一号民生工程”正式进入施工阶段。

9月1日，县人民政府与永州泰华物流园有限公司正式签订综合商贸物流项目合作意向，标志着总投资约4.5亿元的综合商贸物流项目入驻新田。县委书记唐军，县委副书记、县长秦山成等县领导参加签约仪式，县委副书记唐富荣主持签约仪式。

9月1日，召开创国卫工作调度会，总结前段工作经验，找准差距，部署下段工作。县委书记唐军强调，创国卫是县委、县政府对全县人民的庄严承诺，事关全县发展大局，以及党和政府的形象。全县上下务必坚定信心和决心，树立创先争优、责任重于泰山、不断提升效率的意识，抓好主次干道整治、划行归市、基础设施建设、集贸市场管理的提质改造，以及城区管、网、线改造等重点工作。唐军要求相关责任领导和社区牵头单位领导要加强创国卫工作的指挥调度。责任单位要认真履职，强化问题导向，抓好整改落实。督查室、创卫办和各社区创卫办要用最严厉的手段、最严格的措施、最严肃的问责，推动创卫攻坚工作的开展，努力开创创国卫工作新局面。

9月2日，县委书记唐军主持召开县委常委会议，研究部署纪检监察、组织工作、打击“三非”行为、与新天地集团合作有关事项等工作。县委副书记、县长秦山成等县委常委会议组成人员参会。

9月2日，县委书记唐军，县委副书记、县长秦山成等相关县级领导和县直单位负责人到朝阳社区解创卫工作，查找存在的问题，召开办公会研究解决问题办法，布置下段工作。

9月3日，全县一批志愿者自发组织开展一次缅怀抗日英烈、慰问抗战老兵活动。旨在弘扬爱国主义精神，重温历史，勿忘国耻，增强民族自尊心、自信心和自豪感。

9月4日，新田俊毅创新创业园标准化厂房开工建设，这是县委、县政府积极贯彻落实《湖南省人民政府关于推进创新创业园区发展加快实施“135”工程的意见》，加快推进全县工业发展的重要体现和新的举措。

9月7日，县委书记唐军带领县委办、组织部、商务局、粮食局等部门负责人到龙泉镇白鹤仓村指导软弱涣散村党组织工作。

9月8日，政协新田县第八届委员会第十六次常委会议召开，听取并协商全县上半年经济工作和社会发展情况通报、全县上半年财政运行情况汇报。

9月10日，组织收看省委学习贯彻《中国共产党巡视工作条例》电视电话会，县委副书记、县长秦山成等县领导在新田分会场收看。

9月24日，省扶贫办副主任张智勇召集永州市各县区扶贫、农信社负责人，到新田召开扶贫小额信贷工作督导会。分析总结前段金融扶贫工作，找准存在的困难问题，明确今后工作思路措施，并督促各县区要提高认识，加大宣传，理清程序，放宽条件，简化手续，充分发挥小额信贷在推动精准扶贫中的重要作用。

9月25日，县委副书记、县长秦山成主持召开第十六届人民政府第二十八次常务会议，专题研究新田县“十三五”国民经济和社会发展规划编制工作。

9月25日，永州市新田县、郴州市桂阳县流动人口计生服务管理工作座谈会在桂阳县召开，两县计生部门签订流动人口计生服务管理区域协作协议。

10月

10月9日，中国光大集团党委组织部、人力资源部部长董铁峰，中国光大集团扶贫办副主任吕铁军一行4人到新田县开展对接帮扶工作。县委副书记、县长秦山成等县领导参加座谈会。

10月9日，“新田县分布式光伏电站建设项目”签约仪式在行政中心举行。县人民政府与湖南中技环保能源股份有限公司成功签订合作协议，项目总投资27亿元。

10月10日，团省委副书记罗琼等一行6人在团市委书记周亮的陪同下，到新田县开展“进村入户、访困问需、访贫问计”的扶贫开发“一进二访”活动，与骥村镇黄栗山村何兴国等6名特困户结为帮扶对子。

10月10日，县委副书记、县长秦山成主持召开全县重点项目建设调度会，通报新田县1至9月重点项目建设进展情况，研究解决项目建设遇到的困难问题，要求各相关部门强化措施，优化服务，确保全县重点项目建设顺利推进。

10月10日，县人大常委会组织视察县工业园及“135”工程建设工作进展情况。深入普瑞达、龙昶机械、俊毅创新创业园、广隆农产品等项目和企业进行实地查看，解决项目发展规划、建设进度及存在的困难问题。

10月12日，县委副书记、县长秦山成深入枧头镇、金盆圩乡，调研温氏畜牧一体化建设项目，实地查看项目规划、土地租赁情况，与温氏食品集团相关负责人进行沟通和交流。

10月14日，甲骨文科技、高格公司到新田洽谈电商等项目合作事宜。县委常委、副县长刘安平参加洽谈会议。

10月14日，永州市委副书记张严到新田县指导工作，先后深入县工业园、中山社区、东升农场等地调研经济社会发展情况，要求新田县要发挥优势产业，加大产业培育，做大做强工业；要把精准扶贫摆在突出位置，推进扶贫深入开展；要抓好“十三五”规划的谋划，突出交通、水利等基础实施建设。县委副书记、县长秦山成等县领导陪同调研。

10月15日，新田县220千伏变电站建设项目完成主体工程。

10月15日，县委书记唐军主持召开县委常委会议。讨论研究精准扶贫、“十三五”规划、创国卫、党建、督查考核、机构改革、秋冬生产、农村环境整治、网格化、电商和农村淘宝、殡葬改革等工作。会上传达学习市委全会等会议精神，通报四川省南充拉票贿选案查处情况等。县委副书记、县长秦山成等县委常委会议组成人员参加会议。

10月15日，省新闻出版广电局巡视员尹飞舟一行6人，在市电视台有关负责人和副县长霍修勇等人陪同下，到新田县大坪塘镇火柴岭村小山头自然村开展“一进二访”活动。

10月16日，县委、县政府召开对接阿里巴巴农村淘宝项目及电子商务宣传工作会议。旨在加快全县电子商务发展，促进阿里村淘项目尽快落户新田，营造招募合伙人舆论氛围，掀起农村淘宝宣传高潮。

10月17日，县委召开十一届四次全会，审议通过中共新田县委《关于肩负历史使命坚决打赢扶贫开发攻坚战的决议》。下午，在县文体中心召开全县精准扶贫工作推进会。县委书记唐军出席会议并讲话，县委副书记、县长秦山成主持会议。

10月17日，中国共产党新田县第十一届委员会第四次全体（扩大）会议在行政中心召开，主要任务是报告县委常委会2015年以来的主要工作，贯彻落实习总书记关于扶贫开发的战略思想和省市委加快推进精准扶贫的战略部署，审议通过《中共新田县委关于肩负历史使命坚决打赢扶贫开发攻坚战》的决议。县委书记唐军作工作报告，县委副书记、县长秦山成主持会议。

10月17日，召开全县基层党建工作推进会。县委书记唐军在会上作重要讲话，县委副书记、县长秦山成主持会议。会议在总结成绩的同时，指出当前新田县基层党建工作存在的不足，表现在主业主责意识不强、队伍管理不严、制度执行不到位、工作落实不力、工作方法不新等。会议要求，全县各级党组织要围绕中心、服务大局，找准基层党建工作与中心任务的结合点，突出重点，精准发力，不断创新党的基层组织发挥作用的途径和方式，提升基层党组织服务发展、服务民生、服务群众和服务党员的能力。

10月17日，全县政府职能转变和机构改革动员大会召开，会议对县政府职能转变和机构改革工作进行全面动员部署。县委书记唐军出席会议并讲话。县委副书记、县长秦山成作工作报告。会议由县委副书记唐富荣主持。县委常委、常务副县长唐晓波宣读《新田县人民政府职能转变和机构改革方案的实施意回顾总结2015年全县烟叶生产工作，分析当前形势，各乡镇进行交流发言，对2016年全县烟叶生产工作进行安排和部署。见》。会议公布政府机构设置方案，改革后，设置政府工作部门22个。

10月20日，集中召开全县创国卫、“三非”行为处置、绩效考核暨秋冬农业生产、农环整治、森林防火工作会议。要求各级各部门迅速行动起来，充分发动群众，依靠群众，扎实工作，克难奋进，为建设品质活力智慧新田做出新的更大贡献。县委副书记、县长秦山成提出工作要求。

10月20日，湖南省公安厅在新田县召开新闻发布会，通报公安机关成功捣毁一个以犯罪嫌疑人孙立春为首，总部设在河南，涉及全国20余个省市、会员达6.6万人，涉案金额6.6亿余元的特大跨省网络传销犯罪团伙案。永州市政府副市长、市公安局长刘新良，县委副书记、县长秦山成出席新闻发布会。发布会由省公安厅政治部宣传处处长姚涤非主持。

10月21日，省卫计委计划生育研究所书记赵仁贵率工作组到新田县进行人口和计生工作综合调查。调查组深入县直相关部门及乡镇进行现场调查和延伸调查，对调查情况进行反馈和通报。县委副书记、县长秦山成，县委副书记唐富荣等参加汇报会。

10月22日，国家发改委稽察办副司长徐林带领稽查组深入新田县，就2011年至2015年度国家易地扶贫搬迁工程实施情况进行专项稽查。

10月26日，参加全市工业园区暨重点项目建设流动现场会的全体与会人员在市委书记陈文浩，市委副书记、市长易佳良的带领下到新田县，实地观摩、点评、督导新田县重点项目建设工作。张严、高建华、唐定、董石桂、唐湘林、蒋善生、颜海林、石艳萍、舒平等市领导，秦山成、唐富荣、唐晓波、聂朝飞、陈学军、刘大兵等县领导参加考察活动。

10月26日，县政务服

务中心全面启用。该中心是目前全省规模最大的县级政务中心，是2015年县委、县政府二号民生工程。6月开工，建设工期仅用3个月时间，总面积6000平方米。60个职能部门、152个服务窗口、351项行政审批和公共服务事项入驻。

10月28日，召开全县乡镇区划调整改革工作动员会，贯彻落实省市精神，全面部署乡镇区划调整和建制村合并工作，动员各级党政组织和广大干部群众统一思想，提高认识，服从大局、步调一致，明确责任、落实措施，确保圆满完成乡镇区划调整改革任务。县委副书记、县长秦山成作动员报告，县委副书记唐富荣宣读《乡镇区划调整改革工作方案》。

10月28日，开展“三严三实”专题教育第三阶段集中学习活动，传达学习中央及省市文件精神，观看相关视频等，学习主题是：围绕严以用权、真抓实干，实实在在谋事创业做人，树立忠诚、干净、担当的新形象。县委副书记、县长秦山成等在职在家的副处级以上领导干部参加学习。

10月29日，县委、县政府举行“三严三实”专题教育第三次专题学习研讨会，围绕“严以用权”这一中心，从对严以用权的认识、问题的查摆、正确用权等方面进行深入的研讨交流。

11月

11月1日，湖南新田农村商业银行股份有限公司创立大会暨第一届股东大会召开。县委常委、常务副县长唐晓波以及60多名股东及市县银监等部门负责人出席会议。县政府副处级干部陈国盛主持大会。会议审议表决通过新田农村商业银行筹建工作报告、公司章程、股东大会、董事会、监事会议事规则等14项议案，召开第一届董事会、监事会，选举产生王惠珍为董事长的董事会、蒋冬才为监事长的监事会，聘任由唐晓华为行长的经营班子。会议邀请超创律师事务所律师予以全程法律公证。

11月2日，召开全县安全生产形势分析暨迎市政府安全生产年度考核动员大会，通报全县上半年安全生产情况，安排部署下一段工作。县委副书记唐富荣出席并讲话，县委常委、常务副县长唐晓波主持会议。

11月3日，永州市政协主席唐定在市政协秘书长宋可福的陪同下，到新田县调研红色文化旅游资源开发保护工作。县委副书记、县长秦山成，县政协主席王佑生陪同。

11月6日，召开全县烤烟生产工作座谈会。

11月10日，国土资源部离退休干部局党委副书记韩建立到枧头镇老屋村和莲花乡新屋场村调研新农村建设与土地整理项目工作。县委副书记荀志坚等陪同。

11月11日，县委书记唐军主持召开县委常委（扩大）会议，研究乡镇区划调整改革工作。传达学习全省乡镇区划改革工作交流会会议精神，听取前段工作情况汇报，着重讨论会议提出的《新田县合并乡镇预备实施方案》。

11月11日，县委书记唐军到龙泉镇白鹤仓村调研村支部软弱涣散专项整治工作时强调，基层党支部班子要有敢于担当、想担当，要敢于作为、想作为的精神，不断提高引领群众脱贫致富的本领及能力，真正为群众办实事，服好务。

11月12日，《永州日报》报道，新田等3县获得国家质量监督检验检疫总局批准，成为国家级出口食品农产品质量安全示范区。

11月12日，县委书记唐军先后深入东升农场、城市集中供水、中部家博城、新田大道、政务中心、创新创业园等地实地调研指导重点项目建设工作。新田县重点项目总数达131个，比2014年增加37个，引进亿元项目12个。

11月15日，第一届中国(湖南)富硒食品研讨暨博览会在常德市召开，新田3家富硒农产品企业获评“全国富硒明星企业”称号，5个富硒产品获“全国富硒名优产品”称号。

11月18日，县委书记唐军主持召开县委常委会议，学习传达上级文件精神，研究县纪检监察、乡镇区划调整改革、卫计委改革、精准扶贫等工作。

11月23日，县委书记唐军主持召开常委会，调度全县全面小康、绩效考核、扶贫开发和“1511重点投资计划”等当前工作，要求全县上下发扬南有新田精神，以高度的责任感和使命感，敢于担当的工作作风，扎实推进各项工作，确保全面完成年初的目标任务。县委副书记、县长秦山成等在家的县委常委会议组成人员参会。

11月23至24日，组织全县干部职工开展无纸化学法用法考试，160余个单位、6000余人参加考试。

11月26日，召开乡镇区划调整改革领导小组会议，讨论研究新田县乡镇区划调整方案的具体落实事项，安排部署下段工作。就调整后的乡镇如何设置党政机构、事业站所，如何确定编制、调配干部职工，如何清产化债、搞好档案移交，如何搞好农村安全饮水、公路规划，如何确保安全稳定实施等工作进行深入讨论，对相关工作进行责任分工。

11月27日，县卫生和计划生育委员会在原卫生局办公楼正式揭牌办公。县领导李祥佐、杨柳青，县卫计委负责人出席揭牌仪式。同天，县卫生计生综合监督执法局在原卫监所揭牌成立，由卫监所和社会抚养费征收管理局组合而成；县妇幼保健计划生育服务中心在原妇幼保健院揭牌成立，由妇幼保健院和县计划生育服务中心组合成立。

11月27日，县南部新城学校建设投资正式签约，标志着总投资约1.52亿元的南部新城学校建设正式启动，可解决幼儿园、小学、初中、高中等层次教育5200个学位。县委书记唐军出席并致辞，县委副书记、县长秦山成主持仪式，广东德恒兆业教育集团董事长彭建青等出席签约仪式。

11月27日，在县人武部召开县委常委议军会议，总结2014年以来新田县武装工作开展情况，研究部署下段工作。县委书记、县人武部党委第一书记唐军主持会议并讲话，县委副书记、县长秦山成等出席会议。

12月

12月1日，县委副书记、县长秦山成主持召开第31次县政府常务会议。审议《新田县政府投资和政府控股工程建设项目监督管理办法》《新田县不动产统一登记工作实施方案》《新田县城市建设资金管理办法（试行）》，研究讨论水利建设、工业园老园区土地清理工作、泰华综合商贸物流中心建设等。

12月2日，“新田县100兆瓦风电项目”签约仪式在行政中心举行，县人民政府与五凌电力有限公司签订项目开发协议，投资规模达8亿元以上。

12月4日，县委中心组开展第6次和第7次集中学习活动，邀请市委宣传部副部长王再兴、市委统战部副部长邓晓明、副县长霍修勇作专题讲座。学习中共十八届五中全会精神、统战工作条例等。县委书记唐军主持学习活动。

12月7日，花都区区委组织部部长李耀棠一行到新田县驻花都流动党委调研党建工作，花都区新华街党工委书记杨心妹等陪同调研。

12月14日，县城市建设投资集团公司正式挂牌成立。县委书记唐军，县委副书记、县长秦山成为城投集团揭牌。

12月15日，县农村淘宝县级运营中心开业，全县60个农村淘宝服务站点同期启用。标志着新田县在积极融入“互联网+”经济时代、发展农村电商产业的进程中迈出重要一步。副市长刘尤碧出席仪式并宣布开业，县委书记唐军致辞，县委副书记、县长秦山成主持开业仪式。

12月16日，召开2015年度党政正职述责述廉暨民主测评大会。永州市委常委、市委组织部部长、市委统战部部长董石桂率领市委检查组出席会议并作动员讲话，县委书记唐军，县委副书记、县长秦山成出席会议并述责述廉。

12月16日，县“智慧党建”云平台顺利开通上线，标志着新田县基层党建工作迈入“互联网+”时代。

12月17至18日，全市各县区党校系统“打赢脱贫攻坚战”理论研讨会在新田县召开。回顾总结2015年全市党校系统科研工作，并就做好2016年的科研工作进行部署。市委党校常务副校长许洋名在会上讲话，县委书记唐军出席会议并致辞。

12月19日，县书法家协会成立。县领导赵红萍、史立忠、胡宗高，省、市书法家协会、市县文联相关负责人参加成立大会。

12月21日，县委书记唐军主持召开县委常委会议。讨论研究绩效考核、区划改革、综治维稳、纪检监察、组织人事等工作。通报2015年度全县绩效评估考核、县级领导及县直单位联系乡镇情况等。县委副书记、县长秦山成等县委常委会议组成人员参加会议。

12月25日，县乡镇区划调整新设12个乡镇挂牌运行，新设乡镇党政干部安排调整到岗到位，成为永州市首个乡镇区划调整新设乡镇挂牌的县区。

12月25日，国土资源部扶贫办在新田县召开精准扶贫工作座谈会，以座谈交流和现场参观考察的方式，总结扶贫工作经验，规划下步扶贫方案。国土资源部扶贫办巡视员周景阳，县委副书记荀志坚，江西赣州市赣县和国土资源部新田扶贫中心相关负责人等相关领导参加座谈会。

12月25日，永州市委统战部副部长吕文桂率检查组到新田检查指导“同心工程”创建工作，通过查看现场，查阅资料，听取汇报，对新田县“同心工程”创建工作给予充分肯定。县委常委、县委组织部部长、县委统战部部长彭俊卿等陪同。

12 月 29 日，县中国中部国际家居博览城项目举行奠基开工仪式，标志着总投资 15 亿元的家居博览城正式开工建设，掀起新田县家私产业发展的又一个新高潮。江西鑫斌实业有限公司董事长张小斌，县委书记唐军、县长秦山成等县领导出席开工仪式。

12 月 30 日，举行县委中心组 2015 年第 8 次集中学习，专题学习党章知识和国防动员知识。

12 月 31 日，县委书记唐军主持召开县委常委会议。研究讨论建制村合并和县“两会”筹备等工作。传达学习省、市相关会议和文件精神。县委副书记、县长秦山成等县委常委会议组成人员参加会议。

新田概况

新田县行政区划图

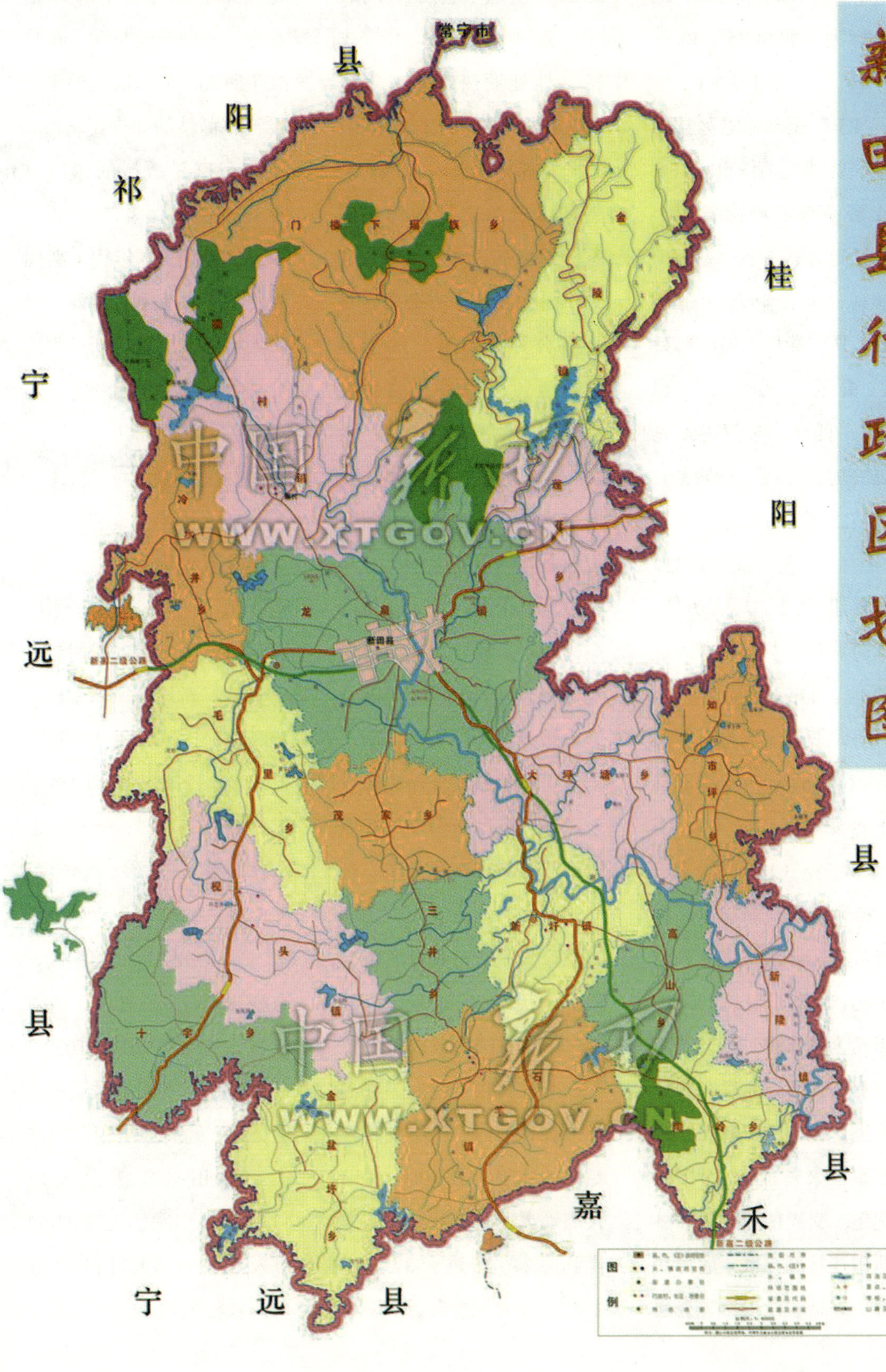

建制沿革

【概况】 新田县位于湖南省南部、永州市东南部，地理坐标为：北纬25°40`～26°06`，东经112°02`～112°23`。是革命老区县、国家扶贫开发工作重点县、国土资源部和湖南省国土资源厅定点扶贫县、湖南国家级承接产业转移示范区建设范围。春秋战国时属楚地。秦至汉初属长沙郡（国）。西汉、东汉时期先后属泠道、营道、舂陵县，三国、魏晋南北朝时属泠道、舂陵县。隋时属营道县。唐时属唐兴、延唐、大历县。五代时属延昌县。后晋为延熹县地。自宋乾德三年至元、明时期属宁远县。明万历二年（1574），设新田县营于今龙泉镇（城关）。明崇祯十二年（1639），由宁远、桂阳释地设新田县。县境东接桂阳，南临嘉禾，西接宁远，北毗祁阳，通常宁。新田历为军事要冲，上通两粤，下达长衡，湘粤有盆圩徐家铺、石羊圩和陶岭圩皆为军事往来之通道。新田区位优越，交通便捷。京珠复线新田连接线沿线，适为兵家必争之地。以十字、金通长沙、广州，新嘉二级公路连接厦蓉、二广等高速公路，省道S323、S282、S285、S324等贯通全县所有乡镇。

新田气候适宜，特产丰富。地处亚热带季风气候区，是湖南省“四大温室县”之一，森林覆盖率52%，空气和水资源质量均优于国家一级标准。境内土壤富含硒，面积998平方公里，是全省公开认定唯一的无污染富硒县、“原生态富硒食品基地县”，盛产烤烟、水稻、水果、药材、大豆、辣椒等富硒产品。烤烟大镇位于石羊境内，有名的“三味辣椒”位于陶岭乡。新田山川秀美，景色宜人。境内发现商周遗址48处。新田八景之极为奇特。新田文庙是全省可供旅游的8幢文庙之一，青云塔为湖南少见楼阁式砖石宝塔。在枧头镇，有“传统乡村的活化石”之称的龙家大院、三井乡的谈文溪村。历经2400多年风雨的“千年神树”银杏之王位于金陵镇镜内，现为国家福音山森林公园，高层次海外专家的休闲渡假基地。新田人杰地灵，人文蔚起，从宋代到清末，出进士34人，举人、拨贡130人。辛亥革命和北伐时期，有一门双烈士的蒋先云、蒋先烈兄弟。第一次国内大革命中，有同时为革命献出青春年华的曾令钧、曾令铨兄弟。抗日战争时期，有为保卫国家民族壮烈牺牲的郑作民将军，还有一家三教授的谢厚藩及其子谢义伟、谢义炳等等。20世纪60年代，新田人民曾大办水利，赢得一代伟人毛泽东“南有新田”的赞誉。

行政区划与人口

【概况】 2015年，新田县辖9镇10乡6社区，即：龙泉镇、金陵镇、骥村镇、枧头镇、新圩镇、石羊镇、新隆镇、十字镇、大坪塘镇、莲花乡、冷水井乡、门楼下瑶族乡、茂家乡、毛里乡、金盆圩乡、三井乡、陶岭乡、高山乡、知市坪乡，中山社区、新华社区、双碧社区、秀峰社区、双胜社区、朝阳社区。全县总面积1022.4平方公里，实现乡乡通电、通公路、通有线电视。2015年，新田县年末总人口43.15万人。常住人口33.92万人,其中城镇人口12.74万人，农村人口21.18万人。

城镇化率为37.56%，比2014年提高1.6个百分点。人口出生率14.95‰，死亡率7.2‰，自然增长率7.75‰。

气候状况

【概况】 新田县地处湖南南部、永州市东部，东邻郴州市桂阳县，南界郴州嘉禾县，西连宁远县，北交祁阳县及衡阳常宁市，境内地形复杂，山地交错，具有复杂的气候特点。新田县地处中亚热带大陆性季风湿润气候区，气温较高，严寒期短，夏热期短，春温多变，寒潮频繁，夏季多雨，夏秋多旱，光照充足，无霜期长，四季分明。 境内大部分地方年平均气温17.6℃～18.5℃，无霜期286～311天，日最低气温在0℃以下只有8～15天。年平均降雪日数4～7天，极端最低气温—4.9℃～—8.4℃。日平均气温≥10℃的积温6450℃～6800℃。年平均日照时数1384～1688小时，太阳总辐射量101.5～133千卡平方厘米，年平均降水量1280毫米～1530毫米。气候要素时空分布不均,山区高低悬殊，立体气候明显，水热分布差异大，局部小气候复杂。影响农业生产的灾害性天气多，洪涝干旱频繁，三寒明显，春季大风年年成灾，冰冻冰雹严重。全县既有温光丰富的大陆性气候，又有雨量充沛空气湿润的海洋气候。

【气温】 新田县年平均气温在18℃左右，南部相对高于北部。气温年变化较大，年较差在19.1℃～22.2℃，大致北部大于南部，盆地大于山丘。年最高气温出现在7月底至8月初，最低气温出现在1月初至2月底，4月～5月升温明显，是春暖夏热之际，10月～11月降温明显，及秋凉转秋寒之际。气温年际变化基本一致，年平均气温有明显的周期性。 境内气温日变化具有明显的季节性，一年中盛夏和初秋的变化最大，春秋季次之，冬季最小，日极端最高气温大部分地方达39℃以上，多出现在7月份，极端最低气温在—4.9℃～—8.4℃之间，一般出现在1月～2月。从地域分布看，极端最低气温北部低于南部。界限温度各地日平均气温稳定通过10℃平均初日在3月中下旬，平均终日在10月下旬后期。农作物生长活跃期247天～256天，积温5538℃～5841℃。

【日照】 全县年平均日照时数在1384.1～1688.0小时之间。夏秋最多，冬春最少，7、8月是日照最多的月份，一般在200小时以上，2月日照极少，在53.7～58.9小时之间。

【降水】 新田县各地年平均降水量在1279.6毫米～1527.2毫米之间，地域分布南部多于北部，山区多于平原，一年中降水主要集中在春夏雨季，约占年总雨量的70%，秋冬雨季约占30%，大部分地区春多于夏，秋多于冬，降水最大的月份在4月或6月，最少在1月或2月，降水在春夏之交，尤以4月～6月降水最多，占全年总量的40%。全县雨季一般开始于3月中下旬，结束于6月底。

【洪涝、干旱】 新田县春夏之交汛期期间，暴雨集中，降水强度大，加之多山地丘陵，坡陡径流迅速，容易形成山洪水灾，对工农业生产影响很大。从1951年以后的资料显示，50～80年代，洪水成灾的比例逐步降低，80年代后，全县水灾损失严重的年份有1981、1985、1991、1994等4年。在夏秋季两季内，由于副高的长期控制，容易形成高温干旱天气，从1951年以后的资料显示，全县范围内出现旱情的年份有23年，其中特大旱年有1960、1989、1990、1991年等五年。全县范围内，发生干旱的频率高于洪涝。

【寒潮、低温】 对农业有重灾影响的寒潮的低温天气主要以三寒（倒春寒、五月低温、寒露风）为主，倒春寒约在3月下旬持续到4月上旬，对早稻播种育秧构成农业气象灾害。当5月低温天气出现则影响早稻返青。寒露风出现则影响晚稻抽穗扬花。全县有50%～60%的年份有冰冻发生。

【风、雹天气】 新田县一年四季有大风出现，春夏最多，占全年大风日数的80%。冰雹发生于2月～4月或6月～7月年平均次数不多，大约为0.2天～0.8天。

自然资源

【植物资源】 新田有树种88科、106属、800余种。常见的有杉、棕榈、楠木、柳杉、樟树、白玉兰、油桐、栲槠、马尾松、湿地松、池杉、柏木、木荷、栓皮栎、枫香、香椿、泡桐、油茶、枣、柿等。珍贵树种有银杏、红豆杉、厚朴、香樟等14种。有草类124种。主要草种有刺芒、野古草、白芒草、黄背草、芒芒萁、扭黄茅、细柄草、狗落草、雀稗等。有野生药用植物557种。主要有远致、紫金牛、八角枫、山花椒、桔梗、沙参、前胡、鱼腥草、车前草、益母草、天冬、麦冬、半支莲、茜草、木通、大血藤、鸡血藤、金银花。

【动物资源】 按生态动物地理群区划，新田属亚热带灌草—农田动物群。野生动物有700余种。兽类有蝙蝠、穿山甲、松鼠、豪猪、褐家鼠、小家鼠、刺猬、黑线鼠、猪獾、华南兔、水獭、果子狸、中华竹鼠、聋猪、野羊、鹿、獐等。原有的华南虎、金钱豹、牙獐等动物已绝迹。禽类有白鹭、野鸭、鹰、狮头鹰、鹞、鹧鸪、黑颈长尾雉、锦鸡、竹鸡、斑鸠、雷鸡、大杜鹃、猫头鹰、翠鸟、百灵、云雀、白头翁、家燕、八哥、乌鸦、喜鹊、山雀、山喜鹊、画眉、麻雀等。两栖类有棘胸蛙(石板蛤蟆)、金线蛙、泽蛙、中华大蟾蜍(癞蛤蟆)、中国雨蛙等。爬行类有壁虎、铜石龙子(狗婆蛇)、鳖、乌龟、蝮蛇、蕲蛇、竹叶青、金环蛇、银环蛇、赤链蛇、乌梢蛇、水蛇、眼镜蛇等。鱼类 有5目、15科、59属、94种。常见的有胡子鲶、鲤鱼、鲫鱼、鲢鱼、草鱼、鳝鱼、泥鳅等。其他水生动物有背角无齿蚌、三角帆蚌、螺、虾、蟹、蚬等。昆虫主要有蚕、蜂(种类较多,唯蜜蜂家养)、牛虻、蚊、蝇、螳螂、蝗虫(俗称草蚂)、蚁、螟虫、天牛、萤火虫、蝴蝶、蜻蜓、蟑螂等。

【矿藏资源】 新田境内金属矿有铁矿,总储量约30万吨,主要是赤铁矿,残存于红土壤中,含铁量多在40%以下。锑矿主要在道塘,储量8500吨,属中型低温热液脉状矿藏,含纯锑70%左右,伴有镓、锗等稀有金属。解放前后已经开采，锑矿资源现存不多。此外，境内尚有少量铅、锌、锰、金、银、白钨等，均无开采价值。境内非金属矿主要有煤矿，总储量3252万吨，均属下石炭纪测水煤系。煤层薄，煤质差，如龙溪煤矿煤层厚仅有0.1米～0.4米，含磺铁矿等杂质高达40%～60%。此外，还有少量重晶石、石英、冰洲石、油页岩等。

【水资源】 新田的水资源和水能源均较贫乏，全县水资源蕴藏总量为8.7亿立方米,其中6.62亿立方米形成地表径流。水能资源蕴藏总量为24421千瓦,其中可供开发利用的仅有13000千瓦，截至2003年年底，已开发水能源资源4600千瓦，占可供开发的35%。 新田水资源的特点：水资源贫乏县境内河溪的坡降大、河床窄，水易涨易退。新田河汛期最大流量可达每秒609立方米，枯水期仅每秒0.025立方米,且枯水期长。地下水开发困难，全县地下水丰富,蕴藏量达2.05亿立方米。截至2003年,全县地下水提引量1421.78万立方米,仅占蕴藏量的6.9%。全县有熔岩泉井87处,截至2003年,只开发25处,占总数的28.7%。

【土地资源】 新田成土母岩以砂岩、石灰岩为主，土壤属南岭山地红壤。全县人多耕地少，难以利用的土地多，土地后备资源不足。有三个特点：第一林地多于耕地。全县林业用地75.1万亩,占总面积的49%,人平林地2.2亩;耕地面积22.79万亩,占总面积的14.9%，人平耕地约0.7亩且耕地分布不均。第二土壤种类多。全县有水稻土18.16万亩、菜园土226亩、潮土635亩、红壤58.69万亩、山地黄壤42427亩、石灰土27.7万亩、紫色土4293亩7个土类，17个亚类，53个土属，119个土种。第三宜农荒地少。全县有荒地20.635万亩，适宜开发的面积不多。

【旅游资源】

【青云公园】 位于新田河上游东岸，距县城南部1公里。1996年12月筹建。1997年，以青云塔为中心，征地516亩，加上原有土地42亩，共558亩，种植国外松10万株，另在各景点种植少量的樟树、柏树、桂花、天竺桂、银杏等观赏林。2003年6月，投资200万元，新增征地89.9亩，新修简易公路至翰林山下，从山下到山顶修筑石板踏步2000余级。架设高压输电线路至山顶。入夜，以彩灯装饰的青云塔金碧辉煌。同时，恢复青云塔被毁坏的护栏，修建景观台、仿竹亭、园林小晶各一。园内的青云塔，始建于清咸丰九年（1859）。2003年，被列为市级文物保护单位。青云塔占地面积729平方米，通高35.46米。登临塔顶，新田县城尽收眼底。青云塔下，有新田东、西两河汇集后形成的第一处深潭，悬崖峭壁处，有一岩洞，因产珠砂而得名“珠砂岩”。入口处，高2米，宽4米。游人可进入。相传深潭下，有另一入口潜水可进入岩洞，洞深能通祁阳。每当月白风清，青云塔婆娑印月，静谧而神秘，幽雅而朦胧。月色下，河水漾起美丽的涟漪，吸引着众多游客来此休闲，观赏“珠砂夜月”。清代县令沈维恒，曾在珠砂岩留下诗句：“新田人向珠砂游，坐我龙嘴看水流。握手低窥千尺泻，倒吞阁影万崖秋。”

【孝文化公园】 新田县孝文化公园位于新田县龙泉镇境内，是目前全国规模最大的孝文化主题公园。公园占地11万平方米，集孝德教育、敬老养老示范和休闲旅游为一体。主要景点有孝文化主题广场、孝文化博物馆、“天地和谐”主题广场、二十四孝主题走廊、观景眺台、“历史长河”景观水系、滨江休闲步道景区等。公园2010年9月动工兴建。一期工程2011年12月完工。

【新田文庙】 位于旧县城，距县人民政府东南百米。属全省可供旅游的八座文庙之一。在湘南一带，除宁远文庙之外，唯有新田文庙保存完整。新田文庙始建于明崇祯十二年（1639）。整体建筑呈椭圆形，占地面积2500平方米，设4米高的围墙环护，庙宇结构严谨，造型精美，规模庞大，古朴庄重。新田文庙以石雕、木刻享誉省内外。正中大门上阴刻“灵星门”，上、下石梁浮雕麒麟狮象、双龙戏珠、飞凤朝阳，跳跃奔突，栩栩如生。大成门上方木雕鎏金麒麟一对，形像逼真。大成殿是文庙主体，殿宇轩昂。殿前斜坡石雕五龙戏珠丹墀图，丹墀两边平台，原有汉白玉镂雕动物凭栏，现已毁。大殿前檐照坊上，雕刻各种飞禽走兽，大成殿，红墙黄瓦，斗拱飞檐。崇圣祠门口亦有浮雕石龙丹墀图。新田文庙，基本保存原建筑物的风貌，吸引着众多游人前来欣赏、研究古代石雕、木刻艺术。2003年，省人民政府拨专款进行维修，第一期维修工程竣工。

【蒋先云故居】 蒋先云故居位新田县大坪塘镇大坪塘村，距县城12公里，始建于清乾隆四十一年（1776年），由蒋先云的高祖登堂公所建，因故居前有一形如半月的池塘，故蒋氏族人又称之为“月光塘（堂）”。清光绪二十八年（1902）农历7月14日，蒋先云出生在此，他的童年、青少年皆在这里度过，直到踏上革命征程。蒋先云故居坐北朝南，系明清时期砖木结构建筑，布局严谨，古朴典雅，整体呈长方形平面，建筑沿着中轴线自南向北递次构建，在中轴线两旁布置陪衬的建筑，两相对称。其主体建筑由1口池塘、3个厅堂、2个天井、12间厢房组成，形成“一池三堂两井十二间”的格局。建筑总面阔为12.5米，总进深为36.6米，建筑面积457.5余平方米。2011年，被评为“省级文物重点保护单位”。2012年被评为“湖南省爱国主义教育基地”。

【小源会议旧址】 1934年7月，根据中共中央、中革委的电传训令，红六军团为配合中央红军第五次反“围剿”，给红军主力转移“探路”，从湘赣根据地突围西征。8月20日，红六军团主力由桂阳进入新田，军团司令部设小源村。当晚，由湘赣省委书记、中央代表任弼时和萧克、王震组成的红六军团军政委员会召集师团以上干部，在小源“丽正书斋”楼上召开重要会议，会议主要议题是分析敌我态势，研究和制定红六军团行军路线，乘敌人部署就绪前抢渡湘江方案。会议决定，部队在首战新田城后作短暂休整和补给，开展扩红工作，主力部队提前执行向新化、溆浦前进，如情况有变，则在新田、祁阳、常宁地域发展游击活动，创立新苏区的第三步计划。中央党代表任弼时在会上正式宣布成立红六军团领导机关，萧克为军团长兼红十七师师长、王震为军团政委兼红十七师政委、李达为军团参谋长、张子意为军团政治部主任、龙云为红十八师师长、甘泗淇为红十八师政委、谭家述为红十八师参谋长、方礼明为红十八师政治部主任。小源会议对于红六军团成功抢渡湘江，为红军主力探明路线，顺利实现与贺龙领导的红二军团会师发挥重要决策作用，军团也从9700余人发展到1.1万多人。

【郑作民故居】 中华民国国军第二军第九师师长郑作民将军故居，位于境内高山乡高山村西侧，始建于民国26年（1937）民国28年，（1939）完工。坐北朝南，面对陶岭，故称“陶庐”，带有典型的苏俄建筑风格。占地面积2600平方米，建筑面积1000平方米，2012年，被评为市级文物保护单位。2012年，新田县史志办申报革命老区项目资金，将小源会议旧址、蒋先云故居、郑作民故居捆绑打包，报省立项。在省委书记周强关心下，省发改委立项，向老区办下拨500万元，郑作民故居150万元。经过两年多的修缮，故居面貌一新。

【谈文溪村】 谈文溪村位于新田县南部三井乡，是国家AAA级景区、省级历史文化名村。谈文溪村始建于明初，既有多样化、多元化的古建筑及文化，又有优美的自然景观，是湘南古村落中最具代表性的古村落文化遗存之一。2009年，被评为“湖南省历史文化名村”。2011年，被评为“湖南省文物保护单位”。谈文溪全村皆为郑姓，据碑刻载：“余族坊名谈文喜，自明初之际始祖富公由深圳坊卜迁于兹地”，至今有600多年的历史。全村略呈正方形，坐北朝南，四周群山环抱，村后有九老观图；村前有七仙拱贵，如观仙境。村外两溪萦绕东流，其余三面有巷无门。村前有月塘，村后有方塘，意喻天圆地方。文溪家庙建于村东，雕龙画凤，刻字书文，形势华美，底蕴深厚。现存古宅26座，呈三横十一纵排列，巷道纵横交织，迂回婉转，街道均为青石铺地。村外山泉多处，泉水喷涌而出，清泉终年汩汩流淌，整个村落以水为骨架，水、路、桥民居融为一体。全村有八景：“印浮水面”“笋矗云根”“松籁传响”“泉波喷香”“灵龟化石”“游龙抱珠”“七仙拱贵”“九老观图”。水口有小山生于溪中名印心塞水口，谓之“印浮水面”；村后方石叠磊高一丈二尺，谓之“笋矗云根”；村左青龙山古松成林，谓之“松籁传响”；村右有石井回香不竭，谓之“泉波喷香”；宅内生有石龟蹲伏于庭中，谓之“灵龟化石”；庵后有青龙迂旋若龙山下小岭园美如珠，谓之“游龙抱珠”；村前武当山七顶拱照喻意七仙拜佛，谓之“七仙拱贵”；族后土岭石砠九顶因名九老，谓之“九老观图”。

【大冠古堡】 新田古堡群中，尤为特别和神秘的是大冠岭古城堡。城堡位于毛里乡向西林村西北面1公里处的冠顶峰上，在新田、宁远两县交界处，距县城18公里。城堡所处山头海拔685米，相对高度208米。据湖南省文物专家考证，这是全省保存最为完好的一处古堡遗址。大冠堡大致成圆形，依山就势而建，覆盖整个山头，城堡系青石结构建筑，城墙高5米，厚约1.8米，周长346米，面积6969平方米，为凤凰县黄丝桥古城的2倍。筑城所用石料全部采用大块厚重条石嵌楔砌就，坚固结实。石面精钻细凿，表面平整。古堡在东面、西面、北面开有三道城门，唯独南面没有开门。整个建筑的方位布局暗合阴阳五行，东青龙、西白虎、南朱雀、北玄武。玄武主水，北面有井一口。朱雀属火，南面没有开门。古堡北面和南面城墙转角处有岗亭建筑遗迹，城堡内有房屋建筑遗址17处，房屋基脚皆为长方形条石，房屋规划布局清晰可辨。古堡现存遗址，其主要建筑材料为青石，所耗石料极多，而城堡内石山均保持原始风貌。古城堡完全用人工凿平的条石砌就。

【秀峰寺】 秀峰寺位于新田县陶岭乡东山岭村，东山岭村依在山脚，村口大拱门上赫然写着“七祖活佛故里”烫金大字。秀峰寺大厅有七祖活佛金身塑像。秀峰寺面东而建，寺庙的围墙上写着“阿弥陀佛”等字样。2011年年底，秀峰寺被永州市民族宗教事务委员会批准为宗教活动场所。

【李氏大屋古建筑群】 李氏大屋又名李魁甲大屋，位于新田县金盆圩乡李千二村。清道光四年（1824），由李魁甲出资建设，经长达13年的修建，于道光十七年（1837）建成现在的规模。李氏大屋坐北朝南，依山傍水，规模庞大，气势雄伟，以“七十二条进出门”著称。所有建筑为砖木石结构，呈“三堂四井十二间七十二门”的格局。大屋共三进，总面阔21.7米，总进学32.26米，建筑面积492.72平方米。大屋依次为大堂、中堂、正堂（神堂），两侧均为木质结构的厢房共10间，与四天井相连，浑然一体。正堂两侧置两耳房。大屋建筑上的木雕、石雕、墙画、花鸟虫鱼、飞禽走兽等，形态各异，造型逼真。该大屋被专家誉为“中国建筑艺术宝库中的一颗璀璨明珠”。2011年，被湖南省人民政府公布为省级文物保护单位。

【“楚南望族”、锦衣世家——骆铭孙】 骆铭孙村位于新田县金盆圩乡南部，780余户3400余人皆为骆姓，以其先人“骆铭孙”为村名。骆铭孙村历史悠久，声名显赫，据《骆氏家谱》记载，骆氏先辈明初洪武年间已生息于此。骆铭孙村现存明代建筑3座以上，其历史之久远，规模之宏大，建筑之精美，保存之完整，在古民居中极为罕见。村中建筑以骆氏公祠为最。公祠占地1.2亩，前有天井，后有大厅、神坛，两侧为厢房。梁柱皆由粗壮笔直的硬木构成，柱础上麒麟龙凤珍禽瑞兽图案石刻浮雕神形兼备；柱撑上木雕花纹形象生动，古朴大方，刀法细腻流畅。公祠前门牌楼结构复杂，制作精美，飞檐斗拱，牌楼上“楚南望族”四个楷书大字大气磅薄。骆氏诸代人中，官吏名士甚多，村中有一骆安公排楼，楼上“锦衣总宪”匾额为万历御赐。据家谱记载，骆安官至锦衣卫都指挥使(锦衣总宪)。

【河三岩村】 河三岩村位于新田县西南边界金盆圩乡，与宁远接壤。该村整个古民居布局严整，外围轮廓略似四方形，村内巷道纵横交错。设有公祠、议事堂、娱乐场地、晒谷场等公共设施，两口古井一东一西，井水流出顺着沟渠绕村而过，构勒出“溪自墙边淌，门朝水边开”的画面。2014年，河三岩村因其明清古民居保存完整，被收入第二批中国传统古村落名录。

【仙姑岩】 又名白石岩，位于新田县十字镇大冠岭上，属十字镇乐塘村辖地，离新田县城约30公里。仙姑岩内有三道门，门框都是青石自然形成。第一道门是一块小坪，岩石边有一眼水井，有小鱼小虾，水可饮用。该井人不用它时水也不外溢，多人饮用也不降水位。第二道门是一个大厅，已坍塌。第三道门有一个大厅，厅中有一较大的庙，就是仙姑庙。庙前有先民们用条石砌的一道孤形围墙挡风避雨，刻有六十四签的石碑整齐地嵌在围墙上。因石牌较高，加上日久风化浸蚀，刻字有些模糊，但依稀可辨。仙姑岩“福龟石”头部朝向的水落脚三村（燕村、管家、盘家），人数不到2000人，却频出人才。据统计，截至2014年年底，水落脚村走出的厅级干部3人，处级干部3人，科级干部4人。

【小岗大岭】 位于新田县城东南面，距县城4.5公里，海拔466米，周围有小岗、杨家坪、霞落岭、秀岭水、周家洞等村，山顶平坦。1997年9月，在小岗大岭山顶建无线调频、电视综合发射台。1998年9月29日竣工，并修通专用公路4.6公里。无线调频、电视综合发射台，为六边形无缝钢管结构。钢塔总高度80米，塔身64米，设3个工作平台，桅杆12米，装九道蝙蝠翼天线4层。桅杆顶部装MMDS多路微波发射天线一副，天线长3米，重量约25公斤。整个发射台重35吨。机房建筑面积500平方米，机房前设有花池，种植奇花异草，常绿观赏林。主要植被有马尾松、翠竹、山苍子、映山红等。早春2月，满山遍野开着银白色的山苍子花，香气袭人。4月～5月，映山红如火如荼，逗人游览观赏。夏季，绿荫覆盖，凉风悠悠，是避暑的好去处。

【座歌堂】 瑶族以前在过春节、嫁娶、生日、迁居等喜庆日子举行座歌，也称之为“谈笑”。某家来远客、稀客，同村的青壮年就组织一些与来客年龄相仿的男女歌手到主人家“座歌”帮助主人陪客。一般是男歌手陪女客，女歌手陪男客。由房主人主持，大家围着火炉坐好，用歌开头简单介绍双方认识后，双方歌手便互相递烟、敬茶、让座为题开唱。内容一般分四步：进乡、叙众、谢主、相送。全过程都用歌来交流表达。

【盘王节】 又称为“做盘王”“跳盘王”“还盘王愿”。盘王节是瑶族人民最盛大的传统节日。节日期间，大家欢聚一堂，诵经做法，祭祀祖先，同时敲响铜鼓、唱起“盘王歌”，跳起“盘王舞”，欢庆丰收，祈求来年风调雨顺、人畜兴旺。1983年，国家民委在南宁召开全国瑶族5个支系会议，确定每年农历10月16日为瑶族

“盘王节”日。

【秀峰岭风景区】 位于新田县城东北部，地理座标为北纬25°57″30”～20°01″32”，东经112°14″43”～112°17″55”，北靠阳明山系。南北长7.4千米，东西宽6.4千米，总面积5万亩，划入公益林面积29100亩。林业用地27883亩，其中，天然林18124亩，人工林9759亩，退耕还林、恢复植被面积4140亩，湿地面积3209亩。风景区地势较复杂，总的趋势是西北高，东南低，以中山地貌为主，南部丘岗分布，海拔在214米～732米之间，群山重叠，山峦起伏，加之气候适宜，是全县野生动、植物资源和自然资源的宝库。风景区林木种类繁多，有54科178种。人工植被在中山区以杉木为主，丘岗区以马尾松、柏木、油茶为主。天然植物主要有木兰科、樟科、蔷薇科、含羞草科、蝶形科、金缕梅科、茶科等，间有一些中亚热带常见的树种。其中，属国家和省重点保护的有银杏、鹅掌楸、蓖子三尖杉、观光木、厚朴、凹叶厚朴、南方红豆杉等20种。有鸟类38种，兽类27种，其中属国家和省重点保护动物有白鹭、杜鹃、猫头鹰、豪猪、竹鼠、蛇、蟾、蛙、黄鼬等。

【金陵水库】 位于新田县东北部，日东河上游，距县城9公里。主坝位于莲花乡米田寺，黏土心墙，高45米，坝底长26米，宽228米。副坝位于金陵镇龙珠村，均匀土质坝，高21.5米，坝底长46米，宽100米。全库汇水面积109平方公里，正常水面5270亩，正常库容3800万立方米。米田寺钢筋混凝土拱形渡槽长84米，最大高度12.2米，过水断面宽2.2米，深1.6米。高桥倒虹吸管长278米，内径1.3米。芦山渡槽长40米，最大高度12米，过水断面宽1.2米，深1.4米。枫树坳溢洪道，最大溢洪水位海拔高度达364.4米，调洪泄量每秒219立方米。主坝雄伟壮观，米田寺渡槽和芦山渡槽横空出世，高桥倒虹吸管飞龙腾跃，构成一幅幅景观。仿瑶族吊脚楼建筑的“金陵山庄”，面积300平方米，内设营业大厅，包厢。修筑旅游公路1000米，架设高压线2000米，备有40座大游船3艘、快艇一艘。金陵水库已初具“山上旅游，山下观景，水上娱乐，岸边垂钓”的功能。

【大冠岭吊脚楼】 位于新田县城西南大冠岭南麓，海拔633米，属十字乡大岭头村。建于民国16年（1927），整个建筑群占地面积1.2万平方米，座北朝南。四周筑有条石结构的围墙，白灰粉刷，高2.5米。设有7条槽门供出入，门框也用条石砌就。主体建筑分住宅、花园两部分。住宅为“悬山顶式”，屋墙下部用条石砌3米高，再用“三六九”型号青砖平砌，建有3层楼房20栋，最高楼房12米，最低楼房9米，参差不齐，错落有致，布局巧妙。其中有4幢吊脚楼房，每幢正中为客厅，宽5米，长10米，有天井和厢房。3000平方米的花园设在屋后，园中设有花池、盆景、池塘等，整个建筑装饰精美，保存完好，可供游览。

【彭梓城古民居群】 距新田县城西南18公里，属枧头镇，距镇人民政府2.5公里，现为彭梓城行政村。全村570户、2300人。其中彭姓占95%以上。20世纪50年代初，改称“彭梓城”，沿用至今。彭梓城古民居群始建于元至正年间（1341～1388）。现保存比较完整的建筑物，为明、清建筑，其中清朝的建筑占70%。建筑结构为砖木结构，基础为青条石，石灰浆砌，横竖勾缝。青砖瓦房，飞檐翘拱，造形古色古香。整个古民居群占地面积9.45万平方米，建筑面积7.56万平方米。四周设围墙环护（现已毁）。整体规划富于想象力，通风、通水、通行、采光设计巧妙，布局合理，皈依自然，体现古建筑“天人合一”的理念。建筑物的门、窗木刻花鸟鱼虫、飞禽走兽，形态各异，造形逼真。村莊内设书院1座，公祠4座。彭梓城建村历史悠久。在明、清时期，根据“天地一体，造化阴阳”之风水学，运用自然条件，人为造设“彭梓城八景”：磷窍咽波、石门夜月、清泉沐犀、双峰插翠、潭天秋色、屏山听读、西岩渔隐、鳌背横桥。清泉沐犀，即一口天然大井内，有一块卧于井底的岩石，酷似犀牛昂首翘尾，憨态可掬，泉水则从岩石缝汩汩涌出，如犀牛在井水里嬉戏溅起的水花。成年累月，不分春夏秋冬，无论洪涝干旱，泉水清澈如镜。至今仍有极高的观赏价值。鳌背横桥，即村东50米处，有一泉水叮咚的小溪，一石桥从东岸酷似鳌背的巨石上跨过对岸，彭梓城古民居群，既可供旅游观赏，又是研究明、清建筑的资料库。2003年5月，被永州市人民政府列为市级文物重点保护单位。

【滨河风光带】 位于新田县城五乡圩东侧新田河沿岸。第一期工程征地8.1万平方米，投资1152万元，2003年规划并动工，年底竣工。滨河风光带以新田河为骨架，依河道和城市干道，划分3片4个功能区。河西建立主广场，以集会、娱乐、休闲为主。河东建配套广场塑造精品景观，创造呼应、回合气氛。也是县城居民的一个群众文化、体育活动中心。

【玉峰寺】 玉峰寺位于新田县龙泉镇境内的玉峰山下，前身为朝隔庵，始建于宋朝嘉定十七年（1224）。清朝中期，更名为“玉峰寺”。玉峰寺是弘扬佛法，祈求国泰民安、百业兴旺的宗教活动场所。

【福音山森林公园】 新田县福音山森林公园属阳明山脉，2009年被评为省级森林公园，公园入口位于县城东北5公里处。公园内山峰绵延，峡谷密布，其中，奇峰50余座，峡谷80处，流泉上千，境内最高海拔800米，最高峰双巴岭两山并列，形似姐妹。园内有大面积的原始森林。其中银杏、红豆杉等一级保护植物10余种，穿山甲、野猪、獐子等国家二级保护动物数十种。园内主峰福音山为湘南著名的佛教名山，现存福音庵遗址，其鼎盛时期湘南、潇水一带百姓上山求神拜佛络绎不绝。

【九峰竹海】 九峰山景区位于新田县门楼下瑶族乡九峰山脉，山脉中群峰巍峨，山峦重叠，最高峰天崎岭海拔985米。九峰山3万亩松竹林四季云雾缭绕，气候宜人，顶板瑶文化独特迷人。九峰山中的大小溪流汇入茶陵河，源远水清、滩险水急，河床平均宽度10米，一般宽8米～15米，适宜漂流段约8千米，落差90米，适合开发旅游漂流项目，是一个天然的休闲娱乐胜地。

【南国第一泉—鹅井】 新田县石羊镇武当山顶上西边约五公里的石羊古洞之中，有一汪清泉喷涌而出，即为“鹅井清泉”。鹅井永不枯竭，水尤清洌，晶莹如镜，一年四季长流不断，有诗赞曰：“旱焦尘土流无减，雨倒昆仑量不添。”整个石羊古洞的五万亩粮田，全靠这一川鹅井灌溉。鹅井水面约一亩，年出水量达1881万立方。石羊鹅井已被列入《辞海》词条，被称为“南国第一泉”。

名优特产

【烤烟】 新田县是全国烤烟生产基地县、湖南省烤烟生产重点县。新田从1961年开始种植烤烟，在20世纪80年代初形成规模。全县历年烤烟种植面积在5万亩以上，烟叶产量稳定在1000万公斤以上，最高年份收购烟叶2800万公斤。新田自然条件适宜，种植经验丰富。烤烟种植，采用良种良法，栽培规范，烤制科学，烟叶色泽金黄，油份足，香味浓郁，烟碱适中，是生产卷烟的优质原料。新田县致力于发展现代烟草农业，转变烤烟生产方式，烤烟成为新田县农业产业结构调整的支柱产业，农民脱贫致富的拳头产品。

【三味辣椒】 新田县陶岭乡出产的一种辣椒，肉厚，鲜红，透明，从外表可以看到里面的籽粒，具有辣、甜、香三种滋味，被称作“三味辣椒”。在陶岭一带种植有3000多年历史，远销新加坡、斯里兰卡和印度尼西亚等国。通过传统工艺与现代科学结合精制而成的辣椒酱，具有天然的香、甜、辣之特点，富含抗癌元素硒、氨基酸、胡萝卜素和钙、磷、铁等营养成份，具有开胃、健脾、养颜等功效。在营养成份充分保持下，辅以富硒大豆、萝卜、茶油等绝色食品，营养丰富，开胃可口。2014年6月，“陶岭三味辣椒”通过国审会，是新田县首个获得批准的国家地理标志保护产品，是永州市第三个获批产品。

【水桎花生】 新田的土壤和气候适宜种植花生，故种植花生历史悠久。培育出来的花生颗粒饱满，色泽鲜艳，成为传统经济作物。全县每年种植花生保持在3万亩左右，产鲜花生保持在1万吨左右。新田水桎花生，采用传统工艺，手工制作。制作前，把刚从旱地挖出来的鲜花生，洗净泥土，晾干水珠备用。选择1厘米～2厘米大的河卵石2.5千克～5千克洗净，在大铁锅内加适量茶油，用猛火爆炒，待河卵石炒红，再将鲜花生5～10公斤倒入大铁锅，与炒红的河卵石混炒，直至花生炒脆出锅。“水桎花生”既吸收河卵石之天然原气，又保留花生的泥土气息，猛火爆炒，浑然速成，花生外观金黄，颗粒红衣起皱，肉质香、酥、脆，色、香、味俱全，在湘南一带久负盛名。

【醋水豆腐】 新田县石羊醋水豆腐　（迎硒康富硒醋水豆腐），获2013首届老年节九九敬老会百名国家机关老干部老将军健康养生大会指定产品称号。为华夏银行杯第五届中国（湖南）山乡美食文化大赛暨湘鲁粤琼沪海鲜美食邀请赛指定产品。中国工程院院士、世界华人健康饮食协会荣誉主席袁隆平关注新田石羊醋水豆腐，对新田富硒醋水豆腐给予高度评价。

【大块肉】 新田俗称“熬肉团子”。大块肉是南乡地区每家每户的主菜，做法极为讲究，肉选用优质的五花肉，切成 2 两～3 两每块，放入沸水中煮到全熟，并放入诸如香叶、八角等香料，让香味渗入其中，当皮子刚好富有弹性又不能戳烂的时候将其捞出，把握好火候才能保证肉的劲道和口感，再将盛出的大块肉倒入新田的本地糊酿酒，把握时间泡一会儿即捞出，放入油中炸，待到色泽变得红中透着焦黄，油光四射时将其捞出，再放入冷水中煮去油脂，之后捞出再放入锅中，放入辣椒，豆豉等翻炒片刻即可。经过这些程序后的大块肉，味道爽朗，劲道，香而不腻。

【扎肉】 扎肉是新田县村民为长期保存鲜肉而独创的肉类腌制方法，延续至今，成为新田县独具特色的招牌菜。扎肉取材于农家土长、草食喂养、大小适中的猪肉，经过对猪肉的去腥、撒辣椒粉腌制，造就出口感独特、咸辣适中的美味佳肴。十字籍的彭松元开设的“朝阳第一家”酒家，推出的十字扎肉和坛子菜，口味独特、远近闻名，在 2013 美味湖南·新田县首届美食节“国土资源杯”大赛中获得金奖。

【血鸭】 在新田县当地，几乎家家户户都会制作此菜。制作方法：首先取鸭血时一定要先在碗中放入一些米醋，防止鸭血结块，在后期加入鸭血的时候才能成糊状。将鸭肉剁碎用放油大火爆炒，将血水炒干，放作料，接着倒入适量水煮沸腾约 10 分钟。再将锅内剩余的汤汁倒入鸭血内，将鸭血稀释，充分搅匀。最后关火，将稀释并搅匀的鸭血倒入锅内，与鸭肉充分拌匀，此时鸭血还未完全煮熟，再开大火加热约 1 分钟，确定鸭血完全熟透。

【血狗】 新田人喜欢吃血鸭，更钟情于吃血狗。狗肉风味独特，营养丰富。新田人在狗肉中加入狗血，用当地山林中盛产的山茶油烹饪，糅合山茶油特有的香味，制作出的茶油血狗是一道独具特色、让人垂涎欲滴的地方美食。“嫩狗补血、中年狗补肾、老狗祛风”，这三句话成为当地的口头语。血狗的制作方法是：将狗宰杀后，用碗将狗血盛好，不停地进行搅拌直至冷却；杀狗的时候要将盛血的碗洗干净，刀也要洗干净，没有一点水分，这样狗血才不会凝固。切狗肉有小技巧，俗话说“牛肉吃片，狗肉吃团”，所以狗肉不能切得太薄太小。而要切得大块一些，这样才能保证狗肉的原香，不至于在蒸煮时完全散发掉。老辈人传下来的规矩，“狗肉就要大块吃”。另外，切狗肉时，一定要先把狗头处理好，因为狗嘴里有锋利的牙齿，牙齿上可能残留一些毒素和细菌，若不小心容易伤及厨师，也不利于食客享用美食。狗肉切好后，用柴火把大铁锅烧旺，只放少量山茶油，防止粘锅；放少许盐爆炒，锅中狗肉水分炒干后，再放入大量山茶油，大火翻炒。待到狗肉呈淡黄色，再放入辣椒、酱油和料酒，混合小炒几分钟，使狗肉去腥入味。至此色香味俱佳、香喷喷的茶油血狗就出锅，其肉质软嫩，口味纯厚。

【血灌肠】 盛行于新田县的地方名菜，逢年过节谁家宰猪，主人总要炒几大碗血灌肠来吃。送客时，还要割一段血灌肠给客人带回家。制作方法：将猪的大肠小肠翻转后清理干净，然后将加水搅匀的鲜猪血或加米粉、姜丝、辣椒粉调成的血浆灌入洗净的肠内，扎成一节节，用文火煮熟。形状像藕，表面滑溜溜，油亮油亮的招人喜爱。

【南乡烧酒】 烧酒又名白干、老白干、烧刀酒、烧锅酒、蒸酒，素有“新田茅台”之称。主要原料是稻谷、红薯、发酵母。酿造烧酒的过程分两个阶段:一是捂酒饭。将备好的原料粮浸泡透心或煮熟，摊开，晾凉，撒上酒曲并搅拌均匀，然后装入瓦罐或特制的容器内，封盖发酵。二是烤酒。烤酒器具有大、小铁锅各一口，木制酒甑一只，酒漏一个，引酒管一根，贮酒器一个。以上各项准备工作完成后，加火把水煮沸，使强烈的蒸气上升，把酒饭内的酒气蒸出上升到大锅底部，快速凝聚为酒液，滴落在酒漏里，再顺着引酒竹管流到贮酒器内，存放时间越长，酒越醇。南乡烧酒醇香爽口，酒烈而清心提神。传统以自酿自饮为主，也是馈赠亲友的佳品。

【油皮豆腐】 新田县当地人俗称油赖皮豆腐，因其豆腐经过加工，有一层薄薄的黄褐色癞皮而得名。油皮豆腐在当地很受欢迎，曾在《舌尖上的幸福永州》予以推介。制作油皮豆腐的原材料是当地的富硒黄豆，精心遴选饱满无杂质的黄豆，在浸好的黄豆中加入石膏粉，打浆、沤浆、滤浆、烧浆，沿用传统的豆腐制作方法，更新鲜而且保存原味。豆浆在高温下翻滚，烧到一定程度的时候，冷却凝浆。然后把不成形的嫩豆腐放在屉箱中，盖上箱板，挤出多余的水分，豆腐才会成形。接下来得赶紧扯豆腐，这是制作油皮豆腐必不可少的一步，一盆烧的恰到好处的草木灰是扯豆腐的关键。在木板上均匀地撒上草木灰，盖上一层薄纱，把切好的正方形小方块豆腐置放在纱布上，利用刚烧制出来的草木灰迅速吸干豆腐表皮的水分，之后再下锅油炸，在高温油锅内溜 5 秒钟，迅速捞出。豆腐被油炸出一层薄如蝉翼的外皮，焦黄、浓香扑鼻。油皮豆腐作为豆腐的炸制食品，不仅有油豆腐的焦酥口感，还有白豆腐的软嫩味道，其色泽金黄，外酥里嫩，油酥中带着软滑，有白嫩的实心，外表裹着一层焦皮，能更好地保存水豆腐的原味口感。油皮豆腐烹饪方式多样，可以水煮，也可以清炒，在烹饪过程中不容易碎烂，撒上几颗葱花，味美养生。在新田乃至永州，是最受欢迎的美食。

国民经济和社会发展

【国民经济】 2015 年，新田县地区生产总值 630391 万元，同比增长 8.9%。其中，第一产业增加值 167633 万元，同比增长 3.9%；第二产业增加值 177256 万元，同比增长 9.4%；第三产业增加值 285502 万元，同比增长 11.1%。按常住人口计算，人均地区生产总值 18637 元，同比增长 8.7%。三次产业结构比调整为 26.6 ：28.1 ：45.3，三产业比重持续增长，比 2014 年提高 0.8 个百分点。一、二、三产业对经济增长的贡献率分别为 10.2%、32.7%、57.1%。

【农业生产】 2015 年，新田县完成农林牧渔业总产值 302458 万元，同比增长 3.9%。其中，农业产值 151712 万元，增长 3.4 %；林业产值 19763 万元，增长 8%；牧业产值 114636 万元，增长 3.2%；渔业产值 12302 万元，增长 11.2%。粮食作物种植面积 30720 公顷，同比增长 0.6%；糖料种植面积 350 公顷，与 2014 年持平；油料种植面积 2170 公顷，增长 3.1%；蔬菜种植面积 12160 公顷，增长 1.2%。粮食总产量 161829 吨，增长 0.9%；油料产量 4645 吨，减少 1.9%；水果产量 47338 吨，增长 2.5%；蔬菜产量 258515 吨，增长 13.3%。年末，新田县存栏生猪 32.21 万头，同比增长 4.2%。年出栏生猪 48.32 万头，同比减少 2.7%；出栏牛 1.57 万头，增长 4.0%；出栏羊 4.36 万只，增长 6.1%；出笼家禽 701.4 万羽，增长 4.6%；水产品总产量 7231 吨，增长 7.2%。富硒农业快速发展，富硒农产品示范基地 8.2 万亩。广东东升农场总部搬迁到新田县，建立富硒农产品示范基地 0.65 万亩。烤烟产业稳步发展，完成优质烟种植面积 3216 公顷，收购烟叶 930 万公斤，实现税收 2800 万元。农产品加工企业 256 家，比 2014 年增加 26 家，农产品加工企业实现销售收入 601842 万元，利润 60179 万元，税金 12221 万元，分别同比增长 52.3%、53.6%、19.2%。市级以上农业产业化龙头企业 25 家。年开工各类水利工程 4010 处，水利工程投入资金 2.7 亿元，水利工程完成土石方 210 万立方米。新增和改善农田有效灌溉面积 3000 公顷。拥有农业机械 6.44 万台，增长 4.7%；其中，农用拖拉机 5941 台，增长 13.4 %。农业机械总动力 41.24 万千瓦，增长 5.4%。机械化耕作程度达到 60 %，比 2014 年提高 8 个百分点。新建户用沼气池 500 口，新建小区联户沼气 60 处，新增沼气用户 800 户，推广太阳能热水器 1000 台。解决农村饮水不安全问题 2.08 万人，自来水受益村 73 %。

【工业建筑】 2015 年，新田实现工业增加值 145504 万元，占 GDP 的比重为 23.1%，对全县经济增长的贡献率 28.4%；同比增长 9.8%，拉动 GDP 增长 2.53 个百分点。新增规模以上工业企业 9 家，规模工业企业 51 家。规模以上工业企业总产值 558912 万元，同比增长 16.9%，其中，轻工业总产值 302230 万元，增长 21.0%；重工业总产值 256682 万元，增长 12.4%。实现规模以上工业增加值 158508 万元，同比增长 11.2%。规模以上工业企业产品销售率 97.83%，同比上升 0.68%。主营业务收入 530895 万元，同比增长 26.7%；实现利税 41799 万元，同比增长 11.3%。实现建筑业增加值 31796 万元，同比增长 7.5%。新田县资质以上建筑业 7 家，完成建筑业总产值 57887 万元，同比增长 18.4%；竣工总产值 48878 万元，同比增长

40.9%。资质内房屋建筑施工面积79.94万平方米，同比下降7.70%，其中新开工面积65.26万平方米。

【固定资产投资】 2015年，新田县完成固定资产投资638826万元，同比增长17.6%。施工项目171个，新开工项目103个，建成项目136个。开工建设5000万元以上项目91个，比2014年增加8个，完成投资459759万元，占新田总投资的72.0%。其中，亿元以上项目20个，完成投资161730万元。完成房地产开发投资18341万元，同比下降34.5%。商品房销售面积135802平方米，同比下降42.3%；完成商品房销售额37959万元，下降36.5%，其中，住宅销售额34623万元。房屋建筑施工面积22.05万平方米，房屋建筑竣工面积65755平方米。

【贸易旅游】 2015年，新田县实现社会消费品零售总额223770.5万元，同比增长11.7%。城镇消费品零售额179121万元，增长12.1%；乡村消费品零售额44649.5万元，增长10.2%。批发业35490.5万元，增长5.1%；零售业179989.5万元，增长12.6%；住宿业4005万元，增长18%；餐饮业4285.5万元，增长25.5%。限额以上消费品零售额58582.2万元，增长10.6%；限额以下消费品零售额165188.3万元，增长12.1%。签约项目34个，开工项目28个。实际到位内资10.11亿元，利用外资2600万美元。进出口总额达5893万美元，是2014年进出口总额的1.61倍，其中出口4178万美元，进口1715万美元。启动文庙、万寿改造及创国家AAA级旅游景区申报工作，完成大观堡景区的提质改造工程、郑作民故居配套建设工程。成功举办“花开新田，最美硒乡”主题游园活动并继续开展“周末去哪里”旅游活动。先后在郑作民故居举办“纪念抗日战争胜利70周年，缅怀抗日名将郑作民”、在西征纪念园革命英雄烈士纪念碑举行公祭烈士等两次红色旅游活动，推动新田县红色旅游景区建设和红色旅游文化的发展，打造红色文化旅游亮点。接待游客239.1万人次，实现旅游收入11.88亿元，游客接待人数、旅游收入同比分别增长27.8%、28.1%。旅游产业带动就业0.9万人次。

【交通邮电】 2015年，新田县交通运输、仓储和邮政业实现增加值39252万元，同比增长2.7%。货物周转量6110万吨公里，增长12.0%；客运周转量29162万人公里，增长11.0%。完成农村公路建设通畅工程68公里。完成渡改桥和危桥改造9座、农村招呼站26个。公路总里程1558公里，其中，省县乡道公路里程1491公里，村道公路里程 742公里。年末，新田县民用车辆保有量27373辆，增长17.1%，其中，私人汽车14776辆，增长16.1%；新注册汽车2123辆，其中，新注册小型汽车2003辆。新田县完成邮政业务总量1789万元，同比增长24.7%；电信业务总量2767万元，增长4.2%；移动业务总量6200万元，增长3.3%；联通业务总量1678万元，与2014年基本持平。年末，固定电话用户0.9万户，移动电话用户16.8万户（其中：移动9.6万户、联通3.6万户、电信3.6万户）。年末，互联网用户累计达到2.1万户，增加0.1万户。

【财政、金融和保险】 2015年，新田县完成财政总收入56321万元，同比增长20.0%。其中，一般预算收入42680万元，增长16.4%；税收收入27506万元，增长20.4%；非税收入15174万元，增长9.9%；上划中央收入9777万元，增长34.8%；上划省级收入3864万元，增长27.9%。财政支出212278万元，同比增长15.2%。其中，一般公共服务支出26547万元，增长4.1%；教育支出45605万元，增长4.8%；科学技术支出960万元，增长3.3%；文化体育与传媒支出4590万元，增长36.2%；社会保障和就业支出30459万元，增长21.5%；医疗卫生支出26859万元，增长22.9%；环境保护支出5881万元，减少12.8%；城乡社区事务支出4470万元，增长19.6%；农林水事务支出33891万元，增长28.5%；住房保障支出13459万元，增长21.9%。金融机构各项存款余额814777万元，比年初增加146441万元，增长21.9%。其中，储蓄存款577347万元，比年初增加57432万元，增长11.05%；单位存款181750万元，比年初增加66149万元，增长57.22%。金融机构各项贷款余额312197万元，比年初增加91704万元，增长41.6%。其中，短期贷款75414万元，比年初增加14602万元，增长24.0%；中长期贷款余额236783万元，增加77102万元，增长48.3%。实现保费收入16447万元，同比增长24.3%。其中，人身险保费收入11704万元，增长26.8%；财产险保费收入4743万元，增长18.7%。各项赔款与给付支出11586万元，同比增长30.7%。其中，人身险支出9000万元，增28.1%；财产险支出2586万元，增长40.6%。

【教育科技】 2015年，新田县有各级各类学校269所。其中，幼儿园117所（民办109所），小学教学点101所，完全小学22所，九年一贯制学校11所，初级中学14所，完全中学1所，高级中学1所，中职教育1所，教师进修学校1所。各级各类在校学生55156名。其中，在园（班）幼儿11633名，小学33718名，初中13468名，普通高中5685名，中等职业教育学校2285名。有教职工3214人。其中，公办幼儿园教师29人，小学公办教职工1304人，初级中学公办教职工719人，九年一贯制学校公办教职工612人，完全中学公办教育教职工312人，高级中学公办教职工241人。2015年二本以上进线333人，二本以上线率达到23.06%。小学入学率达到100%，初中阶段入学率达到100%。推进农村义务教育经费保障新机制改革，免除学杂费47186人，免除金额492万元，免费提供教科书金额584万元。资助家庭贫困学生17544人次，资助金额1132.1万元。科技经费支出960万元，比2014年增加31万元，增长3.3%。高新技术企业11家，完成产值129494万元，同比增长86.3%。有农村科技推广站19个，培养科技示范户136户。举办科普培训班304期，培训人员2.06万人。引进推广新优品种、新技术、新产品、新成果85项（个），比2014年增加5个；申报省级以上重点科技项目5项；申请专利103件，其中，发明专利申请量38件，发明专利比2014年增长35.7%。

【文化、卫生和体育】2015年，新田县有电视台、文物所、文化馆、图书馆、电影放映管理站各1个。全国重点文物保护单位1个，省级文物保护单位9个，省级历史文化名村2个，市级文物保护单位14个，县级文物保护单位62个。有乡镇综合文化站19个，“农家书屋”381个，农家书屋对全县行政村的覆盖率100%。新建乡镇综合文化站图书室19个，为379个行政村配送户外拉杆音响及阅览凳，实现乡镇图书室全覆盖，行政村群文器材全覆盖。实施“村村响”工程，实现“村村响”行政村全覆盖。承办大型群众文化活动7场次，送戏下乡45场次，放映农村电影4260场次；“两馆一站”免费开放参加人数达13万余人次。有卫生机构34个，其中，县级医院2个，乡镇卫生院19个，妇幼保健院1个，卫生监督所1个，疾控中心1个，私立医院10个。医院和卫生院拥有床位总数2400张，增长17.1%。卫生技术人员1441人，增长6.4%。其中，执业医师368人、执业助理医师171人、注册护士566人，分别增长0.8%、7.5%、5.4%。农村新型合作医疗覆盖农村人口数335904人；参合率98.58%,比2014年提高0.55个百分点；补偿率66.29%，比2014年降低0.68个百分点。竞技体育成绩创佳绩，新田县籍运动员雷蕾在全国少年举重锦标赛中获女子乙组44公斤组举重金牌，在湖南少年举重大赛中获女子乙组44公斤举重总成绩第一。群众体育活动持续升温，举办全县首界机关干部职工气排球大赛、全县太极拳比赛、全县广场舞大赛、全县广场体操大赛、第十七届篮球争霸赛等10余次大型体育赛事。体育基础设施建设完善，实施农民健身工程建设项目村18个和健身路径项目村42个，全县公共体育面积53.5万平方米。

【人口保障】2015年，新田县居民人均可支配收入10912元，同比增长10.3%。其中，城镇居民人均可支配收入19112元，同比增长8.9%；农村居民人均可支配收入6971元，同比增长9.3%。居民人均住房面积68.8平方米；居民文教娱乐服务消费支出占消费总支出比重为19.0%。单位从业人员17766人，在岗职工16304人。从业人员年平均工资41569元，比2014年增加2348元，增长6.0%；在岗职工年平均工资42674元，比2014年增加2352元，增长5.8%。就业工作力度加大，新增城镇就业人员5144人，下岗失业人员再就业1952人，新增农村劳动力转移5600人。年末，城镇登记失业率3.17%，比2014年下降0.1个百分点。社会保险稳步推进，参加新型农村养老保险人数20.4万人，其中，新增登记人数4717人。参加失业保险人数为1.87万人，为17名失业人员发放11.62万元失业保险金；参加工伤、生育保险人数分别为21570人、1.6万人。新型农村合作医疗参合率和住院实际补偿率分别为98.58%、66.29%。城乡低保扩面提标，城镇低保月均保障对象7286人，比2014年增加42人，最低保障线标准330元/月/人。农村低保月均保障对象33030人，比2014年增加133人，最低保障线标准1980元/年/人；农村“五保”户2273人，其中，分散供养1967人，年标准2640元/人；拥有敬老院9所，敬老院集体供养人数306人，年标准5700元/人，比2014年提高864元/人。

【资源环境】 2015年，新田县耕地面积21478.04公顷，基本农田面积16703.8公顷，向省政府申报新增建设用地106公顷，批准建设用地46.4公顷，出让国有土地使用权32.5公顷。实施省以上土地综合整治项目2个，建设规模722.7公顷。建有自然环境保护区1个，自然环境保护区面积达3333公顷。造林面积2567公顷，完成造林验收合格面积2567公顷，完成封山育林面积24080公顷，退耕还林2000公顷。森林覆盖率55.5%，比2014年提高0.19个百分点。水资源总量9.02亿立方米，年末大中型水库蓄水总量5686万立方米。总体水质状况良好，新田县满足Ⅲ类标准的断面比例100%。完成环境污染治理投资3000万元。化学需氧量排放量187吨（不含农业源），增长17%；工业二氧化硫排放量683吨，减少4%。工业废水排放达标率96.5%，工业废气排放达标率95.8%，工业固体废物综合利用率99.62%。建设项目环保“三同时”执行合格率100%。

【安全生产】 2015年，新田县全年发生各类生产经营性事故1起，安全生产事故死亡0人，比控制指标少2人。全年发生交通事故3起，死亡人数3人。全年无较大与重大安全生产事故。

政　治

中共新田县委员会

【概况】 2015年，中共新田县委辖22个基层党委，22个党总支，759个党支部；党员19958名。县委团结带领全县上下弘扬“南有新田”精神，开拓进取、奋发赶超，深入实施“产业提质、城镇带动、生态优先、民生为本”既定工作部署，坚定不移地走一条以质量和效益为中心、具有较高增长速度的赶超型发展道路，经济社会呈现出固本强基、稳中快进的发展势头。全年实现地区生产总值63亿元，同比增长8.9%；完成财政总收入6.1亿元，增长20.6%；完成固定资产投资63.9亿元，增长17.7%；实现社会消费品零售总额22.4亿元，增长11.7%。新田先后获得“全国农村承包土地经营权抵押贷款试点县”“国家级出口食品农产品质量安全示范区”“湖南省平安县”“湖南省全面小康推进工作十快进县”称号。

【县域经济】 坚持产业发展与项目和园区建设深度融合，积极应对大环境，着力营造小气候。家私、富硒、机械制造三大主导产业切合新田实际，集群效应凸显，产值占规模工业产值比重达71.1%。电子商务蓬勃兴起，在全市率先启动农村淘宝项目，开启新田“互联网+”经济新时代。先后引进投资15亿元的中部家博城等一大批优质项目，全县重点项目总数131个，比2014年增加37个，其中，亿元项目12个，成为引领县域经济的重要支撑点。实施创新创业园“135”工程和“百亿园区”工程，新建标准厂房22万平方米，新入统企业9家。园区完成税收3611万元，是2014年的3.6倍，工业集中区连续三年被评为市先进园区。

【深化改革】 全面推行“四单”管理，加大行政审批制度改革力度，取消审批事项27项。颁发全市县区首张“三证合一、一照一码”营业执照。完成乡镇行政区划调整改革，乡镇数量由19个合并为12个。以“互联网+政务”为引导，建成全省规模最大的县级政务服务中心，将政务服务有效延伸至乡镇、社区和村级便民服务站，打通服务群众“最后一公里”。土地确权颁证工作进展顺利，实现土地流转25.4万亩，被评为全省确权登记工作先进单位。在全市率先开展农村土地经营权授信贷款，经全国人大常委会决定，新田被授权为“全国农村承包土地经营权抵押贷款试点县”称号。社区标准化建设全面推进，下沉工作力量、下放公共服务，群众足不出社区就能享受人社、民政等9个职能部门的

60项基本公共服务，实现服务群众零距离。

【城市建设】　实施省道S231、S228等项目，成功争取国道G234过境新田，“大进大出、循环连通、辐射带动”的城镇交通格局完善。在全市率先探索政府性投融资平台公司改革转型，做大做强城投集团，融资规模26亿元。引进湖南建工集团，与新天地集团继续合作，投资规模分别达10亿元以上，为城市建设提供强大的资金支持。实施县城提质改造行动计划，投入6.8亿元，完成中山路改造，实施飞马路等12条道路人行道板铺装和18条背街小巷改造。实行保洁服务外包，环卫保洁向社区、城中村延伸。集中规范整治全面铺开，“马路市场”全部取缔，“禁燃”工作取得实效，中山商业广场等重要区域整治成效显著，交通秩序和渣土运输明显好转，市容市貌焕然一新。建成秀美村庄40个，十字镇成功创建“省级卫生镇”，河山岩被评为“湖南省最美乡村”。

【社会事业】　利用国土资源部、光大集团等中央省市工作队定点扶贫机遇，派驻扶贫工作组125个。加大资金投入，成功争取农发行贷款8亿元用于易地扶贫搬迁，加快扶贫攻坚步伐，实现减贫1.6万人。坚持创业创新，率先在全市建成县、乡、村三级就业服务体系，创业培训、新增城镇就业、农村劳动力转移就业分别完成全年任务的127%、124%、135%。实施教育强县，引进德恒兆业公司投资2.5亿元，兴建南部生态新城学校。“名师名校名校长”工程取得新进展，教育质量稳步提升。加快“智慧新田”建设。投入3000余万元，启动“智慧新田”二期建设，打造全省首个集智慧政务、公共服务、社会治理、智慧党建“四位一体”的智慧云平台，社会治理步入信息化，实现小县域大治理。完善社会保障体系，“新农合”、城乡医保参保率均98.5%以上。发放社保卡30.2万张，成为全市首个“‘一卡通’应用示范县”。着力办好市定“六件实事”。被市委、评为“六件惠民实事先进单位”。推进平安建设。始终保持对违法犯罪行为的高压态势，刑事、治安发案率同比分别下降12%、18%，群众满意度提升，社会管理综治民调排全省第18位。强化执法队伍建设，“反贪斗士”陈运周被中宣部评为十大最美人物——群众最喜爱的检察官，并获CCTV 2015年度法治三大致敬英雄。刘红梅获“全国模范司法所长”称号。

【从严治党】　坚持全面从严治党，扎实推进“三严三实”和“守纪律讲规矩”专题教育，不断夯实发展基础。加强基层党的建设，把基层党建纳入各级领导班子和领导干部年度考核，层层压实党建责任。对38个软弱涣散村基层党组织实行“一村一策”，农村软弱涣散党组织得到全面整改。创新党建方式，打造“智慧党建”平台，实现组织生活“无处不在”。流动党员管理“新田模式”得到广州市委组织部高度关注，被评为广州市社会治理十大创新项目之一。提升干部执行力。通过考核、调度、问责“三把利剑”，抓执行力建设。连续2年以县委“一号文件”出台《新田县机关作风效能建设问责暂行办法》，用追责问责的办法来教育和鞭策干部，正风肃纪。把股级单位纳入“满意不满意”民主测评范围，形成“倒逼”机制，形成干事创业良好局面。推动党委主体责任和纪委监督责任的落实，对乡科级党政正职开展“述责述廉述德”集中评议活动，促进领导干部正确履职。以县委“一号文件”聚焦作风建设，深入开展“四风”和侵害群众利益行为专项整治，对群众办事难等13项工作实行联动整改，查处问题52个、人员63人。继续保持对腐败的高压态势，立案71件，立案率同比增长42%。

会议纪要

【县委全会纪要】 2015年10月17日，中国共产党新田县第十一届委员会第四次全体（扩大）会议在行政中心召开，主要任务是报告县委常委会2015年以来的主要工作，贯彻落实习近平关于扶贫开发的战略思想和省市委加快推进精准扶贫的战略部署，审议并通过《中共新田县委关于肩负历史使命坚决打赢扶贫开发攻坚战》的决议。县委书记唐军作工作报告，县委副书记、县长秦山成主持会议。会议报告中阐明，2015年以来，县委常委会坚持总揽全局、协调各方，团结几大班子，带着感情和责任，带领全县广大干部群众，保持昂扬斗志，强化举措，抓落实，经济社会继续保持平稳较快发展。前三季度，全县实现地方生产总值45.1亿元，同比增长9.5%；固定资产投资37.9亿元。1—8月，财政总收入完成3.26亿元，增长25.1%，排全市第3位。重点项目总数达131个，比2014年增加37个，其中亿元项目达12个。会议强调，推进新一轮扶贫开发，是党和国家针对全面建成小康社会面临的新形势、新任务、新要求做出的重大决策部署。全县上下要聚力实干、克难求进，坚决打赢扶贫攻坚战，突出抓好以下三个方面工作：一是提高思想认识，以精准扶贫的理念引领行动自觉；二是把握工作遵循，以精准扶贫的思维做好顶层设计；三是做好结合文章，以精准扶贫的行动确保决战决胜。要把完成精准扶贫的目标任务作为第一责任、把工作对接作为精准扶贫第一载体、把改革创新作为精准扶贫的第一动力、把基层党建作为精准扶贫的第一保障、把精准扶贫作为检验执行力的第一标尺，抢抓精准扶贫机遇，加快新田县贫困地区全面建成小康社会。会议要求，各级各部门要认真贯彻从严治党要求，以更加严实的作风推动各项工作再上新台阶。要开列问题清单，加强纪律建设；要树立鲜明导向，为敢于担当者担当；要抓住领导干部这一“关键少数”，发挥表率作用，把作风建设常态化，把全面从严治党常态化，做到“严”字当头，全面推进干部队伍执行力建设，进而提升新田发展软实力。会议要求，全县上下要主动作为、敢于担当，扎扎实实做好精准扶贫以及各项重点工作，确保如期实现全面建成小康社会的奋斗目标，加快打造品质活力智慧新田。

【县委常委会议纪要】 2015年1月13日，受县委书记唐军委托，县委副书记、县长秦山成在县委常委会议室主持召开县委常委会议。传达学习市委经济工作会议精神，研究2014年《政府工作报告》。2月9日，县委书记唐军在县委常委会议室主持召开县委常委会议，传达省市“两会”等会议精神，研究打击“三非”行为和闲置土地清理，县委一号文件，纪检监察，干部执行力建设，群团组织，信访维稳，安全生产，森林防火和关于解除毛里乡社会管理综合治理“一票否决”、创新创业园区135工程实施方案和工程建设施工现场关键岗位人员联网考勤、枧头镇小城镇建设等工作。3月1日，县委书记唐军在县委常委会议室主持召开县委常委会议，传达省市系列会议精神，研究县委经济工作报告，党务工作，政法综治民调，招商引资、优秀村干部、信访维稳、安全生产、人口计生、农业农村、机关作风效能建设和优化经济发展环境满意不满意单位民主测评考核，2014年综合目标管理考核以及2015年大考核工作方案等工作。3月26日，县委书记唐军在县委常委会议室主持召开县委常委会议。传达学习上级通报和全省全面建成小康社会推进工作会议精神，研究县人大、县政协2015年工作要点、教育实践活动、2015年重点项目和南部生态新城学校招商、创建国家卫生县城、县城投集团组建、网格化管理及社区建设、创建湖南省安全生产示范县、2015年县直部门预算编制方案（草案）、十字和大坪塘撤乡改镇有关干部职务名称变更、部分人员异动等工作。5月5日，县委书记唐军主持召开县委常委会议。研究新田县2015年创先争优加快发展大考核方案、关心下一代、组织工作、驻村扶贫工作方案、农村环境卫生治理和农村产权制度改革、公共资源交易平台运行、城市供水工程及城投集团相关子公司组建等工作。5月15日下午，县委书记唐军在县委常委会议室主持召开县委常委扩大会议。专题研究新田工业集中区标准化厂房建设项目有关工作。5月28日，县委书记唐军在县委常委会议室主持召开县委常委扩大会议。研究闲置土地清理和耕地保护、城区环卫作业服务外包、2014年机关事业单位工作人员年度考核、旅游、消防和“三严三实”专题教育等工作。6月23日，县委书记唐军在县委常委会议室主持召开县委常委会议。研究招商引资、创建省级文明县城、2015年全县优化经济环境和机关效能建设、组织工作和综合商贸物流中心建设等工作。7月14日上午，县委书记唐军在县委常委会议室主持召开县委常委扩大会议。专题研究富锶矿泉水开发项目。7月23日，县委书记唐军在县委常委会议室主持召开县委常委扩大会议。传达湖南省委十届十三次全会扩大会议精神，研究“四风”突出问题专项整治、与湖南建工集团合作、工业园发展、锦绣天下等三个房地产项目有关事项、新田县分类指导加速推进全面建成小康社会实施方案、计划生育、反恐和解除石羊镇社会管理综治“一票否决”等工作。9月2日，县委书记唐军在县委常委会议室主持召开县委常委会议。学习传达中纪委举办的“新任县级纪委书记培训班”精神和全市县区纪委书记座谈会议精神，研究纪检监察、县城规划区内“三非”行为处置办法、与新天地集团合作有关事项、组织工作等。10月15日，县委书记唐军在县委常委会议室主持召开县委常委会议。学习传达上级会议精神，通报四川南充拉票贿选案查处情况等，研究精准扶贫、“十三五”规划、督查、创国卫、基层党建、殡葬改革、社会治理网格化、政府职能转变和机构改革、秋冬农业生产和农村环境卫生治理、电子商务及农村淘宝项目等。10月28日上午。受县委唐军书记委托，县委副书记、县长秦山成在县委常委会议室主持召开县委常委扩大会议。专题研究乡镇区划调整改革工作。11月18日上午，县委书记唐军在县委常委会议室主持召开县委常委扩大会议。专题研究县政府提交的《新田县部分乡镇行政区划调整方案》，并就乡镇区划调整有关问题进行认真研究，形成一致意见。11月11日上午，县委书记唐军在县委常委会议室主持召开县委常委扩大会议。专题研究对陈某某违纪行为的处理意见。11月11日上午，县委书记唐军在县委常委会议室主持召开县委常委扩大会议。研究乡镇区划调整改革工作、审议《新田县2015年迎接省市全面小康考评、扶贫实绩综合考核、绩效评估创先争优调度考核办法》。11月18日上午，县委书记唐军在县委常委会议室主持召开县委常委扩大会议。学习传达上级文件精神，通报有关典型案例，研究纪检监察、富硒农产品加工产业园项目贷款、精准扶贫、设立新田县卫生和计划生育委员会及新田县不动产登记中心、何某某违纪案的处理意见等工作。11月27日下午，县委书记唐军在县人武部三楼会议室主持召开县委常委议军会议。传达学习党管武装有关法规和上级议军会议精神，听取县人武部国防后备力量建设情况汇报，研究武装工作有关具体问题。12月8日上午，县委书记唐军在县委常委会议室主持召开县委常委会议。专题研究对赵某某违纪行为的处理意见。12月21日晚上，县委书记唐军在县委常委会议室主持召开县委常委会议。研究2015年度县绩效评估考核结果和2016年度县级领导及县直单位联系乡镇情况、乡镇行政区划调整揭牌仪式实施方案、综治维稳信访、纪检监察、组织人事等工作。

【县委书记、常委办公会议纪要】 1月16～17日，县委书记唐军召集相关部门负责人，召开创森工作现场会。听取有关部门创森工作的情况汇报，对新田县创森工作进行研究、安排、部署。2月26日上午，县委常委、县委办主任聂朝飞在县委办五楼小会议室主持召开会议。专题研究县城创森项目建设有关工作，就有关事项达成一致意见。3月16日下午，县委书记唐军到县工业集中区现场办公，在集中区会议室主持召开会议，研究解决工业园区存在的困难问题。听取工业园区2015年的工作计划和创新创业园“135”工程项目推进情况汇报，对下段工作进行安排部署。3月17日下午，县委书记唐军到县法院、县检察院、县公安局、县司法局现场办公，分别听取县法院、县检察院、县公安局、县司法局的工作情况汇报，研究政法工作发展中的重点和难点问题，为促进新田政法工作（平安新田建设）发展提出明确意见和具体措施。4月3日下午，县委书记唐军带领相关部门负责人到莲花乡新屋场村，就东升农场总部建设工作进行现场办公，为该项目建设破解发展难题，确保项目建设顺利推进。听取该项目建设情况汇报，解项目整体规划设计、道路基础设施建设、当前存在的困难和问题等情况，就项目建设的下一步工作提出意见。4月17日，县委常委、县委办主任蒋华在县委办会议室主持召开高山乡鹅公岭山林土地权属纠纷协调会，就高山乡鹅公岭山林土地权属纠纷进行研究，就有关事项达成一致意见。5月4日，县委书记唐军在常委会议室召开双胜社区创建国家卫生县城工作调度会，要求双胜社区创国卫工作25个县直责任单位和龙泉镇政府要以全县创国卫工作动员大会精神为指导，充分发挥社区、城中村居民创卫工作主力军作用，加大基础设施投入，提高居民创卫意识，落实高位推进工作机制，率先达到创国卫标准。5月26日下午，县委副书记唐富荣在高山乡人民政府会议室主持召开会议，专题研究郑作民将军故居配套基础设施建设、展览馆开馆等工作，并就相关工作达成一致意见。6月9日上午，县委书记唐军在县行政中心三楼会议室主持召开办公会议，研究部署新田县城市建设投资发展集团有限公司组建的各项工作。听取县城投集团工作情况汇报，对下段工作提出要求。6月12日，县委书记唐军对创建国家卫生县城工作进行视察，并在龙泉镇政府会议室主持召开会议，对当前创国卫重点工作进行专题研究，就相关工作达成一致意见。6月19日，县委书记唐军带领相关县领导和县直单位负责人，深入双胜社区主要路段、背街小巷、居民小区和城中村现场办公，查找创国卫工作目前存在的突出问题，在行政中心三楼会议室主持召开会议，听取双胜社区创国卫工作情况汇报，对下段工作进行安排部署。7月10日上午，县委书记唐军带领相关县领导和县直单位负责人，深入福利中心正在装修的政务服务大厅，查找当前存在的突出问题，在行政中心三楼会议室主持召开办公会议，听取政务中心建设工作情况汇报，对下段工作进行安排部署。7月10日下午，县委书记唐军带领相关县领导和县直单位负责人，深入双碧社区主要路段、城中村、背街小巷、居民小区，查找创国卫工作目前存在的突出问题，并在县行政中心三楼会议室主持召开办公会议，听取双碧社区创国卫工作情况汇报，对下段工作进行安排部署。7月14日，县委书记唐军深入县工业集中区就园区经济指标完成情况、基础设施建设、土地清理等工作进行现场办公，在集中区会议室主持召开会议，查找存在的问题，对下段工作进行安排部署。7月21日下午，受县委副书记、县长秦山成的委托，县委常委、县委政法委书记欧阳涛在县委政法委会议室主持召开常委办公会议，专题研究中国中部国际家居博览城项目建设工作，听取家博城投资方有关项目建设的情况汇报。7月22日，县委副书记唐富荣在行政中心五楼县政府常务会议室召开会议，专题研究处理陶岭乡牛婆溪人饮山塘遗留问题。听取陶岭乡政府的情况汇报，进行认真研究和讨论。7月26日，县委书记唐军带队与湖南新天地集团在湖南长沙就华路公司承建的新田县城市基础设施建设项目第一期完工项目的预算、结算问题进行洽谈，就相关事项达成一致意见。8月11日上午，县委书记唐军在县打非办二楼会议室主持召开办公会议。听取打击“三非”行为及农村乱占耕地建房工作情况汇报，对下段工作进行安排部署。8月14日，县委书记唐军深入双胜社区城中村、主要路段、背街小巷、居民小区，查找创国卫工作存在的突出问题，在行政中心三楼会议室主持召开办公会议，听取双胜社区创国卫工作情况汇报，对下段工作进行安排部署。8月18日，受县委唐军书记委托，县委副书记唐富荣在县行政中心三楼常委会议室主持召开办公会议，专题研究创国卫基础设施建设和划行归市工作，就相关工作达成一致意见。9月23日上午，受县委书记唐军委托，县委常委、县委组织部部长、县委统战部部长彭俊卿在骥村镇政府会议室主持召开会议，专题研究骥村镇乌下村和星子坪村驻村帮扶工作。实地查看乌下村和星子坪村活动场所、产业发展、交通设施建设等现场，听取驻村工作队和各后盾单位的工作情况汇报，就加强驻村帮扶工作进行认真研究，形成一致意见。10月12日下午，受县委唐军书记委托，县委常委、县委政法委书记欧阳涛在县委政法委会议室主持召开会议，专题研究石羊镇十字路口至集镇公路修建工作。听取公路、交通、国土、以工代赈和石羊镇等有关单位的工作情况汇报，对下阶段工作进行研究部署。10月16日，县委书记唐军在行政中心三楼会议室主持召开办公会议，与湖南神斧投资管理有限公司、湖南华路建设集团有限公司（以下简称：华路公司）就华路公司承揽的新田县城市基础设施建设项目（以下简称：新田项目）有关事项进行磋商，就相关事项达成一致意见。11月10日，县委副书记唐富荣在龙泉镇小岗村活动中心主持召开会议，专题研究小岗村精准扶贫工作。分别听取小岗村“两委”和驻村工作队的工作情况汇报，对下阶段全面推进小岗村精准扶贫工作进行安排部署，形成一致意见。11月18日，县委书记唐军在规划设计院三楼会议室召开书记办公会。听取县住建局、县工业园管委会、县房产局、县旅游局等有关单位关于规划编制工作的汇报。12月8日，县委书记唐军在县规划设计院会议室主持召开县委书记办公会议，专题研究创国卫城市基础设施建设工作。听取有关创国卫工作的情况汇报，研究部署下段工作。

“守纪律、讲规矩”专题教育活动

【概况】 2015年，新田县委在全县各级党组织和党员、干部中开展为期6个月的“守纪律讲规矩”专题教育活动。做到“规定动作做到位，自选动作有特色”。各乡镇和县直各单位按照县委要求，专题研究“守纪律讲规矩”专题教育工作，制订符合本单位、本行业特点的工作实施方案。各单位（支部）开设“守纪律讲规矩”宣传栏、心得体会专栏，有独立院落的单位悬挂横幅，张贴宣传标语，有电子显示屏的单位以滚动的方式进行宣传；各乡镇均在主要道路旁设置1～2块户外专题宣传标语，在府前大道张贴宣传标语，全县近200辆出租车和公交车的电子显示屏滚动播放宣传标语，全方位营造出浓厚的宣传氛围。19个乡镇、124个县直单位做到“四个讲清楚”，即：讲清楚开展专题教育活动的重大意义，讲清楚中央和省、市、县的重点要求，讲清楚本单位开展专题教育活动的目标任务和工作安排，讲清楚对党员干部特别是领导班子及班子成员的具体要求，增强广大党员干部参与专题教育的政治热情。

【学习教育不虚不空】 各级党组织集中理论学习时间不少于3天，其余时间为自学。规定必学内容有8篇：《中国共产党章程》《关于党内政治生活的若干准则》《习近平关于党风廉政建设和反腐败斗争论述摘编》《守纪律讲规矩》党员干部读本《中国共产党纪律处分条例》《中国共产党发展党员工作细则》习近平在党的群众路线教育实践活动总结大会上的讲话、习近平在十八届中央纪委五次全会上的重要论述等。自备专用学习笔记本，撰写8篇心得体会，每篇500字以上。加强对党员、干部的警示教育，组织集中观看《作风建设永远在路上》《正风肃纪在行动》等警示教育片。重温入党誓词，组织党员开展重温入党誓词活动。各级党组织主要负责人结合本单位（部门）党员、干部队伍的思想状况和工作实际，以“守纪律讲规矩”为主题在本单位（本支部）上党课。重点围绕如何做到“五个必须”开展大讨论。县委“守纪律讲规矩”专题教育活动领导小组办公室组织一次全县党员、干部“守纪律讲规矩”知识测试，统一下发试题或试卷，各单位（支部）组织闭卷考试，保存试卷和成绩单备查。毛里乡创新知识测试方式，将知识测试题以抢答题的形式分别在青龙村、水晶坪村组织50余名党员开展“守纪律讲规矩”专题教育活动知识抢答赛，旨在通过活动提高党员的党性修养和“守纪律讲规矩”意识，丰富活动内容。全县参加知识测试的党员、干部3000余人，合格率100%。

【专题民主生活会敢亮剑】 各支部按程序召开专题民主生活会。县领导深入自己所联系的单位党组织，并到会和指导会议。围绕以“守纪律讲规矩”为主题，对照活动要求，认真分析存在的问题，提出整改落实思路和措施，严肃认真地开展批评和自我批评。乡镇、村（社区）党员、干部重点解决理想信念缺失、工作作风不实、纪律意识淡薄、大局意识不强的问题。流动党员重点解决无视组织纪律、忽视党员身份、损害组织形象的问题。党政机关及事业单位党员、干部重点解决不讲党性原则、不讲组织纪律、不讲工作纪律、不讲工作执行力的问题。执法监管部门和窗口单位、服务行业党员、干部重点解决党性观念不强、工作作风不实、服务水平不高等问题。教育系统着重解决行风方面、师德师风方面、教育公平方面等问题。医疗卫生单位着重解决行风方面、医风医德方面、医患关系方面等问题。非公有制经济和社会组织着重解决组织纪律涣散、党员队伍松散、模范作用不明显等问题。围绕“守纪律、讲规矩、树形象、促工作”主题，通过设立征求意见箱、召开座谈会、登门入户、寄送征求意见函等方式向服务对象、有关单位、两代表一委员、社区干部和群众代表、单位干部职工等广泛征求意见，全县各单位发出征求意见表1万余份，收回8000余份，收集梳理意见建议900余条。

【主要成果】 2015年，县委1号文件再次聚焦作风建设，并出台更具操作性和规范性的《新田县机关作风效能建设问责暂行办法》，对27种情形严格问责，设立10条红线，碰触就免职。在全省率先实行联网考勤，安装人像识别系统。在全市率先喷涂公车标识，非工作日公车定点停放。 把作风效能“满意不满意”民主测评范围延伸到二级机构和重要股室，通过测评，形成“倒逼”机制，在全县营造风清气正、干事创业的良好局面。8月27日，新田县召开2015年上半年“满意不满意”民主测评大会，“两代表一委员”、企业个体工商户和网民群众代表等对全县115个县直单位及具有行政审批、立项审核、资金管理或公共服务职能的38个二级机构、94个内设股室进行优化经济环境和机关作风效能建设工作“满意不满意单位”投票测评，提升全县党政机关及广大干部执行力，优化经济发展环境。办理“12345”服务热线工单1482件，办结率100%。落实党风廉政建设责任制，保持反腐高压态势，立案77件，给予党政纪处分75人，移送司法机关2人。全县各级各部门工作人员对所受理的事项不能即时办结时，须出具体办结日期的受理监督卡，让申办人监督，作为延时办结的投诉依据，提升办事效率。率先建成全省首个县级云平台，创新网格化管理、信息化支撑、全程化服务社会管理新模式，建立2.17万条综合治理业务的信息数据库，信息网络覆盖县内乡村和广东、江西等流动人口集中地。县城6个社区划分为66个网格。为群众代办各种证件5200件；接受群众来信来访2340多件次，办结率超过98%；城市管理问题立案6000多件，月结案率95%；全县刑事、治安发案率与2014年同期相比分别下降12.6%、14.3%，群众的安全感提升。加大创建国家卫生县城工作力度，完善基础性设施建设，整治交通秩序，突出整顿乱停乱摆、占道经营、渣土抛撒等现象。每周五确定为爱国卫生日，全体干部职工进村上路大扫除，清理卫生死角，城乡面貌大为改观。把富硒产业作为群众增收致富的支柱产业来培植，着力建设辐射湘南的农副产品主要集散地和粤港澳的“菜园子”。全县发展富硒农产品种植示范基地面积30余万亩，完成富硒产业产值20余亿元。新田县先后被列为“中国天然富硒农产品之乡”、全省“原生态富硒食品基地县”、富硒土壤开发利用研究基地，被省政府列为全省发展富硒产业示范县，新田富硒农产品被评为“湖南省稀有养生农产品”。成为永州市三大外销蔬菜基地县。规划年产值50亿元的富硒农产品加工园，富硒产业实现利润近10亿元，富硒农产品加工占全县园区工业总产值比重22.3%，富硒产业成为带动农民致富的重要产业，迅速发展。全县实现地方生产总值63亿元，同比增长8.9%；完成财政总收入6.1亿元，同比增长20.6%；完成固定资产投资63.9亿元，同比增长17.7%，首次跻身全省“县域经济快进县”，再次名列“湖南省全面小康推进工作十快进县”称号，成功创建“国家级出口食品农产品质量安全示范区”，获“湖南省平安县”称号。

县委办公室工作

【督查督办】 2015年，新田县委督查室按照县委建立大督查工作格局的指导思想，加强督查工作的总体设计和统筹协调，大督查工作格局初步形成。围绕县委重大决策和县委、县政府的中心工作开展督查和调研，有效地推动县委各项决策的落实。成立由县委书记任组长的高规格大督查（大考核）工作领导小组，加强对督查和考核工作的组织领导。制订出台《关于构建大督查工作格局的实施意见》《新田县2015年创先争优加快发展大考核方案》《新田县2015年绩效评估实施方案》《新田县2015年绩效评估指标细则》等系列文件，明确各级各部门的督查、考核工作职责，在全县初步形成抓落实、创先争优的整体氛围。整合县委督查室、县政府督查室、县考核办、县作风办、县问责办的工作力量和资源，明确内部各组分工，建立相互协作的工作机制，推进联合督查工作的开展。整合省全面小康建设调度、市绩效评估调度、县绩效评估考核、县干部实绩考核和文明指数测评等考核内容，使考核工作的责任更明确、任务更细化、操作更科学合理。围绕全县经济社会发展中带有全局性的关键问题，及时跟进督查，推动县委重大决策和重要工作部署的落实。对每次的县委常委会议、县委书记办公会议、县委常委办公会议确定事项进行责任分解，对责任单位工作的落实情况进行定期督查督办；对比较紧急的事情下发交办函，要求限期办结；对部分中心工作进行反复督办和催办。全年，对召开的11次县委常委会议研究确定的47个议题、130件具体工作，18次书记办公会议和县委常委办公会议确定的25项事项进行多轮督查督办，对县委常委会议议定事项落实情况实行“一月一督查、半年一小结、年终算总账”，推动工作落实。抓细市委经济工作会议和政府工作报告、县委经济工作会议与政府工作报告确定事项落实情况的督查。将打击三非、征地工作、城乡同创、招商引资、重点项目建设等12项工作纳入县级领导重点工作范畴，实行“一月一小结、一季一调度”，及时整理形成台账，为县委、县政府主要领导决策提供参考。侧重对创建国家森林城市、创建国家卫生城市、重点项目建设、保障性住房建设、计划生育等中心工作开展督查。开展全面小康督查调研4次，提请召开调度会3次。开展重点民生实事督查调研5次，提请召开调度会1次。坚持批则必查、查则必清、清则必办、办则必果的原则，抓好专项查办，领导批示件的办结质量提高。通过采用现场督查督办、电话催办、会议交办、下发交办函等方式抓好专项查办，对领导批示的涉及民本民生、社会稳定的热点难点问题反复督办，直至办结。年内，办理省委书记徐守盛批示件4件，办理省委巡视组转处件2件，办理人民网地方领导留言1件；市委书记陈文浩批示件、市委督查室转处件1件，市人民政府副市长批示件1件，均在规定的时限内办结。办理县委书记批示件204件，其中，督办件159件，办结139件，办结率87.4%；办理县委专职副书记批示件32件，其中，督办件19件，办结18件，办结率94.7%；办理县委办主任批示件3件，办结3件，办结率100%。对督查情况进行认真综合归纳、分析总结，及时反馈，为县委、县政府决策服务提供重要参考依据，发挥参政设谋的作用。1—12月，起草各类督查情况综合材料105篇（次），其中，编发《新田督查》74期（含专报30期），上报省市委办公厅（室）、省市委督查室综合材料19篇，被综合采用7篇，市委督查室《永州督查（交流）》单独采用1篇。按照新发〔2015〕1号文件精神，年度内被《新田督查》《政务督查》累计通报批评3次的单位党政主要负责人和分管领导一律免职。《新田督查》行使60次批评、通报50个单位，其中累计通报3次的单位2个、2次的6个、1次的42个。

【政策综调】 2015年，新田县委政研室坚持“围绕中心，统揽全局，突出重点，适度超前”的原则，加强队伍素质提升，突出调查研究，注重成果转化，致力打造文稿精品，全面完成领导交办的工作任务。围绕工作中心作好课题调研。围绕县委工作中心，确定调研课题，加强对涉及全县经济社会发展重大问题的综合分析研究，准确领会县委领导的意图、真实反映社情民意。注意将理论研究与调研成果转化为政策举措，推动政策研制发挥重要的把关作用。全年起草各类综合材料260篇150多万字，整理领导讲话10万多字。坚持创新与传承并重，做好《南有新田》杂志编辑工作，编辑《南有新田》杂志8期。强化调研，加强综合，挖掘新田亮点，向省、市报送反映新田重要工作、特色工作的信息。全年上报信息109条(篇)，省委办公厅75条(篇)。

【信息处理】 2015年，新田县委办向省、市委办上报《新田信息》378条。县委每年召开县委常委会议，对信息工作进行研究部署，列入重要议事日程，作为全县办公室工作考核的重要内容。加强内网管理，定期组织专业技术人员对省、市信息报送系统进行测试和维护，确保信息内网运行的稳定性和保密性。以县委办名义出台考核制度，要求县直各单位、各乡镇明确一名信息联络员，每月按时完成一定数量的信息报送任务。其中，乡镇每月上报3篇，县直单位每月上报1篇。制订信息工作台账，要求政研室和综合信息室干部按时、按质完成一定数量和质量的信息，实行“每月统计，季度考核”的制度，对评出的先进给予一定精神和物质奖励。加强送阅件编发，为县委主要领导提供最新的政策资讯、各地经济社会发展的先进经验及网络上关于新田的舆情动态等。创办《信息专报》，主要负责搜集全县稳定方面信息情况，及时整理、编辑，按程序向领导报告，使各类矛盾纠纷隐患妥善得到化解，促进社会和谐稳定。

【后勤保障】 2015年，县委办行政后勤工作围绕全县工作思路和工作重点，按照“以管理保服务，以服务促管理”的工作原则，充分发挥管理、服务、保障、协调的职能作用，圆满地完成各项工作任务。完善制度规范建设。明确行政后勤室干部职工职责分工，规范各项工作制度，规范化管理单位的各项服务工作，有效提高服务工作的质量和水平。完善财务管理制度，坚持原则，精打细算，对收取的费用统一缴存，保证资金及时入库，无坐支、挪用现象的发生。严格管理县委办公室公共区域，杜绝擅自乱摆乱放、乱贴乱画行为，维护办公环境。在重要节庆日，组织做好公共区域的净化、美化、亮化工作，营造良好的节日氛围。完善公共会议室服务设施，做好常委会议室的会议服务工作，增强服务功能。会议前后，主动与办会单位对接，指导会议服务人员做好会场准备等工作。全年服务各类会议100余次，没有发生一起因会务工作失误影响会议召开的事件。参与筹办全县各类大型会议和节会活动，特别是在重卡车赛、重要现场会等系列活动期间，高质量地完成食宿安排、车辆调度、会务服务等方面的工作任务。做好重要来宾的接待工作，出色完成省市领导到新田视察的接待工作。加强车辆规范管理，确保运行安全。全年未发生一次重大责任事故和负全部责任的一般性事故。

【文秘法规】 2015年，新田县委办文秘室强化责任意识、质量意识和服务意识，严把公文起草、校核、签发关，规范核发、登记、印制、分发程序，以科学、严谨的工作态度制发每一份文件，行文156份，上报市委备案“新规备字”文件19份，均未出现明显错误。把提高党员领导干部法治思维、增强法治意识的学习作为县委中心组学习的重要内容，特邀国务院法制办阎东星等专家、学者作专题讲座。在政府门户网站开设专栏，利用行政中心、政务中心电子显示屏等平台，对《中国共产党章程》《中国共产党党内监督条例》《中国共产党纪律处分条例》等开展宣传。县委常委会专门听取党内法规工作情况汇报，对党内法规工作特别是规范性文件清理进行安排部署，解决工作中存在的困难和问题。落实上级党内法规和规范性文件，对可行可不行的文件一律不行文，严把文件数量和质量关。2014年发文192份，全年发文156份，减少18.75%。文件行文保证程序严格，一份需行文的文件，由负责单位拿出初稿并征求相关责任单位意见，修改完善报分管领导后再按程序行文。行文过程严格审核，必要时请法制办等部门进行审核。文件正式行文后，按照《中国共产党党内法规和规范性文件备案规定》和《永州市党内规范性文件备案规定》的要求及时送市委办文秘法规室备案。2015年，印发党内规范性文件19份，全部送市委办备案，报备率100%。出台密级文件管理制度，管理规范，不存在违规复印和私自留存、销毁现象。按照市委办要求，每天按时上网接收电子公文，全年无密级文件丢失。

【值班管理】 2015年，新田县委办总值班室值班工作做到24小时信息畅通，没有发生脱离脱岗现象。下达各类通知近320余次，接传电话5万余次，接待来访人员1200余人次，处理来信400多件。严格下达工作通知，尤其是对常委会组成人员参加的各类活动，通过电话通知后，还开通短信平台，以短信方式进行提醒。对于突发事件发生，特别重大的在15分钟内,重大的在30分钟内,较大的在1小时内,一般的在24小时内向县有关领导和部门报告，并把领导的意见及时反馈到相关单位。坚持做到“六个不让”制度，即：不让领导布置的工作在我手里延误，不让应及时传递的信息在我手里中断，不让正在办理的文件在我手里积压，不让各种差错在我手里发生，不让来机关办事的同志在我这里受到冷落，不让县委办的形象在我这里受损，达到“事事有回音、件件有着落”的良好效果。

【机委保密】 2015年，新田县保密局贯彻落实党的保密工作方针，开展保密工作，取得较好成绩，全年没有发生失泄密事件。落实处级领导干部保密工作责任制，全县所有处级干部认真阅读《新田县处级干部保密承诺书》并签名。印发《密级文件管理制度》《涉密人员管理规定》《保密要害部门部位管理规定》《定密规定》《涉密文件和密码电报管理规定》《党政机关单位电脑和U盘管理规定》《领导干部遵守保密制度的规定》等规章制度500余份发放到各单位涉密人员。12月18日至20日的全县办公室工作业务知识培训班上，聘请市保密局局长周俊卫上保密课，全县有200多名涉密人员受到深刻的保密教育。把党校保密教育列入组织部门干部教育培训重要内容，凡3天以上的培训班开设保密教育课。严格按照要求对全县涉密载体实行统一销毁。对快递公司2014年10月以前产生的面单进行集中清理收缴，送市销毁中心销毁，收缴快递面单约50万份。对县考试中心等单位近年产生的涉密资料和县保密局废弃的硒鼓予以登记销毁。对2015年的高考及高二学业水平考试，考前联合国安大队、教育局等单位对新田考区保密室及一、二中考点办保密室进行检查验收，考试过程中试（答）题卷（卡）的接送、保管、收发等各个环节做到全程参与。参加6次教育系统、城建系统、卫生系统以及人社局组织的事业单位招聘考试的保密监督，每次招聘考试场对试题制作、考试、阅卷、登分等环节全程监督。对重大涉密会议的保密工作进行指导和实地监督。对党政机关计算机、网络和网站进行保密检查。对全县涉密网络和非涉密网络进行登记与检查。对信访局等单位涉密载体的管理情况进行检查。全年收回秘密文件200余份，收回密码电报120份。对涉密定点单位和保密要害部门部位开展保密检查。县委把保密工作列入县委常委全研究事项。3月1日，完成县“六五”保密法制教育总结验收情况自查和县保密局开展“十二五”规划贯彻落实情况自查，撰写自查报告。

组织工作

【概况】 中共新田县委组织部是县委主管组织工作和干部工作的职能部门，内设办公室、干部一室、干部二室、党建室、电教室、直属机关工委、基层党建工作领导小组办公室，7个职能委室，19个编制。

【优化干部队伍】 2015年，县委组织部贯彻执行《领导干部选拔任用条例》，制定落实《新田县关于新提拔干部报告个人有关事项实施办法（试行）》，杜绝带病提拔、带病上岗，做到“凡提必审、凡提必核、凡提必谈”。全年任免干部157人次，没有一例是超职数配备或违规提拔。在乡镇区划改革干部选拔任用过程中，注重平时考察、延伸考察，注重现实表现、历史表现，注重班子结构要求，实行“两考察三谈话”制度，在全市率先完成12个乡镇领导班子考察和调整工作，得到省市委组织部的充分肯定。畅通举报信息渠道，构建信访、来电、网络和短信“四位一体”举报平台，及时调查处理选人用人群众监督举报8件次。率先在全市建立并严格落实公职人员出入境纪委审查、组织审批制度，建立因私出入境动态管理总台账。组织52名处级干部填报“领导干部个人有关事项报告表”。开展干部人事档案“三龄二历一身份”专项审核，完成52名市管干部、278名科级及以下干部人事档案专项审核。开展“三超两乱”专项整治，消化超编人员62名，超配干部73名。制订并落实《新田县关于从严加强政工人事干部队伍建设的若干规定》，严格组工干部培训请假制度，严格考试程序，严格证书发放。加强教育培训和实践锻炼，全年向上级党校高校送训82人和13名处级领导干部，举办科干班、中青班各2期，组工干部业务培训1期，调训学员201人，5名成绩不合格、纪律松弛学员受到处理，一大批表现优秀的组工干部得到重用，树立干部教育培训崭新“风向标”。建立年轻干部必须到基层一线、急难险重的环境下磨砺锻炼机制，遴选46名优秀年轻干部驻村扶贫。

【专题教育活动】 2015年，县委组织部按照县委的安排，组织2个专题教育活动。开展“三严三实”专题教育活动。开好“三严三实”专题民主生活会，开展向全国模范检察官陈运周学习活动，选树一批践行“三严三实”的基层带头人。开展“守纪律讲规矩”专题活动。组织全县19个乡镇、147个县直单位、743个党支部开展守纪律讲规矩专题教育活动，开展《中国共产党廉洁自律准则》《中国共产党纪律处分条例》等党纪法规学习宣传，集中整治各行业各系统，各层次各领域党员干部不讲纪律、不守规矩的突出问题，推进“四风”和侵害群众利益行为整治，刹群众身边不正之风，问责70人次，经验做法在《湘组信息》刊发推介，《湖南日报》报道宣传。

【基层组织建设】 2015年，县委组织部围绕加强党的执政能力建设和先进性建设，突出重点抓落实。制订出台《新田县“干部考核任用看党建”实施办法》，把抓基层党建纳入各级领导班子和领导干部年度考核，层层压实党建责任。在乡镇设立专职抓党务的副书记（排第三）。在全市率先推行党委书记抓党建半年述职制度，全年分两期完成基层党支部书记轮训，建立村支部书记后备库。落实村党组织书记管理暂行办法和第一书记管理办法，完成379个村（社区）党组织书记“双述双评”工作。全年派出3000多名在职党员干部采取“三固定一灵活”工作模式普遍直接联系群众，定点驻村（社区）与群众“结对子”，解决群众实际问题590余个。派出“第一书记”主抓软弱涣散党组织，38个村基本完成整顿转化任务。投入3555万元用于基层组织基础保障，村两委干部月工资同比增长48%，新建村组织活动场所15个，改扩建及维修87个，实现所有乡镇便民服务中心全覆盖，建设新田特色“党建走廊”，打造模范党支部40个。落实“三会一课”、党员活动日、组织生活会、警示教育等党内生活制度，处置不合格党员35名。更新100个远教站点党员教育硬件设备，完成44名农民大学生招生工作，引导党员干部订阅共产党员微信易信，推行党员积分制管理。创新成立“流动夜校”，加强农村党员教育培训。严格规范发展党员程序，全年培养入党积极分子385名，发展党员245人，知市坪乡党委“入党先过面试关”做法，在湖南卫视新闻联播报道。创新“互联网+党建”。整合网站、党务通 APP、微信平台资源打造“新田智慧党建”，特色做法得到市委书记陈文浩，市委常委、市委组织部部长、市委统战部部长董石桂的高度肯定，并向全市推广。创新党内关怀帮扶机制。实行困难党员贷款贴息制度，全年发放困难党员帮扶资金3700人次、170万元。成立流动人口党支部5个，建立定期服务机制，每季组织计生、公安、交通、民政、人社等部门，到流动党工委开展服务。以党建引领，与广州市花都区建立“共建共管”机制，特色做法被评为“广州市十大创新项目”。

【党员队伍建设】 2015年，县委组织部规范党员学习管理，把学习情况作为民主评议党员、综合考核评价基层党组织的重要内容。各机关党组织推行微型党课的教育形式，部分支部开展微型党课授课比赛。严格用党的纪律和规矩约束、规范行为，增强党员、干部的党纪观念、法治观念、政策观念、群众观念，使全县党员、干部做到在政治上讲忠诚、组织上讲服从、行动上讲纪律、党内生活上讲规矩、工作上讲表率。开展以关心党员，教育党员为目的的党员“政治生日”纪念活动，要求各机关党组织定期开展机关党员建言献策活动、谈心谈话活动，畅通党员意志表达渠道，及时解机关党员思想动态。 全年吸纳入党积极分子300多名，发展党员51名。加强党员和党务干部教育，举办2期机关党务干部培训班，200多名党务干部参加轮训。规范党组织生活，全县机关党员98.18%参加党员民主评议，对不合格党员进行处置。同时，加强党的纪律和廉政教育，对13名违纪党员进行处分，其中，开除党籍5名。

【创新人才成长平台】2015年，县委组织部组织人社、编办等单位部门，落实人才工作总规划，创新实施“考选评聘”“引才回乡”“科技特派”“处级领导后备库”四项人才工程，为创新创业提供人才支撑。全年选择性招聘、招录、引进各类紧缺人才356人，招录、选调公务员30热播。建立处级领导后备库。按照“双向选择”和主要服务贫困村的原则，选派省派科技特派员1名和市、县科技特派员13名服务13个乡镇22个村（点）、7家企业、6所乡镇卫生院。引导78名大学生实现创业。加强大学生村官管理和服务，落实每月工资打卡，办理各类保险，组织大学生村官有序流转，15名大学生村官实现流转转岗，争取选派14名省市县科技特派员服务基层一线，实施科技项目8项，落实项目经费3650万元，惠及3万余农民增产增收。引导78名大学生实现创业，人才服务和促进发展的作用逐步显现。

【直属机关组织建设】2015年，县直属机关党委实施《关于开展县直机关党建工作规范化建设活动的实施方案》《新田县机关基层党组织规范化建设工作方案》和《新田县机关基层党组织工作目标考核细则》。加强届期管理，超过95%的基层党组织领导班子按照要求进行换届选举或调整。同时主动适应形势，配合机构改革，调整和撤并农业系统、经信委等20多个党组织，成立科经委、文体广电新闻出版局等10余个党总支。通过换届和届中调整，调整30余名对党务工作无热情、能力不强、责任心缺乏的党务干部，选配10余名优秀年轻党员干部任专职党总支（支部）副书记，使党务干部特别是专职党务干部队伍更趋于合理。对全县机关400多名入党积极分子进行跟踪培养教育，对入党积极分子实行动态管理。全年举办入党积极分子、发展对象培训班4期，发展党员29人。

宣传工作

【理论学习】 2015年，县委宣传部开展理论学习形式灵活。全年举行县委中心组学习8次。在“三严三实”专题教育活动中，县委书记带头讲党课。参与全市“学讲话用讲话”心得录交流活动，县委班子撰写学习心得50余篇，各单位上报200余篇。组织党政考察团外出观摩学习，增强党员干部奋发赶超的危机感、自信心和责任感。理论宣传内容鲜活。开展中共十八届四中、五中全会的微宣讲活动，推动四中、五中全会精神进机关、进农村、进企业、进社区、进学校。结合每季度开展的外出流动人口集中服务活动，定期到流动人口聚集地开展理论宣讲。在新田新闻网、新田手机报开通理论学习专题专栏，通过“新田发布”政务微信，以“图文+视频”的方式，解读宣传当前的热点话题和理论问题。理论调研成果丰硕。完善干部理论调研制度，参与全省中国特色社会主义在湖南的创新与实践课题调研，组织关于“十二五”工作总结和“十三五”工作谋划的调研活动。县委、县政府主要领导围绕改革发展的难题到基层和生产一线调研，形成一系列研究成果。全县各级领导干部在《湖南日报》《中国人口报》《农民日报》《永州通讯》等媒体发表调研性文章50余篇。

【新闻宣传】 2015年，县委宣传部围绕县委、县政府重大决策部署，组织创建国家卫生县城、国家森林城市、省级文明县城、省级平安县城、省级园林城市、创业创新、智慧新田等专题突出正面宣传。推出以“适应新常态”为重点的经济形势和党的建设主题宣传，在《湖南日报》《永州日报》推出有影响力的重点报道。在CCTV—10《地理中国》栏目推出《龙王井奇观》节目，省广电局网络中心启动拍摄以反映乡村教师和留守儿童为主题的电影《相信未来》。年内在省级以上媒体发表电视新闻作品50多条，市级187条；在《湖南日报》A版刊发新闻12条，《永州日报》刊发新闻330条；“新田发布”224期，新闻网2701条，《新田手机报》247期。“新田发布”保持在全国政务微信前列，拥有粉丝超过10万人。建立网上舆论精细化研判机制，建好网络舆情应急指挥平台，壮大网评、网管、网宣队伍。畅通网上信访渠道，推动重大敏感涉新舆情交办、督办318件，关闭微信公众号1家，确保互联网可管可控。

【文明创建】 2015年，县委宣传部加强爱国主义教育。举办纪念抗战胜利70周年书画摄影展、烈士纪念馆抗战文物展、郑作民故居开馆仪式、慰问抗战老兵等系列教育活动，激发民众爱国情怀。抓好爱国主义教育基地的建设和管理，蒋先云故居参观人数达1.6万人次。加强核心价值观教育。制作和刊播建筑围挡、主要路口电子显示屏等各类公益性广告3000处，组织参加“好家风、好家训”征选和“永州好人”“全市道德模范”“最美人物”评选。“反贪斗士”陈运周被中宣部评为十大最美人物——群众最喜爱的检察官，并获CCTV—2015年度法治三大致敬英雄称号，成为全国先进典型。青年创业典型吉华灯获得全省最美志愿者称号，创建的“维爱协会”获得全省最佳志愿服务组织称号。开展“讲文明树新风”活动，抓好文明村镇、文明单位、文明标兵单位、文明窗口单位、文明社区等系列创建工作，新田县被市文明委授予“市级文明县城”称号，新增文明标兵单位1个，文明单位7个。启动省文明县城创建工作。重点开展全县文明指数测评工作，增强市民文明素质，全县文明程度大幅提升。以“道德之乡讲道德”活动为抓手，培育先进典型，中山社区被评为“全省最美志愿服务社区”。开展扫黄打非、网吧整治工作。组织参加全市第四届道德模范评选，城东派出所干警陈艳芳被评为全市“见义勇为道德模范”。开展道德讲堂、让身边人说身边事，成立青年读书会，开展“五好文明家庭”“好媳妇”“好婆婆”评选等一系列精神文明建设活动。

【文化事业】 2015年，县

委宣传部文化服务提质增效。抓好国有文化资产管理体制和国有文化单位改革。推进农村广播“村村响”、“农家书屋”、乡村文体小广场、直播卫视“户户通”、县级数字影院等一批文化惠民工程。向国家文物局上争维修项目资金3000余万元，加强对重点文物的修缮和保护，实施文庙、万寿宫修缮工程和龙家大院、大观堡的提质改造；实施郑作民故居、萧明故居修缮配套建设；红军西征纪念园投入使用。由国家出资、群众完全免费享受的公益性无线数字电视服务全面启动。文艺创作成果丰硕。出台文艺奖励和人才培训的办法，全年出版《文学新田》4期，编印1000册廉政文化连环画《一代廉吏王鼎铭》《疑麓墨韵》《翰墨铸情》书画作品集5000余册，出版《新田县历代诗文集》。广大文艺工作者积极参与“深入生活·扎根人民”主题实践活动，创作出更多文艺精品。作家何一飞的小说《手术刀》发表后获得首届“武陵杯”全国优秀小小说奖，作品《红尘》报送中宣部参加“中国梦”文艺创作的评选。京剧《接风宴》参加“永州市第三届京剧票友艺术节”并获成功。欢乐潇湘文艺活动书法摄影获一、二、三等奖6人。开展群众美术书法摄影创作展览、第五届湖南省艺术节全省美术书法摄影展、“欢乐潇湘·和美永州”群众美术书法摄影活动、纪念抗战胜利70周年书画摄影展、桃花节、全民广场舞、“走进永州山水”画家采风、寻找永州100处最佳摄影景点、“三湘读书月”等活动，组织元旦春节系列文化活动和送戏、送电影下乡等文化惠民活动，参与第三届永州市文化建设先进村评选活动。激活社会资本参与全县大型文化赛事，成功举办首届“硒锶丽人”大赛、新田好声音、闹元宵等活动，篮球争霸赛17年经久不衰。包装规划建设一批有特色的示范乡镇、村、街区，举办富硒美食文化活动。建立“十三五”规划文化产业重点项目库，新入统文化规模企业2家，争取省文化扶持项目1个。加快文化旅游融合发展，河山岩村入选“中国传统村落”并被评为“湖南省最美乡村”。成功举办“建文帝踪迹新田暨文化旅游研讨会”、第五届全国硒资源利用协作大会，新田特色文化旅游彰显魅力。

【自身建设】 2015年，县委宣传部按照“基层工作加强年”要求，改进作风，做到人往基层走、劲往基层使，加强宣传思想工作的调研。强化对基层工作的保障，逐步落实宣传文化部门的职数设置、乡镇宣传委员和文化专干的选拔配备。建立新闻、文学、艺术、理论等方面的系列激励机制，开展针对乡镇宣传委员、文化专干、新闻发言人、骨干网评员、微信微博管理员、通讯员等专题培训，促进广大宣传思想文化工作者完善知识结构、提升知识层次、增强业务能力。县文广新局、县文联、县执法大队、网政办获全市同系统先进单位，县电视台获湖南广播电视台通联工作先进集体，蒋军君获全省通联工作先进个人、全市首届十佳新闻工作者。县委宣传部获“2015年度《湖南日报》发行工作先进单位”。“‘动漫图解’让政策宣传‘萌’起来”获2015年度“李达杯”

宣传工作创新奖。获2015年度市宣传文化系统创先争优“优胜单位”称号。“新田发布”获市2015年度微政务工作“年度微信进步奖”。县委宣传部获永州市文化科技卫生获“三下乡先进集体”称号，获2015年度市理论工作“先进集体”。

统战工作

【概况】 中国共产党新田县委员会统一战线工作部（以下简称统战部），成立于1957年9月。现有行政编制7个，事业编制5个，工勤编1个，内设台办（正科级）、宗教办、办公室、政工股、统战信息中心。业务指导单位有：工商联、侨联、民族宗教事务局。各乡镇党委和县直单位党组织设兼职统战委员，分管统战工作。

【党外干部】 2015年，县委统战部加强全党外干部学习培训，先后有计划、有批次地送党外干部参加中青年下部培训班16人次。对建立党外干部资料库，掌握一批优秀年轻的后备干部，为配备党外干部打下基础。加大党外干部的配备力度，全县乡镇配备党外副乡镇长，大部分乡镇配备党外人大副主席。

【同心工程】 2015年，县委统战部驻点的新屋场村获得省级“同心乡村”授牌，引进江苏钜芯集成电路技术有限公司为投资方，筹办新田县苦志育才慈善学校，成为全省唯一一家全免费寄宿制学校。引导支持党外人士围绕县委、县政府重大决策开展调研活动，形成高质量的调研文章10余篇，提出意见建议50多件。

【非公党建】 2015年，县委统战部建立党员领导联系非公有制企业党建工作制度，全县有30名党员领导干部联系规模较大的企业。实行村企联合建党支部，成立“南有新田”蔬菜有限公司党支部等10个党支部。全县有62家非公有制企业建立党组织。成立新田驻广州、花都商会党支部委员会，224名非公企业党员参加。联合工业园管委会、人社局、商务局一起，举办招聘会5场，发放招工信息宣传资料1800多份，协助4家台资企业招工179名。

【制度建设】 2015年，县委统战部在全市率先出台“三制度一办法”，即：《中共新田县委常委与党外干部交朋友制度党外代表人士列席参加县委常委会制度》《重大事项通报制度》《新田县党外干部培养选拔管理办法》。成立党外人才交流基金，统战系统增设机构2个，增加行政编制和全额拨款事业编制10个。

【统战大事】 2015年，省委常委、省委统战部部长李薇薇到新田视察，对新田县“四同创建”工作高度评价。《新田县探索破解农村经济发展难题推进“同心乡村”建设》一文在省委统战部《统战工作》第55期整期专题刊登。

机构编制工作

【概况】 新田县机构编制委员会成立于1991年4月，为县委、县政府正科级直属机构。2002年5月，设置新田县机构编制委员会办公室（以下简称县编委办）。

县编委办是县机构编制委员会的常设办事机构，内设办公室，督查室，综合室，下设两个副科级事业机构县事业单位登记管理局、县机构编制信息中心，核定行政编制4名，主要负责全县行政管理体制与机构改革及机构编制管理工作，既是县委工作机构，又是县政府工作部门。

【政府机构改革】　2015年，成立由县委书记任顾问、县长任组长的机构改革领导小组，出台《新田县政府机构改革方案》，报市委市政府批准实施。2015年，县政府机构改革，通过撤销、更名、整合等方式，组建县市场和质量监督管理局、县科技商务粮食局和经济信息化委员会、县卫生和计划生育委员会、县农业委员会等22个政府工作部门。

【事业单位改革】　2015年，县编委办深入调查研究，摸清底子，重点是工商、药监、技术监督，经信、商务、科技、文化、事业单位分类改革与政府机构改革相协调。建立事业单位法人治理结构，推进有条件的事业单位转为企业或社会组织。落实中央和省有关人事、收入分配、社会保险、财政等事业单位改革配套政策，并做好与教育、科技、文化、卫生等行业体制改革的衔接。

【精简行政审批】　2015年，县编委办提出全县减少和取消投资审批事项方案，2016年发布新修订的县政府核准投资项目目录，基本完成投资体制改革，最大限度地缩小审批、核准、备案范围，落实企业和个人投资自主权。建立行政审批项目目录和管理办法，在全面清理行政审批事项的基础上，推进行政审批标准化。

【规范部门权力清单】2015年，县政府工作部门推行权力清单制度，审核清理全县保留43个单位的权力清单事项2161项。根据有关规定，县政府工作部门权力清单实行动态管理机制，因法律法规规章和上级政策调整需要新增、取消、变更权力事项的，按规定程序审核批准后调整。

【严肃机构编制管理】2015年，县编委办建立健全机构编制管理与财政预算管理、组织人事管理的协调配合机制。通过创新管理，盘活存量，优化结构，实现机构编制增减平衡，提高机构编制资源效用。坚持政府机构限额和行政编制总额不突破，坚持机构编制和财政供养人员不突破2012年年底基数。

【事业单位登记管理】2015年，县编委办将事业单位法人开办资金验资登记制度改革为确认登记制度，为全县近400家事业单位法人节约大量人力、物力、财力，提前1个月在新田政府网公示各事业单位法人的年度报告。在全市公布的18项考核指标中，新田县均列第一，部分先进经验在全市推广。在2015年乡镇区划调整改革和政府机构改革完成后，注销事业单位60余家，变更登记100余家，受县委县政府委托收缴全县撤并的党政事业机构印章400余枚，并移交县档案局封存。

【公益域名注册管理】2015年，县编委办管好党政机关、事业单位的网上名称使用，网上身份识别，做好域名注册、网站审核、网站挂标管理工作，实现党政机关、事业单位网上身份的实时监测、检索、识别与保护。

机关事务服务管理

【概况】 新田县机关事务服务中心成立于2015年10月，前身是成立于2007年6月的新田县机关事务管理局。是县政府办公室直属的正科级参管事业单位。内设办公室、安全保卫股、保洁股、动力股4个股室；下辖1个公共机构节——能办公室直属事业单位。主要负责行政中心、政务中心的总务后勤、公房管理、安全管理以及保洁会务服务等后勤服务和保障工作。

【后勤服务管理】 2015年，新田县机关事务服务中心改进服务方式，提高服务品质。制订县委、县政府会议室使用、服务管理办法，加强对会议服务人员的业务培训和素质教育，提高会务服务质量和满意度；加大房屋及水、电、暖、气维修力度。制订《新田县行政中心日常行为管理规范》等多项规章，对行政中心、政务中心的机关大院的水、电、暖设备分片包干，责任到人，定期检查，确保机关大院水电的正常运行。加强综合治理，创建和谐机关大院，与大院50多个单位签订综合治理目标责任书。做好上访人员劝离、引导、登记、接待工作，确保机关办公场所正常办公秩序。开展消防安全检查4次，邀请县消防支队在机关大院开展现场消防演习，对机关干部职工和院民进行消防安全培训。制订大院机动车辆出入停放管理办法，确保车辆的安全出入和有序停放。加强绿化保洁工作，营造机关优美环境。制订环境卫生管理制度及环境卫生检查考评实施细则，指定专人负责每天巡查大院和办公楼公共部位的卫生死角。制订绿化管理程序和绿化工作检查标准，指定专职绿化管理员加大巡管工作力度。与县园林绿化部门签订机关大院绿化合同，确保机关大院环境整洁优美。加强机关食堂环境卫生、用餐质量和服务质量的监管力度，个性化服务、品质服务有改善，机关干部的满意率提升。

【会议服务】 2015年，新田县机关事务服务中心承办县委工作会议80场次，接待人员2.3万多人，完成县委、县政府领导交办的任务。

【公共机构节能】 2015年，新田县机关事务服务中心发挥政府机关节能降耗示范和导向作用，完成下达的节能目标，被省机关事务管理局列为公共机构节能改造单位。人均节电量、节水量达到3%,单位建筑面积能耗下降3%的目标，公务用车车均费用下降10%以上。组织开展公共机构节能宣传周、“能源紧缺体验日”宣传活动，对公共机构联络员进行能耗统计工作培训。

党校工作

【概况】 中共新田县委党校（新田县行政学校）成立于1961年6月，行政学校成立于2001年9月，两校合一。有多媒体教室、网络教室3个，图书3万余册，床位200余床，可容纳300人就餐的餐厅。人员编制26名，内设办公室、教务处、科研室和总务处4个处室。有教职员工24人，其中，领导班子成员4人，专兼职教师21人，研究生3人，在读研究生1人，本科18人，具有高级职称1人，中级职称7人。教职工队伍年龄、专业结构较为合理。获得2015年湖南省委党校行政学校系统第七届科研工作先进单位奖，获得中共永州市委党校授予的科研组织奖，获得“永州市文明单位”称号。

【干教培训】 2015年，县委党校开办主体班4期，调训学员197名，短训班16期，调训学员3300余人次。开设《县委思路解读及严以修身》《如何提高干部队伍执行力》《从创卫工作谈执行力》《全面从严治党》《弘扬“南有新田”精神》《陈运周案例教学》《党员干部理想信念和职业道德建设》《廉洁—幸福生活之源泉》等党性教育课程。探索新的教育模式，教学多样化。组织学员到宁乡县委党校聆听“让入党誓词牢记心底”的党性教育课，在刘少奇铜像前重温入党誓词，增强学员的党性修养。结合本地的实际，搞专题教育。组织学员到新田县工业园、重点项目工地、东升农场、枧头镇老屋村参观和调研，开阔学员的视野，既符合当前形势，又联系实际，深受学员欢迎。

【科研成果】 2015年，县委党校完善《科研管理办法》《科研工作分值量化考核制度》《科研论文评比活动实施方案》等制度，严格实施科研考核，完善科研激励制度，对立项课题实施责任人制度，促进科研工作走上制度化、规范化的轨道。撰写的“关于新田县闲置土地处置的调查与思考”和“创新土地流转机制　做活规模经营文章——土地确权后新田县发展规模农业的调查与思考”2个省级课题成功立项。“城乡一体化背景下的贫困地区现代农业发展研究——以新田县为例”和“县域特色文化旅游产业的开发与提质—以新田县为例”2个省级课题顺利结项。10篇理论文章入选省市党校系统理研会文章，是历年来获奖文章最多的一次。其中，省委党校系统理论文章获二等奖1篇，市委党校系统理论文章获一等奖1篇，二等奖3篇，三等奖6篇。围绕文明创建、创森等县委中心工作开展调研，在《南有新田》发表理论文章6篇。

【创建市级文明单位】 2015年，县委党校投入3万多元开展市级文明单位创建活动，设置社会主义核心价值观、传统美德、志愿服务、遵德守礼和讲文明树新风宣传栏、宣传牌，营造浓厚的党校文化氛围。加大绿化力度，添置环卫设施，美化优化校园环境。投入4万多元添置多媒体投影仪、电脑等教学设备。争取省财政维修资金10万元，完成对报告厅和食堂的补漏维修。

【理论研讨】 2015年10月，县委党校组织召开全市科研工作会议暨“打赢脱贫攻坚战”理论研讨会，全市党校系统100余名领导、专家、教师参加理论研讨会。

老干部工作

【概况】 中共新田县委老干部局成立于1984年。现有干部职工6人，其中，局长1

人，副局长1人，工作人员4人。局机关下设办公室、老干所、老干部活动中心。挂靠老干局单位：县关心下一代工作委员会办公室、县老年书画协会、县老年大学。现服务管理全县离退休（副处级以上）干部73人，其中，离休干部17人（异地安置1人），副处级以上退休干部56人。

【落实老干部政治待遇】 2015年，新田县坚持县委常委联系离退休干部制度。县委书记、县人大常委会主任、县人民政府县长、县政协主席及每位县委常委联系4至5名离退休干部，经常与所联系老干部保持沟通联系。重大节日召开老干部座谈会。2月12日，在老干局会议室召开新田县离退休副处级以上老干部迎春座谈会，县委书记唐军，县委副书记、县长秦山成，县委副书记唐富荣，县委常委、县委组织部部长唐建明参加会议. 9月19日重阳节，县委副书记、县长秦山成，县委副书记唐富荣，县委常委、县委组织部部长彭俊卿与50余名离退休老同志庆祝“老年人节”。组织政治理论学习。每月28日，组织老干部开展政治理论学习，全年组织老干部深入学习中共十八大、十八届三中、四中全会和习总书记系列重要讲话精神八次。为每位老干部订阅一份《老年人》杂志和一份《永州日报》，为老干部活动室订阅党报党刊、生活杂志10余种。日常管理服务工作。坚持日常走访、生日祝寿、生病住院探视、去世送葬和信访接待制度。县老干局对居住在农村的离休老干部进行普遍走访，对居住在城区有困难的离休老干部进行重点走访，解决一些实际问题。

【落实老干部生活待遇】 2015年，新田县实行老干部看病就医“免费制度”。即离休干部看病就医不交一分钱，钱由定点医院（药店）垫付，再由定点医院（药店）与医保中心结账。这项制度解决离休干部医药费拖欠问题。离休干部离休费按月足额打卡发放。离休干部离休费按《离休费保障机制》和《财政支持机制》的规定，全部由银行按月足额打卡发放，不拖欠老干部一分钱。落实老干部各项政策性待遇。老干部交通费，高龄护理费，病残护理费，健康休养费，每年补发1～2个月基本离休费、改制破产企业自收自支事业单位老干部津补贴，每个季度最后一个月20号按标准准时由老干局发放到老干部手中。提高无固定收入的老干部遗孀和家属的生活补助。无固定收入的遗孀生活补助费由原来的580元提高到900元，家属生活补助费由原来的350元提高到630元，其生活补助由老干局按季度定时发放到位。组织老干部开展身体健康检查。11月，组织全体老干部按每人750元的标准到定点医院进行一次身体健康检查，并为老干部们建立健康档案。

【老干部活动】 2015年，老年大学分为文化科学知识综合班、太极拳班和保健班学员140人。开设医疗保健、法律、历史、地理、太极拳等课程7门，每月5天学习时间。组织学员开展以扑克、字牌、象棋、麻将等为主要内容的各种文体竞赛活动。老年教育向基层深入，建成五柳塘村、新屋场村和中山社区三所老年学校。主办全县老干部书画展，为庆祝中国人民抗日战争暨世界反法西斯战争胜利70周年，县老干局与老年书画协会联合举办老干部书画展览，展出书画作品60多幅。

【关工委工作】 2015年，县委常委会把关工委工作列入议题，听取县关工委工作汇报，同意将关心下一代工作纳入党政工作议事日程、新农村建设示范村和扶贫服务点工作内容、党建目标管理体系，在县绩效考核中占一定分值，选调工作人员2名。组织开展“社会主义核心价值观”教育巡回宣讲活动。4月24日，由市关工委牵头，联合市教育局、司法局、团市委组织的“五老”宣讲团到新田县一中、二中、瑞华、龙泉三小开展青少年“社会主义核心价值观”教育巡回宣讲活动。继续开展关爱留守儿童活动。县关工委联合县教育局、县计生委等单位于5月28日举行表彰留守儿童之星和资助家庭贫困学生活动，表彰留守儿童之星100人，资助家庭贫困的学生150人。

档案工作

【概况】 新田县档案局成立于1984年6月30日，2002年设置新田县档案局（馆），即新田县档案局、档案馆实行局馆合一制。县档案局（馆）为县委直属正科级参照公务员管理事业单位。内设办公室、业务指导股、法制教育股，人员编制8名。彭晓英获2015年度永州市党委办公室档案工作“先进个人”称号。2015年4月13日，湖南省档案局副局长薛冬英与《档案时空》杂志社社长王晓燕、永州市档案局局长蒋刚生等一行到新田县调研。

【档案业务】 2015年，新田县档案局接收档案165盒3111件。开展各单位档案、乡镇档案、重大项目档案的移交工作，开展改制、破产企业、合并乡镇档案的接收和管理，启动涵盖退伍军人、移民、知青、婚姻、医保、社保等民生档案收集、归档和接收工作，开展特色档案的整理和接收工作。对全县19个乡镇进行业务指导，规范乡（镇）村档案分类、归档范围、保管期限。具体业务指导县国税局档案室晋升特级档案室。对工业园、烟草局、国土局等20多个机关、企事业单位开展业务指导。要求各机关团体、企事业单位按收集齐全、分类合理、编目科学、装订美观、利用方便等组卷要求，做好工作。为确保案卷质量，根据各单位文档人员的具体情况，有针对性地采取分别指导、集中指导和代立卷相结合的方式进行立卷归档指导。配合乡镇区划调整改革，规范撤销乡镇档案的合理归属和流向，确保档案的完整与安全，防止档案流失，档案局领导班子成员及业务人员组成督查组，分两个组分别对全县19个乡（镇、办事处）档案工作进行督查。投入14万多元，安装库房温室自控仪，库房温湿度掌控自动化，档案保管保护工作上新台阶。在3月、6月、9月投放防虫药工作。建立安全值班制度，每天24小时都有值班人员对工作现场和档案馆大楼进行监管，消除安全隐患。在5月、6月对档案综合库房进行一次核卷整理工作。

【档案利用】 2015年，新田县档案局档案继续坚持信息资源为社会各界提供利用，从2013年8月1日起，县档案局全面实行免费服务，免除复印费等资料成本收费项目。增强档案服务功能，县档案馆馆藏档案资源得到开发利用，全年到县档案馆查阅档案的达到800余人次，查阅档案1500余卷。

【档案法制建设】 2015年，新田县档案局加强档案信息报送工作，鼓励工作人员积极向各类媒体，尤其是向档案报刊和网络媒体投稿。在中国档案网、《档案时空》杂志和永州红网发表档案新闻报道7篇。建立健全档案行政执法责任制，各单位由一名副职主管，办公室主任具体负责的档案工作管理网络，派专人参加由省确权办和省档案局举办的农村土地承包经营权确权登记颁证档案管理培训班。2015年10月13日～15日，在县委党校举办为期3天的档案员培训班，加强档案队伍建设，各乡镇、县直各单位和各社区居委会专、兼职档案员130人参加培训，永州市档案局局长蒋刚生等领导到培训班现场指导并授课。档案员培训班的举办为推进全县档案工作上新台阶和全县即将开展的机构改革在档案收集整理与移接交等方面的工作奠定良好的基础。

【档案馆项目建设】 新田县国家综合档案馆于2014年通过省发改委审批，核定建筑面积3214平方米，核定投资1088万元，其中国家投资611万元，地方配套477万元，目前已到位资金311万元。被列入全县重点工程建设项目，成立新田县综合档案馆项目建设领导小组，落实建馆场地，位于现县档案馆东侧。项目10月27日挂网招标， 12月19日动工兴建。

信访工作

【概况】 新田县信访局于2002年5月由县信访工作办公室改设，是县委、县人民政府主管全县信访工作的部门管理机构，隶属县委办系统。现有编制11名，其中，行政编7名、工勤编1名、事业编3名。内设办公室、接访导访室、督查追责室、复查复核室、财会室5个股室，下属股级事业单位1个即新田县信访救助服务中心。2015年，县信访局（县信访联席办）接待群众来访913批、2436人次，比2014年分别下降6.8%、10.5%，信访秩序明显好转。全县无赴省、进京集访，赴省非正常上访0人次，进京非正常上访11人次，比2014年大幅下降。办理上级交办信访事项15件，其中，国家信访局投诉办转办2件、省委书记交办件1件、省长信箱1件、市长信箱8件、省委巡视组第七组交办3件，全部按时按质办结。全国“两会”、“9·3”抗战70周年阅兵活动、中共十八届五中全会等特防期均实现进京非正常上访“零登记”。县信访局副主任科员骆红松获2015年“永州市信访工作先进个人”称号。县信访联席会议办公室获2015年“永州市信访联席会议办公室工作先进单位”称号。

【接访包案】 2015年，每月10日为县委书记、县长接访日，每周一安排两名县级领导联合接访，每周二至周五每天安排一名县级领导轮流接访。书记、县长接访日和每周一设立7个专项接访组接待，提前一个星期由县信访联席办通知参加接访的县级领导和相关专项工作组领导成员到信访大厅接访。县委书记唐军、县长秦山成对信访接待日活动十分重视，每次接访活动亲自部署、参与，阅批群众来信，接待群众来访，解决上访群众反映的热点、难点问题。县委副书记唐富荣，县委常委、县委政法委书记欧阳涛，副县长、县公安局长周平，县委副处级干部谢林林接待上访群众，协调处理重大疑难信访问题。其他县领导认真抓好分管方面的信访工作，参与协调处理重大信访事项。全年有33名县级领导、253人次，76个部门(含乡镇)负责人、218人次参与领导信访接待日的接待工作，接待群众来访322批、595人次，解决处理80件，批示交办56件，做工作93件，一大批信访问题得以解决。“四大家”领导每人包保1至2件疑难信访问题，县级领导干部深入一线，亲自负责，在规定时间内化解结案。短期内确实无法化解的，包案县级领导负责做好信访人思想转化和动态稳控工作。7月开始，县委、县政府组织开展信访积案攻坚活动，向包案县级领导和责任单位交办信访积案60件，明确需化解的35件、需稳控的25件。截至12月底，要求化解的35件信访事项，化解或办结17件。

【信访改革】 2015年，新田县下发《关于规范信访事项办理程序推行依法逐级走访的实施办法》，明确工作目标、工作原则和工作要求，规范受理办理程序和“依法逐级走访手册”发放、填写等操作流程，发放“依法逐级走访手册”133份。从5月1日至5月31日，组织开展国家信访条例颁布实施10周年宣传月活动。组织多轮培训。4月17日，在一中礼堂举办新田县信访业务知识培训班，各部门和乡镇分管领导及专职人员参加学习培训，培训内容为依法逐级走访及信访事项听证化解、复查复核等业务知识。推进“阳光信访”，全县19个乡镇和县直单位联通湖南省网上信访信息系统，组织开展业务培训并按时上线运行，建立和完善“网下办理、网上流转”的信访事项办理程序，实现信访事项“可查询、可跟踪、可督办、可评价”，提高办事效率，增强公信力，把网上信访打造成群众信访的主渠道。2015年7月至年底，全县通过该系统录入来信来访119件，录入率100%。在新田政府网上开设书记、县长信箱和“12345”公共服务热线，将群众来信来访纳入“智慧新田·社会治理创新云平台”办理。全县126个城区和农村网格的网格员及群众可随时随地使用手机“随手拍”功能，将需反映的问题上传到云平台管理中心，属信访问题的，由县信访局确定责任单位进行交办，及时办理答复。

【信访管理】 2015年，新田县制订《信访工作目标管理考核办法》，强化考核，推进目标责任落实。把控制减少越级访、集体访作为重点，增加依法逐级走访、网上信访、诉访分离等重点工作指标权重，年终进行奖惩兑现。加大各类信访突出问题的解决力度，强化工作责任，对出现到市赴省进京非访、集访或因工作不到位造成影响的，依法依规追责到位到人。全县各乡镇和有关部门在县信访联席办的统一调度下，落实完善矛盾排查、问题化解、信息预警、稳控劝返、督查追责、依法处理等各项工作措施，加强统筹协调，实现部门联动，形成工作合力，减少赴省进京非正常上访数量，各类特防期平稳度过。

史志工作

【概况】 新田县党史与地方志征集编纂办公室（简称史志办）成立于2002年，为县委直属正科级事业单位。前身是1997年成立的新田县党史地方志编纂办公室。内设党史征研股、方志股、综合办公室。核定全额拨款事业编制6名，其中，主任1名，副主任2名，股长3名。现有人员7名，其中，主任1名，副主任2名，副主任科员2名,职工2名。

【党史研究】 2015年，新田县史志办完成《蒋先云文集》出版工作。推动新田红色旅游文化，小源会议旧址、蒋先云故居、郑作民故居、革命英烈事迹陈列馆成为新田红色旅游重要景点。2015年接待游客1.8万人次。

【党史宣教】 2015年，新田县史志办为参观人员到小源会议旧址、蒋先云故居、郑作民故居参观提供党史知识宣教服务，通过景点讲解、上党课、重温入党誓词等活动，让广大党员干部和青少年学生受到爱国主义教育与革命传统教育。7月23日，任弼时之女任远芳、女婿武盛源，开国元勋红二代文化贸促会副会长、八路军三五九旅协会会长、开国少将曾涤之子曾豹，原国防大学教授、罗章将军之子罗海曦等一行，参观红军小源会议旧址和“红军是工农的武装”标语墙。

【郑作民故居开馆】 2015年，新田县史志办负责郑作民故居的布展工作。多方收集抗战时期故居旧物，重新修缮、精心布展。8月31日，新田县委、县政府举行开馆仪式。布展以郑作民的戎马生涯和伟大抗日精神为陈展主线，尽可能客观、真实地展示郑作民疾恶如仇、忧国忧民、奋勇抗日的戎马铿锵一生和重大历史功绩。以独特视角展现当时以郑作民等为代表的中国青年军人勇赴国难，在近代中国抗日战争史上谱写的悲壮历史篇章，有着缅怀英雄，传承精神、牢记历史、启育后代的长远意义。

【乡镇简志编纂】 2015年，新田县史志办组织人员到各乡镇调查研究，指导编纂《湖南乡镇简志——新田篇》。10月，完成乡镇简志稿初稿收集，整理上报市史志办审核。简志图文并茂、系统全面、详略得当，突出各乡镇社会、人文等各方面特点。

【“南有新田 · 英烈事迹”陈列馆开馆】 2015年，新田县“南有新田 •英烈事迹”陈列馆布展以近现代新田先进人物事迹及弘扬“南有新田、奋勇争先”精神为支线，结合文字、图片及多媒体视频、语音解说，真实、直观的展现英烈们不畏牺牲、奋勇向前的不朽史歌及新田人们不怕艰辛、敢于争先的精神。主要由序言、革命时期、建设时期、改革时期4个篇章组成。9月30日，值抗日战争胜利70周年之际，新田县委、县政府举办开馆仪式，举行“向烈士敬献花篮”活动，全县各机关单位领导、官兵、代表教师和少先队员及烈士家属参加活动。英烈事迹陈列馆的建设，为纪念和传承烈士精神，推动新田县开展爱国主义教育，更好发扬“南有新田，奋勇争先”精神具有十分重要的意义，是外界认识新田、了解新田的一个重要窗口。

接待工作

【概况】 新田县县委、县政府接待科（以下简称县接待科）于2007年7月成立，是县委、县政府执行内外宾接待任务的办事机构。为副科级事业单位，科长高配正科，副科长高配副科级，核定编制5人（含2010年增编2人）。经费列入县财政预算。2015年，被授予“全市重宾接待先进单位”称号。

【接待服务】 2015年，新田县接待科面对接待宾客层次高，人员多，任务重，保密性强的特点，精心组织，周密安排，热情服务，圆满完成各项接待任务。接待各类宾客520余批次，6100多人次。完成到新田的省部级领导、外省市领导、重要客商、新闻媒体、专家、学者、省直有关部门等来宾的公务接待工作。与相关部门密切配合，完成全国建文帝踪迹新田暨文化旅游产业发展研讨会、“深港献爱心新田光明行”活动、湖南省科技学院2015年大学生暑期“三下乡”社会实践活动等大型团组的接待任务。

新田县人民代表大会常务委员会

【概况】 新田县人民代表大会常务委员会（以下简称“县人大常委会”）成立于1980年12月，是县人民代表大会闭会期间的常设机构，地方国家权力机关。内设“五委一室”：内务司法工作委员会、财政经济农业农村工作委员会、科教文卫工作委员会、选举任免联络工作委员会、城建环保工作委员会、办公室。第十六届人大常委会组成人员21人，现有机关干部职工29人。2015年，县人大常委会召开人大常委会会议7次，主任会议15次，听取和审议“一府两院”工作报告26个，提出审议意见116条，作出决议决定12个，依法审查规范性文件43件，审议专项工作18项，依法任免国家机关工作人员21人次，开展工作视察9次，执法检查2次，工作调研12项,督办代表议案和建议146件。

【重大事项决定】 2015年，新田县人大常委会把一批事关全县经济社会发展重大事项，列入常委会的议程进行专题审议，全年依法科学作出决议决定12项。审议批准城投集团融资贷款及中国中部家居博览城项目、综合商贸物流中心项目、南部新城学校等8个议案；审议批准城市供水项目、加快扶贫开发、实行封山育林保护森林资源等4个议案。对决议、决定的贯彻落实情况加强跟踪监督和督办落实，努力提高决议、决定效果。常委会第25次会议听取和审议2014年度县人大常委会审议决定的政府性投融资重大项目实施情况的报告，对实施情况进行认真审议，提出审议整改意见。

【视察调研】 2015年，新田县人大常委会围绕新田经济社会发展的重大问题，听取和审议教育强县、环境保护等18项专项工作报告。对县城规划、城乡同创、城区供水、工业园区及“135”工程等工作开展视察，组织常委会委员和部分驻新田人大代表与相关部门负责人赴郴州市桂东县、嘉禾县学习考察城乡同创工作，推进全县城乡一体化建设和创国卫工作。对“十三五”规划、乡镇区划调整、合村工作、精准扶贫等关系到全县经济社会发展和社会稳定大局的重大工作开展专题调研，提出针对性意见和建议，推动县委重大工作部署的落实。特别是对“十三五”规划的调研，县人大常委会组成6个调研组，分别由县人大常委会领导带队深入19个乡镇、60多个县直单位开展调研，广泛征求意见，听取专题汇报，向省市人大提出意见建议，地推动兴永郴赣铁路、门楼下上里源水库建设项目、家私产业园建设项目等一批事关全局的大项目列入省、市“十三五”规划。

【执法检查】 2015年，新田县人大常委会围绕全县工作大局，组织开展《中华人民共和国城乡规划法》执法检查。常委会组织2个检查组深入各乡镇和住建、国土等20多个部门，广泛调研，听取意见，形成有份量的执法检查报告，提请县人大常委会专题审议，将集中审议意见向县政府和有关部门进行交办。督促县政府及住建部门加大县城总体规划修改及控规、详规和专项规划的编制，县城总体规划修编获得市政府批复，县城控规编制全面完成，修建性详细规划、专项规划正在编制。配合省、市人大开展《中华人民共和国水污染防治法》执法检查，加大饮用水源的保护，确保饮用水的安全。

【法律监督】 2015年，新田县人大常委会听取和审议县人民检察院《中华人民共和国新刑诉法》贯彻执行情况报告，督促公检法强化协同意识，提高办案质量，杜绝刑讯逼供。听取和审议县公安局开展禁毒工作的情况报告，督促公安机关加大对毒品犯罪的打击力度，建立健全禁毒工作防控体系，全县禁毒形势得到有效好转。听取和审议县司法局关于律师队伍建设管理情况报告，督促司法部门加强对律师队伍的规范化管理，发挥全县律师在信访维稳、普法教育、法律援助等方面的积极作用。听取和审议县人民法院人民陪审员工作情况的报告，推动优化陪审员结构，提升陪审员综合素质，加强陪审员管理，促使陪审员依法履职，全年参与陪审案件260件，位居全市法院前列。

【信访工作】 2015年，新田县人大常委会把信访工作作为畅通民意渠道，维护人民合法权益的重要工作来抓，规范工作程序，及时办理群众来信来访，尤其是对涉法涉诉、环境保护、劳动保障、撤乡合村等问题。加强调研督办，全年受理群众来信来访163件次，其中重点交办36件。在乡镇区划调整和合村工作中，常委会领导和机关干部深入到所挂和联系乡镇村组走访群众，宣讲政策，有效的化解矛盾纠纷，助推全县社会大局稳定。

【工作审议】 2015年，新田县人大常委会选择事关全县经济发展和民生联系紧密的县经信委、县扶贫办两个部门开展工作审议。常委会组成两个审议调查组深入各乡镇和有关单位开展调研，召开座谈会，实地察看现场，走访服务对象和群众，寄发征求意见函，掌握第一手资料。在常委会集中审议大会上，审议2个部门的工作报告，集中交办8个方面的整改意见。从9月起，开展为期4个月的跟踪督办，被审议部门认真解决工作中存在的问题。

【人事任免监督】 2015年，新田县人大常委会坚持党管干部和依法任免有机统一，严格执行任前调查、法律考试、任前公示、述职发言等程序，依法审查通过人事任免事项21人次，其中，任免县人民政府副县长6人次，任命法院、检察院工作人员15人次。加强对干部的任后监督，对县政府23个工作部门的“一把手”、9名“两院”副职开展年度工作述职测评。常委会组成5个调查组分别到部门开展评前调查，掌握干部履职情况。集中述职测评会上，常委会组成人员认真审议，面对面开展询问，现场测评打分，测评结果在新闻媒体上公开，向县委政府报告和通报。

【“四行”活动】 2015年，新田县人大常委会以“加强污染防治，建设生态新田”

为主题推进环保世纪行，推进创国卫步伐，加大富硒土壤资源、饮用水源保护力度，加强园区企业排污和农村养殖小区排污情况监测督查，依法开展“打非治违”专项行动，促进全县生态文明建设。以“畜禽水产品质量安全”为主题推进农产品质量安全行，推进建立县级农产品质量安全中心检测站，集中开展节假日市场专项整治和农产品质量安全监管月活动，全县无重大农产品质量安全事故发生。以“改善少数民族地区群众生产生活条件”为主题推进民族团结进步行，推动政府投入1000万元修建通村公路4条，实现民族乡通畅公路全覆盖，投入100多万元实施异地扶贫搬迁工程。以“推动村卫生室建设，提高农村卫生服务能力”为主题推进三湘农民健康行，加大乡镇卫生院、村级卫生室建设，推动解决乡村群众“看病难、看病贵”的问题。

【代表工作】 2015年，新田县人大常委会指导原十字、毛里、知市坪等乡镇办点示范，大部分乡镇建立代表工作室，代表联系选民、代表接待群众、代表小组活动进入常态化。坚持邀请代表参加工作审议、视察、执法检查、调研和列席常委会会议制度，全年邀请省、市、县人大代表参加会议、参与活动310人次，提出建议200余条。推荐市、县人大代表参加县委、县政府组织的优化经济发展环境满意度测评、社会治安民意调查、讨论“十三五”规划纲要以及撤乡合村等活动，畅通代表参政议政渠道，较好地发挥代表的主体作用。

【代表建议办理】 2015年，大会收到代表提出的建议、批评和意见146件。代表建议办复率100%，解决和基本解决问题占83%，代表满意率和基本满意率达到90%，办理议案、建议的质量和满意率均比往年有较大幅度提高，特别是3个议案的办理，成效明显。县十六届人大三次会议后，主动与县政府对接，同筛选确定16个重点建议，与3个议案一道，明确县政府分管领导和有关部门负责承办，县人大常委会领导和有关委室分工负责，会同县政府督查室共同开展重点督办，着力解决重点、难点问题。议案和建议实行“三专”“面对面”督办机制，即分管领导及委室专项督办、专题集中视察、专题听取汇报，代表与部门负责人“面对面”协同办理，形成议案和建议办理工作的强大合力，促进闲置土地清理、农村规划、不良贷款清收、创卫创森、城乡同创、“村村响”工程等一批事关民生问题的解决。12月，常委会召开建议办理专题测评会，邀请领衔代表参与，听取县政府办和13个承办单位的办理工作情况报告，进行集中审议、询问和测评，对测评为不满意的单位要求限期整改，对办理建议效果好的单位在人代会上进行表彰。

【助推中心工作】 2015年，新田县人大常委会班子成员分别负责或参与富锶矿泉水开发、城市供水项目、富硒产业开发、创建国家卫生城市、小农水项目、农村安全饮水、凤神油茶种植加工、电力调度中心建设、牛肉干深加工建设、乡镇农贸市场建设等重点项目，较好地完成工作任务。特别是投资2亿元的富锶矿泉水开发项目，由县人大常委会牵头引进，加强与客商洽谈对接，12月底完成项目征地工作。常委会领导会同有关部门到省国土资源厅协调汇报，为项目顺利推进和争取将新田县列入全省矿泉水开发示范县尽心尽责。县人大常委会领导参与的城市供水项目作为全县的一号民生工程进展顺利，一期工程于2015年2月3日建成通水，有效保障县城居民安全饮水问题。常委会班子成员主动担责创建国家卫生城市工作，积极作为，常委会主要领导负责挂大片区，其他副职分别担任创卫办公室常务副主任和4个专业组组长，为创卫工作做出贡献。县人大机关在新农村建设、精准扶贫、征地拆迁、打击“三非”、创卫创森、乡镇区划调整及合村等中心工作方面负责牵头工作，取得较好成效，有力地推动全县经济社会的快速发展。

【自身建设】 2015年，新田县人大常委会和人大机关深入开展“三严三实”和“守纪律、讲规矩”专题教育活动，加强队伍建设。常委会坚持开展会前业务培训、开展学政治理论、学政策法规活动，县人大机关坚持“一会一周一学习”制度，重点集中学习中共十八届三中、四中、五中全会精神、习近平系列重要讲话精神以及《中华人民共和国预算法》《中华人民共和国环境保护法》《中华人民共和国城乡规划法》等法律法规。常委会领导和办委主任分批次参加全国、省、市人大常委会组织的各类培训班，全体委员和机关干部综合素质和议事能力得到提升。在巩固党的群众路线教育实践活动成果的基础上，开展“三严三实”和“守纪律、讲规矩”专题教育活动，组织机关全体党员围绕主题开展大学习、大讨论，联系实际经常开展党性教育实践活动，增强党的宗旨观念。结合精准扶贫工作，开展“一进二访”活动，深入联系村访贫问苦，机关干部主动与贫困户“结穷亲”，支持帮助贫苦群众脱贫致富奔小康。以“学习型、服务型、创新型、实干型”为主题，开展市级文明单位创建活动。组织常委会委员和部分市、县人大代表赴外地考察交流，参加全市各县区人大工作联系会，成功举办全市人大系统第三届老年门球赛。接待省、市人大领导到新田县视察调研工作，邀请省、市人大和相关部门到新调研发展难题，推动工作。开展“双联”活动，加强常委会领导、委员与基层代表与群众的联系，指导乡镇人大工作，推动乡镇人大开展代表活动。宣传人民代表大会制度和人大工作，在省市人大网站、杂志上稿70多篇，其中，《创新三项机制，做好人大信访工作》在全国人大常委会办公厅《人大信访工作交流》杂志刊登，《新田：干部任后监督新常态》在省《人民之友》杂志刊登。

【县第十六届人民代表大会第三次会议】 新田县第十六届人民代表大会第三次会议于2015年1月14日至17日在县城召开。出席会议代表201人，列席人员416人。会议听取和审查县人民政府县长秦山成关于《新田县人民政府工作报告》；听取和审查县发展和改革委员会主任贺朝群关于《新田县2014年国民经济和社会发展计划执行情况与2015年计划草案的报告》；审查和批准《新田县2014年国民经济和社会发展计划执行情况的报告与2015年国民经济和社会发展计划》；听取和审查县财政局局长陈建军关于《新田县2014年财政预算执行情况和2015年财政预算草案的报告》；审查和批准《新田县2014年财政预算执行情况的报告与2015年财政预算》；听取和审查县人大常委会主任曹桂秀关于《新田县人大常委会工作报告》；听取和审查县人民法院院长欧阳韶勇关于《新田县人民法院工作报告》；听取和审查县人民检察院检察长蒋长春关于《新田县人民检察院工作报告》；补选蔡本德、何雄军为新田县第十六届人民代表大会常务委员会委员。大会收到代表提出的建议、批评和意见146件。大会决定将张平松等11位代表提出的“关于加大县城区域闲置土地清理处置力度，推进节约集约用地的议案”、王慧珍等15位代表提出的“加大清收农信社不良贷款力度，建立诚信社会的议案”、匡俊杰、肖方英等33位代表提出的“科学规划，堵疏结合，规范农村建设，推进城乡同创的议案”等3个议案列为大会议案。

【县人大常委会会议】 新田县第十六届人大常委会第二十二次会议于2015年1月9日在县人大常委会会议室召开。会议听取和审议县人民政府关于《县十六届人大二次会议代表议案和建议批评意见办理情况的报告》，组织对3件议案和20件代表建议办理情况的测评；审议和原则通过县十六届人大三次会议的有关事项。新田县第十六届人大常委会第二十三次会议于3月27日在县人大常委会会议室召开。会议审查2015年部门预算草案及批复部门预算；审议通过《新田县人民政府关于依托国土资源部定点扶贫、加快扶贫开发工作的议案》；审议通过县人大常委会2015年工作计划要点（草案）；审议通过《城乡规划法》执法检查工作实施方案（草案）；审议通过对县经信委、县食药监局、县扶贫办3个部门开展工作审议的实施方案（草案）；审议通过《新田县人大常委会对政府工作部门主要负责人和“两院”副职开展年度述职测评暂行办法（草案）》；会议任命邓艳雄、邓怀芳、肖琴为县人民检察院检察委员会委员；会议免去陈雄利的县人民检察院检察委员会委员职务。新田县第十六届人大常委会第二十四次会议于5月19至20日在县人大常委会会议室召开。会议审议通过《新田县人民政府关于提请审议南新城学校招商方案的议案》；听取和审议县公安局关于《开展禁毒工作情况报告》；听取和审议《新田县打击“三非”工作情况报告》；审议通过《新田县人民代表大会常务委员会关于讨论决定重大事项的规定(修正案)》；审议通过《新田县人民代表大会常务委员会审查监督财政预算暂行办法（修正案)》；对政府工作部门主要负责人和“两院”副职开展年度述职测评；决定任命唐晓波、刘安平为县人民政府副县长；决定免去刘玉林、彭俊卿、欧阳涛的县人民政府副县长职务；同意欧阳韶勇辞去县人民法院院长职务；任命胡剑涛为县人民法院审判员、审判委员会委员、副院长；会议决定胡剑涛为县人民法院代理院长；黄正轩、胡骥、邱毅、彭春华、骆辉等为县人民法院审判员，免去黄正轩的县人民法院林业庭副庭长职务。新田县第十六届人大常委会第二十五次会议于6月29日在县人大常委会会议室召开。会议听取和审议县人民政府关于《县十六届人大三次会议代表议案和建议、批评、意见办理进展情况的报告》；听取和审议《2014年度县人大常委会审议决定的政府性投融资重大项目实施情况的报告》；审议和通过县人民政府《关于实行封山育林、保护森林资源的意见》的议案；听取和审议县人民政府《关于清理闲置土地工作情况的报告》；听取和审议县人民检察院关于《新〈刑诉法〉贯彻执行情况报告》。新田县第十六届人大常委会第二十六次会议2015年9月7日在县人大常委会会议室召开。会议听取和审议县财政局关于《新田县2014年县财政决算情况的报告》；听取和审议县审计局关于《2014年县财政预算执行情况和其他财政收支情况的审计工作报告》；审查和批准《新田县2014年全县财政决算》；听取和审议《新田县2015年上半年国民经济和社会发展计划执行情况的报告》；听取和审议《2015年上半年全县财政预算执行情况的报告》；听取和审议县经信委、县扶贫办等2个部门的工作报告；听取和审议《中华人民共和国城乡规划法》执法检查情况的报告。新田县第十六届人大常委会第二十七次会议于11月18日在县人大常委会会议室召开。会议听取和审议县教育局关于《落实教育强县工作情况的报告》；审议通过《新田县人民政府关于审议＜将富硒农产品加工产业园项目贷款资本金列入同期年度财政预算＞的议案》；审议通过县人民政府关于《提请审议＜新田县部分乡镇行政区划调整方案＞的议案》；听取和审议《县人民政府“十二五”规划执行和“十三五”规划编制情况的报告》；听取和审议县人民政府关于《不良贷款清收工作的情况汇报》；听取和审议县司法局关于《律师队伍建设管理情况报告》。新田县第十六届人大常委会第二十八次会议于12月25日在县人大常委会会议室召开。会议听取和审议县人民政府关于《县十六届人大三次会议代表议案和建议、批评、意见办理情况的报告》，对议案和重要建议办理情况进行询问和测评。会议决定任命杨柳青为县人民政府副县长；任命周建华、侯海军为县人民检察院检察员；决定接受史冬元辞去县十六届人大代表、县人大常委会委员职务，唐军（金陵镇党委书记）等27位辞去县十六届人大代表职务。

新田县人民政府

【概况】 2015年，新田县立足县情，坚持“产业提质、城镇带动、生态优先、民生为本”发展思路，以全面小康建设统揽经济社会发展大局，聚力实干、奋勇争先，努力补齐发展短板，推进全面小康工作，全面建成小康社会取得长足发展。全县实现地方生产总值63.1亿元，同比增长8.9%，其中，第一、第二、第三产业分别实现增加值16.8亿元、17.7亿元、28.6亿元，同比分别增长3.9%、9.4%、11.1%；财政总收入完成5.6亿元，同比增长20.0%。经济结构不断优化，三次产业结构比调整为26.6∶28.1∶45.3。财税结构优化，完成税收2.8亿元，占财政总收入的20.4%。财政总支出21.2亿元。城乡居民人均可支配收入分别达到19112元、6971元，同比分别增长8.9%、9.3%。规模工业总产值和增加值分别实现55.9亿元、14.6亿元，同比分别增长16.9%、21.0%。全年完成固定资产投资63.9亿元，同比增长17.6%。完成农林牧渔业总产值30.2亿元，同比增长3.9%。全县实现社会消费品零售总额22.4亿元，同比增长11.7%。金融市场运行平稳。年末，金融机构各项存款余额81.5亿元，增长21.9%，贷款余额31.2亿元。首次跻身全省“县域经济快进县”，再次名列“湖南省全面小康推进工作十快进县”，成功创建“国家级出口食品农产品质量安全示范区”，获“湖南省平安县”称号。

【项目建设步伐加快】 突出市“1511”重点投资计划，全年完成固定资产投资63.9亿元，同比增长17.7%。项目包装争取提速。精心编制“十三五”规划，认真谋划事关新田长远发展的大项目，包装储备项目260个，总投资1850亿元，为新田未来发展打下基础。有60个项目纳入国家和省市笼子，投资达550亿元。其中，总投资10.3亿元的城乡供水工程、7.4亿元的棚户区改造项目、10.6亿元的易地扶贫搬迁项目，在全市率先启动。推进征地拆迁，破解洞头坝整体搬迁等难题，完成征地4503亩，清理工业闲置土地660亩。标准厂房项目在1个月内完成供地，220千伏变电站从开工到投入使用仅用8个月。“1号民生工程”——城市供水工程克服罕见冬汛如期竣工通水，解决县城供水难题。罗溪光伏发电站、中部家博城、现代综合物流园、南部新城学校等重大项目，均在较短时间内落地，进展顺利。和祥润、普瑞达、凤神油茶等项目实现当年投产、当年达效。全县重点项目完成投资36.7亿元，创税8000万元，项目的支撑作用明显增强。

【产业发展提质增效】 新型工业扩量提质。新增入统企业9家，规模工业总产值同比增长16.6%，实施“135”工程，规划建设2平方公里的创新创业园，新建标准厂房22平方米，推进“三纵三横”路网建设，园区功能日趋完善。加大产业承接力度，引进项目34个，实际利用内资11亿元人民币，外资3000万美元。完成外贸进出口5800万美元，同比增长57%。突出主导产业发展，中部家博城等项目相继开工，华泰家私综合楼加快建设，弘工智能引进国内先进生产线，东升富硒农业开发有限公司、恒丰粮油公司、湖南富林富硒食品有限公司3家企业被评为“全国富硒明星企业”，吉星家居、龙昶机械获得“湖南名牌产品”称号，顶坚、弘盼、梦都、金波湖等4个商标获评湖南省著名商标。完成农林牧渔业总产值28.6亿元，同比增长3.8%。加快土地流转，建设富硒农产品核心示范基地5333公顷，同比增长26%。完成粮食播种面积30200公顷，种植富硒蔬菜11667公顷，新造油茶667公顷，完成水果低改扩园1333公顷。种植烤烟3200公顷，收购烟叶930万公斤，实现烟农收入1.4亿元。出栏生猪50万头，出笼家禽750万羽。加快农业产业化发展，新增市级以上龙头企业5家、农民专业合作社28个、家庭农场38家。富硒品牌创建成效明显，新田大豆获评“国家地理标志保护产品”称号，回香大豆、陶岭三味辣椒获评“中国名优硒产品”称号，石羊醋水豆腐、洪源罗汉果获评“中国特色硒产品”称号。成功创建为国家级出口食品农产品安全示范区。启动旅游总规和专项规划编制，完成文庙、万寿宫景区提质改造，实施龙家大院整体修缮和郑作民故居配套建设，红军西征纪念园投入使用。河山岩村被评为湖南省最美乡村，新屋场、东山岭、三占塘、谈文溪等村积极打造旅游名村，彭梓城、骆铭孙等传统古村落群启动维修保护工程。成功举办建文帝踪迹新田研讨会，新田知名度提升。全年接待游客、旅游综合收入同比分别增长27.8%和28.1%。电子商务蓬勃发展，农村淘宝县级运营中心和60个村级服务站点顺利开业，网购额度居全市第一。金融支持增势强劲，全年净增贷款9亿元，增速居全市前三。发展现代物流业，物流配送网点实现全覆盖。新型养老、休闲、餐饮、保险、信息等服务业迅速发展。

【城乡面貌日新月异】 坚持以创建国家卫生城市为抓手、环境整治为重点，持续改善城乡面貌。县城越来越靓。严格维护规划权威，严厉打击“三非”行为，全年控违拆违4.8万平方米，建设秩序更为规范。新增建设用地指标85公顷，国土资源节约集约模范县创建工作成效显著。加强县城基础设施建设，完成中山路改造，实施飞马路、石马路等12条道路人行道板铺装。改造背街小巷57条，安装路灯1700盏。综合大市场、方达大市场投入使用，新隆、莲花等8个农贸市场完成改造。实行保洁服务外包，保洁区域向社区、城中村延伸，主次干道由清扫向清洗升级。集中整治全面铺开，渣土管理逐步好转，“禁燃”工作取得实效，中山商业广场、城区主干道更加规范有序，市容市貌焕然一新。完成村庄整体规划编制214个。扎实推进美丽乡村建设，新屋场省级示范点创建卓有成效，周家、知市坪等村连片拆除“空心房”1万余平方米。开展农村环境卫生整治，建成生活垃圾无害化焚烧炉20余个、农村污水集中处理设施3处，改厕村庄比例达76%。成功创建省级卫生镇1个，建成秀美村庄40个。新建农村公路68公里，改造危桥6座、渡改桥3座，行政村通畅率100%。在全市率先开通农村赶集客运班车，农民出行更为安全便捷。实施小(2)型水库除险加固22座，新隆一知市坪、金盆圩—枧头2个全国小农水项目顺利推进，完成日西河、日东河治理。实施农村饮水安全工程6个，解决2.1万人饮水安全问题。整合资金4600万元，加强“五小”水利建设，农业综合生产能力提升。严格执行环保“三同时”制度，取缔、关闭“五小”企业7家，全面完成主要污染物减排任务。开展创建国家森林城市工作，植树造林3400公顷，县乡通道种植大苗5.5万株，完成滨河风光带等一批精品绿化工程。实施“拆墙透绿”，新建老武装部社区公园和新汽车站广场。新增封山育林3467公顷，森林覆盖率提高到55.5%。

【改革创新纵深推进】 坚持向改革要动力，向创新要活力。行政体制改革稳妥推进。推行“四单”管理，顺利完成乡镇行政区划调整改革。加快政府职能转变，加大行政审批制度改革力度，取消审批事项27项。建成全省规模最大的县级政务服务中心，入驻职能部门60个，行政审批和公共服务事项351项，群众办事更加高效便捷。社会治理机制改革成效显著。完成“智慧新田”二期建设，形成电子政务、公共服务、社会治理、电子党建“四位一体”的云平台。强化网格员队伍建设，城区和乡镇网格化管理水平提升。成立社区党工委，社区标准化建设全面推进。下放公共服务职能，群众在社区就能享受60项基本公共服务。土地确权颁证工作被评为全省先进，新增土地流转2.8万亩。30多个农业经营主体凭流转证融资4600万元，新田被列为国家级承包经营权抵押贷款试点县。探索政府性投融资平台改革转型，做大做强城投集团，包装项目12个，融资26亿元，在全市名列前茅。加大金融改革力度，不良贷款清收工作得到省市肯定，新田农商行正式挂牌运营。全面实行“三证合一”“先照后证”，新增各类市场主体2530户。公共资源交易平台规范运行，进场交易268项，成交总额8.1亿元。

【各项事业全面进步】 坚持全民共建共享，全年财政总支出的四分之三用于民生领域。精准扶贫扎实推进。全面开展“一进二访”，完善建档立卡信息平台，按“五个一批”分别落实帮扶措施。出台“1+X+部门”精准扶贫方案，以国土资源部、湖南科技学院、市委政法委等10个中央省市工作队定点扶贫为契机，向125个贫困村派出驻村帮扶工作组，因地制宜制定帮扶规划，不脱贫不脱钩。全年减少贫困人口1.6万人，25个贫困村实现“脱贫摘帽”。获评“湖南省扶贫综合绩效奖”。坚持就业优先，创业培训、新增城镇就业、农村劳动力转移就业分别完成全年任务的127%、124%、135%。“新农合”、城居医保参保率均达98.5%以上，分别支付补偿金1.1亿元、0.2亿元。发放社保卡30.2万张，成为全市首个“一卡通”应用示范县。城乡低保管理规范，发放民政保障资金1亿元。改造农村危房1600户，建设保障性住房1069

套。认真落实安全生产“一岗双责”，安全生产形势持续稳定好转，新圩创建省级示范镇，新隆、三井、茂家创建市级示范乡镇。加强矛盾排查和积案化解，接待群众来访2436人次，调解矛盾纠纷77起。严厉打击各类违法犯罪行为，成功侦破“4·28”特大跨省网络传销案，“百日会战”专项行动成果排全市第一。为民办实事任务全面完成。着力改善办学条件，建成合格学校5所、乡镇中心幼儿园3所。努力提高教学质量，一、二批本科上线333人，其中1人被北大录取。职业中专入学人数大幅增加，异地职业技能培训效果明显。启动县级公立医院综合改革，实行药品零差率销售。抓医疗质量管理，县中医院、县妇幼保健院成功创建“二甲”医院。县疾控中心业务综合楼建设项目顺利启动，标准化乡镇卫生院建设有序推进，建成标准化村卫生室41个，城乡医疗卫生服务能力提升。科技创新成效明显，申请专利103件。电影公司改革全面完成，259个村配备群众文体活动器材，完成农村广播“村村响”工程。全民健身深入推进，群众性文体活动丰富多彩。人口计生工作保持全省良好县行列，计生协会工作获评全省模范，“诚信计生”工作模式在全国改革经验交流会上推介。移民工作连续五年被评为省市先进。开展统战工作，引导宗教力量创办全省唯一的贫困生全免费寄宿制慈善学校。以留守儿童为重点开展关心下一代工作。举办抗战胜利70周年系列活动。人防工作连续三年被评为市先进。

【政府效能不断提升】 全面加强法治政府建设，自觉运用法治思维和法律手段推进工作。自觉接受县人大及其常委会的法律监督、工作监督，县政协的民主监督，办理人大议案3件，人大代表建议、批评、意见144件，政协委员提案181件，办复率100%。全面完成“六五”普法任务。深入开展“三严三实”和“守纪律讲规矩”专题教育，干部作风持续好转。作风效能“满意不满意”测评延伸到二级机构和重要股室，发展环境优化。办理“12345”服务热线工单1480件，办结率100%。严格落实党风廉政建设责任制，保持反腐高压态势，全年立案77件，给予党政纪处分75人，移送司法机关2人。规范“三公”经费管理，加强重点领域、关键环节的行政监察和审计监督，营造风清气正的发展氛围。

【成功举办“中国首届建文帝踪迹新田暨文化旅游产业发展研讨会”】 2015年2月，“中国首届建文帝踪迹新田暨文化旅游产业发展研讨会”在新田举行。国内多名著名专家、学者参加，10多家主流新闻媒体跟踪报道。中国明史学会会长商传教授称建文帝踪迹新田说“出来最晚，材料最硬”“在全国绝无仅有”“而且不断有新发现”。湖南师范大学授予新田县“文化旅游产业发展研究基地”称号。

【在全市率先启动农村淘宝项目】 2015年10月28日，与阿里巴巴集团正式签约农村淘宝项目。在二十天时间里，县级运营中心装修全部按照阿里集团的要求按质按量提前完成，成为永州市农村淘宝项目第一批开业的县区之一。

【在全市率先开通农村赶集客运班车】 新田县农村赶集客运班车于2015年9月25日开始启动，年底，开通28条赶集线路。农村赶集客运班车打通“群众安全出行最后一公里”，方便农民群众，得到上级部门的充分肯定，省市主流媒体作宣传推介。

【建成全省最大的县级政务中心】 2015年10月26日，湖南省规模最大的县级政务中心——新田县政务中心投入使用，入驻职能部门60个、开设服务窗口152个、行政审批和公共服务事项351项。《湖南日报》等主流媒体对新田县“组建全国第一个政务服务车队，成立政务快递”等“九个第一”作宣传推介。

【乡镇区划改革圆满完成】 2015年，全县19个乡镇、379个村（居）委会，合并为12个乡镇、230个村(居)委会，是永州市组织实施最快、任务完成最早、配套政策最完善、工作交接最平稳的县区之一，改革经验被推介为全省典型。

政府重要会议

【政府常务会】 1月7日，县长秦山成在行政中心五楼常务会议室主持召开第十六届人民政府第二十次常务会议。会议认真研究出租车天然气站建设、农村客运、校车管理和《政府工作报告》等工作。3月6日，县长秦山成在行政中心五楼常务会议室主持召开第十六届人民政府第二十一次常务会议。专题研究2015年度财政预算工作。3月27日，县长秦山成在行政中心五楼常务会议室主持召开第十六届人民政府第二十二次常务会议。会议认真学习2015年5月1日起实行的《中华人民共和国行政诉讼法》，专题研究2015年一季度经济形势、价格管理、社保惠民“一卡通”发放、财政、卫生、教育等工作。5月6日，县长秦山成在行政中心五楼常务会议室主持召开第十六届人民政府第二十三次常务会议。会议研究县政府工作部门推行权利清单制度、机关事业单位工作人员2014年度考核、资产划转及组建“开元（新田）投资有限公司”、实行封山育林和加强森林资源保护、国有林场改革、南部新城学校招商等工作。6月13日，县长秦山成在行政中心五楼常务会议室主持召开第十六届人民政府第二十四次常务会议，会议研究工业园闲置土地清理、光伏发电项目等工作。6月23日，县长秦山成在行政中心五楼常务会议室主持召开第十六届人民政府第二十五次常务会议，会议专题研究工业园闲置土地清理工作。6月26日，受县长秦山成委托，县委常委、常务副县长唐晓波在行政中心五楼常务会议室主持召开第十六届人民政府第二十六次常务会议。会议研究工业园闲置土地清理、城市供水工程建设融资和县政府工作部门推行权利清单、责任清单等工作。8月27日，县长秦山成在行政中心五楼常务会议室主持召开第十六届人民政府第二十七次常务会议。会议主要研究“县城禁实”、老县委大院改造建设、城投集团2015年度融资和建设、殡葬改革、交通运输、农村直供电网管理体制改革工作。9月25日，县长秦山成在行政中心五楼常务会议室主持召开第十六届人民政府第二十八次常务会。会议研究“十三五”规划编制、安全生产等工作。11月11日，县长秦山成在行政中心三楼会议室主持召开第十六届人民政府第二十九次常务会议，专题研究对陈某某违纪行为的处理意见。11月18日，受县长秦山成委托，县委常委、常务副县长唐晓波在行政中心三楼会议室主持召开第十六届人民政府第三十次常务会议。研究乡镇区划调整改革和新田县富硒农产品加工产业园项目申请贷款工作。12月1日，县长秦山成在行政中心五楼常务会议室主持召开第十六届人民政府第三十一次常务会议。会议研究政府投资和控股工程建设项目监督管理、工业园、不动产统一登记、城市建设资金管理、当前水利工作和新田县综合商贸物流中心建设等工作。12月15日晚，县长秦山成在行政中心五楼常务会议室主持召开第十六届人民政府第三十二次常务会议，会议研究以县人民医院、县中医院为平台融资租赁工作。

【县长办公会议】 4月30日，受县长秦山成委托，县委常委、常务副县长唐晓波在县民政局会议室主持召开办公会，专题研究县烈士纪念碑保护管理工作。7月3日，县长秦山成在省委党校德政楼602会议室主持召开办公会，专题研究城市供水工程等相关工作。8月14日，县长秦山成在政府五楼常务会议室主持召开办公会，专题研究县直土地清理处置工作。8月25日，县长秦山成在县长会议室主持召开办公会，专题研究洞头坝搬迁工作。

县政府办公室

【办文办会】 2015年，新田县政府办文秘工作人员注重规范运行，提高服务水平和办事效率。在办文上，严格行文程序和制度办事，起草和严格审核各类文稿，保证文件的正确性、合法性、实用性和指导性，确保办文质量。全年以县人民政府和县人民政府办公室名义下发文件318个，其中，新政发11个、新政函102个、新政人6个，新政78个、新政办发58个、新政办函61个、新政办人2个。在办会上，坚持重大会议预安排制度，全年以县人民政府和县人民政府办公室名义召开大小会议523余次，其中召开县政府常务会议11次，县长办公会议4次，每次会议办公室均精心组织，提供优质服务，做好会前、会中、会后的各项服务工作，使会议开得圆满成功。在机要保密、印章管理上，做到从严把关、按程序用印，各种文件材料坚持按制度管理。全年接收国家、省、市各类文件690余份，做到及时、准确、安全、保密。

【经济调研】 2015年，新田县政府综合信息和经济调研室坚持为领导科学决策提供优质服务为宗旨，扎实工作，优质高效地完成各项综合调研任务。在材料综合上，做到观点鲜明，结构严谨，层次分明，语言精炼，综合文稿质量有明显提高。全年组织较大的综合调研活动20余次，起草会议讲话等各类综合材料150多份100余万字，出色完成《政府工作报告》、每季度经济形势分析等调研性大型综合材料的起草任务和《湖南年鉴》《永州年鉴》新田稿的组稿刊印工作，其中高质量的起草撰写新田县第十五届人民政府第五次会议《政府工作报告》。为领导决策和指导全县工作提供依据和建议，发挥参谋助手作用：上报信息260多条，其中被市政府采用30多条。

【督查督办】 2015年，新田县政府督查室围绕上级的工作部署和全县的中心工作，主动开展各项督查活动，促进各项工作的落实，对全县经济建设及各项工作的开展做出贡献。出色地完成市委、市政府分配给新田县的各项工作目标，精心组织县委、县政府主要工作目标和任务完成情况督查考核工作，督查和调度县委、县政府目标任务实施进度18次，发出督查通报13期；参与全县中心工作46次；向市政府督查室上报材料8篇。组织开展创建国家森林城市、创建国家卫生城市、重点项目建设、保障性住房建设等中心工作开展专项督查。严格上级领导批示件、县政府领导批示件督查督办，办理领导批示件658件，在规定的时限内高质量全部办结，回复交办领导、单位和个人，确保政令畅通，提高工作效率，推动工作的落实。加强电子政务工作，承办或转办“县长信箱”116件，回复率100%。认真办理和督办人大代表建议，督促政府系统相关单位办理人大议案3件、建议144件。对召开的13次县政府常务会议研究确定的52个议题、85件具体工作，12次县长办公会以及县长现场办公会确定的事项进行36次督查督办。

【政务协调】 2015年，新田县政府办金融工作方面，牵头开展全县非法集资风险排查，完成阶段性工作，通过省市检查。协调银企关系，牵头召开银企对接会。民族工作方面，着力抓好省、市民族工作会议精神和民族政策宣传贯彻，抓好产业结构调整，推进瑶族山区农业产业化建设。争取省市有关部门对民族地区的扶持政策；对民族乡经济社会认真调查研究，为党政部门决策提供重要依据，完成民族地区两种考生的审核工作和民族地区少数民族学生助学金的发放等工作。人民防空工作方面，加大省、市有关政策文件的宣传力度，增加人民防空意识。争取县委、县政府领导重视，将防控工作纳入议军会议内容，完成人防设施安装、维修任务，于11月1日进行防控警报试鸣。主动参与全县中心工作，完成为民办实事、创建国家卫生县城、打击“三非”、农村党建扶贫等中心工作。

【值班管理】 2015年，新田县政府办值班室规范值班，上传下达及时高效安全。加强对值班工作的领导，每天明确一名办公室领导轮流带班，确定专人值班。实行24小时值班制，值班工作有条不紊，确保上下联络畅通，反应迅速，情况处理及时，特别是对重大突发性事件及有可能影响社会稳定重要情况，做到及时、准确报告，没有出现迟报、漏报、瞒报。实行信访工作首问责任制，值班室工作人员改变工作作风，热情耐心地做好来访群众的思想和相关解释工作，尽力地为群众排忧解难。坚持24小时应急值守，准确、及时、快速进行信息报送。坚持把日常值班和应急管理有机结合，协助政府领导及时进行应急处置，加强与有关部门和单位的联系，着力构建承上启下、联系左右、沟通内外的应急联动机制。

【自身建设】 2015年，新田县政府办建立健全制度，实行目标管理。落实县政府有关办事制度，层层签订“目标管理责任书”，实行制度化管理，机关办公室形成制度化、规范化；加强机关队伍建设。深入开展“守纪律讲规矩”学习教育，积极开展学习型党组活动，增强班子的凝聚力和战斗力，不断提高机关干部职工的综合素质和工作能力。加强机关廉政建设，增强拒腐防变能力。经常开展对党员干部的党风、党性、党纪教育，坚持定期学习制度，把党风廉政建设学习作为党支部生活的重要内容来落实，保证党风廉政建设经常化和制度化。

【后勤接待】 2015年，新田县政府办机关后勤工作围绕“管理、服务、保障”工作重点，执行各项规章制度，坚持精打细算、厉行节约，确保机关工作高效运转。加强公车使用管理，实行公务车辆集中管理制度，对车辆定点保险、定点维修、定点停放，加油“一车一卡”，节假日定点封存。提高财务管理水平，所有经费均纳入财政国库，实行国库集中支付管理，加强财政性资金的管理与监督，提高资金运行效率和使用效益。规范接待工作，严格按照制度接待，规范接待范围、标准、审批程序和相关的工作流程，对公务接待从严把关。与县委办、接待科等有关部门一起圆满完成各项重大接待任务。开展办公用房清理工作。完成机关事业养老保险数据采集。完成行政事业资产动态管理信息系统相关数据录入工作。综合治理、计划生育、政务公开、干部职工编制管理、工资关系、党组织活动等工作常抓不懈，工作任务落实到位。

政务服务

【概况】 新田县人民政府政务服务中心（以下简称政务中心）成立于2005年8月，是县委、县政府推进行政审批制度改革，改善经济发展环境，建设服务型政府而设立的县政府直属行政审批综合服务管理部门，是县政府下属正科级事业单位。2015年10月26日，新田县政务服务中心全面启用，开门试运行，是目前全省规模最大的县级政务中心。内设办公室、业务协调股、督查督办股、网络信息股，与县人民政府政务公开领导小组办公室实行“两块牌子、一套人马”，合署办公。 中心核定编制5人，实有编制内人员5人。中心下设重点建设项目和招商引资企业服务站，核定编制10人，实有编制4人。获2015年度全市政务公开政务服务工作先进单位。

【政务服务】 2015年，新田县政务中心把保障群众的知情权放在首位，积极推进政务公开，让权力在阳光下进行。构建新型线上线下一体政务服务模式，逐步建立“互联网+政务服务”平台，创新审批服务方式，深化行政审批制度改革，巩固完善“两集中、两到位”，实行“一门受理、相关联办、统一收费、限时办结、一窗发证”的运行模式，实施并联审批、全程代办、预约、延时等办法，促进智慧服务型政府建设，优化全县经济社会发展软环境。

【政务服务大厅】 2015年，新田县投资6000多万元，建成全省一流的县级政务服务中心，新政务中心大楼11层，建筑面积13600余平方米，进入中心集中受理的有60个县级部门的351项行政审批事项和其他服务事项，有21个涉及民生民本单位进入大楼办公，派驻172余名窗口工作人员和167名办公人员，设置86个前台窗口和65个后台窗口，配套有自助网上办事服务区、停车场、市民广场、餐厅、免费上网区、市民休息健身活动区等，实现政务服务的人性化与最优化。截至2015年年底，新田县政务服务中心受理各类行政审批及公共服务事项2.9万件，同比增加办件量660%，平均办结时间为2.29个工作日，同比缩减办结时间70%，按时办结率100%、群众满意率99.2%。

【行政审批制度改革】 2015年，新田县全面清理审批服务事项，清理出行政审批及行政服务事项351项，将分散在不同行政审批部门的同一审批事项一单收尽，统一名称、规范要件，实现审批事项动态管理、审批流程清单管理。通过梳理，精简优化其中188项事项的办事指南，删除申请材料中25个其他类材料与4项前置条件，更新29项前置条件和26项法律依据。县委印发《关于新田县行政审批服务事项进驻县政务服务中心实施方案的通知》，采取“不进中心，不交章子交帽子”的强硬效能问责等措施，紧抓“放权、集中、到位”三个关键点，将所有行政审批事项统一集中到政务服务中心窗口，并授予窗口首席代表审批决定权、审核上报权和印章使用权；现场踏勘人员一并入驻，确保所有事项能在窗口快速办结。

【政务服务体系延伸】 2015年，新田县全面推进乡镇（村、社区）便民服务中心（站）建设，乡镇设立便民服务中心，村（社区）建立便民服务站，推行“三级一体化”运行模式。将民政、计生、农业服务、劳动保障、广电等涉农、惠农相关部门和审批事项全部进驻便民服务中心（站）。在全市率先将智慧政务平台延伸至乡镇、社区、村，实现县乡村三级政务（便民）服务网络全覆盖。三级政务服务体系基本形成，农村群众无需辗转到县城就可就近办理事项，享有与县政务大厅完全一样的服务，解决农村群众办事不便的实际困难，真正做到群众“办事不出村”、政务服务“城乡全覆盖”。

【四大监管系统】 2015年，新田县政务中心建成四大监管系统，一是电子监察系统。2015年10月，新田县电子作风监察系统建设正式上线运行，通过政务服务中心大厅安装摄像头188个，全天候记录每个窗口工作人员办事情况，声音影像记录可保存30天。二是网上效能监察系统。在智慧政务服务平台，每一项办理的事项都有一个服务单号，每个办事群众都可以通过服务单查询到自己办理事项的进度情况，促使审批阳光化、高效化。三是窗口服务评价系统。新中心运行后，建立窗口服务评价系统，通过对窗口服务采取“一人一机”“一事一评”，窗口工作人员服务态度好不好、办事效率高不高，全由前来办事的企业和群众说算。四是考核评分系统。作为配套措施，制定一套行之有效的考核评分系统。采取一月一考核制度，对工作人员到岗、服务、办事、收费、卫生、满意度等进行考核打分，每月排名，评选服务明星、共产党员示范岗等，奖惩情况与收入挂钩，并且窗口得分情况纳入各部门年终绩效考核。

公共资源交易

【概况】 新田县公共资源交易中心（以下简称交易中心）2012年12月31日成立的全额拨款事业单位，初设编制10人，为县政府办下属副科级事业单位。2014年7月编制增加到15人，2015年，明确为县政府直属正科级事业单位。设办公室（含财务、监控等）、工程交易股、政府采购交易股、国土资源、国有产权及无形资产交易股。中心建有评标室3个、开标室3个、标准监控室1个、档案室1个。

【平台运行情况】 交易中心成立至2015年12月31日，累计进场交易575宗，成交金额152917万元（不含招商招标）。其中，工程建设交易336项，成交金额90471万元；政府采购136项，成交金额14578万元；产权交易项目64项，成交金额1349万元；国有土地使用权自2014年10月正式进入交易中心，累计完成招拍挂39宗，成交金额46519万元。2013年，累计进场交易119宗，成交金额28557.2万元。其中，工程建设交易项目95项，成交金额26882.5万元；政府采购15项，成交金额1475万元；产权交易9项，成交金额199.8万元。2014年，累计进场交易172宗，成交金额42385万元（不含招商招标）。其中，工程建设交易项目91项，成交金额17666.1万元（不包括招商招标项目）；政府采购40项，成交金额2802.3万元；产权交易18项，成交金额390.2万元；国有土地使用权出让23宗，成交金额21526.4万元。2015年，累计进场交易284项，交易成交总额81975万元，其中，工程建设交易项目150项，成交金额45923万元（不包括招商招标5个项目19.9亿），比送审金额49172万元，节约资金3249万元，资金节约率6.61%；政府采购81项，成交金额10301万元，比预算金额11077万元，节约资金477万元，资金节约率4.42%；产权交易37项，成交金额759万元，比评估金额624万元，增值135万元，增值率21.55%；国有土地使用权出让16宗，成交金额24992万元，比起拍价增值784万元，增值率3.24%。交易成效凸显。自2012年年底成立以来，进场交易项目数量逐年递增，2015年比2014年度增加112项，比2013年度增加165项；交易额显著增大，2015年比2014年度增加39590万元，比2013年度增加53418万元。交易范围逐步拓宽，除水利工程建设项目外，其余项目基本进入交易平台进行交易，项目法人招标、招商招标及特许经营权项目招标亦进入交易平台进行交易。

招标代理机构选择更见规范，凡工程预算超过500万元的项目，采取比选方式或随机抽取法选定代理机构；设立在投标截止时间前预交履约保证金的制度，增加投标人围标、串标成本，有效防止串标、围标现象发生；按照工程进度退款，促进施工队伍为确保资金回笼加快工程进度。在实践运行的基础上，起草《新田县工程建设项目招标投标实施细则》《新田县国有集体产权交易实施细则》《新田县工程建设施工作业关键岗位人员联网考勤实施方案》，以县政府的名义下发行文。按照省发改委通知要求，2015年初，交易中心对全县涉及招投标工作的政策性文件进行全面清理，形成制度汇编，装订《公共资源交易政策法规汇编》，报送相关职能部门，其电子版以网站公布形式向社会发布。

纠纷调处

【概况】 新田县调处纠纷领导小组办公室（以下简称调纠办）成立于2002年5月。确定县调处纠纷领导小组办公室由县委办公室、县政府办公室管理，以县政府办公室管理为主，列入县委部门管理机构。内设办公室、信访股、调解处理股。行政编制6名，事业编制1名。

【矛盾纠纷调处】 2015年，新田县调纠办成功调处金盆圩乡恩富村与奉家村关于上集山的权属问题。化解两村长达30年，诉讼4次未果的山权纠纷。龙泉镇金竹坪村与邓家坪村关于鸾山岭山林权属纠纷通过法律途径得到解决。处理乡际纠纷。调处龙泉镇凤凰村4组与门楼下小水干村关于生清屋场的山林权属纠纷。稳控三井乡塘坪村与金盆圩乡下塘窝村关于钟形岭山林纠纷，高山乡石塘村与李家村关于鹅公岭的权属纠纷等。调处因征地问题引发的纠纷。主动服务大局，协调龙泉镇畔塘自然村与新车站国有土地争执，龙泉镇扒田丘村5组涉及到原供销社土地权属问题以及与蒋家的山林权属问题，茂家乡彭家村与龙泉镇干山村因征地引发的山林权属纠纷，金陵镇永桂城村与国有山因修路征地引发的权属争执问题得到解决。处理国有林纷。处理涉及面广政策性强的大湾林场集体山林的定权发证问题。调处县际林权纠纷。向县里争取专项资金开展周边县边界走访，加强联络，及时沟通。

旅游·外事·侨务

【概况】 新田县旅游局成立于2007年9月,2008年5月更名为新田县旅游外事侨务局，为副科级事业单位，内设归侨侨眷联合会，由县政府办公室管理。编制7人，设局长1名，副局长2名。2015年，新田县以打造“中国·新田养生旅游目的地”为目标，围绕“一体两翼三个板块四个组团”发展格局开展旅游产业工作，各项工作顺利开展，发展态势良好。2015年1至12月，接待游客239.1万余人次，实现旅游收入11.88亿余元，游客接待人数和旅游收入比增长27.8%和28.1%，带动就业人员9000人。

【旅游规划编制】 2015年，新田县旅游局与香港常邦国际投资有限公司、广州市常邦旅游规划有限公司洽谈并确定编制全县总规划，按照“一体两翼”、打造休闲养生旅游地的目标，达成全县旅游总体规划修编意向。聘请湖南师大历史文化学院、旅游学院专家组编制“建文帝踪迹新田古建筑遗址群落连片旅游示范区”规划，工作全面展开。与北京易构旅游设计总公司上海分公司洽谈，编制整合青云公园、孝文化公园、西征文化纪念园、百花园等景区创建国家AAAA级旅游景区规划，拿出第一轮征求意见稿。

【项目包装申报】 2015年，新田县旅游局包装、策划、编制新田县“十三五”旅游规划项目，分别是：整合青云公园、孝文化公园、西征纪念园、植物园（百花园）四园创建国家AAAA级旅游景区项目；建文帝踪迹南国武当山区域古村落遗址群落联片旅游保护示范区项目；国家级红色旅游示范区项目；东升农场现代农业生态度假旅游综合体项目；新田县历史文化名城建设项目；国家级旅游扶贫重点村推进工程；全县旅游公共基础设施建设项目。规划申报“十三五”旅游公路项目，分别是S323连接线—青龙坪—龙家大院；S323连接线—龙家大院—谈文溪—S282；S282—武当山—东山岭—新嘉公路；新嘉公路—蒋先云故居—郑作民故居—新嘉公路；S282—青云公园—建设中的国家AAAA级旅游景区；新屋场—金陵湖—两江口水库；通往新田县9个国家级扶贫重点村（新屋场、龙家大院、三占塘、东山岭、谈文溪、蒋先云故居、郑作民故居、小源会议旧址、潭田村）的旅游公路。策划上报全县旅游厕所建设项目，分别是青云公园旅游厕所改建；龙家大院厕所改建；谈文溪厕所改建；孝文化公园厕所修建；9个国家旅游扶贫重点村厕所修建。聘请湖南师大旅游学院策划、包装全县9个国家旅游扶贫重点村可行性调研报告，8月下旬启动，9月中旬拿出可研报告成果并上报。

【项目改造】 2015年，新田县投入60余万元实施大观堡景区提质改造工程。包含停车场修建1200平方米、松荫亭全面维修修缮、修建环景观台游步道600米、景区树木绿化种植1.8万余棵。郑作民故居配套建设工程。投入50余万元完成作民将军广场建设及道路硬化。与电力部门衔接，将谈文溪古村落景区纳入电网改造工程。投入60余万元改造龙家大院景区停车场及景区公路绿化工程。投入800余万元启动文庙、万寿宫改造及创国家AAA级旅游景区申报工作。

【项目招商工作】 2015年，新田县旅游局参与、协助引进北京九矿集团深圳分公司在国家旅游扶贫重点村——新圩三占塘村开发建设景观园林式富锶矿泉水旅游综合体项目。参与广州东升农场集团公司开发建设国家旅游扶贫重点村——莲花乡新屋场村现代农业休闲养生综合体项目。动员民间资本开发建设石羊宋家武当山庄农家乐乡村旅游综合体项目。引导承包陶岭乡仁岗村1600亩山地的新惠峰园林有限公司，建设新田县四星级标准乡村旅游示范点综合体项目。

【旅游活动】 2015年1月，湖南师范大学历史文化学院党委书记杨智勇、博士段炼，资源环境学院周宏伟教授、旅游学院贺小荣教授就建文帝踪迹新田武当山景区规划进行专题考察。3月，举办“花开新田，最美硒乡”主题游园活动。3月21日，新田县“花开新田，最美硒乡”主题游园活动在骥村镇郭下果园举办。5月，成功举办第五个“5·19”中国旅游日系列主题活动。组织工作人员，在移动公司门口设宣传台，悬挂条幅、发放宣传资料，普及旅游法律知识，举办主题活动。在景点景区、主要宾馆酒店悬挂宣传条幅，营造中国旅游日浓厚氛围，渲染“爱旅游、爱生活、爱新田”主题，提升全民参与的热情。号召广大旅游爱好者参与“周末去哪里——相约大观古堡，我们一起去植树！”活动。在指定区域种植红叶石楠和桂树400余棵。组织龙家大院、谈文溪2个AAA景区和小源会馆旧址、蒋先云故居、郑作民故居3个红色旅游景点及有关旅游行业工作人员进行“文明旅游·从我做起”知识培训，提高各景点知识讲解水平和文明素质，营造新田文明、和谐的旅游环境。8月31日，在郑作民故居举办“纪念抗日战争胜利70周年，缅怀抗日名将郑作民”纪念活动，各级领导干部和数千名群众一起缅怀先烈的丰功伟绩。9月30日，是全国烈士纪念日，为弘扬烈士精神，新田县在西征纪念园革命英雄烈士纪念碑举行公祭烈士活动。推动新田县红色旅游景区建设和红色旅游文化的发展，打造新田县红色文化旅游亮点。成为爱国教育，国防教育和青少年教育的重要基地，弘扬社会正气的重要阵地。

重点建设项目管理

【概况】 新田县重点建设项目管理办公室是2005年成立的副科级事业单位，归口县发改委管理，人员编制3人，其中主任1人，2015年人员编制增加为5人，现有工作人员3人。2015年获全市重点项目工作完成任务奖和220千伏变电站获金奖。

【重点项目管理】 2015年，新田县重点建设项目管理办公室围绕县委、县政府“用项目建设总揽经济社会发展大局”的工作思路和坚持“产业提质、城镇带动、生态优先、民生为本”的发展思路，抢抓各项工作措施的落实。加强与建工集团、新天地的合作，投入6亿元用于城建基础设施建设。总投资1.4亿元的新田大道建设加快推进。综合大市场、保障性住房等项目进展顺利，双碧街、珠山路、南通路等城区道路提质改造、城区路网开发建设、县城双胜河防洪治理工程等项目提升城市品位，带动城市建设。民生工程稳步推进，政务服务中心按全省最先进的标准建设，投入使用，“智慧新田”二期建设进展较快。南部新城学校建设与德恒集团签约并开工建设。“一号民生工程”城市集中供水项目开工建设，保障城市居民用水。

政协新田县委员会

【概况】 中国人民政治协商会议新田县委员会（以下简称县政协）成立于1984年4月。现有委员界别13个，政协委员158人。内设机构办公室、提案法制群团委员会、经济科技人口资源环境委员会、学习文史宣教卫体民族宗教三胞联谊委员会等“一办三室”，设党组1个，机关有2个党支部，现有中共党员31名，干部职工39人（含离退休人员）。2015年，县政协被省政协办公厅授予《文史博览》宣传工作先进单位称号；县政协文史委主任徐银飞被授予《文史博览》宣传工作先进个人称号。

【协商议政】 2015年，新田县政协围绕“十二五”的规划蓝图，社会关注的热点难点问题，积极协商议政，共商发展良策，创新履职形式和工作方法，履行政协“三大”职能。政协常委会组织全体委员，开展多层次、多形式、多领域的政治协商、民主监督和参政议政活动。举行全体会议1次，常委会议4次，主席会议9次，专题座谈会4次，组织各类调查、视察、考察活动14次，调研报告9篇，优秀提案12个，优秀社情民意信息10篇。县政协对全县学前教育、合格学校建设、工业园“135”工程建设、县人民法院工作、“创建国家卫生城市”工作、县城供水引水工程等进行专项视察。县政协各委、室、组和乡镇工委围绕常委会议、主席会议协商议题，组织委员深入开展调查研究，全年形成调研报告20多篇，获市政协优秀调研论文一等奖1篇、县政协优秀论文奖9篇，其中8篇转化成大会发言在八届四次大会上交流。

【提案督办】 2015年，新田县政协选择与民生息息相关的重点提案，采取主席督办、县领导领办，专职委员会协同办理，以及现场办案，对承诺办理的提案“回头看”等方法，加大督办业务。县政协委员、政协各参加单位和政协各专门委员会运用提案形式履行职能，全年提交提案201件，经审查立案181件，向中共新田县委、县政府及其职能部门提交承办的提案181件，转作参阅信件处理20件。截至2015年年底，181件提案已全部办复完毕。按办复类别分：解决和列入计划逐步解决的84件，占提案总数的46.4%；因条件限制暂时不能解决、做解释说明的95件，占提案总数的52.5%。为提高提案办理“落实率”和“满意率”，选取涉及民生问题的10件重点提案，由主席、副主席领衔督办，促进解决一批群众反映强烈的问题。《关于实施异地扶贫搬迁，加快城镇化建设的建议》《关于恢复滨河广场风貌的建议》《关于在县城城区设立垃圾处理转运站的建议》《关于改进慢性病特殊门诊管理的建议》《关于尽快启动对县城中山路提质改造的建议》《关于在新田县兴建电影院的建议》等提案，得到落实

【文史信息】 2015年，新田县政协发挥文史工作“存史资政、团结育人、服务社

会”的作用，结合开展庆祝抗日战争胜利70周年系列活动，编辑出版《新田文史》2册。其中，《新田文史》第七辑（抗战专辑）重点记述以郑作民为代表的新田儿女英勇抗战的光荣历史，反映抗战时期新田民众艰苦卓绝的斗争生活；《新田文史》第八辑专门记述新田著名历史人物陆瑞荣的人生历程。选送优秀作品参加湖南省政协系统首届主题摄影赛，配合省市政协完成知青专题、“文化大革命”历史、非物质文化遗产等文史资料征集。收集社情民意信息60多条，其中，报送县委、县政府12条，报送市政协10条，通过市政协向省政协转报6条，其余以抄告或来信方式转送县直有关部门，为新田县政协工作发展营造良好氛围，扩大政协的政治影响和社会影响。

重要会议

【县政协新田县八届三次会议】 中国人民政治协商会议新田县第八届委员会第三次会议，于2015年1月14日至16日在县城举行。县政协主席王佑生代表政协新田县第八届委员会常务委员会作工作报告，县政协副主席郑小龙代表政协新田县第八届委员会常务委员会作八届二次会议以来的提案工作报告，县委书记唐军代表中共新田县委作重要讲话。会议分组讨论政协常委会工作报告、提案工作报告，政协委员新田县十六届人大三次会议，听取有关报告，分组协商讨论政府、计划、财政等工作报告。1月16日，在政协机关三楼会议室召开县政协八届十四次常委会议，审议政治决议（草案）、政协常务委员会工作报告决议（草案）、政协八届二次会议以来提案工作情况报告的决议（草案）。会议通过政协常委会工作报告决议、政协八届三次会议关于八届二次会议以来提案工作情况报告的决议和政治决议。

【县政协八届十五次常委会议】 2015年6月30日，在政协机关二楼会议室召开县政协八届十五次常委会议。主席王佑生主持会议并做总结讲话，副主席何三明、毛群联、龙石佑、李咏梅、郑小龙以及县政协常委会其他人员出席会议，各委员工作组组长列席会议。会议听取各专委会、委员工作组上半年工作情况汇报，对下半年工作作安排部署。与会人员还听取省政协研究室理论处处长廖国豪作的“人民政协要在社会主义协商民主建设中积极作为”专题讲座。

【县政协八届十六次常委会议】 2015年9月8日，在政协机关二楼会议室召开县政协八届十六次常委会议，主席王佑生主持会议并讲话，副主席何三明、毛群联、龙石佑、李咏梅、郑小龙以及县政协常委会其他人员出席会议，各委员工作组组长列席会议。会议听取并协商县委常委、常务副县长唐晓波关于全县上半年经济工作和社会发展的情况通报，听取县财政局关于全县上半年财政运行情况通报，以及全县交通现状及发展趋势情况通报。

【县政协八届十七次常委会议】 2015年11月18日，在政协机关二楼会议室召开县政协八届十七次常委会议，王佑生主席主持会议并作讲话，副主席何三明、毛群联、龙石佑、李咏梅、郑小龙以及县政协常委会其他人员出席会议，各委员工作组组长列席会议。会议认真听取并协商县政府副县长刘大兵关于《新田县部分乡镇行政区划调整方案》的情况通报，举手表决通过该方案。

【主席会议】 2015 年 4 月 13 日，主席王佑生在县政协三楼会议室组织召开第 31 次主席会议，县政协县政协副主席何三明、毛群联、龙石佑、李咏梅以及各委室主任参加会议。会上认真研究《县政协 2015 年常委会工作报告》和《县政协 2015 年工作要点》确定的工作任务，并对工作任务进行细化分工。会上还对委员大会发言和重点提案督办以及 2015 年专题调研工作进行安排部署。5 月 21 日，县政协第 32 次主席会议组织县政协主席会议组成人员、县政协机关委室负责人、部分县政协委员视察全县学前教育和合格学校建设。到枧头学校、毛里中学、毛里中心校、冷水井中心幼儿园、县幼儿园等地视察新田县学前教育及合格学校建设等为民办实事项目建设工作。副县长副海兵陪同视察。委员们围绕师资力量配备、教育教学环境设施提出“提高认识，把学前教育和义务教育摆在重要位置，科学合理布局，充分发挥教育资源的最大化；多方筹措资金，完善教育设施和办学条件，加强管理，提高全县教育教学质量，提升教学水平，促进我县教育事业又好又快发展”的建议。 6 月 1 日，主席王佑生在县政协三楼会议室组织召开第 34 次主席会议，县政协县政协副主席何三明、毛群联、龙石佑、李咏梅以及各委室主任参加会议。会上研究机关创卫工作，协商讨论县政协深入开展“三严三实”专题教育工作，审议通过《政协新田县委员会“专题协商”实施办法》。9 月 22 日，县政协第 34 次主席会议组织县政协主席会议组成人员、县政协机关委室负责人、部分县政协委员视察县创新创业园“135”工程建设。委员们就如何加快园区基础设施建设进度、完善园区产业布局、培植发展落地企业等问题发表自己的看法，提出“完善园区布局规划，加快征地工作力度，加强基础设施建设，强化服务协调；要围绕园区主导产业，加大招商力度，理顺机制体制，培育壮大园区造血功能，以赴推进新田县工业发展步入快速发展轨道”等意见建议。10 月 29 日，县政协第 35 次主席会议组织县政协主席会议组成人员、县政协机关委室负责人、部分县政协委员视察县人民法院工作。与会人员就司法调解、法制宣传教育等工作开展讨论交流，提出“加大司法公开宣传工作力度，提高群众的参与度；创新工作方法，不断完善司法公开的规范化、制度化和长效机制；破解难题，提高案件执结率，努力打造司法公开的新亮点，以司法公开促进司法公正，努力让人民群众在每一个司法案件中都感受到公平正义”的意见建议。11 月 30 日，县政协第 36 次主席会议组织县政协主席会议组成人员、县政协机关委室负责人、部分县政协委员视察全县创卫工作。县领导蒋华、陈学军、县创卫办及县直有关部门负责人、社区党工委等参加视察活动或参加座谈会。座谈会上，与会委员围绕创卫工作开展情况及存在的问题提出“创卫办和相关部门要加强学习，对照创卫要求，查漏补缺，突破难点；要突出硬件，兼顾软件，加强基础设施建设；要严格督促检查，科学考核，严格奖惩；要建章立制，形成常态、长效”等意见建议。12月15日，县政协第三十七次主席会议组织县政协主席会议组成人员、县政协机关委室负责人、部分县政协委员对2014年民主评议城管工作开展“回头看”。座谈会上，与会委员围绕城管工作提出“加强划行规市的进度；加大执法处罚力度；加强“门前三包”（包卫生、包绿化、包管理）管理力度，建立相应约束机制；加强饮水工程和管网改造力度；加强换位保洁的检查和考核；严格制定符合新田实际的管理规范和处罚办法”等意见建议。

【专题协商会】 2015年9月17日，县政协召开“十三五”规划专题协商会，围绕如何完善新田县“十三五”规划广泛征求县政协委员的意见和建议。参会人员认真听取县发改委关于“十三五”起草思路研究情况的汇报，对《思路研究》的规划编制过程、基本思路和主要的内容给予充分肯定。并结合自身工作和履职实际，多角度、不同层面分别就生态文明建设、城镇化建设、水利工程建设、医疗卫生事业发展、教育均衡发展、农产品开发、人才的引进和培养等方面的发展规划，提出有针对性的意见和建议，为新田县“十三五”规划编制的完善建言献策。

纪检 监察

【概况】 中共新田县纪律检查委员会与新田县监察局合署办公，履行党的纪律检查和行政监察两项职能，在永州市纪委、市监察局和新田县委、县政府领导下开展工作。委局领导班子职数10名，即书记1名，副书记3名（其中1名副书记兼任监察局局长），常委5名（其中1名常委兼任监察局副局长），监察局党外副局长1名，设有11个副科级内设机构，人员编制总数34个，派出4个纪工委、监察分局。因机构改革调整，2015年12月，经县委常委会研究同意，撤销4个派出纪工委、监察分局机构。

【落实“两个责任”】 2015年，新田县纪委带头落实中央八项规定和省市委“八条禁令”，协助县委建立完善党风廉政建设“两个责任”（主体责任、监督责任）清单，完善党委（党组）领导班子集体、党委（党组）书记个人、班子成员和纪检组织四个层面的责任体系。建立健全责任报告制度，各乡镇和县直单位党委（党组）分别向县委、县纪委报告年度履行党风廉政建设主体责任和主要负责人履行“第一责任”的情况，各乡镇纪委向县纪委报告履行监督责任情况。调整县委反腐败协调领导小组并召开联席会议，成员单位移送案件线索12条，协作办案11件。组织开展党风廉政建设责任制年度检查考核，考核结果纳入绩效考核体系，作为评先评优、干部考察的重要依据，3个单位在年度绩效考核中被“一票否决”。完善落实“两个责任”的责任追究办法，约谈落实主体责任不到位的单位“主要负责人”5人。坚持“一案三查”，围绕贯彻执行中央八项规定精神、打击“三非”和安全生产等县委中心工作，问责相关领导干部15人。

【教育预防】 2015年，新田县纪委组织开展学习廉洁自律准则、纪律处分条例等党内法规活动，邀请省纪委领导作专题辅导报告。在《新田发布》创办《新田纪语》专栏，以动漫形式解读“准则”和“条例”。建设王鼎铭廉政文化展馆，推进王鼎铭廉政文化系列教育。组织观看《高速路上的腐败陷阱》廉政教育影片，开展警示教育。新田县“动漫说条例，党纪入我心”工作被评为全市纪检监察创新性工作。落实党政正职“三不一末”（三个不直接分管和末位表态）等规定，加强“三重一大”（重大问题决策、重要人事任免、重大投资项目决策和大额资金使用）事项决策监督。开展制度廉洁性评估，审查46家单位拟出台的规范性文件。强化行政监察，加强对职能部门履职“再监督”，实行行政处罚决定书网上公布制度，推进依法行政。对全县19个乡镇组织开展财政专项资金巡查工作，督促整改问题78个，发现违纪线索20余条，立案13件，给予党纪处分12人，移送司法机关1人，追缴违规资金660余万元。坚持抓早抓小，各级党组织负责人带头上廉政党课，全面落实领导干部个人重大事项报告、拟提拔干部征求党风廉政意见等制度，组织任前谈话42人次，廉政约谈37人次。

【纪律审查】 2015年，新田县纪委坚持有腐必反，有案必查，各级纪检监察组织受理信访举报166件（次），按照“五类标准”（立案、初核、谈话函询、暂存、了结）处置问题线索77件。组织开展纪检监察信访件处置“百日会战”活动，集中办结信访件28件，办结率96.6%。年内，初核线索77件，转立案77件，同比增长35%，结案74件，结案率96.1%；涉及调查对象86人（其中，副科级以上17人），给予党政纪处分75人（其中开除党籍处分8人，留党察看、行政开除、行政撤职各1人），移送司法机关2人，处分人数同比增长20%。重点查处县林业局原局长陈某等乡科级“主要负责人”严重违纪案，以及县农合办原副主任宋某伙同他人贪污新农合基金案等案件。依纪依法、安全文明办案，改进审查方式，探索实践“四种形态”（让咬耳朵、扯袖子，红红脸、出出汗成为常态，党纪轻处分、组织调整成为大多数，重处分、重大职务调整的是少数，而严重违纪涉嫌违法立案审查的只能是极极少数。）推动纪律审查工作实现由“盯少数”向“全覆盖”转变，由深挖细查向快查快结转变。规范纪律审查措施使用，完善办案管理制度，提升案件审理质量，全年没有发生办案安全事故。

【作风建设】 2015年，新田县继续以县委1号文件出台《新田县作风效能建设问责暂行办法》，县纪委积极协助健全大督查工作机制，认真落实责任追究办法。重点对“不作为、慢作为、乱作为”等行为进行整治，深入开展专项治理。牵头协调各职能部门，成立常规暗访组和专项检查组，突出围绕工作纪律、铺张浪费、公车私用、公务接待、婚丧喜庆事宜等重点内容，紧盯元旦、春节、清明、端午、国庆、中秋等重要时间节点，组织开展“拉网式”督查。全年检查机关单位316个（次）、酒店宾馆56家（次）、超市商场17家（次）、主要公路口23个（次），查处问题线索16起。坚持问题导向，开展“四风”突出问题专项整治，认真整改省委巡视第七组反馈给新田的意见，重点对群众办事难等13项联动整改情况进行专项检查，发函督办5批次，解决“四风”问题127个。严肃追责问责，对作风建设问题坚持快查快办、即时通报、实名曝光，编发通报18期，问责117人次。“满意不满意”测评工作延伸至二级机构和重点股室，10个二级机构和股室被黄牌警告，免职3人。

【自身建设】 2015年，新田县纪委深化“三转”（转职能、转方式、转作风），推进纪检体制改革。机关内设机构调整为11个，配备人员编制40名，纪检监察室由2个增加至4个，监督执纪人员占机关人员总数的60%。清理纪委书记分工和兼职情况，聚焦主业主责，县纪委牵头或参与的议事协调机构由原来的87个精简至14个。下发《关于规范纪检监察机构领导干部职务任免工作的通知》，规范乡镇纪委书记、副书记，县直单位派驻纪检组长（纪委书记）的提名、考察以县纪委会同组织部为主的要求。开展“干部讲坛”、周一集中学习等活动，推进全员调研和纪检干部到上级机关跟班学习活动，先后组织20余人次参加上级的业务培训和跟班学习，纪检干部的业务素质有效提升。组织全县纪检干部参观市廉政教育基地，开展“忠诚、干净、担当”教育活动。出台《新田县纪检监察干部监督工作暂行办法》，加强内部监督，坚决防治“灯下黑”，分别对2名纪检干部进行立案调查、信访问题核实。

作风效能

【组织制度】 2015年，县委把机关作风效能建设作为主体责任和头等大事。县委书记亲自挂帅组建县机关作风效能建设问责工作领导小组，由县纪委书记任常务副组长，县纪委,1名副书记任办公室主任，从县直有关单位抽调工作人员12人到作风办工作。县委书记定期调度，解决工作难题，县纪委等有关部门抓好工作落实。县委连续2年的1号文件聚焦作风效能建设，给全县干部职工立规矩，明确“该干什么，不该干什么”。2015年的《新田县机关作风效能建设问责暂行办法》，明确各单位的主体责任，单位主要负责人是第一责任人，落脚点在于提升干部职工的执行力。配合县委1号文件的执行，出台《新田县重大事项落实规范》等十余个规范性文件，健全工作制度，为作风效能建设工作推进提供制度保障。县纪委成立综合、督查、问责三个职能组。县委主要领导带头公开承诺“从我做起、向我看齐、对我监督”，县委常委会组成人员、县政府领导带头解难题，分别认领群众反映强烈的“老大难”问题，加强协调调度，逐一研究化解。

【亮点工作】 2015年，县作风办围绕纪律不严、服务不优、为政不廉等问题，坚持重点突破，以点带面，推进作风效能建设工作。实施联网考勤强管理。引进人脸识别联网考勤系统，对机关工作人员上下班及在岗情况进行实时监控管理，解决日常监督和明查暗访耗时费力、不能同时全面督查到位的困难，工作人员“吃空饷”“庸懒散”的问题得到整治。推行受理监督卡提效率。针对窗口单位办事效率低和“不作为、慢作为、乱作为”“门难进、脸难看、事难办”的问题，全面推行“受理监督卡”制度，强化服务对象对办事人员的监督。结合首问责任制、一次性告知制、限时办结制和重要岗位AB角等制度的落实规范审批行为，提升办事效率，维护群众利益。创新网格管理优服务。优化社会环境和创新社会治理工作，运用网格化管理手段，信息化建设成果，实现监督政府开放化，服务群众零距离。定点停放（统一标识）管公车。非工作日期间，全县所有公车统一封存。有独立院落的，封存在自己单位。无独立院落的，封存在县行政中心后院。每个公车封存点统一划出停车位，悬挂车牌号，公车封存对号入座。建立销号台账促整治。“四风”突出问题专项整治活动，推出专项整治工作销号台账，台账的主要内容有整改落实具体内容、具体措施、具体进展、整改时间、是否销号、备注等栏目。要求各有关单位针对各自负责的专项整治工作逐项梳理，找出群众意见大、投诉多，关乎群众利益的突出问题，记录在销号台上，分别按要求填写销号时间及每时段所采取的主要措施和取得的主要成效。凡不能在销号时间内完成销号任务的，交由相关部门问责。

【专项活动】 2015年，县作风办坚持开门搞活动，以群众建言、群众评判、群众监督倒逼作风效能建设工作。采取召开座谈会、个别访谈、问卷调查及基础走访等形式，对全县机关作风效能建设工作成效、存在的问题以及今后工作建议等情况进行调研。发放问卷调查5000份，召开座谈会10场次，走访企业代表及群众1000余人，收集意见建议300多条。组织开展优化经济环境和机关作风效能建设工作“满意不满意”测评，邀请企业代表、党员群众、“两代表一委员”和服务对象等人员对机关作风效能建设工作进行评价，评判权交到群众手里，做到满意不满意由群众认可。让群众监督。设立作风效能“意见箱”，发放作风效能建设“征求意见表”，开展电话征询活动，收集群众意见。开辟移动信息报送渠道，作风效能建设工作进展情况进行实时报道。新田电视台开辟“优化经济环境公开服务承诺”栏目，要求相关二级机构和股室就履职情况、服务质量、服务态度以及落实一次性告知、受理监督卡、首问责任、限时办结等制度的情况向社会作出公开承诺，在县电视台黄金时段播出。在全市率先开展“电视问政”，发挥群众的监督作用。

【监督问责】 2015年，县作风办把监督问责、正风肃纪作为推动专项整治的重要手段，对“四风”突出问题，实行“零容忍”，以严厉的问责惩处倒逼专项整治工作的落实。采取全面督查与重点抽查、明查与暗访相结合的形式，对上班工作纪律、节假日值班、会风会纪、公车管理、受理监督卡使用等情况进行常态化监督检查，根据检查情况及时编发工作通报，全年编发作风效能建设工作通报14期。为推进新政务中心建设，县优化办、县作风办对新政务中心项目进驻及其工作纪律情况进行连续10天的专项督查。55个职能部门的326项行政审批服务项目进驻到位。依托“12345”公共服务热线和“12342”效能投诉热线平台，全天候受理群众投诉，拓宽监督渠道。对受理的投诉分别采取自办、交办、督办、三方通话等形式办理，做到件件有落实、个个有回音。全年接到各类投诉156件，办结154件，办结率98.7%。强化效能问责，将机关作风效能建设工作列为党风廉政建设责任制检查考核重点。强化正风肃纪，对软、懒、散的现象进行整顿，对违反作风效能建设规定的行为进行问责，对重大违纪违法案件进行严肃查处，用追责问责的办法来教育和鞭策干部，推动工作落实。全年问责81人次，其中，年终考核不合格的12人、免职1人、辞退4人。

优化经济发展环境

【政务中心扩容提质】 2015年，新田县整体搬迁政务中心，完善配套设施，改善政务服务条件。所有政务服务事项（行政许可、非行政许可、年检年审及服务事项）全部进驻政务中心集中办理。10月，对新政务中心项目进驻及其工作纪律情况进行连续10天的专项督查。55个职能部门的326项行政审批服务项目进驻到位。

【行政审批制度改革】 2015年，新田县对行政审批项目实行动态管理，在做好对接省政府、市政府下放行政审批项目的同时，定期对全县行政审批项目进行全面清理。实施审批提速“两个1/3”工程即各部门各项审批事项的承诺办结期限在《中华人民共和国行政许可法》规定的时限内，缩短1/3后，再缩短1/3。组织抓好权力清单、负面清单、责任清单的清理、公布、实施工作，确保取消、下放的行政审批事项落实到位。非涉密项目全部在省市网上政务服务和电子监察系统办理；自建网上办事系统非涉密项目全部实现与省市网上政务服务和电子监察系统数据对接。未因行政过错在电子监察系统产生过红牌和黄牌。改革审批方式。工商、质监、国税、地税等部门执行工商登记“三证合一”“先照后证”制度，完善配套措施，解决制度改革过程中出现的新情况新问题，巩固改革成果、扩大改革红利。

【招商引资违约失信问题专项清理】 2015年，新田县在全县范围内对政府招商引资违约失信问题进行集中清理、集中督办、集中整改和集中规范。通过专项行动，对存在的争议和投诉进行处理消化，帮助企业脱困解套，塑造新型政商关系，营造良好的市场投资信用环境。

【“红顶中介”专项整治】 2015年，新田县对涉及行政事业单位和公共服务部门的“红顶中介”“红顶协会”，进行机构、场地、人员、职能和财产、财务等方面的全面清理规范，做到机构脱钩、人员脱钩、财物脱钩、业务脱钩、名称脱钩，确保组织不挂靠、关系不隶属、干部不挂职、名称不留痕、业务不干预、费用不摊派，把“官帽”从中介机构、行业协会头顶上掀掉，斩断市场中介组织、行业协会和政府部门之间的依附关系。严肃查处职能部门与中介机构、营利性二级机构或社团组织之间的各种利益捆绑行为。

【项目建设环境专项整治】 2015年，新田县开展“三强”（强行阻工、强装强卸、强揽工程）行为专项整治活动，重点打击“三强”挑头闹事人员、村霸、街霸和社会“黑恶势力”，为企业生产、项目建设保驾护航。强化公安机关整治企业、项目周边环境的工作责任，发挥公安机关“经济环境110”的作用，建立健全公安机关打击影响企业生产环境、项目施工环境行为的快速反应和处置机制。建立“警企地”治安联防机制，拓宽联防领域，完善联防措施，强化协作配合。调处“三强”纠纷4起，办理行政案件1件，行政拘留2人。

【落实涉企检查制度】 2015年，新田县实行入企检查年度计划制和检查备案制，严格控制检查频次，规范检查行为。各执法部门在3月底前就入企检查的时间、次数、执法科目、检查内容等报县优化办备案，每次开展检查必须到县优化办报批，凭县优化办核发的“检查备案通知书”实施入企检查。发出“检查备案通知书”42份，没有收到执法部门违反规定开展检查的投诉。实行优惠的收费政策。涉及工业集中区企业的地方行政事业性收费全免（省、市核定的行政事业性收费除外），服务性收费按最低标准的40%收取。工业集中区企业使用自来水公司供水的，水费按优惠价格收取；工业集中区企业的电费按物价部门核定同类电价最低标准收取。涉及工业集中区企业的县级经营性收费以年为单位统一公开标准，一年内不得上浮；若遇大的政策性调整，由县政府协调解决。继续实行首违整改制和过境车辆不处罚制度；实行行政处罚备案制，对责令停产、停业、吊销许可证（执照）以及0.5万元以上罚款等行政处罚，应当依法执行听证程序，在行政处罚决定书下达后5个工作日内抄报县优化办备案。

【落实产业园区优惠政策】 2015年，新田县建立园区会审制度，建立县工业集中区工作协调服务、园区审批联席会议等制度，加强园区协调服务功能，提高办事效率，促进招商引资和项目落地。对外实行封闭管理。控制对产业园区及企业的各类执法、检查行为。除计划确定的检查和特殊情况外，平时不得随意到园区对企业进行执法、检查。开展“项目建设年”和“工业企业服务年”活动，继续按照“一名县领导、一个县直单位、一名特派员”的模式，对有关重点项目和重点工业企业开展对口帮扶服务，帮助企业排忧解难。县发改委、县经信委等服务活动组织单位加强对相应服务活动的日常调度和督查，定期将各服务责任单位和领导走访企业（项目）次数、帮助企业（项目）解决的实际困难等服务细节、详情在一定范围内公布。对工业集中区内企业实行挂牌服务，服务效果由企业主评议，评议结果与个人奖励工资和年终评先评优挂钩。对重点企业确定由一名县级领导、一个县直单位对口服务（劳动密集型企业增加一个对口服务乡镇），帮助企业解决生产、生活中的难题。集中区内骨干企业由公安派出所和县优化办列为“重点企业保护单位”挂牌保护。摘录省、市、县优化经济环境相关规定、政策的核心条款制作“温馨提示牌”。

【电话回访企业】 2015年，新田县优化办对全县重点企业、重点项目、个体工商户、两园区代表等近600人进行电话回访服务，绝大多数企业主认为目前新田县的经济发展环境较好，满意率达到98%。收集到企业反馈意见、建议235条。

【热线平台服务】 2015年，新田县优化办依托“12345”公共服务热线和“12342”效能投诉热线平台，全天候受理群众投诉，拓宽监督渠道。对受理的投诉分别采取自办、交办、督办、三方通话等形式办理，做到件件有落实、个个有回音。接到各类投诉731件，办结731件。

群众团体

新田县总工会

【概况】 新田县总工会成立于1926年，是中国共产党领导的职工自愿结合的工人阶级群众性组织，是党联系职工群众的桥梁和纽带，是国家政权的重要社会支柱，是会员和职工利益的代表。内设综合办公室和劳动保护监督室，所属事业单位有县工人俱乐部和县困难职工帮扶中心。现有专兼职干部职工7名，其中，高配主席1名，机关工作人员3名，下辖工人俱乐部工作人员1名，困难职工帮扶中心工作人员2名。下辖基层工会组织399个，拥有工会会员29997人。2015年，新田县总工会被市总工会授予 “四星级”工会称号。

【基层工会建设】 2015年，新田县总工会组织县个私协会所属16个行业分会参与工会组建工作，推动城区工会组织建设。全县建成城区基层工会208个。其中，党政机关87个，事业单位79个，国有企业25家，民营企业17家。在县城社区开展示范工会创建活动，根据新田县5万多名劳动力在广州花都区务工经商的实际，在花都区建立流动工会联合会，在广东其他地区建立基层工会。流动工会主要开展两项工作：一是培训职工。拨给广东花都区工会联合会2万元经费，对新田籍在广东的务工人员开展电工、焊工、计算机、汽修、挖机操作培训，增强就业竞争能力。二是维护职工合法权益。帮助新田籍务工人员解决劳资等各类纠纷300多起，扩大工会影响力。开展创建“模范职工之家”活动，把建会、建制、建家紧密结合起来，推进基层工会的群众化、民主化，把基层工会建设成为职工信赖的职工之家。指导荣达鞋业、县规划设计院和十字镇建立标准较高的职工之家。在县畜牧局创建（县畜牧兽医联站站长唐肖荣）劳模工作创新室，在县一中创建劳模工作室，由市劳模陈常红老师带领教师钻研教学业务、传授教书育人的好方法，发挥好师傅带徒弟的作用。

【春风活动】 2015年2月，新田县总工会组织相关单位基层工会在县文化广场开展大型招聘活动周，现场发放资料1200余份，法律咨询100余人次，吸引外出务工人员在家就业创业，有效缓解120多家企业的“开春”用工难的问题。3月4日，在县文体中心广场开展“秀美新田，我在行动”志愿服务活动，组织20名“县芙蓉志愿服务队”加入到全县26支志愿服务队行列，开展植树种绿养绿护绿活动。4月29日，在方达工业园内开展一期“职业病防治”宣传教育活动，现场发放资料1700余份。5月19日，在新华西路，由科技局、总工会等相关部门联合开展以“创卫”、“创森”为主题的“新田县2015年科技活动周”活动，在知市坪乡开展送科技下乡活动。

【劳动竞赛】 2015年，新田县总工会以创建“工人先锋号”为重点，组织基层工会在全县非公企业中开展劳动竞赛、技术创新、岗位练兵、技术比武等一系列活动，引导职工为全县经济发展和社会进步做出贡献。在竞赛活动中，评选出数控机床操作、动漫设计、焊工、软件设计4方面的技术能手10名。组织参加7月7日至9日在永州举行的全市职工职业技能大赛，取得优异成绩，许厅获技能大赛一等奖，同时，还获永州市“五一”劳动奖章、市人社局表彰的“永州市技术能手”称号。

【工资集体协商制度】 2015年，新田县总工会将“两个普遍”（ 依法推进企业普遍建立工会组织，依法推动企业普遍开展工资集体协商）与基层组织建设、中国梦主题活动等工作一并推进和落实，深化“共同约定行动”。在全县企业推行工资集体协商制度，扩大覆盖面，增强实效性。签订工资集体协议205份，占应签企业总数的95.8%。其中，签订区域性工资集体协议3份，覆盖企业55家。签订行业性工资集体合同10份，覆盖企业130家；50人以上的企业和重点企业，全部进行单独签定和补充签定，签定31份。采用建立行业工会联合会、召开企业座谈会、上门督促、致函邀约等多种方式，在新田县世界500强单独法人企业推行工资集体协商制度。

【困难职工帮扶】 2015年，新田县总工会对困难职工给予生活救助。全年救助150人次，救助金额25万元，其中，大病救助7人次，洪灾救助20人，金秋助学10人。组织特困女职工防癌检查。有120名特困女职工进行女性防癌专项检查。同时，拿出1.2万元为600名下岗女职工提供防癌保险。开展城镇职工医疗互助互济。有162个单位、7313名职工参加医疗互助互济，其中，男职工4509名，女职工2804名，缴纳互助金466820元，减轻职工的医疗负担。

【专题调研活动】 2015年，新田县总工会围绕当前工会工作面临的重点和难点问题，多角度、深层次地对非公企业建会、工资集体协商、流动工会、“职工之家”“劳模工作室”等进行专题调研。特别是对流动工会的工作进行调研探讨，《湖南省工人日报》对新田县花都流动工会联合会的工作进行专门的采访调研，对其经验进行报道。12月8日，全省在郴州资兴召开“一户一产业工人培养工程”推进会，新田县委常委、县委组织部部长、县总工会主席彭俊卿代表县委、县政府在会上作题为《坚持三个结合，做好农民工维权文章》的典型发言，介绍新田经验。

【劳动模范】 2015年，新田县受到省政府表彰的职工劳模1名，市政府表彰的职工劳模3名。省劳动模范王光栋，男，汉族，1969年7月出生，大专文化，中共党员。1992年7月参加工作；1992年至2006年，在广东省英德市嘉德鞋业有限公司任生产主管；2006年至2008年，在上海市特嘉隆皮革有限公司任生产主管；2009年至2010年，在广东省英德市嘉德鞋业有限公司任业务主管；2011年至今，在湖南省新田县荣达鞋业有限公司任生产主管。2015年4月，被湖南省人民政府授予“湖南省劳动模范”称号。市劳动模范郑玲建，男，汉族，1989年11月出生，高中文化，2009年10月参加工作至今，在新田县鑫隆食品有限公司任孵化厂技术员。2015年5月，被永州市人民政府授予“永州市劳动模范”称号。市劳动模范郑兵林，男，汉族，1990年2月出生，初中文化。2005年8月参加工作，在广东省狮岭大阳摩托车厂任生产车间主管；2007年3月，进湖南龙昶机械工程有限公司工作；2009年9月，任湖南龙昶机械工程有限公司售后服务部部长；2012年7月，兼任湖南龙昶机械工程有限公司物料主管。2015年5月被永州市人民政府授予“永州市劳动模范”称号。市劳动模范罗远锋，男，汉族，1981年2月出生，高中毕业。2014年3月，入职华泰家私吉星家居有限公司，历任样品师傅、生产组长、车间主任，2015年5月被永州市人民政府授予“永州市劳动模范”称号。县总工会组织新闻记者、文艺骨干对省、市劳模的优秀事迹进行采访，用报告文学、小说、诗歌、散文的形式予以宣传报道并印制专刊2000多册，下发全县各基层工会，让每一位劳模都成为一面旗帜，在社会上引起共鸣。

共青团新田县委

【概况】 中国共产主义青年团新田县委员会（简称团县委）为县群众团体组织。行政编制4名，其中，书记1名（正科级），副书记1名（副科级），内设1个综合办公室。被团市委授予2015年度永州市共青团工作红旗单位称号。

【青少年思想政治工作】 2015年，新田县团县委开展“我的中国梦”主题教育实践活动，引导青少年树立共产主义理想，坚定走中国特色社会主义道路的信念。组织全县各级团队开展“学雷锋”志愿服务、“红领巾相约中国梦”“奋斗的青春最美丽”、纪念抗战胜利暨反法西斯胜利70周年、“我是向上向善好少年”等主题活动，覆盖全县4万余名青少年。

【创新创业服务】 2015年，新田县团县委为县医保中心成功创建“全国青年文明号”，维爱公益协会获得“湖南省最佳志愿服务组织”称号与“永州市爱心助学杰出贡献奖”。为创业青年搭建金融服务平台，无偿扶持返乡创业大学生彭程创业资金2万元；帮助鸿利养殖场、彭氏养殖场等青年创业项目申请贴息创业贷款20余万元。成立青云读书会，为全县青年干部、青年人才，读书交流、成长服务搭建平台。

【青少年合法权益工作】 2015年，新田县团县委开展“青春邀约话成长”，团干部访谈重点青少年群体，摸排掌握闲散青少年基本信息，推进闲散青少年的服务管理、教育引导和犯罪预防工作。建立由乡镇青年工作者和社区居委会负责人、团组织负责人、片区民警、司法干部为成员的社会预防基本工作队伍。

【青少年公益活动】 2015年，新田县团县委协助成功创建中山社区为省级青少年综合服务平台。联合维爱公益协会开展“为爱出发，温暖过年”公益助学活动，资助101位贫困学生，发放帮扶资金6.8万元；组织开展“春暖童心”关爱困难青少年活动，发放帮扶资金1.2万元。同时，争取团省委的支持，在全县开展“手拉手”贫困疾患少年儿童医疗救助活动，救助资金10万元；争取希望小学2所，捐赠金额100万元。争取“芙蓉学子”“潇湘学子”、米靓助学基金13万元，资助贫困大学新生20余名。

【共青团活动】 2015年2月11日，新田县团县委联合维爱公益协会开展“为爱出发，温暖过年”公益助学活动，筹集公益助学金6.8万元，资助全县101名贫困学生。3月5日，团县委组织10支青年志愿者服务队在滨河西路开展“义诊义修义询一条街”志愿服务活动。组织全县各级团组织、青年志愿者组织开展形式多样、内容丰富的学雷锋志愿服务活动。3月～4月，开展的希望工程“一元捐”公益助学活动，筹集善款4.4万元，解决全县近100名贫困学生就学困难。4月23日，发起成立“青云读书会”，为全县青年干部、青年人才，读书交流、成长服务搭建平台。5月4日，共青团新田县委十六届三次全委（扩大）会议暨“五四”表彰大会召开。对2014年度共青团工作先进单位12个、少先队工作先进单位8个、优秀共青团干部15名、优秀共青团员25名、优秀少先队员28名进行表彰。5月27日，开展“六一”助学活动，筹集1.2万元助学金资助三井学校40名贫困学生。7月10日，联合湖南科技学院举办“党建扶贫、情系新田”暑期“三下乡”活动文艺汇演。9月8日，争取大大集团捐资50万建设的三井申彤希望小学奠基。11月，为金陵中心校争取希望小学1所，捐建资金40万。2015年12月，开展贫困疾患少年儿童医疗救助活动，资助13名患病青少年10万元。

新田县妇女联合会

【概况】 新田县妇女联合会（以下简称妇联）成立于1926年，原名“新田县女界联合会”，1949年11月，成立新田县民主妇女联合委员会。1957年12月，新田县民主妇女联合会更名“新田县妇女联合会”。现有工作人员5人，内设办公室、维权部、全县现有乡镇妇联19个，县直机关、企事业妇委会68个，基层妇代会379个，实现100%的村“两委”至少有1名女性的目标，夯实基层妇联组织。2015年，被省妇联评为“湖南省妇联系统宣传工作集体”；被市妇联授予“维权工作贡献奖”“永州市女性安康保险工作先进集体”称号；在全市妇联系统年度考核中被评定为一等奖，获永州市“三八红旗集体”称号。

【县妇联第十二届六次执委(扩大)会议暨表彰大会】 2015年3月7日，新田县在县行政中心6楼召开县妇联第十二届六次执委(扩大)会议暨表彰大会，会上表彰三八红旗集体、三八红旗手、最美家庭、十佳好婆婆、十佳好媳妇、巾帼文明岗、巾帼岗位能手、妇女儿童工作先进个人、先进妇女组织、优秀妇女工作者等11项110人。

【妇女创业帮扶】 2015年，新田县妇联针对城镇失业女工就业难、农村富余劳动力转移不畅、返乡农民工剧增的压力，开展“帮助城乡妇女创业就业”系列活动，为城乡妇女就业创业搭建平台。联合县人力资源和社会保障局开展以“返乡创业 在家就业”为主题的“春风行动”，活动期间，计免费发放“春风卡”妇女权益保障法和《外出务工指南》等宣传资料2000余份，为女性提供就业岗位120个，为农村妇女富余劳动力、城镇失业妇女创业提供机会和平台。加大小额贷款支持力度，扩大贷款扶持受益面，增加妇女信贷额度（由原来的8万元增加到10万元），对农村创业妇女提供贴息、低息创业贷款，缓解农村妇女融资难问题。全年向创业妇女发放贷款296笔，金额2106万元，扶持297人自主创业，带动就业近600人。开展妇女结对帮扶、岗村联动等活动，动员各级巾帼文明岗、各类妇女先进典型，通过多种帮扶形式为创业就业女性提供指导，借助资金、信息、经验等优势，促使妇女尽快走上致富之路。开展妇女创业就业培训。推荐新田县女养殖大户肖艾英参加新型职业女农民培训班，提高养殖技术，拓宽创业的视野；与县职业中学开展家政服务培训班，传授老年、儿童护理、保洁、厨艺等知识，为学员就业打下基础；与县就业服务局举办首期电子商务创业培训班，为女性参与“电商进村”工程提供保障。

【妇女维权】 2015年，新田县妇联整合资源，利用元旦、“三八”维权周、科技一条街、“国际禁毒日”等节日联合各单位部门在全县开展形式多样的法律、法规宣传活动，发放宣传资料5000余份，为维护妇女儿童权益营造良好的舆论氛围。依托信访窗口，受理来信来访128件,办结率100%。妇女儿童法律维权中心办理涉及妇女儿童的案件54件，其中，婚姻家庭案件32件，侵权案件8件，其他纠纷14件。

【爱心帮扶】 2015年，新田县妇联联合中华联合财产保险股份有限公司新田支公司举行“关注弱势儿童群体·让爱与童心同行”庆六一活动。表彰10名“最美少年”，对10名贫困儿童送去爱心慰问金及爱心书籍。开展发出“彩虹行”爱心包裹倡议书，组织新田县女企业家参与“彩虹行”捐助活动。向省妇女儿童基金会争取资金10万余元，在瑞华实验学校建立“知心屋”农村留守儿童心理咨询室；为瑞华学校、新圩中学争取 “同一世界足球”120个并发送到位；联合维爱公益协会为贫困老人捐助爱心款、爱心物资计80余万元，帮助1500余名贫困学生、重症患者、特困老人解决燃眉之急；全年免费为3492名农村妇女进行宫颈癌检查，走访看望两癌母亲20人，争取“两癌”救助金7万元；筹措资金对毛里乡、新圩镇、十字镇20户贫困母亲家庭进行救助和走访慰问。

【文明创建】 2015年，新田县妇联立足妇联在家庭工作中的独特优势，组织主题活动，开展“每天半小时 书香伴成长”亲子阅读行动。8月19日上午，新田县妇联在县图书馆正式启动

“每天半小时，书香伴成长”亲子阅读活动，倡议广大家长和孩子通过共同阅读的方式，营造家庭书香气息，在全县树立全民阅读新风，增添县域文化氛围。在行动中，县妇联给孩子们免费赠书，邀请家庭教育专家为家长授课，邀请亲子家庭代表分享心得，在全社会掀起爱读书、会读书、读好书的家庭氛围，通过文明“小家庭”建设，共建和谐“大家庭”，为小康新田建设增添活力。开展“爱家大讲堂”活动。县妇联在各乡镇、社区妇女之家开展“爱家大讲堂”，宣传妇女维权、健康知识、科学教子和礼仪知识。邀请卫生专家、医护人员讲解女性健康卫生知识，教授妇女如何爱护自己；邀请法律工作者举办法制讲座，教授妇女如何保护自己的合法权益；邀请家庭教育经验丰富的教师，介绍科学教育培养孩子等。

新田县工商界联合会

【概况】 新田县工商业联合会（总商会）成立于1986年（以下简称县工商联）。有行政编制2名，财政全额拨款事业编制1名。下属全额拨款股级事业单位1个（县非公经济组织党工委办公室），核定事业编制2名。现有会员540个，其中，团体会员36个，企业会员174个，个人会员330名。71名非公经济人士担任工商联领导班子，其中，副主席(副会长）15人，执委56人）。截至2015年年底，全县中小工业企业（含个体工业户）总户数达到4266个，非公经济从业人数达到14.18万人，实缴税金3280万元，组建非公企业党支部29个，党员312人。在广东的白云区、花都区、番禺区及惠州市建有异地商会。工业企业快速发展，规模工业企业43家，其中，过亿企业5家。规模工业实现工业总产值31.5亿元，产品销售率98.4%以上，实现产销平稳。县工商联被永州市工商业联合会评为2015年度工商联系统先进单位；统战工作考核被评为优秀单位。

【组织建设】 2015年，新田县有非有公有制企业110家，党组织29个，党员312人，其中女党员43名，确保有3名以上正式党员的非公有制企业都建立党的组织。利用“守纪律讲规矩”活动，将活动延伸到会员企业中，与非公有制经济党建工作结合起来，注重围绕企业生产搭建活动载体，力求“载体建在岗位上，活动融在工作中”。召开执委会座谈会，组织全县非公有制经济人士认真学习中共十八大以及三中、四中、五中全会、《中共中央国务院关于加强和改进新形势下工商联工作的意见》及省市县有关精神，坚定非公经济人士发展壮大企业的信心，自觉地团结在党的周围，增强工商联的凝聚力。开展会员集中发展活动，夯实工商联系统的组织基础。凡员工50名以上或者年销售额200万元以上的企业80%都加入工商联；支柱产业均组建商（协）会，并作为团体会员加入工商联。异地商会建设。新田异地商会发展壮大，广东、长沙、深圳、东莞、惠州等异地商会发展成熟。

【参政议政】 2015年，新田县工商联开展“访民企、解难题、保增长”千户民企大走访活动，组织政协工商联组到恒丰米业、德力重工、凤神油茶、闽新人造板等企业调研，观摩"十三五"规划创新创业园建设，并撰写多篇社情民意的调研报告，其中《新田县非公企业发展现状、困境及出路》以及《新田县油茶产业开发的主要问题及对策措施》等调研文章。

新田县残疾人联合会

【概况】 新田县残疾人联合会（以下简称残联）成立于 1990 年，为副科级群团组织，由民政局代管。2002年升格为正科级群众团体组织，归口县人民政府联系和管理。2009 年，经县委批复成立新田县残疾人联合会党组。现有工作人员 5 名。新田县残疾人联合会是中国残疾人联合会的地方组织，是将残疾人自身代表组织、社会福利团体和事业管理机构融为一体的联合性团体。2015 年度，县残联在全市目标管理考核中获先进单位称号。

【就业组联】 2015年，新田县残联开展就业援助活动。走访慰问残疾人失业人员家庭16户，登记失业残疾人18人，召开招聘会1次，安置12名残疾人就业。在3月中旬完成全国专项调查工作，为健全残疾人社会保障和服务体系、制定国家"十三五"规划和残疾人事业"十三五"发展纲要提供依据。推动机关、团体、企业、事业单位和民办非企业单位带头按比例安排残疾人就业，对各用人单位安置残疾人就业情况进行全面年审，促进残疾人就业。启动"连千村帮万户扶贫工程"。为冷水井乡坦头坪村提供扶持资金1万元，帮助村里加强基础设施建设，改善群众的生产生活条件。通过示范基地带动残疾人就业。"省残疾人扶贫示范基地"——宏旺菌业有限公司通过对残疾人进行培训，让残疾人掌握食用菌栽培技术，并带动残疾人每年人均增收2万元。创建残疾人就业基地——颐康盲人按摩中心1个，扶持残疾人就业16名。实施阳光家园居家服务项目。为100名残疾人按每人600元的标准发放居家托养服务补贴计6万元。对全县19个乡镇残联理事长和部分基层残疾人专职委员进行培训，促进基层残疾人工作者素质的普遍提高，落实100名残疾人专职委员的待遇，发放误工补贴5万元。

【康复工作】 2015年，新田县残联落实2015年省为民办实事项目，即："贫困残疾儿童抢救性康复项目"，12名不满7周岁的残疾儿童被输送到各康复机构进行康复训练。成功争取中国儿童少年基金会——启智专项基金对新田县贫困脑瘫残疾儿童的抢救性救助。有10名脑瘫残疾儿童在家长的陪护下到北京接受康复治疗。协助创建新田心语康复中心，4月正式投入使用，接收的障碍儿童经过课堂学习，受到广大残疾儿童家长的欢迎。在陶岭乡建成首个乡镇残疾人辅助器具服务站。

【信访维权】 2015年，新田县残联开展法律援助维权行动，及时答复处理来信来访等关系残疾人切身利益的问题，接待来访130人次，协调解决各类问题120件，承办上级交办件3件，信访及时办结率100%。为贫困残疾人提供法律援助5起。残疾人机动轮椅车燃油补贴的发放工作，发放燃油补贴664人，发放金额17.26万元。组织实施贫困残疾人家庭无障碍改造项目，筹资7.5万元，为全县15户贫困残疾人家庭实施无障碍改造。

【助残活动】 2015年，新田县残联根据助残日“关注孤独症儿童，走向美好未来”的活动主题。助残日当天，免费为全县贫困残疾人发放轮椅、拐杖、手杖、助听器、坐便椅等各类残疾人辅助用具100余件。重点宣传社会各界扶残助残、残疾人自强不息的感人事迹，制作2部电视专题片在省市电视台播放，通过典型引路，辐射带动，营造关心、支持残疾人事业的舆论氛围。向中残联和省、市残联网站和新闻媒体投稿，撰写各类稿件50余篇，被各类媒体采用50余篇次，其中，被中残联网站刊载14篇，被省残联网站刊载15篇，被市残联网站刊载20余篇，被《湖南日报》刊载1篇。开展文体活动，活跃残疾人文化生活。组织残疾人参加省市组织的残疾少儿基本功及形体等各类比赛活动，促进残疾人文化建设，活跃基层残疾人文化生活。开展残疾人运动员自训工作，选送残疾人运动员蒋芬芬参加第九届全国残疾人运动会并获得金牌。

【保障工作】 2015年，新田县残疾人参加“新农合”率达到应保尽保。为全县1200多名农村贫困残疾人缴纳新型农村合作医疗，资助额达10万多元，减轻残疾人的医疗负担。鼓励城镇残疾人居民和农村残疾人参加社会养老保险，实现老有所养。对1150名城乡重度残疾人，县政府按最低档次代其缴纳全部每年100元的养老保险费。按时发放重度残疾人护理补贴，全年为2400多名重度残疾人发放护理补贴160余万元。成功争取到县残疾人托养中心项目建设列入中央预算内投资计划，该项目预算总投资约为400万元，中央下拨启动资金230万元。

新田县文学艺术界联合会

【概况】 新田县文学艺术界联合会（以下简称文联）成立于1985年，现有编制4人，其中，主席1人，主任科员2人，副主任科员1人。辖书法家协会、作家协会、秀峰诗社、美术家协会、民间艺术家协会和音乐家协会6个协会组织。

【文艺活动】 2015年1月，新田县文联组织秀峰诗社、摄影家协会、民间艺术家协会、音乐家协会、作家协会、美术家协会等协会负责人召开座谈会，回顾2014年工作，谋划布置2015年工作。1月10日，县文联、秀峰社与“周末去哪里”团队联合开展长亭怀古采风活动；1月11日，县美术家协会正式挂牌成立，成为新田县文学艺术界的第7个文艺协会。1月17日，县作家协会召开2014年年会并开展座谈会；26日，肖建民、何昕义卖作品为贫困儿童募集善款8000元。2月3日，与县法院在滨河广场联合举办“学法律、迎新春”义务送春联活动。2月11

日，县文联、县老年书画协会到骥村开展送福、送春联活动。2月25日，县文联联合文广新局等多个单位在县城联合举办羊年“庆新春、闹元宵”活动：舞龙、舞狮、扭秧歌、腰鼓舞、“高故事”、“走故事”。3月 2日，县委常委、县委宣传部部长赵红萍在县文联主席何昕的陪同下走访慰问文艺人才蒋玉珊、刘四友等10余人。 3月19日，永州市文联主席蒋蒲英到新田县调研金盆圩乡骆铭孙村、三井乡谈文溪村、知市坪乡白杜窑村、大坪塘镇大坪塘村、骥村镇乌下村等地。3月31日，县文联组织各协会负责人召开座谈会，明确各协会全年工作目标。5月12日，县文联与县委宣传部、县旅游外事侨务局联合举办 “锦绣潇湘·永州发现”寻找永州100处最佳摄影点的活动。6月 6日，《艺术之路：刘福忠新田写生作品选》由中国文联出版社出版发行。作品精选作者30余年来创作的写生作品80余幅，作品全部取材于新田各地的风光山色，为读者展开一幅幅新田风土人情的生动画卷。6月8日，新田县作家协会《文学新田》会刊“劳模专号”出版， 20余名本土作家通过小说、诗歌、散文、报告文学等文学形式，共同谱写春陵劳模之歌。6月10日，新田县文联、民间艺术家协会、职业中专联合举办“新田县纪念抗战胜利70周年民间艺术展”，对职业中专学生进行爱国主义教育和民间艺术熏陶。6月23日，新田县文联组织县内部分书画名家举行看稿会，点评、挑选优秀美术书法作品报送省、市、县参与展出活动。6月25日，省书法家刘泽荣、《文萃报》美术馆副馆长刘斌群等5名书法家，到新田开展书法交流活动。6月27日，中国书协会员、省书协农村工作委员会主任肖万义，省检察院文联主席陈海波一行到新田开展文化交流活动。7月1日，由新田县纪委、县委宣传部、县国税局、县文联、金陵镇政府等单位编印的1000册廉政文化连环画《一代廉吏王鼎铭》发放到部分党员干部手中。7月4日晚，书法家崔向君到新田开展“书道湖湘”书法公益讲座等活动。7月6日，县文联、秀峰诗社组织10余名诗词爱好者到知市坪乡采风，用手中的笔歌咏该乡的人文山水和新农村建设的巨大变化，出版《秀峰诗词》“知市坪专辑”； 7月11日，由县作家协会和风滚草文化培训教育举办为期两个月的新田县首届“风滚草”杯小学生作文大赛颁奖仪式在文体中心隆重举行。7月13日，县文联、县书法家协会在知市坪乡举办“遵规守纪，崇廉尚德”书画笔会，县文联主席何昕、县文联原主席书画家肖建民及网政办、电视台记者等十余人参加活动，活动的宗旨在于宣传“遵规守纪、崇廉尚德”。7月16日，音乐家协会主席谢高仁加入中国音乐家协会。7月31日，县文联在行政中心大厅举办“纪念抗日战争暨世界反法西斯战争胜利70周年”书法摄影展活动。9月 13日，嘉禾作家到新田县开展采风联谊活动。10月 11日，新田县秀峰文化研究会召开成立大会，选举产生第一届理事会。10月25日，新田县原创廉政京剧《接风宴》在新田一中大礼堂彩排，为参加10月27日至28日在宁远县举行的“永州市第三届京剧票友艺术节”作准备。12月23日，县文联组织秀峰诗社、摄影家协会、民间艺术家协会、音乐家协会、作家协会、美术家协会等协会负责人召开2015年度目标考核工作会议。

【文艺团体活动】 2015年，新田县文联作家协会举办工会写劳模采风、石羊采风、龙家大院文学笔会等采风活动3次，参加活动会员60余人。全年进行不同规模的文学沙龙6次，以自由的方式探讨着关于文学的话题。7月，作协组织作者到郴州嘉禾采风，与嘉禾作者交流沟通。秀峰诗社参与文联组织的“国税局廉政文化”活动、“知市坪乡廉政书画”活动、“国税局迎新春送春联”活动、“纪念抗战胜利70周年书画展”活动、“骥村桃花节”活动、“人民英雄纪念碑撰联”活动。先后主办刘典亨九十大寿“吟诗庆寿”活动、“走进千山”采风活动、“秀峰文化”采风活动、“人民大药房”采风动动、“瑞华学校”采风活动、“黄思文悼祭”活动。书法家协会组织协会会员开展义务送春联、笔会、采风及书法讲座活动；2月，到骥村镇开展送福、送春联活动，当天，书法家们共为群众书写风格各异的春联300余副，为该镇群众呈献最具文化气息的新年祝福；协办纪念抗战70周年书画展活动；音乐家协会组织双碧广场大家唱文艺活动，全年演出近120场次；8月，成功协办新田县演艺界首届“新田好声音”；协会主席谢高仁加入中国音乐家协会，成为会员。民间艺术家协会与县职业中专联合举办“纪念抗战胜利70周年民间艺术展”；与枧头中学联合举办“关爱留守儿童民间艺术展”，与县一中联合举办“传统技艺民间工艺美术展”；与思源实验学校联合举办“文化艺术节民间工艺美术展”；组织学习、交流和采风活动。开展一些传统工艺（美术）的挖掘、整理工作，针对泥塑、根雕、烙画、木雕和石刻领域，对那些即将失传的工艺进行抢救和传承。美术家协会8次组织会员采风和创作交流活动，宣传新田各方面的人文风采；组织会员深入企业、社区开展文化帮促和书画交流活动；协助新田县委宣传部书画摄影走廊建设。

【文艺创作】 2015年，新田县文联作家协会创作各种体裁的作品200余篇（首），其中在公开发行刊物上发表的有50余篇（首）；出版《文学新田》四期，其中三、四期为合刊，发表各类体裁作品300余篇；陈艳芳的小说《警察李》被2015年12期《湖南文学》刊登，刘诗艺的散文发表在《湖南工人报》，宋秀娟的诗歌发表在《珠海特区报》。何一飞的小说《手术刀》发表后获得首届武陵杯全国优秀小小说奖（全国共十篇作品获奖）。《手术刀》获得由中国微型小说学会、上海文艺出版社、江苏《金山》杂志社设立的第13届中国微型小说年度优秀作品奖。秀峰诗会协助永州诗词协会编辑《永州古代诗词选》和《永州现代诗词选》，为其提供新田历代诗词177首。创作出版《秀峰诗词》2015年第一期《刘典亨九十大寿》专辑。《秀峰诗词》2015年第二期《走进千山》采风专辑。《秀峰诗词》2015年第三期《黄思文悼祭》专辑。《新田历代诗文选》、《秀峰文化研究》采风专辑、《一代廉吏王鼎铭》连环画册。创作演出京剧《接风宴》，首演在宁远，制作光碟，受到市委宣传部和市京剧协会的肯定。创作京剧剧本《风雨瑶山情》。创作微电影剧本《三卖田庄》。书法家协会出版首届会员作品集，该作品集是新田县第一部书法作品专集，收录协会会员作品50余件。音乐家协会在各级音乐刊物发行发表作品50篇，谢高仁音乐作品《大瑶河》获江华瑶族自治县60周年庆典征歌三等奖；谢高仁作品《家乡有条濂溪河》，陈坚作品《人民公仆》等发表在《永州文艺》；刘柏根、谢高仁作品《劳模颂》《我爱养殖不怕累》《真好》《我们是人社战线的一员》，吴启健作品《幸福》，木柏、吴启健作品《静心》《随心》，王明跃、王三毛作品《南国武当山》《钗头凤》，宋福生作品《献给祖国》等，得到社会各界好评。美术家协会组织会员参加省市各级美展。2015年，曾桂峰、刘烈恒、曾云峰被评为优秀会员；2015年，县纪念抗战胜利70周年书画摄影展中曾桂峰获书法二等奖；组织书画家参加创作作品31余件。

新田县科学技术协会

【概况】 1961年6月，新田、桂阳分建，成立新田县科学技术协会，与新田县学技术委员会合署办公，实行“两块牌子、一套人马”，配有两名行政专干。1962年6月，成立新田县人民教育委员会文教科，县科学技术协会合并到这一机构。1978年12月5日，成立新田县科学技术委员会，并恢复新田县科学技术协会。2002年5月31日，设置新田县科学技术协会，为县直群众团体组织，与县科技局合署办公。现有行政编制3人，事业编制2人。2015年6月19日，新田县舜皇珍稀园林苗木基地被评为全省科普惠农先进单位。

【科普宣传】 2015年，新田县科技局开展“科技活动周”活动。5月18日至25日，县科协、科技局组织60多名科普志愿者、科技人员开展科普一条街、科技下乡、科普进厂入企、科普进校园活动等。活动周期间，发放宣传资料80余种2万余份，接受咨询200余人次，义诊500多人次，科普宣传受益群众达2万余人。开展有奖答题活动。订购3000多元新、特、奇、异花卉、蔬菜种子，开展有奖答题活动。在活动现场，市民现场回答问题，答题正确者奖励蔬菜种子及栽培技术。悬挂科普树牌。编撰《新田县中草药图谱集》。县科协、县中医院、县药业办组织专家编撰《新田县中草药图谱集》，该图谱集收集在新田县境内生长的常见300多种中草药，并配图说明。

【科普培训】 2015年，新田县科技局开展创森培训。围绕县委创建国家森林城市和创建国家卫生城市主题，邀请湖南农大李达教授到新田人民广场、青云公园现场指导、培训技术人员，甄别珍稀树种、讲解它们的特性及相关种植知识。举办“全国科普日”恐龙科普展。在新田县体育馆组织开展恐龙科普展活动。

【科普创建】 2015年，新

田县科技局创建全国科普教育基地。6月19日，新田县孝文化公园被中国科协命名为“2015—2019年度全国科普教育基地”，12月30日完成国家科协网上考核工作。召开首届何继善基金奖励大会。6月1日，组织召开首届何继善基金奖励大会，表彰县一中50名品学兼优的学生。新田一中何继善奖学金，是根据湖南省何继善基金会章程的有关精神和省科协名誉主席、新田一中终身名誉校长、院士何继善的倡导，由何继善基金会出资成立，专门用于奖励新田一中在籍在读品学兼优学生。每年评颁一次，颁发荣誉证书、奖金，每年奖励名额50个，新田一中为奖励基地。举办“全国科普日”恐龙科普展。9月19日，在新田县体育馆组织开展恐龙科普展活动。展出金刚口龙、无畏龙、盔龙、棘背龙、飞龙、牛顿龙、似金翅鸟龙、剑龙等十多种罕见的恐龙模型，同时还配有恐龙的生活环境、种类、习性、特征、化石等文字说明。参加展览的有全县各中小学校学生5000多名。

新田县归侨侨眷联合会

【概况】 新田县归侨侨眷联合会（以下简称侨联）成立于2013年，为正科级单位。事业编制为4人，其中，主席1名，副主席1名（其中兼职1名），科级领导干部职数1名，事业编制2名，财政全额拨款事业编。

【侨情普查】 2015年5月～7月，新田县侨联组织开展全县侨情普查。普查结果表明，全县有华人华侨71人，侨眷218人，港澳同胞97人，计386人。5月，组织侨资企业调查，写出专题调研报告。6月，组织贫困侨眷属生产生活调查，建立贫困侨眷属台账。8月，组织归国留学人员统计调查。

【为侨服务】 2015年7月，新田县侨联组织全县党员侨眷属“最美党章庆'七一'”硬笔书法作品比赛和重温历史、缅怀先烈、参观红色景区活动。9月，组织中秋节慰问走访侨眷属及给海外侨胞发电子邮件、贺卡等活动；结合精准扶贫，抓好新田县的“千侨帮千户”工程，机关工作人员与全县贫困侨眷属和部分贫困群众27人，结对帮扶。

【县委领导重视工作】 2015年9月9日，新田县县委常委会专题研究侨联换届工作，县委书记唐军对县侨联2016年的换届工作安排提出重要意见。会议对县侨联提出的人员编制、经费等问题给予明确答复。11月1日，县侨联召开第二次归侨侨眷代表大会，县委常委、县委统战部部长刘晓燕主持会议，县委副书记、县长秦山成出席并作讲话。

【海外联谊】 2015年9月20日，新田县侨联邀请美籍华人科学家黄厚斌教授到新田一中给高一新生讲座。11月16日，黄厚斌教授代表”美国旧金山湾区湖南同乡会”到新田，为7名高一贫困学生每人发放2500元爱心助学款，并与他们建立长期联系，持续关注、关心他们的成长，这是“美国旧金山湾区湖南同乡会”在永州市结对支教的首批学生。马来西亚华人王国丰“王国丰慈善助学会”为新田捐资助学款累计

19.9 万余元，资助贫困学子 230 余人次，向新田思源实验学校、新隆中心小学等学校捐赠图书 1 万余册；4 月 8 日，王国丰到新田，为 100 余名贫困学子发放 5.3 万元助学款。8 月 19 日，王国丰到新田县“爱心成就梦想”大学新生助学奖励大会现场，资助 20 名优秀贫困大学新生，计 8 万元。10 月 31 日，“王国丰慈善助学会”在新田县瑞华学校，举行爱心助学金发放仪式，为 110 名贫困学生发放助学金 6.6 万元。

新田县直机关单位
各乡镇、驻新田单位党政领导名录

中共新田县委

县委书记　唐　军

县委副书记、县长　秦山成

县委副书记（挂职）　荀志坚

县委副书记　唐富荣

县委常委、常务副县长　刘玉林（2012.05—2015.04）

县委常委、常务副县长　唐晓波（2015.04—）

县委常委、政法委书记　龙　军（2011.06—2015.04）

县委常委、政法委书记　欧阳涛（2015.04—）

县委常委、组织部部长　唐建明（2012.05—2015.04）

县委常委、组织部部长、统战部部长　彭俊卿（2015. 04—）

县委常委、县委办主任　聂朝飞（2011.07—2015.04）

县委常委、县委办主任　蒋　华（2015.04—）

县委常委、宣传部部长　赵红萍

县委常委、县纪委书记　黄赞校（2012.02—2015.04）

县委常委、县纪委书记　聂朝飞（2015. 04—）

县委常委、副县长、统战部部长　彭俊卿（2012.06—2015.04）

县委常委、副县长　刘安平（2015.04—）

县委常委（挂职）　邹国清（2013.02—2015.04）

县委常委、人武部部长　奉金菊（2015.01—09）

县委常委、人武部政委　蒋昌辉（2015.09—）

县人大常委会

县人大常委会主任　曹桂秀

县人大常委会副主任　郑智新

县人大常委会副主任　史立忠

县人大常委会副主任　刘小平

县人大常委会副主任　贺安祥

县人大常委会副主任　陈学军

县人民政府

县委副书记、县人民政府县长　秦山成

县委常委、县人民政府常务副县长　刘玉林（2012.05—2015.04）

县委常委、常务副县长　唐晓波（2015.04—）

县委常委、县人民政府副县长、县委统战部部长　彭俊卿（2012.06—2015.04）

县委常委、副县长　刘安平（2015.04—）

县人民政府副县长　欧阳涛（2007.11—2015.04）

县人民政府副县长　刘大兵

县人民政府副县长　李祥佐

县人民政府副县长　付海兵

县人民政府副县长　霍修勇（挂职）

县人民政府副县长、县公安局局长　周　平

县人民政府副县长　杨柳青（2015.11—）

县政协

县政协主席　王佑生

县政协副主席　何三明

县政协副主席　毛群联

县政协副主席（兼）、县第一中学校长　龙石佑

县政协副主席　李咏梅

县政协副主席　郑小龙

县纪委

黄赞校　县委常委、县纪委书记（2012.02—2015.04　）

聂朝飞　县委常委、县纪委书记（2015.04—　）

周建明　县纪委副书记、县监察局局长

胡承斌　县纪委副书记

肖亚飞　县纪委副书记

黄建新　县纪委常委、县监察局副局长

廖品球　县纪委常委

谢　平　县纪委常委

郑君太　县纪委常委

肖龙海　县纪委常委

李　勇　县纪委党风廉政教育室主任

谭芙蓉　县监察局副局长
周剑和　县纪委纪检监察一室主任
陈　新　县纪委干部监督管理室主任
黄晓明　县纪委纠风办主任
王国福　县纪委案件监督管理室主任
宋红春　县纪委行政效能监察室主任
范艳春　县纪委信访室主任
刘业勇　县纪委案件审理室主任
王中滨　县纪委办公室主任
刘波祥　县纪委执法监察室主任
刘宏林　县纪委派出第一工作委员会书记、县监察局派出第一监察分局局长
陈柏顺　县纪委派出第一工作委员会委员
欧志成　县纪委派出第二工作委员会书记、县监察局派出第二分局局长
李年华　县纪委派出第二工作委员会副书记、县监察局派出第二分局副局长
彭文新　县纪委派出第二工作委员会委员
成清华　县纪委派出第三工委书记、县监察局派出第三分局局长（2012.11—2015.09）
朱建新　县纪委派出第三工作委员会委员
楚　冬　县纪委派出第四工作委员会书记、县监察局派出第四分局局长
成珩晖　县纪委派出第四工作委员会副书记、县监察局派出第四分局副局长
李仲学　县纪委派出第四工作委员会委员

县属机关单位主要负责人

县委办

聂朝飞　县委常委、县委办公室主任(2011.06—2015.04)
蒋　华　县委常委、县委办公室主任(2015.04—)
雷柏生　县委办副主任（排第一）
陈小权　县委办副主任
郑新万　县委办副主任，县信访局局长
黄润生　县委办副主任，县政府办党组成员、副主任，县接待科科长
刘　涛　县委办副主任，县党史与地方志征集编纂办公室主任
黄向法　县委办副主任
唐志坚　县委办副主任
胡　圣　县委总值班室主任
颜学飞　县委督查室负责人※
何建飞　县委政策研究室负责人※

县委组织部

唐建明　县委常委、组织部长，县直属机关党工委第一书记（兼）、县总工会主席(兼)（2012.05—2015.04）
彭俊卿　县委常委、组织部长，县直属机关党工委第一书记（兼）、县总工会

主席(兼)（2015.04—）

郑水龙　县委组织部副部长（排第一）

谢兴斌　县委组织部副部长

周晓霞　县委组织部副部长 、县直属机关党工委委员（兼）

何祖成　县委组织部副部长（兼），县老干局局长

刘大军　县委组织部副部长（兼），县人力资源和社会保障局党组副书记、局长

吴　潇　县委组织部干部一室主任

陈　宇　县委组织部干部二室主任

郑　杰　县委基层办主任※

郑志宏　县委组织部办公室主任

胡菁平　县委组织部党建室主任※、县直属机关党工委委员（兼）

周　玲　县委组织部副科级组织员、党教中心主任

县委宣传部

赵红萍　县委常委、县委宣传部部长

郭　飚　县委宣传部副部长

骆桐雄　县委宣传部副部长、县精神文明建设指导委员会办公室主任（兼）

唐文君　县委宣传部党教理教室主任

县委统战部

彭俊卿　县委常委、县人民政府副县长、党组副书记，县委统战部部长、县政协党组副书记（2012.06—2015.04）

彭俊卿　县委常委,县委组织部部长、县委统战部部长（2015.04—）

徐　晓　县委统战部副部长（排第一）、县委对台办主任、县政府台湾事务工作办公室主任（2011.03—2015.09）

黄丽华　县委统一战线工作部副部长、县工商业联合会党组书记

邝江波　县委统战部宗教事务管理办公室主任

县委政法委

龙　军　县委常委、县委政法委书记（2011.06—2015.04）

欧阳涛　县委常委、县委政法委书记（2015.04—）

杨石昆　县委政法委副书记

骆海兵　县委政法委副书记、县社会管理综合治理委员会办公室主任

郑立旺　县委政法委副书记

郑晓新　县委政法委副书记

骆鹏克　县委政法委委员、维稳办主任

向　赟　县社会管理综合治理委员会办公室副主任

县委机要局

罗祥勇　县保密局局长、县委机要局局长

肖　富　县保密局副局长、县委机要局副局长

周芳界　县委机要局（县国家密码管理局）副局长

县直属机关党工委

张柏生　县直属机关党工委书记

县委农村工作部

宋文斌　县委农村工作部部长、县政府农村工作办公室主任

赵　峰　县委农村工作部副部长，县政府农村工作办公室副主任

刘志强　县委农村工作部副部长，县政府农村工作办公室副主任

邓前兵　县委农村工作部副部长、县政府农村工作办公室副主任、县农村能源办主任

李明瑞　县委农村工作部副部长、县政府农村工作办公室副主任、县农村经营管理局局长
乐国权　县委农村工作部副部长、县政府农村工作办公室副主任、县果业办公室主任
何宗昌　县委农村工作部副部长、县政府农村工作办公室副主任、县药业办主任
陆仁邱　县委农村工作部副部长、主任科员、县政府农村工作办公室副主任

县机构编制委员会办公室

朱永林　县机构编制委员会办公室主任
杨　忠　县机构编制委员会办公室副主任
吴　际　县机构编制委员会办公室副主任

县老干局

何祖成　县委组织部副部长，县老干局局长
宋秀英　县委老干局副局长、主任科员

县信访局

郑新万　县委办副主任，县信访局局长
廖财春　县政府办党组成员、副主任，驻湘办事处主任，信访局副局长（兼）
杨　雄　县信访局副局长

县调纠办

郑晓新　县调纠办主任（2015.09—）
邓顺权　县政府办党组成员、副主任、县调纠办主任
张建国　县调处纠纷领导小组办公室副主任、主任科员

县党史与地方志征集编纂办公室

刘　涛　县委办副主任，县党史与地方志征集编纂办公室主任
邓国福　县党史与地方志征集编纂办公室副主任
乐照源　县党史与地方志征集编纂办公室副主任

县档案局

谢一平　县档案局局长、县档案馆馆长
宋小星　县档案局副局长
郑朝谊　县档案局副局长

县委党校

宋可文　县委党校校长
郑　飞　县委党校副校长
吴　波　县委党校副校长（2015.09—）
乔慧明　县委党校（行政学校）校务委员会委员
袁经程　县委党校校务委员会委员

县接待科

黄润生　县委办副主任，县政府办党组成员、副主任，县接待科科长
李　扬　县接待科副科长

县人大办

郑　程　县人大常委会党组成员、办公室主任
郑　鹏　县人大常委会办公室副主任
周红霞　县人大常委会选举任免联络工作委员会主任
骆石林　县人大常委会选举任免联络工作委员会副主任
陈土旺　县人大常委会内务司法工作委员会主任
夏国军　县人大常委会内务司法工作委员会副主任
陈富生　县人大常委会财政经济农业农村工作委员会主任
王克桂　县人大常委会财政经济农业农村工作委员会副主任

王新国　县人大常委会城乡建设与环境资源保护工作委员会主任
李小政　县人大常委会城乡建设与环境资源保护工作委员会副主任
何雄军　县人大常委会民族教育科学文化卫生工作委员会主任
曹柏旺　县人大常委会民族教育科学文化卫生工作委员会副主任

县政府办

彭晓军　县政府党组成员,县政府办党组书记、主任
骆月平　县政府办党组副书记、副主任（排第一）
廖财春　县政府办党组成员、副主任，驻湘办事处主任，信访局副局长（兼）
盘文顺　县政府办党组成员、副主任、县政府办民族事务办公室主任
黄润生　县委办副主任，县政府办党组成员、副主任，县接待科科长
邓顺权　县政府办党组成员、副主任，县调纠办主任
朱国斌　县政府办党组成员、副主任、县人民防空办副主任
邓中华　县政府办党组成员、副主任
温海英　县政府办党组成员、副主任
邝主生　县政府办党组成员、县公共资源交易中心主任
乐　天　县政府经济调研室主任※
雷远辉　县政府金融证券办公室负责人※
邓光鹏　县政府办综合信息室主任※
肖　潇　县政府办应急管理办公室主任
郑利军　县政府办文秘室主任※

县环境保护局

胡开亮　县环境保护局党组书记、局长
郑小明　县环境保护局党组成员、副局长
谢天翔　县环境保护局党组成员、副局长
夏利明　县环境保护局党组成员、工会主席
危剑平　县环境保护局副局长

县人民政府法制办公室

胡荣平　县人民政府法制办公室主任
冷佳万　县人民政府法制办公室副主任

县发展和改革委员会

贺朝群　县发展和改革委员会党组书记、主任
陈小顺　县发展和改革委员会党组副书记、副主任（排第一）
龙　波　县发展和改革委员会党组成员、副主任，县以工代赈办主任
郑剑飞　县发展和改革委员会党组成员、副主任
唐世雄　县发展和改革委员会党组成员、副主任
谢　华　县发展和改革委员会党组成员、副主任

县粮食局

冯　曦　县粮食局党组书记、局长
罗祥亚　县粮食局党组成员、副局长
徐庆平　县粮食局党组成员、副局长

县统计局

吴　波　县统计局党组书记、局长（2013.12—2015.09）
邓振斌　县统计局党组书记、局长（2015.09—)）
黄文斌　县统计局党组副书记、副局长（排第一）
危　安　县统计局副局长

县经济和信息化委员会

张平松　县经济和信息化委员会党组书记、主任

郑　挺　县经济和信息化委员会党组成员、副主任，县方达实业有限总公司总经理

蒋石龙　县经济和信息化委员会党组成员、副主任

谢卫华　县经济和信息化委员会党组成员、副主任

唐艾民　县经济和信息化委员会党组成员、副主任

尹江兵　县经济和信息化委员会党组成员、工会主席

乐文辉　县经济和信息化委员会党组成员，县方达公司副总经理

县教育局

刘高庆　县教育局党组书记、局长

黄永久　县教育局党组副书记　，县物资办负责人

余　勇　县教育局副局长

章龙飞　县教育局副局长

陈国震　县教育局党组成员、副局长

邝忠法　县教育局党组成员，县二中校长

陈实现　县教育局党组成员、县招生考试中心主任

王丽萍　县人民政府主任督学

徐家宁　县政府副主任督学

县科学技术局

唐甲林　县科学技术局党组书记、局长

唐　莉　县科学技术局副局长

欧光军　县科学技术局党组成员、副局长

何宗文　县科学技术局党组成员、副局长

县科学技术协会

王亚平　县科学技术协会主席

骆天利　县科学技术协会副主席

县公安局

周　平　县人民政府党组成员、副县长,县公安局党委书记、局长

何军湘　县公安局党委副书记、政委（2010.12—2015.11）

沈拥政　县公安局党委副书记、政委（2015.11—）

唐道山　县公安局党委副书记、副局长，县公安局交通管理大队大队长

陈陶华　县公安局党委委员、副局长、正科级侦察员

罗诗佳　县公安局党委委员、副局长、正科级侦察员

唐文凯　县公安局党委委员、副局长

邓国斌　县公安局副局长

刘诗中　县公安局工会主席

谢春林　县公安局副政委、党委委员、纪委书记

邝灶军　县公安局党委委员、副局长

郑红明　县公安局城东派出所所长

谢柏荣　县公安局城东派出所教导员

宋流红　县公安局城西派出所所长

谢志杨　县公安局巡逻应急大队大队长、主任科员

李朝庭　县公安局正科级侦察员、看守所所长

陈华君　县公安局城西派出所教导员

胡国润　县公安局经济犯罪侦查大队大队长

彭　丽　县公安局法制信访室主任

郑竞成　县公安局指挥中心主任

肖红星　县公安局大坪塘派出所所长

邱中中　县公安局警务保障室主任

彭孝芬　县公安局网络安全保卫大队教导员

孙　铁　县公安局刑事侦查大队大队长

黄远陵　县公安局新圩派出所所长

谢新华　县公安局法制信访室教导员

胡建平　县公安局陶岭派出所所长

李 芳 县公安局国内安全保卫大队教导员

宋灶军 县公安局经济犯罪侦查大队教导员

田双喜 县公安局巡逻应急大队教导员

郑 波 县公安局人口与出入境管理大队大队长

陈炳新 县公安局十字派出所所长

何祖辉 县公安局治安管理大队大队长

唐崇盛 县公安局国内安全保卫大队大队长

陈亚军 县公安局看守所教导员

陈文献 县公安局禁毒大队大队长

谢新伟 县公安局禁毒大队教导员

邓光林 县公安局石羊派出所所长

秦小红 县公安局指挥中心教导员

成 明 县公安局政工监督室教导员

邓征晶 县公安局警务保障室教导员

郑 江 县公安局十字派出所教导员

骆 斌 县公安局刑事侦查大队教导员

骆 浩 县公安局治安管理大队教导员

汪兴变 县公安局网络安全保卫大队大队长

刘明亮 县公安局陶岭派出所教导员

谢红兵 县公安局新圩派出所教导员

罗爱华 县公安局拘留所教导员

胡贤君 县公安局骥村派出所教导员

胡宇辉 县公安局金盆圩派出所教导员

夏振华 县公安局大坪塘派出所教导员

王 飞 县公安局石羊派出所教导员

宋 辉 县公安局金盆圩派出所所长

尹华雄 县公安局枧头派出所所长

县民政局

刘志斌 县民政局党组书记、局长

周祖顺 县民政局党组副书记、副局长

何中波 县民政局党组成员、副局长、主任科员，县社会救助管理局局长

杨信庭 县民政局党组成员、副局长、主任科员

唐红专 县民政局副局长

黄美兰 县民政局党组成员、县老龄工作委员会办公室主任

周艾林 县民政局党组成员、县革命老区办公室主任

县司法局

周明亮 县司法局党组书记、局长

何强军 县司法局党组成员、副局长

龙逸敏 县司法局副局长

肖劲松 县司法局党组成员、纪检组长

县财政局

陈建军 县财政局党组书记、局长

谢昌虎 县财政局党组副书记、副局长

黄利菊 县财政局党组副书记、副局长

邓振斌 县财政局党组成员、副局长，县农业开发办主任（2010.02—2015.09）

史钦平 县财政局党组成员、副局长

刘 力 县财政局党组成员、副局长

蒋光平 县财政局副局长

李 平 县财政局党组成员、总会计师

县人力资源和社会保障局

刘大军 县委组织部副部长（兼），县人力资源和社会保障局党组副书记、局长

乐亚飞 县人力资源和社会保障局党组副书记、副局长、主任科员

谷立恒 县人力资源和社会保障局党组成员、副局长，县社会劳动保险管理站站长

曹志坚 县人力资源和社会保障局党组成员、副局长

刘胜兵 县人力资源和社会保障局党组成员、副局长、县机关事业单位社会

保险管理站站长（兼）

郑玉兰　县人力资源和社会保障局副局长、县城乡居民社会养老保险局局长

尹文胜　县人力资源和社会保障局党组成员、副局长

县国土资源局

李志辉　县国土资源局党组书记、局长

何爱生　县国土资源局党组副书记、副局长

骆炉生　县国土资源局党组成员、副局长

眭玲艳　县国土资源局党组成员、副局长

骆辉平　县国土资源局党组成员、副局长

骆　群　县国土资源局副局长

黄　勇　县土地开发整理中心主任

县住房和城乡规划建设局

陈明生　县住房和城乡规划建设局党组书记、局长

蒋龙俊　县住房和城乡规划建设局党组副书记、副局长

李勯川　县住房和城乡规划建设局副局长

何土保　县住房和城乡规划建设局党组成员、副局长

乐雄文　县住房和城乡规划建设局党组成员

成　军　县住房和城乡规划建设局党组成员，县建设工程质量监督站站长

县交通运输局

宋桂雄　县交通运输局党组书记、局长

刘文权　县交通运输局党组成员、副局长

黄红兵　县交通运输局党组成员、副局长

谭　宏　县交通运输局党组成员、副局长

黎明成　县交通运输局工会主席

县水利局

肖　辉　县水利局党组书记、局长

韩　琳　县水利局党组副书记、副局长

廖初生　县水利局党组副书记、副局长

邱小兵　县水利局党组成员、副局长

宋天明　县水利局党组成员、副局长

谢梅芳　县水利局副局长

县农业局

唐发宏　县农业局党组副书记、局长

胡明辉　县农业局党组成员、副局长、县乡镇企业局局长

杨德琪　县农业局党组成员、副局长、主任科员

陈　彪　县农业局党组成员、副局长

胡　圣　县农业局党组成员、工会主席

县林业局

陈继光　县林业局党组书记、局长

赵富国　县林业局党组成员、副局长、主任科员

钟小林　县林业局党组成员、原副局长、主任科员，大湾林场原党支部书记

肖柏荣　县林业局党组成员、副局长，肥源林场场长

刘兴芳　县林业局党组成员、副局长

曾革新　县林业局副局长

县商务局

谭水龙　县商务局党组书记、局长

骆炳全　县商务局党组副书记、副局长、主任科员

廖剑东　县商务局党组成员、副局长

周江南　县商务局副局长、县驻广州招商办事处主任

杨亚敏　县商务局党组成员、副局长

县文化广电新闻出版局

黄　英　县文化广电新闻出版局党组书记、局长

郑　辉　县文化广电新闻出版局党组成员、

副局长

史玲玲　县文化广电新闻出版局副局长

邓航东　县文化广电新闻出版局党组成员、副局长

县文学艺术界联合会

何　昕　县文学艺术界联合会主席

县卫生局

刘宇芳　县卫生局党组书记、局长

唐远忠　县卫生局党组副书记、副局长

谢功文　县卫生局党组成员、副局长，县红十字会办公室主任

李　敏　县卫生局党组成员、副局长，县新型农村合作医疗管理委员会办公室主任

刘　帆　县卫生局党组成员、副局长

雷元武　县卫生局党组成员、副局长

欧阳乐　县卫生局副局长、县疾病预防控制中心主任

县人口和计划生育委员会

李文众　县人口和计划生育委员会党组副书记、主任

陈春生　县人口和计划生育委员会党组副书记、副主任

陈文发　县人口和计划生育委员会党组成员、副主任、主任科员、计生协会常务副会长

王红庄　县人口和计划生育委员会党组成员、副主任

县审计局

郑　辉　县审计局党组书记、局长

乐廷喜　县审计局党组副书记、副局长（排第一）

曾建江　县审计局党组副书记、副局长

何立新　县审计局党组成员、副局长

罗井荣　县审计局党组成员、副局长

赵　劲　县审计局副局长

周道明　县审计局党组成员、副局长

县安全生产监督管理局

蒋石珍　县安全生产监督管理局党组书记、局长

肖光菊　县安全生产监督管理局副局长

齐丕才　县安全生产监督管理局党组成员、副局长、主任科员

梁　剑　县安全生产监督管理局党组成员、县安全生产执法监察大队大队长

县食品药品监督管理局

郑石湘　县食品药品监督管理局党组书记、局长

吴光富　县食品药品监督管理局副局长

杨亚琼　县食品药品监督管理局副局长

县公安局交通管理大队

唐道山　县公安局党委副书记、副局长，县公安局交通管理大队大队长

卢方政　县公安局交通管理大队政委

李贵新　县公安局交通管理大队第一副政委、正科级侦察员

宋郴华　县公安局交通管理大队副政委、副科级纪检员

杨宏生　县公安局交通管理大队副大队长

刘　军　县公安局交通管理大队副大队长

龙　勇　县公安局交通管理大队副大队长

谢宇兵　县公安局交通管理大队副大队长

县森林公安局

肖家胜　县森林公安局局长、县公安局副科级侦察员

陈　日　县森林公安局政委

县农村能源办公室

邓前兵　县委农村工作部副部长、县农办副主任、县农村能源办主任
徐嗣权　县农村能源办公室副主任

县广播电视台

陈庆文　县广播电视台党组书记、台长
宋运松　县广播电视台党组成员、副台长、工会主席
刘　勇　县广播电视台党组成员、副台长
骆峰波　县广播电视台党组成员、总工程师

县体育局

李新才　县体育局局长
肖　莉　县体育局副局长

县政务中心

陈红柱　县政务公开领导小组办公室（政务中心）主任（2012.11—2015.09）
成清华　县政务公开领导小组办公室（政务中心）主任（2015.09））
黄贤录　县政务公开领导小组办公室副主任

县以工代赈工作办公室

龙　波　县发展和改革委员会党组成员、副主任，县以工代赈办主任
乐慧华　县以工代赈工作办公室副主任

县物资事务管理办公室

黄永久　县教育局党组副书记 ，县物资办负责人
谢新平　县物资事务管理办公室副主任

县城市管理局

欧亚珉　县城市管理局党组书记、局长
乐荣力　县城市管理局党组成员、副局长，县自来水公司经理
陈新衡　县城管局党组成员、副局长
苗　杰　县城市管理局党组成员、副局长
邱　收　县城市管理局党组成员、副局长，县园林绿化管理中心主任

县扶贫开发办公室

宋亚雄　县扶贫开发办公室主任
陈礼平　县扶贫开发办公室副主任、纪检监察员(兼)，国土资源部新田扶贫开发中心副主任
谢德勇　县扶贫开发办公室副主任
陈　荔　县扶贫开发办公室副主任
陈雨平　县扶贫开发办公室副主任

县烤烟办

沈志英　县烤烟办公室主任、党组书记
熊伟平　县烤烟办党组副书记、副主任（排第一）
陈柏华　县烤烟办公室党组成员、原主任
宋雄华　县烤烟办公室党组成员、副主任
文正足　县烤烟办公室党组成员、副主任
李小竹　县烤烟办公室党组成员、副主任

县富硒办公室（果业办公室）

乐国权　县委农村工作部副部长，县政府农村工作办副主任，县果业办公室主任
陈楚寒　县果业办公室副主任

县农业机械化管理局

乐石明　县农业机械化管理局党组副书记、局长
文　松　县农业机械化管理局党组成员、副局长
刘宗付　县农业机械化管理局党组成员、副局长、主任科员
宋　平　县农业机械化管理局党组成员、副局长

县农村经营管理局

李明瑞　县委农村工作部副部长，县政府农村工作办副主任，县农村经营管理局局长

陈　辉　县农村经营管理局副局长

邝知红　县农村经营管理局副局长

县农业综合开发办公室

邓振斌　县财政局党组成员、副局长，县农业综合开发办公室主任（2010.02—2015.09）

徐　晓　县农业综合开发办公室主任（2015.09—）

郑欣沛　县农业综合开发办公室副主任

县移民开发局

章尚辉　县移民开发局局长

邓仕初　县移民开发局副局长

宋可武　县移民开发局副局长

县畜牧水产局

王永生　县畜牧水产局党组书记、局长

唐继武　县畜牧水产局党组成员、副局长、主任科员

陈铁军　县畜牧水产局党组成员、副局长

王兴斌　县畜牧水产局党组成员、副局长

县供销合作联社

郑华勇　县供销合作联社党组书记、理事会主任

何红保　县供销合作联社监事会主任

邓信发　县供销合作联社党组成员、副主任

邓中华　县供销合作联社党组成员、副主任

县公路局

李全富　县公路局局长

胡定春　县公路局支部书记

陈景飞　县公路局副局长

张茂林　县公路局副局长(聘任)

胡大勇　县公路局副局长

蒋胜君　县公路局副局长

湖南福音山国家森林公园管理局

陈和平　湖南福音山国家森林公园管理局副局长（主持工作）

邓亚雄　湖南福音山国家森林公园管理局副局长

县工业园管委会

廖　洋　县工业园党工委书记（副处级）

徐鹏飞　县工业园党工委委员、管委会副主任

李　群　县工业园管委会副主任

黄礼见　县工业园党工委委员、管委会副主任

县方达实业有限总公司

郑　挺　县经济和信息化委员会党组成员、副主任，县方达实业有限总公司总经理

乐文辉　县经济和信息化委员会党组成员，县方达实业有限总公司副总经理

县文化市场综合执法大队

宋信军　县公安局正科级侦察员,县文化市场综合执法大队大队长

欧海滨　县文化市场综合执法大队副大队长

周华锋　县文化市场综合执法大队副大队长

县价格管理局

邝中建　县价格管理局局长

郑跃峰　县价格管理局副局长

史艳英　县价格管理局副局长

县房产局

谢贤文　县房产局党组书记、局长

刘新萍　县房产局党组成员、副局长
张新平　县房产局党组成员、副局长
胡普锋　县房产局党组成员、副局长
杜红玲　县房产局党组成员、工会主席

县城建投资集团公司

陈小军　县城建投资集团公司董事长、总经理
邓新平　县城建投资集团公司监事会主席（2015.09—）
刘七新　县城建投资集团公司副总经理
刘亚斌　县城建投资集团公司副总经理
张为民　县城建投资集团公司副总经理
杨国君　县城建投资集团公司副总经理
谢潇毅　县城建投资集团公司副总经理

县市场服务中心

黄国锋　县市场服务中心党组书记、主任
彭宗维　县市场服务中心党组成员、副主任
陆青月　县市场服务中心副主任

县药业办

何宗昌　县委农村工作部副部长,县政府农村工作办公室副主任，县药业办主任
黄崇松　县药业生产办公室副主任

县机关事务局

乐　辉　县机关事务管理局局长
郑日俭　县机关事务管理局副局长

县旅游外事侨务局

谢奉生　县旅游外事侨务局局长
彭晓波　县旅游外事侨务局副局长
高小柳　县归侨侨眷联合会副主席（副科）

县事业单位登记管理局

李慧超　县事业单位登记管理局局长

县人民政府教育督导室

何楚瑞　县人民政府教育督导室主任

县招生考试中心

陈实现　县教育局党组成员、县招生考试中心主任

县人民政府行政效能投诉中心

宋石明　县人民政府行政效能投诉中心主任

县国有资产管理局

郑国民　县国有资产管理局局长

县非税收入征收管理局

张九生　县非税收入征收管理局局长

县乡镇财政管理局

乐　明　县乡镇财政管理局局长

县劳动保障监察大队

何金雄　县劳动保障监察大队大队长

县医疗保险基金管理中心

刘　飞　县医疗保险基金管理中心主任

县机关事业单位社会保险管理站

刘胜兵　县人力资源和社会保障局党组成员、副局长、县机关事业单位社会保险管理站站长（兼）

县社会劳动保险管理站

谷立恒　县人力资源和社会保障局党组成员、副局长，县社会劳动保险管理站站长

县就业服务局

刘大军 县就业服务局局长

县人事考试中心

蒋 保 县人事考试中心主任

县城乡居民社会养老保险管理局

郑玉兰 县人力资源和社会保障局副局长，县城乡居民社会养老保险管理局局长

县工伤保险站

刘彦华 县工伤保险站站长

县社会救助管理局

何中波 县民政局党组成员、副局长、主任科员，县社会救助管理局局长

县征地事务中心

彭安顺 县征地事务中心主任

县重点项目管理办公室

吴光灿 县重点项目管理办公室主任

县防汛抗旱指挥部办公室

乐延平 县防汛抗旱指挥部办公室主任

县水政监察大队

曾石华 县水政监察大队队长

县金陵水库管理所

陈万明 县金陵水库管理所所长（聘任）

县乡镇企业局

胡明辉 县农业局党组成员、副局长、县乡镇企业局局长

宋笑波 县乡镇企业局副局长

县安全生产执法监察大队：

梁 剑 县安全生产监督管理局党组成员、县安全生产执法监察大队大队长

县城镇监察综合执法大队

蒋土斌 县城镇监察综合执法大队大队长

陆石旺 县城镇监察综合执法大队教导员

县爱国卫生运动委员会办公室

侯小红 县爱国卫生运动委员会办公室主任

县卫生监督所

谢柱成 县卫生监督所所长

县新型农村合作医疗管理委员会办公室

李 敏 县卫生局党组成员、副局长，县新型农村合作医疗管理委员会办公室主任

县动物防疫监督站

郑乐亮 县动物防疫监督站站长

县肥源林场

肖柏荣 县林业局党组成员、副局长，肥源林场场长（2012.11—2015.09）

县大湾林场

胡承标 县大湾林场场长(聘任)

县城乡规划设计院

刘 敏 县城乡规划设计院院长

县网络宣传和电子政务办公室

王雨松 县网络宣传和电子政务办公室主任（聘用）

国土资源部新田扶贫开发中心

陈礼平 县扶贫开发办公室副主任、纪检监察员(兼)，国土资源部新田扶贫开

发中心副主任

县计划生育技术服务站

李自雨　县计划生育技术服务站站长

县自来水公司

乐荣力　县城市管理局党组成员、副局长，县自来水公司经理

驻湘办事处

廖财春　县政府办党组成员、副主任，驻湘办事处主任，信访局副局长（兼）

县驻广州招商办事处

周江南　县商务局副局长、县驻广州招商办事处主任

县食品药品稽查大队

古文鹏　县食品药品稽查大队大队长

县公共资源交易中心

邝主生　县政府办党组成员、县公共资源交易中心主任

县地方海事局

李　正　县地方海事局局长

县政协办

徐　扬　县政协党组成员、县政协秘书长、县政协办公室主任

盘和英　县政协办公室副主任

何祖雄　县政协办公室副主任科员

周春平　县政协办公室副主任科员

刘建军　县政协提案法制群团委员会主任

王桂芳　县政协经济科技人口资源环境委员会主任

徐银飞　县政协学习文史宣教卫体民族宗教三胞联谊委员会主任

县工商业联合会

黄美华　县工商业联合会主席

黄丽华　县委统一战线工作部副部长、县工商业联合会党组书记

县总工会

唐建明　县委常委、组织部长，县直属机关党工委第一书记（兼）、县总工会主席(兼)（2012.05—2015.04）

彭俊卿　县委常委、组织部长，县直属机关党工委第一书记（兼）、县总工会主席(兼)（2015.04—）

何祖育　县总工会党组书记、第一副主席

雷湘萍　县总工会副主席、女职工委员会主任

邓亚军　县总工会党组成员、副主席、经费审查委员会主任

县妇女联合会

雷明秀　县妇女联合会党组书记、主席

林丽娟　县妇女联合会党组成员、副主席

黄　葵　县妇女联合会党组成员、副主席

团县委

郑丽华　共青团新田县委副书记

李彬彬　共青团新田县委副书记

县残联

唐金山　县残联党组书记、理事长

彭晓英　县残疾人联合会副理事长

县归侨侨眷联合会

石祥杰　县归侨侨眷联合会主席候选人

县红十字会

谢功文　县卫生局党组成员、副局长，县红十字会办公室主任（2010.08—2015.09）

陈红柱　县红十字会办公室主任（2015.09—）

县第一中学

龙石佑　县政协副主席（兼），县第一中学校长
谢霖平　县一中党总支书记
宋艾德　县第一中学副校长
陈主安　县第一中学副校长
肖石安　县第一中学工会主席

县第二中学

邝忠法　县教育局党组成员，县二中校长
彭继才　县第二中学副校长
邓艳玲　县第二中学工会主席
陆知明　县第二中学副校长

县瑞华实验学校

胡玉明　县瑞华实验学校党总支书记、校长
谢青松　县瑞华实验学校副校长
陈远运　县瑞华实验学校副校长
李小军　县瑞华实验学校副校长
柏红娟　县瑞华实验学校工会主席

县职业中等专业学校

黄新华　县职业中等专业学校党支部书记、校长
周茂华　县职业中等专业学校校务委员、原党支部书记、原副校长
刘兴喜　县职业中等专业学校副校长
夏晨龙　县职业中等专业学校副校长
陈小安　县职业中等专业学校副校长
刘五元　县职业中等专业学校工会主席

县教师进修学校

温为杰　县教师进修学校校长
廖明熙　县教师进修学校党支部书记
陈保华　县教师进修学校副校长
杜为平　县教师进修学校副校长

县人民医院

谭宁锋　县人民医院党总支书记、院长
王献忠　县人民医院副院长（正院级）
乐宏文　县人民医院副院长
黄柏友　县人民医院副院长
郑民中　县人民医院副院长
李　凌　县人民医院工会主席
郑竹娟　县人民医院院委会委员
朱阿宾　县人民医院院委会委员

县中医医院

卢　敏　县中医医院院长
郑新建　县中医医院副院长
胡艳芳　县中医医院副院长
柏振红　县中医医院副院长
刘　正　县中医医院副院长

县疾病预防控制中心

欧阳乐　县卫生局副局长、县疾病预防控制中心主任
宋剑波　县疾病预防控制中心党支部书记(聘任)

县园林绿化管理中心

邱　收　县城市管理局党组成员、副局长，县园林绿化管理中心主任

龙泉镇

肖方英　县人民政府党组成员、龙泉镇党委书记
黄亚军　龙泉镇党委副书记、镇长
史冬元　龙泉镇党委委员、纪委书记、人大主席
陈小燕　龙泉镇党委委员、政协工委主任

乐新冬　龙泉镇党委委员、计生领导小组常务副组长
陈利民　龙泉镇党委委员、副镇长
唐　亮　龙泉镇党委委员
李萍丽　龙泉镇人大副主席
胡雪琴　龙泉镇人民政府副镇长

金陵镇

唐　军　金陵镇党委书记
陈　浩　金陵镇党委副书记、镇长
伍新龙　金陵镇党委委员、纪委书记、人大主席
刘宗春　金陵镇党委委员、　政协工委主任
郑宏波　金陵镇党委委员、副镇长、武装部长、计生领导小组常务副组长
陈红兵　金陵镇人民政府副镇长
刘亚菊　金陵镇人大副主席

莲花乡

骆金华　莲花乡党委书记
何岳敏　莲花乡党委副书记、乡长
朱武军　莲花乡党委委员、纪委书记、人大主席
杨　军　莲花乡党委委员、政协工委主任
罗奇峰　莲花乡党委委员、副乡长
蒋飞燕　莲花乡人民政府副乡长
李治衡　莲花乡人大副主席

茂家乡

邱海林　茂家乡党委书记
陈昊华　茂家乡党委副书记、乡长
张　毅　茂家乡党委委员、纪委书记、人大主席
宋　波　茂家乡党委委员、政协工委主任
唐文杰　茂家乡党委委员、副乡长
黄雨滴　茂家乡人大副主席
成亚多　茂家乡人民政府副乡长

骥村镇

陈志勇　骥村镇党委书记
蒋洪军　骥村镇党委副书记、镇长
吴桂虎　骥村镇党委委员、纪委书记、人大主席
黄小亮　骥村镇党委委员、政协工委主任
李荣军　骥村镇党委委员
周　武　骥村镇党委委员、副镇长、计生领导小组常务副组长
何杨生　骥村镇党委委员
胡丽华　骥村镇人民政府副镇长
刘海兵　骥村镇人大副主席

冷水井乡

周日升　冷水井乡党委书记
罗成文　冷水井乡党委副书记、乡长
邓治国　冷水井乡党委委员、纪委书记、人大主席
黄勇军　冷水井乡党委委员、政协工委主任、计生领导小组常务副组长
颜家国　冷水井乡党委委员、副乡长
黄素萍　冷水井乡人民政府副乡长
陈存高　冷水井乡人大副主席

门楼下瑶族乡

邓黎春　门楼下瑶族乡党委书记
赵海燕　门楼下瑶族乡乡长
卓小明　门楼下瑶族乡党委委员、纪委书记、人大主席
谢国军　门楼下瑶族乡党委委员、政协工委主任
赵生文　门楼下瑶族乡党委委员、副乡长
曾庆国　门楼下瑶族乡党委委员
李井发　门楼下瑶族乡人民政府副乡长、计生领导小组常务副组长

枧头镇

周宏武　枧头镇党委书记
陈　巍　枧头镇党委副书记、镇长

肖德兵　枧头镇党委委员、纪委书记、人大主席
郑灶生　枧头镇党委委员、政协工委主任
尹洪波　枧头镇党委委员
罗　辉　枧头镇党委委员、副镇长、计生领导小组常务副组长
郑灶荣　枧头镇党委委员
庄德宝　枧头镇人民政府副镇长
文彦嫣　枧头镇人大副主席

毛里乡

郑乐芳　毛里乡党委书记
唐冲凌　毛里乡党委副书记、乡长
杨延勇　毛里乡党委委员、纪委书记、人大主席
徐晓云　毛里乡党委委员、政协工委主任
陆新初　毛里乡党委委员、副乡长
尹海波　毛里乡人民政府副乡长
周　峰　毛里乡人大副主席

十字镇

陈　坚　十字镇党委书记
李　剑　十字镇党委副书记、镇长
宋建民　十字镇党委委员、纪委书记、人大主席
周攀峰　十字镇党委委员、政协工委主任
陈　乐　十字镇党委委员、副镇长
赵贵芬　十字镇人民政府副镇长
蒋贤鹏　十字镇人大副主席

石羊镇

周荣和　石羊镇党委书记
肖明清　石羊镇党委副书记、镇长
谢观军　石羊镇党委委员、纪委书记、人大主席
陈艾发　石羊镇党委委员、政协工委主任
陆朝仁　石羊镇党委委员
邓耀国　石羊镇党委委员、副镇长
骆鸿杰　石羊镇党委委员
陈静华　石羊镇人民政府副镇长
陈　亮　石羊镇人大副主席

金盆圩乡

唐述根　金盆圩乡党委书记
刘亚斌　金盆圩乡党委副书记、乡长
何坚强　金盆圩乡党委委员、纪委书记、人大主席
李　辉　金盆圩乡党委委员、政协工委主任
彭琼华　金盆圩乡党委委员、副乡长
王勇胜　金盆圩乡副乡长
邓云昌　金盆圩乡人大副主席

三井乡

刘晓燕　三井乡党委书记
肖　慧　三井乡党委副书记、乡长
胡　波　三井乡党委委员、纪委书记、人大主席
邓艳华　三井乡党委委员、政协工委主任
骆报春　三井乡党委委员、副乡长
陈海兰　三井乡人民政府副乡长
王承贵　三井乡人大副主席

陶岭乡

郑海波　陶岭乡党委书记
唐志光　陶岭乡党委副书记、乡长
唐小军　陶岭乡党委委员、纪委书记、人大主席
陈华军　陶岭乡党委委员、政协工委主任
李　军　陶岭乡党委委员、副乡长、计生领导小组常务副组长
陈瑜孜　陶岭乡人民政府副乡长
陈清平　陶岭乡人大副主席

新圩镇

匡俊杰　新圩镇党委书记
邱露华　新圩镇党委副书记、镇长
刘　剑　新圩镇党委委员、纪委书记、人大

主席
邓茂松　新圩镇党委委员、政协工委主任
邝忠陆　新圩镇党委委员、副镇长
李岩奕　新圩镇副镇长
刘义华　新圩镇人大副主席

高山乡

章　军　高山乡党委书记
廖　华　高山乡党委副书记、乡长
郭小兵　高山乡党委委员、纪委书记、人大主席
邓桐石　高山乡党委委员、政协工委主任
陈　健　高山乡党委委员、副乡长、计生领导小组常务副组长
谢振华　高山乡副乡长
郑丹艳　高山乡人大副主席

新隆镇

刘雄辉　新隆镇党委书记
唐治勇　新隆镇党委副书记、镇长
朱厚强　新隆镇党委委员、纪委书记、人大主席
蒋国军　新隆镇党委委员、副镇长
唐莉芳　新隆镇人民政府副镇长
胡　琼　新隆镇人大副主席

知市坪乡

郑乐平　知市坪乡党委书记
雷逸婷　知市坪乡党委副书记、乡长
蒋　健　知市坪乡党委委员、纪委书记、人大主席
胡　飞　知市坪乡党委委员、政协工委主任
雷文军　知市坪乡党委委员、副乡长
李友顺　知市坪乡副乡长
肖青兰　知市坪乡人大副主席

大坪塘镇

乐国辉　大坪塘镇党委书记
钱海平　大坪塘镇党委副书记、乡长
何中华　大坪塘镇党委委员、纪委书记、人大主席
刘志信　大坪塘镇党委委员、政协工委主任
刘　亮　大坪塘镇党委委员、副乡长
肖建峰　大坪塘镇党委委员、计生领导小组常务副组长
宋　斌　大坪塘镇党委委员
乐思思　大坪塘镇副乡长
郑柏华　大坪塘镇人大副主席

新田县人民检察院

最高检察院、中共湖南省委追授我院陈运周同志荣誉称号命名表彰大会

检察长蒋长春到县电力局进行职务犯罪预防讲座

开展民事诉讼宣传工作

开展“守纪律 讲规矩”之重温入党誓言活动

组织法律服务宣传周活动

“侦查监督开放日”受邀嘉宾参观院办公环境

开展“侦查监督开放日”活动

开展“扶贫帮困送温暖”活动

“学雷锋志愿者”服务队风采

新　田　县

市中级人民法院党组书记、院长罗重海（左三）到新田法院调研

县委书记唐军到新田法院现场办公，研究解决县法院当前存在的困难与问题

法院开放日，邀请人大代表面对面座谈

“法院开放日”活动，县一中70余名师生应邀走进法院，走近审判

庭审时帮聋哑被告人请手翻译，充分彰显司法人文关怀

承办法官将法庭设在当事人的病房里

深入中山社区走访调研

法官宣传禁毒知识，呵护青少年的健康成长

人　民　法　院

党组书记、院长 胡剑涛

全院合影

开展法制讲堂进校园活动

开展送法下乡活动

繁忙的工作之余，法警们仍努力锻炼，提高技能

单位、个人荣誉

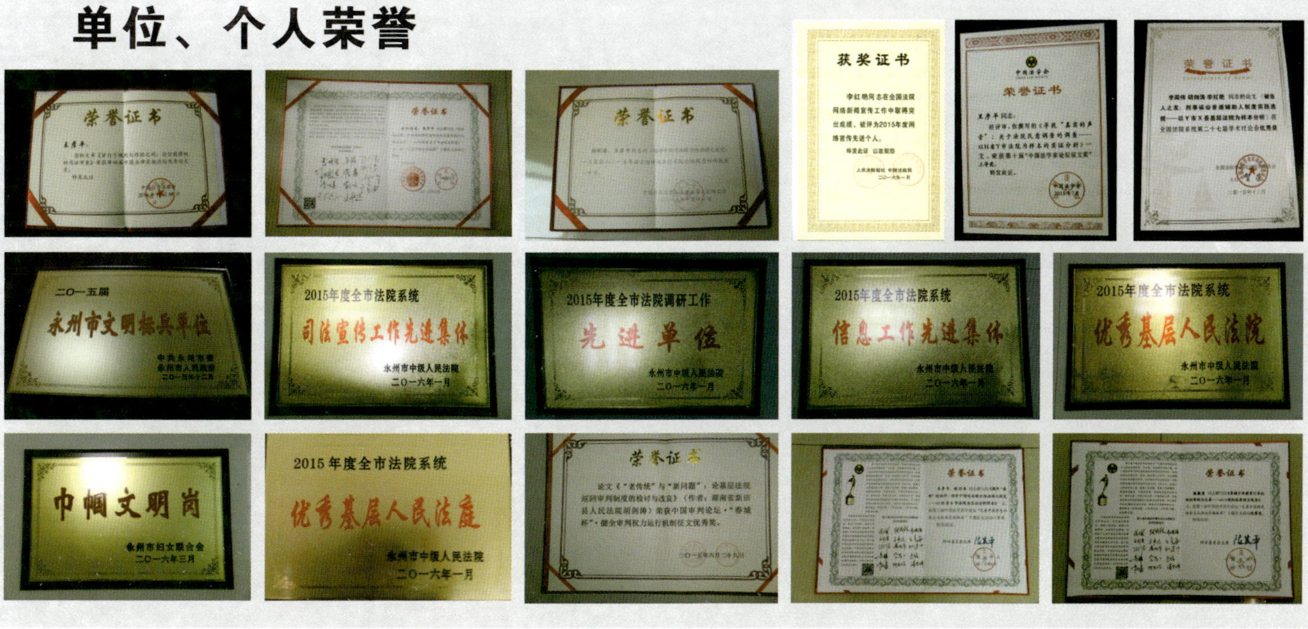

新田县政务

省人大常委会副主任、省总工会主席刘莲玉与中心青年岗位能手亲切交谈

市委书记陈文浩参加中心揭牌仪式

中心每月定期组织全体职工学习

市委副书记、市长易佳良调研政务中心工作

政务中心每季度的青年岗位能手表彰大会

服务中心

新田县政务服务中心于2014年10月开始筹备，2015年10月26日启动运行，新办公大楼11层，建筑总面积13.6万平方米，现为全省建筑面积最大的县级政务服务中心。目前进驻中心集中受理的县级部门60个，行政审批事项和其他服务事项351项，12个涉及民生民本单位进驻大楼办公，派驻窗口工作人员182名，办公人员127名，是永州市入驻单位和入驻事项最多的政务服务中心。中心设置86个前台窗口和65个后台窗口，配套停车场、市民广场、餐厅、自助网上办事服务区、免费上网区、市民休息健身活动区等，实现服务的人性化、最优化，建成规模大、效率高、服务全、功能多的县级政务服务中心。“中心”以“便民、高效、廉洁、规范”为宗旨，实行“一门受理、相关联办、统一收费、限时办结、一窗发证”的运行模式，做到“受理、审查、审批、缴费、制证、发证”等办理环节全部在“中心”完成，推行办事项目公开、办事依据公开、办事程序公开、收费依据和标准公开、承诺时限公开，依法依规为人民群众和企事业单位办理行政审批事项、证照和批件等政务事项。窗口工作人员实行首席代表制、一次性告知制、限时办结制、事后评价制，坚持佩证上岗、微笑服务。中心定位于“全市第一，全省一流”目标建设发展，运行8个月来，受理各类行政审批及公共服务事项12.3万件，同比增加27倍，平均办结时间为2.29个工作日，同比缩减办结时间70%，按时办结率100%、群众满意率99.2%，办件量、平均办结时限、满意率均排全市第一。中心有九项工作为全省乃至全国首创。2015年,荣获永州市政府政务服务和政务公开工作先进单位。中心运行至今先后接待省内外指导参观团70余批，近千人次；先后在新华社、新浪网、凤凰网、湖南日报、湖南电视台、湖南经视和永州日报等50多家主流媒体报道先进做法。

乐于助人的青年岗位能手送办事老人回家

中心党员集体宣誓

中心党员赴偏远山区给残疾人办证

政务中心青年文体活动

中心自助便民服务查询台方便办事群众

新田县司法局

2015年9月11日，省委专题调研组组长、省委督办专员陈树林（左二），副组长、省司法厅党组成员、副厅长唐世月（左三）及相关部门一行九人到我县开展公证机构改革与公证便民服务专题调研。

市司法局局长雷廷玉，县委副书记唐富荣，副县长、公安局长周平，县司法局负责人陪同调研。

2015年3月17日，县委书记唐军带领相关部门负责任人到县司法局现场办公

2015年10月21日，经过二年多的建设，由中央和省投资386万元，总建筑面积1900余平方米的新田县司法局业务房正式投入使用。

县司法局领导班子成员会

工作调研座谈会

2015年全省首批重点民生实事项目“新田县社区矫正中心”建设完成

新田县人力资源和社会保障局

县委书记唐军、县长秦山成深入了解群众求职情况

新田县人力资源和社会保障局主要负责统筹城乡就业再就业、人事人才、社会保险、劳动者权益保护、公务员管理等工作。机关内设办公室等13个股室。下设就业服务局、社会劳动保险管理站、劳动保障监察大队、医疗保险基金管理中心、机关事业单位社会保险管理站、工作保险站、城乡社会养老保险管理局、人事考试中心、人才流动服务中心、劳动人事争议仲裁院等10个二级机构。

2015年，新田县人力资源和社会保障局坚持“以民为本、人才优先”为工作主线，以社会保障和改善民生为工作中心，以统筹城乡就业为工作重点，大力实施人才强县战略工程，深入推进人事制度改革，全力构建和谐劳动关系，创思路、求方法、下苦力、树标杆，各项工作取得长足进步。

年内招录21名公务员和45名事业单位工作人员；征缴社会保险费1.43亿元，发放各项社会保险待遇1.61亿元争取就业、社保转移支付资金1.4亿元；城镇新增就业5099人，职业技能培训5279人，在广东花都、顺德乖地举办专业技能培训和创业培训6期，培训1300人，职业技能鉴定办证人数1112人；新增农村劳动力转移就业5400人，发放小额担保贷款2606万元；完成卡片发送30.2万人；作为全市唯一的省级创业孵化基地建设示范县，累积入驻企业52家，成功孵出企业27家，企业存活率100%。

就业和社会保障政策宣传

2015年“春风行动”暨“返乡创业，回家就业”系列招聘活动现场

湖南卫视报道春风行动招聘会

新　田　县　就

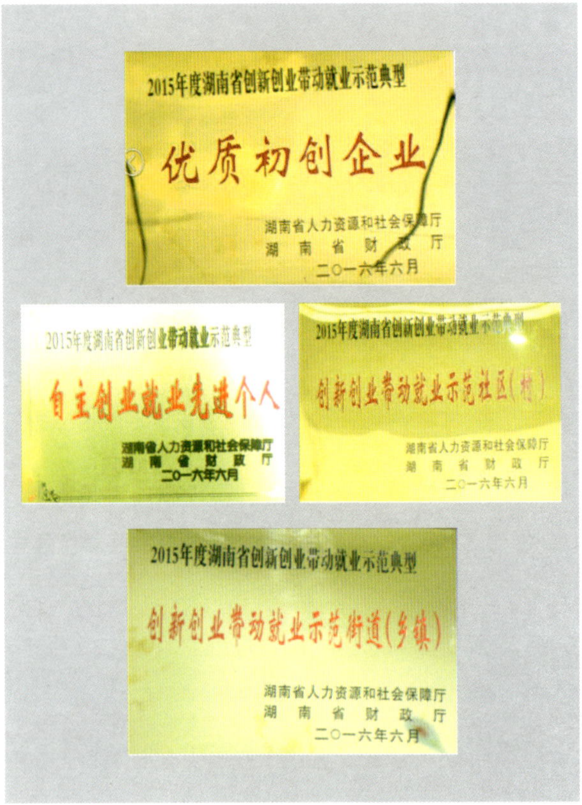

新田县就业服务局是隶属于县人力资源和社会保障局的参照公务员管理、财政全额拨款的副科级单位，是湖南省优秀就业训练中心。内设办公室、城乡就业股、培训股、财务股、失业保险股5个职能股室，直属管理新田县就业培训中心、新田县职业介绍服务中心、促进就业小额担保中心、新田县劳动保障服务站。主要职责：贯彻党和政府的就业方针，统筹做好城乡各类劳动者就业服务管理工作；落实“七补一贷三扶持”政策，提供就业政策法规咨询服务；开展就业登记、失业登记、职业指导、职业培训、职业介绍、创业培训、小额担保贷款、劳务输出、劳动保障事务代理等服务；对城镇就业困难群体和农村贫困户实施就业援助；负责人力资源市场、乡镇、社区人力资源和社会保障服务机构的建设及日常管理；经办失业保险征缴、发放、管理等业务。

2015年度，获得湖南省青年文明号、湖南省创新创业带动就业示范街道（乡镇）、湖南省自主创业就业先进、湖南省创新创业带动就业示范社区、湖南省创新创业带动就业优质初创企业。

“春风行动”招聘会

2015年“春风行动”招聘会67余家用工方参加，提供就业岗位700余个，组织进场求职人数达到3000余人次，签订了就业意向670份。

业 服 务 局

中山社区基层平台建设

2015年，新田县全面推动就业和社会保障服务基层平台示范点的建设，在全县10个乡镇（社区）建设标准化、规范化的基层服务平台，中山社区被评为幸福社区、星级社区，完善基层公共就业服务和市场服务功能。

小额担保贷款发放

2015年，加大创业小额担保贷款发放力度，全年发放扶持创业贷款2441万元，并对1家劳动密集型企业发放担保贷款165万元。

技能培训

2015年，开展职业技能培训37期，培训人数1836人，专业涵盖室内装饰设计、电工、焊工、家政服务、育婴师、机械设备安装工、木工、油漆工、计算机操作员等18个实用专业，培训学员理论知识扎实，操作性强深受用工单位青睐，学员就业率达99%。

创业培训

2015年，开展创业培训21期，培训人数620余人，创业成功379人，创业成功率达61.11%。

新田县一号民生工程

城市供水工程是新田县委、县政府2015年一号民生工程，该项目由城投集团负责实施，从7月4日项目签约，9月1日启动开工，2016年2月3日实现供水目标。在100多个日日夜夜里，项目建设团队，与寒冬决战、与风雨决战、与泥泞决战，上演了一场民生工程建设的大决战，用忠诚和担当、用智慧和汗水，打造项目建设的“新田样本”，诠释新时期的“南有新田”精神——“供水精神”。

2015年7月4日，新田城市供水工程举行签约仪式

2015年9月1日，新田县城市供水工程项目开工

2015年10月14日，市委副书记张严（左三）视察供水工程建设

2015年11月12日，县委书记唐军（左三）视察供水工程建设

——城市供水工程专辑

2015年12月1日，县长秦山成（右二）调研城市供水工程

县人大常委会主任曹桂秀（左三）视察供水工程建设

2015年12月16日，县政协主席王佑生（招一）视察城市供水建设现场

夜战场景

竣工通水仪式

县委书记唐军按下通水键

湖南福音山国家森林公园

公园福音山景区

公园金陵湖

公园两江口水库

公园南国武当山景区

公园万亩杉林

公园万亩竹海

两江口水库大坝

法　治

政法工作

【概况】　中共新田县委政法委员会与县社会治安综合治理委员会办公室一个机构、两块牌子。设办公室、综合调研室（加挂县维护稳定工作领导小组办公室牌子）、执法监督室、政工室等5个职能股室。政法委被评为2015年度“湖南省综治工作（平安建设）先进县”、被授予“湖南省平安县城”称号。

【维护稳定】　2015年，县委书记、县长定期听取维稳专题汇报。县委、县政府召开常委会、常务会、维稳领导小组会14次，专题分析研究稳定形势，排查调处重大涉稳问题。突出基层基础。19个乡镇设立维稳中心，配备专（兼）职政法书记16名、专职“大调解”副主任20名，各村（社区）配备维稳综治信息员4290人。组建一支220人的“综治巡逻大队”和一支100人的“应急处突大队”。突出机制建设。严格落实重大不稳定因素会商研判机制、县级领导包案调处制度和挂牌督办制度。构建统一上报情报信息机制，加强“维稳信息网络平台”建设，发挥以县维稳办为信息中枢的维稳信息网络系统作用，严格按照规定及时报送涉稳信息。推进“政治稳定仗”“网络安全仗”和“打黑除恶仗”，全年破获各类刑事案件608起，查处治安行政案件1255起，刑事拘留495人，逮捕、直诉700人，行政拘留987人，破获涉毒刑事案件45起，查处吸毒治安案件266起，抓获吸毒人员600余人，行政拘留458人，强制戒毒157人，社区戒毒148人，缴获毒品5482.82克。摧毁恶势力犯罪团伙2个。坚持“情报、打击、防范、应急”四位一体实战体制建设。加强民警、综治巡逻队员等专业反恐维稳、治安控制力量建设，以治安巡逻大队为反恐维稳主力军，在中心城区开展24小时巡逻防控，坚持每月开展一次反恐维稳演练，提高防范处置恐怖袭击的能力。全年对家博城、新城国际等重点工程和重大决策开展社会稳定风险评估20起。重点排查交通、教育、医疗卫生、社会保障等热点问题，加大特殊敏感节点的排查力度，排查“三大”权属纠纷147起，其中，重大纠纷59起，一般纠纷70起，稳控纠纷18起。健全完善应对各种突发事件预警研判机制，细化应急处置工作预案，制定各类预案25起。防止群体性上访事件28件479人，处置成功率100%。

【平安建设】　2015年，县委政法委坚持系统治理、综合治理、依法治理、源头治理，健全数字化、集成化、网格化、智能化的全天候防控系统，实现社会治安防控“三个全覆盖”。投入1200多万元，新增550台视频监控摄像机，城乡公共区域监控摄像机达到800台，新建治安便民亭6个，选择一个居民小区（200户）试点家庭安防措施，升级110指挥中心系统及县公安局机房建设与改造任务，所有设施基本覆盖城乡主要街道、路口、重要部位和小区，落实专职天网监控实行24小时值守，形成社会治安防控城乡一体化。成立社区网格员、治安积极分子组成的400多人的“红袖标”群防群治队伍，县综治委为各乡镇、城区社区巡逻队伍购置警棍、肩闪等装备500余套。在中心城区选取2个治安情况复杂的社区，由社区自主选聘50名队员组建巡逻队，在辖区派出所统一安排部署下开展社区小街、小巷、居民小区治安巡逻防控工作。探索农村治安防控新举措，推进“十户联防”工作，借助移动电话通信网络，按照就近、方便管理、群众自愿的原则，在农村网格中按照5～30个移动电话用户一个联防小组的规模进行划分，录入信息平台，群众通过手机拨打“110”即可同时向组群内的其他用户发出报警声讯，实现联防到人、技防到户。划分124个联防小组，发动3000余户、1万多人加入“十户联防”，提升农村治安防范水平。整合资源，完成4级体系建设，县网管中心设在县政务中心，县公安、人社、住建、民政、文体等10多个职能部门接入信息系统，确定专人值守本单位PC终端，监管中心第一时间将网格员上报的事项分流到相关单位办理。投入1500多万元改建、新建城区6个社区的办公用房，每个社区办公用房达到2100平方米。配齐配强6个社区“一委一办三站”机构人员，落实社区工作经费。年内，全县录入住房信息9.6万余条、人口信息24万余条、重点单位场所信息743条、特殊人群信息293条，通过网格化服务管理信息平台办结事项5853件，赢得人民群众的支持和认可。依法成功调解“大坪塘中学学生溺水案”“陶岭乡12·1交通事故案”“现代医院医疗纠纷案”“骆中辉故意伤害死亡案”等各类矛盾纠纷2080多件。深化“诉非衔接”工作，审查受理各类行政执行案件142件，结案136件，结案率95.77%。

【依法治县】 2015年，县委政法委开展“六五”普法验收工作，按照“五个一”要求，组建378名法律明白人和100名法律服务志愿者队伍，印制普法读本10万余册。组织开展“农村法制宣传月”“青少年法制宣传周”和“宪法宣传日”等专题法制宣传活动，开展专题法制讲座378堂次，制作法制宣传栏144期，发放法制宣传资料30余万份，被评为“湖南省依法行政工作示范县”“湖南省社会管理综合治理工作先进县”“湖南省推进依法行政暨行政程序建设先进县”，工作经验在全省推介。开展执法检查，组织对120件案件开展质量评查，发出案件督办函2件。

【队伍建设】 2015年，县委政法委组织开展政法系统领导班子思想政治建设工作。从严管理、从严教育、从严监督政法干部，以“守纪律、讲规矩”为主题，集中开展“三严三实”专题教育活动，加强政法干警政治理论、法纪、职业良知、警示和先进典型“五项教育”。涌现出“省优秀共产党员”“全国模范检察官”陈运周，全国模范司法所长刘红梅等一批先进典型人物。加强执法司法能力培训，以所、队、庭等基层一线领导和骨干为重点对象，组织开展新进人员培训、初任任职资格培训等专业培训200余次。组织参加政法干部培训2期。积极开展岗位练兵，通过庭审观摩、岗前培训、“一对一”结对帮扶等措施，提高干警的法律素养和执法能力。2015年，新田县公检法司队伍形象分别排全省第三、七、五、三位，位居全市前列。在全省综治民调中排名第18位，继续保持在第一方阵。

公 安

【概况】 新田县公安局设指挥中心、政工室、纪委、警务保障室、法制信访室5个综合管理机构；设交通管理大队、刑事侦查大队、治安管理大队、国内安全保卫大队、经济犯罪侦查大队、人口与出入境管理大队、禁毒大队、网络安全保卫大队、巡逻应急大队情报信息研判与图像视频侦查大队10个直属大队；设拘留所、看守所2个所属单位；设城东派出所、城西派出所、石羊派出所、枧头派出所、骥村派出所、新圩派出所、大坪塘派出所、金盆圩派出所8个派出所。现有局领导班子成员10名，副主任科员以上干部90人，其中，副处级2人，正科级21人（含交警3人）。现有民警、职工227人（含交警38人），其中，正式公安民警193人（含交警17人），职工34人（含交警21人）。**2015年，县公安局**消防大队被省消防总队评为“2015年度先进基层党组织”；政工监督室被评为全省“公安机关思想政治工作突出集体”；人口与出入境管理大队被授予全县优化经济环境和机关作风效能建设工作“满意二级机构”和“巾帼文明岗”荣誉称号；被评为全省公安机关“执法质量考评先进单位”；被评为全市公安机关“百日会战标兵单位”；被评为全市公安机关“绩效考核先进单位”；被评为全市公安机关“四项建设考核优秀单位”；被评为全市公安机关“党风廉政建设先进单位”；被评为“全市公安机关立案突出问题专项治理成绩突出单位”；被评为全市公安机关“严打盗骗毒亮剑行动第一阶段成绩突出单位”；被评为全市公安机关“争创群众满意先进单位”；县公安局交警大队、治安大队、城东派出所、骥村派出所被市公安局评为全市公安机关“严打整治百日会战成绩突出单位”；县公安局城东派出所被市公安局记“集体嘉奖一次”；陈华军同志被省公安厅评为全省公安机关“禁毒会战成绩突出个人”；沈文铸被省公安厅评为“全省优秀社区民警”；陈艳芳被市委、市政府评为永州市“第四届道德模范”；沈新宁被市公安局评为永州市公安机关“十大破案标兵”；胡丽萍被市公安局评为永州市公安机关“十大巾帼卫士”称号；陈艳芳被市公安局评为永州市公安机关“优秀女警”；廖霞瑶被市公安局评为永州市公安机关“十佳警嫂”；陆治华被市公安局评为第三届永州市公安机关“十佳民警廉内助”；胡涛、宋辉、唐华、成明、谢荣辉、卿亦为、郑锟、谢红兵、陈华军、邓支斌被市公安局各记个人三等功一次；唐崇盛被市公安局评为全市公安机关“抗战胜利70周年纪念活动安全保卫工作成绩突出个人”；郑红明、郑锟、彭丽、胡平伟、邓财兵、雷建平、骆浩、尹华雄、夏振华、胡贤君被市公安局评为全市公安机关“严打整治百日会战成绩突出个人”；刘雪峰、石先义、文彰、徐孝飞被市公安局评为全市公安机关“严打盗骗毒亮剑行动第一阶段成绩突出个人”；周平被评为“全县突出贡献先进个人”。

【法治公安建设】 2015年，新田县公安局开展15期专题执法培训，组织80余名民警参加执法资格等级考试。落实考评制度，严格案件评比和整改工作，执法质量考评被湖南省公安厅评为优秀单位。在“湘警网”公开案件办理进度及结果查询，执法活动在阳光下运行。整治执法突出问题，国家赔偿案件“零赔偿”和行政案件“零败诉”，被市局评为成绩突出单位。开展纪律作风专项整顿活动，全年下发督察通报69期，通报民警职工98人次，5名所队室负责人被通报批评或诫勉谈话，其中呈报免职2人，获全县落实党风廉政建设和反腐败工作先进单位称号。运用“三个火线”政策，火线记功9人，火线提拔7人，火线入党2人。

【社会维稳】 2015年，新田县公安局排查涉不稳定因素300余条，编报涉稳信息60余期。稳妥处置群体上访、堵门堵路、医闹等突发事件30起，调处各类矛盾纠纷2 60起，处置“11·20”金陵镇部分村民滋事事件，给予8名牵头组织者打击处理。接待来信来访51件，办结51件，办结率100%。完善反恐预案，开展实战演练，没有发生暴恐袭击和个人极端暴力案件。完成“两节两会”“9·3”阅兵庆典、中共十八届五中全会等敏感节点保卫任务。

【平安建设】 2015年，新田县公安局破各类刑事案件767起，涉嫌刑事拘留508人，批捕、直诉478人，行政拘留1423人，同比分别增长102.3%、107.3%、137.8%、57.6%。刑事案件破案率54%，同比增长23.5个百分点。推进“打黑除恶”工作，打掉恶势力犯罪团伙2个，认定战果14人，完成全年任务的156%，是全市唯一一个连续4年保持超额完成任务的县区。打击侵财型犯罪，涉嫌刑事拘留112人，逮捕89人，刑拘、逮捕人数分别完成2014年的185.6%、194.1%。整治“黄赌毒”违法犯罪，刑事拘留73人，行政拘留734人，强制戒毒161人，社区戒毒148人，缴获毒品5482.82克，各项指标均创历年新高。侦办经济犯罪，涉嫌刑事拘留39人，逮捕29人，移送起诉32人。与市公安局联手破获“4·28”特大跨省网络传销案，在新田县召开新闻发布会，提升新田公安知名度。查办食药犯罪，移送起诉20人，超额完成年度任务，排名全市前茅。开展网上追逃，抓获各类在逃犯122人，同比上升45.9%。黄赌整治涉嫌刑事拘留12人，逮捕11人，行政拘留140人。追回行动前逃犯49人，同比增长181.5%。

【管理服务】 2015年，新田县公安局办理居住证3224人，登记出租房屋3262

户，清理登记流动人口3637人次，列管工作对象226人，群众对身份证、出入境证照警务调查综合评价排名全市第一。查处酒驾805起，刑事拘留175人，行政拘留192人，整改火灾隐患850处，下发“责令改正通知书”762份，“临时查封”11家，责令“三停”19家。侦破涉枪涉爆案件3起，收缴枪支8支、子弹100余发，土炸药10余公斤。集中开展11次统一清查行动，抓获违法人员112名，收缴刀具30余把，逃犯15名。搜集违法有害信息5890条，监控负面舆情45条，落地协查25人。推出网上预约、上门服务等便民利民举措，深入中山、花都、东莞等地为外出务工人员集中办理身份证、机动车委托检审、驾驶证审验业务，深受群众好评。

【百日会战】 2015年，新田县公安局坚持打击开路，防范为本，实行精兵破案、重兵防范，成绩排名全市第一，被评为标兵单位，并作经验介绍。刑事拘留219.33人，比2014年同期增长330%；行政拘留461人，比2014年同期增长181.1%，六类案件破案率、人均刑拘数考核排名全市第一，4起现行命案实现全破。

【打击经济犯罪】 2015年，新田县公安局成功侦破明鑫公司非法吸收公众存款案，曹某非法转让、倒卖土地使用权案等大要案件。与永州市公安局联手成功摧毁“4·28”特大跨省网络传销案件，收缴赃款赃物过亿元，刑事拘留34人。副市长刘新良专门听取案件侦办情况汇报，对新田县局及专案组工作给予高度肯定。

【禁毒会战】 2015年，新田县公安局禁毒会战刑事拘留33人，行政拘留282人，强制隔离戒毒59人，收缴毒品4685.89克。刑事拘留数、行政拘留数、强制戒毒数分别完成2014年全年总数的253.3%、97.6%、157.8%，上半年吸贩毒现象民意调查得分排名全市前三。

【“打黑除恶”】 2015年，新田县公安局坚持“主动进攻、打早打小、讲究谋略、除恶务尽”原则，全警动员，健全机制，落实责任，深入开展“打黑除恶”专项斗争。全年共打掉涉恶犯罪团伙2个，抓获恶势力犯罪团伙成员并一审判决14人次，完成全年任务的156%，是全市唯一一个连续4年保持超额完成任务的县区。

【基础建设】 2015年，新田县公安局完成局机关办公大楼、机关食堂、停车坪、看守所AB门标准化修缮改建工作，基层派出所整修一新，改善民警办公条件与工作环境。完成120个高清监控探头、5个治安卡口联网建设任务，为一线实战单位添置一批执法执勤装备，满足实战需求。推进社区农村警务，城区6个社区警务室标准配备警力、接入公安内网，纳入网格化管理；启动湖南省社区警务信息系统，细化社区警务考核办法，每月通报排名。采录归集公安内部、社会资源信息200余万条，加快公安工作基础信息化进程。升级改造“110”“122”接处警系统，加强扁平化调度处置能力。实施常态化夜巡、网格化布警新机制，启动民警、武警联勤武装巡逻，城区发案大幅下降。全年全省民调社会治安评价得分排全省第18位。

交警大队

【概况】 新田县公安局交通警察大队的前身为新田县交通监理站，1988年1月，改革成立新田县公安局交通警察队，为副科级机构。1994年更名为新田县公安局交通警察大队，按正科级机构管理，属县公安局下属单位。内设办公室、行财装备人事监察股、法制宣传股、交通事故管理股、车辆管理所、驾驶人考试中心、教育处罚中心、城区一中队、机动巡逻中队、客管办10个股所队室。现有民警职工共44人，其中，授衔民警15人（7个大队领导），未授衔干部职工29人（含城管编制交警大队使用人员6人），民警平均年龄45.1岁，50岁以上的民警11人。2015年，县交警大队被市公安局评为“春运工作先进集体”；被市公安局交警支队评为“2015年全市道路交通事故预防工作先进单位”。

【事故预防】 2015年，新田县交警大队利用广播、电视、手机短信、宣传横幅标语、宣传牌等开展“文明交通”和“创建平安新田”的一系列宣传活动，提升全民的交通安全意识。在机动车和驾驶人呈“井喷式”增长的情况下，1—7月交通事故四项指数（事故起数、死亡人数、受伤人数、直接经济损失）基本保持持平，全县道路交通安全形势平稳。未发生一起一次死亡3人以上道路交通事故。

【车辆管理】 2015年，新田县交警大队对于重点车辆坚持落实户籍化管理机制，对全县190辆客运车辆、100辆出租车、58辆公交车、111辆校车、20辆危险化学品运输车辆实行动态跟踪管理，做到重点车辆管理工作日清月结。全年，大队重点车辆检验率、审验率，交通违法清零率每月均排全市前茅。

【春运安保】 2015年，新田县交警大队1月底下发通知作出部署。春运期间，召开调度会4次。从安监、运管、农机等部门抽调人员组成30余人的春运联合检查组，分成3个执勤组和1个巡查组组，其中3个定点执勤组分别在滴水岭、新水泥厂、城北加油站春运临时执勤点执勤，。春运40天，全县没有发生一起致人死亡道路交通事故。

【违法处理】 2015年，新田县交警大队开展无牌无证、涉牌涉证、超员超载超速、“压事故、保安全”、城区道路交通秩序等专项整治行动，查处各类违法行为12230起，其中，饮酒驾驶155起，醉酒36起，超速4200起，闯红灯2800起，违法停车3000起，超载161起，超员21起，改变外型82起，涉牌涉证1127起，其他违法行为648起。

【城区管控】 2015年，新田县交警大队面对城区道路交通提质改造，城区秩序保畅保安全压力，与县城投集团、施工单位、县规划设计院等部门协调，科学施工、科学管控，城区道路交通秩序安全畅通有序。全县全年未发生一起长时间、大面积的交通拥堵。

文化执法

【网吧管理】 2015年，新田县文化执法大队启动平安文化市场建设工程。坚持“突出重点、解决难点、综合治理、全面推进”的原则，以打击网吧违规接纳未成年人及不按要求进行实名登记为重点，采取明查与暗访相结合、重点抽查与日常巡查相结合、重点时段和重点区域相结合、重点监管和跟踪监管相结合的方式，加大对举报网吧、校园周边及居民住宅区等重点领域的执法检查力度。全年接受举报17起，出动执法人员2230余人次，检查网吧1260家次、娱乐场所570家次、出版物市场465家次。取缔“黑网吧”4家，查处违规经营网吧23家，行政处罚23家，停业整顿90天的网吧5家，停业整顿60天的网吧3家，停业整顿30天的网吧2家，停业整顿10天的网吧1家，经济处罚6家，7家网吧在整治期间自行停业。推进网吧整合重组，县城23家网吧关停12家，乡镇22家网吧关停7家，全县网吧数量从45家减少到26家。

【娱乐电游市场管理】 2015年，新田县文化执法大队开展歌舞娱乐市场和电游市场专项整治两次，开展执法检查470余次，联合执法5次，检查电子游艺场所160家（次），歌舞娱乐场所800家（次），对7家娱乐场所进行立案查处对位于天马御都的“寂寞转角酒廊”进行联合执法4次，查封酒廊内违规经营的KTV包厢1个。

【出版物市场管理】 2015年，新田县文化执法大队加大重点地区、重点领域、重点环节的监管力度，加大重要节日的连锁门店、商场、车站以及农村集贸市场等重点区域的市场检查力度。检查经营户4家，其中，音像制品经营户1家，书刊经营户3家，处罚4家，取缔无证经营书刊摊点2家，收缴违规书籍500余册，盗版影碟700余盘，收缴非法鉴定胎儿性别书籍20本。开展印刷企业的大检查，重点检查印刷企业是否存在无证照经营、超范围经营及假冒或者盗用他人名义印刷、销售出版物等违法违规经营行为，查验印刷品承印手续是否完备、印刷企业安全生产制度是否落实。

【队伍建设】 2015年，新田县文化执法大队制定《文化执法办案制度》，规定行政处罚自由裁量权的范围标准，明确各个层次执法人员的权限。出台《作风建设长效机制工作方案》，夯实作风建设基础。制订学习计划，将每周五定为学习日和会议日，学习文化市场的相关法律法规等其他知识，提升执法人员的素质。出台《内部管理制度》《财务管理制度》《车辆管理制度》《创卫工作制度》《考勤制度》等制度，加强内部管理。

武警消防工作

【概况】 新田县消防大队成立于1995年，隶属于武警消防序列。现有官兵人数51人，其中，现役军官9名，现役战士20名，合同制消防员22名。2015年，大队接警出动133次，其中，火灾扑救84次，抢险救援及社会救助49次，出动车辆231台（次），出动警力1374人（次），抢救被困人员33人，疏散被困人员83人，抢救财产价值1229万元，保护国家和社会经济价值4600余万元。有效处置“4·7”知市坪交通事故、“8·26”民族路居民房屋火灾等各类抢险救援行动，得到人民群众一致好评。同比2014年，火灾四项指数全面下降，火灾起数下降24%，亡人数下降300%，伤人数下降200%，火灾直接财产损失下降34%，全年未发生一起较大以上火灾事故。2015年，被省消防总队评为“全省消防部队2015年度先进基层党组织”；被市消防支队评为“全市消防部队2015年度全面建设先进大队”。

【消防宣传】 2015年，新田县消防大队坚持“消防工作，宣传先行”的工作方针，依托自主创新、媒体合作和社会征集，多渠道推进消防知识宣传，重点巩固和拓展学校、农村、消防志愿者阵地，开展“平安度假期”“3·15消防日”“消防志愿者在行动”“抗震减灾日”“6·20安全生产宣传月”“九九平安行动”等活动。召开社会单位“户籍化”会议、乡镇社区管理人会议、公安派出所监督业务大讲堂、消防控制室大培训等活动，推动网格化管理、户籍化管理工作，明确乡镇、社区及社会单位的职责，形成群防群治的良好局面，提升人民群众的消防安全意识。全县50家重点单位消防安全责任人、管理人以及消防控制室值班人员100%安装、订阅消防官方微信“新田消防”推广运用“掌上消防”APP查改家庭火灾隐患。

【火灾防控】 2015年，新田县消防大队围绕省市“今冬明春火灾防控”“夏季消防安全检查”等专项活动，开展消防安全“打非治违”、火灾隐患“大排查大整治”等专项行动，按照湖南省消防总队“四拆除”“五查封”“七关停”“八拘留”的刚性措施依法督促整改到位，提升全县火灾防控能力。全年，大队检查单位1865家，发现并整改火灾隐患2036处，下发“责令改正通知书”1635份，下发行政处罚决定书32份，“临时查封”单位11个，“三停”19个单位，拘留3人，罚款57万元。

检察工作

【概况】 新田县人民检察院成立于1955年8月20日，1968年6月在“文化大革命”中被撤销，1979年1月1日恢复重建。下设15个局、科、室、队，编制51人，现有在职干警48人，其中：中共党员33人；本科以上文化程度的40人，占干警总人数的83%。2015年被评为“省文明单位”；被省检察院评为全省检察机关“检察文化活动先进单位”；原党组副书记、副检察长陈运周被中宣部、最高人民检察院评为“最美人物——群众最喜爱的检察官”，获CCTV2015年度中国“法治人物”称号，被评为全国模范检察官、省优秀共产党员。

【刑事检察】 2015年，新田县人民检察院受理审查逮捕案件236件343人，受理审查起诉案件371件460，经审查，依法批准逮捕177件243人，提起公诉

317件374人。组成专案组依法审查批准一起涉案人数23人、涉案金额6亿余元的特大跨省网络传销犯罪团伙案件，维护全县社会大局稳定。

【职务犯罪侦查】 2015年，新田县人民检察院立案查处贪污贿赂、渎职侵权案件7件8人，其中，大要案6件7人,查处科级以上干部1件1人。侦查终结7件7人,移送审查起诉4件4人，法院判决2件2人。发挥侦查一体化，参与查办省院、省纪委交办的湘南学院原党委书记肖某某涉嫌受贿、挪用公款系列案、林业局原局长陈某某受贿案等一系列职务犯罪案件。

【职务犯罪预防】 2015年，新田县人民检察院深入县委党校、县国土、电力、医院、交通等单位开展预防职务犯罪讲课5次，授课人数300人次。加强职务犯罪预防，推进惩治和预防相结合的工作机制建设，减少腐败存量。

【检察文化建设】 2015年，新田县人民检察院坚持“文化育检”的建院思路，搭建基层检察文化建设平台，组织开展“向陈运周同志学习，做人民满意的检察官”主题演讲比赛、建设检察图书室及开设道德讲堂等丰富多彩的文化活动，将地域文化同检察职业特点有机结合起来。

【陈运周获“最美人物——群众最喜爱的检察官”称号】 陈运周1986年进入新田县人民检察院。1990年从事反贪工作；1999年6月，任反贪局局长；2004年3月，任党组成员、副检察长；2008年2月，任党组副书记，分管反贪、控申、技术、预防等工作。陈运周指挥和参与办理大要案上百起，为国家挽回经济损失上千万元。由于工作业绩突出，多次被评为全市办案能手；1998年被省检察院授予“全省优秀侦查员”称号；2002年被评为省优秀检察干部，并记二等功；2011年被市检察院反贪局评为“全能标兵”。2012年，在不幸罹患癌症后，他坚强地与病魔作斗争，依然一心扑在办案第一线，在案件陷入困境时亲自参与指挥和审讯。分管的反贪局多次被评为先进，特别是2008年被评为全省反贪工作先进单位；2010年被评全市“十佳政法单位”。2013年，他被市纪委评为“全市勤政廉政榜样”，县委、市院先后作出向陈运周学习的决定。2014年，陈运周被市委作为党的群众路线教育实践活动重大先进典型，中共永州市委、省院先后作出向陈运周学习的决定，中央省市媒体对陈运周先进事迹进行集中报道，获得全国模范检察官、省优秀共产党员称号；2015年，被中宣部、最高人民检察院评为“最美人物——群众最喜爱的检察官”，获CCTV2015年度中国“法治人物”称号。

审判工作

【概况】 新田县人民法院成立于1950年10月1日。设立案庭、刑事审判庭、民事审判第一庭 、民事审判第二庭、林业审判庭、行政审判庭、执行局，新圩、枧头2个人民法庭，办公室、研究室、政工科、监察室、信访室、审判监督庭、审判管理办公室、司法警察大队、司法技术室等17个部门，内设计生法庭、交通法庭2个机构。现有编制77个，在职干警68人。2015年，受理各类案件2134件，审执结2004件，结案率为93.91%，审限内结案率100%。县人民法院信息工作被最高院评为全国法院信息工作先进集体、被省高院通报表扬；荣获全省法院第十三届理论研讨会基层法院组织奖；民调工作在综治民调中位列全省基层法院第五、全市第二名；被永州市委、市政府评为市级文明标兵单位；被永州市中院评为全市法院优秀基层人民法院；被永州市中院评为全市法院司法宣传工作先进集体；被永州市中院评为全市法院信息工作先进集体；被永州市中院评为全市法院调研工作先进集体；被县委、县政府评为县综合绩效评估优秀单位；被县委、县政府评为县社会治安综治考核优秀单位；被县委、县政府评为县人口与计生考核优秀单位；被县委、县政府评为县党建工作考核优秀单位；被县委、县政府评为全县满意和不满意工作测评优秀单位；新圩法庭被永州市中院评为全市法院优秀人民法庭；计生法庭被市委、市政府评为全市计生非诉案件强制执行工作先进单位；办公室被永州市妇联评为永州市“巾帼文明岗”；法警队被永州市中院评为司法警察训练工作先进单位。李红艳被评为2015年度全国网络宣传先进个人；王彦平获省高院信息工作通报表扬；胡剑涛撰写的论文《“老传统”与“新问题”：论基层法院巡回审判制度的检讨与改良》,《检视与修正：合议庭制度“虚无化”现象透视与解决路径—基于中部某省A基层法院合议庭制度》分别获中国审判论坛春诚杯优秀奖、第10届“泛珠三角合作与发展法治论坛”二等奖；胡剑涛、王彦平撰写的论文《领导干预司法暗示性话语之探究》分别获法治话语与法治文化论坛一等奖、第10届中国法学家论坛二等奖、全国法院系统第27届学术讨论会二等奖；胡剑涛、李红艳撰写的论文《被告人之友：刑事诉讼普通辅助人制度实践透析—以Y市X县基层法院为样本分析》获全国法院系统第二十七届学术讨论会优秀奖；王彦平撰写的论文《寻找“真实的声音”：关于法院民意调查的调查——以H省Y市法院为样本的实证分析》《穿行于规则与经验之间：论行政惯例的司法审查》分别获第十届中国法学家论坛三等奖、第四届中国法律实施论坛优秀论文奖；欧阳韶勇、王彦平撰写的论文《困境与出路：对全国环保非诉行政处罚案件执行之实证探究——以中部H省Y市法院为样本》获第四届中国经济社会发展法治论坛二等奖；陈毅清撰写的论文《罪错少年教育引导机制的审视与完善——以心理相容原理为视角》获第10届中国法学论坛优秀奖。

【刑事审判】 2015年，新田县人民法院围绕平安新田建设，依法严惩故意伤害、“二抢一盗”、吸毒贩毒等严重危害群众生命财产安全的犯罪，加大职务犯罪的审理力度，审结各类刑事案件269件，判处犯罪分子312人，同比2014年分别上升135.9%和157.8%。其中，审结故意伤害、聚众斗殴等暴力犯罪案件17件，判处罪犯29人；审结抢劫、抢夺、盗窃等多发性侵财犯罪案件68件，判处罪犯80人；审结涉毒犯罪案件20件，判处罪犯24人；审结危险驾驶犯罪案件109件，判处罪犯109人。

【民事审判】 2015年，新田县人民法院围绕和谐新田建设，坚持调解优先、调判结合原则，高度关注追索抚养抚育费、劳动报酬、医疗费等民生案件，注重保护妇女、儿童、老年人等弱势群体的合法权益，审结各类民商事案件1357件，当事人服判息诉率为94.32%，调撤率达59.95%。发挥基层人民法庭“面向基层、面向农民、面向农村”的作用，开展巡回审判、送法下乡，方便群众诉讼。

【行政审判】 2015年，新田县人民法院围绕法治新田建设，在行政审判中，注意引导当事人以合法、理性的方式表达意愿和诉求，促成行政争议的协调解决。审结行政诉讼案件55件，同比上升69.7%。开展打击“三非”“三强”等违法行为专项活动，执结各类非诉行政执行案件136件，同比上升12.73%，其中依法征收社会抚养费126万余元。

【执行工作】 2015年，新田县人民法院围绕诚信新田建设，开展“百日执行大会战”和“集中清理涉民生执行案件”等破解“执行难”专项活动，对恶意逃债的125名“老赖”依法报送国家执行平台曝光，到公安、工商、房产等机关查询当事人身份、财产信息230余次，司法拘留23人。全年执结案件180件，其中执行和解155件，执行和解率86.1%，实际执行标的额1426万元。

【审判管理】 2015年，新田县人民法院制定《岗位目标管理责任制》，设定审判绩效考评指标和方法，构建制度化、规范化的审判管理格局，激励法官多办案、快办案、办好案，全面提升司法公信力。全年法定审限内结案率100%，案件平均审理时间31.73天，一审服判息诉率94.1%，案件质量评查率100%，所评案件优秀率95%以上，裁判文书上网率为100%，保持“调解率、服判率、息诉率提高”和“上诉率、发回重审率、改判率降低”的“三升三降”良好发展态势。选派干警参加上级组织的各类业务培训和主体班学习48人次、收看视频讲座22次、院内开展专题业务辅导18次。

【司法宣传】 2015年，新田县人民法院完善民意沟通渠道，增强司法公开透明力度，推进审判流程、执行信息和裁判文书上网公开三大平台建设。举行庭审直播10余场，庭审观摩21场，上传生效法律文书1270件，召开新闻发布2场。组织干警开展法制宣传、调研和学术征文活动，在《人民法院报》《湖南日报》、新田法院网站和官方微博等媒介，发布法院工作信息300余条，有6篇论文获国家级奖励。2015年，对经济确实困难的22件案件当事人依法减、缓、免交诉讼费16万余元，争取司法救助资金35.2万余元；开展巡回办案、送法下乡1000余次，张贴布告、发放法制宣传资料1.2万余份。

司法工作

【概况】　新田县司法局成立于1981年，占地5146平方米。内设办公室、法制宣传股、政策法规股(司法鉴定管理股)、基层工作股（律师公证管理）、计财装备股、政工室和社区矫正局7个机构，下设公证处、法律援助中心、湖南天常律师事务所和12个司法所。现有工作人员82名，其中，在编46名，协管员31名，其他5名。设党组1个，党总支1个，下辖党支部4个，有正式党员51名。2015年被评为全国人民调解工作先进单位；民调工作排名全省、全市前三位；综治考核获全市第二名。人民调解、社区矫正、法制宣传、法律援助和纪检、政工、计财、办公室、司法鉴定9项单项工作被评为全市先进。刘红梅被司法部授予“全国模范司法所长”称号。

【法治宣传】　2015年，新田县司法局开设“普法手机报”，发送“普法短信”10万条，印发普法读本10万余册，组建法律明白人378名、法律服务志愿者队伍100名，在全县范围内开展“法律六进”活动，取得依法治理新成果，工作经验被省司法厅在全省推介。

【人民调解】　2015年，新田县司法局围绕“三调联动化矛盾，息访息诉促平安”专项调解活动，指导各级人民调委会排查化解矛盾纠纷2117起（其中司法所为主参与调解782起），成功调处2080起，调解率100%，成功率为98%，防止民转刑事案件3件6人，防止群体性上访事件28件479人，化解信访积案13件、非正常上访案件10件，化解上级交办件142件。

【社区矫正】　2015年，新田县司法局坚持月检查制度，减少不安定因素，全县接管社区服刑人员400人（缓刑344名、假释38人、暂予监外执行16人、管制2人），其中在矫人员154名、解矫234名、变更11名、收监1人。接收刑满释放人员195人。无脱管、漏管和重新犯罪。

【法律服务】　2015年，新田县司法局办案数量和质量“双上升”，其中办理法律援助案223件，公证438件，律师代理诉讼案件220件（民事案件165件，刑事案件55件），代理非诉案件428件，担任法律顾问24家，代写法律文书360件，解答法律咨询人数2500余人次，司法鉴定所办理司法鉴定310例。

【基础建设】　2015年，新田县司法局司法行政业务用房项目搬迁使用；规范化司法所建设，按照省司法厅统一标准进行重新装饰，龙泉司法所被授予全省“模范司法所”称号，石羊、大坪塘司法所被授予全省“规范化司法所”称号。完成全省首批2015年重点民生实事项目“社区矫正中心”建设。开建新田县司法局公租房项目。

经 济

综合经济管理

经济信息

【**概况**】 新田县经济和信息化委员会承担全县推进新型工业化、工业降耗、新型墙材和散装水泥推广应用、信息化管理等职能。内设办公室（综合法规股、政工人事股）、经济运行股（县技术改造办公室）、中小企业股（科技股）、电力股（电力执法大队）、资源综合利用办公室（县稀土办公室、县散装水泥和新型墙体材料办公室）、信息股6个股室。核定行政编10名。其中，主任1名、副主任2名，总工程师1名，股长（主任）6名。机关后勤服务人员事业编2名。

【**优化环境**】 2015年，新田县委、县政府出台《关于进一步推进新型工业化的决定》《关于加快家私产业发展的实施意见》《关于促进本地工业产品在本地销售的意见》等文件，制订完善家私、富硒农产品机械制造和信息化产业等四大产业规划。解决园区行政管理、职能职责、人员编制、资金融通等方面问题，重申园区实行“封闭式”一站式和“无费区”管理。实施园区“封闭式”岗亭值班，杜绝园区内的“三乱”现象。按照“责任领导+责任部门”承包解决的原则，对全县规模以上企业和所需解决的问题进行责任分解，开展“春风行动”等为园区企业就业岗位的招聘活动，为园区企业新招就业人员1760人，基本实现园区6500个岗位的全员上岗。园区新建“公租房”588套，解决企业员工“住宿难”的问题。

【**新型工业化**】 2015年，全县规模以上工业总产值完成57.4亿元，同比增长20.08%，实现规模工业增加值14.35亿元，同比增长12.2%，规模工业增加值占生产总值比例25.1%，实现销售总产值56.94亿元，产销率99.2%，工业企业实现税金3100万元，同比增长29.16%，规模工业用电量11860万千瓦时，同比增长1%，新增规模企业9家，退出规模企业6家，规模企业总数45家。完成固定资产投资21.04亿元，同比增长18.1%，完成技术改造投资9.56亿元，同比降低4.4%；永州聚源新农业开发有限公司、新田俊毅创新创业园有限公司、宝驰实业有限公司、湖南广隆食品有限公司、弘工智能有限公司、新田温氏畜牧有限公司、湖南鑫健新型材料有限责任公司、华泰家私一体化办公楼、龙昶二期、闽新板材二期、和祥润二期、普瑞达二期、万龙木业、新田县宏鑫针织有限公司、湖南南有新田竹木材料发展有限公司15个项目进驻创新创业园。

【园区建设】 2015年，新田县工业集中区打造“三纵三横”路网，创新园排洪和公租房等基础实施配套工程，完善水、电、讯、公交、学校、超市、医院等市政、生活、商业等公共服务配套。建设与拓展园区人力资源市场、园区政务服务中心和园区小微企业孵化基础，建立和落实园区联席会议制度，落户园区项目相关部门现场审批制度。园区投资公司并入城市投资公司，扩宽融资通道，实现资源共享。永州泰华物流引入园区，投资约4.5亿元，拓展物流通道。2015年，园区新增土地储备1000亩，新建标准厂房22万平方米，完成基础实施投放2亿元。

【信息化建设】 2015年，湖南鼎元机械有限公司开展的智能化加工中心与ERP管理系统建设项目，争取省信息产业和信息化专项资金20万元；规模以上企业80%以上建立管理信息系统，70%以上开通电子商务。组织举办专题培训和信息交流会，推进“两化融合”。为电信运营商和企业搭建平台，加快企业信息化步伐。完善宽带网络基础设施，实施“宽带村通工程”。全县宽带覆盖112个行政村，互联网普及率54.9%；3G、4G基础实施建设进展顺利，县城实现信号全覆盖，行政村覆盖85%。

【新型墙体材料和散装水泥生产推广】 2015年，县城墙材企业11家，其中，新墙材5家，黏土砖厂6家，全年完成总产量5020万块标砖；新型墙体生产4190万块标砖，比2014年增长18.7%，占墙材总量83.5%，散装水泥全年使用8.6万吨，通过新型墙体材料和散装水泥的推广应用，节约土地78亩，节约能源3500吨标煤，利用废渣1.9万吨，减少二氧化碳排量6500吨。两项基金纳入税费一体化。全县报建面积40万平方米，竣工面积30万平方米，散装水泥和新型墙体材料基金征收实现460万元。关闭和停产黏土砖厂3家，减少产能0.32亿块标砖；开展重点建设项目施工现场使用墙材行政执法工作，督促企业使用新墙材，扶持新墙材企业发展，下达扶持项目资金9万元，用于企业技术改造补助。

【节能降耗】 2015年，引进低能产业，淘汰高能产业和对企业的技术改造，对被省、市列入淘汰落后产能的企业，坚决淘汰，降低能耗，提高资源利用率。实施国家十大重点节能工程，加强对建筑行业、生产企业等领域的节能管理，对锅炉更新和技改、余热余压利用筹措施降低能耗。湖南林丰木业公司开展锅炉改造与余热余能利用，总投资188万元，其中争取省技术改造专项资金15万元。对南峰水泥等重点耗能企业签订节能目标责任书，建立企业节能机制，严格执行限额标准，实现全年资源的合理利用和节能降耗的目标。县恒欣建材2个规格产品获得省新墙材认证。全县万元CDP综合能耗为1.1034吨标准煤，同比下降4.05%；万元工业增加值耗1.2486吨标准煤，实现万元规模工业增加值能耗下降20.8%，完成万元规模工业增加值能耗下降率4.5%；实现工业建设用地供地率100%，高新技术产品增加值占规模工业增加值比重21.51%。

发展与改革

【概况】 新田县发展与改革委员会为县人民政府综合部门，内设办公室、交投标交易中心、综合改革规划办（经济体制改革领导小组办公室）、固定投资办公室（开发区管理办公室）、大项目前期工作和农经资源环境办公室（重大项目前期本公司）、工交能源办公室（能源局）、服务业和社会发展办公室、财贸经融办公室、支援铁路建设工作协调领导小组办公室9个职能室，机关核定行政编制13名。

【宏观经济调控】 2015年上半年，新田县主要经济指标运行平稳，结构调整取得进展，经济发展质量稳步提升。市级重点项目进展良好。全市“1511重点投资计划”165个重点项目新田单独实施的项目10个，市级打捆项目9个。单独实施项目年度计划投资14亿元，计划投资排全市第4位。1—11月，新田县单独实施项目完成投资13.94亿元，完成年度计划投资99.6%。单独实施项目和打捆项目全部开工，进展顺利。预计全年完成投资17.5亿元，占年计划的125 %。县级重点项目实现新突破。前期项目有序推进。纳入全县重点储备并推进前期工作的项目有14个，现完成项目可研报告编制或规划设计的有11个。金陵水库除险加固、县城至心安（S285南段）建设、石羊河治理等项目有实质性进展，党校搬迁、教师进修学校搬迁、福音山国家森林公园等项目拿出初步规划，石羊河治理争取近期开工建设，其他项目正在做前期规划和选址。实施项目进展顺利。纳入全县统一调度管理的实施项目83个，年度计划投资43.51亿元，完成投资36.7亿元，完成建安营业税收3605万元（含累计未抵扣1429万元）。上争项目全面跟进。13个上争项目农村安全饮水提质改造项目资金到位，完成全年目标任务；监所中心建设项目资金到位；标准厂房建设项目到位部分资金；传统古村落群旅游项目建设省扶贫办作出安排。其他9个上争项目做好前期工作，并与上级对口部门进行衔接汇报。上争资金项目取得突破。14个上争资金项目均达到预期目标，到位5.4亿元（不含财政均衡性转移支付资金9.04亿元、城建融资6.45亿元），占年计划任务的123.6%。

【“十三五”规划编制工作】 2015年，新田县制订《新田县“十三五”规划编制工作方案》，成立县“十三五”规划编制领导小组。召开专家座谈会、研究乡镇发展规划乡镇座谈会、研究部门行业专项规划的部门座谈会；邀请召开参与编制县“十三五”规划的湖南省社科院课题组专家教授对接座谈会汇报会。同各项目单位开展“十三五”规划的前期课题研究。邀请省社科院领导、专家到新田指导规划编制工作。省社科院领导和规划专家两次到县实地考察，指导“十三五”规划编制工作。在省社科院编写的《新田县“十三五”国民经济和社会发展规划思路研究讨论稿》的基础之上，结合实际和各部门单位领导干部对讨论稿的意见和建议修改出《新田县国民经济和社会发展第十三个五年规划纲要（草案）》。向省、市汇报进行项目对接。按省“十三五”规划基本思路提出的四大类233个项目，总投资1612.1亿元，制订《新田县“十三五”规划重大项目库》。各项目单位向省市业务主管部门主动进行规划项目对接，县规划有关人员分别到市的宁远县和郴州市的嘉禾县学习十二五规划的成功经验和了解十三五规划编制工作进展情况。专项规划方面完成《新田县高标准农田实施规划（2015—2020年）》《新田县2015—2017年石漠化治理实施规划》等专项规划。

【经济监测预测】2015年，新田县发改委完成《2014年全县国民经济和社会发展计划执行情况报告和2015年国民经济和社会发展计划（草案）报告》，经县人大审议通过实施。完成《新田县第一季度经济形势分析》《新田县上半年经济形势分析》《新田县第三季度经济形势分析》。

【招投标管理】 2015年，新田县发改委按程序开展项目立项、初步设计审查、项目竣工验收。加强和改进初步设计审查工作，逐步采用中介机构先进行评估或邀请资深专家进行初评，最后会同有关部门召开审查会议的“双把关”的审批方式。全年完成对203个项目的初步设计审查和批复，其中备案项目52个；项目立项批复151项。全年完成审批、核准工程建设的招标内容和招标事项361个；招标代理机构资格审查、代理合同审查94个。起草《新田县工程建设领域关键岗位E网考勤实施办法》《关于规范招投标工作的通知》，交县委常委会讨论并通过，由县政府行文出台。协调将全县招投标项目全部纳入公共资源交易中心。除水利项目未入驻县公共资源交易中心外，其他均已入驻。执行固定资产节能评估与审查，全年有19个项目通过能评审查登记表。对接完成2015年节能减排指标任务，完成全年节能减排任务的责任分解，下发到各个单位部门；5月迎接市政府节能评价考核，考核结果排全市前茅。全县户用沼气500户，小区联户沼气工程60处、300户，大型沼气工程建设1个的任务，完成投资900万元。由发展改革委员会招商引进的新田县50兆瓦光伏发电项目签约；项目在做可行性研究；光伏发电公司与罗溪村、大凤村协商租地，并签协议。光伏发电公司向工商部门提交在新成立运营公司的资料；市发改委对该项目进行备案登记。引进的100兆瓦风电项目完成签约，正在做前期工作。

【深化改革】 2015年，新田县发改委贯彻落实《市委经济工作和市政府工作报告》和《县委经济工作和县政府工作报告》确定的目标责任，按照部门分工，采取专人负责，按时按完成情况情况上报县督查室；贯彻落实《新田县全面深化改革2015年工作要点》，涉二大类六项，按照分工，安排分管副主任为各项工作的责任人，抓紧落实各项改革任务。出台《新田县工程建设领域关键岗位E网考勤实施方案》《关于规范招投标工作的通知》《新田县主体功能区投资负面清单》。

【资金上争和项目库建设】 2015年，新田县发改委上争资金，谋划"十三五"重点项目库建设。争取标准厂房建设、保障性安居工程配套基础设施建设项目，看守所和拘留所等45个项目，争取资金22316万元，其中，中央、省预算内资金12016万元；争取城市供水工程、棚户区改造和易地扶贫搬迁3个项目专项建设基金1.03亿元。"十三五"规划包括十一大章四十三小节，主要包括"关于发展基础与客观环境""关于发展思路与目标""关于主要任务与发展重点""关于规划实施保障体系"等内容，"十三五"规划项目库包括4大类233个项目，涉及农经、水利、财贸、公交能源、社会发展、民生等领域，项目总投资1612.12亿元，其中"十三五"期间投资1080.6亿元。推进"135"项目建设协调工作。引进企业17家，意向签合约企业3家。高标准农田建设项目牵头协调，完成《新田县高标准农田建设（2015—2020）年实施方案》编制工作，全县高标准农田建设按照该方案实施中，由高标准农田建设办公室（转设在县水利局）负责各个部门的实施情况的统计。主体功能区示范试点情况：编制《南岭片区（湖南新田）国家主体生态功能区发展规划（2014—2020）》。推进招商引资工作：6月29日，引进的投资总金额达4.2亿元的茂家罗溪光伏50兆瓦发电项目开发框架协议成功与五凌电力公司签字，标志着县光伏发电项目进入实质性的阶段。"135"项目标准厂房建设，完成与永强公司签订20万平方米的标准厂房建设合同及补充协议。12月2日招商引进"新田县100兆瓦风电项目"签约仪式在行政中心举行，投资规模达8亿元以上。精心谋划精准扶贫工作。出台《新田县发改委精准扶贫实施方案》；对上衔接精准扶贫政策，把精准扶贫列入"十三五"规划重要内容，专门章节进行论述，在《十三五规划（草案）》第七章，以专门章节论述精准扶贫，用四个章节从"精准识别对象，基础能力建设，创新产业扶贫模式，强化扶贫保障"方面，论述精准扶贫基础资料的精准准备，精准扶贫的具体精准内容，完成精准扶贫的主要措施和保障等方面。

审计管理

【概况】 新田县审计局成立于1984年3月。内设办公室，综合计划股，法规审理股，经济责任审计室，财政金融审计股，行政事业、农业、资源环保与社会保障、外资审计股，经贸与固定资产投资审计股7个股（室），下设县审计基层工作室1个事业单位。县审计局行政编制为16人，其中：局长1名，副局长2名，总审计师1名，股长（主任）7名，机关后勤服务人员事业编制1名，县审计基层工作室事业编制3名。2015年，被湖南省爱国卫生运动委员会评为"文明卫生"单位。

【专项审计】 2015年，新田县审计局组织实施审计项目173个。其中，同级财政预算执行情况审计9个，乡镇决算审计3个，由县委、县政府委托社会中介机构对县直单位，乡镇政府及临时指挥部等财政财务收支审计67个，领导干部经济责任审计17个，县委、县政府等部门临时交办的项目2个，基建投资审计75个。发现违纪违规金额7260万元，责令上缴财政763万元，资金归还原渠道542万元，处理处罚89万元上缴县财政，提出审计建议182条。

【财政审计】 2015年，新田县审计局财政同级审以围绕推进预算管理制度的改革和公共财政体制的建立、促进财政资金的规范管理、提高资金的使用效益为审计工作目标，重点突出对预算编制的科学性、资金使用的合理性、内控制度的健全性的审计和评价。对商务局、农业局、环保局、林业局、交通局、公路局、农办7个部门（单位）2013年至2014年度预算执行和毛里乡、茂家乡、十字镇3个乡（镇）2013年至2014年度决算进行延伸审计。

【基建审计】 2015年，新田县审计局实施基建审计项目75个，对政府投资的重大建设项目实行全方位的跟踪审计监督，重点审计工程招投标情况、建设项目资金管理和使用情况等。关注建设项目质量，促进提高投资管理综合效益。基建投资审计送审金额20286.45万元，审计认定的造价金额18996.72万元，核减总金额－1289.73万元，审计平均核减率6.36%。对金陵水库水源连通工程实施重点性跟踪审计，发挥审计监督在服务经济社会发展的建设性作用。实施经济责任审计项目17个，重点审计责任人的履职情况、决策情况、对项目和资金的争取及专项资金使用管理情况、落实中央“八项规定”相关要求。财政财务收支情况审计。

【社会中介机构审计】 2015年，县委、县政府委托社会中介对42个县直单位、16个乡镇政府及9个临时指挥部等财政财务收支情况审计，中介机构负责实施现场审计，审计局负责下达审计结论。审计以会计基础规范化工作、收入支出的真实、合法、效益性等为重点，时限以2013年、2014年度为主，对社会中介机构参与国家审计工作作出尝试。

价格管理

【概况】 新田县价格管理局前身是县发展计划物价委员会内设的价格与收费管理办公室（县价格调节基金征管办公室），2004年设立新田县价格管理局。为归口县发展计划和改革委员会管理的科级事业单位，内设办公室（调控办）、价格与收费管理办公室和下属行政单位物价监督检查局、下属事业单位价格认证中心。现有干部职工24名，在职人员18名。

【价格管理工作】 2015年，新田县物价局执行市场价格日监测日报告制度，实行专人专抓，为稳控物价决策提供详实的市场价格数据；对农资、粮食等进行专项价格调查；在春节、清明节、五一节、国庆节等节日都安排价格监测小组对车站、农贸市场、超市等进行价格监测和调查，调处12次市场价格纠纷。开展收费检查工作，规范单位收费行为。开展春秋季学校开学的收费督查检查，对全县的46所中、小学校春季开学收费工作进行督促检查，学校收费工作得到规范；根据市价检局的统一安排部署，对县重点单位进行专项检查，查出违规收费，涉及违规金额10余万元；开通的价格举报电话“12358”“ 4712434”和书记、县长信箱受理价格举报投诉20余件次，对投诉情况进行调查、处理。对涉及农村客运、出租车乱收费行为的查处和整改，规范交通运输秩序。通过加强对液化气价格市场的调研和整治，使全县液化气价格下降，基本保持与周边县市价格持平。上半年受理办理县行政事业价格备案和服务价格审批30件次，对全县燃气管道安装落户和燃气价格进行成本监审和初评初审。开展认证业务，提高鉴证服务水平。中心接受各类委托，出具价格鉴证结论书200余份，鉴证金额110余万元。其中涉案物价格鉴定结论书180余份，鉴定金额95万元。价格认证结论书20余份，认证金额15万元。开展价格调节基金征管，征收价格调节基金232万元。推动全县“菜篮子”工程建设，下拨扶持资金69.5万元。

工商行政管理

【概况】 新田县工商行政管理局（以下简称工商局）成立于1978年12月，2000年实行省以下垂直管理，2015年9月1日下放地方县委、政府管理。现有干部职工128人，是主管全县市场监督管理和行政执法的主要职能部门。

【培育市场主体】 2015年，新田县工商局继续深化商事制度改革，加强市场监管，推进“四化两型”、促进“三量齐升”，抓“先照后证”“三证合一”“一照一码”等改革，全年新注册登记市场主体2193户，同比增加67.14 %。实施商标品牌战略，“梦都”“顶坚”“鸿盼”“金波湖”“南峰”等5个商标被评为湖南省著名商标。服务小微企业发展，新登记注册小微企业196家。实施精准扶贫，培育农民专业合作社44家，注册资本6837.3万元，260户建档贫困户加入农民专业合作社；注册家庭农场35家，注册资本1035万元。

【消费维权】 2015年，新田县工商局加大违法案件查处力度，立案查处各类违法案件62件，罚款金额28万元。立案调查“精彩在沃、4G电子商务平台”传销案，因涉嫌犯罪，案件移送公安部门查处，刑事拘留犯罪嫌疑人33人，逮捕23人，依法冻结涉案资金1.03亿元。强化消费维权，接受消费者咨询500余人次，受理消费者申诉、举报23起，办结率100%，为消费者挽回经济损失2.3万元。

国土资源

【概况】 新田县国土资源局是县人民政府主管全县土地资源、矿产资源等自然资源的规划、管理、保护、合理利用和测绘事业的工作部门。内设办公室（财务室）、政工股、法规信访股、规划用地股、耕保股、地产股、地籍股、矿产管理股、纪检监察室9个职能股（室）。下辖县国土资源执法监察大队、土地开发整理中心、征地事务中心、土地收购储备中心、不动产登记中心，5个事业单位及12个乡镇国土建设管理站。现有在职干部职工 153 人。

【国土管理】 2015 年，新田县新增建设用地指标 102 公顷，是 2014 年的 1.68 倍，审批用地面积 102 公顷；土地利用总体规划修改完善初步方案通过省国土资源厅评审，中心城区增加 3 平方公里；供应土地 40.5867 公顷，实现土地出让收入 34907 万元；完成土地整治项目 2 个，建成高标准基本农田 330.6 公顷；新增土地开发项目 2 个，新增耕地 90 公顷；行政审批按时办结率 99%；继续保持耕地占补平衡；卫片执法检查连续 4 年实现“零问责”“零约谈”目标；闲置土地清理处置、农村集体土地所有权确权登记工作完成；成功创建全国“国土资源节约集约模范县”。

安全生产监督管理

【概况】 新田县安全生产监督管理局成立于 2003 年 11 月，为县政府直属科级事业单位，内设办公室、综合法规股、安全监督管理股。同时撤销县经贸委内设的“安全生产监督管理办公室”和直属事业单位“三电办公室”。2004 年 12 月，县安全生产监督管理局由县直属事业单位改为县政府工作部门。2007 年设立新田县安全生产执法监察大队，为安监局归口管理的全额拨款副科级事业单位（参照管理），核定事业编制 6 名。现设 5 个内设机构：办公室（综合法规股）；安全生产协调股（新田县安全生产应急救援办公室）；安全监督管理股（矿山、烟花爆竹和危险化学品安全监督管理股）；行业安全监督管理股；职业安全健康监督管理股。核定行政编制为 7 名，其中，局长 1 名，副局长 2 名，纪检组长 1 名，总工程师 1 名。其中新设立行业安全监督管理股。另新设立县安全生产应急救援中心，为全额拨款公益一类股级事业单位，与县安全生产执法监察大队合署办公，核定全额拨款事业编制 4 名。

【安全生产责任落实】 2015 年，新田县对安全生产工作的分管领导进行调整，县委由专职副书记联系安全生产工作，县政府由常务副县长分管安全生产工作。县委常委会、县政府常务会研究解决安全生产重大问题。出台《新田县领导干部带队检查安全生产工作实施方案》，印发《领导干部带队检查安全生产工作信息档案》350 余册。县领导每季度至少 1 次带队深入各自分管行业领域和联系的乡镇督促检查安全生产工作。全县各级领导带队检查安全生产工作 2500 余人次，发现隐患问题 2200 多个，责令现场整改 1900 多个，限其整改到位 250 多个。继续将安全生产与综治维稳、计划生育作为“一票否决”（　　）项目，大幅度提升安全生产在全县重点工作目标管理考核体系中的比重。经县委常委会议研究决定，2015 年度被县委、县政府评为安全生产工作先进单位乡镇每个奖励万元（评选 6 个），县直部门每个奖励 6000 元（评选 15 个），对成功创建省级安全生产示范乡镇的乡镇，每个给予 5 万元的奖励。落实企业主体责任。督促企业按照“五落实五到位”规定，落实企业安全生产主体责任，将安全生产责任落实到企业的实际投资人、法定代表人、领导班子和作业班组及各工作岗位，强化领导带班作业。全县46家规模以上企业落实“五落实五到位”相关政策。

【示范创建工作】 2015年，新田县强化政策导向，县委常委会3次专题研究安全生产示范创建工作，出台《关于加强县乡监管能力建设实施意见》《新田县创建湖南省安全生产示范县实施方案》，将乡镇安监员津贴220元纳入财政预算，明确部门安监人员津贴可由单位发放。依托“智慧新田·社会治理创新”云平台的优势，推进城乡高危企业、重大危险源、重大安全隐患治理监控体系建设。全县19家采石场、16家危险化学品经营企业、1家烟花爆竹批发企业安装实时监控设备，年底完成信息系统对接，实现安全生产信息化全天候监控。5月、10月、11月，分别组织省市示范创建乡镇分管领导和各乡镇安监站长38人参加省、市的示范创建及安监业务培训。推进乡镇安全生产委托执法，加强乡镇安监人员执法能力培训，规范乡镇执法文书制作，乡镇安监人员能勇于执法，敢于执法，正确执法。推行标准化乡镇安监站建设、标杆企业创建工作。对列入省级示范创建乡镇的由县财政分别给予3万元扶持资金，市级示范创建乡镇给予2万元扶持资金，创建成功另行奖励。

【安全生产综合监管】 2015年，新田县安监局加强非煤矿山的安全监管，做到“三个凡是”：凡是不具备安全生产条件的，一律停产整顿；凡是安全生产必要资金投入不到位的，一律严肃处理；凡是不落实整改意见、私下继续生产的，一律关闭。打击乱采滥挖，超深越界开采，以采代探、以采代建等违法行为。1—10月，检查非煤矿山企业98家次，排查安全隐患102处，下达整改指令书27份，现场处理措施决定书5份，处罚决定书2份，罚款25000元。开展危险化学品安全生产检查，检查危险化学品企业36家次，排查安全隐患84处，下达现场处理措施决定书4份，整改指令书17份，处罚决定书5份，罚款40000元。开展烟花爆竹“打非”清剿行动，按照“全覆盖、零容忍、严执法、重实效”的要求，安监、公安、交通、工商、质监、城管等部门共出动检查人员615人次，发放宣传资料6000余份，悬挂横幅标语115条，收缴并销毁非法各类烟花爆竹制品1300余件（总药量达400余公斤），行政拘留8人，罚款2万余元，扣留非法运输烟花爆竹车辆1台，教育群众3000余人次。

【安全生产宣传】 2015年，新田县安监局在安全生产月期间，张贴宣传标语1800余条，印发宣传资料6万余份，制作宣传展板108块，接待群众咨询3万余人次，在全县掀起安全生产宣传活动热潮。联合县委党校举办一期全县安全生产监管人员培训班。县安监、公安、消防、质监、食药监等部门开展“送课下乡”活动，将培训课堂开到厂矿和学校现场，对企业主要负责人、安全管理人员和学校师生5000余人次进行现场培训。7月，县安监、疾控中心和工伤保险站联合举办职业健康教育培训会，对华泰家私等30余家企业主和职工代表进行培训，发放工伤保险手册、用人单位职业卫生管理手册、职业卫生基础设施建设的检查方法等宣传资料300余份。投入宣传经费6万余元，印制《新安全生产法及重要文件汇编》1万册，免费发放到各乡镇、各部门和群众手中。投入专项资金4万余元，通过中山广场、文化文场等场所大型LED宣传牌、出租车宣传灯、公交车宣传电视等宣传媒介，对新《中华人民共和国安全生产法》进行全方位宣传。7月27日，新田县委理论学习中心组进行2015年度第三次集中学习，市委讲师团讲师、市安全生产执法监察支队队长蔡建雄详细解读新《中华人民共和国安全生产法》修改的背景、主要内容以及学习贯彻实施等。县委常委会议研究决定按照“三类县区不低于20名”的标准为县安监局增加编制和人员，明确乡镇和部门“机构、人员、经费、装备”四落实。明确重点乡镇安监站3名安全监管人员，一般乡镇2名安全监管人员，乡镇安监人员由县安监局培训考核合格后任命，岗位津贴纳入县财政预算，由安监局按工作实绩年终考核统一发放。村（社区）一级明确安监专干，待遇比照综治、计生专干标准执行。安委会各成员单位成立相应的安全监管机构，落实岗位待遇。

质量技术监督

【概况】 新田县质量技术监督局成立于1998年，2000年实行省以下垂直管理，2015年9月1日下放地方县委政府管理，现有在岗干部职工14人。内设7个管理股室，下设稽查队和新田县质量监督检验及计量检定所，分别负责与职能相关的稽查和检验检测工作。

【质量管理】 2015年年底，新田县有5家企业通过ISO9000质量管理体系认证。县华泰家私吉星家居和龙昶机械2家企业获得湖南名牌产品称号。重点工业产品抽查合格率92.6%，其他工业产品和食品抽查合格率分别在93.1%和98.5%以上。陶岭三味辣椒通过国家地理保护标志产品。

【两大安全】 2015年，新田县质量技术监督局食品安全和特种设备安全有新保障。两大安全执法发出责令整改通知书67份，下达行政处罚通知书13份，行政处罚6万余元。

【专项整治】 2015年，新田县质量技术监督局抓好米粉行业专项执法整治工作，开展专项执法整治活动6次，下达责令整改通知书16份，通过整治活动，全县米粉行业达到持证生产，生产环境得到改善，实现米粉预包装销售，质量安全措施得到保障，成为市米粉行业生产环境最为卫生，质量安全最有保障的先进行业。

统计工作

【概述】 新田县统计局主管全县统计和国民经济核算工作，基本任务是对全县经济社会发展情况进行统计调查、统计分析，提供统计资料和统计咨询意见，实施统计监督。内设办公室、业务股（加挂法规督检股牌子）2个股室，有新田县社会经济调查队、民意调查中心2个下属事业单位。现有干部职工19人。

【统计产品】 2015年，新田县统计局组织各项统计调查，提高数据质量，开展统计调研分析，发挥统计职能，增强创新意识，全县统计工作取得新成绩。主要统计产品：每月编印《新田统计月报》，年度编印《新田统计年鉴》《新田县国民经济和社会发展统计公报》，不定期撰写统计分析及调研材料，并以《新田统计》《决策参考》等形式印发，印制“新田县主要经济指标一览卡”等统计新产品，向县委、政府领导和社会各界及时提供信息服务。

市场服务

【概况】 新田县市场服务中心成立于2000年4月，是实行企业化管理的正科级事业单位，下设一室二股四所，即办公室、政工股、市场建设股、龙泉一所（管辖先锋街农贸市场、永得利农贸市场、日西河农贸市场、西门桥农贸市场、建材大市场原木市场、水果市场）、龙泉二所(管辖五乡圩农贸市场、方达农贸市场、工业园临时农贸市场、秀峰农贸市场、东溪街临时农贸市场)、石羊市场服务所（管辖石羊、骥村、三井、茂家、金盆圩、洞心、毛里、十字、冷水井、陶岭农贸市场)、新圩市场服务所（管辖新圩、新隆、高山、知市坪、金陵、莲花农贸市场)。

【市场改造和安全生产】 2015年，新田县市场服务中心抓方达农贸市场、先锋街农贸市场、城西农贸市场、五乡圩农贸市场的标准化改造工作，为创建国家卫生县城打下基础；全年无安全责任事故发生，重视安全生产工作，成立专门的工作班子专抓安全生产，经常对所辖的农贸市场和永得利商业城 进行全面排查，针对排查出来的问题及时解决，该维修的维修，该加固的加固，全年投入资金20万元，对消防安全进行105人次的培训，增强工作人员和经营户的消防意识，全年无安全事故发生。

物资事务管理

【概况】 新田县物资事务管理办公室的前身是新田县物资局，2002年6月，县政府机构改革，县物资局被撤消。2005年8月，为加强民用爆破器材的专营及安全监督管理，同意保留县物资事务管理办公室，继续承担原核定的职能，经费列入财政综合预算。现有工作人员3人。

【民爆器材管理】 强化管理，落实安全巡查制度，定期抽查仓库“四防”，对安全监管对象实行全面的检查，对民爆器材的经销环节的安全进行监督管理，做到无遗漏管，杜绝安全事故的发生。

【中心工作】 2015年，新田县物资办参与创卫和打击“三非”，包括金陵S282线涉及的拆迁。多种渠道为东门桥村募集清淤、筑沟、修路和饮水工程的资金。计生工作方面，为挂点对接村送去科技书籍，宣讲中央一号文件。在计生挂点村莲花乡南塘村，筹集3000元计生经费。深入到联系村与贫困户结成对子，协助村两委向有关部门争取资金，带领党员干部过组织生活。在懒散涣散村莲花乡双溪村，带头为群众做实事，过好有意义的组织生活。

农林水·气象

综 述

【概况】 新田县农业委员委于2002年5月更名为新田县农村工作领导小组办公室，属县政府管理的正科级行政单位。2008年，新田县农村工作领导小组办公室更名为中共新田县委农村工作部，加挂新田县人民政府农村工作办公室牌子。属县委、县政府管理的正科级行政单位。行政编制6名，后勤服务全额拨款事业编制1名。

【综合协调】 2015年，新田县农办编发《农村动态》15余期。抓好综合调研，围绕农村“空心村”改造、富硒农产品开发、新农村建设、农村信息化、现代农业等方面做大量深入细致的调查研究，写出高质量的调研报告，提出抓好工作的新思路、新方法，为县委、县政府决策当好参谋。

【美丽乡村建设】 2015年，新田县农办围绕全面建成小康社会目标，推进美丽乡村建设，取得成效，全县美丽乡村建设呈现出移居新村型、产业推动型、空心房改建型、乡村旅游型、环境整治型、城中村改造型、易地搬迁型和名人故居带动型等多种形式。精心组织，坚持规划先行。把美丽乡村建设作为美丽新田和小康新田建设的重要抓手，健全机构，抓落实。成立美丽乡村建设领导小组和专门工作机构，由县委书记任顾问，县长任组长，县委、县政府分管领导任副组长，28个相关科局单位主要负责人为成员。下设办公室，从农办、农业、乡企等单位抽调人员集中办公，专抓美丽乡村建设。加强调度。县委常委会和县政府常务会专题研究新农村建设，美丽乡村建设领导小组对工作实行月部署、季调度、半年督查，年终考核，了解工作进度和完成情况，指导解决实际问题。年初，以“两办”文件行文下发，明确工作任务和部门职责。形成推进美丽乡村建设的良好导向。全面规划。邀请湖南省中规设计院有限公司专业队伍到新田，计划用三年时间，为全县379个行政村编制高起点、高标准的规划，在龙泉镇、骥村镇、冷水井乡部分村，结合实际着手编制规划，第一批100余个村的高标准规划编制基本完成。整合资源，突出示范带动。按照办点示范整体推进的原则，统筹协调相关部门，整合资源，打造示范村。将创建工作结合起来。把农办负责的美丽乡村，卫生局负责的卫生村，小康办负责的小康村，环保局负责的生态村，林业局负责的秀美乡村，住建局负责的古民居保护村等创建工作整合起来打造。将涉农项目向示范村倾斜。改善示范村的生产生活条件，积极配套示范村的基础设施。在“一事一议”、环境污染治理、危房改造等奖补资金扶助上优先安排示范村。设立专项资金进行奖补。每年安排400万元，对美丽乡村建设进行奖补，出台《新田县“空心村”改造实施意见》。引导社会资金投入。在推进美丽乡村建设中，许多在外打工的能人、企业家积极投身家乡建设，踊跃捐资，改善村里的基础设施建设，弥补了建设资金不足的问题。做强产业，形成良性互动。新屋场村实施基础设施项目30余个，发展高标准富硒蔬菜基地6000亩，安排就业1600人。村民人均纯收入9600元，村集体经济收入20余万元。利用良好的生态环境吸引外资，东升农场总部搬迁投资筹建的休闲农庄项目新屋场存正在动工。

【农村环境卫生整治】 2015年，新田县农办以建设美丽新田为契机，推进农村环境污染专项整治，美化人居环境，提升生活质量。成立县乡同治领导小组，下设专门办公室，从有关部门抽调10名工作人员集中办公。县财政预算每年安排700万元专项资金，乡镇财政预算每年也安排一定专项资金，用于农村环境污染治理以奖代补。借鉴外地成功经验，试行“四分法”，对农村垃圾实行分类减量。加大投入，每个村购置或租用垃圾车，修建垃圾池或垃圾填埋场，部分村建好垃圾焚烧炉，每户购置三个不同用途的垃圾桶。各村确定保洁员，对垃圾进行定期集中清理。印发《新田县农村环境污染治理实施方案》，办公室每月一抽查，每季一督查通报，年底进行考核验收。对年终考核排前三名的乡镇，予以重奖；排后三名的乡镇，予以处罚，取消年终评先评优资格。通过奖勤罚懒，奖优罚劣，促进全县农村环境卫生的根本好转，改善和优化人居环境。江华、蓝山、嘉禾等县先后多批次组织乡镇、村干部到县参观考察环境污染治理工作。

农　业

【概况】 新田县农业局是主管农业和农村经济发展的县人民政府工作部门。内设办公室（政工人事股）、政策法规与科技教育股、经济作物股、粮油作物股4个职能股室，所属的事业单位有县农业技术推广中心、县土壤肥料工作站、县植保植检站、县种子管理站、县种子公司、省农业广播电视学校新田分校。县乡镇企业局归口农业局管理。机关行政编制为7名。其中局长1名，副局长2名，纪检组长1名，正副股长（主任）4名。后勤服务人员事业编制1名。植保土肥公司于2008年注销，县种子公司于2010年完成改革，与种子管理站合并为种子技术推广服务站。截至2015年年底，有事业股室12个。2015年，农业标准化建设工作获得全市先进称号。

【农作物种植】 2015年，新田县农作物播种面积77.04万亩，比2014年增加0.52万亩，其中，粮食作物46.1万亩，比2014年增加0.3万亩，蔬菜18.24万亩比2014年增加0.22万亩，其他作物12.7万亩。

【粮食生产】 2015年，新田县农业局通过抓制止耕地抛荒，推广水稻关键技术，推广玉米、大豆新品种，以茂家乡、新圩镇、陶岭乡、三井乡为核心创办早稻、晚稻、玉米、大豆万亩高产示范片。在新隆、茂家、高山等乡镇创办早稻集中育秧示范片，完成早稻集中育秧2.5万亩，推广超级稻3万亩。新增100～200亩的以水稻种植为主的家庭农场28个。全县30亩以上种粮专业大户365户。完成粮食播种面积46.1万亩，其中，栽插早稻12.8万亩，比2014年增加0.2万亩；中稻1.24万亩；晚稻13.8万亩；玉米种植6.1万亩，与2014年基本持平；大豆播种面积6.8万亩；其他杂粮播种5.36万亩（秋粮播种面积1.5万亩）。粮食总产16.2万吨，比县前三年平均产量增加0.2万吨，增长1.2%。

【产业化建设】 2015年，新田县农业局在莲花、龙泉、骥村、陶岭、大坪塘等乡镇建设富硒蔬菜基地，完善高标准大棚、喷灌设施建设。在大坪塘乡草坪村新扩蔬菜基地300亩，对莲花乡、龙泉镇的专业蔬菜基地提质改造，完善沟渠路建设和喷滴灌设施建设。蔬菜播种面积18.5万亩（秋冬蔬菜种植面积8.1万亩）。引进广东东升农场将总部搬迁至新田县莲花乡，在莲花、龙泉等乡镇流转土地6000余亩，建成连片标准化外销富硒蔬菜基地生产核心基地，完善喷滴灌等设施。公司总部正在建设中，,建成后，可满足5万亩蔬菜产品的加工、存储需求，在基地范围将完善观光、休闲等设施，带动周边其他现代化种养产业发展。开展现代农业特色产业园建设，通过省级考评，逐步建成高标准的新田县现代农业科技示范园。在莲花乡雷公窝村、骥村镇麻子塘和高山乡原园艺场建成标准化水果生产示范园，发布技术规程2个，采用标准化生产技术管理。水果低改任务为15000亩，完成15660亩；水果扩园任务5000亩，完成5565亩。

【项目争取与实施】 2015年，新田县农业局争取到现代农业综合产业园建设、测土配方施肥、粮食高产创建、病虫害防控、新型职业农民培训、基层农技推广补助等项目10余个，协助企业争取现代农业特色产业园建设项目和产业化建设项目，争取上级资金1200多万元，同比2014年增加50%以上。一大批农业项目的实施为县农业服务提质、农业科技水平提升发挥重要作用。

【农产品质量安全】 2015年，新田县成立农产品质量安全监管领导小组和标准化生产领导小组，建立健全相应体系。配齐乡镇农产品质量安全检测设备14个。联合公安、工商、质监等部门及独立开展4次专项整治。创建莲花乡葡萄、高山乡柑橘、莲花乡新屋场蔬菜3个标准化生产基地，制定标准化生产技术规程3个，组织东升农场、高山鸿昌种养专业合作社等向上申报20个“三品一标”认证，面积达6300亩。确立30个例行监测点，抽检水果、蔬菜样品3046个，合格率99.97%。

【完成指标任务】 2015年，新田县农业局超额完成省市下达的粮食、蔬菜生产任务和农产品质量安全等指标。在全县创办陶岭玉米、三井大豆、茂家早稻、石羊晚稻4个万亩示范片，通过省级评审验收。引导发展100亩～200亩的家庭农场28户，发展50亩以上种粮大户365户。全县完成测土配方施肥面积30万亩，推广配方肥2300吨，推广叶面喷肥技术1.5万亩，完成秸秆还田面积7万亩。完成绿色防控面积1.5万亩、农田灭鼠面积28万亩、外来物种灭除面积1万亩。

农业综合开发

【概况】 新田县农业综合开发办公室成立于1993年6月，原隶属县农委，内设为综合股、资金股、项目股，人员编制5人。2003年3月，隶属县财政局，内设机构为综合股、资金股、项目股、产业股，人员编制6人。工作职责为：主管全县农业综合开发项目的申报，管理全县农业综合开发项目资金，组织对新田县农业综合开发项目的验收。2015年，农开办获湖南省农业综合开发宣传信息工作先进单位称号；王解新获湖南省农业综合开发宣传信息先进个人。

【项目争取】 继续用足用活国家支农政策，围绕富硒产业优势，积极汇报衔接，争取专项政策和改革试点，以良好的工作绩效，赢得上级支持，实现县农业综合开发投资规模和项目个数再上新台阶，总投资为1843万元，项目个数7个全市第一。

【项目建设】 加大项目管理的创新力度，在开发布局规模化、治理方式系统化、建设内容人本化、工程措施生态化、质量建设精细化、项目管理规范化“六化”上做文章，继续保持领先，打造亮点。

【扶持现代农业示范园区】 以发展“高产、优质、高效、生态、安全”的现代农业为总体要求，探索农业综合开发支持现代农业发展的新形式、新路子，围绕富硒特色，打造高标准的现代农业示范园区。扶持优质稻、蔬菜、畜禽养殖及加工三大产业7个项目，扶持资金560万元。

【资金整合支农】 在政府的统一领导下，以产业或项目为平台，将农开项目主动与产业发展、土地治理、生态建设、扶贫开发等其他农业农村发展项目相衔接和对接，达到资金使用和项目建设的最佳效果，减少“单打独斗”。在新隆镇高标准农田项目区整合水利等资金1200万元，项目区投入2200万元。

乡镇企业

【概况】 1978年9月成立新田县社队企业局，1984年改名为乡镇企业局。1992年至2002年改为新田县乡镇企业经济委员会，为正科级行政单位。2002年1月，机构改革由乡经委和外经委合并组建新田县乡镇企业外经外贸局。2003年1月，龙泉工业小区管委会并入到乡镇企业外经外贸局。2004年1月，乡镇企业外贸局重新分开组建为新田县乡镇企业局（民营经济发展局）、新田县招商局（新田县对外经济贸易局）和新田县龙泉工业小区管委会。2005年，县乡镇企业局改组为承担行政职能的副科级事业机构，加挂县农业产业化办公室牌子，归口县农业局管理。内设机构为办公室和规划指导股2个股室。核定事业编制5人。职能调整为：将有关工业企业、工业经济管理的职能和民营经济发展服务职能划归县经济委员会；划入县农村工作领导小组办公室承担的农业产业化管理职能。

【农业生产基地的规划和引导】 2015年，新田县乡镇企业局加强对农业生产基地的规划和引导，将土地向种养殖专业大户集中，发展规模化、标准化、特色化现代农业产业基地。建成牲猪、樱桃谷鸭、百草鹅、水果、蔬菜、大豆、粮油、药材、木材、烤烟、油茶等各种原料基地60余万亩，发展种养殖专业户900余户，带动农户2万余户。农业产业化的基地建设规模，形成区域化、专业化生产的发展格局。

【休闲农业】 2015年，新田县以发展“农家乐”和休闲观光农业示范园为重点，以做大规模、突显特色为点，发展休闲农业，建成以龙家大院、凤凰山庄、三井谈文溪古民居以及在建的东升农场休闲农业观光为代表的几个初具规模和特色的休闲农业项目。全县休闲农业与旅游企业发展到23家,其中，规模以上5家，农家乐与民俗旅游接待户发展到168家，建立农副产品生产面积2.5万亩，带动农户1.8万多户，直接或间接带动农民就业1.4万多人。

【产业化品牌建设】 2015年，新田县利达工贸的“众康”标识和鑫隆公司的“鸭头”商标、万家鹅业“金波湖”商标分别获得湖南省著名商标，秀峰蔬菜、虹图牧业等产品分别获得农业部无公害产品证书、有机转换产品证书，南有新田菌业产品获有机食品证书。陶岭辣椒和新田富硒大豆认定为地理性标志产品。

【龙头企业和农产品加工】 2015年，新田县建成和生产的华泰家私、闵兴板材、豆家旺食品、石羊醋水豆腐生产合作社、凤神油茶开发有限公司等农产品加工企业初具规模，引进的温氏集团在县发展生猪养殖和加工100万头规模。年内，湖南凤神油茶有限公司、湖南闽新人造板有限责任公司、新田县海力雄生态养殖有限公司、新田县豆家旺食品有限公司、湖南泓昌富硒食品实业有限公司等五家企业被认定为市级农业产业化龙头企业。全县有省、市农业产业化龙头企业30家，其中省级龙头企业有2家，市级龙头企业28家。

扶贫工作

【概况】 新田县扶贫开发办公室成立于1994年，初设综合督查、项目规划、社会动员3个股室，1个下属管理机构——国土资源部新田扶贫中心。2016年，内设综合督查考核信息人事室、项目规划计划室、产业开发指导室、贫困监测与小额信贷室、社会扶贫室五个股室。核定全额拨款事业编制10名，其中主任1名，副主任2名。下属新田扶贫开发与培训中心一个事业单位，定编10名。现有干部职工19名。

【资金争取和管理】 2015年，新田县安排财政专项扶贫资金3359万元，县级预算安排扶贫资金880万元，整合行业部门资金6270万元，整合社会扶贫资金4183万元，全年投入资金14692万元。出台《新田县财政专项资金使用管理办法（修正稿）》《新田县财政专项资金管理实施细则》，细化项目申报、预算、审批与实施，明确部门职责，强化监督检查与责任追究，引入绩效评价制度。体现在“两严”“三专”“四确保”“五落实”。“两严”：严格拨款程序，严禁改变资金计划。“三专”：扶贫资金专帐管理、专人管理、专款专用。“四确保”：确保资金封闭运行，确保资金直接到项目，确保核算直接到项目，确保资金跟着穷人走。“五落实”：落实资金项目公示制度，落实资金项目监督检查制度，落实资金项目竣工验收制度，落实资金项目责任人制度，落实资金项目奖惩制度。

【建档立卡和信息化】 2015年，新田县扶贫开发办公室重点开展贫困对象核对和“四个一批”分类识别工作，清退“五有”（有干部、有阔房、有私车、有空调、有大型机械），纳入“五不”（粮不足、居不安、病不医、学不上、劳动力不强）农户，对2014年在册的85943名贫困人口逐户逐人进行核查，清退不符合贫困户标准的“四类对象”2659户8693人户，符合条件纳入农户2042户7148人，核实确定后符合标准的扶贫对象按照“四个一批”“五个突出”具体要求进行科学分类，分别为“兜底一批”6503户9029人，“发展一批”11675户32759人，“搬迁一批”1571户5798人，“医疗救助一批”1975户6913人，按照已脱贫人口、未脱贫人口、预脱贫人口科学标识分类。

【精准扶贫工程】 2015年，新田县实施整村推进贫困村63个，安排资金7557万元，其中，财政扶贫资金2415万元，行业各部门资金3762万元，信贷资金620万元，其他资金760万元，组织实施项目252个。完成新修硬化村组公路32条60千米，新修维修机耕道12条39千米，解决3.86万人行路难、生产运输难问题；新修维修渠道26条61千米，新修维修山塘32口，河坝8座，新建人畜饮水工程12处，解决安全饮水农户2316户；新建沼气64口；危房改造162户；新增蔬菜种植4500亩，油茶种植2300亩，烤烟种植1200亩，楠竹低改2800亩，药材种植1000亩，果树种植800亩，大豆种植600亩，荒山造林5000亩，新增生猪养殖3000头，牛羊500头，鸡鸭鹅45万羽，特色养殖4000只；发展旅游开发和服务项目4个；贫困村发展农民专业合作组织78个，新增15687户有劳动能力的建档立卡贫困户参与到各类农民专业合作组织，培育示范户720户，劳动力培训1460人。

【雨露计划培训】 2015年，新田县扶贫开发办公室安排雨露计划资金140万元，其中，村主干培训1.6万元，科技骨干培训8.4万元，贫困大学生助学10万元，九年制义务教育贫困户子女助学45万元，职业学历教育培训45万元，实用技术培训30万元。完成村干培训10人，科技骨干培训30人，扶助贫困大学生25人，建立普九贫困生数据库，启动发放普九困难生活补助。完成820名职业学历教育贫困生网上注册申请，举办实用技术培训班12期，培训1880人次，发放相关培训资料4万余份。

【社会及行业扶贫】 2015年5月，新田县扶贫开发办公室出台《新田县干部驻村帮扶工作方案》，全县125个贫困村全覆盖开展驻村帮扶工作，其中省直单位工作组4个，市直单位工作组5个，县直单位工作组54个，乡镇工作组62个，从省市县乡选派256名优秀干部开展驻村帮扶，派出142名党组织第一书记，覆盖所有贫困村和软弱涣散党组织村，驻村帮扶工作原则上一定3年，实行不脱贫不脱钩。制订《新田县社会力量参与精准扶贫实施方案》，构建党政机关、军队和武装警部队、民主党派、工商联和无党派人士、企业、学校、医院、社会组织、个人参与的社会扶贫工作机制。全县19929户贫困户落实帮扶责任人和具体帮扶措施，全年投入社会扶贫资金4183万元；开展行业扶贫，县委、县政府对承担行业精准扶贫工作任务的38个部门明确职责，制定考核办法，各部门制定配套方案，全年整合行业资金6270万元。

【扶贫特色工作】 2015年，新田县扶贫开发办公室制定构建1个战略性实施意见，X个考核管理方案、多个部门配套文件为一体的“1+X+部门”扶贫攻坚政策体系。“一个实施意见”即出台《关于贯彻落实中央、省市委精准扶贫战略部署的实施意见》纲领性文件，全县扶贫开发工作做出具体部署；“X个考核管理方案”即出台《精准扶贫工作考核办法》《关于在精准扶贫中加强贫困村基层党组织建设的若干意见》《新田县驻村帮扶工作队员管理考核办法》《新田县精准扶贫农业产业发展规划》《新田县社会力量参与精准扶贫实施方案》《新田县农村贫困人口兜底保障实施方案》《新田县精准扶贫五年实施规划》等多个意见方案，为全县精准扶贫工作的考核和管理提供统一的遵循；“多个部门配套文件”，即为构建大扶贫格局，统筹协调各部门行动，形成扶贫攻坚合力，由县发改委、财政局、经信委、住建局、水利局、旅游局、卫生局、移民局等28个单位，分别出台各行业各部门支持精准扶贫计划实施方案，形成一套精准有力的扶贫“组合拳”。2015年，在省市县报刊、扶贫杂志等发表报道16篇，电视台精准扶贫专栏5期，发送扶贫短信6.8万条，《新田：全力构建“1+X+部门”精准扶贫政策体系打出务实“组合拳”》发表在《湖南扶贫开发》2015年第10期，《克难奋进奔小康 打赢扶贫攻坚战》发表在湖南发展研究中心《决策参政》上，重点推介新田县精准扶贫新模式、新举措。

移民开发

【概况】　新田县移民开发局成立于2007年4月，县政府直属正科级事业全额参管单位，负责全县大中型水库移民后期扶持政策落实、移民开发、移民培训、库区维稳等工作。内设办公室、计财股、后扶股、项目规划股、培训股等5个股室，现有在职在岗干部职工15人。获2015年度全省移民工作先进单位称号；2015年度全市移民工作先进单位称号；获2015年度全市移民系统宣传信息工作先进单位称号。

【移民资金项目】　2015年，新田县移民局争取移民后扶资金1751万元，与2014年同期相比增长7.8%。通过项目的实施，缓解库区和移民安置区“出行难、饮水难、上学难、看病难”等实际问题，改善12000余移民人口的生产生活条件。移民直补资金以银行“一卡通”形式按季度发放，发放率100%。全县66个移民村纳入精准扶贫范围，建档立卡移民920人。

【移民规划编制试点工作】　2015年8月27日，湖南省湘怡移民工程监理咨询有限公司专家到新田县指导“十三五”移民规划编制工作，将新田县作为全市“十三五”移民规划编制试点县，先行在全市开展“十三五”移民规划编制试点工作。编制完成《新田县大中型水库移民后期扶持“十三五”规划》。

【移民培训】　2015年，新田县移民局举办5期移民实用技术培训班，培训移民327人，占计划的110%；举办转移就业培训班2期，培训移民43人，实现转移就业40人，转移就业率达到95%以上。

【库区信访维稳】　2015年，新田县移民局处理移民和连带影响人口来信来访33件，保持“零”越级上访，协助桂阳县移民局，妥善解决桂阳县四里镇金陵水库移民返流的合理诉求，这一上访、复访达30多年的历史遗留问题得到妥善解决。

农业机械管理

【农机购置补贴】　2015年，新田县使用农机购置补贴资金899.89万元，受益农户1614户，补贴机具5198台套。带动农户投入农机装备更新资金3000余万元，推动农机化进程。

【农机新技术推广应用】　2015年，新田县农机局加大新型农机具新技术推广应用力度，推广各类农机具7600台套，其中，耕整地机械552台，动力机械58台，收获机械89台，饲料加工机械485台，农田基本建设机械5台，水泵排灌机具2370台。新增农机专业合作社3家，农机大户33户，完成水稻早、中、晚稻机插秧面积6万亩，机收面积6.4万亩，机耕面积25万亩。农、林、牧、副业使用机械化作业，大幅度降低生产成本，提高生产效率，全县农机化水平进入快速增长阶段。

【创建“平安农机”示范县】　2015年，新田县农机局以提高上牌率、检验率、持证率为重点，以创建“平安农机”示范县和“为民服务创先争优”示范窗口、示范岗位标兵为载体，大力推进农业机械安全监理方式转变。办理农业机械注册登记770台，农业机械驾驶证新申领108人，年检1139台；发动农机机主参加农机互助保险936台次。宣传引导广大农机手加入安全互助协会组织，实现互帮互助，降低运行风险，安委会上会率名列全市第一名。

农村经营管理

【落实减负惠农政策】 2015年，新田县经管局开展以纠正涉农利益行为，惠农政策不落实和缩水走样问题、村级财务和村级集体资金、资源、资产管理问题的专项清理整顿工作。年初召开县领导小组分析会，各乡镇的乡镇长及分管负责人专题会议；下发《全县2015年农民负担监督管理工作要点》文件；明确各乡镇及各涉农主管部门是落实好本辖区本部门减负惠农政策的第一责任单位，其主要负责人是第一责任人。以落实惠农补贴政策、规范涉农收费行为重点，以开展专项整治工作中发现的问题为导向，实行上下联动、左右衔接。落实惠农补贴政策，确保惠农补贴及时、足额发放到位；规范涉农收费行为，确保不加重农民、村级组织和农民合作社等新型农业经营主体负担。利用农村土地承包经营权确权登记颁证的机遇，加大《中华人民共和国土地承包法》的宣传力度，依法依规维护承包户的利益；发放“农民负担监督卡”10万份；维护农民土地承包经营权权益，对16起应确权登记而没有给予确权登记的村民，通过政策引导和说服教育，进行确权登记；查纠城乡低保错保漏保人数89人，新增城乡低保人数86人。查纠违规纳入农村危房改造人数47人；对全县的“五保”供养对象进行全面核查。全县有88户88人“五保”对象因死亡或调查出有法定赡养人被取消；全面巩固纳入“一卡通”项目。按照省里的要求，必须纳入一卡通发放的51项惠农补贴资金，涉及县的41项全部纳入，没有退出的项目；走访或电话调查农民专业合作社，查违规收费行为。查农民建房、农网改造方面的违规乱收费、乱摊派行为；加强对村级公益事业一事一议筹劳项目审批的指导工作，特别是对乡镇开展农村环境污染治理工作，向村民筹集日常保洁费的过程中，没有按照村民一事一议的要求，履行审批程序的问题进行及时的纠正。

【“三资”管理】 2015年，新田县整合村务公开监督小组、民主理财小组、党风监督员等监督力量，各行政村建立村务监督委员会。主动与涉农相关部门加强联系，强化与各乡镇的联系，利用村级会计委托代理服务中心平台，梳理村级资金和上级下拨资金的进账和资金使用情况，规范服务中心的运作，指导及时记账；开展财政专项资金使用巡查工作。根据县委县政府《关于财政专项资金管理使用情况专项巡查工作方案的通知》文件精神，从10月初开始，会同县委组织部、纪委监察局、财政局、审计局等部门，成立县专项巡查领导小组及其办公室，抽调人员组成4个专项巡查小组和1个综合组，对各乡镇2013年以来的财政专项资金管理使用情况进行全面检查。利用乡镇村级会计委托代理服务中心平台，指导将村级开展财务清理结果进行财务记账；组织各村支部书记，利用2天时间，在县委党校开展“如何规范村级财务管理”的系统培训；全县进入村级会计委托代理服务的行政村（社区）增加22个（金盆墟县4个，龙泉镇18个）。全县379个行政村、社区、居委会全面实行“村账乡镇代管”；组织审计一个财务管理上访村，涉及资金1.8万元。查处一起由村主干擅自作主，将村级资金借支给企业，获得微薄利息的行为，涉及资金100余万元。

【推进产权制度改革】2015年，新田县经管局从年初开始，对全县19个乡镇373个行政村、3048个村民小组全部完成外业调绘，矢量化、数据库建库；完成二轮公示和《承包信息公示表》的到户确认工作，实测320179块承包地的四至。面积等信息得到及时纠正、补充完善。协调处理与周边县市“飞地”“插花地”3000多亩。全县新增土地流转（耕地）2.8万亩，其中规模流转面积1.1万亩；发展农民专业合作社226个，新增29个；发展家庭农场56家，新增38家；发展市级龙头企业26家，申报5家。对确权登记基本数据进入数据库，完成自检任务；对纸质档案进行分类整理归档。土地流转服务及经营权纠纷调解机构建立健全。县乡（镇）农村土地流转服务中心，围绕富硒产业发展和现代农业建设主动作为，规范土地流转合同的签订和鉴证工作，村级土地流转服务站，注重发挥农民群众的主体作用，为实行适度规模经营抓协调工作。在处置经营权纠纷矛盾过程中，坚持每个争议都由农民群众协商解决，矛盾不上交、责任不推诿。巩固和加强纠纷调解仲裁委员会和村级调解室建设，县纠纷调解仲裁委员会作为县经管局内设机构开展工作，逐步完善“村组协商、乡镇调解、县里仲裁、司法诉讼”的农村土地纠纷处理网络体系。开展经营权抵押贷款（授信）和银企对接融资活动。落实林地经营权抵押贷款8宗，计200万元；耕地经营权抵押贷款，在去年县农村信用联社向东升农场授信3000万元的基础上，2015年有18家农业经营主体取得县政府核发的“农村土地经营权流转证书”，将对永新特色水果种植专业合作社经营权授信30万元。在市里未组织开展银企对接活动的情况下，县金融部门对30多个农业经营主体融资4600余万元。向省市申报承包经营权抵押贷款国家示范县。以高起点的规划引领土地经营权流转。坚持围绕特色编制规划，围绕规划确定项目，围绕项目整合资金，采取“土洋结合”的办法，编制《新田县富硒产业发展规划》《新田县蔬菜产业发展规划》。启动全县农地规划编制工作，由县政府购买服务，明确由广东友元国土信息工程有限公司、华南农大承担。在引导土地承包经营权流转工作中，注重培育优势主导产业、注重适度规模经营、注重提高综合效益；整合农开、扶贫、代赈、交通、水利等部门资金，实施农田水利项目，加强土地综合整治，加快完善基地产业的基础设施建设；为加快土地流转，发展连片规模经营创造有利条件。县土地流转工作领导小组下发《关于强化农村土地承包经营权流转管理工作的通知》，对土地流转情况实行台账管理，要求从2015年起土地流转必须签订规范性合同，由乡（镇）土地流转服务中心进行鉴证。据统计，全县已流转耕地12.6万亩，占耕地总面积的56%。培植新型农业经营主体。各项扶持措施的实施，使原有农业经营主体的带动辐射面有扩大、经营行为逐步向现代农业转变、产出效益逐年提高。带动一些社会资本的集聚，本地专业大户、家庭农场发展迅速。湖南省儒果农业开发有限公司、广东温氏集团、湖南省三箭现代农业科技有限公司等农业企业落户新田。

以工代赈办

【概况】 新田县以工代赈办公室成立于1992年，系新田县发展和改革委员会正科级下属事业单位，现有人员编制9个，在岗人员6人，在职人员5人，其中，主任1人，副主任1人，副主任科员1人，工作人员1人，司机1人。内设1个职能室，即办公室。

【“十三五”发展规划】 2015年，新田县以工代赈办历时10个月，通过调查研究、形成思路、初步起草、征求意见，编制工作进展顺利，形成《新田县“十三五”以工代赈发展规划（草案）》和《新田县“十三五”易地扶贫搬迁规划》，送省、市发改委审批，使“十三五”规划成为指导新田以工代赈未来五年发展的战略蓝图和行动纲领，为实现新田经济持续较快发展奠定基础。

【开发谋划项目】 2015年，新田县以工代赈项目库库存项目由2014年106个增加到200多个，开发谋划“十三五”规划以工代赈项目65个，“十三五”期间计划投资22亿元，为全县农村经济发展创造良好条件。全年开发谋划以工代赈项目10个，涵盖交通、水利、产业化建设、易地扶贫搬迁和防灾减灾等关系国计民生的方面。

【争取项目和资金】 2015年，新田县以工代赈办争取到毛黄公路、以工代赈项目、易地扶贫搬迁项目等一批中央、省投资的项目落户县，争取上级资金近1518万元，其中，争取中央预算内示范工程和易地扶贫搬迁资金1058万元；争取省预算内资金460万元。

【项目实施】 2015年，新田县以工代赈办勘察设计、精心编制项目预算和施工方案。组织交通、水利等部门的技术人员勘察设计和编制枧头片区配套工程。利用有限资金，在贫困地区兴建出路、兴修水利，解决长期来严重制约县经济发展的“瓶颈”，实施大小项目66个，竣工验收63个，待验收3个，其中，建设农田水利18个，乡村道路38个，人畜饮水10个。成立毛黄公路建设项目部，全线开工，正在实施清表、土石方和涵洞等工程，累计完成投资220万元，占计划的59%。建立项目建设管理班子，示范项目成立指挥部，由分管县级领导任指挥长，相关科局负责人和乡镇负责人为成员，抽调技术员负责施工管理，确保工程的进度和质量。建立和完善各项管理制度，严格执行基本建设程序，编制项目预算，实行项目法人制、招投标制、合同制、监理制，确保项目建设的公平、公正。全程跟踪监督项目的实施。对由乡镇、村组织实施的以工代赈项目，提前介入积极参与，进行全程监督管理，确保工程进度和质量。对示范工程项目聘请监理公司实行专业化全程监理。

烤烟管理

【概况】 新田县烤烟办公室成立于1992年2月，定事业编制5人。2002年，明确县烤烟办为县政府直属正科级事业单位，定事业编制6名，其中，主任1名，副主任2名，不设内设机构。2015年有在职干部职工13名，其中，主任、党组书记1名，副主任、党组副书记1名，副主任、党组成员3名，党组成员、原主任1名，另有主任科员2名，副主任科员2名，科员1名，工人2名。被永州市政府评为2015年度烟叶市场管理先进单位；新田县被市政府评为2015年度现代烟草农业建设先进单位；被省两烟协调领导小组评为2015年湖南省现代烟草农业建设优秀单位。

【烤烟种植规模】 2015年，新田县落实烤烟种植面积4.82万亩，种植规模与2014年保持稳定。全县种烟乡镇18个，种烟村256个，种烟户数3061户，其中50亩以上种烟户170户，面积1.49万亩，占总面积的31%。

【抗灾救灾】 2015年，新田县烤烟先后遭受一次雹灾、三次风灾、两次水灾的袭击，遭受马铃薯Y病、野火病、赤星病等病害的袭击。灾害发生后，县烤烟办、烟草局第一时间赶到现场，指导烟农抗灾救灾，县烤烟办筹集10万元资金对全县烟区提升闸进行维修，督促县人保公司及时做好勘察定损和灾害赔付，在一定程度上减轻烟农的损失。

【烤烟市场管理】 2015年，在临近县区受灾减产严重、市场管理压力较大的情况下，县市管组、乡镇政府严密布控，严防死守，严厉打击，协调处理矛盾纠纷10余起，抓捕烟贩子3人，确保收购秩序平稳，无烟叶外流。

【烟叶收购】 2015年，新田县收购烟叶930万公斤，收购均价1494元/100公斤（含产前投入补贴），实现烟农收入（含补贴）1.41亿元，烟叶税收2770万元。

【烟基建设】 2015年，新田县在原知市坪乡、原高山乡实施基本烟田土地整理项目5000亩，总投资1300万元，项目受益区域达2乡11村。完成石羊镇宋家村和东田村50座密集型烤房建设，解决750亩烟叶的烘烤问题。

畜牧水产

【概况】 新田县畜牧水产局是主管全县畜牧兽医和渔业工作的正科级政府工作部门。现有工作人员79人，在编在岗人员50人，退休29人。内设办公室、畜牧股、水产渔政股和兽医药政股4个职能股室，下辖县动物防疫监督站（副科级）、县畜牧兽医联站、种畜禽场、鱼苗鱼种场、畜牧水产技术服务中心、水产站、畜牧站等七个事业单位。2015年度被评为全省养殖业工作先进县。

【养殖业工作情况】 2015年，新田县养殖业产量保持健康稳定增长。畜禽水产品各项生产指标均保持稳定增长。全县存栏生猪33.2万头，出栏肉猪50.01万头；存栏牛2.8万头，出栏牛2万头；存栏羊4万只，出栏羊5万只；存栏家禽320万羽，出笼家禽780万羽。生猪等畜禽水产品价格回升，养殖效益全面扭亏为盈。推进养殖方式转变，加快发展生猪、樱桃谷鸭、万家鹅和特种养殖。破解环境污染的制约，支持和鼓励发展规模化养殖场、养殖小区。加大畜禽粪污治理的投入，完成畜禽规模养殖场的污染治理任务。上半年安排6家标准化规模养殖场实施标准化改扩建项目，8月安排15家规模养殖场实施无害化处理设施的新建。累计投入资金300多万元，完成标准化改造栏舍5800平方米，新建1200平方米，新建粪污和无害化处理设施850立方米。通过落实春秋两季集中免疫、流通检疫监管，完善乡、村两级防疫体系建设等措施，没有发生重大动物疫情，常规动物疫病得到有效掌控。全面完成禽流感、口蹄疫等重大动物疫病的春秋集中免疫工作，集中免疫期间，提倡“乡村干部带队、村级动物防疫员进村入户，联合作战、整村推进”的形式，确保在规定时间内落实强制免疫任务。加强畜禽产品质量安全监管。开展产地检疫、屠宰检疫同步检测瘦肉精，严格执行“抽检比例不低于5%，每批至少抽检一头”的要求，建立养殖场生猪出栏前瘦肉精自检措施。检测生猪5000余头，送省市抽检190例，未发现使用瘦肉精阳性生猪，合格率达100%。另业务知识培训145人次，发放资料500多份，粘贴公告300多份，查缴过期药物价值3000多元，要求限期整改企业8家，全县未发生畜禽水产品质量安全事故。改善养殖生态环境。5月底，在新田河双碧广场段开展渔业资源增殖放流活动，向新田河水域投放“四大家鱼”鱼苗、鱼种61万尾，各界人士、群众300多人参加，现场发放保护渔业资源宣传资料1000余份。7月在全县大中型水库开展禁止投肥养鱼的活动。8月开展渔船安全检查和查处电鱼、毒鱼、炸鱼等行动。推进新田温氏建设。温氏集团（新田）总部规划选址在新田县工业园，总面积50亩，总投资8000万元，拟建设时产25吨的饲料厂以及办公服务综合大楼、员工宿舍。金盆圩乡种猪场总投资1.52亿元，总面积1781亩，按年产24万猪苗设置，涉及12个组500多农户，于2015年4月签订合同并交付使用。枧头种猪场总投资1.2亿元，总面积约1700亩，按年产20万头猪苗设置，正在办理规划、立项、环评、租地协议签订等相关开工手续。组建专门工作班子，印发《温氏模式，圆你创业梦》宣传资料、宣传横幅，在电视台、网站等新闻媒体开设专栏，组织生猪养殖技术培训班，组织农户外出考察等方式，深入各乡镇进村入户摸底调查，发动符合条件的养殖户新建或改建标准栏舍，经乡村和业务部门审定，有意向签约35户。

富硒产业

【概况】 新田县果业办公室成立于2002年4月，确定为县政府直属正科级事业单位，内设办公室和生产技术股；经县委常委会研究决定，新田县果业办公室自2014年4月起正式更名为新田县富硒农产品开发办公室，更名后在保留原果业办工作职能的基础上，增加富硒农产品开发工作相关职能。内设综合办公室、基地建设发展股、品牌包装策划股、产品销售宣传股。下设富硒产业科研所。原果业办核定事业编制5名，实有工作人员6名，其中，主任1名，副主任1名。

【示范基地建设】 2015年，新田县通过龙头企业自建或以“公司＋合作社+大户”形式共建的富硒农产品核心示范基地面积8.8万亩。其中，种植基地面积8.2万亩，分别是富硒粮食生产示范基地1.5万亩；富硒蔬菜生产示范基地1.6万亩；富硒大豆生产示范基地1.2万亩；富硒油茶生产示范基地2万亩；富硒水果生产示范基地5800亩；富硒药材生产示范基地5200亩；富硒高粱、云耳、花生、红薯等其他经济作物示范基地面积8000亩。另有上规模的富硒牲畜、特种养殖核心基地面积6000亩。

【富硒品牌打造】 2015年1月，在湖北省恩施州举办的中国第二届硒博会上，新田回香大豆、陶岭三味辣椒获“中国名优硒产品”奖，石羊醋水豆腐、洪源罗汉果获“中国特色硒产品”奖。4月，石羊醋水豆腐合作社生产的醋水豆腐获得质监部门QS认证。11月15日，在常德召开的第一届中国（湖南）富硒食品研讨暨博览会上，东升富硒农业开发有限公司、恒丰粮油公司、湖南富林富硒食品有限公司3家企业被评为“全国富硒明星企业”。县洪源罗汉果种植专业合作社生产的罗汉果、亨乐富硒姬松茸种植专业合作社生产的巴西菇、宏旺菌业开发合作社生产的云耳、东升富硒农业开发有限公司生产的蔬菜、恒丰粮油公司生产的大米分别获得“全国富硒名优产品”称号。2014、2015年宏旺菌业生产的“南有新田”云耳、恒丰米业生产的“湘将硒”米、秀峰无公害蔬菜生产开发有限公司生产的“秀峰”蔬菜和富林富硒食品有限公司生产的“鼎红”三味辣椒评定为国家有机食品。秀峰蔬菜注册的“秀峰”牌、恒丰米业注册的“湘将硒”牌、万家鹅业注册的“金波湖”牌等商标分别获“湖南省著名商标”称号。

【产业招商引资】 2015年9月29日，由富硒办引进的湖南三箭农业科技有限公司和湖南省地球物理地球化学勘查院与新田县人民政府等三方正式签订投资协议，三箭公司决定投资1500余万元，三方联合创办全国首家“富硒土地开发与保护研究中心”，现正在筹建之中。

【富硒产业基础】 2015年，新田县富硒办与农业局组织技术人员，制定的新田大豆、新田温州蜜柑等主打农产品生产技术规程报省农业委备案并向全省发布。富硒办与质监、工商、食品药品及农业等部门衔接沟通，起草《新田县天然富硒食品硒含量分类标准》，准备申报到省卫计委、质监局审批发布。

【产值效益】 2015年，新田县建成莲花富硒果蔬产业园、县城富硒农产品加工园、新圩硒锶循环农业生态产业园三大富硒产业园，上规模的富硒农产品生产企业（或合作社）达48家。据统计，全县富硒产业全年完成生产总值12亿余元，实现利润过5亿元。

林业

【概况】 新田县林业局是全县林业行政主管部门，属正科级行政事业单位，主要担负着全县造林绿化和森林资源管护两大任务。现有干部职工164人，其中，在职人员119人，退休人员45人。局机关设办公室、纪检监察室、人事股、计财股、林业科教股、造林股、森林资源和野生动植物管理站、林地办、营林种苗站、绿化办、防火办、林业综合行政执法大队12个局属单位，下设骥村、门楼下、龙泉、金陵、新圩、石羊、枧头7个林业站和田家、金鸡岭2个木材检查站。隶属管辖的独立核算单位有肥源林场、大湾林场。2015年，获永州市林业局2014年度全市林业工作目标管理“先进单位”称号；获湖南省林业厅、财政厅联合颁发湖南省现代林业特色产业园称号。

【植树造林】 2015年，新田县林业局按照《新田县创建国家森林城市大会战方案》《2015年全县造林绿化实施办法》，完成营造林生产任务12.5万亩，其中，荒山造林5万亩（含补植补造0.5万亩），封山育林3万亩，中幼林抚育和低效林改造4.5万亩。春季造林完成造林苗木育苗210亩，绿化苗木基地建设面积1400亩，采购和发放荒山造林苗木985万株。完成人工造林面积5.1万亩，补植补造0.8万亩，是市下达任务4万亩的127.5%。完成十字乡李郁村、知市坪乡黄家舍村、龙泉镇挂兰村、肥源林场四工区、新隆镇心安村、陶岭林场基地6个千亩人工植苗基地。完成油茶新造10000亩，建设知市坪乡栗山头村、茂家乡石坠村、陶岭乡石塘村、新隆镇心安村4个连片500亩以上的油茶基地，其中2000亩连片油茶基地1个。完成义务植树100万株，速生丰产林1万亩，退耕还林2000亩，石漠化综合治理造林0.41万亩。新增封山育林5.2万亩。全县森林蓄积总量210.3万立方米，与上年度的200.2万立方米相比，增长率5%；森林覆盖率55.5%，比2014年的55.31%相比，提高0.19%。

【通道绿化】 2015年，全县省道绿化投入1270万元。新嘉公路绿化提质由县公路局负责实施，投入资金651.45万元。完成四季桂种植，种植红继木球1346棵、红叶石楠球1400棵、高杆红叶石楠2600株、樟树4000株、桉树5.4万株、八月桂4000株、爬山虎2900株，其他乔木树200株。完成花池3000平方米，换填土1万多立方米，安装路缘石700多米，安装人行道500多平方，草坪1200多平方米。省道S323和衡桂连接线绿化提质由交通局负责实施，投入资金619.8万元，种植全冠八月桂4000

株、高杆红叶石楠1700株、樟树1000株、红檵木球3500株、红叶石楠球3300株、月桂绿篱77万株。县乡道绿化以乡镇实施为主，各乡镇负责规划、种苗、种植及管护等绿化工作，实行以奖代补的方式进行奖励。县乡通道绿化种植树种直径3厘米以上的按成活株数每株20元给予奖补。下达乡镇5.2万株的补植补造任务，完成种植54650株，任务完成率105.1%。

【秀美村庄建设】 2015年，新田县规划40个村进行秀美村庄建设，种植规划由各乡镇、村及县林业部门共同负责，种植树种直径3厘米以上樟树、栾树、红叶石楠等乡土阔叶树种1000株，种植苗高1.6米以上的樟树、栾树、桂花等绿化树苗3000株。实行以奖代补，完成绿化任务的40个村每村奖补金额3万元。

【依法行政】 2015年，新田县林业局开展森林火灾严打整治行动。对元月份以来发生的违规用火和森林火灾进行全面清理，逐一进行查处，发生火情火灾12起，行政处罚10起，刑事拘留2人，取保2人，未发生重大火灾和人员伤亡。出动警力754人次，车辆244台次，查处各类森林案件72起，其中刑事案件6起，刑事拘留4人，取保候审6人；林业行政案66起；为国家集体和个人挽回直接经济损失近42万元。

【林政管理】 2015年，新田县林业局完成“十三五”森林资源限额采伐编制工作，通过市局评审，“十三五”期间的合理采伐量比“十二五”期间的年伐量减少33.2%。全县禁伐小班1360个、面积3.4万亩、蓄积量27.5万立方米；减伐面积1.4万亩、蓄积8.2万立方米。下发《关于实行封山育林、保护森林资源的意见》。在金陵水库设置金陵湖护林站，负责巡查金陵水库和两江口水库等重要水源地的乱砍滥伐违法行为。审核换证54个木竹经营单位和个人。办理林木采伐许可证205份，其中，商品林采伐许可证179份，采伐蓄积量15263立方米、出材量10160立方米；自用材采伐许可证26份，采伐蓄积量203立方米、出材量127立方米。清理公布林业县本级权利清单事项98项和责任清单事项47项。开展林业有害生物预测预报、防治和规范检疫执法工作。全县有林地面积76.46万亩，主要森林病虫害发生面积0.285万亩，发生率3.7‰；成灾面积50亩，成灾率0.06‰；防治面积0.2565万亩，防治率90%。实施苗木产地调运检疫600万株，种子2000公斤。木材调运检疫0.3万立方米，竹材1.2万根。

【林产工业】 2015年，新田县林业局通过支持林地流转，搞活经营机制，引导公司、专业合作社、大户等社会资金参与造林，引入和培育中联天地、风神油茶、大地油茶专业合作社等20余家。发展林工企业60余家，入园企业近40家，生产总值达9亿元，县林产工业园成功申报现代林业特色产业园省级示范园，初步形成家私产业、胶合板产业、竹制品产业、林业机械产业四大林产工业集群，其中利达工贸、家乐竹木、林丰木业、华泰家私、吉星家居5家企业成功申报省级林业龙头企业。全省林工产业现场会3月在新田县召开，唐军书记代表新田作典型发言。全县发展林业专业合作社11个，新创建产值500万元以上特色林下经济示范基地2个，其中省级林下经济示范基地1个。

【林权改革】 2015年，全县集体林地81.65万亩，确权勘界80.39万亩，打印林权证11463本，打证林地面积80.39万亩。发放林权证11027本，面积77.65万亩。林地面积确权基本到户，到户率98.4%，林权证发放到户率96.2%。对正在流转的公司或大户租山造林的，将林地流转有关法律、政策规定宣传服务提前到合同形成前，给予林地勘界、调图等服务，防范林权流转风险，维护双方合法利益。全县新流转林地8.2万余亩。制订《新田县国有林场改革实施方案》，获省国有林场改革领导小组办公室批复，2015年9月，新田县国有林场改革通过省级验收。

福音山国家森林公园

【概况】 湖南福音山国家森林公园位于湖南省永州市新田县，地处湘、粤、桂三省交界处，南临九疑山，西毗莽山，北接金洞，是永州、郴州、衡阳三市交汇处，史称“三府湘江源”.经营面积6829.7公顷，于2012年1月10日经国家林业局批复成立，隶属于湖南省林业厅，管理机构为湖南省福音山国家森林公园管理局。湖南福音山国家森林公园总体规划（2013—2025）于2013年6月编制，2015年7月经省林业厅审定后，报国家林业局批复。湖南福音山国家森林公园由由福音山景区、南国武当山景区、皇宫洞景区组成，公园有大小山峰150余座，峡谷80多个，水面5200余亩，森林覆盖率90.3%；有种子植物1410种，野生动物281种，其中，国家一级重点保护植物，二级重点保护植物17余种；世界银杏之王、千年红豆杉、苍天榉木等古树名木有9000余株，非常珍贵的天料木群落，罕见的南方红豆杉群落，其中福音山景区古银杏树树龄最长3000余年，是华南地区保存完好、物种最多的原始次生林林区之一。公园冬暖夏凉，气候宜人，负氧离子高，被誉为“天然氧吧”。公园内森林风景资源丰富，种类繁多，集山奇、谷幽、水美、石绝于一身，融雄、奇、险、秀于一体。森林公园涵括山奇洞险的南国武当山，喀斯特地貌奇景皇宫洞，金陵湖、两江口水库犹如公园的两颗明珠，水面宽阔宁静，雾霭飘逸,湖光山色。景区内居住着数百年传承下来的瑶族，世代以刀耕火种为生，民风古朴，习俗独特，从房舍到服饰、起居、节目、歌舞、婚嫁、信仰等，独具地方特色。公园有福音山、秀峰岭、南国武当山的古寺遗迹，瑶民赵天龙、赵文凤起义故事，千马坪驻军足迹，相传“靖康之难”之役建文帝藏身之地。具有深厚的历史文化底蕴，为历史寻踪和宗教朝拜旅游奠定坚实的基础。根据永州市机构编制委员会《关于湖南福音山国家森林公园管理局机构编制事项的批复》，设立湖南福音山国家森林公园管理局，归口新田县人民政府管理的全额拨款副处级事业单位。业务上受新田县林业局指导。下设办公室，规划建设科、旅游服务科、资源保护科、计财科。核定事业编制8名，其中，局长1名，副局长2名，科长（主任）5名（副科级）。湖南福音山国家森林公园管理局与县大湾林场实行“两块牌子，一套人马”的管理模式，编制由8名增加到13名。

【改革体制】 2015年，湖南福音山国家森林公园管理局完成国有大湾林场林场改革任务，林场被定性为一类公益型事业单位，核定全额拨款事业编20人，其他10名富余人员采取以购买服务方式，安排从事森林管护岗位。未出现因林场改革工作而发生上访事件，林场大局稳定。理顺森林公园管理局与大湾林场的关系。实行福音山森林公园管理局、国有大湾林场“两块牌子、一套人马”的管理体制。在改革的过程中，妥善解决大湾林场集体山林定界确权发证问题。4月24日召开林场，龙泉镇大湾村、源头村、鱼池头村、洞源村、门楼下青皮源村等相关5个村支书、主任参加的大湾林场集体山林定界确权发证工作启动会。没有出现由于林场改革而产生上访案件。

【发展思路调研】 2015年，湖南福音山国家森林公园管理局走访大湾林场的南塘源、东西源漕工区，金陵镇的千马坪、土地堂，门楼下的大桥边、小桥岭和骥村的黄公塘，石羊镇的南国武当山与金陵水库，拜访一些参与申报工作的老领导和技术人员，掌握第一手资料。通过考察舜皇山、阳明山、九疑山、金洞等国家森林公园，开阔视野，理清思路。参与县政协关于“加快福音山国家森林公园建设”课题调研，在1月政协新田县八届三次会议上以《用资源 树品牌 助发展——对加快建设福音山国家森林公园的建议》为题作大会发言。与永州壹禾文化传媒体有限公司合作，调用2架无人机对公园10万亩森林及其景观资源进行航拍，采集高清数据，开展公园生态旅游资源调查。展思路，撰写《湖南福音山国家森林公园建设的思考及建议》《两江口饮用水源地生态环境现状、问题及对策》两篇调研文章，在《南有新田》上发表，在《新田新闻网》发表新闻稿件11篇，开通“福音山国家森林公园”网页。

【生态建设和保护】 2015年，湖南福音山国家森林公园管理局完成国家级生态公益林6万亩保护任务；完成新造林2500亩，封山补植3000亩。没有森林火灾发生，无重大偷砍盗伐案件发生，无非法乱占林地现象，无森林病虫害发生，完成培育和管护任务。把防火责任、病虫害防治责任层层落实到公园范围内的每个单位、村组和护林员，签订责任书和安全合同。森林火灾的发生率为零，病虫害发生率为零。投入20万元修复防火林道200公里；投入15万元新修防火林带110公里。投入3万元制作29块不锈钢森林防火、安全生产宣传牌，安置在公路沿线重点位置、林区及周边村组，张贴标语280余幅，散发各类宣传资料1.5万余份，出动防火宣传巡查车90台次。对进山人员及车辆进行严格检查登记，不间断对林内进行安全巡逻。打击在林区内违规用火人员，对30名半专业消防人员进行扑火实战演练，提高作战能力。加大对毁林开荒、开山炸石、葬坟、偷砍盗伐、乱占林地等行为清查处理力度，维护公园的稳定。在水面保护方面，加大污染治理，严格执法，杜绝随意在水面和水面周边搭建设施和经营的不规范行为。对重点古树实行挂牌、建档，特别是对红豆杉、千年古银杏等国家一级植物进行圈围保护建设。

【编制《湖南福音山国家森林公园总体规划》】 2015年，湖南福音山国家森林公园管理局委托湖南大学设计研究院有限公司，，由省林业厅组织专家评审并申报国家林业局审批。根据总规要求，起草上报公园建设“十三五”规划（草案）。年初，以县政府的名义，向省林业厅上报关于扶持县森林公园珍稀植物培育，古树名木保护，生态林示范基地建设等几个请示，申报福音山市级科普基地。投入4万多元对千马坪古银树进行除虫和道路维修工作；投入10多万元在千马坪景点补植大苗银杏树100余珠；投入10多万元硬化下兰冲村活动中心和修砌750米水沟。积极发展林下经济和多种经营，建设以香樟、桂花、南方红豆杉等为主的珍贵树种基地80亩，种植杨梅100余亩。发展林下家禽养殖户8户，养鸡2400余羽、鸭400余羽。在景点改造和基础设施项目建设中，继续依托文化、挖掘文化，让历史文化与自然景观相融合，加快景区基础设施建设步伐。开展招商引资洽谈工作，与衡阳南岳衡山湖南道教协会等团体达成初步协议，拟投资南国武当山道观等设施建设。

肥源林场

【概况】 新田县肥源国有林场始建于1956年7月，由肥源区和秀峰区两大区域组成，场部设在肥源村邓家坝河边，距县城20公里。西与宁远县荒塘乡相邻；北抵金洞管理区晒北滩乡；东南与新田县骥村镇的石碑源、肥源两村接壤；南北长5.6千米，东西宽2.4千米。秀峰岭工区位于县城的东北部，独具一体，距县城5公里，东与莲花乡的岗上村相邻，南与龙泉镇挂兰村交界，西北与鱼池头村、大湾林场接壤，四界清楚、产权明晰、社情稳定。总经营面积14148亩，其中，林地面积13883亩，占98.1%；非林地面积265亩，占1.7%。森林覆盖率70.4%，林木绿化率88.7%。生态公益林面积10324.5亩,占全场总经营面积的73%；商品林为3799.5亩，占27%。全场现有职工87人，其中，退休人员44人,在职人员39人，劳务派遣人员4人。2015年顺利完成国有林场改革，肥源林场定性为公益性一类事业单位，全额纳入财政预算。

大湾林场

【概况】 新田县大湾林场始建于1980年，为国有公益一类事业单位，现有干部职工28人，其中，在职在编11人，离退休7人，长期聘用人员10人。经营总面积1.1841万亩，其中，国有山0.55万亩，租赁集体山0.6311万亩。经营面积中，有林地面积1.02万亩，已划入国家级生态公益林0.89万亩，活立木蓄积近3万立方米，森林覆盖率90%。并于2012年列入湖南福音山国家森林公园管理。林场内设办公室、资源保护股、营林生产股，下设高坝、东西源漕、丘家、南塘源四个林业生产工区。

【国有林场改革】 2015年，新田县大湾林场成立国有大湾林场改革领导小组，抽调人员，深入基层调查摸底。填报“林场基础数据”和其他各项相关表格，上报改革实施方案、职工安置方案、职能配置、内设机构和人员编制方案，完成国有林场改革任务，根据省改革领导小组的批复，场定性为一类公益型事业单位，核定全额拨款事业编20人，其他10名富余人员采取以购买服务方式，安排从事森林管护岗位。通过国有林场改革的实施，逐步理顺林场管理体制，稳步提高职工收入，实现保障全覆盖，使森林资源得到有效的保护和发展，林场生态和社会功能增强，未出现因林场改革工作而发生上访事件，确保林场大局稳定。

【管护林业生态】 2015年，新田县大湾林场组织开展森林抚育项目实施，完成森林抚育项目3000亩；完成苗木补植补造350亩；完成防火林带建设10千米；落实封山育林措施。对辖区经营管理区域实施全面封山育林，禁止采伐，封育面积达1.2万余亩；加强护林防火工作力度。始终把护林防火工作作为林场的头等大事来抓，强化领导和工作措施，做到早部署、早安排、早防范。全年未出现森林火灾和盗伐林木事件，确保森林资源安全和林区社会稳定。

【多种经营】 2015年，新田县大湾林场开展林下经济工作，召开职工大会，鼓励引导职工发展林下养殖、种植，适当给予扶持政策。发展林下家禽养殖户8户，养鸡2400余羽、鸭400余羽；加强珍贵树种和苗木基地建设，现培育以香樟、桂花、南方红豆杉等为主的珍贵树种基地80亩，种植杨梅100余亩。通过发展林下经济，促进林场经济发展，拓宽职工经济收入渠道。

【争取项目资金】 2015年，新田县大湾林场争取成品油补贴项目，项目资金110万元；争取森林抚育项目3000亩，项目资金30万元。在项目实施和资金使用方面，按照要求组织实施，规范管理，确保资金使用高效、安全。过去新田县大湾林场以砍树来发工资，2011年，县委、县政府为推进“绿色新田”建设，对林场实施封山育林，停止采伐树木。没有采伐林木，没有产生国有林育林基金缴纳。

水利

【概况】 新田县水利局机关现有干部职工73人，其中在编人员43人；基层站所106人，其中准公益性编制80人。现有办公室（计划财务股）、政工科教股、水政水资源股和农村水利股4个内设机构；县金陵水库管理所、水政监察大队、防汛抗旱指挥部办公室和水利工程建设管理中心4个归口管理单位；县两江口水库管理所、肥源水库管理所、立新水库管理所、杨家洞水库管理所、新圩水电站、新隆水电站、心安水轮泵站、农村饮水安全水质检测中心和农村饮水安全管理总站9个下属事业单位。2015年，赵家水库抗旱应急水源工程经省防办考核列全省第三名并奖励2016年项目资金900万元；2015年“五小水利”建设在永州市考核被评为先进；2015年被评为全市河道保洁工作先进。

【防汛减灾】 2015年，新田县政府与各乡镇和防指成员单位签订防汛抗旱目标管理责任状，明确目标任务和工作职责；各乡镇与村，各单位与项目隐患点相关责任人员层层签订防汛责任书。建立防汛责任制档案卡，明确每座水库、每处地质灾害点的防汛行政责任人、管理责任人和技术责任人，并进行公示。加强以病险水库除险加固、中小河流治理、小农水重点县工程、农村骨干山塘、水闸整治为重点的水利基础设施建设，一些骨干和重要工程的完工，提升防洪能力。完成病险水库除险加固2座，在建病险水库除险加固1座（杨家洞水库、中型），整修骨干山塘56口，加固河堤28.9公里，修复水毁工程23个，新建水泵8个，新建整修水闸18个。在监测预警方面，完善山洪灾害防御非工程措施项目和防汛会商系统，在原有建设覆盖全县19个乡镇，180个行政村，17座水库的基础上，投入280余万元投入山洪灾害防治非工程措施补充完善和调查评价项目并顺利完工；所有防汛责任人开通手机短信气象预警服务；189个行政村按要求配备高音喇叭、锣锣和高频口哨。在物资准备方面，加大现场储备、就近储备和企业代储的力度，建有县级防汛物资仓库和储备点2个，储备冲锋舟3艘、救生衣400多件、编织袋8万条、棉被350床、账篷250顶、棉衣200件，重点部位的抢险物资基本配备到位。在队伍准备方面，各乡镇各部门各单位成立防汛抗灾应急机构；全县有专业防汛抢险队伍1支120余人，由县人武部实行半军事化管理，县水利局成立一支30人的技术抢险队伍。各乡镇成立以乡镇干部和行政村青壮年为主的抢险机动队，登记造册到人。全县上型号水库按照“三人一库”要求落实责任人员。在体制机制方面，县防指和县防办强化预报、预警、调度、抢险、救灾等关键环节，逐步健全分类管理、分级负责的应急管理体制，形成统一指挥、反应灵敏、协调有序、运转高效的应急管理机制。在预案方面，县防指组织水利、国土等部门，对山洪灾害防御、水库大坝防洪应急、地质灾害防御等预案进行修订完善；在山洪灾害防御重点区域树立醒目的标识和警示牌，明确安全转移路线；在预警方面完善县、乡、村三级预警响应机制。加强督促检查，为防汛减灾提供保证。开展乡镇汛前自查，县防指汛前安全大检查，省、市防指专项检查，地质灾害隐患点排查和县委督查室、县政府督查室专项督查，县防指对乡镇、水库防汛值班值守抽查等督促检查，对责任制落实、预案编制、物资储备、队伍培训、险工险段治理等情况进行自查整改和重点督查。对检查出来的重要防汛问题，进行梳理，制定整改方案，县防指以文件的形式进行交办，采取有针对性的措施进行整改，对汛前整改不能到位的隐患工程，要求各单位拿出应急度汛措施和方案，确保安全度汛。

【水利建设】 2015年，新

田县水利局以农村安全饮水、病险水库除险加固为重点，以农田水利建设为主线，掀起水利建设新高潮。投入秋冬水利建设资金2.2亿元，年度水利建设总体进度达100%，支持县域经济持续快速健康发展。设进度和工程质量等情况。推进安全水利建设，对22座小（2）型病险水库进行除险加固，从9月起全面开工建设，全部完成主体工程建设任务。推进农村安全饮水工程，主要建设金陵水库集中供水工程等6个农村饮水工程项目，解决农村饮水不安全人口2.08万人；新建县级水质检测中心，8月在永州市率先启用。推进农田水利建设工程，治理农村河道3条18千米，整修山塘河坝120处。推进抗旱应急水源工程建设，实施赵家水库抗旱应急水源工程，配套引水渠4.5公里，水库山塘连通渠道16公里。推进“五小”（ 小水窖、小水池、小沟渠、小坝塘、小排灌站）水利工程建设。整合涉水部门资金4598万元，主要用于渠道、山塘、河坝、泵站等“五小”水利建设。推进生态水利建设。实施金陵电站、新隆电站等4座水电站增效扩容项目。从基层站所和水利局离退休技术人员中抽调20人，水利部门实行一名班子成员带领5名技术人员分片包项目质量和进度管理，确保工程按程序、高质量推进。加强质量保障体系建设，所有水利工程项目设立公示牌，配备专职监理人员，驻守项目工地进行轮回巡查、旁站监理。主动邀请省市水利部门质监站开展工程质量检查、抽查，落实水利工程施工安全制度、安全措施、安全施工经费等，并制定安全事故应急预案，当年，水利建设项目未发生安全生产责任事故。整合国土、烟基、农开、农业、扶贫等部门涉水资金4598万元，用于“五小”水利建设，缓解制约贫困村发展的主要瓶颈。财政投入水利项目建设前期工作经费400万元，从土地出让金和水利建设基金中投入880万元，用于小（2）型病险水库除险加固、农村安全饮水、农田水利建设等项目配套，地确保国家投资水利项目的顺利推进。吸纳社会资金投入水利建设近1000万元，主要用于面上山塘、河坝、渠道、泵站的整修，推动水利大建设大发展。

【水利管理】 2015年7月15日，湖南省统计局能源处处长唐素芳率队到新田检查指导水资源管理工作，通过实地察看、座谈交流，了解新田县落实水资源管理“三条红线”（ 水资源开发利用控制红线、用水效率控制红线、水功能区限制纳污红线）落实情况，对新田县水资源管理工作取得的成绩给予肯定。开展河道采砂专项整治。启动编制《新田县水功能区划》，重新制定《新田县河道采砂规划编制（2015—2017）》，全面规划第二次河道采砂专项整治工作的步骤，并由新田县人民政府印发《新田县河道采砂专项整治工作实施方案》，查处河道违法案件4处，清除平整尾砂堆18万立方米，投入清障资金372万元（含碎砂设备投入），投入清障机械5台套。6月，会同公安、国土以及新圩镇镇政府等相关单位依法对新圩镇道塘村李柏顺砂场进行依法取缔，受到当地群众好评。加强水土保持执法监督检查。5月开始对全县21个开发建设项目进行摸底，下发《关于编制水土保持方案的通知》《关于缴纳水土保持补偿费的通知》，开展要求填写相关申报表等系列行动，对拒不缴纳水土保持补偿费的企业下达《水土保持费征收通知书》《责令改正水土保持违法行为通知书》等处罚，对21家开发建设项目企业征收水土保持补偿费计239452元。进行水库污染治理。成立以副县长为组长的水库污染整治工作领导小组，印发《新田县水库污染治理实施方案》，会同畜牧水产局、环保局、农业局、国土资源局对76座小（1）、小（2）型水库树立水库污染治理公示牌，所有小（1）、小（2）型水库承包人签订“水库承包养殖合同补充协议”，对有投放肥料、粪便养鱼的的水库承包人下达“水库污染整改通知书”，对造成水质污染的进行口头教育并要求承包人作出书面保证，达到预期的效果。加强河道保洁。从2015年1月起签订“清理河道垃圾合同”，对河道内的垃圾、漂浮物及水草进行打捞。加大投入对日西河、日东河、新田河段岸坡进行绿化治理。

农村能源

【概况】 新田县农村能源办公室成立于2005年1月，归口农办管理的正科级参管事业单位，核定事业编制3人，现有工作人员7人。

【目标与任务】 2015年，新田县新建户用沼气池500口，占全年工作任务的100%；完成小型沼气工程60处，占全年工作任务的100%；新田县银丰养殖有限公司大型沼气综合利用工程主体工程及附属实施竣工。在太阳能热水器和太阳能路灯推广工作中，争取县财政投入，结合巩固退耕还林成果农村能源项目的实施，制定相关措施，以先实施后补贴的形式方别完成1000台和500盏的推广任务。

【建设项目】 2015年，新田县能源办以小型沼气工程为纽带，集中对人畜粪便、污水进行沼气化治理和综合利用，实现养殖、种植、能源、环境的协调发展与良性循环。通过规划，在陶岭乡仁干村分期建设100立方米沼气发酵池2口，集中供气50个农户，实现管道用气。以集中修复旧池、病池，发展沿线新居户建新池，后期配套建设太阳能路灯和配套推广太阳能热水器的形式将4个户用沼气示范点捆绑升级为一个示范带。筹集资金近50万元，专项用于示范带建设。新建池60口，示范带户用沼气规模近230口。高山园艺场实施“畜、沼、果”生态循环农业示范项目。占地面积298.8亩，利用牲猪养殖所产生的粪便生产沼气，向周边村民集中供气，沼渣、沼液用于果树种植，生产有机水果。总投资84.8万元，其中，建设100立方沼气池1口，集中供气20个农户；建设400平方米猪舍1幢，3000立方米沼液收集池1座，500立方米高位液池1座；铺设200亩喷灌管网，配套建设提液系统。年出栏牲猪1000头，年产有机水果30万公斤，集中供气50户。

药业办

【概况】 新田县药业生产办公室成立于2006年4月，为县政府直属科级事业单位，财政全额拨款。核定事业编制5名，其中，主任1名，副主任1名，内设综合股和基地建设股。

【药材生产】 2015年，新田县完成种植药材2.1万亩，其中，青蒿种植面积8200亩，颠茄种植面积8000亩，主要分布在龙泉、冷水井、毛里、枧头、十字、金盆圩、茂家、三井、骥村等乡镇，罗汉果种植面积2000亩，主要分布在门楼下、十字、三井、石羊、大坪塘、骥村等乡镇；金槐、葛根等其它药材种植2800余亩。形成以青蒿、颠茄、罗汉果三大品种为主，带动其它品种均衡发展的格局。

【科技培训和指导】 2015年，新田县药业办组织开展实用技术培训，举办颠茄、青蒿、罗汉果3个品种高产栽培技术培训，培训药农200多人次，编印《青蒿、颠茄高产栽培技术资料》手册2000份，无偿发放到药农手中。深入基层举办科技下乡现场咨询活动或技术人员直接深入乡村田间地头进行技术指导，出动科技人员150多人次，接待咨询群众300多人次，发放各类技术资料2000多份。

【药材种植示范点】 2015年，新田县药业办办示范点两个：即三井乡油草塘村种植200亩罗汉果基地，新隆镇乐塘村种植200亩葛根基地。

【协调药材购销】 2015年5月16日，新田县药业办召开全县颠茄草、青蒿购销协调工作座谈会，达成一致意见，在做大做强，形成品牌上下功夫，树立新田的良好形象，建立和谐购销机制，合理有序设置收购点，统一收购和销售口经，不进行不正当竞争，影响购销市场稳定，坚持五项原则，即履行订单原则、药农自愿原则、标准一致原则、购销市场社会稳定原则、违规处罚原则，为县颠茄草、青蒿种植持续健康发展提供保障。

气象工作

【概况】 新田县气象局始建于1960年10月，属于国家一般气象站，现有在职员工7人，规格为正科级事业单位，隶属于永州市气象局。内设防灾减灾科，直属业务单位包括新田县气象站和新田县气象服务中心。2015年永州市委、市政府授予新田县气象防灾减灾工作先进县区。

【气象服务】 2015年，新田县气象灾害频繁发生。3月—6月的几次强降雨。在气象服务中，新田县气象局收集有关气象资料，召集有关人员进行详细的资料分析。加强领导值班带班制度，在重大天气过程中，坚持领导24小时值班带班，严把服务关。3月底完成全县区域气象自动站维护维修，保证全县29个乡镇气象自动站资料收集准确、及时，全年县乡镇气象自动站资料上传率达到市局要求，为防灾减灾提供可靠数据；购买移动MAS机，气象预警预测信息发布及时，覆盖面广。1月—12月发布气象预警预测信息1.5万多条。建立完善高清视频会商系统，派人参加省市局组织的业务上岗培训和防雷上岗培训。全年完成上级要求的业务工作基分，错情率为零。

【气象宣传】 2015年，新田县气象局推进落实地方气象事业机构和人员编制。重视气象宣传。在“3·23”世界气象日、科技活动周等活动中组织气象知识的宣传，发放《中华人民共和国气象法》、96121等宣传资料3000余份，气象灾害防御知识5000余份。

工 业

国网新田县供电公司

【概况】 国网湖南省电力公司新田县供电分公司简称国网新田县供电公司，成立于1992年1月19日，隶属于国网永州供电分公司。目前，公司共有在编员工61人，退休职工18人。公司下设综合管理部、财务资产部、发展建设部、调度控制中心、乡镇供电所管理部5个职能部室和运维检修中心、客户服务中心2个业务实施机构，以及龙泉、十字、新圩、石羊4个供电所。主要负责县12个乡镇以及宁远4个乡镇部分区域的电力建设、电能供电、电网维护任务。公司共有220千伏变电站1座，110千伏变电站2座，35千伏变电站7座，主变容量294.15兆瓦时，共有客户12.87万户。2015年售电量2.33亿千瓦时。

【安全生产】 2015年，国网新田县供电公司开展“精益安全管理”以及“安全月”“安全警示日”等活动，做到突出“三坚持”、落实“三到位”、实现“三提升”。围绕春、秋安全大检查以及《安全生产法》考试等重点工作，清理安全文件，下达“两措”计划，修订补充各级各类人员安全职责，抓人员安全技能培训和设备缺陷整改。开展安全知识进社区、进学校、进企业等活动，组织开展住宅小区、工业客户安全大排查，防范安全事故发生。截至11月30日，实现人身安全4170天，设备安全8479天，全年未发生任何安全责任事件和交通安全责任事故。

【项目建设】 2015年，国网新田县供电公司争取主网建设和农网改造项目资金1.66亿元，其中，主网建设资金1.5亿元，配网改造资金1600万元。新田220千伏变电站土建、电气工程以及验收、整改完成，变电站建成运行。农网改造工程涉及38个行政村，新建或改造10千伏线路7.22公里，新建变压器台区10台/1160千伏安，改造变压器台区72台/4785千伏安，利用旧变压器改造台区7台/850千伏安，新装综合配电箱89台，改造0.4千伏线路172.93公里，一户一表利旧改造9855户。

【生产管控】 2015年，国网新田县供电公司加强状态检修管理，定期召开计划检修协调例会，合理编制检修计划，检修计划完成率100%。作业信息的发布率、准确率、及时率均为100%。加强迎峰度夏（度冬）以及传统节日、重要活动等保电工作的过程管控，消除各类隐患179处，更换高压熔断器52组，更换高压熔丝436根，避雷器12组，高、低压线路共砍青400多公里，砍伐树竹3万多棵，更换杆塔标识2700个、台区标识牌350个，配网线路跳闸大幅下降，累计跳闸率考核排名市公司第二。

【营销服务】 2015年，国网新田县供电公司推进“六个零”供电服务工程和“四大服务”窗口建设，对每一起服务投诉，召开专题分析会，严格追究工作责任，认真制定防范措施。全年处罚相关责任人45人次。针对报修“出警不快、质量不优”的问题，制定“移动服务窗口”建设方案，配备精干人员、安排值班场地，购置办公电脑以及日常用品，满足“出警迅速、抢修高效”的工作要求。增加4个现金收费网点，缴费业务进驻政务中心，方便客户缴费、提高服务质量。

工业集中区

【概况】 新田工业集中区创建于1992年，2008年被纳入全国中西部地区加工贸易梯度转移重点承接地、湖南省“蓝宁道新”加工贸易走廊。2012年，经湖南省人民政府批准设立为省级工业集中区。园区近期（2011—2015）规划面积为4.38平方公里，远期（2016—2020）规划面积为5.08平方公里。截至2015年年底，园区入驻企业130家，形成以富硒农产品精深加工、家具制造、机械制造等为主导产业的新兴工业园。园区产值约占全县工业总产值的88%，其中，家私产业年产值约11亿元，富硒产业年产值约10.7亿元，机械产业年产值约8.8亿元，分别占园区工业总产值的22.54%、21.39%、18.03%。2015年，园区技工贸收入完成85亿元，同比增长46%；规模工业总产值完成60亿元，同比增长46.3%；规模工业增加值完成15亿元，同比增长37%；新建标准厂房22万平方米；土地储备1000亩，新增入统企业9家。

【招商引资】 2015年，新田工业集中区坚持以项目招商、以情招商、以商招商的方式，推动招商主体专业化，通过标准厂房的投资主和建设主体招商，发挥市场机制作用。创新创业园进驻项目17个，总投资额20亿元。分别是永州聚源高新农业开发有限公司、新田俊毅创新创业园有限公司、宝驰实业有限公司、湖南广隆食品有限公司、弘工智能有限公司、新田温氏畜牧有限公司、新田县豆家旺食品有限公司、湖南鑫健新型环保材料有限责任公司、湖南鑫健新型环保材料有限公司、华泰家私一体化办公楼、龙昶二期、闽新板材二期、和祥润二期、普瑞达二期、万龙木业、新田县宏鑫针织有限公司、湖南南有新田竹木也科技发展有限公司。

【“135”工程建设】 2015年，县委常委会专题研究推进创新创业园区“135”工程项目建设，下发《新田县创新创业园区“135”工程建设实施方案》，在管理、财政、金融、招商等方面给予政策支持。截至11月底，园区新建标准厂房计18.63万平方米。其中，永州聚源高新农业发展有限公司建设标准厂房2.7万平方米；湖南闽新人造板有限公司二期建设0.8万平方米；湖南省和祥润新材料有限公司建设0.75万平方米；湖南省普瑞达内装材料有限公司建设1.5万平方米；湖南华泰家私有限公司建设6.8万平方米；南有新田竹木建设0.4万平方米；新田俊毅创新创业园有限公司建设1.26万平方米；新田广隆农产品发展有限公司建设0.62万平方米；新田县宏鑫针织有限公司建设0.7万平方米；湖南龙昶机械有限公司建设2.5万平方米；湖南鑫健新型环保材料有限公司建设0.6万平方米。

【产业优化】 2015年，新田工业集中区围绕家私、富硒农产品加工、机械制造三大主导产业，完善扶持政策，推动产业集聚发展。投资15亿元的中国家具博览城项目和投资5亿元的新田俊毅创新创业园有限公司标准厂房建设项目（该项目以引进家私、灯饰类企业为主）开工。投资3亿元以上的温氏集团项目和投资6000万元以上的广隆农产品加工项目进驻新田县创新创业园。投资过亿的弘工智能装备制造项目，具有国内最先进机械制造生产线。龙昶机械二期工程（研发中心）开始建设，全力打造新田县第一家以研发为主的机械制造产业。

【平台建设】 2015年，新田工业集中区园区完成“三纵三横”（陶然街、双碧街、东溪街、南通路、环城南路、珠山路）路网建设、创新创业园排洪渠建设以及园区公租房等基础设施配套建设。陶然街、双碧街、南通路、珠山路路网及创新创业园排洪渠、公租房建设启动。完善园区人力资源市场，新设立园区政务服务中心，园区小微企业孵化基地，为园区企业创造便捷的服务环境。借鉴郴州2号公章的做法，完善联席会议制度，对落户工业园的项目，组织相关部门开展现场审批，提高办事效率。对园区的重点企业，实行班子成员和工作人员共同协助制，加大服务力度。园区融资平台园投公司并入城投集团，实行独立管理，资源共享，优化园区融资通道。9月1日，县人民政府与永州泰华物流园有限公司正式签订综合商贸物流项目合作意向，总投资约4.5亿元的综合商贸物流项目入驻新田。

【园区服务】 2015年，新田工业集中区征地1000亩。入园项目投资门槛由原来的500万元提高到1000万元，投资强度由每亩不低于50万元提高到100万元，实行工业用地退出机制，提高工业建设土地利用率。集中对园区内三个闲置土地大户进行集中突击处置，清理处置工业闲置土地660亩，占全县土地清理工作任务的80%以上，完成市委、市政府下达的土地清理工作任务。园投公司向中江国际信托公司、省市农行融资1.45亿元，用于园区基础设施建设。通过园区人力资源市场为企业和劳动者求职搭建固定平台，举行“春风行动”等大型招聘会，缓解园区用工难问题；明确一个乡镇对接一家劳动密集型企业，对口解决招工难问题；与县职业中专联合在园区设立就业培训基地，对园区重点企业对口培训企业急需的相关专业人才，开课为园区企业培训技术工人和管理人员近千人次。提供公租房700余套，解决园区企业近2000人的住房问题。

方达公司

【概况】 新田县方达实业有限总公司是一家集房地产开发经营、物业管理、商业贸易于一体的国有独资企业，下辖新田县方达工业园和上海留芳置业发展有限公司。新田县方达工业园占地面积122374平方米，建筑面积83986平方米。现有落户企业25家，从业人员3000余人。主营鞋业、针织、机械制造、蔬菜加工、电子产业、服装、内衣、物流、水厂、手套加工等业务。现有新主厂房1幢，老生产厂房8幢及其他附属设施和建筑物。上海公司地处上海市松江区出口加工工业区，占地面积40572平方米，约61亩。建有6幢二层面积为25288平方米的现代化标准厂房。

【招商引资基地建设】 上海公司成功引进庆业台资电子高科技企业。2009年建有厂房7座，占地面积3458平方米，建筑面积1.05万平方米，总投资1600万元，于2011年6月25日封顶。现有3幢厂房面向社会公开招商招租。

商业贸易

商务管理

【概况】 新田县商务局组建于 2005 年 5 月，加挂新田县招商合作局牌子,是主管全县内外贸易和国际经济合作的政府工作部门。内设办公室、贸易股、市场运行调节股（加挂县生猪定点屠宰管理办公室、县酒类产销管理办公室牌子）、市场秩序股（加挂对外称商务综合执法大队）、外商投资联络股、外经外资管理股(加挂县外商投拆协调中心牌子）6 个职能股（室），县商务局机关行政编制为 10 名，其中，局长 1 名（兼任县招商合作局局长），副局长 2 名（含县招商合作局副局长 1 名），股长(主任)及工作人员 7 名。机关后勤服务人员事业编 2 名。下属事业单位事业编制 9 名。2015 年，新田县商务局承接产业转移项目 32 个，完成年度任务的 107%。到位内资 11 亿元，完成市里下达任务的 110%；到位外资 3000 万美元，完成年度任务的 115.4%。实现外贸进出口额 5000 万美元，完成年度任务的 116%。实现社会消费品零售总额 23 亿元，完成年度任务的 102%。2014 年以来，全县在市级重大招商活动平台上签约项目的履约情况良好，履约率 100%。建成投产“2014 年沪洽周”签约的汽车内装材料生产项目；动工建设“2015 年港洽周”签约的东日钢构生产项目和怡上机械项目，“2015 年广东湖南商会年会”的温氏生猪养殖项目和家博城项目。2015 年，新田县商务局获得全市“市场监管公共服务体系建设优秀项目单位”“国家级出口食品农产品质量安全示范区。

【招商引资】 2015 年，新田县商务局提高招商准入门槛，招商引资工作的重心放在“招大商、选强商”上，引进投资规模大、带动能力强的大项目、好项目，招商质量提高。2015 年，全县引进投资上亿元的项目 9 个，20 万平方米标准厂房建设项目、商贸综合物流园项目、富锶矿泉水开发项目、南部新城学校项目等民生项目签约落地。湖南五凌电力、远景能源、北京天润新能、湖南中技环保能源等新能源企业在新田县抢滩布点，2 个光伏发电项目及 2 个风电项目签约。

【市场监管】 2015 年，新田县商务局加强执法队伍建设，设立“12312”商务举报投诉中心，落实办公场地，配备执法装备，开展生猪定点屠宰、酒类流通管理、成品油市场管理、再生资源回收管理等执法行动 25 次，查处各类案件 10 余件，商务执法水平提高，执法面拓宽。2015 年 7 月，通过省商务厅全省市场监管公共服务体系项目单位验收。

【创建国家级示范区】 2015 年，新田县推进出口食品农产品质量安全示范区建设，提升食品农产品质量安全水平。创建工作于 8 月 18 日通过省验收小组验收，9 月 20 日通过国家验收小组验收，成功创建“国家级富硒农产品出口质量安全示范区”。

【电子商务】 2015年，新田县商务局顺应“互联网+”时代潮流，发展电子商务。县委书记、县长亲自带队赴浙江考察学习，10月28日与阿里集团、甲骨文科技有限公司签订战略合作协议，完成村淘项目宣传工作和村淘合伙人招募工作。完成村淘合伙人培训、县级服务中心装修。59个村级服务站开业。

供销合作

【概况】 新田县供销社于1951年7月成立，全称为新田县供销合作联社，隶属于县政府管辖，人员定编10人。县供销社是具有部分行政管理职能的正科级事业单位。现有干部职工40人，其中，在职18人，离退休22人。机构设置为办公室、业务股、人事股、财会股。2015年，被市授予“综合业绩考核特等奖”。

【专业合作社】 2015年，新田县专业合作社完成销售总额5.0537亿元，比2014年同期增加5%。其中，农资销售1.7亿元，基本与2014年持平；日用消费品销售2.63亿元（其中乡镇网点连锁销售1.1亿元），比2014年同期增加4.5%，农副产品购销2912万元，社办工业产值4325万元。发展农民专业合作社4个，累计30个；新发展联合社1个，即新田县富硒农产品种植专业合作社联合社；新增农村综合服务社2个，完成50个；开放办社，发展500万元以上企业1家。农资、日用消费品加盟店完成3个，至年底完成215个；县级可利用垃圾集散处理中心完成合作加盟，挂牌营业。农村可利用垃圾乡镇站、村级点基本上达到100%和80%以上。基层组织（惠农服务中心）建设完成7个。

【招商引资项目】 2015年，新田县供销社申报12家惠农服务中心，获得省级扶持资金3.6万元。完成省“新网工程”——新田县石羊醋水豆腐生产专业合作社“冷链物流系统改造建设项目”及2015年度“农民专业合作社示范社”申报工作。

【农资销售网络】 2015年，新田县供销社完善农资网点建设，加大改造力度，在现有网点基础上，发展和改造农资销售网点3个，即骥村镇陆家村农资销售点、新隆镇候桥村农资销售点及庄稼医院；摸清农户种植情况、化肥需求情况，建立销售卡，进村到户送货上门，利用“网上供销社”交易平台进行农资线下销售；开展农化服务，扶持企业做好农技培训、农资咨询和科技下乡，帮助农户解决具体问题； 2015年农资市场未发生一起群众举报公司坑农害农事件；县社与县农化公司申报2家农资诚信销售店，全县现有6家农资经营诚信店；加大农资淡季储备量，保证农资市场需求。2015年，农资冬储量1.35万吨，占全年销售总额的35%以上。

【烟花爆竹监管】 2015年， 新田县供销社开展烟花爆竹连锁加盟网点建设，烟花爆竹连锁加盟网点新增2个，至年底达到58个；加大对县众诚烟花爆竹公司的监管，县供销联社与公司签订安全管理责任书，实行“谁主管、谁负责”的监管原则，要求公司增加安全投入，缴纳安全责任保险1.2万元，为员工办理工伤保险和意外伤害保险，公司门面及仓库全部安装电子监控设备；加大烟花爆竹仓库的安全监管力度，县社主要领导和分管安全生产的领导每月对仓库进行定期及不定期检查，发现隐患，及时进行整改。

【农村合作经济组织建设】 2015年，新田县供销社通过政策宣传、示范带动、业务培训等途径新发展农民专业合作社4个，即新田县山昌油桐种植专业合作社、新田县旺顺养殖专业合作社、新金凤种养专业合作社、新田县必富竹鼠养殖专业合作社。入社农户300多户，带动农户1000余户。新发展联合社1个，即，新田县富硒农产品种植专业合作社联合社。新增综合服务社2个，即新田县大坪塘综合服务社和金盆圩综合服务社。新增开放办社企业1个，新田县石羊醋水豆腐生产专业合作社1个。新增行业协会，即新田县有机富硒农产品企业协会。

【“网上供销社”建设】 2015年，新田县供销社完成农产品信息采集200多条，农超、农校对接4个，完成农超销售额500万元，企业和专业合作社入网数达到6个，在全市排名第三位，产品入网数150多个，网上交易额实现线上线下交易700多万元。

【可利用垃圾回收网络建设】 2015年，新田县县、乡（镇）、村三位一体的农村可利用垃圾回收体系逐步形成。县级可利用垃圾集散处理中心完成合作加盟，开展回收、调运和粗加工。农村可利用垃圾乡镇站、村级点达到100％和80％以上，乡镇站与村级点签订回收协议，结合农村环境综合治理，将可利用垃圾回收体系建设纳入全县乡镇考核范围。全县农村可利用垃圾回收网络建设，按照“龙头企业+乡镇回收站+村级回收点（保洁员）+流动回收人员的运作模式，逐步实现“村收集、乡（镇）运输、县处理”的运行机制，回收网络各环节运转通畅有序，做到农村可利用垃圾应收尽收。

【废品收购店搬迁工作】 2015年，新田县出台《新田县城区主干道废品收购店搬迁实施方案》，针对城区主干道19家、次干道6家废品收购经营店思想抵触情绪大、搬迁费高、经营户损失大等做出包含搬迁补贴、损失补贴和奖励资金等在内的搬迁补偿与奖励措施，限时内做好划行归市的搬迁工作，完成搬迁和规范管理23家。

【农产品电商工作】 2015年，新田县供销社与湖南省绿湘网络科技有限公司探索“互联网+”农业新田战略合作关系，由绿湘网络科技有限公司承接新田县农产品互联网销售体系建设、电商培训等项目，在合作期内完成近期（1年以内）1000万元、中期（2至3年以内）5000万元、远期（3年以后）1个亿元以上的销售目标，把新田县打造成湖南省“互联网+”农业示范县和“精准扶贫”标兵县。

粮食局

【重点工作】 2015年，新田县粮食局争取项目资金，即上争军供粮店维修项目，计划下拨资金57万元；为恒丰米上争富硒粮食加工技改项目，计划下拨贷款贴息资金80万元；完成县储备粮收购任务1600吨，成品粮储备530吨；完成507吨县储粮的轮换工作。

【应急体系】 2015年，新田县经市粮食局批准的粮食应急网点16个，其中，应急供应点3个，应急加工企业1家。落实企业代储粮150吨；粮食市场监测预测和信息发布工作，为科学制定粮食生产、流通和消费政策措施提供科学依据。制定粮食应急演练制度，确保粮食应急预案的进行。

【储粮管理】 2015年，新田县粮食局规范粮食储存管理。制定《粮食仓储管理若干规定》，强化粮食仓储规范化管理工作。执行粮食安全保管工作制度，杜绝储粮安全事故。各粮库针对出现的暴雨天气，加强值班，及时进仓检查粮情，发现问题及时采取措施进行处置，重点做好防雨、防漏、防霉、防鼠工作，确保储粮安全。加强工作督查。局机关挂片人员每周3次下到所联系粮库，督导安全储粮措施落实情况、“三七”粮情检测制度执行情况等。确保县粮食储存安全稳定。抓安全生产工作。抓粮食安全月活动，6月，安排专车组织巡回宣传，印发宣传标语100多条，宣传手册1000多份；明确工作任务，落实工作责任，提高安全生产意识，对所属辖区死角死面进行3次安全大排查；突出重点抓落实，消除生产经营环节中存在的不安全隐患。添置灭火器材10台，检修用电线路。

【市场管理】 2015年上半年，新田县粮食局对16家粮食经营户督促检查4次。经省、市检查组对全县2个点库6栋粮食仓库2600吨储粮进行库存检查结果显示，县国有粮食购销企业的最低收购价粮食、县级储备粮账实相符、账账相符，稻谷各项质量指标符合国家质量标准，得到省检查组的充分肯定。抓省级粮食流通监督检查规范执法示范单位创建工作。

烟草局

【概况】 新田县烟草专卖局成立于1985年，2006年机构改革成为非法人国有企业，隶属永州市烟草专卖局，负责全县的两烟生产经营和专卖管理。机关内设办公室、财务室、纪检（综合室）、市场服务分部、区域中转站、烟叶生产经营分部、烟基办、专卖办、内管组9个股室，下设田家、新圩、石羊3个标准化烟草站。现有在岗职工181人。2015年，签订烤烟种植合同面积3.77万亩，收购烟叶9.3万担，完成合同计划的86.87%；销售卷烟1.4万箱。实现销售收入5.78亿元，实现税利1.78亿元，其中利润1.11亿元，同比分别增长18.03％、21.88％。2015年，获“全省现代烟草农业建设先进县”“全市现代烟草农业先进县”“全市烟叶工作先进烟草站”“全市烟叶市场管理先进单位”称号。

【烟叶生产】 2015年，新田县烟草专卖局坚持“控规模守红线”总基调不动摇。把控制总量摆在烟叶工作的首要位置，坚持完成1.07亿公斤烟叶收购任务不动摇。坚持专业化服务不动摇。按照一个基地单元配备一个示范性烟农综合服务合作社的要求，由原来的6家合作社有效整合成惠民源、千山、龙丰3个烟农合作社。抓实机耕、育苗、植保、烘烤、分级5个基本专业服务队伍建设，开展服务前移，提前进村入户，为辖区烟农提供机械翻耕起垄、育苗、无人机飞航植保专业化服务。坚持精益生产不动摇。以点带面,确立建立岱下洞、下曹洞、石羊洞3个示范区和其他4个示范点的区域划分，覆盖全县7个站点1.2万亩土地。展开精益生产宣传攻势，悬挂横幅500余条、粘贴宣传标语1500余张、发放致烟农的一封信1800余份，召开烟叶精益生产现场会，开展业务技能培训，组织烟叶培植员为全县3200余户烟农和120多个科技示范户“传经送宝”，营造浓厚的精益生产氛围。加大科技创新力度，在全县各烤烟主产区，有针对性地开展生产关键技术研究13项，为规范化、科技化的烟叶生产发挥引导作用。应对自然灾害等不利因素，县遭受历史罕见的冰雹、龙卷风、洪灾、病虫害等严重自然灾害，受灾范围之广前所未有，通过一系列的技术指导和补救措施，把损失降到最低，抢抓生产主动权，灾害之年的烟叶质量仍保持较高水平。坚持烟叶收购规范管理不动摇。加强烟农初分、专业化分级、定级、成包、中心库二次验级等环节的过程质量监管，确保烟叶纯度和等级质量。规范收购管理，重点抓好散叶收购流程、专业化分级队伍、预检预约收购方面的规范管理，执行收购流程要求，落实分级人员持证上岗制度。收购工作整体平稳有秩，全县12个收购站（点），无一起不稳定事件发生，实现高纯度低眼光收购，最大限度确保烟农的利益。县烟叶均价稳定在全市前三的位置。坚持深入推进现代烟草农业建设不动摇。完成2014年度2420.32万元的烟叶基础设施建设任务，并通过省局的验收；完成2014年度土地整理项目4800亩，于10月完成中介机构验收，现在正与施工单位核对数据中，年底申请市局验收。投资2160.5万元的建设任务，正在按计划有序推进。协助推进水源性工程建设，抓金陵水源连通工程项目的后续管理。

【经营管理】 2015年，新田县烟草专卖局加强客户的市场类型、经营业态、明码标价等基础信息的核实和维护工作，确保货源组织精准有效，货源分配和户均投放节奏平稳，社会库存控制合理。以“品牌培育百日竞赛”为突破口，通过召开推销会、发放宣传资料、找重点零售户、忠实消费者推销等多样性的宣传促销手段，提升品牌培育能力，抢占市场。扩大现代卷烟零售终端建设覆盖面，按照“统一规划、分步实施、逐年提质、打造品牌”的指导思想，全县打造优质卷烟零售终端10个。示范街、示范镇建设进入新阶段，迎宾路、枧头镇37户零售户完成烟柜改造。强化卷烟提税调价工作。利用短信平台、零售户QQ群、微信群等交流平台，发布卷烟提税调价政策，解释新政策旨要，争取零售户配合，确保第一时间响应和解决突发问题。开展营销系统、仓储管理系统等业务系统数据的核对和对自营店的实物盘点工作，发现数据异常应立即查找原因并进行修正，确保业务数据准确无差错。高度关注市场状态，及时采集上报市场信息，指导零售客户做好订货，维护价格稳定和市场秩序。强化物流规范运行。以非法人实体化运作为契机，全面推行“一访、二配、三送”（ 订单采集一天、订单消化一天、送达客户一天）的送货模式，有效提高工作效率，降低物流费用。坚持 “6S”现场管理要求，优化物流配送用工，实行配送车组 2 人送货制，提升物流配送服务标准化、规范化操作水平。截至年底，送货 61105 户次，完成配送卷 13901.2 箱，销售金额 3.58 亿元，其中，代扣金额 3.3 亿元、现金回笼 0.28 亿元，完成卷烟配送任务。

【两烟市场整治】 2015 年，新田县烟草专卖局抓打假破网工作。在“春雷”“潇湘金剑”等系列专项行动中，出动执法人员 99 人次，出动执法车辆 26 台次。“2014.7.10”真烟网络案 4 名家族式涉案当事人被判非法经营罪，分别被处有期徒刑 2 年、1 年 6 个月、1 年 2 个月、10 个月，并处没收财产人民币 8 万元、12 万元、13 万元、7 万元的刑事处罚。抓整治真烟非法流通。建立专卖、营销、配送三员联动工作机制，加强信息流转和工作衔接。开展专项整治、突袭检查、暗访检查、专项检查等行动，组织辖区内零售大户约谈，联合工商开展对辖区无证户的地毯式清理整顿，开展真烟“断渠道”工作。查处真烟案件 75 起，其，中 5 万元以上案件 8 起，查处涉案真烟 217.02 万支。抓依法行政水平。新办零售许可证 179 户，注销 82 户，停业 8 户，恢复营业 2 户。抓内部专卖管理监督。采取网上监管、跟踪送货、现场暗访等方式，加大卷烟规范经营的内部监管。开展烟叶计划执行、合同签订、烟用物资发放、烟叶大田移栽、烟叶收购等专项检查。在“两烟”生产经营中，查获真烟非法流通案件 74 起，处罚 70 人次，处罚金额 247629 元，处理异常预警 5 条，下发整改通知书 1 份，下发规范建议书 3 份、工作联系函 4 份。

【精益管理】 2015 年，新田县烟草专卖局在国家局、省局、市局网站和《永州日报》等各级媒体发表稿件 180 篇。加大办公自动化信息维护力度，排除办公自动化设备故障 60 余次，为全县系统的自动化办公提供技术质量保证。来人来客一律实行机关食堂招待。全年无重大车辆交通事故发生。推进 7S 精益管理工作向纵深发展，打造以 504 办公区、604 储物区为模板的“7S”现场办公环境，通过显示屏轮播、版面横幅宣传、各区域展架介绍、短信定期发送、现场培训会等方式传播“7S”管理相关内容，委派专人对各办公区域进行摸底调研，合理规划，统一标准，打造优美和谐的“7S”管理工作现场。加强财务管理。开展预算定额标准体系建设，把费用预算偏差率、重点费用预算执行率、重点指标预算偏差率纳入工作业绩考核指标体系，加强成本费用的控制。1.5 亿万元烟用套餐物资资金实行 POS 机刷卡收款，得到烟农好评。加强项目管理。对基建工程实行投资、质量、进度等全程监控。投资515万元的茂家烟草站改建主体工程基本完工，附属工程在扫尾中。健全经济评审操作流程，对工程建设、服务采购项目，固定资产维修、装修和处置，报“三项工作”管理委员会评审。召开“三项工作”管理委员工作会16次，评审项目55项，涉及金额500余万元。

【队伍素质建设】 2015年，新田县烟草专卖局推进“师带徒”工作，大胆使用年轻优秀、有发展潜力的青年员工，将其安排到比较关键的岗位摔打锻炼，帮助引导步入事业发展的“快车道。注重员工技能培训，“三线”持证上岗率持续提升，营销线达到100%，专卖线为100%，烟叶线为94.7%，干部职工年龄结构、知识结构、专业结构得到改善。在2015年第五届全省烟叶分级职业技能竞赛中,县局3名员工分获个人第三名、第七名和第23名。

盐务局

【概况】 新田县盐务管理局1984年从县副食品公司分离出来，成立独立的盐业公司。1992年成立盐务管理局，盐务管理局与盐业公司合署办公。具体履行辖区盐业管理、食盐专营和盐政执法职能，垂直管理单位，隶属于永州市盐务管理局。内设人秘办公室、财务股、运销盐政股、多种经营股等。

【“三项”工作】 2015年，新田县盐务局推行“三项”制度改革，整合职能，精简机构，优化人力资源配置，制定《片区经理责任制实施方案》《终端网络建设建设方案》《新田盐业分公司关于推进绩效考核工作实施办法》，配套制定与之相关的各项规章制度。新田县作为一个大的片区，从事营销和相关工作的人员占在岗人数的比例为80% ，符合直接从事市场营销、商品配送的人员不低于60%的标准。

【盐政工作】 2015年，新田县盐务局出动盐政执法人员336人次，出车 112台次，同公安、工商、卫生联合执法 14 余次，检查食盐零售网点 600余户，检查工地、学校、单位等食堂 42家，食品生产加工及腌制厂17家，为食盐零售经营户补发和换发“食盐零售许可证” 59 份，办结案件数1起，批评教育1起，保持食盐销售市场的稳定。5月，突出“坚持科学补碘，预防碘缺乏病”活动主题，就“5·15”宣传活动召开专题会议，详细部署。5月15日与县疾控中心联合，深入三井乡开展碘缺乏病防治宣传活动，为100余人次提供碘缺乏病咨询、简答，免费发送各种资料1500余份。6月至9月，联合县工商、卫生及公安部门，结合全县食盐市场实际情况，开展有重点的专项整治行动。重点对全县的大型集贸市场、饭店、学校、幼儿园食堂、县城边界地区、食品生产加工及腌制业等食品加工用盐户等进行检查。

财政税收

财政局

【概况】 新田县财政局为县人民政府工作部门，主管全县财政收支、财税政策、国有资产管理等工作。内设15个职能股室，归口管理县农业综合开发办公室、县非税收入征收管理局、县乡镇财政管理局（契税、耕地占用税征收管理局）、县会计核算中心、县国库集中支付中心等5个副科级事业单位，归口管理县政府采购办公室、县财政工资统一发放中心、县控制社会集团购买力领导小组办公室、县扶贫资金管理办公室、县财政投资评审中心、县农村综合改革办公室、中华会计函授学校新田函授站7个事业单位，辖12个乡镇财政所。现有干部职工88人，其中大学本科以上学历34人，中级以上职称人员15人，注册会计师 3人。2015年，新田县本级完成财政收入5.63亿元，比2014年增长19.98%。其中，地方一般预算收入完成4.27亿元，增长16.41%；上划中央收入完成0.97亿元，增长34.80%；上划省级收入完成0.38亿元，增长27.86%。地方财政收入占生产总值的比重为8.9%。2015年，新田县财政收支及平衡情况是：财政收入总额25.21亿元（其中，一般预算收入4.27亿元，上级补助收入16.54亿元，债券转贷收入4.40亿元），上年结余6608万元（含结转下年支出6608万元）。财政支出总计25.22亿元（其中一般预算支出21.23亿元，上解支出955万元，地方政府债券还本3.89亿元）。收支相抵，财政累计结余6491万元（含结转下年支出6491万元）。获2015年度全省金融与债务管理工作一等奖；获全市财政系统“六五”法制宣传教育、信息宣传、财经报刊宣传发行、纪检监察调研工作先进单位；全市社保基金预算先进单位；被市财政局评为2015年度企业财务快报工作先进单位；龙泉财政所被省厅评为全省财政工作先进集体。

【财源基础】 2015年，新田县财政局服务经济发展，坚持把促发展作为首要任务，发挥财政资金“四两拔千斤”的作用，综合运用税收、财政补贴、信贷奖励等工具，支持机械制造、家私产业、富硒农产品加工三大主导产业发展，加大招商引资力度，加大对烤烟生产的投入，夯实财源基础。2015年工业税收入库同比增加1500万元，重点项目入库税收同比增加1000万元。

【财政支出】 2015年，新田县民生民本支出占财政总支出比重76%。保障“三农”投入。农林水事务支出3.39亿元，统筹整合财政涉农资金5000万元用于农村公路、水利基础设施建设；拨付“一事一议”财政奖补项目203个、资金1480万元；发放粮食直补等惠农资金6573万元。保障教育事业优先发展。发放贫困寄宿生等补助资金2000万元；拨付合格学校建设资金6000万元，安排校车安全补贴资金500万元。完善社保医疗体系。安排社保和就业支出2.52亿元、安排民政资金1亿元、保障性住房建设资金9000万元，安排医疗卫生支出2.6亿元，新农合、城镇医保补助标准人均提高到380元，拨付老年乡村医生生活补助资金147万元。

【管理体制】 2015年，新田县财政局深化财政改革。推进预决算公开，在县主要媒体公开2014年财政预算执行情况、2015年财政预算草案、107个单位预算、31个单位决算；深化国库集中收付制度改革，直接支付资金16.2亿元，占全部支付的89.5%；加强评审采购监管。累计完成预结算评审项目385个，评审总额12.2亿元，审减节约财政资金1.8亿元；完成政府采购预算金额4970万元，节约财政资金637万元。

国家税务

【概况】 新田县国家税务局成立于1994年9月，现有干部职工84人，平均年龄36岁。其中，共产党员52人，硕士研究生3人，大学本科36人，大专40人，中专及以下5人。内设办公室、财务管理科、政策法规科、收入核算科、征收管理科、人事教育科、监察室、纳税服务科(办税服务厅)、税源管理科（城区、农村）、机关党委办公室、机关工会、妇委会、稽查局、信息中心14个科室。辖区内有登记注册户2381户（家），其中一般纳税人113户（家），小规模纳税企业208户（家），个体工商户2038户（家），纯所得税企业22户（家）。2015年，新田县国税局先后获得全市国税系统党风廉政建设工作先进单位称号；继续保持“省文明单位”“省文明卫生单位”称号；纳税人满意度排名全省第九位。

【税收收入】 2015年，新田县国家税务局为农林牧副渔业减免增值税177.81万元；办理出口退免税708.02万元；小微企业增值税优惠政策减免税额316.6万元；93家小微企业享受所得税优惠政策，受惠面达100%。查办各类案件24起，查补各项税收收入64.14万元，调减企业留抵税额90万元。2015年，入库各项税收收入1.29亿元。其中，不含车辆购置税的各项税收收入11002万元，同比增收2905万元，增长35.88%，完成市国家税务局分配年任务8600万元的127.93%，完成县人民政府分配任务10792万元的101.95%，税收增幅在全市排名第一位。连续10年实现“零新欠”。

【税收征管】 2015年，新田县国家税务局完成金税三期上线，成功运行。落实纳税人分户征管资料档案管理规定，开展征管业务类档案评比活动。探索税源分类管理模式，因地制宜打破传统税源管理按片管户、一人独管、各自为阵、不精不细的局限，构建起相互配合、监督制约的税源专业化管理新格局。探索实行税管员痕迹化管理，制订《税收管理员下户巡查管理办法》，建立税收管理员下户巡查工作台账，实行“一事一记录、一月一核查”，下户巡查近2000余户次，巡查覆盖面占到县辖区所有纳税人的72%，对税源管理全过程实行严格管控。建立健全信息交换共享机制，与12家有代扣代缴税收义务的县级单位签订委托代征代缴协议。各委托代征单位解缴入库增值税收入累计633万元，较2014年同期增加225万元，同比增长55.15%。

【税收执法】 2015年，新田县国家税务局对权限范围内的行政许可和审批事项进行清理，清理后有行政许可5项，非许可审批23项。根据省市国税局税收风险工作部署，推送风险纳税人总户数39户，查补各项收入147.91万元，调减留抵税额90.3万元，调减亏损金额219万元，风险分析识别命中率100%。开展执法督察工作，对6项16条执法疑点进行核查，经核实，执法过错8条，补缴税款423.35元，追究责任3人次。

【纳税服务】 2015年，新田县国家税务局举办六期纳税人学校培训班。通过办税服务厅的公告栏、电子显示屏、电子触摸屏、微信群等渠道，宣传最新税收优惠政策，开展“小微企业宣传周”“营改增”等专题宣传活动。在新田“花开游园”活动日，设咨询台，开展“花开香千里，税法惠万民”主题宣传活动，进行集中宣传。与县一小、二小共同举办“红领巾”培训班，培养税法意识。开展纳税人“大走访”活动。通过发放问卷调查等形式广泛征求意见，逐一登记纳税人的涉税需求，制定 “一对一”整改措施，帮助纳税人解决实际问题。加强办税服务管理。落实纳税服务规范，抓实晨会制度，推出延时服务、预约服务等服务制度；启用办税服务综合管理系统，实行排队叫号管理；打造音视频管理平台，安排专人进行远程监控，发现问题及时提醒。推行廉政服务监督卡。为全局21名税收管理员量身订做“纳税服务廉政监督卡”，税收管理员在开展日常工作时一并向纳税人派发，为纳税人提供纳税咨询和权益诉求的便捷通道,拉近税务人员与纳税人之间的距离。

【干部队建设】 2015年，新田县国家税务局选拔中层正职4名，中层副职5名，调整35人，优化科室人员配置，提升干部队伍战斗力。加强执行力文化建设，推行绩效管理、岗责管理、项目管理、台账管理4项管理机制，健全督查督办、情况通报、奖惩问责3项机制，推行执行力工作平台，推动作风转变。内控外评管理信息系统中行政事前风险人工提示发件3次，收件98次，触发监控规则30次，事中强制阻断6次，事后发送疑点数据24次，产生任务单24个，按期处理24条，按期处理率100%。

地方税务

【概况】 新田县地方税务局成立于1994年，现有干部职工81人，其中离退休19人，在职62人。在职人员中，中共党员45人，党员比例达73%；45岁以下的49人，占在职人员的79%；具有大专以上学历的有61人，占98%。机关内设办公室、征管和科技发展科、税政法规科、财务管理科、收入计划核算科、监察审计室、人事教育科7个科室，下辖3个派出机构（一、二、三税务分局），二个直属行政机构（稽查局、办税服务中心）和1个直属事业机构（信息中心）。负责管辖全县12个乡镇2100多户（家）个体工商户和250余家国有、集体、私营企业与行政事业单位的地方税收管理工作。

【地税征收】 2015年，新田县地税局组织各项收入31271万元，同比增收5238万元，增长20.12%，收入总量跨入3亿元大关。其中完成计划口径30550万元，同比增收5143万元，增长20.24%，完成省分计划27000万元的113.15%；完成政府计划口径31017万元，同比增收5610万元，增长22.08%，完成年初税收征收任务29008万元的106.93%。

金融保险证券

中国人民银行新田支行

【概况】 中国人民银行新田支行成立于1992年7月1日。下设人秘监察股，货币信贷股和会计国库股3个股室。有干部职工18人，其中，党员12人，女职工4人，本科以上学历18人，中师8人。2015年年末，全县各项存款81.5亿元，各项贷款31.2亿元，存贷业务以年均20%以上增长，增速位于全市前列。2015年，新田支行获得永州中支授予的支付结算先进单位称号；总行授予的中国人民银行模范职工之家称号；湖南省妇女联合会授予新田支行湖南省巾帼建功先进集体；被团中央授予“青年文明号”单位。被全国总工会授予“全国模范职工之家”“湖南省文明单位”。在湖南省人民银行县支行履职座谈会上，新田支行作《创设融资通道 做活土地文章 农村承包土地经营权抵押贷款惠及千家万户》典型发言。

【制度管理与创新】 2015年，新田县人民银行实施管理制度创新。制度制订“与时俱进”，增强制度约束力和前瞻性。实施管理目标创新。明确近期和远景目标，做到有的放矢。实施管理手段创新。在管理中始终坚持“以人为本”的指导思想，积极实施人性化的管理模式。

【素质教育】 2015年，新田县人民银行通过经常开展作风、学风整顿，提高员工的思想境界，增强员工“自完善”的积极性。竞赛工程。鼓励员工积极争先创优，支行近3年来在各级赛事、评比中获70多项荣誉。综合能力工程。开展调研能力、写作能力、计算机、法律、外语知识等培训，全行员工均为大专以上学历，有12取得中级专业技术职称。

【金融服务】 2015年，新田县人民银行实施“优质”工程，发挥央行职能优势，提供金融服务和发挥参谋作用。加强与所辖金融机构的纵向联络，提供“窗口”指导意见。引导金融机构加大信贷投入支持地方经济发展。加强与地方党政职能部门的的横向联系，疏通货币政策传导机制，提高货币政策执行力。加强对社会各界金融宣传，深化普及金融知识，提高群众金融意识，树立诚信理念。

建设银行

【概况】 中国建设银行股份有限公司新田支行，内设客户经理部，下辖中国建设银行股份有限公司新田支行营业部和新华路分理处。1997年8月12日，经零陵地区革命委员会批准，设立中国人民建设银行新田办事处。1979年6月，中国人民建设银行新田办事处，改称中国人民建设银行新田支行。1987年开始，设支行储蓄专柜、新华南路储蓄所，开办储蓄业务。陆续成立新华西路储蓄所、南门储蓄所、滨河东路储蓄所。1991年，增设房地产信贷部。1994年开始，建设银行不再办理新的政策性贷款业务，向财政部门移交基本建设管理职能，标志着建设银行步入向商业银行转轨时期。1995年根据《中华人民共和国商业银行法》的要求，建设银行实施统一法人体制。1996年，中国人民建设银行新田支行更名为中国建设银行新田县支行。2003年，实行股份制改造，精简机构，裁员分流，内设客户经理部、会计结算部，下辖储蓄专柜、新华南路储蓄所。2005年，中国建设银行新田支行更名为中国建设银行股份有限公司新田支行。现有员工26人，内设客户经理部，下辖营业部、新华路分理处。中国建设银行股份有限公司新田支行被评为2015年度中国建设银行湖南省分行先理集体。2015年度省行级“女职工文明示范岗”；蒋美菊被评为中国建设银行湖南省分行2015年度先进工作者，并被授予中国建设银行湖南省分行2015～2016年度“优秀共产党员”称号；中共中国建设银行新田支行支部被中国建设银行永州市分行委员会授予2016年度“先进党支部”称号。

【信贷业务】 2015年，新田县建设银行从源头上抓存款、抓客户，12月31日止，一般存款余额14.8409亿元，新增存款1.3337亿元，其中，对公存款余额3.7744亿元，新增4133万元；个人存款余额1.1064亿元，新增9203万元。贷款余额2.3853亿元，较年初增加9076万元，其中，对公贷款7895万元，比年初增加1595万元，个人贷款余额1.5958亿元，较年初增加7481万元。压缩逾期非应计和不良贷款，逾期非应计贷款余额为0元，资产结构更趋合理。在信贷投放上，支持优质项目和优质小企业，向湖南东新机械科技有限公司发放贷款700万元，湖南龙昶机械有限公司发放贷款1000万元；突出发展个人楼盘按揭贷款、个人消费贷款和个人助业贷款，发放个人楼盘贷款4500万元，个人消费贷款1200万元，个人助业贷款2000万元，抢占个贷市场，培育优质客户群体；加强对不良贷款的清收，提升信贷资产质量，不良贷款按五级分类为零，不良率为零，不良额和不良率均处于优良水平。实现中间业务收入393万元。个人网上银行高级客户新增1.3387万户；个人手机银行高级客户新增1.1万户；企业网上银行新增80户；个人短信客户新增7595户；个人POS银行客户新增120户；贵金属累销售956千克；销售基金7531万元；特色理财产品1.3亿元。实现利息收入1431万元，利润2343万元，利润较2014年增长22%，经营效益稳步增长，盈利能力增强。

农业发展银行

【概况】 中国农业发展银行新田县支行是全县唯一的一家农业政策性银行，于1997年1月挂牌成立。下设办公室、客户服务部和财务会计部3个部室。2015年，从业人员13人。被省分行评为2015年度“合规管理先进单位”，被市分行评为“2015年度党风廉政建设先进单位”。

【信贷扶持】 2015年，新田县农发行投放各类贷款2.9亿元，各项贷款余额3.6亿元。各项存款7.2亿元，其中同业存款4亿元。日均存款余额28933万元。实现安全运营，无任何责任事故发生。

【信贷业务】 2015年，新田县农发行执行各项购销政策，足额供应政策性收购资金，确保粮棉油储备的增储、轮换和粮棉临时收储计划的实施。发放地方储备粮贷款480万元，准政策性粮食收购贷款300万元。把握收购贷款投放节奏，确保不出现因收购资金断档而出现“卖难”，防止收购资金大量入市而哄抬粮棉油收购价的现象。强化库存检查、企业经营情况分析等贷后监管措施，准政策性贷款每月查库不少于4次，政策性库存和商业性库存不少于2次。展中长期信贷业务，支持新农村建设、土地整治、易地扶贫搬迁、水利建设和城镇基础设施建设等，促进县域经济发展。截至2015年12月末，发放园区建设中长期贷款9000万元、农村土地整治中长期贷款1亿元、易地扶贫搬迁项目贷款1亿元（按项目进度后期将陆续投放5亿元以上）。择优支持和加强维护并举，支持中小型企业，活跃地方经济，对于农业产业化企业，行坚持区别对待、有保有压、择优扶持、严控风险的原则，实施差异化的信贷策略，审慎发展新客户，退出劣质客户，维护现有优质客户，为优质客户提供更换贷款品种、合理增加贷款额度，促使农业产业化经营业务理性发展。合理支持农业小企业发展，培育恒丰粮油购销公司、鑫隆食品、万家鹅业等农业小企业做大做强。加强信贷基础管理和合规文化建设，促进全行各项业务稳健发展。组织开展合规教育，培育合规文化氛围。通过“合规管理年”活动，利用板报、警言和事例教育等形式，宣传“尽职免责、失职追责”等文化理念。在全行开展自查自纠活动，加强检查整改。加强财务会计管理，提升服务水平。行会计结算工作做到账务核算无差错、系统运行无中断、业务变更无滞后、运行管理无事故。建立银企廉政共建机制，与所有贷款客户签订廉政共建协议书，加强相互监督和制约，推进廉洁办贷管贷，防范违纪违法案件发生。安全无小事。从廉政建设、案防和保卫等方面强化安全意识，建立案件防控机制。确定3个方面的检查重点，即财会内控管理、计算机及网络管理、安全防范。对安全防范部位坚持每月至少随机检查1次，1个季度普查1次。

邮政银行

【概况】 中国邮政储蓄银行新田县支行于2008年4月18日正式挂牌成立，下辖3个支行、9个邮政储蓄代理网点。内设2个部门：综合管理部、综合业务部，现有从业人员44人。2015年，新田县支行被市分行授予“先进支行”称号；被省分行授予“一级支行争先奖”称号；行长谭荣清被评为“2015年度优秀管理者”；营业部主任刘琼被评为“2015年度优秀支行长”；营业部大堂经理郑燕妮被评为“2015年度先进工作者”；龙泉支行柜员邓婷婷被评为“2015年度优秀营业员”；综合业务部小企业贷款客户经理胡远波被评为“2015年度优秀信贷客户经理”称号。县支行行长谭荣清与营业部主任刘琼被永州市银行业协会分别授予“2015年度永州银行业优秀基层支行行长”与“2015年度永州市银行业优秀基层客户经理”称号，其先进事迹被列入永州市银行业协会撰写的《优秀基层支行行长、优秀基层客户经理事迹汇编》中。

【工作措施】 新田县邮政银行在内控上，完善风险内控制度，提升风险管控能力。下发《邮政储蓄银行员工十条禁令》《关于印发档案管理与应急预案的通知》《关于印发〈电子渠道案件防控专项活动实施方案〉的通知》《关于印发〈代理保险业务突发事件应急预案〉的通知》《关于印发〈新田县2015年反假货币宣传月活动方案〉的通知》等制度规定，建立健全风险内控制度。在营销上，建立健全营销机制和团队，提升员工的综合营销能力。在服务质量上，充实配备服务设施，提升服务质量。抓“网点标准化流程”管理工作，建立健全网点服务软硬件设施，强化规范管理服务流程，提高网点服务与厅堂形象，提升网点服务质量。在廉政建设上，加强廉洁工作和党风廉政建设工作，定期开展全员培训教育活动。

【内部管理】 新田县邮政银行开展多项业务培训考核活动，参加银监局、上级行、人民银行等组织的培训活动，提升员工的综合素质，创造良好的企业文化氛围。加强全行安全保卫和案件防控工作，加大检查力度和监督力度，增强网点营业安全，组织应急预案演练，参加人员44人次，组织相关人员层层签订《党风廉政建设责任书》《安全保卫责任书》《案件防控责任书》，创建全行的合规文化。

【服务管理】 新田县邮政银行继续开展“网点标准化流程”管理工程，建立周学习制度，细化服务管理流程，通过组织网点员工利用晨会时间，开展集中学习网点标准化流程管理规范、开展服务检查、知识考评等活动，提高员工服务知识和服务礼仪。在厅堂服务上，对营业部支行进行原有基础上的扩建和装修，加大PC电脑、ATM自助银行、叫号机、打印机等硬件设施的配备，让装修后的营业环境更宽敞、明亮，给客户带来更好的服务体验。

【精神文明建设】 新田县邮政银行组织集中学习《员工职业道德标准》，开展职业道德警示教育活动，提高员工合规经营意识；按时召开职工代表大会，落实行务公开、政务公开，做好职工代表的换届和选举；建设“职工之家”和“道德讲堂”，为员工营造良好的工作和生活氛围。

【支持地方经济发展】 新田县邮政银行支持地方经济发展，坚持服务“三农”、服务中小企业、服务城乡居民的大型零售商业银行定位，发挥邮政金融网络优势，强化内部控制，合规稳健经营，力推“两小”贷款业务的发展，即以小额贷款业务为依托，重点支持农村经济发展；以小企业贷款业务为依托，支持中小企业的发展。

农业银行

【概况】 中国农业银行股份有限公司新田县支行于1979年2月恢复成立，2009年股改上市后，成立中国农业银行股份有限公司。现有员工81人，其中，在岗45人、内部分流1人、内退10人、退休25人，内设综合管理部、财会运营部、客户部3个部门；下辖支行营业部、中山广场支行、日东河营业所3个营业网点。在枧头镇、石羊镇和知市坪乡等3个乡镇布放3台ATM机，是新田县大型商业银行中网点最多、布局最合理、服务面最广的金融机构。2015年，获省分行“内控模范支行”称号；被省分行评为“春天行动”综合营销竞赛二十佳支行之一；被湖南省爱国卫生运动委员会评为“文明卫生单位”；获市分行县区支行经营管理、领导班子经营管理目标考评先进单位；获市分行三农“六大工程”、“农户贷款优化工程”先进单位；被授予湖南省金融“模范职工之家”；获省级文明卫生单位；获省分行营业网点经营管理先进单位。

【存款与信贷投放】 2015年12月末，新田县农业银行各项存款余额13.5825亿元，较年初增加1.3083亿元。其中，对公存款余额2.9071亿元，较年初增加3177万元，与当地同业“三行”相比，行存款增量市场份额排县同业第一位。各项贷款余额2.9740亿元，累放贷款2.3983亿元，其中，累放各类企业贷款1.3778亿元，累放农户小额贷款及楼盘按揭贷款1.0205亿元。投放惠泽农民的烤烟收购贷款和烟农生产贷款、改善县城居民环境的园投流动资金贷款、促进农民脱贫致富的精确扶贫专项贷款、提升城市品位的中山商业广场开发贷款、带动农民增收的农业产业化龙头企业华泰家私贷款等。把下岗失业人员和农户作为扶持重点，发放小额贷款支持创业和再就业。

【风险控制】 2015年，新田县农业银行落实管户客户经理“三包一挂”信贷管理责任制，贷款现金收回率100%，未出现新的信贷风险。对存量不良贷款进行清收，截至2015年12月末，个人贷款不良余额3.46万元，信用卡不良38.56万元。其农户小额不良贷款余额为零，年末农户小额贷款实现连续八年无不良，信贷管理实现省级“三化三无”支行。行“农户小额贷款风险管理”被评为农总行服务“三农”好案例。

【创建活动】 新田县农业银行营业网点“三化三铁”创建工作中，取得一个三铁，两个良好的成绩，安全保卫“三化三达标”三个单位达优秀，支行内控评价继续保持一类行，成功创建湖南省金融模范职工之家、省级文明卫生单位。全行实现安全案防无事故、无案件，员工队伍稳定。

【“阳光”行务】 2015年，新田县农业银行定期举行青年员工座谈，倾听基层员工心声，对职工代表提交的提案进行的研究和回复，员工反映良好；尊重职代会正常行使权力，对员工绩效考核、奖惩等关系到员工切身利益的重大事项由职代会审议通过方能实施；畅通员工意见反映渠道，充分发挥工会的桥梁纽带作用；鼓励员工为全行业务拓展和开源节流献计献策，激发员工参与管理的积极性。坚持把党风廉政建设责任制的贯彻落实作为一项政治任务摆上重要议事日程，与业务工作一起研究、一起部署。

【“建家”活动】 2015年，新田县农业银行开展“中国梦农行情”送温暖活动。凡是员工受灾、生病住院或家属过世，支行都组织人员登门探望慰问，对员工生日送去祝福。每年安排在职、内退、退休人员体检，体检费用逐年提高。召开一年一度的“重阳节”座谈会，给予老同志关怀，在元旦、春节支行领导登门慰问；关心员工成长，搭建员工类学习平台。组织开展柜台业务技能大培训、大练兵、大比武活动；抓“职工之家”建设。支行每年制定“建家”工作规划，重点解决营业网点员工中午就餐、文体活动室等合理需求。

【社会职责】 2015年，新田县农业银行以“弘扬雷锋精神，农行送关爱”为主题，组织青年志愿者活动，到新田县骥村敬老院、挂点贫困村欧家山村，送去优质大米、食用油、汤圆、水果等慰问品，表达农行对社会孤寡老人的关爱。推介“小积分·大梦想”公益行动的公益理念和现实意义，行公益活动“积分换爱心，新田农行在行动”，在新田县网政办官方微信得到全面报道和推广。网络文明志愿者在2015年的网络文明志愿者行动中表现积极，网络文明传播资讯数量120条排全县第一位。

农商银行

【概况】 湖南新田农村商业银行股份有限公司是由县农民、个体工商户、企业及其他经济组织入股组成的股份制地方金融机构，其前身是新田县农村信用合作联社。2015 年 12 月 16 日，经中国银监会批准，原新田县农村信用合作联社完成改制，新田农商银行正式挂牌开业，属独立法人机构，现有职工 168 人，总行领导班子成员 5 人，下设办公室、财务会计部、信贷管理部、稽核审计部、科技信息部、保卫部、合规风险部、人事教育部、资金电子部 9 个部室，下辖 1 个营业部、6 个分理处、15 个支行、22 个营业网点。。

【存款业务】 新田县农商行总存款余额 22.3741 亿元，比年初净增 4.4143 亿元，同比增长 1.6010 亿元，完成省联社分配任务的 183.93%，占全县金融机构存款总额的 27.46%，居全县金融机构首位。特别是对公存款业务发展较好，全年开立对公账户 161 户，对公活期低息存款 4.0317 亿元，较年初净增 2.3283 亿元。

【贷款业务】 2015 年，新田县农商行各项贷款余额 16.1793 亿元，比年初净增 4.5031 亿元，增长 38.57%，同比多投放 2.6474 亿元，完成省联社分配任务的 219.66%，占全县金融机构贷款总额的 51.82%，在全县金融机构排名第一。其中农业贷款余额 15.3943 亿元，比年初净增 4.3071 亿元，农贷比例为 95.15%；累计发放各项贷款 10.4701 亿元，同比增加 2.7541 亿元，其中，累计发放涉农贷款 8.6678 亿元，同比增加 1.7281 亿元，涉农贷款余额 15.3943 亿元，同比增速 38.85%，涉农贷款增速比与各项贷款增速比的比较值是 0.28%，涉农贷款比例 95.15%，涉农贷款和小微企业贷款等实现“三个不低于”。不良贷款余额 1614.51 万元，较年初净压缩118.36万元，不良贷款占比仅为0.1%，较年初下降1.38个百分点。其中，收回表内不良贷款147笔，金额283.64万元；收回核销不良贷款842笔，金额508.17万元；收回股东购买不良贷款615笔，金额3382.14万元；收回政府置换不良贷款846笔，金额1517.47万元。到期贷款收回率为98.22%。布放CRS 8台，ATM9台，安装POS机152台，其中，商户POS机139台，助农POS机13台，发行金融IC卡11618张，发行社保卡累计22余万张。实现中间业务收入169.84万元，较2014年增加16.93万元。拓展手机银行5460户，完成省联社分配任务的237.39 %，网银835户，ETC 993台，完成省联社分配任务的165.5%，电子银行替代率达到46.71 %，完成省联社分配任务的116.78 %。实现财务总收入1.5216亿元，同比增加474万元，其中，贷款利息收入13004.77万元，比2014年同期增加1480.65万元，完成全年任务的106.75%。各项支出1.0296亿元，其中，利息支出4416万元；实现经营利润5834万元，完成省联社分配任务的102.35%，净利润3524万元。累计收回以前年度发放今年到期贷款金额5.4566亿元，累计到期收回率为98.22%，达到省联社要求。绩效等级考核评定预测为A+级。

【企业文化建设】 新田县农商行开展“纪念党的生日，重温入党誓词”主题活动；举办篮球赛，庆祝党的生日；新田农商银行刘杰等三名青年党员代表市参加全省农村信用社2015年“福祥·宁乡杯”男子篮球赛，获得季军。唐高华、郑石飞两名代表市参加全市银行系统拔河比赛，获得第二名。

人寿保险

【概况】 中国人寿保险股份有限公司新田支公司（以下简称“支公司”）是一家国家控股金融保险企业，总部设在北京。其前身是原中国人民保险公司新田支公司，1996年分设为中保人寿保险公司和中保人民财产保险公司；1999年更名为中国人寿保险公司；2003年经国务院同意，保监会批准进行重组改制。支公司内设综合部、客户服务部、个险销售部、团体业务部、银行保险部、健康保险部。现拥有员工17人、保险代理人508人，全县的服务网点19个，营销服务部5个。

【业务发展】 2015年，新田人寿保险支公司实现保费9800.86万元，其中完成寿险首年新单保费5629.64万元，寿险首年新单期交保费1080.58万元，完成短险保费532.27万元。其中，个险渠道实现寿险新单期交保费收入806.82万元，完成率72.8%。团险渠道实现短险保费收入302.26万元，较2014年同期增长25.3%。银保渠道实现寿险新单期交保费收入4520.56万元，完成率121%。在新田寿险市场份额占比近70%，市场主导地位继续得以巩固。综合考评列全市前列。

【队伍建设】 2015年，新田人寿保险支公司保险代理人500多人。每天提供早会学习时间，不定期的到省、市公司进行集中培训学习，提升队员的业务能力，专业知识水平。选聘部分优秀人员筹备成立收展部，打造专业化的保险服务队伍。借助互联网平台推出APP——E宝账，下载APP到手机上，注册后，客户可以查询自己的保单信息，变更联系方式，银行转账授权等保单相关业务。减少排队等待，实现随时随地都可以办理业务。借助微信平台，公司推出E商城、E服务自助平台，客户关注“中国人寿湖南省分公司”公众号，就可以体验平台服务的便捷，在E商城中购买公司产品,E服务中查询保单信息，享受续期缴费等提醒功能。

人财保险

【概况】 1984年11月恢复中国人民保险公司新田县支公司，属科局级事业单位。设5个股室，6个保险业务代办站，员工15人。1996年，人身保险业务析出，改称中保财产保险新田县支公司。2003年7月，经国务院同意，中国保监会批准，由中国人民保险集团发起设立中国人民财产保险股份有限公司。新田公司更名为：中国人民财产保险股份有限公司新田支公司。内设经理室、综合部、车辆保险部、农险事业部/三农保险部、商业非车险部、出单分中心、理赔管理分部及新圩营销服务部。员工18人，其中，总版劳动合同3人，地版劳动合同7人，劳务派遣合同8人。2013～2015年连续3年被中国人民财产保险股份有限公司湖南省分公司评为“发展十佳支公司”和“效益十佳支公司”的双十佳县支公司；2012～2015年连续4年被永州市分公司评为“先进单位”。

【保险业务工作】 中国人民财产保险股份有限公司新田支公司经营人身保险外的机动车辆保险、政策性农业保险、责任保险、财产保险、信用保险、意外保险、健康保险等数百个险种。实收保费3065.85万元，完成年计划的111.81%，同比增长25.23%，提前45天完成全年业务。支付各种赔款2000余万元，上缴税收180余万元，代收车辆使用税150余万元。

联合财保

【概况】 中华联合财产保险股份有限公司是经中国保监会批准，于2006年12月由中华联合保险控股股份有限公司发起设立的全国性财产保险公司。中华联合财产保险股份有限公司新田县支公司经保监会批准成立于2006年9月7日。现有签约员工7人，大专及以上学历有7人，有保险从业经验的6人，平均年龄33岁。

【业务发展】 中华联合财产保险股份有限公司新田县支公司实现签单保费1684万元，完成计划的78.2%，同比增长－29.5%，综合费用率13.7%，赔付支出892万元，简单赔付率53.0%。

【服务三农】 中华联合财产保险股份有限公司新田县支公司在新田县承办水稻保险、烟叶种植保险、商品林保险和公益林保险等政策性农业保险业务；开展基层服务体系建设，人力达百余人次，积累丰富的农业保险经验。在农险经营过程中，坚持合规经营底线，工作重心沉下基层，业务操作规范到位。按照保监局、上级公司的要求和规定，做各项业务的风险排查工作，不断强化合规经营理念，防范经营风险，组织大家学习上级公司下达的内控文件，抓内部管控，将工作一项一项落实到位。开辟绿色通道快速实施保险理赔，派专人在乡村驻点，帮助恢复冬春生产，展示“中华保险、情系中华”的风采。

新田县人口和计划生育委员会

广州市花都区与永州市新田县召开流动人口区域协作座谈会

媒体采访新田县诚信计生工作翦影

诚信计生家庭表彰

省卫计委副主任张义昌在新田调研诚信计生工作

花都区与新田县签订流动人口区域协作协议

永州市政协副主席田洁来新田调研诚信计生工作

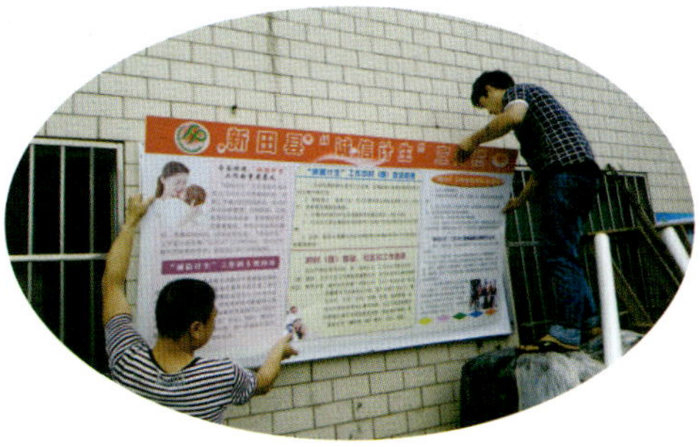

诚信计生版面照片

新　田　县

永州市卫计委党组书记周长光到医院调研工作

县委书记唐军到医院指导H7N9禽流感防控工作

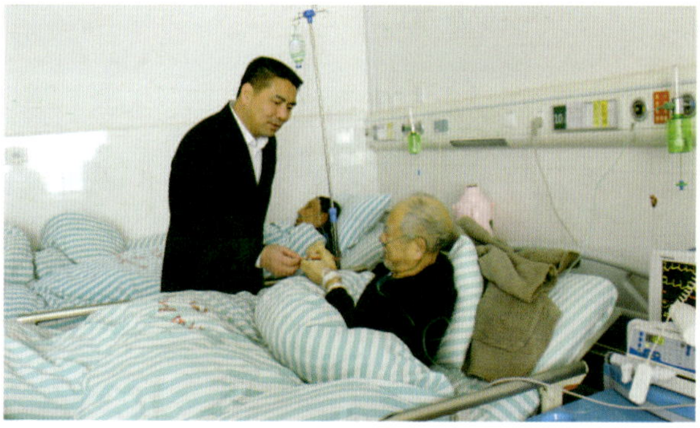

副县长刘大兵到医院看望春节住院病人

七一党员宣誓活动

科技活动周义诊活动

人　民　医　院

启智基金公益活动

七一党员活动（后勤、医技支部）

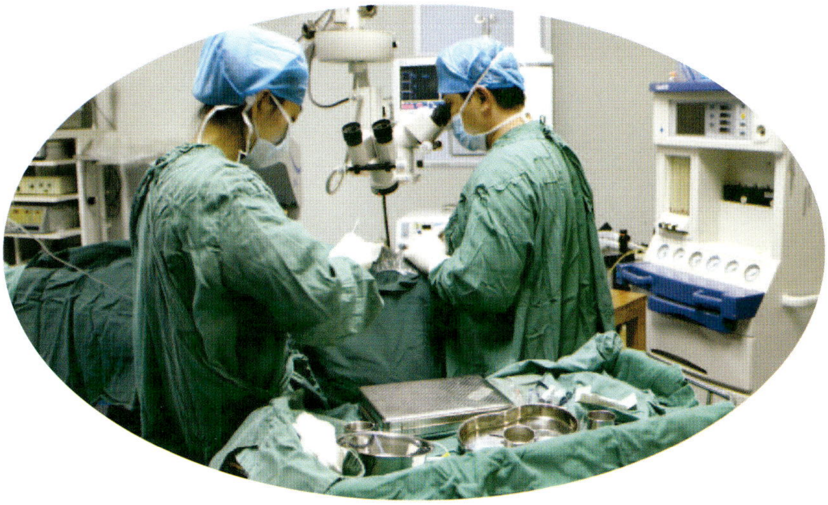

手术

自助终端服务机

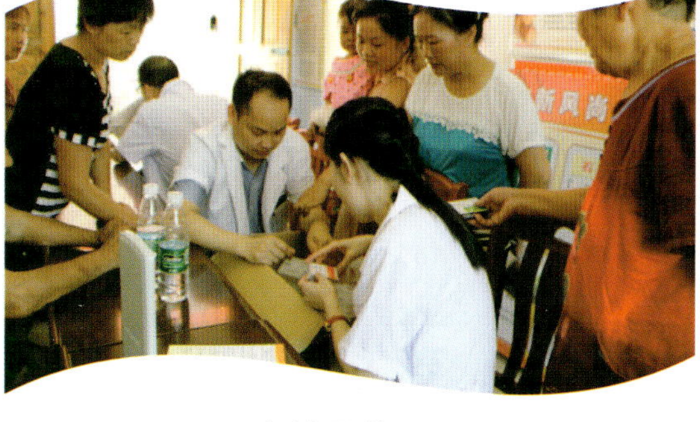

义诊照片

新　田　县

新田县中医医院创建于1956年，是一所集医疗护理、预防保健、康复、科研教学于一体的二级甲等中医医院，是全县唯一一家"120"急救中心。2015年成功创建二级甲等中医医院。医院占地面积17330平方米，核定床位350张，开设床位300张，现有在职在岗职工327人，退休职工84人，副高以上职称5人，中级职称51人。医院临床科室设置齐全，开设"120"急救中心、ICU重症监护室、脑病科、外科、骨伤科、内科、妇产科、急诊科、眼耳鼻喉科、康复理疗科、肛肠科、血透室等14个临床科室，8个医技科室，9个职能科室。拥有16排螺旋CT、DR系统、彩色经颅多普勒、四维彩超、全自动生化分析仪、白内障超声乳化治疗仪、外科及妇科高清腹腔镜手术设备等一大批现代医疗设备。建立中心供氧、中心负压吸引系统，为医疗服务提供良好的保障。近年来，为省中医附一院双向转诊定点指导医院、永州市人民医院和郴州市第一人民医院技术指导医院。中医药特色服务全面覆盖，特色专科进一步拓展，在中医药特色治疗服务中，各临床科室配备标准化的中医治疗室，开展中医适宜技术均在四项以上。率先在全县开展中医体质辨识，冬病夏治三伏贴、冬病冬治三九贴活动，得到广大人民群众的肯定和好评。是全县卫生系统基层医务人员中医药知识及中医药适宜技术培训基地。先后获省"医院管理年活动先进单位"、省医院感染横断面调查先进单位、"省五四红旗团委"，"省文明卫生单位"、市"行风评议先进单位"、"园林式单位"、"质量信得过单位"、"放心药房"、"三八红旗集体"。

成功创建"二级甲等"中医医院

2015年6月，开展"深港献爱心.新田光明行"活动，免费为全县150名贫困白内障患者施行手术。

2015年3月，全国第四次中药资源普查工作在新田县全面启动

中 医 医 院

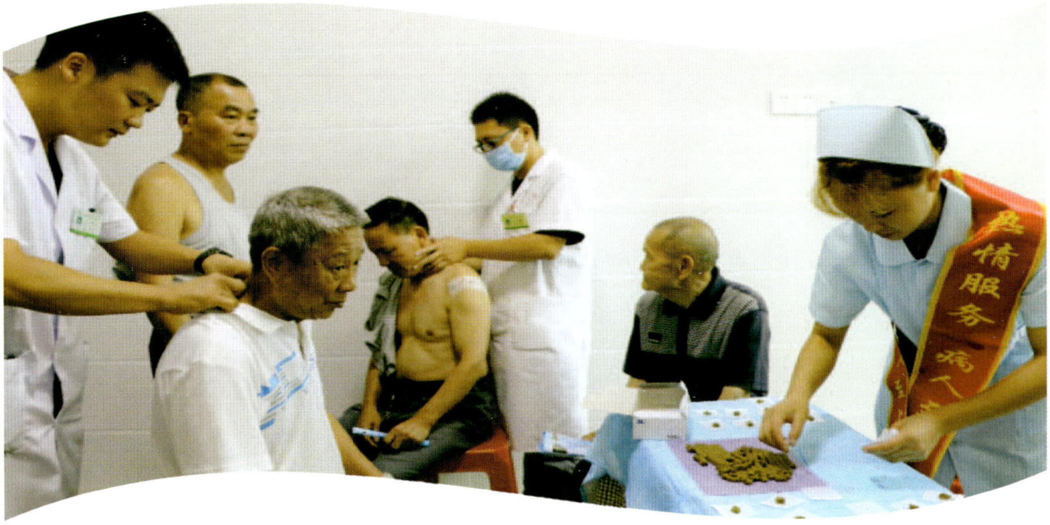

冬病夏治“三伏贴”活动

2015年2月，新田县中医医院重症医学科开科

新田县中医医院推行“9S”管理体系

新田县中医医院立足内强素质，外塑形象，引进9S医院管理体系先进理念，构建新型医患关系，打造和谐、智慧、温馨医院，取得成效。

新田县

2015年3月25日，市委常委、市政法委书记唐湘林带领市安监、教育、交通运输、消防等部门负责人，到新圩镇中心小学视察安全生产工作

教师节期间县领导深入学校走访慰问

新田县教育局局长刘高庆在全市督学责任区现场会上作典型发言

省级教育督导部门到新田开展中小学校责任督学挂牌督导创新县评估工作

永州市督学责任区升级版现场会在新田召开

教　育　局

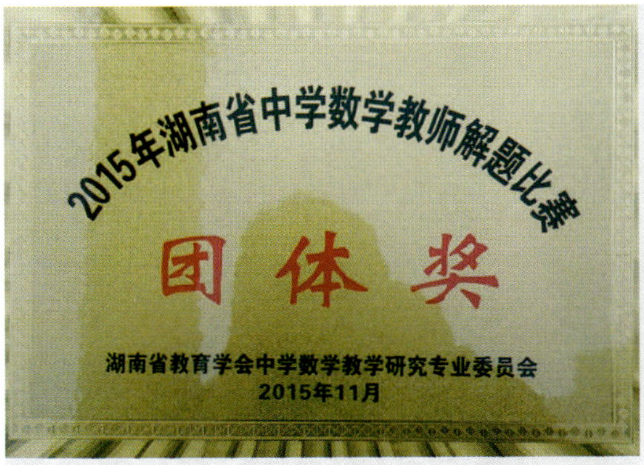

县一中参加湖南省中学数学教师解题比赛全部获奖

2015年，全县有中小学生50595人，其中小学32423人，初中11959人，普高4604人，职中1609人；在城就读学生29831人，农村学生20764人。全县在编教师3363人（含特岗教师276人）。

2015年新田县教育局被评为县创建国家卫生县城工作先进单位；获永州市教育教学信息化大奖赛最佳组织奖、永州市第五届中小学生艺术展演活动优秀组织奖、湖南省中学数学教师解题竞赛永州赛区优秀组织奖、永州市“中小学电脑制作”活动最佳组织奖、2014—2015学年度教育风险防范工作先进集体；被湖南省教育厅评为教育阳光服务优秀单位、“一师一优课、一课一名师”省级优课活动优秀组织奖、湖南省2015年中小学校责任督学挂牌督导创新县。

县职中学生专业技能抽查优秀率排全市第一

2015年湖南省首届“湘教杯”青年教师数学教学比赛现场传来喜讯，代表永州市参赛的唯一选手新田县瑞华实验学校周艳老师喜获二等奖

教师节表彰优秀教师

新田县第二届中小学（幼儿园）科技文化艺术节落幕

新田县第一中学

高一学生军训

教学楼

跑操比赛

新田县第一中学前身为新田简易师范，建于1926年6月，1958年成为完全中学，定名为湖南省新田县第一中学。1978年被确定为湖南省零陵地区重点中学，2006年晋升为湖南省示范性普通高中。有教职工235人，专任教师208人，其中高、中级教师169人；省特级教师4人，其中在职1人，市骨干教师12人、县学科带头人30人，研究生学历11人。2015年度有教学班级42个，在校生2456人。高考上线稳中有增，上线率稳居永州市前四位，在连续3年有学生上清华、北大分数线的基础上，2015年二本以上上线212人，肖怡欣同学考取北京大学。高二学考乘势而上，合格率98%，超省标。

学校本部占地面积87亩，建筑面积4.4万平方米，其中教学用房面积1.8万平方米，教师住宅区0.8万平方米、勤工俭学基地0.7万平方米，有专用多媒体教室63间。有学生公寓4栋，可供2000余名学生住宿。有高标准的学生食堂，可同时容纳2000人就餐。有高标准的400米塑胶跑道田径运动场、5道次的室内跑道、排球场、篮球场、羽毛球场及8间艺术专用教学房，拥有高标准的科技实验大楼、多功能演艺厅，配有专用现代化语音室、理化生和通用技术实验室、电子化图书馆、心理咨询室和校园监控网络。校园布局合理，花木扶疏，樟柏成林，石亭、雕塑点缀，景色宜人，辅以丰富文化内涵，环境秀美、幽静、高雅。是省市园林式单位、省市文明单位。

市中学生运动会：团体总分第一

图书馆

一年一度：红色远足活动

新田县第二中学

领导班子商讨创文事宜

高考百日誓师大会

军 训

远足郊游活动

绿色新田建设签名活动

参观孝文化公园

新田县第二中学始建于1981年，系永州市示范性中学,占地面积140余亩。现有教职工 224人，研究生学历 2人，本科学历有193人，其中专任教师 188人，占教职工总人数的 86%，学历合格率100%；其中中学高级教师 58 人，占专任教师总数的 31%，中学一级职称的教师96人，占专任教师总数的 51%。市、县级学科带头（或骨干教师）人 19 人，市县名师名优班主任10人，学生 3051 人，是永州市办学规模较大的学校之一。

学校先后获“湖南省园林式单位”、“湖南省群众体育工作先进单位”、“湖南省体育传统项目学校”、“湖南省文明卫生单位”、“湖南省实施国家校园武术段位制试点学校”、“湖南省安全文明校园”、“永州市文明单位”、“永州市文明标兵单位”、“湖南省校园无数段位制推广先进单位”等。

学校环境优雅，布局合理，教学、运动、生活等设施一应俱全。校园功能分区科学有序，生活区与教学区、学生区与家属区布局合理，促进封闭式管理。抢抓创建国家级卫生城市和省级森林城市这一契机，强化校园整洁、美化、绿化工作，经过近年的不懈努力，目前学校绿化覆盖率30%，被评为“湖南省园林式学校”。近年来，学校投入资金2000余万，建成400米标准化的塑胶运动场，兴建集学术讲座、文体活动、餐饮住宿为一体的学生综合楼，所有教室装“班班通”，拥有高标准的实验大楼、多功能演艺厅，配有理化生和通用技术实验室、心理咨询室和校园监控网络，在硬件设施方面处于永州市市级示范性中学领先地位。

新 田 县 龙 泉 镇

新田县龙泉镇第一完全小学创办于1905年，是新田县历史最悠久、规模较大、办得最有成效的完全小学。学校现有教职工139人，教师中大学本科学历48人，大学专科学历76人。68人具有小学高级教师资格，市级学科带头人1人，县级学科带头人2人，县级名师2人，县级名班主任2人。学校现有36个教学班，在校学生2872人。学校百年对新田基础教育起到引领示范作用，积淀深厚的文化底蕴。先后被评为“省级重点小学”、“市级重点小学”、“雏鹰红旗大队”、“新田县示范性完全小学”、“湖南省基础教育教学研究实验学校”、“湖南省现代教育技术实验学校”、“创新写作教学与研究实验基地学校”、“市文明安全校园”、“市文明卫生单位”。

新进教师风采展示

教学节展示

养花育人

经典诵读

校园文化主题活动

第一完全小学

毕业班誓师大会

学生跳蚤市场

家长会

家长进课堂

家长监考

家长服务

家长到校联谊

亲子运动会

新田县思源学校

省教育厅副巡视员郭建国同志一行来校视察

2015年6月3日，市教育局局长蒋俊林来校视察

2015年6月25日，全市督导工作现场会在我校召开

2015年11月29日，顺利通过合格学校建设验收

2015年10月16日，思源学校启动首届体育节活动

城镇建设

住房与城乡规划建设

【概况】 新田县住房和城乡规划建设局是县政府工作部门。其前身为新田县规划建设局。现有干部职工121人，其中，研究生学历1人，本科学历30人，专科学历70人。内设办公室、政工人事股（建筑业岗位培训办公室）、城乡建设股、建筑业管理股（县城乡档案管理办公室）4个股室；下设城乡规划办、建设工程质量安全监督站、建筑设计院3个直属事业单位；归口管理规划执法监察大队、市政建设工程总公司、城乡规划设计院3个事业单位。

【城镇规划】 2015年，新田县住房和城乡规划建设局推进县城总体规划的修改和县城控规编制。《县城人口与用地规模论证报告》报永州市人民政府批准，报省住建厅审查。县城控规编制范围约30平方公里，达到控规全覆盖的目标。完成绿地系统规划、市场布局规划、排水防涝规划、城市慢行系统规划，暴雨强度公式修编及县城排水防涝设施检测专项规划6个。完成龙泉、新圩、石羊、骥村、枧头、金陵、大坪塘、金盆镇建制镇总体规划8个，村庄规划259个，村镇规划编制经费投入1000多万元。

【规划执法】 2015年，新田县住房和城乡规划建设局严格执法，重拳打击“三非”行为成果显著。自2013年9月接管城东片区制止打击“三非”行为工作以来，对新出现的“三非”行为控违拆违力度不断加大。2014年上半年，县规划执法监察大队对所辖片区违法违规建设行为现场制止达126处，拆除56处，下达停建通知书130份；拆除违法违规建筑面积4503平方米。优化县城规划执法环境，有效的遏制违法建设行为在城东片区的蔓延势头，新的非法建设行为和非法占用土地的行为得到遏制。在管理中融入服务。依法依规为处理到位的“三非”行为户办理“建设用地规划许可证”103本、“建设工程规划许可证”17本。住建局城乡规划办2015年11月进驻县政务服务中心窗口，抓住“效率、服务”四字下功夫，简化审批环节，提高服务质量，打造“一站式服务平台”，连续两次被县评为“文明示范窗口”。

【城镇基础设施建设】 2015年，新田县住房和城乡规划建设局投入道路配套资金8600万元。完成育才路、银象东路、石马路、飞马路、怡华东路、怡华西路、府前大道支一路、烟霞路、东溪街、西苑街、西峰街道路建设；完成日西河水上乐园修缮工程、秀峰市场排水排污改造工程、前进路西段北侧人行道铺装、双碧街北段西侧围墙围挡、秀峰街北人行道铺装工程、晓日路道路工程；实施兴林路两侧水沟清淤、破损道路修补、水沟盖板更换、新华东路道路积水改造。石羊、新隆、三井3个镇完成道路改造12公里；对枧头、三井、新隆、金盆圩等6个镇进行市场改造，投入资金1800万元；新圩、石羊、枧头、金陵 、新隆、大坪塘、金盆镇、三井8个镇公租房完成主体工程，投入公租房建设资金2400余万元；12个乡镇开展绿化、亮化工程，投入资金2000多万元；为“学有样榜”，确立枧头镇为示范镇、品质活力示范乡镇，在该镇开展特色小城镇建设、公租房建设、道路改造工程和供水工程建设，投入资金3000余万元。农村危房改造工作分步实施，实现危房贫困户住有所居。按照精准扶贫政策，贫有所居的要求，完成全县贫困危房户和五保危房户的危房改造任务，实现保障安居目标。全年完成危房改造1600户。

【建筑工程质量安全监管】 2015年，新田县住房和城乡规划建设局建筑工程质量安全管理工作从“工程质量两年行动”“住宅工程质量常见问题专项整治”活动入手，坚持“预防为主，综合治理”的方针。实行专项检查和日常监管相结合，防范和坚决遏制重特大事故发生，全县建筑安全形势持续好转。受理质量安全监管项目62个，其中，房屋建筑工程47个，建筑面积30万平方米，市政及其他工程项目15个，建安工程量5.6亿元。纳入质量安全监督，监督覆盖率100%。受理工程质量合格率100%。每年组织安监站，质监站开展建筑工程质量安全专项检查3次。5月，开展为期一个月的起重提升设备的专项整治；7～10月开展工程建筑材料成品、半成品、构配件等材料专项检查。

城乡规划设计

【概况】 新田县城乡规划设计院是于2002年机构改革时由县城乡规划局更名而成立的，前身最早是新田县城乡规划设计室（成立于1987年）。属事业单位性质，隶属县住建局管理，级别为副科级，经费来源于自收自支，具备丙级规划资质和丙级测绘资质。核定编制数22个，实际在岗编制人员15人，合同制人员13人，退休人员4人。内设股室：办公室、财会室、设计室、测绘大队。

【规划设计】 2015年5月6日，新田县县城控制性详细规划经县规划委会议审批通过。截至2015年12月底，完成控规成果和城市意向设计。完成日西河北段、双胜河修建性详细规划；新嘉公路县城段绿化规划；南部新城学校修建性详细规划；疾控中心、妇幼保健院修建性详细规划；梅湾空心村改造修建性详细规划；县城社区便民服务中心建设修建性详细规划；东部片区入口区域修建性详细规划概念设计；奕毫电子厂修建性详细规划；南海远东车辆配件厂修建性详细规划；鼎元机械厂修建性详细规划等。完成新田县住房建设规划；县城消防专项规划和县城电力规划专项规划现完初步成果。完成县城征地安置地规划工作：里壁湾安置地；蚂蝗洞安置地；三里亭安置地；田家岭安置地；水晶窝安置地；潭田泥山洞安置地。服务县城其他重点建设项目：机械化屠宰场项目；鑫建新新型环保材料项目；温氏农副产品加工项目；豆家旺农副产品加工项目；创新创业园标准化厂房建设项目；烈士纪念碑项目；飞马路公租房项目；青云公园生态停车场项目；老武装部公租房项目；玉麟路、陶然街公租房项目等。

【市政工程设计】 2015年，新田县城乡规划设计院从完善城市总体路网结构出发，形成“三横五纵一环”的主干路网结构，形成并完善县城大环状交通网和片区小环状交通网结构的思路。完成的市政工程及配套工程设计：道路工程设计分别为：双碧街北（车站路—环城北路）、秀峰街北2段（云鹤路—新田大道）、扒田丘路（陶然街—秀峰街）、南通路（陶然街—双碧街）、南通路（东溪街—秀峰街）、土珠山路（双碧街—新土公路）、石马路（叠翠街—双碧街）、飞马路（温家路—陶然街）、S323（潭田路—新华东路东延伸）双碧街中段（新嘉公路—车站路）、中山路（龙泉镇政府—新华西路）、烟霞路（工农路—新华西路）、先云路（朝阳东路—环城东路）、新华东路东（城北加油站—S323）、西峰街（飞马路—云鹤路）、秀峰街(南2段)道路（环城南路—新嘉公路）、府前路(西段)道路（双碧街—武装部前）、福海路(南段)道路（府前路—怡华路）、新华北路(一)道路（新华广场—新田大道）、新华北路(二)道路设计（新华广场—新田大道）、永辉路道路（龙泉路—云鹤路）、亿和路道路（龙泉路—云鹤路）、温家路道路（石马路—云鹤路）、飞马路中段（陶然街—双碧街）、家博路道路（车站路—扒田丘路）、叠翠街(北1段)道路(龙泉路—云鹤路)、环城南路(东段)道路（东溪街—舂陵河大桥）、东溪街(南段一)道路（环城南路—土珠山路）、东溪街(南段二)道路（土珠山路—S282）、环城南路(西段)道路（陶然街—东溪街）等39条道路工程设计，总长为29.5公里。完成土石方工程测量设计。为县城建设项目进行土石方测量和设计面积为220亩。

【规划信息技术服务】新田县城乡规划设计院测绘队专业技术人员按照委托方的服务要求进行外业测绘并出图，服务项目340个；建筑定线放样77宗，完成工业园创新创业园等重大项目定桩放线；竣工复核项目147个，其中住宅小区9个，私宅138个。

城市管理

【概况】 新田县城市管理局成立于2003年9月，为县人民政府直属的正科级全额拨款事业单位。局系统有干部职工240人，其中，党员89人，助理工程师18人，工程师以上职称8人。下属城监综合执法大队、自来水公司、环境卫生管理所、园林绿化管理中心、污水垃圾处理管理所、渣土运输管理站6个法人单位。

【城市管理】 2015年，新田县城市管理局贯彻“以人为本，以创优人居环境为目标，管理就是服务，管理就规范，管理就是效益”的城市管理理念，以创建省级卫生县城、创建国家卫生县城为工作目标，推进城市管理领域的改革和创新，市容监察推行路段分类、中队包片管理；环境卫生成功推行服务外包；供水事业加快供水设施建设，完成2015年一号民生工程——县城供水工程，县城供水能力得到大幅度提升；推进园林绿化建设项目，绿化美化来势喜人，实现人均公共绿地面积9.5平方米；城市生活垃圾处理、城市污水处理工作均为全市前列；城市渣土管理工作取得显著成效；城市管道天然气集中供气项目有序推进。

城监执法

【概况】 新田县城镇监察综合执法大队原名城镇建设管理监察大队，成立于1997年(前身为新田县城市管理监察队，于1989年组建，隶属原建委现规划建设局)。1998年5月升格为副科级事业单位，2002年10月更名为新田县城镇监察综合执法大队，2003年9月新田县城市管理局成立后，归属城市管理局，2014年5月，与监察大队并为城市管理行政执法局直属大队。现有在职人员103人，男职工90人，女职工13人，其中，正式工42人，临时工,20人，民兵应急分队借调人员37人，伤残军人4人（其中2人在职为临时工）。下设1个办公室、3个市容秩序管理组、1个督查组，其中，办公室2人，城东组38人，城西组38人，综合组18人，督查组5人，借调2人。

【城监执法】 2015年，新田县城监大队突出抓“五乱”工作治理，即占道经营、户外广告、渣土治理、夜宵摊点、烟花爆竹等方面工作。占道经营方面，确保县城区所有马路市场无反弹，集中力量整治先云路、新华东路、新华南路、中山路、兴林路、云鹤路、龙泉大道南段、迎宾路、兴新街、秀峰街、先锋街、立新街、吉新街等十余条街道。从4月13日开始，对全县户外广告进行彻底拆除，门店招牌按照“一街一景”要求进行提质改造，拆除大型户外广告2.7万平方米、不规范或不达标门店招牌9000平方米，门店招牌打底和亮化一期工程基本完成。加大宣传力度，在各施工工地张贴渣土管理办法宣传牌300余块，发放宣传资料1800余份，督促整改不文明施工行为300余次，查处违规运输车辆1000余台次，处罚500余台次，处罚金额10万余元，教育批评车主600余台次，建立冲洗平台10余处，对未按要求建立冲洗平台和配备冲洗设备的建设工地下达停工整改通知书38次，组织召开混凝土公司、渣土运输公司及沙场、石场等有关企业专项会议5次，监督落实混凝土公司搅拌车辆安装接料设施70台。对大型施工现场点安排专人看守，对未按管理办法施工的单位下达行政处罚决定书3份。对全县城区未硬化的道路及路口进行摸底并形成相关资料上报给上级领导和单位。渣土运输车辆及建材运输车辆沿途撒落、未按要求密闭覆盖等违规运输行为得到遏制，覆盖率达到95%以上。对县城周边适合建设建筑垃圾消纳场进行实地踏勘，形成相关材料上报。专门成立综合执法组，抽调20余名精干力量晚上进行巡查、执法，将200余户无门店的夜宵摊点户，集中搬迁至乐堡啤酒夜宵城，全面整治夜宵、夜市超门面经营行为，以县政府名义发布通告，发放宣传资料5000余份，清理占道经营1500余户，改变夜宵、夜市的乱象。烟花爆竹禁燃工作方面。成立15人的执法中队，对县城禁燃规定区域实施全面的巡逻监管，对县城红、白喜事的运作进行提前介入，发现问题，及时处理，并予以劝导和纠正。

禁燃整治小组出动执法车辆300余台次，执法人员800余人次，制止燃放260余次，纠正、教育200余人，处罚42人，治安传唤12人。协助社区招聘130名文明劝导员，对文明劝导员队伍加强培训和指导。加大对县城主要路段、主要区域和各社区整治力度，开展集中整治120余次，出动执法人员6100余人次，清理占道经营2.6万余人次，规范超门面经营2.1万余处，拆除违规搭棚910余处、9200平方米，铲除街道路肩自建路坡2000余处，规范落地空调400余台，规范搬迁废品回收店23家，全面取缔10余处“马路市场”，成功取缔西门桥下水果市场。

自来水公司

【概况】 新田县自来水公司成立于1982年，现隶属于新田县城市建设发展投资有限公司，是一个自收自支、自负盈亏、企业化管理的副科级事业单位，主要担负新田县城区供水和供水管道维护任务，兼营管道安装业务。拥有日供水能力4.0万立方米/天水厂（象形岭二水厂）一座，是目前保障县城城区供水的唯一水厂。公司现有员工117人，其中，在职员工86人（包含临聘人员15人），退休人员31人。下设水厂、管道安装队、管道维修队、客户服务中心、营业所、监察所、监察队、生产技术股等11个职能股室。拥有固定资产原值2650万元。

【指标完成情况】 2015年，新田县自来水公司完成有效供水435万立方米（水费入库数），比2014年同期增长2%；完成总产值1450万元，同比增长15%；新安装DN63以上管道9800余米，维修大小漏点1586处，新增用水户1058户；水厂出厂水合格率98%以上。

【管理服务】 2015年，新田县自来水公司制订《岗位目标考核实施办法》，新组建成立考核办，由考核办负责每天对每个股室的工作进行跟踪考核，对职工打卡、挂牌上岗、固定人员在岗在位、外勤工作现场、工作加班及劳动纪律督查监管，使各项工作落到实处。落实《2015年自来水公司岗位目标考核实施办法》。新成立客户服务中心，主要负责供水服务热线电话的接听，客户来访的登记及客户申报接水登记，对供水服务及业务情况按时回访，做好记录，对回访情况及时汇总报送考核办进行工作考核。安装业务实行市场化管理，工作人员报酬实行计件工资，安装工作改革体现多劳多得的分配原则，调动工作积极性和主动性，工作效率得到提升。

【安全生产】 2015年，新田县自来水公司加强水厂的领导和管理，保证水厂各项制度落实到位；组织岗位技能学习培训，提高人员技术水平，规范操作流程；吸收招聘两名专业技术人才，提高水厂自身水质分析和检测能力，保证制水效果和水质达标；委托县疾控中心定期做好原水和出厂水检测，确保出厂水符合国家饮用水卫生标准；对城区二次供水情况进行初步普查，配合县卫监所搞好二次供水情况普查，加强二次供水管理，消除二次供水水质安全隐患。

【一号民生工程建设】 2015年，新田县县城供水工程建设是县委、县政府确立的一号民生工程，完成对管道沿线村民进行宣传、调查、摸底。6月底完成可研报告，由县发改委进行项目立项，完成项目环境评估报告、水资源论证报告和引水管线地形图测量。6月10日，完成一期工程招投标工作，招投标采取EPC模式，由湖南省建筑设计院中标，拟投资1.35亿元建设一期工程。春节前完成金陵水库至县城DN1000引水管道工程，日供水5万立方米的新水厂征地72亩，9月2日开工建设，建标准化的水质检测中心，配套相应的水质检测设备，按创建"国家卫生城市"要求达到水质检测指标标准，2016年春节前完工通水。工程项目实施后，可解决县城今后20年的供水问题，提高城区自来水普及率。

【精神文明建设】 2015年，新田县自来水公司将精神文明建设列入公司的重要议事日程，组织健康有益的各项文体活动，增加员工的凝聚力和战斗力。3月5日，组织开展丰富多彩的学雷锋活动。为弘扬和培育新时代雷锋精神，组织青年志愿者和工会积极分子进行义务劳动。在五一、中秋和国庆期间开展乒乓球赛、羽毛球赛和拔河比赛。10月27日，组织人员参加永州市城管系统第五届"供水杯"乒乓球友谊赛。

环境卫生管理

【概况】 新田县环境卫生管理所是新田县城管理局下属全额拨款的正股级事业单位，承担着县城180余万平方米的清扫，保洁工作任务，日清运处理垃圾140余吨。现有正式职工40人，其中，行政、后勤12人，收费6人，环卫监察19人，清运洒水3人。

【城区环卫外包】 2015年9月8日，新田县对县城城区环卫作业对外承包，外包公司聘用环卫工人439人。现有各种环卫车辆43辆，其中，金刚车3辆，垃圾压缩车9辆，洒水车6辆，装载车1辆，机械化扫地车3辆，自卸式垃圾车6辆，钩臂车10辆，养护车5辆。城区公共厕所34座。城区主次干道设置果皮箱751个，2.5立方米密闭式垃圾桶197个，侧挂式垃圾桶264个，现有垃圾填埋场1个，无害化垃圾处理场1个。基础设施和专用设备基本能满足环卫工作的正常运转和人们生活的需要。

园林绿化

【概况】 新田县园林绿化管理中心成立于2014年4月，由原园林绿化管理所、青云公园管理所、双碧广场管理所三所合并而成，是县城管局下属二级机构，属县财政全额拨款，单位定编15人，实有工作人员17人，临聘人员104人。绿化养护面积约为72.3万平方米，主要包括县城40条主次干道、7个公园广场和游园、行政中心绿化。根据2015年建成区遥感测定结果，新田县城建成区面积10.76平方公里，县城人口为9.18万人。新田县县城建成区绿化覆盖面积3.23平方公里，绿化覆盖率30.04%；绿地面积2.88平方公里，绿地率26.83%；公园绿地面积878792平方米，人均公园绿地面积为9.57平方米；道路绿化普及率 80%，道路绿化达标率 40%。

【城市园林绿化】2015 年，新田县园林绿化管理中心协助省建科院编制《新田县城市绿地系统规划》，与多家专业园林设计公司达成合作关系，其中对建成区内主次干道的道路附属绿地、市民广场西北角、人武部、行政中心区域、政务中心、中山广场等绿地进行设计和提质改造。推行建设工程并联审批制度，把项目附属绿地设计方案审查纳入并联审批程序，对绿地率和方案进行审查，推进县城块状绿地的建设。新建新田大道附属绿地，提质改造和补植部分道路附属绿地，补植行道树 500 余株，新建公园西路盛世龙岸段滨河风光带、提质改造水上乐园滨河风光带，对部分交通岛进行绿化，对新汽车站广场进行绿化，对公园、广场绿地进行提质改造，新建假植场。围绕打造山水园林县城的目标，按照“一路一特色、一街一景观”的要求，实施“拆墙透绿、拆围建绿、见缝插绿”工程，突出地方特色，打造园林精品，建设“显山露水”的生态园林县城。以创建国家森林城市为契机，组织实施县城部分交通岛绿化建设、公园西路盛世龙岸段滨河绿化工程、水上乐园提质改造工程、行政中心区域提质改造等一批精品园林绿化建设项目完工。新建市民广场、老武装部社区公园、新汽车站广场、青云公园林荫停车坪,虎头岭社区广场，移植小苗 2400 余株至各公园、广场。对县城 15 条道路附属绿地进行提质改造，完成新田大道绿化建设。更换滨河东西路、公园西路、东溪街南花箱鲜花，农机局、水利局门前花坛鲜花 4 次。全县 43 家单位 48 处庭院进行拆墙透绿。在方达工业园内建设苗木假植场，移植行政中心乔木 200 余棵、部分道路乔木 300 余棵等苗木到假植场。

【城市园林管理】 2015 年，新田县出台《新田县城市绿化管理办法》《新田县县城绿线管理办法》，实行并联审批制度。更新行道树刷白设备，将传统的手动加石灰刷白方式更改为喷雾器加专用刷白剂的方式对县城行道树进行刷白。加强病虫害的防治和肥水管理。针对顽固性病虫害，邀请知名专家和专业公司到新田县现场指导工作，对部分区域的病虫害进行防治，确保植物健康生长。加强修剪整形，安排生产组对绿篱修剪 6 次、乔木修剪 3 次。完成公园、广场、绿篱内的清扫保洁工作。加强防火工作，每年清理青云公园及防火隔离带的杂草、枯枝、落叶 2 次，消除火灾隐患。加强灯具、线路维修。对人为损毁和自然损坏的灯具、线路及时进行维修。加强设备、设施维修。对道路花坛用石，公园、广场破损大理石、瓷砖、水沟盖板、小品、护栏等进行维修。干旱季节安排各区域人员和洒水车每天对种植物进行浇水。

污水垃圾处理

【概况】 新田县污水处理设施管理所成立于 2010 年 9 月，为县城市管理局下属股级事业单位，核定县污水处理设施管理所事业编制 3 名，经费列入县财政全额预算。2013 年 3 月，更名为新田县污水垃圾处理管理所，增加垃圾处理相关职责，人员编制增加至6名事业编制。现有正式在编人员4人，其中所长1名，副所长2名，工作人员1名；临聘人员10人，其中，污水管网维护人员2人，垃圾处理工作人员8人。

【污水垃圾处理】 2015年1—10月，新田县生活污水排污总量346.16万吨，污水处理量327.01万吨，污水处理率94.47%，较2014年同期提高4.93个百分点，预计到年底污水处理量可达到400万吨左右；生活垃圾处理量3.41万吨，垃圾处理率97.6%，年底达到4.25万吨。

【内部管理】 2015年，新田县污水处理设施管理所完善各班组的台账建设，台账建设体现污水处理厂及垃圾填埋场工作管理力度和管理创新机制。坚持垃圾卫生填埋工艺要求，做好台账登记，落实“谁主管，谁负责”的原则，完成半年来各班组软件资料和台账归档装订工作。做到垃圾填埋场半年无安全事故发生。

【强化监管】 2015年，新田县污水处理设施管理所污水处理厂日均处理量1.1万吨/天左右，每天的污泥处置量在3吨左右；1～10月，完成处理污水327.01万吨。处理后的出水水质各项指标达到国家一级B排放标准。安排专人对污水收集管网的纳污口进行定期清理、维护；定期对所有污水收集管网的检查井、沉沙井、闸阀、法兰盘及管道情况进行检查，造册登记；更换、修理损坏的检查井、沉沙井、闸阀、法兰盘和管道。清理纳污口300余次，更换、修理损坏的检查井、沉沙井、闸阀、法兰盘53个次。县环保局定期、不定期地对出水水质进行检测，确保污水处理厂达标排放。安装在线监控设备，对进水水质和出水水质进行定时检测，将检测数据实时上传到市环保局在线监控中心，监控污水处理厂规范运行和达标排放。安排专人采集日进出水COD浓度、排放量、用电量、污泥量等数据指标，实行每日检查登记制度；污水处理厂对计划内维修和停运实行报告制度；每月将污水处理厂运行及出水水质情况上报全国城镇污水处理管理信息系统。

渣土管理

【概况】 新田县城区渣土运输管理站于2012年2月20日成立，为自收自支单位， 2014年改为财政全额拨款事业单位，确定编制20人，现有工作人员17人，其中，管理站站长1名，执法组组长2名，办公室工作人员3名（其中临聘人员1名），外勤执法工作人员11名（含执法组组长2名及临聘人员1名）。有渣土巡逻执法车3台。

【渣土管理宣传】 2015年，新田县城区渣土运输管理站加大宣传巡查力度。解决渣土运输作业污染城市环境，建筑工地管理不规范，运输车辆超载、超速行驶、任意抛撒，不按规定路线、时间行驶等问题。统筹规划、分步推进，理顺和强化渣土运输管理职能，整治渣土管理违章行为，杜绝渣土运输抛洒、偷倒乱倒行为，对在建工程、私人建房和渣土运输企业及私人渣土运输车辆提前介入，开展宣传治理工作，在建设工程、渣土企业、沙场石场等场所张贴《新田县城区渣土运输管理办法》放大宣传牌300余块，发送手机宣传短信2万余条，发放纸质宣传资料1.8万余份。

【渣土运输监管】 2015年，新田县城区渣土运输管理站督促建设单位、渣土运输企业文明施工规范渣土运输，确保重点工地落实相关要求到位，安排专人定点蹲守。对渣土、沙石、建筑材料的运输车辆要求实行覆盖运输，严防途中抛撒遗漏等现象发生。渣土运输车辆覆盖率由2014年之前的基本不覆盖提高到95%以上的覆盖率；工地出场渣土运输车辆基本达到80%以上的平装净车出场。对违规的渣土运输车辆进行宣传教育2800余次，查处违规运输车辆2200多台次，处理1200余台次，处罚总额16万余元。对已在建工程强化监管补办渣土处置审批手续69家；督促施工单位建设并投入使用冲洗平台10余座；对新增私人住宅工地办理手续83家；对新增房地产工程和基建工程办理手续40家。对全县城区范围内存在的未能及时修建和硬化的38条道路（路口）及10条周边配套工程未完工路段进行摸底，大多数道路（路口）和配套工程基本完工。

【渣土专项整治】 2015年，新田县城区渣土运输管理站针对在建工地、施工企业及渣土运输企业投入大量的人力进行不定期、不定时巡查，现场督促整改不文明施工行为，组织混凝土公司、渣土运输公司及沙场石场等有关建设施工企业召开专项会议11次；对违规施工工地下达停工整改通知42份，要求限期整改到位，对未整改到位的一律强制停工。对部分不能停工但限期整改未到位的工程施工单位如华路集团、建工集团下达行政处罚通知书，责令尽快整改到位并对其违规行为分别处以1万至2万元的行政处罚。

房　产

【概况】 新田县房产局前身为新田县房地产管理所，1993年升格为新田县房地产管理局（副科级），2002年更名为新田县房产局,县政府直属正科级事业单位。现有干部职工66人，其中，在职50人，退休16人。中共党员28人，内设办公室、劳资计财股、房屋产权产籍监理所（含房改办）、法制股4个股室，辖房产局(局机关)、住房保障办公室、房地产交易所、房产测绘所、白蚁防治所、房屋征收与补偿管理办公室（含房屋安全监管办公室）、物业管理办公室7个事业单位。

【产籍产权管理】 2015年，新田县房产局办理房产初始登记810宗，确权面积41万平方米，产权变更登记63宗，面积6000平方米，补证登记6件、900平方米，房地产交易1557宗（其中新建商品房办证957宗，二手房买卖及析产600宗），房地产抵押登记1019宗，抵押面积29万平方米，抵押金额5.9亿元，其中住房公积金抵押金额3.5亿元；白蚁预防105宗，预防面积1.20万平方米，其中灭治15宗，面积5000平方米；测绘房屋411宗，面积74.32万平方米。

【保障性住房建设分配】 2015年，新田县保障性住房建设任务2347套户（新增公共租赁住房2149套户，城市棚户区改造198户）。3月5日，新田县召开保障性住房工作会议，以新办〔2015〕1号文件下发《2015年保障性住房实施方案》，会上34个实施单位与县政府签订目标管理责任书。3月底、6月初、9月初，由大督查室牵头组成督查组对2015年建设项目和往年结转项目进行全面督查并形成督查通报，对公租房项目得分排名后三名和棚户区改造得分排名最后一名的单位给予通报批评。组织相关部门就建设中存在的问题和难题进行通报、协商，使项目建设从工程立项、图纸设计、规划报建、水电安装、工程拨款等工作做到特事特办。阳光操作，公平分配。年初，县政府下发《2015年保障性住房申请审核通知》，各有关部门会同房产部门搞好申请对象信息比对。建立建全住房保障退出机制，定期进行年审、及时清理不再符合住房保障条件和违反住房保障管理规定的对象，清退不符合条件47户，追回资金5.48万元。

【房地产市场监管】 2015年，新田县房产局完善商品房预售现场勘查制度，规范房产销售合同，实行备案统一编号管理，明确双方权利义务。打击违规收取预付款、哄抬房价、发布虚假广告、面积短斤少两、合同欺骗、一房多售等行为，修订完善《新田县房屋维修资金管理办法》，科学合理管理和使用房屋维修资金。

【危旧房排查】 2015年，新田县房产局对县城内161处、2.34万平方米的危旧房建立管理台账，确定联系人，进行动态实时监管，督促整改老计生委、老县委大院和乡企局集资楼、秀峰南段和吉家村棚户区改造等项目。全年未发生因房屋征收拆迁问题引起上访及其他群体性事件。

【小区整治】 2015年，新田县房产局在小区整治工作中按照让群众做到“居有所乐”为目标，以创建国家卫生城市工作为抓手，按照“开展小区集中整治，创建一批幸福小区”的工作要求，将小区整治作为民生实事抓落实。按照小区创国卫要求结合整治内容，制订《小区集中整治调查摸底方案》《开发小区创国家卫生县城小区工作实施方案》和《公职人员违规参与房地产开发清查表》。成立小区整治办，组成督查组对各职能部门工作情况进行督查。全面排查摸底重点小区24个，并建立台账，其中11个难度大、问题多的小区明确联系县级领导。

【房地产建设代表性项目】 2015年，新田县具有代表性的房产项目有：永州市鸿丰房地产公司投资2.2亿元建设的位于龙泉镇东溪街总建筑面积18.8万平方米、占地面积66666万平方米的锦绣天下；永州帝豪房地产公司投资3亿元建设的位于龙泉镇福海路总建筑面积18万平方米、占地面积60397平方米的福海家园；湖南吉星房地产公司投资100亿元建设的位于龙泉镇公园西路总建筑面积35万平方米、占地面积10万平方米的盛世龙岸；润驰房地产公司投资1.5亿元建设的位于龙泉镇双碧街总建筑面积7.5万平方米、占地面积25196平方米的润驰绿洲；长沙华照投资公司投资6000万元建设位于龙泉镇云鹤路总建筑面积5万平方米、占地面积3万平方米的华瑞园，投资1.5亿元建设位于龙泉镇云鹤路南总建筑面积54336平方米、占地面积1万平方米的学士御府，总投资1亿万元建设位于龙泉镇飞马路总建筑面积49053平方米、占地面积17070平方米的名门世家；新田县竣宸房地产公司投资1.56亿元建设位于龙泉镇双碧街与云鹤路相交处总建筑面积66323平方米、占地面积52814平方米的新世纪广场，投资7000万元建设位于龙泉镇新华东路总建筑面积22734平方米、占地面积2986平方米的上海花园；新田县秩曦房地产投资3.2亿元建设位于龙泉镇双碧街与西凤路相接处总建筑面积11.868万平方米、占地面积4.7万平方米的新城国际。

【主要房地产公司】 2015年，新田县主要房地产公司有：由曾志明任法人代表，公司地址位于冷水滩区翠竹路，注册资金2200万元的永州市鸿丰房地产公司投资建设锦绣天下；由刘新胜任法人代表，公司地址位于冷水滩区梅湾路，注册资金3000万元的永州帝豪房地产公司投资建设福海家园；由罗飞招任法人代表，公司地址位于龙泉镇五乡圩前进路，注册资金5051万元的湖南吉星房地产公司投资建设盛世龙岸；由宋桂芳任法人代表，公司地址位于龙泉镇东溪街与云鹤路相接处，注册资金400万元的润驰房地产公司投资建设润驰绿洲；由陈竹红任法人代表，公司地址位于长沙市岳麓区谷丰路嘉华苑2栋，注册资金2000万元的长沙华照投资公司投资建设华瑞园、学士御府、名门世家；由陈玉生任法人代表，公司地址位于龙泉镇新华南路，注册资金2000万元的新田县竣宸房地产公司投资建设新世纪广场、上海花园；由侯曦任法人代表，公司地址位于龙泉镇公园路1号，注册资金800万元的新田县秩曦房地产投资建设新城国际。

住房公积金

【概况】 永州市住房公积金管理中心新田县管理部成立于2002年10月，为永州市住房公积金管理中心派出机构，其人、财、物由市住房公积金管理中心统一管理。管理部承担全县住房公积金归集、提取、贷款发放与回收。现有干部职工7人，其中，在编在岗正式职工3人，劳务派遣人员4人。

【业务运营】 2015年，新田县住房公积金归集7759.8万元，新增归集扩面553人；支取公积金4220.7万元，同比增长43%；发放贷款204笔、5557万元，同比增长152%；实现增值收益490.79万元，同比增长22%。

【归集扩面】 2015年，新田县在住房公积金归集上，突出以行政事业单位的归集建制和非公企业的扩面建制为工作重点。行政事业单位住房公积金建制实现全覆盖，缴交比例达到12%的标准，将津补贴纳入缴交基数和财政补贴基数，实现缴交比例、缴交基数和财政补贴全到位。对非公企业的扩面建制，强调以私立医院、私立学校、民办企业、工业园区等为建制目标，深挖归集扩面工作潜力，新增扩面人数553人。

【政策调整】 2015年，新田县住房公积金中心根据缴存职工购买自住和改善性住房消费需求变化，调整公积金提取和贷款政策，下调四次公积金贷款利率，两次调整公积金提取、贷款政策，实行认贷不认房，放宽租房提取，调整组合贷款模式，降低首付比例，提高可贷额度，开办异地贷款，释放可贷人群，增加贷款规模，取消强制性担保及收费等。

市政公司

【概况】 新田县市政建设工程总公司，属全民所有制副科级事业单位，内设市政建设工程公司、市政基础设施维护管理站、房屋建筑工程公司、房屋拆迁工程公司、机械化工程公司、归口县住房和城乡规划建设局管理。新田县市政建设工程总公司为市政三级、土建三级（暂定），城市及道路照明三级、物业管理三级企业。2015年，市政工程以“打造精品工程、利民工程”为标准，完成道路工程4万余平方米，安装路灯2255盏，完成产值4500万元，完成全年各项工作目标任务。

【市政设施维修】 2015年，新田县市政建设工程总公司对县城道路路面进行逐条道路专项治理，维修路面8000平方米，修补人行道及水沟盖板2000余平方米、整修破损路沿石200余立方米；探索、改进施工工艺，注重以预防为主，消除道路病害，为创优城市环境提供保障。把提高工程质量、抓好安全生产放在首位，然后根据实际情况，合理安排工序和工艺，有重点、有目的地施工，为提高工程质量和工作效率，专门安排技术人员到工地进行实地监督检查，没有出现任何质量安全事故，做到质量、安全双丰收。

【路灯安装维修】 2015年，新田县市政建设工程总公司在公园东路、育才路、方达公司至妇联等路段安装路灯108杆；背街小巷简易路灯2147盏。坚持日常巡查制度，及时排除故障；为加强路灯工作的管理，专门内设路灯维修公司，对路灯实施建养分开。加强路灯的巡查力度，采取领导巡察制，班子成员进行上道巡察，每月巡察不低于4次，对路灯的维修保养起到更好的督促作用。安排白天晚上2个班次，全天候的对路灯进行维修。公开监督电话，市民发现路灯不亮或灯杆污染严重，随时可以拨打电话进行反映。维修路灯3000余盏，更换故障电缆1万余米，对100多个配电箱进行检修，更换配件，亮灯率和路灯设施完好率98%以上。

城市建设投资发展

【概况】 新田县城市建设投资发展集团公司（简称新田城投集团）于2014年底启动组建，2015年7月注册成立，是县政府直属国有企业，注册资金为3600万元，现有资产规模近20亿元。其前身为新田县城市建设投资公司，业务范围包涵县城规划范围内的开发建设，涉及城市基础设施建设、城市路网建设、城市公共设施提质改造、城市二级土地市场开发和竞争性项目建设、承担政府特许经营项目建设、棚户区改造以及水务、广告、置业、物业、资产管理等。公司旗下拥有交投、园投、城投房地产、亿通水务、方舟传媒、青云实业、众泰扶贫、东泰资产、高等级公路等9家全资子公司和1家控股子公司——开元（新田）。公司实行董事会领导下的总经理负责制,内设5部2室,即综合管理部、计划财务部、投融资部、工程管理部、资产管理部、监察审计室、总工办。共有员工63名,其中研究生学历2人，本科学历33人，大专学历21人，高中学历7人。

【公司转型改革】 新田县城市建设投资发展集团公司自2014年底以来，在全市县区中先行开展政府性投融资平台公司改革转型的探索实践，按照《中共新田县委 新田县人民政府关于加强和完善县级投融资公司转型改革的意见》和《“新田县城市建设投资发展集团有限公司”组建方案》，组建城市建设投资发展集团，建立以城市建设投资公司为母公司，下设交投、园投、城投房地产、亿通水务、方舟传媒和城市建设工程、资产管理经营等7家全资子公司和1家控股子公司——开元（新田）投资有限公司的企业构架。员工从最初的10人增加至40人，“十二五”期末达到100余人。建立资产注入机制，有序进行资产划转工作，逐步把县土地收购储备中心已收储的土地，县直行政企事业单位、机关团体的资产，包括办公楼、酒店、宾馆、招待所、培训中心、营业店铺和厂房、仓库、市场、医院、学校等，国有林场，直管公房、公租房、廉租房，水资源资产、矿产，组建农商行的股份等其它可以注入的资产全部整合到城投集团，至“十二五”规划期末，公司资产规模达到20亿元。

【筹资融资工作】2015年，新田县城投公司与多家国有政策性银行、国有商业银行、股份制商业银行和非银行金融机构建立长期的战略合作关系，为城市建设筹措大量资金，为新田社会经济发展提供强的资金保障。探索股权信托、融资代建、融资租赁、BOT、PPP等多种方式融资，实行以银行贷款为主、多种融资方式并存的融资形式，拓宽融资渠道。集团组建以来，公司通过城市供水一期工程、城市防洪治理、易地扶贫搬迁、土地储备、土地整理、存量贷款、棚改、融资租赁、农村医养综合体等项目实现融资17.5亿元成功包装城乡供水一体化10亿元融资项目，促成新田县与省建工集团10亿元项目建设的合作以及与新天地集团的合作作为家博城项目业主与投资商正式签订金额达15亿元的合同，为“十二五”城市建设筹资融资工作成果增加浓墨重彩的一笔。

【重点项目建设】2015年，新田县城投公司投资建设城市供水工程、城东中心公园、中府国际广场、双胜河防洪治理工程等十多个项目，成功引进投资商进行中国中部家博城、畜禽标准化屠宰场、富锶矿泉水、冷链物流园、综合物流园等项目的建设。其中，城市供水工程项目一期工程在2015年春节前完工通水，提升新田城市居民饮水质量水平；中府国际广场是城投集团自主经营的首个项目。

水源连通工程

【概况】 新田县金陵水库水源连通工程是国家烟草局援建的大型水源项目，分布在新田县的金陵、莲花、大坪塘、龙泉、知市坪、茂家六个乡镇和桂阳县的六合、四里、塘市3个乡镇。以防洪、灌溉为主，兼顾城镇供水，受益人口13.82万人，农业人口12.13万人，其中，新田县8.83万人，桂阳县3.3万人；水库灌区原设计灌溉面积7.77万亩，其中，新田县5.62万亩，桂阳县2.15万亩。金陵水库水源连通工程由“两源、四线、七库”组成，“两源”即金陵水库、两江口水库主水源续建工程，“四线”即总长114.48公里的东干渠、西干渠、廖干渠、北干渠四条主干渠，“七库”即八山横水库、青石岭水库、木田埂水库、梅山水库、张家冲水库、萝卜冲水库、芹才水库新建和改扩建工程以及两江口水库大坝续建项目，其中八山横、青石岭、木田埂三个水库为新建工程。金陵水库水源连通工程计划总投资为17027.32万元，其中申请国家烟草补贴资金1.46亿元。国家局批复资金为1.1928亿元，建设计划工期2年，项目建成后新增蓄水量2316万立方米，新增灌溉面积3万多亩，改善灌溉面积4万亩，增加烤烟面积3万亩，经济效益、生态效益和社会效益显著。

【项目批复】 新田县金陵水库灌区配套项目在2003年组织技术人员进行实地勘测，委托省南方设计院进行项目初步设计，2005年省水利厅对该项目批复投资3800万元。2011年，委托省水利水电勘测设计总院对金陵水库水源连通工程进行可行性研究报告的编制工作。省水利厅组织专家对项目可研进行审查，并以湘水计〔2011〕35号文进行批复，省发改委国家投资项目评审中心以湘投评〔2011〕63号文进行投资评审。省发改委于2011年6月组织专家进行可研审查，以湘发改农〔2011〕972号文进行可研批复，批复资金1.7747亿元。可研批复后，县水利局委托湖南南方水利水电勘测设计院编制初步设计，2011年7月省水利厅组织评审，以湘水工管〔2011〕30号文予以批复，批复总资金17519.6万元。省水利厅对初步设计批复后，报送至省烟草局，烟草部门对项目进行复核并提出修改意见。2011年9月，初步设计报送国家烟草总局，总局从全国水利部门聘请专家进行评审，并以中烟办〔2012〕136号文下达批复意见及资金计划，最终批复资金为1.1928亿元。

【主要项目施工及重大问题处理】 工程于2012年12月18日开工，实际施工总进度：2012年12月18日开工典礼，18日至25日施工准备，主体工程从2012年12月26日正式开工，一标（两江口水库）、三标（芹才水库、萝卜冲水库、张家冲水库、梅山水库）在2014年7月扫尾，2014年9月

18日进行项目法人验收；二标（青石岭水库、八山横水库、木田埂水库）、四标（西干渠配套及新建）、五标（西干新建）、六标（东干、北干、廖干）项目在2015年8月12日完工主体工程，2014年9月18日进行项目法人验收。项目法人验收后，各施工单位按照验收组的意见进行整改，2015年已全部完成。工程开工后，根据省、市文件精神，针对工程量大、施工线路长、工期短、农业灌溉、水库度汛之间的矛盾，水源工程项目部对在汛期、灌溉期承担任务的项目做具体安排部署，制定应急预案。为确保工程安全和工程质量，省水利厅领导和专家现场进行督查，提出大坝工程汛期停止土方填筑项目施工的要求。对于有灌溉任务的水库，经设计单位现场核查，采取科学措施进行技术处理，满足度汛和施工两不误的要求。　工程涉及项目多、线路长、施工难度大，在工程申报初期，因时间紧，前期工作不够细致，部分项目在具体施工时做出调整，进行必要的工程变更。主要变更项目为青石岭水库坝址后移，减少农田损失，同时减少水库库容。其他水库项目变更主要是施工时因地质等原因，造成完成的工程量与实际工程量有差别。新开渠道项目变更较多，因地质复杂，部分盘山渠道改为隧洞，新增的隧洞有：欧家隧洞（环山线路过长）、小源隧洞（山体太陡，无法开挖明渠）、曾家岭隧洞（山体太陡且为岩石，无法开挖明渠）、畔塘隧洞（明渠经过的区域祖坟过多，搬迁难度大且线路长）、果园隧洞（经过新田县果园基地，明渠损毁林木多且线路长）、盘家坝隧洞（经过苗木基地和公路）。由于地势原因，新增曾家岭渡槽（明渠无法绕开祖坟），原设计的牛牯坝倒虹吸管因地面建筑物发生变化无法通过，改为渡槽。在西干尾段，因高压线路问题增加李家倒虹吸管，因地势高度问题新增李家渡槽、陈家渡槽、塘家铺渡槽。由于水头不够，原设计的钟家倒虹吸变更为钟家渡槽。在工程施工期间，设计单位到现场勘查，与监理、业主、施工单位一道破解施工难题，按程序出具施工图，为工程的顺利推进保驾护航。施工中需要解决的技术难题多，处理的重大问题也多，归纳起来有：（1）萝卜冲水库灌浆。（2）张家冲水库库内塌洞处理。（3）青石岭水库隧洞堵漏。（4）塘家铺渡槽深基础处理。（5）泥塘窝隧洞塌洞处理。

【项目管理】 2011年8月11日，新田县委办公室以新办〔2011〕16号文下发关于成立新田县金陵水库水源连通工程建设项目领导机构的通知，成立项目法人，由新田县人民政府副县长刘大兵任法人代表。下设协调组、技术质监组、技术资料组、财务组、办公室，人员主要从县水利局和其它部门抽调组成。主要职责是按照项目法人制的要求全面负责工程项目的建设与管理，完成项目前期准备工作；完成施工合同、监理合同、设计合同等合同的签订工作；完成工程建设管理，质量监督检查，资金拨付管理；完成施工矛盾协调，征地拆迁工作；完成各类统计报表的申报工作；完成工程资料归档和法人验收工作。2015年12月20日，项目法人进行变更，由县人大常委会副主任史立忠任法人代表。湖南省水利水电勘测设计总院完成金陵水库水源连通工程可研设计工作；湖南南方水利水电勘测设计院完成金陵水库水源连通工程初步设计工作；永州市水利水电勘测设计院完成金陵水库水源连通工程技术设计工作并完成施工过程工程审计变更工作。工程按照渠系和水库分为2个监理标，其中一标监理水库标，由湖南省水利水电监理承包总公司承担，现场总监张春明。二标监理渠系标，由湖南江河水利水电监理公司承担，现场总监郭学峰。监理单位按照监理合同的要求，完成工程监理服务技术等工作。工程分6个标段进行施工。一标施工单位由湖南水总水利水电工程有限公司承担，主要负责两江口水库续建项目；二标由湖南省水利水电机械施工公司承担，主要负责青石岭、八山横、木田埂3个新建水库项目；三标由湖南天谷水利电力工程建设有限公司承担，主要负责芹才水库、萝卜冲水库、张家冲水库、梅山水库的施工；四标由湖南省德利建设工程有限责任公司承担，主要负责西干渠配套和8km新开渠道建设项目；五标由湖南华宇水利水电建设工程有限公司承担，主要负责西干渠尾段新开渠道施工；六标由湖南省长沙湘华建筑工程有限公司承担，主要负责北干渠、廖干渠、东干渠的配套防渗。上级主管部门主要是国家烟草总局、湖南省水利厅、湖南省烟草局、永州市水利局、永州市烟草局。省水利厅完成可研、初设、技设、招投标文件的审查批复；省烟草局完成初设的复审、项目申报、资金管理与拨付、工程实施督查；国家烟草总局主要是初设的最后审查、资金计划安排与下拨；市水利局主要对项目质量、进度进行跟踪督查；市烟草局主要监督工程资金的使用和工程项目的落实；县里成立专门项目部，参与工程勘测、规划、施工、竣工资料编写、工程质量进度跟踪检查；县审计局主要跟踪审计所完成项目工程量和投资，出具工程造价审计报告、进行项目决算审计。由永州市水利局水利水电工程质量监督站进行监督。建设方还委托湖南精湛检测公司为第三方检测单位，进行现场全程质量跟踪检测。项目初步设计批复后，国家烟草局下达资金计划，建设方委托市水利水电勘测设计院完成技术设计，省水利厅对技设方案进行批复。前期工作完成后，开始进行施工招投标活动。由湖南天润招标咨询有限公司进行代理，2012年8月完成《金陵水库水源连通工程施工招标文件》，制定具体施工招标评标办法并经省水利厅和省发改委核准后发布招标文件。2012年9月10日，在湖南省招标投标监管网上发布招标公告，2012年10月23日，在湖南省招投标交易中心进行公开开标评标会。按照《开标会议议程》规定的开标程序，公开开标、当场公布报价。经过评标委员会的评审，确定6个标段的第一中标单位。2012年11月22日，项目部与中标单位签订施工合同协议书。工程施工监理也是按照公开投标的方式确定的，湖南天润招标咨询有限公司于2012年8月完成《金陵水库水源连通工程施工监理招标文件》，制定具体施工监理招标评标办法并经省水利厅和省发改委核准后发布招标文件。2012年9月10日，在湖南省招标投标监管网上发布招标公告，2012年10月24日，在湖南省招投标交易中心进行公开开标评标会。按照《开标会议议程》规定的开标程序，公开开标。经过评标委员会的评审，确定2个监理标段的第一中标单位。2012年11月22日，项目部与中标单位签订施工合同协议书。2011年7月，省水利厅对金陵水库水源连通工程初步设计方案组织评审，并以湘水工管〔2011〕30号文予以批复，批复总资金17519.6万元。省水利厅对初步设计批复后，报送至省烟草局，烟草部门对项目进行复核并提出修改意见。同年9月，将初步设计报送国家烟草总局，总局从全国水利部门聘请专家进行评审，并以中烟办〔2012〕136号文下达批复意见及资金计划，最终批复资金为1.1928亿元。新田县金陵水库水源连通工程施工招标资金1.0869亿元，监理招标299.4万元。国家烟草到位资金1.1928亿元，地方配套1074万元。工程实际完成投资1.3002亿元（含前期工作、征地拆迁等费用）。该工程涉及的合同类型主要有设计合同、施工合同、监理合同、地勘合同、测绘合同等。项目部与省水利水电勘测设计总院签订《新田县金陵水库水源连通工程可研设计合同》，与湖南南方水利水电勘测设计院签订《金陵水库水源连通工程初步设计合同》、与永州市水利水电勘测设计院签订《金陵水库水源连通工程技设阶段设计合同》、与湖南省地勘院签订《金陵水库水源连通工程地质勘查合同》、与湖南天源国土资源勘查有限公司签订《金陵水库水源连通工程测量合同》、与六个施工单位签订《金陵水库水源连通工程施工合同协议书》、与2个监理单位签订《金陵水库水源连通工程施工监理合同书》、与湖南精湛检测有限公司签订《金陵水库水源连通工程现场检测合同》。在合同执行方面，设计、施工、监理、检测、勘查、测量等单位已按照合同要求完成相应的任务。根据招投标文件规定和施工合同约定，在工程施工中所需要的材料和工程设备均由承包方负责采购、验收、运输和保管，承包人对其采购的处理和设备负责。承包人将各项处理和工程设备的供货人及品种、规格、数量和供货时间等报送监理人审批并提交相应的质量证明文件，监理人确认后，交第三方检测单位现场抽样检查，检测合格后方能使用。价款结算以工程进度月报完成的工程实物量及工程质量为依据，市质量监督部门对完成的工程项目进行现场核查，出具工程质量监督意见书，满足设计要求的项目才能进行工程量的申报。工程监理部和项目部审核施工单位上报的工程量，报送审计部门，审计人员现场核查后，出具工程进度审计报告。审计报告出来后，由项目部财务人员按照合同要求和财务管理要求进行进度款拨付审查，财务确认后由审计、技术、烟草、项目部、法人代表逐一核对签字，再由项目部财务和市烟草局财务共同核对拨付工程款。水源工程资金设立专款账户，由市、县两级共同管理。每笔拨款都要进行进度审计，现场核查，工程项目确认等程序，完成按照省烟草局、省审计厅、省财政厅下发的水源工程资金管理办法进行资金拨付，确保资金的规范化使用。

【工程质量】　工程项目开工后，申请政府质监，招标确定工程监理，委托第三方进行现场检测，实行社会监督。项目部从相关业务单位抽调专业技术人员成立质量监督组，明确质检人员的职责，对工程质量进行现场抽查检验，与工程监理部和第三方检测单位一起配合质量监督站对工程进行全程质量检查。金陵水库水源连通工程分部工程和单元工程全部合格，合格率达到100%。

【初期运营效益】　青石岭水库在2015年8月基本完成，现蓄水，满足下游灌区正常用水。廖干渠、西干渠老渠道配套工程在2013年基本完成，没有因施工影响原有灌区的灌溉需要。北干渠、西干尾段新开渠道在2015年8月基本完成，夏季抗旱发挥作用。

交通邮电

交通运输

【概况】　新田县交通运输局为县人民政府工作部门。机关行政编制7名，其中：局长1名，副局长3名，纪检组长1名，总工程师1名，内设股室6个（办公室、政工人事股、财务审计股、计划基建股、交通运输股、城市客运股）。被永州市交通运输局授予“2015年度全市农村公路养护管理优胜单位”称号；被永州市人民政府办公室评为“2015年全市农村公路建设考核二等奖”；被永州市交通运输局评为“2015年全市交通运输系统春运工作先进单位”。

【交通建设】　2015年，新田县交通运输局完成省道S231（郛下至金鸡岭段）14座中、小桥梁施工，完成路面基层施工20.5千米，完成沥青混凝土路面10千米，完成绿化5千米，完成总投资1.92亿元，其中，2015年完成投资1200万元。省道S228新田县城至竹林坪公路前期工作基本完成，与投资商进行多轮投资合作谈判，完成用地报批和征地拆迁工作。国道G234（S228）新田县城至土桥公路工可报告已经省交通运输厅批复。S323线城区段完成新田大道K4+620——K5+940段人行道配套工程、照明工程及绿化工程。完成农村公路建设63千米，完成全年考核任务的126%；完成总投资4399万元，占全年考核任务的110%；全县行政村通畅率达100%。危桥改造6座，完工5座；渡改桥3座，主体完工2座；安保工作完成71公里，完成考核任务94.6%；完成投资1125万元。货运物流中心建设征地工作部分完成，与投资商签订合作意向书；农村汽车东、南、北过渡站完成选址、设计、预算等前期工作。

【规范行业管理】　2015年，新田县交通运输局在陶岭、知市坪、金盆圩3个乡开通农村赶集客运班车。年底，具备开通条件的乡镇全部开通农村赶集班车。加强公交车、出租车的管理，查处公交车拒载、出租车不打表、乱收费等各类违法行为30余次。联合交警、城管加强对客运市场违法行为的打击，查处各类违法经营行为50余起，暂扣涉嫌非法营运的摩托车80辆，控制非法营运行为，维护客运市场的稳定。开展对机动车维修、洗车店的专项整治，整治有占道经营等违法行为汽车、摩托车维修点，洗车店31家，暂扣维修工具、设备42件。大型机动车维修店面搬离城区主次干道，摩托车维修店、洗车店占道经营行为得到改善。

公路建设与养护

【概况】　新田县公路局是新田县人民政府直属正科级财政全额拨款事业单位，参照公务员管理。内设办公室、政工股、财务股、工程建设股、养护机务股、路政股、安全法制股、治超站8个股室站，下辖股级事业单位公路养护站，在职职工64人，其中，中共党员36人，担负全县8条国省道公路的养护、建设和路政管理，里程203.186公里，其中，省道 156.778 公里，县道 46.408 公里。

【公路养护与安全畅通】 2015 年，新田县公路局完成绿化干线公路 38.282 千米，种植樟树 0.6 万株，桉树 5.4 万株，红继木球 1346 株，红叶石楠球 1400 株，爬山虎 2900 株，四季桂 48 万株，高杆红叶石楠 2600 株，八月桂 4000 株，建设高标准的绿岛两个；安装波形护栏 1.02 万米，水泥路换板 1.05 万平方米，水泥路面补灌缝 3.86 万米，砂路投入砂石材料 1500 余立方米，疏通修复涵洞 16 处，整修路肩 9.5 万方米，疏通水沟 56200 米，清理塌方 5 处约 580 立方米，设警示牌 120 块、桥梁限载标志牌 98 块、更换公里碑百米桩 420 块、割路肩高草 114.86 千米、防撞墙刷白 1600 米，申报五类危桥 1 座，设置危桥管制 2 座，确保路况的稳定，综合好路率 95.54%，超过市局 90% 的要求。加强对安全生产的管理，没有发生质量和安全事故。重点对省道 S215 线临水临崖路段实施安全保障工程安装波形护栏 7000 余米，省道 S215 线、县道 X044 线水泥路面严重破碎砼板进行换板 8000 平方米，新安大桥拆除重建项目前期工作完成，申报评定新圩电站桥为五类危桥。工程合格率 100%，优良率 95%以上。在桥涵管理方面，完善“三个一”责任制。将桥梁日常保养和检查的责任人统一调整为养护站保养人员。对所辖桥梁进行一次全面普查，填写“桥梁经常检查记录表”，管护责任人对桥梁进行经常性检查和定期检查，发现问题及时进行上报处理；桥梁养护责任人，每天对所管辖的桥梁、涵洞进行日常巡视观察，对存在的问题及时进行小修保养，汛期加大巡查力度，确保所管辖的桥梁、涵洞安全畅通无阻。杜绝养路不养桥的现象。加强省道 S215 线路面清洁工作，添置扫路车 1 台，打草机 3 台，3 台扫路车每天在各条公路进行扫路，每周组织机关人员集体上路搞平交路口卫生行动 2 次，投入保洁人工 2800 余人次，清除非法占路堆集物路障 214 堆，组织机关人员分班每天到各责任路口进行文明劝导。全年公路发生水毁 20 处，其中，县道 X093 线等线路发生较大的水毁，损失 22 万余元。修复县道 X093 线等线路的水毁公路，挤出一定资金完成水毁和安保工程，排除县道 X093 线等线路公路安全隐患，未发生安全事故，未因水毁造成车辆滞留和人员伤亡。上报新安桥危桥改造项目、新圩电站桥危桥改造项目、县道 X045 石羊镇至十字路口、县道 X096 社湾至长富公路大中修项目等；完成省道 S215 线新嘉线 K55+000—K56+470 段路面加宽硬化工程 3118.5 平方米.完成省道 S215 线关口至黄沙溪路段和嘉禾接口路段路面高标准标线 16.52 千米；完成新隆镇路面换板 1.2 千米；完成县道 X096 社金线 k0+000—K1+800 及 X045 新土线 K20+000—K21+500 段路面硬化改造工程的勘察、设计、预算、财政评审、发改委立项、招投标核准、招投标等工作，进入施工阶段；完成投资 571.86 万元，省道 S215 线新田至嘉禾二级公路绿化工程项目的实施。

【路政管理宣传】 2015 年，新田县公路局开展“路政宣传月”活动，在省道S215线和省道S323线沿线悬挂路政宣传横幅79条，印发路政管理法律法规宣传单及超限运输宣传单7000份，接受咨询1010人，走访200个单位及个人，收集合理化建议65条，规范化标牌、标语257条，与干线公路沿线9个乡镇政府签订爱路护路协议。新田电视台进行新闻报道7次，新田政府网、新田新闻网等媒体安排重要版面宣传报道治超工作，编发治超宣传稿件20多篇。在省道S323线和省道S215线设立76块大型永久性标牌，宣传标语和横幅200余条，编发《治超简报》21期，利用手机短信和宣传单的方式进行超限超载宣传1.5万余次。

【四个专项整治】 2015年，新田县公路局开展四个专项整治。一是每月开展2次路面联合执法专项整治行动，重点查处路面货运车辆违法超限运输。检测车辆13682辆，对206辆/次超载超限车辆进行处罚，卸载超载超限货物397.09吨，罚款11.21万元，收取公路补偿费0.99万元，驾驶证扣分51人，与司机签订合法装载承诺书350余份。二是每月开展3次非法改拼装车辆整治，查处非法改装车辆146辆，并强制恢复原状146辆，处罚27辆，罚款4200元，车主自行恢复原状51辆，与15家修理厂签订合法维修承诺书。三是每月开展3次货运源头企业整治，通过摸底，县现有年产量5万吨以上企业7家，年产量5吨以下企业92家，其中，7家年产5万吨以上的企业分别安排11个部门和24人进驻重点监管并签订合法装载承诺书及责任状。四是每月进行3次工程建设领域超限超载专项整治，县目前在建工程项目有28处，除派遣人员进驻监管，不定时进行检查，发现有超限行为，按责任倒查制追究源头企业和工地责任。

【工作亮点】 2015年，新田县公路局围绕建、管、养、创中心工作，开展“畅美新田，优质工程”“畅美新田，优质养护”“畅美新田，规范管理”和“畅美新田，关爱路桥”四项活动，通过比、学、赶、帮、超，激发公路人的创业激情，树立先进模范和典型，创造争当模范标兵的氛围，营造“想干事有舞台，干成事有位置”的浓厚氛围，激发公路队伍的整体活力。

邮　政

【概况】 中国邮政集团公司湖南省新田县分公司于2015年5月由新田县邮政局更名。从业人员数140人，其中，合同工45人，劳务派遣工38人，退休人员36人，其他临聘人员21人。机构设置综合部、经营部；生产部门、金融代理班、集邮信函班、报刊发行班、投递班、邮件处理班、电子商务班、包速业务部。支局网点：新华西路邮储营业所、秀峰邮政所、石羊支局、新圩支局、枧头支局、十字支局、新隆支局、知市坪支局、金陵支局、骥村支局、陶岭支局。2015年，实现邮政业务收入1789.16万元，完成计划的100.01%。被永州市分公司评为2015年度“优胜单位”。

【金融类业务发展】 2015年，新田邮政分公司通过抓好外出务工市场和代发项目，邮储业务保持规模增长和结构优化同步发展，邮储、保险、理财业务相比往年都有明显加快，全年余额增长成为全市2个同比增长的单位之一，活期占比较年初增长1个百分点，是全市2个正增长的单位之一。统一制作理财、基金展架宣传，印制一批理财基金宣传单页，以周边商户、高价值客户、他行优质客户为重点，开展有针对性的理财基金业务宣传，发展和巩固一大批高端客户，全年累计销售理财基金超过8000万元。加大电子设备布放力度，全年新增CRS 8台，电子银行业务、电子银行激活率加快发展，电子银行替代率明显提升，四季度电子银行替代率增幅排全市第一位。

【成功举办泸州陈藏老窖青花瓷系列酒品推订货会】 2015年1月18日，新田邮政分公司在鼎丰国际大酒店成功举办泸州全市第一场州陈藏老窖青花瓷系列酒品订货会，当场订货达到30万元。

【综合服务平台建设】 2015年，新田邮政分公司落实综合服务平台渠道建设工作要求，在三季度制定综合服务平台建设实施方案，建成综合服务平台点105个，开展综合点业务叠加营销，加快“邮掌柜”“邮三湘”的叠加和使用。加强与政府的对接和沟通。接受商务部门委托为政府部门决策开展县域电子商务情况的摸底撰写一篇调研报告，受到商务部门的好评。开展电商客户的营销工作。加强与万家鹅业等农业龙头企业的联系，11月在湖南邮政“邮三湘”平台成功上线销售，成为2015年全市“邮三湘”上线的2个县域之一。

移动通信

【概况】 新田移动分公司于1999年7月18日成立，下设综合部、市场部、网络部、渠道中心、政企客户中心、全业务中心、客服中心、新圩镇营业部、枧头镇营业部。上市员工从最初的13人拓展到53人，40人由劳务派遣制员工定向招聘转换为合同制员工。

【移动业务】 2015年，新田移动分公司期末用户11.3万户，累计净增日均通信客户数较2014年年底净增1.6万户，其中4G客户净增2.7万户。计费收入突破6000万元。

【网络建设维护】 2015年，新田移动分公司2G基站数142个，2G载频总数为1069块；3G基站个数35个，3G载频总数359个；4G基站总数231个。新田城区LTE下载速率31.19 Mbps，LTE城区上传速率4.158 Mbps，LTE覆盖率97.9%。GSM小区完好性99.85%；新田TD小区完好性99.97%；LTE小区完好性99.83%。完成231个4G基站建设，4G网络能力建设实现跨越式发展，实现城乡4G网络覆盖率98.24%。

联通通信

【概况】 中国联合网络通信有限公司新田县分公司（以下简称新田联通）成立于2000年11月，是中国联通有限公司在新田的分支机构。2008年10月与中国网通合并后,开始经营全网业务。公司形成城、乡二级管理模式，按现代化企业模式进行运作和管理。下设6个部室和2个营销部，全县范围有营销网点100余个。

【网络覆盖】 2015年，新田联通公司移动网络覆盖率90%，光网宽带覆盖60%的村、100%的镇。

石油公司

【概况】 中国石化销售有限公司湖南永州新田石油分公司隶属中国石化销售有限公司湖南永州石油分公司，属国有企业。年末，在岗职工43人，其中合同工40人。下属加油站9座，在营加油站7座，村镇加油站2座。

【石油销售】 2015年，新田石油分公司对所辖的中心站、十字站、腊树下站、龙泉站进行提质增量改造，改过去加油站低、矮、窄的面貌，使现加油站宽、靓、新，提升加油站整体形象。以提高队伍素质为主线，提升服务水平为重点，实现企业全面协调持续发展。完成年度销售任务，销售轻油1.56万吨，非油品527.79万元。

永汽公司

【概况】 永汽新田分公司成立于1957年，隶属于湖南省永州汽车运输总公司，2002年1月与新田县客运公司组成新的永汽新田分公司，是一家以客运为主的专业道路运输企业。公司拥有大、中、小型客车85台，车型包括：大型高一、中型等高标准的各种车型。

【业务经营】 2015年，新田汽车站日进站车辆128辆，日发班次128班，日发送旅客2700人次。主要经营70条线路班次，其中，省际班线21条（至中山、珠海、樟木头、凤岗、常平、龙岗、东莞、福田、番禺、广州、桂林等地），省内班线有47条（至长沙、湘潭、株洲、衡阳、常宁、郴州、嘉禾、临武、冷水滩、芝山、道县、祁阳、宁远、蓝山等地），县内2条班线（1路公交车、2路公交车）。

教科文卫体

教 育

【概况】 新田县教育局创办于1912年（民国元年）。前身是当时县行政厅内设的“教育科”。内设办公室、政工人事股、计划财务股、基础教育股、审计股、政策法规股、教师工作股7个股（室）；归口管理事业单位有县人民政府教育督导室、县招生考试中心、县第一中学、县第二中学、县职业中等专业学校、县教师进修学校、县瑞华实验学校；所属事业单位有县教研室、县职业技术与成人教育办公室、县勤工俭学管理站、县电化教育馆、县学生资助管理中心、县教育会计核算中心、县教育信息中心、县学校建设管理服务中心、县云梯学校、县幼儿园、县思源学校以及乡镇中学14所、乡镇中心校15所、县城完全小学6所、九年一贯制学校6所。有中小学生50595人，其中，小学32423人，初中11959人，普高4604人，职中1609人；在城就读学生29831人，农村学生20764人。全县在编教师共3363人（含特岗教师276人）。2015年，新田县教育局被评为新田县创建国家卫生县城工作先进单位；被评为永州市教育教学信息化大奖赛最佳组织奖；被评为永州市第五届中小学生艺术展演活动优秀组织奖；被评为湖南省中学数学教师解题竞赛永州赛区优秀组织奖；被评为永州市“中小学电脑制作”活动最佳组织奖；被评为2014—2015学年度教育风险防范工作先进集体；被湖南省教育厅评为教育阳光服务优秀单位；被评为“一师一优课、一课一名师”省级优课活动优秀组织奖；被评为湖南省2015年中小学校责任督学挂牌督导创新县。

【重点项目建设】 2015年，新田县投入近5000万元，用于合格学校建设和薄弱学校改造。现有一小、宏发圩中心校、十字中心校、金陵中学4所学校因用地困难未建成合格学校。全县乡镇以上学校实现宽带光纤连接，村小全部配备数字化接收设备，60%以上的班级配备班班通设备，教育信息化实现程度在全市处于中上水平，新田县教育局局长刘高庆在市政府召开的全市教育信息化会议上作典型经验发言。乡镇以上学校新建或改建学生食堂、澡堂，基本解决农村教师住房问题，添置必要的教学仪器设备和图书，农村学校D级危房全部消除，80%以上的班级更换成标准的课桌椅。《湖南教育快讯》第38期以《坚持机制创新，助推合格学校建设和“全面改薄”工作上台阶》为题专门推介新田县教育先进经验。思源实验学校、二中初中部、云梯学校及双碧小学、四小等综合楼的相继建成投入使用，为县城新增学位5700多个，其中2015年新增1800多个，有效缓解城区学位紧张问题；二中、瑞华、思源、职中等学校高标准塑胶运动场建成，大幅度提升县城学校品位。通过招商引资，新建的南部新城学校签订招商招标合同。

【学前教育】 2015年，新田县教育局加强公办幼儿园建设，扩大学前教育资源。引导和鼓励民办幼儿园升级改造，做好民办幼儿园分类定级工作，75所民办幼儿园被评为普惠性幼儿园。基本形成以公办为主导、民办为主体的办园格局规划。全县学前一年教育入园率99.9%，学前三年教育入园率74.6%。开展社会主义核心价值观培育主题比赛和“少年向上真善美伴我行”系列活动。启动“留守儿童之家”建设工作，《科教新报》《湖南教育》《中国教育报》报道新田县留守儿童之家建设工作。

【高中教育】 2015年上半年开始，新田县教育局实行高中托管初中和学制改革，成立云梯学校；推行初高中“2+4”学制改革，在新田一中和二中分别成立继善班和直升班。云梯学校、继善班和直升班的招生，严格执行按成绩录取政策。普通高考在新田县就读学生二本以上上线人数316人，上线率排全市第八位，比2014年提升2位。其中，新田一中学生肖怡欣同学获南六县高考理科状元、全市理科第五名，被北京大学录取。

【职业教育】 2015年，新田县职业中专坚持“对口高考与技术培养并进，养成教育与技能培养同步”的思路，2015年下半年，县职业中专注册人数2300多人，在校学生1800多人，创历史最高纪录；学生对口高考上线率连续两年排全市第一；学校与6家上市公司开展校企合作办学，毕业学生就业率达到98%以上；2013年～2015年，学校投入600多万元用于改善办学条件和添置设备设施，成为全市发展最快的职业中专。

【特殊教育】 2015年，新田县教育局接待各类爱心人士到新田县开展爱心助学活动23批次307人，接受爱心救助资金170多万元，为学校新建图书室2个，捐赠图书1.2万册，电脑72台，大树204棵。深圳爱心人士黄保黔和省佛慈基金会共同捐建“苦志育才学校”，是全省唯一一所免费接收孤儿和特困家庭子女入学并免费提供吃住穿的九年一贯制慈善学校。学校位于冷水井乡冷水井村，占地1.332万平方米，面向贫困儿童和孤儿招生，实行“九年制义务教育+职业高中”的教育模式。现有教职员工18人，在籍学生近60人，开设4个年级。

【特色工作】 2015年6月25日，市教育局在新田县召开教育督导工作现场会。省教育厅将新田县推荐到教育部参加全国中小学督学责任区挂牌督导创新县评选。11月9日《湖南日报》就新田县的教育督导工作进行专题报道。推进以“导、学、教、练”为基本模式的“学本式”高效课堂建设，探索一条立足新田县实际的“减负型”课改之路，得到省市肯定。《湖南教育》杂志2015年3月B版以封面文章形式发表纪实文章《春陵河畔课改潮》，推介新田县整体推进课堂教学改革情况；瑞华学校两名教师参加全国新课改课堂教学比武，均获第二名。湖南日报、湖南教育快讯及湖南卫视等新闻媒体就新田县开展异地职业培训进行宣传报道。在全市率先推行“平安校园无缝隙管理”机制，被评为全省平安校园建设先进县。在全县启动留守儿童之家建设，鼓励留守学生在放学后到学校功能室、村委活动室、农家书屋、村教学点教室等地开展活动和学习，发挥学校住校教师、农村五老、村小教师及家长的积极性。共青团、妇联、关工委、组织部、卫计委、工会、文化局等部门共同参与这一平台建设，形成“齐抓共管”的良好效果，《科教新报》《湖南教育》《中国教育报》进行专题报道。

【队伍建设】 2015年，新田县教育局在全市率先由教育行政主管部门自主招聘教师，到湖南师大、湖南科大、衡阳学院、湖南科技学院等师范院校开展人才引进和招聘工作。面向大专院校招聘中小学教师112人，招聘特岗教师57人，录用免费师范生35人。修订完善教师管理制度，制定全县教育系统效能作风问责办法。2013年～2015年，处分或处理教师127名，清理吃空饷教师89人。

新田一中

【概况】 新田县第一中学前身为新田简易师范，建于1926年6月，1958年成为完全中学，定名为湖南省新田县第一中学。1978年被确定为湖南省零陵地区重点中学，2006年晋升为湖南省示范性普通高中。有教职工235人，专任教师208人，其中高、中级教师169人，省特级教师4人，其中，在职1人，市骨干教师12人，县学科带头人30人，研究生学历11人。2015年，有教学班级42个，在校生2456人。学校本部占地面积87亩，建筑面积4.4万平方米，有专用多媒体教室63间。是省市园林式单位、省市文明单位。2015年，在湖南省首届中学数学教师解题比赛中荣获优秀团体奖（全省仅10个）；被评为市饮食安全示范性食堂；被评为市绿色美丽校园；被评为市青年志愿者先进单位；被评为省饮食安全示范性食堂；校老科协被评为永州市老科协工作先进集体；龙石佑、宋艾德、曹雄英被评为全国基础教育校本科研拔尖人才；宋艾德被评为湖南省特级教师。

【师德师风】 2015年，新田一中强化干部学习力、凝聚力、执行力、战斗力、廉洁力等“五力”建设，推行校级领导“五个一”活动（即每周听一堂课并作好点评、每周检查一个教师的教学常规并作好评价、每周参加一次集体备（论）课并作出指导、每周找一个教师谈心并提出发展方向、每人带一个徒弟并作出针对性督查）。实施中层干部“竞争上岗制”“岗位聘任制”和“责任追究制”；实行行政人员到任教年级蹲班蹲科制度。严格执行师德师风一票否决制。深化集体备课论课制度，为每个年级配备专用备课室，配置、完善设备，优化备课载体。实施课堂教学水平督查制和高效课堂月建设活动。筑牢“用激情激发师生、用模式创新课堂、用文化引领校园”的办学思想，创新课堂教学模式。推进师徒结对制度，落实青蓝工程。青年教师特别是新进教师、未上过高三的教师必须与骨干教师拜师结对，开展结对培养工作，师徒同奖同罚。推进读书考试制度。加强读书活动，每学期组织教师进行文化业务考试。建立高考研究指导交流平台——新田一中高考研究指导QQ群，开展原创题比赛，深入高三课堂进行教学视导。

【教学督查】 2015年，新田一中以现代学校制度建设为目标，以精细化、走动式、走进前沿、全程全面为特征，加大督查力度，加强执行力建设，出台符合实际的督查制度。出台《值日校长制度》《校级领导校园巡查制》《巡课制度》《课堂常规巡查制度》《教学视频监控制度》《教学效果跟踪评价制》《校长教师陪餐制度》《查寝制度》《放学疏导制度》等督查制度。制订《新田一中导师制》，加强对学生的课外辅导和个性化指导。以高三年级学生为主，同时延伸到肄业年级，对临界生和优秀生专门制定培养方案，定教师、定学生结对指导。

【德育教学】 2015年，新田一中实行主要领导亲自抓，分管领导具体抓的工作方式，通过召开班主任、政教、团委、教务、总务等相关处室工作人员会议，明确各自的职责和任务。制订《2015年打造学校德育工作升级版实施方案》《创建"行为规范示范校"工作方案》《"三爱三节"主题教育活动实施方案》《"四爱三节"黑板报、手抄报比赛方案》《2015年"安全教育月"活动实施方案》《诚信教育活动实施方案》等，印发《关于开展学生行为规范示范班级创建工作的通知》《"三爱、三节"活动倡议书》《"诚信学习 诚信考试"活动倡议书》《"学雷锋"活动倡议书》，使德育活动贯穿全学期，适时有效开展。开展"小手拉大手•共建美好家园"活动，组织高一年级学生走进中山等社区，分发《"三爱三节"活动致广大居民倡议书》，打扫社区环境卫生。邀请全国关工委专家开展"激发学生持久的学习动力"主题报告，召开各年级的家长报告会，受到广大家长的欢迎。制作多期"健康知识宣传栏""创建国家级卫生城市宣传栏""创建国家森林城市宣传栏"，以"爱国卫生月"活动为契机，开展教师办公室、班级卫生评比和寝室内务评比活动，开展灭鼠活动。开展"四心"教育活动和 "少年传承中华传统美德"系列教育活动，举行大型感恩教育"不要让爱的人失望"讲座，开展"2015全市青少年社会主义核心价值观教育报告会"，落实"四心"教育。组织高一年级学生到红色革命基地小源村开展远足活动，组织继善班学生到孝文化公园开展"孝德文化寻访"，举行诚信教育之硬笔书法比赛。组织学生参加全市"少年向上，真善美伴我行"演讲比赛并获市三等奖。学校先后组织"青春期生理讲座""健康知识讲座"" 525心理宣传"，刊出健康知识宣传栏5期，开展健康知识师生测试等活动。参与"行为规范示范校"创建活动，制定创建活动方案，印发《新田一中关于开展行为规范示范班级创建活动的通知》，学校每月对班级进行行为规范达标考核，班级对每位学生的日常行为规范进行量化考核，学生的行为规范得到提升。组织学生参加新田县首届高中生辩论赛。以教育局开展“我的中国梦”首届高中生辩论赛为契机，在高一、高二广泛开展“中国梦”系列辩论赛，高二队获全县高中组冠军，高一队获季军，4名学生获最佳辩手、优秀辩手称号。

【教研成果】 2015年，新田一中开展课题研究，语文组、数学组被评为湖南省优秀教研组。在研的国家、省、市县及校级课题20余项，其中，《高中生考试焦虑成因分析及解决方案》结题，获得国家教育学会课题研究二等奖；国家教师科研基金“十二五”规划重点课题《新课程背景下骨干教师培训与成长的理论及实践研究》的子课题《新课程下教师素养研究》、湖南省教科院的课题“中学教师培训五五模式创新研究”和湖南省关工委主持的课题“提高家长学校的实效性研究”准备结题。国家“十二五”规划课题校本科研课题的子课题《3·15学本式高效课堂教学模式研究》在研。年内，教师有89篇论文发表或获国家、省市奖，汪思帆、胡华等7人在课堂教学比赛中获1个省一等奖、3个市一等奖、3个市二等奖，陈常红获“全国优秀教师”称号，宋艾德被评为湖南省特级教师，龙石佑被评为市优秀校长，陈主安被评为市优秀教师，谢竹兰被评为市优秀班主任，4人被评为新田县名师和名班主任。学生参加各种学科竞赛获市级以上奖励153个，其中，全国奖51人次，省市级奖93人次。

【教学成绩】 2015年，新田一中高考上线稳中有增，上线率稳居永州市前四位，连续3年有学生上清华、北大分数线，2015年二本以上上线212人，肖怡欣考取北京大学。高二学考乘势而上，合格率98%，超省标。2015年，被评为湖南省优秀传统体育项目学校；参加湖南省传统体育项目学校运动会获乙组第二名；参加永州市中学生运动会荣获甲组团体总分第一名、市高中篮球赛男子第二名。13名学生被二本以上体育学院录取，其中周敏娟被北京体育大学录取。建立体艺班级，2015年度有8人次获省市“三独比赛”等赛事奖励，艺术特长考生上本科专业分数线36人。

新田二中

【概况】 新田县第二中学始建于1981年，系永州市示范性中学。占地面积140余亩。现有教职工224人，研究生学历2人，本科学历有193人，其中，专任教师188人，占教职工总人数的84%，学历合格率100%；其中中学高级教师58人，占专任教师总数的31%，中学一级职称的教师96人，占专任教师总数的51%。市、县级学科带头（或骨干教师）19人，市县名师名优班主任10人，学生3051人，是永州市办学规模较大的学校之一。

学校先后获得“湖南省园林式单位”“湖南省群众体育工作先进单位”“湖南省体育传统项目学校”“湖南省文明卫生单位”“湖南省实施国家校园武术段位制试点学校”“湖南省安全文明校园”“永州市文明单位”“永州市文明标兵单位”“湖南省校园无数段位制推广先进单位”。

【教育教学】 2015年，新田县二中加大教学常规检查及量化考核力度，从备课、上课、辅导、批改作业等环节，加强对教师的教学常规工作的网络化监督及管理，奖优罚劣、奖勤罚懒。通过教学业绩、业务考试、学生评价及行政评价等方式考核教师，完成年度的教师全员竞聘工作。坚持“向课堂要质量，以质量求生存”的原则，推行课堂教学改革，根据高中新课改精神，要求教师转变角色，充分尊重学生，注重启发式教学和学生合作探究。制订“三年质量提升计划”，出台以有效人和有效分为标准的教师业绩评价机制，恢复直升班招生政策，从长远布局，提出“一年高考六年抓”初高中一体化的教育模式。通过优课竞赛、青蓝工程、名师引路、走出引进等途径打造一支师德高尚、业务精湛的师资队伍。在2015年全国“一师一优课”活动中，获得国家级优课1节(全县唯一的国家级获奖课例)，省级奖5节，市级奖励11人。

【德育教学】 2015年，新田县二中坚持用社会主义核心价值体系引领学生的思想道德建设，在突出以爱国主义为重点教育内容的同时，注重将修身养性的传统美德及校本精神纳入教育内容，形成德育内容的层次化、系列化。注重学生的养成教育，利用创国家级卫卫生城市和创建省级文明县城的机会，通过文明卫生评比、文明卫生劝导、大手牵小手等活动重点抓好学生文明卫生养成教育，引导规范师生言行举止，在全校逐渐形成积极践行社会主义核心价值观的良好风尚。通过瞻仰烈士墓、参观红军墙、参观孝文化公园、南峰水泥厂远足活动和举行感恩教育“不要让爱的人失望”讲座等活动，对学生进行感恩孝德、团结协作、吃苦耐劳、纪律观念和环保意识方面的教育。开展心理和生理健康知识讲座与宣传活动。引导学生步入阳光健康的青春成长轨道。

【特长教育】 2015年，新田县二中学校确立以创建“乒乓球为龙头，跆拳道为重点，美术为特色，音乐舞蹈为突破口，带动全校体艺工作全面开花的特色学校”作为学校体艺教育的奋斗目标，招收一定数量的体艺特长生，坚持普及与提高并重，发挥湖南省乒乓球体育传统项目学校优势，充分挖掘学校体艺教育的底蕴，推动体艺特长教育的持续发展。针对学生思维个性、爱好兴趣的差异及学习基础的不同，探索行之有效的特长生培养模式；多种培养模式并举，为广大学子提供更多的成才路径。获永州市高中篮球赛第三名，获全市中学生运动会乙组团体总分乒乓球第一名、乙组团体总分田径第二名。

瑞华实验学校

【概况】 新田瑞华实验学校成立于2008年8月8日，其前身是民办瑞华学校，是一所县属正科级公办学校，属国家义务教育阶段的初级中学。学校占地面积222亩,现有教职工238人。有校长1人、副校长3人、工会主席1人5名校级领导。内设办公室、督查室、教务处、政教处、保卫处、科研处、总务处、妇委会和团委会9

个机构。2015年，新田县司法局筹建的全县首个“宪法主题公园”在学校落成。全县首个正式的专业化的农村留守儿童心理咨询场所学校“知心屋”正式挂牌启用。《语言文字报》以《高效课堂，让课改之花绽放异彩》为题报道学校的高效课堂改革的情况。2015年，学校获市“共青团工作先进单位”；市“文明单位”“2015年第一批全国学校体育工作示范校”；湖南省“百佳文明交通示范校”。

【教学成果】 2015年，新田瑞华实验学校开展“汉字听写大赛”“经典诵读”“激情跑操”及师生“远足”活动。2016年，获县“中府国际广场杯”亲子阅读大赛优秀组织奖。全国初中数学联赛等各级各类比赛中获奖113人次。其中，国家级一等奖3人，二等奖9人，三等奖12人。获永州市第二届汉字听写大赛团体总分第二名；第三次蝉联永州市第十九届中学生运动会田径乙组团体总分冠军；县第二届中小学生文化艺术节中，学校学生揽括所有一等奖。2015年下期期中考试，131人进入各年级的全县前200名。2015年8月，学校2012级学生肖怡欣、徐志刚分别被北大、清华录取。

【队伍建设】 2015年，新田瑞华实验学校教师在各级论文及教学比武中获奖100余人次。其中，周艳获省级数学教学比武二等奖；龚华峦获永州市中考英语研讨会暨优课展示活动第一名；沈涌、夏达云、张光福等分获市级学科比武一等奖；杨凌军等教录制的30节优课中有24节被评为市级优课，12节被评为省级优课；柏红娟被评为2015年县“十大名师”，邓恩华、欧萍、陈伟名3位老师被评为2015年县“优秀班主任”。

龙泉一小

【概况】 新田县龙泉镇第一完全小学创办于1905年。有36个教学班，在校学生2872人。现有教职工139人，本科学历48人、专科学历76人。68人有小学高级教师资格，市级学科带头人1人，县级学科带头人2人，县级名师2人，县级名班主任2人。学校先后被评为“省级重点小学”“市级重点小学”“雏鹰红旗大队”“新田县示范性完全小学”“湖南省基础教育教学研究实验学校”“湖南省现代教育技术实验学校”“创新写作教学与研究实验基地学校”“市文明安全校园”“市文明卫生单位”。

【德育教学】 2015年，龙泉一小坚持育人为本，德育为先，加强德育的针对性，利用家庭资源、社区资源和学校德育资源，培养学生健全的身心品质和优良的思想道德素质，落实“立德树人”的目标。实施“好习惯伴我行”养成教育活动工程，规范学生行为，引导学生做文明事、做文明人，促进学生全面发展。以“德育活动情景化”为主要德育培养途径，开展“三节”（体艺节、读书节、英语节）、“三礼”（感恩礼、入学礼、毕业礼）德育活动。建立文明礼仪、少先队活动、公民教育三大学校德育活动课程体系，实现德育教育的课程化目标。构建“自我行动、自我体验、自我感悟、自我反思、自我成长”的五自德育育人机制。以创建“激情校园，幸福教育”的德育品牌为重点，从制定落实小目标入手，引导学生养成良好的行业习惯，培养学生的责任意识，形成良好的道德素养。完善德育体系改变学生行为，塑造“新学校的新学生”，转变家长观念，塑造“新学校的新家长”，改变学校形象，塑造“新学校的新老师”。2015年，学生周昕昊获国家级宋庆龄奖学金。学校省级德育课题《家校结合，促进学校文明礼仪习惯养成》被评为省级优秀课题。有多名教师获得省市师德标兵及县十佳优秀班主任称号。

【教育成果】 2015年，龙泉一小坚持把教学质量作为学校发展之本，确立“质量零对手”的办学目标。坚持科研兴校的策略，通过教育科研整合学校多项改革，形成依靠教育科研提高教学质量的发展机制。2015年，小学升重点中学人数全县第一，获得全县教学质量优秀奖一等奖；代表永州市参加湖南省电脑制作大赛获一等奖；参加全省小语学会被省教科院评为优秀会员单位并作“经典诵读”经验介绍；被市教科所评为优秀语文教研组；参加全国中小学生语文素养大赛被评为优秀组织奖；参加全市少儿才艺大赛被评为优秀组织奖，多项比赛在市级获一等奖。在全县中小学生运动会中囊括田径、乒乓球、团体总分三项第一。教师论文、赛课获市以上奖励100余人次。学生参加省市县各类比赛是全县学校参赛项目最多、获奖人次最多的学校。

【办学特色】 2015年，龙泉一小确立“传承文化，精致典雅”的校园文化主题，将传统文化与现代思想相结合，隐性文化与显性文化相结合，传统教育与先进技术相结合。校刊《新一教苑》《苗苗刊》连续出版14期。注重学生综合实践能力的培养。把教育即生活、生活即体验作为办学追求。举行“图书跳蚤市场”、“养花种菜育人”活动成为学校的常态体验活动，受到学生家长的好评。开展家长进社区服务、家长进教室监考、家长进教室上课、家长进学校联谊等“四进”活动。让家长参与学校活动，建立和谐共育的家校关系。新田电视台、永州电视台、湖南卫视等媒体给予报道。

龙泉二小

【概况】 新田县龙泉镇第二完全小学，在清乾隆六十年（1795年）的“榜山书院”即设于此，嘉庆十二年（1815年），设为“春阳书院”，1952年为新田县城关镇完全小学，1998年撤乡并镇改为现校名。学校占地面积4002平方米。现有教职工52人，其中，中学高级级教师1人，小学高级和中学一级教师36人，教师学历全部合格，大专以上学历45人。现有教学班16个，其中，一年级8个教学班，学生636人；二年级8个教学班，学生665人，在校学生1301人。

【德育教学】 2015年，龙泉二小把德育教学放在各项工作的首位。加强师德师风建设，鼓励教师为学生无私奉献。教师执勤岗受到学生和家长的好评。注重低年级学生的养成教育，礼仪教育。开展“五个一”活动、一日一习、经典诵读活动、制订《龙泉二小好习惯细则》、开设“爱心课”特色课程等举措，培养学生良好的学习生活习惯。每周星期一晨读时间，全校师生一起，举行升国旗仪式，对学生进行爱国主义教育。把《三字经》《弟子规》等国学经典作为课外诵读读本，学生从小受到国学礼仪的熏陶。

【教育教学】 2015年，龙泉二小按照《新田县提升教学质量三年行动计划》，强化内部管理，抓教学常规，加强家校联系，形成教育合力。教师们根据低年级学生特点，探索最优化的课堂教学方法。2015年，在全县举行的期中、期末检测中，学校一、二年级的语文、数学及格率和优秀率均名列全县前茅。学校在县“一师一优课”评比活动中，有2节课获得省级优课，有3节课获得县优课。在县举行的“亲子阅读”活动中，有3名学生获得县一等奖。学校与农村学校结对帮扶，组织优秀教师送课到莲花、骥村、高山、知市坪中心校。2015年下期的教职工篮球赛中荣获“道德风尚奖”，学校少先队大队部被团县委评为新田县少先队工作先进单位。

龙泉三小

【概况】 新田县龙泉第三完全小学位于县城新华北路53号。学校前身为城关镇三完小，于1998年搬迁至现校址，更名为龙泉第三完全小学。校园占地面积21481.5平方米，建筑面积7641平方米，固定资产达435万元。现有36个教学班，学生2876人。教职工114人，其中，本科学历52人，大专学历52人，中师学历10人，其中中学高级教师1人，小学高级教师59人，中学一级教师5人，初级教师49人。学校先后被评为湖南省红领巾示范学校、湖南省模范教职工之家、湖南省安全文明校园、永州市安全文明校园、永州市爱国卫生先单位、永州市依法治校示范学校、永州市绿色学校、永州市文明卫生单位、永州市语言文字规范化学校、永州市示范性家长学校、永州市五好关工委先进集体、县平安校园建设先进单位、县廉政文化进校园示范学校、县新课程改革先进单位、县师训工作先进单位。

【校园文化】 2015年，龙泉三小环境优美，布局合理，绿化覆盖率达35%，功能室齐全，文化氛围浓重。配有音乐室、实验室、仪器室、计算机教室、多媒体教室、图书室、运动场等；建有110米长的文化长廊；校园内安装宣传牌、提示牌；各班都有班级口号、奋斗目标、优秀学生光荣榜等独具特色的班级文化；教师办公室门口张贴办公室基本情况及团队文化；设置走道文化，楼梯间有名言警句、品行教育、孝德文化、名人简介、师生书画展示等，先进文化覆盖到校园的每一个角落。

【教研教改】 2015年，龙泉三小坚持走科研兴教之路，营造课改氛围。加强对师生的思想转化工作，努力改变传统的教学模式。课改小组成员深入课堂听课、评课，指导上课，交流课改经验教训，深入教学反思；注重教师队伍的培养，积极派教师参加国家、省、市县的各种培训；建立校本教研制度，以语、数、艺体、综合四个教研组开展教研活动，开展集体备课,每学科组每周利用一个下午，专门开展集体备课的模式被定为全县各校学习的榜样；开展校内教学比武活动，加强校本研究工作制度建设，制定并完善校本培训制度；注重青年教师的培养，定期举办青年教师教学比武和教学活动开放周。

科技局

【概况】 新田县科技局的前身是成立于1978年12月的新田县科学技术委员会，2002年5月,更名为新田县科技局，为管理全县科技工作的县政府工作部门。2004年12月，加挂县知识产权局牌子。2011年1月，将县知识产权局并入县教育局，保留牌子。内设办公室、科技管理股、地震办公室3个机构。所属事业单位1个，县技术市场管理办公室（县科技信息研究所）。县科学技术局行政编制4名，机关后勤服务人员事业编制1名。2015年，被市科技局评为全市“科普工作先进单位”。

【科技服务】 2015年，新田县科技局开展规模工业企业专利清零行动，深入企业调查研究，宣传申请专利的好处、申报方法等。聘请专利方面的专家深入主要骨干企业，帮助企业梳理技术创新点，完成专利申请103件，其中，发明专利38件，比2014年增长36%。开展专利执法，查处假冒专利案件12件，调处专利侵权纠纷案件2件。按照“产学研”结合的要求，组织高校、科研院所到新田开展创新项目和技术对接，重点抓好湖南农科院与秀峰蔬菜、华南农大与大豆协会、龙昶机械与中南大学的合作。

【科技宣传】 2015年，新田县科技局做好富硒农业技术、知识产权知识、创森和民生科技4个主题的宣传，制作专题片在科技下乡、科技一条街、科技入企活动中播放，印制并发放相关的技术资料1.2万份。

【立项引资】 2015年，新田县科技局依据国家、省、市产业发展导向和新田县产业开发的要求，争取“三区”人才项目、知识产权试点县项目批准立项，争取项目资金22万元。仙田草鹅及鹅肥肝加工项目立项实施，争取项目资金30万元。

文化管理

【概况】 新田县文化广电新闻出版局是在2012年，撤销县文化局后组建，并入广电局行政职能。设办公室、综合业务股、新闻出版与版权股（加挂新田县“扫黄打非”工作领导小组办公室）、行政审批与法制股。核定行政编5名，机关后勤服务人员事业编1名。归口管理单位为县文化市场综合执法大队，所属事业单位有文物所、文化馆、图书馆、电影放映管理站。2015年，被评为全省“扫黄打非”工作先进县；黄英被评为全省新闻出版广电（版权）工作先进个人。

【文化共享】 2015年，新田县文化广电新闻出版局举办新田原创广场舞培训班。业务专干下基层免费辅导20余次，辅导群众文艺骨干1500余人次。改善免费开放设施，为全县群众文艺爱好者、群众文艺团体、机关、企事业单位等免费提供排练场地。新购各类书籍6539册，新设立数字图书馆门户，开展“中国梦·汉语美”诵读展演活动、“每天半小时，书香伴成长”亲子阅读活动等5种阅读活动，参加少儿读书活动读者3600人次。乡镇综合文化站组织开展各类免费培训活动21场次，参加培训人员800余人次。举办“我的书屋我的梦”“暑假快乐阅读”等活动，378个农家书屋免费借阅。全年送戏下乡45场次。举办2015年新田县春节文艺晚会，举行羊年庆新春群众文化活动和闹元宵活动等7场次大型文化活动。选送快板《歌颂陈运周》赴省参加“七一”文艺汇演。举办“欢乐潇湘”群众美术、书法、摄影展，征集作品300余件。选出5个优秀节目参加永州市少儿音乐舞蹈大赛，获得一银四铜。筹备电影《相信未来》拍摄工作。采取计划放映和GPS远程监控，完成省下达的4260场次放映任务。

【文化遗产保护】 2015年，新田县文化广电新闻出版局上争龙家大院维修项目资金2095万元。编制龙家大院保护规划及第一期维修工程概预算，完成龙家大院、文庙消防安防设计，报省文物局审批通过。实施文庙、万寿宫维修工程。完成《石羊醋水豆腐》申报市保项目的资料报送和专家评审，被列入市级非遗保护名录。与市电视台共同录制《新田瑶家座歌堂》《新田花灯》专题节目。组织开展第10个“文化遗产日”系列宣传活动。

【文化稽查】 2015年，大坪塘镇创建为全市“扫黄打非”工作示范乡镇。组织开展“元旦、春节期间文化市场大检查”“春季教材发行检查”“查处非法印制邪教宣传品专项整治行动”“查处政治性有害出版物”查堵行动、“扫黄打非·清源2015”行动、“扫黄打非·净网2015”行动、“扫黄打非·护苗2015”行动和“非法销售安装广播卫星接收器材专项整治行动8次规模较大的专项行动。出动630余人次，检查各类经营、销售场所213家次。查缴非法盗版出版物400余册，非法盗版涉嫌淫秽色情音像制品140盘，取缔无证照经营游戏室、图书音像摊点2家，捣毁没收非法卫星接收设备21套。将全县50家网吧、娱乐市场的法人代表身份、投资金额、经营面积、营业人员、终端数等所有信息录入“全国文化市场技术监管与服务平台”，完成网吧、娱乐场所文化经营许可证的核发工作。

【“农家书屋”】 2015年，新田县文化广电新闻出版局统一制定各项制度牌在“农家书屋”挂上墙公示，各乡镇举办农家书屋管理员培训班。邀请养生保健、科技专家为村民举办农业生产、科技、养生等专题讲座，开展“我的书屋我的梦”读书活动。11月中旬，对371个行政村实施“农家书屋”补充工程，每个书屋新增书籍438册，12月为259个“农家书屋”配送阅览凳5180条。

【队伍建设】 2015年，新田县文化广电新闻出版局出台《新田县文化广电新闻出版局“三区”人才支持计划文化工作者专项选派和培养工作管理暂行规定》等系列制度。选派19名优秀文化工作者对乡镇综合文化站工作的指导，帮助或组织开展文艺骨干培训、基层文化活动开展、“我的书屋我的梦”等活动，辅导和培训群众文艺骨干420余人次。配齐乡镇文化站的文化共享工程及群众文化活动器材，乡镇综合文化站免费开放的基础设施及设备基本完善。为259个行政村配送户外拉杆音响及专业话筒（2014年配送120个行政村），实现户外音响全覆盖所有行政村。

新华书店

【概况】 湖南省新华书店有限责任公司新田县分公司（以下简称新田县分公司），隶属于湖南省新华书店有限责任公司，是中南传媒集团股份有限公司（以下简称中南传媒）旗下的一家分公司。2013年～2015年，向社会捐赠金额突破20万元，涉及政治、经济、文化、教育等多个领域。2015年，获湖南省广播电视台通联工作先进集体称号；被省、市公司评为“优秀先进”单位。

【教材、教辅发行】 2015年，新田县分公司做好义务教育阶段的免费教材发行工作，严格兑现“课前到书，人手一册”的服务承诺，服务质量处于行业领先水平，创建中小学教材免费送书上门模式，全年送书上门400余车，做好教材的余缺调剂工作，及时解决学校因学生增减而产生的教材余缺，保证学校正常的教学秩序，达到服务“零投诉”目标。重视教辅资料发行工作，在准备下学期教辅用书征订前，参照省、市教育部门下发的教辅用书目录，根据教学需要和学生使用情况，向全县义务教育阶段的中、小学生发放自愿申购征订单，进行宣传征订。

【二星级标准化门店建设】 2015年，新田县分公司以标准化管理为手段，创二星级门店为目标，按照《门店标准化管理手册》的要求开展门店工作。按照二星级标准化管理要求，进行日检、周检和月检，强化管理和员工培训，调整产品结构，强化营销等措施，提高门店的管理水平和运营水平，推动门店向高标准、高品质的方向持续发展。2012年，中心门店成功通过省公司“二星级标准门店建设”的持续达标验收，2015年通过门店改造升级后，获得上级公司领导的一致好评，成为新田县一道靓丽的文化景观。

【一般图书销售和政治理论读物发行】 2015年，新田县分公司在一中、瑞华、二中建立校园书店，方便教师、学生选购书籍。扩大一般图书销售，组织开展一系列的图书促销和展销活动：春节期间举办“迎新年、送喜庆”；开学期间举办“开学季、钜献好礼”；“五一”期间举办“劳动光荣，阅读快乐”；放假期间举办“暑期时光，与书为伴，读书为乐”；11月，举办“狂欢11.11，书店聚划算”等一系列形式多样的促销活动，依托节日气氛，创造市场效益，增加销售额。做好政治理论读物的发行，全年到各党、政事业单位上门征订各类理论读物400余人次。通过预定、上门征订、送书上门和门店零售等方式发行《习近平谈治国理政》770余册，《2015年理论热点面对面》1995册。

【企业文化建设】 2015年，新田县分公司开展“创先争优”活动，加强企业文化建设，继续推进党组织和党员公开承诺制度等活动；抓好组织建设，开展工会活动，组织开展工间操比赛活动；通过派出培训和内部培训方式，开展员工培训工作，门店业务培训日常化，通过各项任务考核，考核成绩和绩效挂钩的方式，有效地提升队伍的业务素质和业务水平。

广播电视

【概况】 新田县广播电视台于2012年1月经文化体制改革组建成立，为正科级事业单位，接受县文广新局的行业管理，接受县委宣传部的指导和协调。内设办公室（计财股）、政工人事股、总编室、新闻部、技术股、网络管理股；下属事业单位有县小岗岭广播电视转播台、县广告文艺中心、湖南有线新田网络有限公司。现有从业人员88人。

【广电宣传】 2015年，新田县广播电视台开办《新田新闻》《创卫曝光台》《创森在行动》《城管零距离》《打击“三非”行为》《精准扶贫》《百姓故事》《人口与计生》《守纪律讲规矩》《法制在线》等栏目。每日播出自办节目时间20分钟，年发稿1550余篇，制作专题片和形象宣传片16个，制作播出社会主义核心价值体系、公众应急知识等公益广告3万多条次，每天播出公益广告时间110分钟，占广告总播出时间的52%。在市以上新闻单位播发稿件446条，其中，在湖南卫视“湖南新闻联播”用稿35条，在湖南经视等省级其他媒体用稿62条，配合中央电视台完成龙王井的两期报道。永州电视台、电台用稿349条。电视消息《反贪斗士陈运周，两袖清风励后人》《设计“流转证”破解融资难》获得湖南广播电视新闻奖三等奖，有4件作品获永州市广播电视奖，其中一等奖1个、三等奖3个，1件作品获永州新闻奖。

【事业建设】 2015年，新田县投资540余万元，完成全县19个乡镇、379个行政村（社区）农村广播“村村响”工程建设任务；完成农村26个小片站改造平移，平移用户3400户，平移后电视节目从原来的模拟信号48套升级到数字信号60套，节目数量和收视质量得到提升。直播卫星“户户通”工程和高山台站提质改造工程整体推进。

卫 生

【概况】 新田县卫生局设办公室、政工人事股、计划财务统计股、业务股、食品安全委员会办公室（政策法规股）5个内设机构。核定行政编制8名、事业编制1名。下属县爱国卫生运动委员会办公室、县新型农村合作医疗管理委员会办公室、县卫生监督所 、红十字会办公室4个副科级事业单位。下辖县人民医院 、县中医医院（县卫生进修学校）、县疾病预防控制中心（县卫生检测检验中心）、县妇幼保健院、县医疗器械修配站、19个乡镇（中心）卫生院、县基本药物制度与卫生信息化管理办公室。被评为2015年度永州市公共卫生服务考核“优秀单位”。

【体系建设】 2015年4月1日，新田县卫生局启动公立医院综合改革，破除以药补医机制，取消药品加成，合理调整医疗服务价格，实行药品零差率销售。卫生服务体系建设项目55个，其中，在建项目12个、拟建项目2个和建设项目41个。在建项目中包括3个县级建设项目和9个乡镇卫生院建设项目。2015年，全县有335904人参合，参合率98.58%。筹集“新农合”基金15787.48万元，比2014年增加24.37%。

【卫生监管】 2015年，新田县卫生局做好两会、高考期间的食品安全风险监测、评估和预警工作。扩大公共场所量化分级管理，公共场所监督率100%，住宿和美容美发量化率100%与95%，部分场所开展现场快速检测。集中式供水、二次供水单位、学校卫生监督、放射卫生、医疗机构及传染病监督率达100%。1～10月，全县新建立城乡居民健康档案15312份，累计建立居民健康电子档案建档率81.72%。有效处置毛里乡中心小学、骥村中学甲型H3N2流感爆发疫情，未造成大面积流行，无重症、死亡病例。7月，通过省市对地方病防治“十二五”规划终期评估。完成重点民生实事项目任务，确定60名符合重性精神疾病患者救治救助对象，接送至定点医院接受治疗。分娩产妇5104例，无孕产妇死亡；分娩活产数5144例，孕产妇系统管理4602例，管理率90.16%；5岁以下儿童死亡33例，死亡率6.41‰；组织三次献血活动，采集造血干细胞血样38份，无偿献血人数929人，献血量达32.01毫升，完成市政府分配县全年献血任务110.4%。

【医院管理】 2015年7月22日～24日，省中医药管理局评审专家组按照《二级甲等中医医院评审标准》和《二级甲等医院评审标准实施细则》的规定，对县中医医院进行检查与评审，通过二甲医院评审。县人民医院全年业务收入首次突破亿元大关，达到10560元。

【队伍建设】 2015年，新田县卫生局核定公立医院编制总量，公开招聘166名卫生专业技术人员，完成报名、笔试阶段工作。做好年度培训、考试工作，有655人报名参加专业技术人员继续教育学习，其中，申报高级职称的114人、中级职称271人、初级职称270人。派出8 人参加上级医院的全科医生培训。完成420名乡村医生网上培训。组织234人参加2015年度专业技术人员职称考试工作，其中，申报高级29人、中级37人、初级168人。

农村合作医疗

【概况】 新田县新型农村合作医疗管理委员会办公室成立于2004年，为参公管理的副科级事业单位，内设综合办公室、财务管理股、微机管理股、监审股、稽查股5个股室，事业编制13名。2015年12月，下设县新农合结算中心，为全额拨款股级事业单位，事业编制6名，归口县卫计委管理。

【“新农合”保障】 2015年，全县335904人参合，参合率98.58%。新农合农民个人筹资标准人均90元，中央、省级、县级、县级财政补助380元，参合人均470元。筹集新农合基金15787.49万元，比2014年净增加3094.53万元，增幅24.38%。农民个人自缴参合资金3023.14万元（含民政、计生、残联150.21万元），中央、省级、市级、县各级财政补助12764.35万元，其中，中央、省市级11950.39万元，县级813.96万元。

【新农合补偿】 2015年，新田县新型农村合作医疗管理委员会办公室在乡镇卫生院推行“10+100”模式，提高新田县县级医院住院补偿比例，提高补偿封顶线，推行儿童先天性心脏病免费政策，推行农村“五保”对象县乡住院、农村孕产妇县乡住院分娩基本医疗费用全免政策，加大农村重大疾病补偿力度。全县办理补偿165509人次，受益面49.27%，支付补偿金13729.4万元，基金使用率86.96%。其中，门诊统筹补偿94991人次，支付补偿金264.72万元；特殊门诊补偿13799人次，支付补偿金569.78万元；住院补偿53936人次，支付住院补偿11071.72万元，人均住院补偿金额2052.75元，实际住院补助比例66.29%，县乡两级政策范围内补助比例79.03%；农村重大疾病救治629人次，补助金额322.41万元；农村“五保”户县乡两级基本医疗费用全免补助1372人次，补助金额230.21万元；农村孕产妇住院分娩基本医疗费用全免2318人次，补助金额292.31万元；全年有2037例的住院补助超过1万元。

【大病医疗保险】 2015年，新田县新型农村合作医疗管理委员会办公室按“20元/人”标准从“新农合”基金中提取大病保险资金671.81万元，用于农村居民大病医疗保险。农村居民大病医疗保险补助9773人次550.2375万元。参合人员谢艳玲因意外伤害，获得农村居民大病医疗保险补助528703元。

食品药品监督管理

【概况】 新田县食品药品监管局成立于2001年9月，原属省以下垂直管理单位，2011年1月改革为新田县人民政府组成部门。主要职责是对餐饮环节、保健食品、化妆品、药品和医疗器械安全实施监督管理。内设食化股、药品股、医疗器械股、人事计财股、办公室等7个部门，有药检所、稽查大队2个下属事业单位。有干部职工28人。

【市场监管】 2015年，新田县食品药品监管局坚持集中整治与日常监管相结合，坚持治标与治本相结合，坚持严格执法与科学管理相结合。实施区域化监管，格式化检查，痕迹化管理“三化”监管模式。加强食品药品安全诚信体系建设，改传统监管方式为信息化管理，逐步建立健全餐保化药械监管工作的长效机制，有效促进食品药品安全保障水平的提升。

【农村食品药品监管网络建设】 2015年，新田县食品药品监管局坚持一手抓食品药品市场监管，一手抓监管网络建设，创新城乡一体化网络建设理念，在硬件建设上做文章，在软件建设上下功夫，实现机构设置、人员配备、经费保障、考核驱动“四到位”。成立乡镇食品药品安全监管站，明确人员编制和乡村监管员、协管员、信息员的工作职责，将乡镇食品药品安全工作纳入县乡两级政府目标管理的绩效考核内容，增强乡村两级监管履行职责的能力。

【队伍建设】 2015年，新田县食品药品监管局推行行政行为规范化、内部管理精细化、干部管理人性化“三化”，岗位考试、案卷考评、绩效考核“三考”管理，实现行政许可零差错、行政执法零违规、执法人员零违纪、食品药品安全零事故的“四零”目标。

疾病预防控制

【概况】 新田县疾病预防控制中心成立于2004年元月，是在原新田县卫生防疫站的基础上核准更名设立，加挂“新田县公共卫生检测检验中心”牌子，隶属于县卫生局管理，是政府全额拨款的副科级卫生事业单位。中心占地面积5.5亩，建筑面积5228平方米,其中综合办公用房2492.4 平方米,实验室面积1685.5平方米, 恒温面积324 平方米。内设办公室、质管科、财务后勤科3个职能科室和疾控科、免疫规划科、卫生监测与职防科、结核科、性艾科、健教科、检验科、预防接种门诊8个业务科室。现有在岗职工61人，其中，各类专业技术人员45人，中级职称24人。

【传染病控制】 2015年，法定传染病报告发病率稳定，未发生霍乱、“非典”等重大传染病疫情。全年报告统计乙类及丙类传染病1804例,发病率为434.72/10万。传染病网络疫情监测情况周分析52份；处置疑似传染病聚集性疫情预警92次。每月对县直医疗机构及每2个月对乡镇卫生院进行“非典”、人感染H7N9禽流感、霍乱、手足口病、登革热、埃博拉病等传染病的主动监测及督导；加强人感染H7N9禽流感的疫情搜索、监测，与畜牧部门建立信息沟通机制，加强全县活禽交易市场活禽外环样采样、送检95份。加强手足口病监测工作，全年报告553例，其中，临床诊断508例，采样送检56例；实验室确诊病例 45例，重症死亡病例1例。5个乡镇，20个行政村，300户居民（300个样品），实验室检测7个样品碘含量低于合格碘盐的判定标准，居民户碘盐合格率97.97%，居民户食用碘盐覆盖率100%；孕妇家碘盐合格率100%。成功处置毛里乡中心小学暴发甲型H3N2流感疫情。控制骥村中学爆发甲型H3N2、甲型乙型混合流感爆发疫情，未造成大面积流行，无重症、死亡病例。中心实验室参加“湖南省疾控机构实验室间比对”活动，微生物检测项目麻疹风疹血清血考核，结果优秀，理化检测项目生活饮用水中硒含量检测结果获省疾控中心表彰。全县连续15年无疟疾病例，通过“消除疟疾县级达标”市级考核，被市政府、市卫计委确认达到消除疟疾县的标准。通过省卫计委专家组“职业健康检查资质认证”的现场评审，是新田县首家获得职业病体检资质的单位。

【精神病调查救治】 2015年，新田县疾病预防控制中心开展重精神病症救治救助、精神疾病流行病学调查工作，3～5月完成省级下达的第一阶段调查工作。走访新龙镇乐塘村和龙泉镇田家岭村，调查居民291户，调查总人口数为987人，发现行为异常人员8人，行为异常率0.81%，SCID（精神障碍高危人群）人员8人，SCID筛查率0.81%。4月，启动全县为民办实事重性精神病人救治救助工作，8月，摸排救治对象130余人，完成省、市下达的救治救助工作任务，完成救治对象60人。

【人体重点寄生虫病现状调查】 2015年，新田县疾病预防控制中心对莲花乡新屋场村、高山乡梅家村、枧头镇龙潭村村民进行人体重点寄生虫病现状调查，采样监测900人，回收样品762例：查出儿童蛲虫感染5例（感染率2.84%）、鞭虫感染1例（感染率0.13%），未查出蛔虫感染、钩虫感染、肠道原虫包囊或滋养体病例。

【儿童免疫规划】 2015年，全县新出生儿童4332人，建卡、建证率100%。接种卡介苗4301针次、乙肝疫苗接种12535针次、口服脊灰疫苗13860剂次、百白破疫苗14246针次、白破疫苗2013针次、麻风疫苗4076针次、麻腮风疫苗3338针次、乙脑疫苗6509针次、A群流脑5908针次、A+C群流脑5058针次、甲肝疫苗4018针次。

新田县人民医院

【概况】 新田县人民医院创建于1950年，是全县唯一一所集医疗护理、科研教学、预防保健功能于一体的二级综合医院。内设永州金城司法鉴定所。现有在职人员485人，其中，正式在职人员312人，临聘人员173人,退休人员123人。专业技术人员占全院在职人员的88.7%，其中，副高职称28人，中级职称144人，初级职称258人。占地面积5.5万平方米，总资产1.2亿元，定编床位410张。先后获得湖南省“文明医院”“诚信医院”“园林式医院”“精神文明先进单位”“物价计量信得过单位”等称号。医院与中南大学湘雅二医院建立技术指导和远程医疗联盟，是上海市普陀区中心医院、南华大学附一医院的对口支援医院。设有21个临床医技科室和21个职能科室。成功开展脑外科、胸外科、腹部外科、泌尿外科及骨科、妇产科、五官科等高难度的大型手术。是城镇职工、城镇居民、新农合的定点医疗机构。2015年，收治门、急诊病人199794人次，增长4.3%；收治住院病人18863人次，增长23.1%；手术3815台次，病床使用率90.6%。其中，收治城镇职工住院病人1924人，住院总费用901.86万元；城镇居民住院病人1865人，住院总费用666.24万元；“新农合”住院病人11670人，住院总费用4403.54万元；农村孕产妇649人，补偿19.49万元。“五保”病人188人，补偿30.75万元；优抚109人，补偿4.77万元；低保3422人，补偿128.75万元；血透1872人，补偿8.83万元。业务收入首次突破亿元大关，达到10560万元。

【公立医院改革】 2015年，新田县人民医院按照财政、医保、农合政策和医院实际情况，适当提高体现医务人员技术劳务价值的诊查费、护理费、手术费以及中医特色服务等医疗服务项目价格，降低大型医用设备检查价格和高值医用耗材价格，理顺医疗服务价格比价关系。4月1日起，门诊挂号费、诊疗费由3元提高到8元，降低大型设备检查费。所有药品（中药饮片除外）实行零差率销售。成立考核办开始试行绩效考核BSC（平衡计分卡）工作。分层次对院领导、职能科室负责人、临床医技科室负责人先后4次进行绩效考核评估、BSC（平衡计分卡）考核知识培训，对护理时数、临床医技科室系数进行规范评价。开通剖宫产、股骨干骨折、急性ST段抬高性心肌梗死、白内障、餐肉等30个按临床路径病种和2个单病种付费。

【基础建设】 2015年，新田县人民医院自筹资金购置氩气刀、病人监护仪、注射工作站、手术床、视频气管插管等设备。在一期公租房一楼设计建设高标准的500余平方米新食堂。添置全新的食堂炊具、餐具、桌椅等，职工食堂与病人食堂分开就餐。一期、二期120套公租房的主体工程竣工，达到合格标准。为危急重症患者、“五保户”“慈善医疗金叶卡”贫困患者、“三无”（无身份、无家属、无经济来源）病人、尿毒症等患者开通“绿色通道”，无条件为“三无病人”提供救治。为金叶卡病人服务200人次，救治流浪乞讨10人、精神病人5人、弃婴1人，“三无”病人50余人，垫付住院费50余万元。

【行业纠风】 2015年，新田县人民医院在门诊楼、医技楼、一住院楼、二住院楼各楼层更换意见箱25个，公布投诉电话、智慧新田、热线“12345”等，向社会、患者及家属畅通信访、投诉渠道。医院的工作作风建设和行业作风建设得到加强。有37名医护人员拒收红包、礼金，金额1.29万余元，收到感谢信4封，锦旗4面，拾金不昧3人次。公布医院行风、纠纷等投诉查处的方式及查处时限，自觉接受社会监督，处理信访、服务投诉事件10余起。及时处置医疗安全预警100余起。

【传染病防治】 2015年，新田县人民医院规范完善发热门诊、肠道门诊的基础设施。做好各类传染病培训和防控工作，如中东呼吸综合征、手足口病、埃博拉、H7N9禽流感等。防治人感染H7N9禽流感防控工作，从人力、物力、财力等方面集中力量严防严控，做好物资储备、疫情应急处置及个人防护等工作。开展结核病、艾滋病门诊病人的管理工作。医院投入资金，强化责任，防控结合，多措并举，杜绝传染病疫情的爆发流行。

【队伍建设】 2015年，新田县人民医院推行医务人员按月按季“三基”理论考试，形成“院有大训，科有小训”学习氛围。医务科、科教科、护理部、院感科组织开展新进人员岗前知识、医德医风教育、法律法规知识、传染病防治、专科疾病治疗新进展等学习培训60余次，训后进行考试、考核。依托上海市普陀区中心医院、郴州市第一人民医院、南华大学附二医院对口支援的关系，对在院医疗、护理、医技等专业人员培训。招聘临床医学、护理学等专业应届毕业生40人。争取正式招聘入编名额55名。中层干部提拔任用，坚持“任人唯贤、公正透明、择优录用”的原则，通过科室推荐、组织考察、集体研究等程序，打破传统论资排辈的惯例，调动员工的工作积极性。鼓励医务人员参加各级各类的培训、考职、考证，有33名专业技术人员取得相应的专业执业资格，30名专业技术人员取得中初级技术资格，6名专业技术人员取得高级技术资格，医院的整体技术水平得到提升。

新田县中医医院

【概况】 新田县中医医院创建于1956年，是一所集医疗护理、预防保健、康复、科研教学于一体的二级甲等中医医院，是全县唯一一家“120”急救中心。医院占地面积1.733万平方米，核定床位350张，开设床位300张，现有在职在岗职工327人，退休职工84人，副高以上职称5人，中级职称51人。临床科室设置齐全，开设“120”急救中心、脑病科、ＩＣＵ重症监护室、外科、骨伤科、内科、妇产科、急诊科、眼耳鼻喉科、康复理疗科、肛肠科、血透室等14个临床科室，8个医技科室，9个职能科室。拥有16排螺旋CT、DR系统、彩色经颅多普勒、四维彩超、全自动生化分析仪、白内障超声乳化治疗仪、外科及妇科高清腹腔镜手术设备等一大批现代医疗设备。建立中心供氧、中心负压吸引系统，为医疗服务提供良好的保障。近年来，为省中医附一院双向转诊定点指导医院、永州市人民医院和郴州市第一人民医院技术指导医院。中医药特色服务全面覆盖，特色专科拓展，在中医药特色治疗服务中，各临床科室配备标准化的中医治疗室，开展中医适宜技术均在四项以上。率先在全县开展中医体质辨识以及冬病夏治三伏贴、冬病冬治三九贴活动，得到广大人民群众的肯定和好评。是全县卫生系统基层医务人员中医药知识及中医药适宜技术培训基地。2015年成功创建二级甲等中医医院。先后获省“医院管理年活动先进单位”；省医院感染横断面调查先进单位；“省五四红旗团委”；“省文明卫生单位”；市“行风评议先进单位”；“园林式单位”；“质量信得过单位”；“放心药房”、“三八红旗集体 ”。

【医院建设】 2015年，新田县中医医院立足内强素质，外塑形象，力求构建新型医患关系，打造和谐、智慧、温馨医院。4月，引进

“9S”医院管理体系先进理念，在全院推行整理、整顿、清扫、清洁、节约、安全、服务、满意、素养的9S管理模式，实行精细化管理。

【二级甲等中医医院创建】 2015年7月，湖南省中医药管理局评审专家组按照《二级甲等中医医院评审标准》的有关规定，对新田县中医医院进行检查与评审。

【中药资源普查】 2015年3月，全国第四次中药资源普查工作在新田县全面启动。成立新田县中药资源普查领导小组，由县中医医院承办，负责普查具体工作。截至2015年年底，医院普查队完成19个乡镇、27个样地不同生态、不同地貌环境下植物标本的采集，其中，样方调查135个，为总任务的64%；标本采集600余种、1800份，为总任务的50%；重点药材60余种。中药资源普查工作取得阶段性成果。

【ICU开科】 2015年2月，新田县中医医院ICU开科，科室人员加强业务学习和抢救技能培训，轮番外出进修，熟悉抢救流程，从容应对各种突变情况。全年收治各类危急重症患者600余例，科室的危重患者抢救成功率达85%以上，在社会上赢得较好声誉。

【“深港献爱心·新田光明行”活动】 2015年，新田县中医医院与深港狮子会负责人联系，成功邀请深港狮子会派出医疗组，于6月6日～7日，到新田开展“深港献爱心·新田光明行”活动，免费为全县150名贫困白内障患者施行手术。医院免费开展冬病夏治“三伏贴”和冬病冬治“三九贴”活动4年，接诊群众约1.5万余人，无偿赠送贴敷药品近15万元。

妇幼保健

【概况】 新田县妇幼保健院成立于1979年，1995年创建爱婴医院，1998年创建一级甲等妇幼保健院，2009年被认定为二级医院，分行政后勤、保健部、门诊部、住院部四大部分。是全县一所集保健、医疗、教学科研、培训指导为一体的妇幼保健机构。占地面积约7000平方米，院内总建筑面积10090平方米，业务用房面积6205平方米，其中保健业务用房面积1600平方米。编制床位数95张，均为妇产科、儿科床位。编制人数67人，在岗职工112人，其中，卫生技术专业人员94人，占全院总人数的83.9%，卫生技术专业人员中高级职称5人，中级职称18人。2015年，门诊诊治55504人次，住院诊治4427人次，总收入1600万元。

【妇女保健】 2015年，新田县分娩产妇数5104例，分娩活产数5144例；产前检查人数5042例；孕早期检查4909例；产后访视4802例；孕产妇系统管理4602例，系统管理率90.16%；新法接生5144例，新法接生率100%；住院分娩活产数5143例，住院分娩率99.98%；高危产妇1370例，高危筛查率26.84%；高危管理1370例，管理率100%；高危住院分娩1370例，高危住院分娩率100%。全年无新生儿破伤风发生。

全县宫颈癌筛查任务数16129人，实际完成17267人，完成指标107.06%，筛查出宫颈癌1例，癌前病变（CIN2级）零例，CIN1级1例。

【儿童保健】 2015年，新田县7岁以下儿童数30409例，儿童保健管理人数25552例，保健管理率84.0%；3岁以下儿童数15007例，儿童系统管理12940例，系统管理率86.23%；全年分娩活产数5144例，新生儿访视4776例，访视率92.84 %。

【农村孕产妇住院分娩基本医疗全免费项目】 2015年，新田县农村孕产妇住院分娩基本医疗全免费项目项目补助由县农村合作医疗办执行，助产机构执行平产、剖宫产限价规定。2014年10月至2015年9月，全县分娩产妇数5104人，住院分娩活产数5144人，其中，农村户籍产妇4908人，农业户籍活产数4953人,实际补助3278人，补助率66.79%，补助金额98.895万元。

【婚前医学检查】 2015年，新田县民政结婚登记4038对，接受婚前医学检查3830对，婚检率94.85%；查出疾病总人数157人，其中，指定传染病50人、精神病14人、生殖系统疾病32人、性病6人、内科疾病37人、严重遗传疾病18人。

【妇幼卫生监测】 2015年，新田县县级机构产妇数3891人，其中，艾滋病孕期检测3562人，检测率91.54%，无阳性报告人数；梅毒孕期检测3562人，检测率91.54%，阳性报告3例，规范治疗2例。全县产妇数5104人，乙肝表面抗原检测4787人，检测率93.79%，阳性报告578例，注射乙肝免疫球蛋白481例，注射接种率83.22%。全县无孕产妇死亡。全年分娩活产数5144例，5岁以下儿童死亡33例，死亡率6.41‰；婴儿死亡22例，死亡率4.27‰；新生儿死亡12例，死亡率2.33‰，其中，早期新生儿死亡6例,死亡率1.17‰；婴儿死亡占5岁以下儿童的66.67%，新生儿死亡占婴儿死亡的54.55%，无死亡漏报。

【出生缺陷综合防控】 2015年，新田县分娩产妇数2841例，围产儿数2862例，围产儿死亡8例（死胎死产8例），出生缺陷发生29例，缺陷发生率101.33/万。缺陷发生类别：先天性心脏病各2例、外耳其他畸形4例、唇裂2例、唇腭裂4例、腹裂1例、多指（趾）6例、小耳1例、直肠肛门闭锁或狭窄1例、性别不明1例、甲状腺功能低下1例、蚕豆病2例、其他4例。其中，县人民医院分娩数1173例，活产数1180例，围产儿数1184例，围产儿死亡4例，出生缺陷发生10例，发生率8.44‰；妇幼保健院分娩数1668例,活产数1674例,围产儿数1678例,围产儿死亡4例,出生缺陷发生19例,发生率11.32‰,分娩产妇5104例，孕期接受产筛查3434人，产前筛查率67.28%。县人民医院住院分娩活产数1180例，新筛1064例，率90.17%；县中医院住院分娩活产数1047例,新筛986例,率94.17%；

县妇幼保健院住院分娩活产数1674例，新筛1570例，率93.79%；全县机构分娩活产数3915例，新筛3637例，率92.90%。机构活产数3915例，听力筛查3361例，筛查率85.85%。

红十字会

【概况】 新田县红十字会于1989年12月成立，属股级事业单位，挂靠卫生局管理。2006年9月，由股级事业单位调整为副科级，人员编制由2名增至3名，其中主任1名，经费形式和隶属关系不变。2007年11月，列入参照公务员法管理。2009年，从县卫生局分离出来成为独立法人机构。2011年6月，人员编制由3名增至4名。2014年9月，更名新田县红十字会，独立设置，列入群团组织序列管理，机构级别、人员编制、领导职数原定不变。设1个综合办公室。

【扶贫助学】 2015年春节期间，新田县红十字会开展“博爱送万家”走访慰问困难党员、群众60余人，发放慰问金、棉衣、棉被等价值10万余元。协同红十字康民医院、红十字门诊开展救助、捐款等活动，发放现金、物资等2万余元，减免困难患者医疗费近4万元；为患病学生筹得10330元爱心款。发放“富丽真金助学基金”助学金计13000元。

【组织义务献血】 2015年，新田县红十字会组织全县三次献血活动，采集造血干细胞血样38份，无偿献血人数929人，献血量32.01万毫升L，完成市政府分配献血任务的110.4%。

爱国卫生

【概况】 新田县爱国卫生运动委员会办公室成立于2003年12月，为全额拨款副科级事业单位，归口县卫生局管理，核定参管事业编制5名。现有职工4人，其中，在职在编2人，借调1人，临聘1人。内设1个综合股，具体承担爱卫办各项工作。2015年，成功创建1个省级卫生乡镇、7个省级卫生村和12个省级文明卫生单位。被市爱卫办评为2015年度目标考核管理先进单位。

【环境整洁】 2015年，新田县爱国卫生运动委员会办公室启动新一轮的城乡环境卫生整洁行动，加强对全县整洁行动的指导、管理和考核评估，定期或不定期地组织住建、环保等部门，对各地整洁行动的进展情况进行督导和暗访考评。按照“政府引导、部门协作、农民主体、社会参与”的原则，抓好改厕的培训、指导和监管，规范农村改厕的施工建设，确保改厕质量。统筹各类项目资金资源，拓宽改厕筹资渠道。全年，全县农村卫生厕所普及率在2014年年底的基础上提高2个百分点，全县的卫生厕所普及率76.88%。推行市场化运作开展病媒生物防制活动，预防和控制各类病媒生物传播疾病的发生和流行，对县城、27个城中（城郊）村和十字镇开展全面的灭鼠灭蟑活动，投放灭鼠药物12吨、灭蟑药物15万包（件），安置灭鼠毒饵站8000个，各项指标达到国家爱卫会规定的标准，通过湖南省爱国卫生运动委员会病媒生物预防控制密度C级标准的验收。

【爱国卫生月活动】 2015年，新田县爱国卫生运动委员会办公室组织开展第27个爱国卫生月活动和周五爱卫日活动，群众参与城乡环境治理、病媒生物防制等活动。乡镇、社区、村、单位和小区建立爱卫组织网络，各级爱卫工作有人专抓。

体 育

【概况】 新田县体育局前身为新田县体育运动委员会，属县人民政府直属正科级事业单位。内设综合办公室，下辖县青少年业余体校和县体育彩票管理站。连续16年举办全县篮球争霸赛，被省内媒体誉为“山沟沟里的NBA”。全年完成体彩售销量450万元。2015年，获得永州市第23届党政机关、企事业单位门球赛第三名；永州太极拳、健身气功比赛一等奖；湖南省第三届太极拳运动大会集体项目全术组一等奖；湖南省第三届太极拳运动大会趣味家庭赛二人组一等奖；永州市“全民健身杯”羽毛球比赛县区组第四名；永州市第九届“三人制”老年人门球赛二等奖；永州市体育工作目标管理考核先进单位称号。

【全民健身活动】2015年，新田县体育局通过积极引导和培育，发挥单项体育协会“上接政府、下联群众”的桥梁纽带和活动主体作用。组织篮球、棋牌、羽毛球、太极拳、老年体协以及自行车俱乐部、南国武当健身俱乐部7家单项体育协会和俱乐部举办10余次全县性的大型群体赛事及活动。一年一度的老年门球联赛取得成功。5月，县太极拳协会成功举办太极拳活动月集中展示活动。6月，举办首届“和美双碧”社区象棋大赛，参赛队员200人。8月8日，全民健身日中举办全县太极拳大赛，举办新田县第十七届篮球争霸赛，赛期达25天，每场观赛观众近3000人。羽毛球协会和自行车俱乐部采用邀请赛和外出参赛等方式，会员规模日益壮大，会员活动呈经常化、专业化方向发展。10月，联合县老科协举办乡镇首届广场舞健身大赛，全县19个乡镇代表队近400人参加比赛，促进农村广场舞健身活动。11月，组织承办全市人大系统门球大赛，参赛人员300人。4月、8月和11月分别组队参加全省、市太极拳、羽毛球、乒乓球大赛，取得较好的成绩，分别获全市太极拳比赛一等奖、全市羽毛球比赛县区组第四名。在全省第三届太极拳运动大会中，获集体项目拳术组一等奖和趣味家庭二人组一等奖。新增尚武跆拳道培训中心一家。

【业余竞训】 2015年，新田县体育局按照“体教合一”的思路，发挥传统项目优势，组织开展运动员日常业余训练和选拔，抓好体育后备人才培养和输送。全县业余在训运动员120名，专兼职教练15名。向省以上体工作队输送田径运动员1人，向市体校输送游泳运动员2人。新田县运动员雷蕾在全国少年举重锦标赛中获女子乙组44公斤组举重金牌，在湖南省少年举重大赛中获女子乙组44公斤举重总成绩第一。开展“足球进校园”工作，县一中、二中、瑞华、思源、新圩中学等五所中学获中国宋庆龄基金会捐赠足球520个。试点武术进校园工作，县一中、县二中等8所学校被省武协列为武术进校园试点校。倡导和实施学校阳光体育工程，扶持新田县二中室外乒乓球台10套。

【体育基础设施】 2015年12月，由国家体育总局和省体育局援建的“雪炭工程”项目多功能体育健身馆，总投资近600万元，建设面积3000平方米，投入使用。加大加快城乡体育设施配套建设，多方投入资金达近200万元，实施18个农民健身工程建设项目村和42个健身路径项目村。公共体育场地面积535132.6平方米，人均1.42平方米，提前完成小康社会建设人均公共文化体育场地面积≥1平方米的考核指标任务。争取资金30万元，对虎头岭3个门球场进行草皮地面改造和场地整修。投入10余万元对县文体中心体育馆周围停车场地面进行硬化改造，改善场馆周边环境。投入近2万元，扶持莲花乡新屋场村新建蓝球场1个、羽毛球场2片。

创建国家卫生县城

【概况】 2013年12月，创建省级卫生县城。2014年，提出创建国家卫生县城目标。成立县委书记任组长，县长任第一副组长，县委副书记任常务副组长的创卫工作领导小组，“四大家”相关领导任副组长。领导小组下设办公室和10个专业工作组，各专业组分别由1名县级领导牵头负责。县城建城区划分6个创卫责任片区，县委书记、县长、县委副书记、县人大常委会主任、县政协主席、常务副县长分别负责1个片区的创卫工作。实行主要县级领导包片，全体县级领导包村、包路段、包市场、包小区的“五包”责任制，县城6个社区、13个城中（郊）村中的27个联系点、9个农贸市场、11个居民小区、39条路段由1名县级领导和2个以上的后盾单位进行联系与整治，各部门、社区和枧头镇设立创卫工作班子。出台《新田县爱国卫生暂行管理规定》《新田县贯彻<湖南省爱国卫生条例>实施办法》，将爱国卫生工作列入社会经济发展规划。调整和充实县爱卫会成员，县长任爱卫会主任，49个部门为爱卫会成员单位。县爱卫办与卫计委合署办公，人员编制增加到5人。各乡镇、社区（村）建立爱卫组织，配备爱国卫生工作专（兼）职人员，形成县、乡镇、社区（村）三级爱卫组织机构网络。组织开展爱国卫生月、爱国卫生日和卫生先进单位、卫生村镇评比活动。创建省级卫生乡镇1个，省级卫生村39个，省市级文明卫生单位62个。开展城乡环境卫生整洁行动，全县卫生厕所普及率76.88%。设立卫生问题建议与投诉平台，经问卷调查，群众对卫生状况满意率92%以上。

【创卫宣传】 2015年，新田县创卫办在县电视台、新田政府网、新闻网、手机报、新田发布等县内媒体开设“创卫在你我身边”“城管零距离”“创卫曝光台”和卫生与健康专栏。2015年，播出创卫新闻1326条，每天10个频道8个时段滚动播出，电视剧角标宣传，播出宣传标语、公益广告12505条（次），卫生与健康专栏87期。刊出健康教育专栏2000余期，印发卫生防病知识健康教育读本15万册，发放宣传资料60万份，开展健康教育宣传咨询活动52次，健康知识讲座79场次。开展健康教育“六进”活动。组织开展“创卫万人签名”“创卫演讲比赛”“小手拉大手、共创卫生城”大型创卫文艺巡演、“志愿者创卫宣誓”“创卫青年公路长跑赛”卫生单位评比等创卫主题活动。

【健康教育】 2015年，新田县设立县健康教育所（挂靠县疾控中心）和社区卫生服务中心、社区健教室，配备兼职人员和必需的设备，落实经费。各单位社区、物业小区设立健康教育专栏，每两月更换一次内容，定期开展健康教育培训。县城居民健康知识知晓率和行为形成率分别在80%以上和75%以上，创建无烟单位31个。各学校做到教师、课时、教材、教案、效果评价“五落实”，开课率100%。城区中小学生健康知识知晓率90%以上，健康生活方式与行为形成率85%以上，14岁以下儿童蛔虫感染率控制在0.3%。全县各医院、卫生院、卫生室设健康教育专栏，每月更换内容，采取设立健康教育咨询台、印制健康教育处方、播放健康教育录像片等各种形式，对病人及其家属进行健康知识宣传，住院病人及其陪护家属相关健康知识知晓率90%以上。县城职业卫生、女工保健知识培训率96%以上，知晓率85%以上。

【环境保护】 2015年，新田县实施《新田县环境卫生专业规划》。城区街道清扫保洁率达到100%，主要街道保洁时间16小时以上；生活垃圾和粪便无害化处理率80%以上；生活污水集中处理率86%以上；城区安装果皮箱1439个，侧挂式垃圾桶264个，环卫专用车43辆，环卫设施设备完好率97%以上；临街店面“门前三包”落实率98%以上；路灯亮化率98%；建成区绿化覆盖率达36%，绿地率达31%，人均公共绿地9.5平方米，各项绿化指标达标。实施《新田县环境保护工作规划》《新田县环境突发事件应急预案》。城区设2个空气自动监测点，全年空气质量二级以上天数达365天，全年API指数≤100的天数占全年天数比例达到96.15%；区域环境噪声平均值为52.6分贝，集中式饮用水水源地水质达标率100%。坚持属地管理原则，采取环境治理与化学防治相结合、专业防治与群防群治相结合、突击杀灭与常年杀灭相结合的方法，消除病媒生物滋生地，完善防护设施。聘请专业消杀公司和人员负责全县病媒生物防治工作。2012年12月、2015年12月分别成功创建灭鼠、灭蟑达标先进县，连续四年病媒生物密度均控制在国家标准之内。实施《新田县预防和控制传染病工作方案》《新田县传染病应急预案》等文件，县城各大医院设专门的传染病管理科室和人员，建立疫情报告制度，医疗机构法定传染病漏报率均为零。城区各医疗机构对医疗废弃物进行分类收集、运送、统一贮存，集中由市有关公司进行无害化处置。县人民医院、中医院、妇幼保健院等综合性医疗机构建立医疗污水处理站。临床用血100%来自无偿献血，自愿无偿献血达到100%。城区设置预防接种门诊，免费实行国家免疫规划项目的预防接种，对流动儿童建立接种卡、证和资料库，流动儿童建卡率达99%。在各幼儿园、小学开展新入学、入托儿童查验预防接种工作，对漏种儿童进行补种，安全接种率100%。

【食品安全】 2015年，新田县食品生产经营单位（场所）卫生许可证、工商营业执照、从业人员健康培训证持证率98%以上，食品安全量化分级管理覆盖率95.3%，食品索证、索票台账制度覆盖率100%，监督覆盖率、从业人员体检和培训率、“五病”及时调离率每年均保持100%。生猪定点屠宰。自来水出厂水卫生合格率、管网末梢水指标合格率、饮用水卫生合格率均达到100%。公共场所的监督检查实行划片负责制，卫生许可证持证率98%，从业人员体检健康证持证率96%，卫生知识培训率96%，“五病”调离率100%。县城中小学校按照600∶1的比例配备专（兼）职医务人员和保健教师，设置卫生室。

【专项整治】 2015年，新田县开展城中村卫生整治。镇辖城中村、城郊村爱卫组织机构健全，管理制度完备，基础设施完善，市容环卫水平大幅提升。各村有卫生室，管理规范，配备医疗用房和设备器材。基本实现路平、沟通、水洁、灯亮的目标。镇辖村自来水普及率达到91%，无害化卫生厕所普及率72%以上。组织开展“十佳卫生户”评选活动。市容市貌整治。2015年，主次干道、重要区域的环卫服务整体外包，实行市场化运作，其他区域利用公益性岗位安排日常保洁人员560人，建立卫生保洁的长效机制。主干道16小时保洁，次干道及背街小巷12小时保洁，社区、城中（郊）村8小时保洁，道路定期冲洗、洒水，做到城区保洁全履盖，垃圾日产日清，密闭清运达到100%。拆除破损户外广告2.3万多平方米，规范门店招牌上千户，设立便民张贴栏200余处；重新设置160余处道路、公厕、市场、停车场等公用设施标志标识。查处违规渣土车1200余辆次，下达停工整改通知42份；关停噪音扰民企业5家，整治油烟排放不合格的经营户110家，搬迁社区、城中（郊）村养殖场20家，拆除旱厕500多个，清理违规种菜1000余处，拆除危房、残垣断壁7000余平方米。经营秩序整治。重点整治占道经营和马路市场。对市民反映强烈的主次干道背街小巷乱摆摊设点、占道经营等违反市容秩序的行为进行整治，3年来清理占道经营2.6万多人次，超门面经营2.1万余处，拆除违规搭棚910处9200多平方米。取缔新华东路、前进路、富民路、建设路、兴林路、文化路、东溪街、陶然街等10余条马路市场。规范永得利、城西、方达、五乡圩、先锋街等农贸市场的经营管理。对永得利周边的中山路、新兴路、新华南路、中山广场和先锋街进行重点整治。新建一个标准化的夜市，规范废品店23家，搬迁汽车美容户、建材加工户78家。交通秩序整治。纠正各类交通违法行为5.5万余起，查扣各类违规车辆2.6万辆，取缔非法营运的“慢慢游”840余台；设立临时停车场27处，沿路单位停车场向社会开放提供泊车位2200个，施划摩托车、电动车停车点6971个；增聘77名交通协管员、协警；在原食品公司、综合大市场、新汽车站设立东、南、北3个农村客运过渡站。

【市政改造】 2015年，新田县配齐配足垃圾清扫、清洗、清运、污水及垃圾处理设施设备。有压缩式垃圾收集车9台，多功能大型洒水车6台，人行道冲洗车5台，道路清扫车3台，密闭式垃圾清运车5台；主次干道安装果皮箱1439个，新建和改建公厕34所，日处理2万吨污水和300吨垃圾的高标准垃圾处理场与污水处理厂建成使用，粪便无害化处理场完工投入使用，完成雨污分流管网72千米，新建一体化二类公厕和垃圾中转站7座。打造“绿色新田”，推进生态园林城建设。实施“大树进城、大苗进城”，在公共区域、主次干道进行补植、种植大树1万多株。实行“见缝插绿、拆墙透绿”，新增绿地面积8000余平方米，城区绿化覆盖率36%，人均绿化地面积9.5平方米。完成滴水岭、新嘉公路与公园西路交界处、新田大道3个交通岛建设，完成关口、陶岭2个县界绿化项目和日西河风光带建设项目，建好青云公园、孝文化公园，美化双碧广场、南有新田广场。主要街道和背街小巷安装LED路灯8375盏。对城区农贸市场进行提质改造。方达、日西河、城西、五乡圩、先锋街、永得利市场标准化建设完工，新建老粮站、石马路临时市场，关停不合要求的秀峰市场。

【督办问责】 2015年，新田县创卫办出台《新田县创建国家卫生县城考评奖惩办法》《创卫工作制度》《新田县创国卫工作责任追究暂行办法》等制度和措施，明确创卫奖惩考核机制，创卫工作纳入全县目标管理，单列考核、单独奖惩，重奖重罚。成立两个督查组，会同县委巡查组、“两办”督查室进行创卫工作巡查。下达交办函190件，交办问题1160个，办结率98.5%。实行一月一考评、一排位、一通报、一调度，一月一奖罚兑现。后进单位表态发言100余个次，以不同方式问责相关人员50余人次。

打击“三非”

【概况】 2013年9月，县委、县政府成立打击“三非”行为工作领导小组办公室，具体负责组织、协调、指挥全县打击“三非”（ 非法建设、非法生产、非法经营）行为工作。2014年，县委、县政府调整打击“三非”行为工作领导班子，重新整合力量。两年多来，县打非办以铁的决心、铁的手段和铁的纪律，打击“三非”行为。2014年4月，印发《新田县关于开展全县干部职工再次申报“三非”的通知》和

《新田县关于在县城规划区内强化巡查和排查“三非”行为的通知》，开展干部职工及有关人员申报县城规划区内“三非”行为、实行“零违建”报告制和对1990年4月1日以来非法建筑或者构筑物的排查工作。全县有62名国家工作人员自主申报“三非”行为64宗，县城规划区内初步排查出涉嫌“三非”行为3340户。出台《新田县预防、制止和查处非法买卖土地、非法占用土地和非法建设行为实施方案》《关于在县城规划区内实行县级领导和县直单位联系村社打击“三非”行为的实施方案》《新田县县城规划区内“三非”行为处置办法》《新田县县城规划区内处置“三非”行为案件暨一站式办证服务实施方案》等文件，为打击“三非”行为工作提供政策支撑。

【宣传工作】 2014年5月13日，县委、县政府组织全县各级各部门和相关人员550余人，举行打击“三非”行为工作誓师游行活动，统一全县各级各部门的思想，表明打击“三非”行为的决心。2014年～2015年，印发《政府通告》720份；编印《工作简报》26期；在新田政府网刊发信息111条，新田手机报刊发信息98条；短信平台发送打击“三非”行为工作信息57条，发送短信19.5万余条；设置大型打击“三非”行为工作宣传牌7块，悬挂路灯柱宣传牌252块，分批次悬挂宣传横幅620余条，书写固定宣传标语70条；发放《国土、规划法律法规宣传手册》2000余本，《新田县打击三非行为知识问答》43000余份，《新田县打击“三非”行为宣传资料》折页2000份，开通出租车、公私企业临街电子屏滚动宣传和电视台黄金时段飞播字幕及专栏宣传。

【严厉打击“三非”】 2015年，新田县明确县打非办、县国土局、县住建局、各乡镇政府等各级各部门和19个联系村社打非工作组的工作职责。强化国土局、住建局、房产局、电力局、自来水公司和龙泉镇政府等部门之间的协调配合，各级各部门做好控违拆违工作，配合做好存量“三非”案件的处置工作。2015年，19个打击“三非”行为工作联系片区整合为6大联系片区，做到“五个” 配合：一是配合组织，龙泉镇驻村干部和县直挂点单位配合做好拆违控违工作，进村入户配合做好存量“三非”户思想教育工作，动员当事人接受处理。二是配合测绘。县住建局、县国土资源局、县规划设计院和县房产局派人跟进测绘和审核。三是配合审查。县住建局、县国土资源局通过审查，按照法律程序，对卷宗符合要求的，尽快审批。四是配合办证。对处理到位的，县住建、国土等部门在规定时间内办理好相关证件。五是配合服务许可。县电力局、自来水公司、房产局、电信公司和县广播电视台等单位按有关部门的协查通知，停止办理或及时取缔非法建设的供电、供水、产权办证、通信、收视等服务许可项目。2014年～2015年，全县范围内执法591宗，拆除捣毁违建面积65440.1平方米，其中，协助乡镇开展执法72次，拆除和捣毁非法占用耕地建房面积11106平方米。依法处理251宗“三非”行为案件，收取罚没、回购款1489.8万元，其中，涉及国家公职人员的“三非”行为案件56宗，处理46宗，收取罚没款、回购款358.64万元。补办手续109户，不可建设211户得到有效控制。

【办证服务】 2014年4月，新田县按照打击“三非”行为堵疏并举的工作原则，组织国土、住建、龙泉镇等部门在县城控制区内的36个村社开展上门集中办证服务活动，为旧房改建、老宅基地重建以及符合条件确需重新选址建房刚性需求的村民提供集中办证服务。2014年，上门受理办证申请190宗，为141宗符合土地利用总体规划、城市建设规划和农村一户一宅建房规定的申请办理相关手续。县国土局、住建局和龙泉镇政府每月定期开展联合会审，对村民近期提出的建房申请进行联合会审，解决村民办证难问题。2015年10月，实施县城规划区内处置“三非”行为案件暨一站式办证服务工作。

地方军事

武装工作

【概况】 新田县人武部隶属永州军分区和新田县委、县政府双重领导，主要负责征兵工作及年度民兵预备役工作。2015年，全县设乡镇武装部12个，配备专武干部12人，现有民兵总数38765人，其中基干民兵1600人。设部长1名、政委1名，下设3个科室，副部长兼军事科长1名，政工科长1名，后勤科长1名。现有干部6人（含转业待安置1名），执勤民兵6人。

【政治建设】 2015年，新田县人武部党委中心组进行4个专题教育学习，按照学前有计划安排、学中有授课讨论、学后有体会交流程序进行。重点抓“三严三实”教育实践活动，解决人武部党委机关存在的18个具体问题。建立健全党委议事规则、财务管理规定、安全管理规定等规章制度，开展教育实践活动“回头看”，重点检查和督查整改情况，巩固教育成果。抓“四反”教育，针对刘某某、张某某卖密案件开展警示教育。

【战备训练】 2015年，新田县人武部修订完善战备方案计划，完成与军分区方案的对接。6月，组建民兵常驻排。调整组建应急分队。调整国动委机构和展开动员潜力调查。开展民兵整组，编实建强1600人的应急、支援和储备队伍，对县本级“8队2组”任务和标准职责进行细化。开展兵员征集，严把体检、政审和定兵关口，落实廉洁征兵规定要求，完成135人兵员征集任务，大学生入伍比例达31%以上。组织军事训练，部长奉金菊在第一期作业考核中被军分区评为优秀；军事科参谋管继平参加省军区参谋集训成绩突出，被省军区评为优秀参谋；人武部现役干部在永州军分区年终考核中单位评比排名第二，3人成绩进入全区的前五名，被军分区评为军事训练先进单位。组织专武干部2次集中强化训练，5名专武干部参加省军区集训成绩优异，其中有3名受到军分区点名表扬。完成210人的民兵训练任务，抓应急分队、森林防火分队、舟桥分队、安全警戒分队等成建制训练，有针对性地开展抢险救灾、应急维稳和处置突发事件等非战争军事行动研练。

【基础建设】 2015年，新田县人武部坚持集体理财，落实公务卡使用制度，全年非事业行政消耗性开支和预算外经费开支得到控制。开展民兵整组、民兵训练、兵员征集、军地联合行动演练拉动、“湘江－2015”演习等重大活动，添置一批装备器材，保障年度军事训练、国防动员、国防教育和营房建设等的经费需求。永州市军分区在陶岭乡召开“双带双促”抓建“退役军人之家”现场会，龙泉镇和骥村镇2个不同类型的基层示范典型试点单位抓建完成。

【党管武装】 2015年，新田县委、县政府高度重视武装工作，县委常委会组织传达上级军事机关党委全体（扩大）会议精神。5月，率先在全市第一个召开党委常委议军会，解决经费预算规范化递增、人武部基础建设等重难点问题；8月，协调组织全县党政领导过军事日活动，县委到人武部新靶场工地召开现场办公会；9月，邀请国防科技大学易金务教授给县委中心组学习成员进行国防教育讲座，增强地方党政领导国防观念；11月，召开县委常委会，研究出台《新田县加强新形势下党管武装的实施意见》；召集相关单位召开全县党管武装工作调度推进会，促进人武工作落实。

人民防空

【概况】 新田县人民防空办公室在2002年以前，属县人武部下属股室。2002年，在县政府办文秘室加挂县人防办牌子。2009年，县政府办加挂县人防办牌子。2010年，列入规划委和消防委成员单位。2012年12月，升格为新田县人防办。2013年4月，出台县人防办“三定方案”，明确人防办机构、职责和内设机构，设立综合室、工程室等股室。机关行政编制3名，下属事业单位人防通信站更名为县人防指挥信息保障中心，事业编制3名。内设综合办公室（财务股）、工程管理股（法规宣传股）2个机构，有干部职工6人。

【宣传教育】 2015年，新田县人民防空办公室结合“5·12”、“11·1”、消防应急演练和国动委“湘江-2015”演习等活动，发放宣传资料和《公共知识应急手册》1.5万余份，在红网新田站、电视台、手机报开设专栏，广泛宣传人防知识、法律法规和防空袭应急避险常识；在县政务办事大厅和县城6个社区设立人民防空知识宣传专栏，在县老汽车站设置大型LED显示屏，滚动播放人防宣传界面。

【指挥通信】 2015年，新田县人民防空办公室坚持人防建设与城市、经济建设相结合，以“防空、防灾、防公共突发事故”为重点，加强基础设施建设，扩大人防工程规模。结合新田区划调整、机构设置、人员变动及经济社会的发展变化情况，调整完善《县人民防空通信警报系统建设实施方案》，投入20余万元，安装电音警报器4台，防空通信指挥机构得到科学合理设置。11月1日，完成警报试鸣演习，警报试鸣率100%。投入18.5万元，安装完成第三代军用车载电台，指挥通信体系逐步完善。

【基础建设】 2014年8月起，新田县人民防空办公室贯彻省政府“一令一文件”，按房地产一体化并联审批程序，严把易地建设和结建工程审批关，做到“应建尽建，应收必收”，杜绝减、免、缓及逃漏现象。2015年，县“15116”工程地面应急指挥中心启动建设，结合民用建筑修建防空地下室，规划结建面积约2000

平方米。5月12日，市人防办主任蒋明清到新田调研“15116”工程建设情况。

11月11日　省人防办主任卜功富到新田了解人防办机构改革进度，指导县人防队伍建设和人防依法行政工作。

【人防执法】　2015年，新田县人民防空办公室遴选10人次到省人防办、市人防办学习人防专业知识，邀请市人防办领导到新田指导人防执法，县人防办工作人员业务技能和执法水平得到增强。制订出台《人防执法例行巡查机制》及《人防执法过错责任追究制度》，建立执法巡查台账，全县工程项目人防执法无遗漏。

【制度管理】　2015年，新田县人民防空办公室按照《湖南省人民防空行政执法案卷管理办法》和《湖南省人民防空行政执法案卷评查办法》，对近年来的项目档案重新进行编排，造册入档，保证缴费项目资料完备，整理档案604份。11月，全市人防行政执法检查，新田县行政审批、档案管理规范，资料收集齐全，执法效果明显，得到市人防办通报表扬。执行收支两条线管理，人防易地建设经费做到专款专用。

社会生活

人力资源和社会保障

【概况】 新田县人力资源和社会保障局（以下简称人社局）负责统筹城乡就业再就业、人事人才、社会保险、劳动者权益保护、公务员管理等工作。内设办公室等13个股室。下设就业服务局、社会劳动保险管理站、劳动保障监察大队、医疗保险基金管理中心、机关事业单位社会保险管理站、工伤保险站、城乡社会养老保险管理局、人事考试中心、人才流动服务中心、劳动人事争议仲裁院10个二级机构，有工作人员130余人。2015年度获全省城乡居民经办管理服务工作优秀单位；永州市绩效评估先进单位；永州市“三项优先”考核先进单位；全市“三项优先”工作先进单位；湖南省文明卫生单位；湖南省文明单位；全市人力资源和社会保障系统绩效先进单位；永州市第四届“创业杯”男子篮球赛亚军。

【人力资源市场】 2015年，新田县兑现人才引进补贴，为2013年度引进的研究生以上学历的12名优秀人才发放2014、2015年度住房、生活补贴26.4万元。新收集各类人才档案3148份，整理完善127份，转入、转出288份。认定初级职称317人，推荐上报卫生高级职称88人，教育高级职称35人，其他专业高级职称52人；推荐上报教育中级职称86人，其他专业中级职称99人；推荐上报乡镇高级职称5人，乡镇中级职称23人，研究生以上学历直接认定中级职称7人。组织4批574名建筑企业专业技术人员参加初级职称培训考试，发放资格证书。组织车工、多媒体制作员、维修电工等工种的高级工1000余人参加市职业技能鉴定中心组织的技能鉴定，组织105人参加全市技能大赛。接收人事档案196份，转出人事档案62份；完成事业单位人员聘用合同鉴证1253人；人事档案录入信息8400余条。2015年高校毕业生实名登记162人，登记回访率100%、准备就业率100%、就业服务率100%。

【就业服务】 2015年，新田县举办“春风行动”、返乡农民工专场招聘会等招聘洽谈活动21场，帮助企业招工7000多人。为园区企业不定期举办各种规模的专场招聘活动，帮助企业招聘员工4516名。在各镇、县城主要街道悬挂标语200多条，在全县各行政村、居委会以及社区张贴就业宣传海报、岗位信息表4000多张；利用移动手机平台发布就业用工信息40多万条；在市汽车站建立就业信息专栏，在候车室显示屏流动播放企业招聘信息；开通“就业微信号”平台。帮助企业发布招聘信息5100多条，涉及岗位6500多个，累计登记求职人员2100人次，直接推荐就业1870人次。对全县46家规模企业进行用工需求调查，全年进行用工登记64家企业，建立用工信息台账，每月回访一次，每季度更新一次；在全县46家规模企业建立监测点，对投资1000万元以上在建项目和规模企业进行用工预期调查，动态掌握企业用工、缺工情况。园区80%的职工取得职业技术证书。继续在广州、花都等新田籍外出务工集中地开展异地培训，培训新田籍农民工1200余人次，异地培训模式被评为2015年广州市“十大创新工程”。在全市率先投入运行“新田就业”微信公众号，与新田云平台的全面“融网”，聘用379名村级就业社会保障协理员，所有乡镇和社区网格、村纳入统一的发布体系，实行实时监控、远程操作、一键送达。2015年，全县城镇新增就业5099人，城镇下岗失业人员实现再就业1940人，就业困难人员再就业501人，转移农业劳动力5400人。发放小额担保贷款2606万元。创业培训1270人，劳动力技能培训4009人，合理安排公益性岗位408个，城镇登记失业率3.17%。《新田县推动创新创业的主要做法》被《湖南省人力资源和社会保障信息》第5期采用。

【社会保障】 2015年，新田县“五项保险”征缴社会保险费1.43亿元，是2014年的167%；发放各项社会保险待遇1.61亿元，社会化发放率和基金安全率100%。落实《关于全面推进建筑施工企业农民工参加工伤保险的暂行办法》，建筑施工、拆除、园林绿化、水利等施工企业，按合同项目总造价的一定比例，缴纳农民工工伤保险费，住建、安监部门在审批其他手续时作为前置条件审核把关。在工程合同期内农民工发生的工伤事故，由工伤保险基金按规定支付待遇。全县30多家建筑、拆除等施工企业为600多名农民工参加工伤保险，征收保费300多万元，支付待遇35万元，保障农民工权益，分散建筑施工企业的工伤风险。与银行合作加载异地存款扣费功能，协调金融机构加强硬件投入，业务向村下延。全县建成220家城乡社保便民服务点。签订代扣缴协议13650人，异地自主缴费441万元，跨省缴费成为现实。机关社保建卡登记个人账户金额1.80亿元，其中，在职人员1.5亿元，退休人员0.3亿元；《新田县为养老保险改革打好保卫战》被湖南省民生网作专题报道。

【招聘招录】 2015年，完成招录公务员21人，公开招聘事业单位人员45人，公开招聘网格管理员20人，选调事业单位工作人员3人，面向全市公开选调公务员6名。指导教育系统公开招聘教师87人、卫生系统公开招聘医技人员笔试工。

【工资考核】 2015年，新田县参加考核的机关事业单位598个，临时机构12个，参加考核人数为7950人，其中，机关（参管）单位2917人，事业单位4795人，临时机构238人。年度考核确定为优秀等次1196人，公务员记嘉奖336人，连续三优记三等功65人，侦破案件做出较大贡献记三等功7人。326家事业单位按照要求完成岗位设置。办理公务员辞职4人，解聘、辞退事业单位人员13人，事业单位人员辞职37人，规范请假审批159人；办理162人的事业单位人员调动和新聘手续，异动公务员55人次，调配情况上网公示。完成年终绩效工资总量审批5800人，完成事业单位正常晋薪5700人，完成机关滚动级别工资审批210人，完成机关晋升级别工资档次审批140人。完成全县1.1万余名机关事业单位在职、退休人员工资改革工作，在全市率先实现新工资发放；办理退休手续171人，工资福利工作零误差。

【劳动保障监察】 2015年，新田县人社局开展清理整顿人力资源市场秩序、打击非法用工、农民工工资支付情况等专项检查行动。全年接待仲裁、劳动监察投诉举报857人次，符合立案条件的28件，为劳动者追回劳动报酬461.64万元，涉及农民工2800余人，挽回经济损失280.25万元，全年没有一起投诉举报或重大突发事件被处理延误的情况。全年纠正用人单位不当行为60多件次，补缴职工社会保险35.2万元，处罚30个单位，处罚金额387.44万元。接待群众劳动保障法律法规政策咨询服务4600余人次，处理各类劳动人事争议仲裁案件57件，涉及职工权益280多万元，其中，案前调解处理 40件，立案处理12件，结案率100%，调解率56%。启动实施建筑行业农民工工资保证金制度，有79个建设施工项目按规定缴存农民工工资保障金212.4万元，居全市前列，得到湖南省人社厅的充分肯定，先进经验在《湖南省人力资源和社会保障信息》（第29期）刊发。接待登记来访群众259批341人次；受理人民来信151件，信访件办结率100%。

人口与计划生育

【概况】 新田县人口和计划生育委员会为政府组成部门，内设办公室(含宣传教育股、财会室)、计划统计股、政策法规股、科技股4个职能股室，下辖技术服务站、药具管理站、社会抚养费征收管理局、人口调查队、流动人口管理服务站5个直属事业单位，县计划生育协会办公室为县人口计生委挂靠单位。委机关及直属事业单位现有干部职工60人，其中领导班子成员5人。2015年被省委、省政府评为“全省计划生育工作良好单位”；被省计生协会评为“全省计生协会模范单位”；被省卫计委评为“全省卫生计生户外宣传示范单位”；“诚信计生”创新工作被省卫计委在全省推广并在全国计划生育服务管理综合改革现场交流会上推介。

【制度建设】 2015年，新田县人口与计划生育委员会出台《关于加强人口与计生工作的补充意见》《全面推进“诚信”计生工作的意见》等文件，计生和计生协会工作纳入全县重点工作综合目标管理考核。强化“一票否决”制度，黄牌警示3个县直部门和1个乡镇，否决1个行政村。各综合治理部门计生工作与业务工作同安排、同检查、同考核，形成合力。

【基础工作】 2015年，新田县人口与计划生育委员会以村级目标责任制为抓手，强化日常工作督导和重要业务指标月考核通报，人口计生工作服务管理实现日常化、规范化、制度化。县直单位联系包村，一些后进村的计划生育工作进步较大。优质服务扩面增效，近3000名各类计生对象享受计生奖励扶助政策，2000余名对象享受国家免费孕前优生健康检查。推进信息共享，录入“实时通”信息同比增长14.8%。计生审核各类评先评优、干部选拔任用26批次，否决拟评先进单位2个、先进个人4人。

【计生执法】 2015年，新田县人口与计划生育委员会计生法庭强制执行非诉案件126例，行政拘留2人；查处5例典型“两非”案例，结案5例。

【诚信计生】 2015年，新田县人口与计划生育委员会“诚信”计生工作通过分类实施、诚信管理、利益引导、配套服务等措施，全县违法生育多孩的现象得到遏制，取得“育龄群众满意，基层工作减压，计生工作发展”的三赢效果，得到省市卫计委的充分肯定和高度评价，并在全国会议上推介。6月2日，省卫计委副主任张义昌、省计生协会副会长胡新凡到新田县新隆镇召开“诚信计生”工作调研座谈会，调研总结新田县“诚信计生”创新服务机制。5月28日，举办“弘扬婚育新风·关爱少儿成长”大型活动，庆祝中国计生协会成立35周年，省计生协会常务副会长张斌到会指导工作。

【计生协会】 2015年，新田县人口与计划生育委员会在广东等地建立2个县级流出人口计生协会，17个乡级流出人口计生协会组织，会员8700余人。协会组织发放宣传资料10.3万份，协办各类计生证件1123份。资助计生家庭和各类对象35.6万元。

民政工作

【概况】 新田县民政局内设办公室（政工法制股）、规划财务股、优待抚恤股（安置、双拥办）、救灾救济股（县减灾委员会办公室）、基层政权和社区建设股（区划地名股）、社会福利和社会事务股（婚姻登记处）、县老龄工作委员会7个内设机构；县低收入家庭认定中心1个归口管理单位；县革命老区办公室、县慈善会办公室、县社会组织党工委办公室（县社会组织管理办公室）、县军队离退休干部管理所、县光荣院、县流浪乞讨人员救助管理站、县殡仪馆、县社会福利有奖募捐办公室、县社会福利中心、县烈士纪念设施管理所10个直属事业单位。现有在职干部职工49人，其中，党员32人，大专以上文化27人,研究生学历1人。2015年，被省民政厅评为“全省福彩销售先进单位”；被市民政局评为“全市民政工作先进单位”。

【社会救助】 2015年，新田县民政局开展城乡低保动态管理和“人情保、错保、漏保”专项整治，取消不符合保障条件的城乡低保及“五保”供养对象1189人，新纳入符合条件的城乡低保及“五保”供养对象1287人。全县月均保障城市低保对象0.73万人，农村低保对象3.3万人，发放城乡低保救助资金6469.3万元，城市低保月人均补差245元，农村低保月人均补差109元；保障“五保”对象2273人，发放“五保”供养金744.9万元，农村“五保”分散供养标准2900元/年。城乡低保保障标准和“五保”供养标准达到省、市考核标准。支出医疗救助金918.8万元，救助困难群众9318人次；发放临时救助金266万元，救助困难群众5130人次。

【养老事业】 2015年，新田县民政局投入236.7万元，新建新隆镇、枧头镇2所敬老院，龙泉镇小岗村、柳溪坊村、骥村镇李家山村、原十字镇乐聪村、新圩镇道塘村、新隆镇野乐村、原冷水井乡冷水井村、上庄村、石羊镇文明村、原茂家乡梅溪村、原莲花乡新屋场村、原陶岭乡田心村、原金盆圩乡陈维新村、原高山乡石门头村、原三井乡长冲村、门楼下乡青皮源村、金陵镇天地山村、原毛里乡查林村、原知市坪乡龙溪村19个农村幸福院。龙泉镇朝阳社区、原莲花乡新屋场村、原陶岭乡郑家村、原茂家乡梅溪村4个城乡养老示范点，全面完成省、市下达的重点民生实事考核任务。落实老年人各项优待政策，做好90～99岁老人高龄补贴、百岁老人长寿保健金的发放和管理工作，为608名90岁以上高龄老人发放补贴75.1万元。1530名贫困失能老年人享受到基本养老服务补贴，全县基本养老服务补贴覆盖率100%。开展老年人意外伤害保险工作，出资38万元，为1.9万名特殊困难老年人投保办理意外伤害保险。

【救灾救济】 2015年，新田县民政局争取各类民政资金9720万元，比2014年增长10.2%。与县财政局联合制定《新田县民政资金社会化发放规程》，对民政定期补（救）助资金全面实行社会化发放，通过“一卡通”直接支付给民政对象。下拨救灾资金270万元，救济受灾群众1.5万人次，救助51户灾民恢复重建住房。开展“5·12”全国防灾减灾日宣传和“珍爱生命、防灾减灾”应急演练活动，双碧社区成功创建全国综合减灾示范社区，新华、秀峰社区成功创建全省综合减灾示范社区。建立健全“基本生活、就医、就学、住房”四位一体的孤儿救助保障体系，为552名孤儿发放基本生活费405.4万元。组织开展“寒冬送温暖”“夏季送清凉”“接送流浪孩子回校园”“帮助智障人员回归家庭”等救助活动，救治救助流浪乞讨人员2300人次，接领返乡人员22人，常年安置救治救助流浪乞讨精神病人44人，支出救助金70万元。争取中央、省级财政扶持老区发展资金30万元，实施老区扶贫开发建设项目9个。

【福彩和慈善事业】 2015年，新田县民政局开展福彩星级投注站点创建工作，加大福彩销售力度。2015年，销售福利彩票1714.9万元，增幅名列全省前茅。开展慈善救助，募集慈善资金113.7万元，救助困难对象1.2万人次。

【优抚安置】 2015年，新田县民政局落实优待抚恤政策，足额发放各类优待抚恤资金，为5057名优抚对象发放各类优待抚恤资金2769.6万元。接收退役士兵84人，培训退役士兵67人，自愿参训士兵培训率100%。安置符合政府安排工作条件的3名退役士兵。在“八一”建军节、元旦、春节期间，开展走访慰问驻新田部队和优抚对象活动，走访慰问困难优抚对象2018名，发放慰问金31.3万元。在县烈士纪念碑举行向烈士敬献花篮仪式。出资18万元为16户优抚对象完成危房改造，出资20万元为258名优抚对象开展送医送药服务。全年，投入20万元，支持龙泉镇、原冷水井乡、原毛里乡、大坪塘镇、新隆镇5个乡镇和县城6个社区退役军人之家建设，支持各乡镇完成2～3个村级退役军人之家建设。投入20.5万元，扶持11名退役军人创业致富。

【社区建设】 2015年，新田县民政局投入1500万元，改建双碧、朝阳、新华社区，扩建秀峰社区，新建双胜社区，统一建设“一委一会三站一办一中心两所一校两栏十室一超市”功能室，县城6个社区办公服务用房面积达到1000平方米以上，统一装修风格。深化幸福社区创建活动，下放公共服务职能，提升社区服务水平，方便群众办事，群众足不出社区就能享受民政、人社、卫计等9个职能部门的60项基本公共服务。

【社会组织登记】 2015年，新田县民政局新登记社会组织9家，备案社区社会组织10家。加强“三社联动”试点工作，筹建社会组织孵化培育基地，通过整合政府、社会力量等资源，为初创期、发展中的社会组织提供支持和帮助。开展社会组织党组织规范化建设年活动，社会组织党建基础夯实。

【殡葬改革】 2015年，新田县出台《关于党员干部带头推动殡葬改革的实施意见》《新田县2015～2020年殡葬事业发展规划》等文件。完善惠民殡葬政策，按照“保基本、广覆盖、可持续”的原则，拓展惠民殡葬范围，提高惠民补助标准，逐步实现殡葬基本服务均等化。为困难群众减免基本殡葬服务费20万元。

【行政区划】 1978年，全县辖21个人民公社：城关、城东、莲花、金陵、立新、骥村、红卫、冷水井、毛里、十字、枧头、陶岭、石羊、三井、前进、新圩、新隆、大坪塘、跃进、门楼下、高山。1980年12月，撤销城关人民公社，恢复城关镇人民政府。1981年3月，红卫公社更名为田家公社，立新公社更名为茂家公社，前进公社更名为金盆圩公社，新圩公社更名为下滑洞公社，跃进公社更名为知市坪公社。1982年6月，门楼下公社更名为门楼下瑶族公社。1983年4月，县委、县政府在十字公社办撤社建乡试点，撤销十字人民公社，建立十字乡。1984年4月，撤销全县农村人民公社，恢复乡镇体制，建立乡镇人民政府，全县辖1个镇，20个乡，即城关镇，骥村乡、下滑洞乡、城东乡、莲花乡、金陵乡、茂家乡、田家乡、冷水井乡、门楼下瑶族乡、枧头乡、毛里乡、十字乡、石羊乡、金盆圩乡、三井乡、陶岭乡、高山乡、新隆乡、知市坪乡、大坪塘乡。1987年1月，撤销骥村乡、下滑洞乡；设立骥村镇、下滑洞镇。1993年5月，从石羊乡划出田头、清水湾、张家湾、沙田、乐大晚、山口洞、史家、廖宅晚8个行政村，设立宏发圩办事处，办事处机关设宏发圩；从枧头乡划出洞心、唐家、平乐脚、大山铺、砠湾、龙潭6个行政村，设立洞心办事处，办事处机关设洞心村。均属独立核算的正乡级单位。1994年9月，撤销金陵乡，设立金陵镇。同年12月，下滑洞镇更名为新圩镇。1995年8月28日，撤销城关镇、城东乡、田家乡，设立龙泉镇。1995年10月，撤销石羊、枧头、新隆乡，设立石羊、枧头、新隆镇。2000年4月，原城东乡、田家乡从龙泉镇分出，设立独立核算的正乡级单位城东、田家办事处，重新划定龙泉镇、城东办事处、田家办事处的管辖范围。至2003年年底，全县设7镇、12个乡、4个办事处，即龙泉镇、骥村镇、新圩镇、金陵镇、新隆镇、枧头镇、石羊镇、莲花乡、茂家乡、冷水井乡、门楼下瑶族乡、毛里乡、十字乡、金盆圩乡、三井乡、陶岭乡、高山乡、知市坪乡、大坪塘乡、田家办事处、城东办事处、洞心办事处、宏发圩办事处。2007年7月，全县设7镇、12个乡，即龙泉镇、骥村镇、新圩镇、金陵镇、新隆镇、枧头镇、石羊镇、莲花乡、茂家乡、冷水井乡、门楼下瑶族乡、毛里乡、十字乡、金盆圩乡、三井乡、陶岭乡、高山乡、知市坪乡、大坪塘乡。撤销田家办事处、城东办事处，合并到龙泉镇；撤销洞心办事处，合并到枧头镇；撤销宏发圩办事处，合并到石羊镇。2014年，撤销十字乡，设立十字镇(湘民行发（2014)6号)；撤销大坪塘乡，设立大坪塘镇。调整后，全县辖9个镇、10个乡（其中1个民族乡)：龙泉镇、金陵镇、骥村镇、枧头镇、新圩镇、石羊镇、新隆镇、十字镇、大坪塘镇、莲花乡、冷水井乡、门楼下瑶族乡、茂家乡、毛里乡、金盆圩乡、三井乡、陶岭乡、高山乡、知市坪乡。2015年11月20日，省民政厅(湘民行发〔2015〕54号）批复同意：撤销十字、莲花、冷水井、茂家、毛里、高山、知市坪7个乡镇建制；调整龙泉、金陵、骥村、枧头、新圩、新隆、大坪塘7个镇，三井、陶岭2个乡的部分行政区划，并将三井、陶岭、金盆圩3个乡撤乡设镇。调整后，全县辖11个镇、1个民族乡,即：龙泉镇、金陵镇、骥村镇、枧头镇、新圩镇、石羊镇、新隆镇、大坪塘镇、陶岭镇、金盆镇、三井镇、门楼下瑶族乡，总面积1022.4平方公里，总人口43.07万人。

环境保护

【概况】 新田县环境保护局成立于1979年，前身是环境保护办公室。1989年改设为新田县环境保护局。内设办公室、法制宣传股、污染防治管理股（加挂核与辐射管理股的牌子）、自然保护股、污染物排放总量股（加挂行政审批股牌子）5个股室和2个下属事业单位，即县环境监察大队（加挂新田县环境应急与事故调查中心牌子）、县环境保护监测站。现有在职干部职工38名。被湖南省环境保护厅评为2015年度环保重点工作考核“先进县区环保局”。

【环保宣传】 2015年，新田县环境保护局投入经费13万元，开展环保法律法规和环保技术、环保信息咨询10余次，专题开展新环保法的宣传，发放宣传手册1000多册，发放宣传资料4000多份，制定环境信息公示栏。在新田网上公示环评审批事项43项。在新田网和新田手机报上公布新田县环境质量12期，向四大家相关领导和有关部门赠阅环境质量月报12期。

【环保监测】 2015年4月，新田县环境保护局开展县区域噪声和道路交通噪声监测工作。城区区域噪声监测点按照网格化划分为120个点位，道路交通噪声监测点位覆盖县城17条主次干道。对区域内重点污染源实行监督性监测，整个监测工作做到定点准确，操作规范，数据可靠。10月,在原来空气自动监测站三参数的基础上，投入近90万元采购2台套一氧化碳、臭氧、PM2.5三参数分析仪，12月中旬投入试运行。全县的空气自动监测系统由原来的3参数增加为6参数，满足生态环境考核对空气质量的要求。

【环境执法】 2015年，新田县环境保护局组织出动监察执法人员1000多人次，开展环境安全隐患大排查和环境监察现场执法和污染纠纷调处，接待群众来访和电话来访85件次，办结县委、政府督查件120件，督促12家城区涉污企业实现达标排放；检查餐饮店110家，督促上规模的35家餐饮店安装油气分离设施，基本解决县城餐饮油烟污染问题；检查采石场42家，对8家未办理环评手续和18家对周边环境影响大的采石场进行限期整改。对6家在公路两旁300米可视范围内的采石场责令停产关停；联合公安、电力等部门以及乡镇政府捣毁、关闭群众反映强烈的大坪塘镇坪陆坊炼油厂、长富冶炼厂、新隆土桥废旧电瓶冶炼厂等小炼油厂、小冶炼厂、小造纸厂7家。全年未发生环境污染事故和生态破坏事件，未出现一起因环境问题集体上访和越级上访事件。

【环境污染治理】 2015年，新田县环境保护局争取5000余万元重金属污染治理资金，实施新田县历史遗留镉、钒废渣污染治理项目、新田炼砷废渣污染治理项目、新田历史遗留铅锌废渣污染治理项目，消除重金属对全县土壤和地下水的污染隐患，保护硒锶资源。

污水处理厂二期工程投入试运行，5个养殖场的治理减排项目建好环保处理设施，形成减排量，完成全县污染减排年初制定的目标计划。开展农村生活污染治理,建成农村集中式污水处理设施21处，分散式污水处理设施（四格池）360个,对500人以上的饮用水源地设置环保标识标牌；关闭五小企业7家，农村工业企业环保“三同时”执行率95%以上,无重大环境污染事故发生。门楼下乡被评为省级环境优美乡镇，金陵镇通过国家级环境优美乡镇的评审。向上申报三井乡为省级生态乡镇，龙珠村、定家村、塘坪村、三井圩、泥塘村为市级生态村，并作为全县环境整治示范村。

【环统数据】 2015年，新田县工业废水排放 82.3807万吨， COD排放 208.3087吨，COD排放 208.3087吨，NH3－N排放 2.8892吨，煤碳消耗 7.177万吨，工业废气排放 14.6074亿立方米，二氧化硫排放 692.3603吨，氮氧化物排放 112.3353吨，烟（粉）尘排放 1221.6800吨，工业固废产生 1.8098万吨，城区空气质量优良以上天数 346天。

新田县食品药品监督管理局

局长郑石湘

新田县食品药品监督管理局成立于2001年9月，原属省以下垂直管理单位，2011年1月改革为新田县人民政府组成部门。主要职责是对餐饮环节、保健食品、化妆品、药品和医疗器械安全实施监督管理。内设食化股、药品股、医疗器械股、人事计财股、办公室7个部门，下设药检所、稽查大队两个下属事业单位。2011以来，新田县食药监局新一届领导班子，围绕保障人民群众饮食用药安全主题，创新管理，打造特色，各项工作推向新台阶，先后被评为全市食品药品监管工作先进单位、餐保化安全监管工作优秀单位、新闻宣传与信息工作优秀单位。

局班子成员

集体照

执法照片

执法照片

新田县工商行政管理局

发放首份“一照一码”营业执照

团结务实的局领导班子

开展“守纪律讲规矩”学习教育活动

新田县工商行政管理局成立于1978年12月，2000年实行省以下垂直管理，2015年9月1日下放地方县委政府管理，是主管全县市场监督管理和行政执法的主要职能部门。

2015年来，新田县工商局被评为2015年综合绩效评估优秀单位、社会治安综合治理优秀单位、党建工作优秀单位、优化经济环境和机关作风效能建设工作满意单位、注册分局被评为满意股室。狠抓“先照后证”、“三证合一”、“一照一码”等改革的落地生根，全年新注册登记市场主体2193户，同比增加67.14%。深入实施商标品牌战略，“梦都”、“顶坚”、“鸿盼”、“金波湖”、“南峰”等5个商标被评为湖南省著名商标。服务小微企业发展，新登记注册小微企业196家。实施精准扶贫，培育农民专业合作社44家，注册资本6837.3万元，260户建档贫困户加入农民专业合作社；注册家庭农场35家，注册资本1035万元。积极构建新型监管体系，着力抓好信息公示工作，促进宽进与严管的无缝对接。加大违法案件查处力度，立案查处各类违法案件62件，罚款28万元。立案调查“精彩在沃、4G电子商务平台”传销案，刑事拘留犯罪嫌疑人33人，逮捕23人，依法冻结涉案资金1.03亿元。强化消费维权，接受消费者咨询500余人次，受理消费者申诉、举报23起，办结率100%，为消费者挽回经济损失2.3万元。

开展“3·15”国际消费者权益日活动

规范“富硒”标识使用

严查“傍名牌”等不正当竞争行为

检查食用油商品质量

新田县质量技术监督局

新田县质量技术监督局成立于1998年，2000年实行省以下垂直管理，2015年9月1日下放地方县委政府管理。局机关内设七个管理股室，下设稽查队和新田县质量监督检验及计量检定所。

2015年，新田县已有5家企业通过ISO9000质量管理体系认证。华泰家私吉星家居和龙昶机械二家企业获得湖南名牌产品荣誉称号。县重点工业产品抽查合格率为92.6%，其它工业产品和食品抽查合格率分别在93.1%和98.5%以上。陶岭三味辣椒通过国家地理保护标志产品。局两大安全执法发出责令整改通知书67份，下达行政处罚通知书13份，行政处罚6万余元。抓好米粉行业专项执法整治工作，全年开展专项执法整治活动6次，下达责令整改通知书16份，通过整治活动，全县米粉行业达到持证生产，生产环境得到大的改善，实现米粉预包装销售，全市米粉行业生产环境最为卫生，质量安全最有保障的先进行业。

湖南龙昶机械工程有限公司
湖南名牌产品证书

湖南吉星家居有限公司
湖南名牌产品证书

米粉专项整治

书记上党课

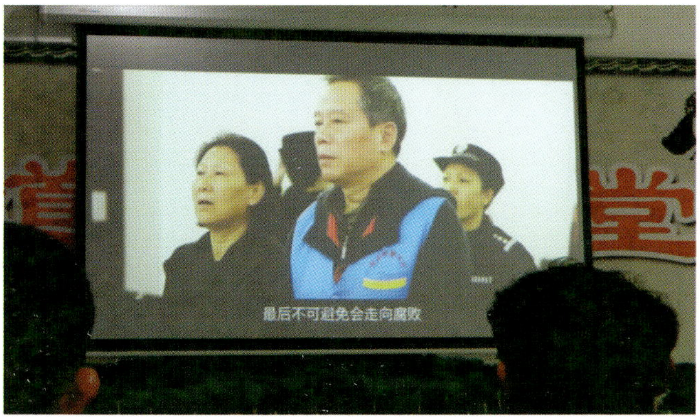

观看廉政教育片

陶岭三味辣椒地标保护产品

中　　共　　新　　田

荣誉台

全省党校行政学院系统先进单位

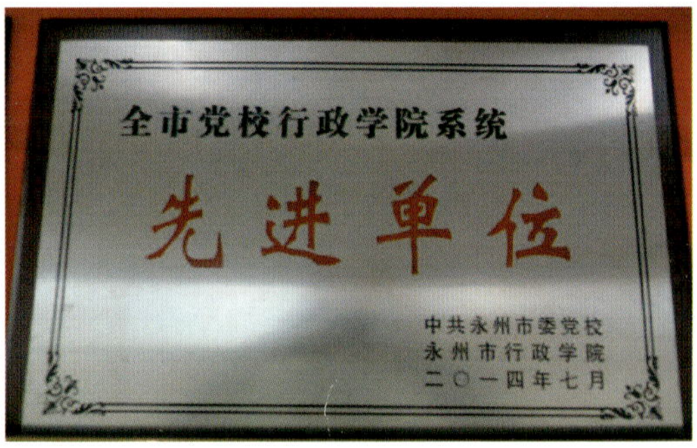

全市党校行政学院系统先进单位

省文明卫生单位

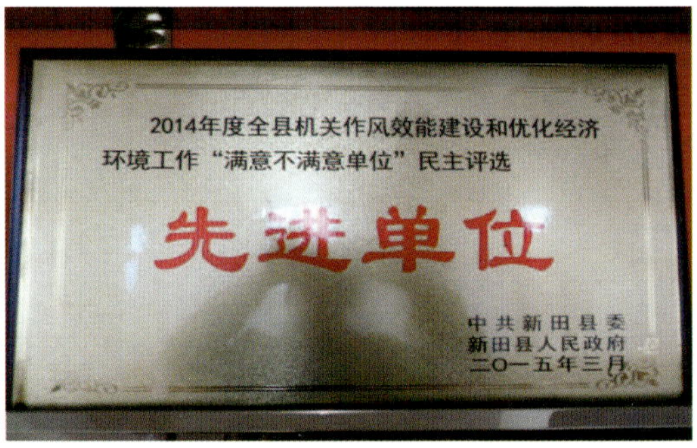

2014年度全县机关作风效能建设和优化经济环境工作“满意不满意单位”民主选先进单位

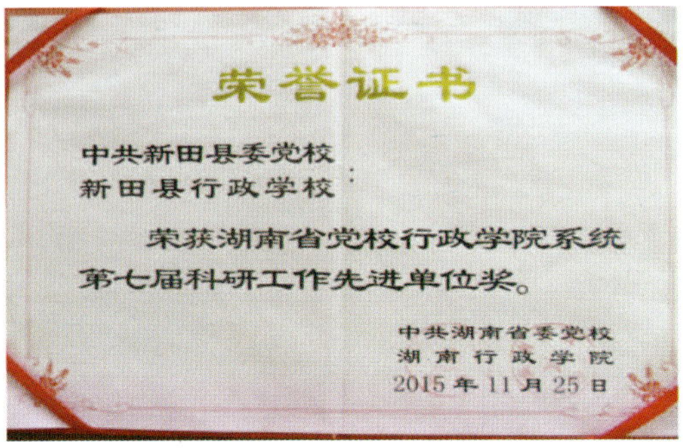

湖南省委党校行政学校系统
第七届科研工作先进单位奖

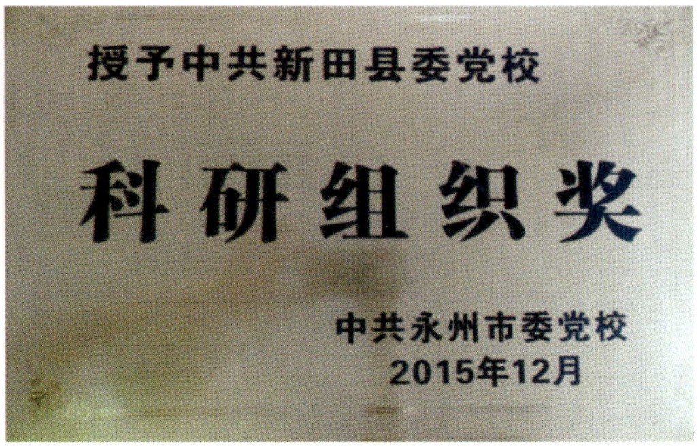

中共永州市委党校授予的科研组织奖

县委党校

校园景观

校园景观

教学楼

办公楼

学员宿舍楼

中共新田县委党校成立于1961年6月，新田县行政学校成立于2001年9月，党校、行政学校两校合一。地处县城西北七里坪，占地110余亩，主要建筑物3栋，建筑面积6722. 9平方米。学校绿草荫荫，鸟语花香，环境十分优美，绿化覆盖率90%。有多媒体教室、网络教室3个，图书3万余册，有床位200余床，能容纳300人就餐的餐厅。党校第一校长由县委副书记唐富荣兼任,行政学校第一校长由县委常委、常务副县长唐晓波兼任。人员编制26名，内设办公室、教务处、科研室和总务处四个处室。2015年末，有教职员工24人，其中领导班子成员4人，专兼职教师21人，研究生3人，在读研究生1人，本科18人，具有高级职称1人，中级职称7人。教职工队伍年龄、专业结构较为合理。2010年底，顺利通过全省县级党校行政学校办学水平评估。

多功能报告厅

多媒体教室

2015年，中共新田县委党校在县委、县政府的领导和省市党校的指导下，全体教职工以创建省市一流县级党校为发展目标，团结协作、奋发有为、开拓创新，取得可喜成绩：培训上，2015年举办中青班、科干班、村党组织书记培训班等主体班6期，培训学员535人。举办短期班10期，培训学员1509人次。教学上，在全市党校系统的教学竞赛中，取得2个二等奖的优异成绩。科研上，2个省社科课题成功立项、2个省社科课题顺利结项。入选省市党校系统理研会文章10篇，是历年来获奖文章最多的一次，其中省委党校系统理论文章获二等奖1篇，市委党校系统理论文章获一等奖1篇，二等奖3篇，三等奖6篇。同时，在《南有新田》及市级以上刊物发表理论文章8篇。

2015年，中共新田县委党校（新田县行政学校）获得湖南省委党校行政学校系统第七届科研工作先进单位奖、中共永州市委党校授予的科研组织奖、“永州市文明单位”。

新　　田　　县

部分企业风采

新田俊毅创新创业园

德力重工

公租房鸟瞰图

湖南省普瑞达内装材料有限公司

吉星12P（楷艺工匠 楷艺美居）

永州市委副书记、市长向曙光（左二）听取企业情况介绍

永州市副书记唐松成（中）在全市工业园区项目建设流动现场考察

2015年5月13日，全市工业园区项目建设流动现场会到新田观摩考察

2015年10月10日，县人大视察县工业园及“135”工程建设工作进展情况

工　　业　　园

2015年6月26日，新田县政府十六届二十六次常务会议，研究工业园闲置土地清理、城市供水工程建设融资、权力清单等工作

2015年6月24日，我县首个职业技能培训中心在县工业园管委会正式挂揭牌成立

2015年7月8日，新田县工伤保险站联合广东省工伤康复中心，在县工业园举行全员参与式工伤预防持续改善项目培训讲座。200余名园区企业职工代表聆听了讲座

2015年7月22日，由县安监局、疾控中心和工伤保险站三家单位联合举办的职业健康教育及安全生产培训会在县工业园举行，华泰家私等30余家企业主和职工代表参加培训

2015年5月21至22日，县职业中专组织千名学生到县工业园德力重工有限公司参观考察

新 田 县 环

新田县环境保护局党组书记、局长 胡开亮

县环保局领导班子成员

新田县环保、公安等部门安排部署零点联合执法

查封新圩镇杏干村非法冶炼厂生产原料

新田县环保局、城管局、科经委、电力局对非法建设的先云路某藕煤厂联合执法

对大坪塘镇长富村非法冶炼企业依法强制捣毁

新田县农村环境综合整治整县推进项目枧头镇胡志良村生活污水处理工程

新田县农村环境综合整治整县推进项目枧头镇老屋村生活污水处理工程

境　保　护　局

2015年3月3日，湖南省环保厅总量处副处长唐宇带领相关专家到新田县现场核查国家重点生态功能区县域生态环境质量情况

2015年6月8日，新田县环保局党组书记、局长胡开亮到龙泉镇一完小，以“保护环境从我做起”为主题，给该校师生上“提倡绿色出行，倡导低碳生活”的环保课

“七一”建党节，新田县环保局党员小源会议旧址前重温入党誓词

绿色环保 你我同行，“六·五”世界环境日环保局职工组织开展绿色骑行活动，提倡环保低碳出行

环保意识从娃娃抓起。6月22日上午，新田县环保局党组成员夏利明到龙泉五小，给孩子们讲以“争做环境保护的小卫士”为主题的知识讲座

新田县环保局职工在“六·五”世界环境日做环保宣传

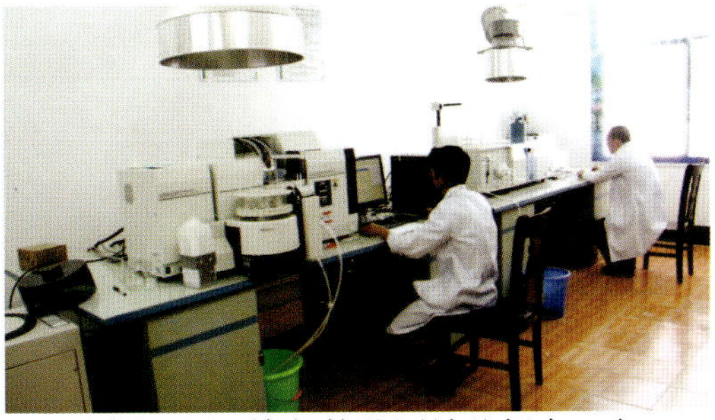

新田县环境保护监测站分析室一角

新　田　县　城

县政府与北控公司签署BoT项目合同

垃圾填埋场图

干净整洁的河道

新田县城市管理局成立于2003年9月，是县人民政府直属的正科级全额拨款事业单位。局系统有干部职工240人，其中党员89人，助理工程师18人，工程师以上职称8人。下辖城监综合执法大队、自来水公司、环境卫生管理所、园林绿化管理中心、污水垃圾处理管理所、渣土运输管理站等6个法人单位。

近年来，该局始终贯彻“以人为本，以创优人居环境为目标，管理就是服务，管理就是规范，管理就是效益”的城市管理理念，以创建国家卫生县城为工作目标，加大对城市管理工作的投入，为城市管理工作奠定坚实的基础。一是环卫工作方面。投入900余万元，购置环卫作业车辆、垃圾桶、果皮箱等垃圾收集容器等环卫设施。投入800余万元建设七座垃圾中转站。投入1000万元实施环卫作业服务外包，实行市场化运作，其它区域利用公益性岗位安排日常保洁人员560人。二是市容秩序方面。投入200余万元，配备执法车辆，执法记录仪、对讲机、警棍、执法服装等执法装备，为城管执法工作提供有力保障。三是绿化美化亮化方面。结合永州市创建国家森林城市，投入4000余万元，推进生态园林城市建设。实施“大树进城、大苗进城”，在公共区域、主次干道进行补植、种植大树一万多株。实行“见缝插绿、拆墙透绿”，新增绿地面积8000余平方米，实现人均公共绿地面积9.5平方米。四是垃圾和污水处理方面。投入3212万元，建设污水处理一期项目，2009年12月1日投入运行；投入1764万元，实施污水处理厂二期项目，建设污水管网15.18公里，2016年4月主体工程通过住建部门验收，10月1日正式运行。投入6331万元，实施垃圾处理场项目，主要建设垃圾填埋库区主、副坝，渗滤液处理车间、调节池、地表水和地下水导排系统、防渗系统等。五是供水工作方面。供水事业着力加快供水设施建设，全面完成2015年一号民生工程—县城供水工程，县城供水能力大幅度提升。

摆放整齐的环卫作业车

市　管　理　局

美丽的城市夜景

正在清洗路面的环卫工

清洗干净的人行道

干净整洁的公园广场

干净整洁的公园广场

干净整洁的道路

龙泉镇人民政府

强而有力的党政领导班子

龙泉镇系新田县人民政府驻地，是全县政治、经济、文化中心，地理位置优越，交通发达。全镇总面积203.49平方千米，总人口11.86万人，辖32个建制村，7个居委会，273个自然村，157个居民小区（居民点），598个村民小组，65个居民小组。政府机关有干部职工172人，其中党员101人，大专以上学历占干部职工总人数80%以上。依托县城区域优势，紧扣“科学发展，富民强镇”的工作主题，坚持“一个中心，三条发展轴，五大片区”的总体布向，先后被评为“省建制村合并工作优秀乡镇”“永州市文明乡镇”。

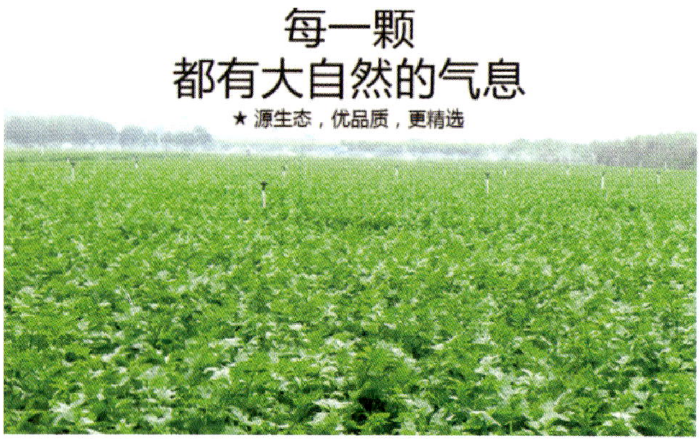

东升农场无公害蔬菜基地

双溪岭金槐产业基地一角

五柳塘村新农村建设风貌

五柳塘村新农村建设风貌

乡镇概况

龙泉镇

【概况】■ **建置沿革**：龙泉镇是新田县第一大镇。1949年，属柏家乡、下车乡、北门外乡。1953年设城关镇，1959年，改名新田镇，1961年，恢复城关镇，成立城关镇人民公社。1980年，撤销人民公社，复名城关镇，恢复城关镇人民政府。前身为城关镇，2007年10月1日撤乡并镇，由城关镇、城东乡、田家乡合并成一个镇，取名龙泉镇。

■ **行政区划**：辖中山、新华、双碧、双胜、秀峰、朝阳6个社区，团圆1个居委会，及下车、扒田丘、七里坪、周家洞、五乡圩、胜利、琶塘、漆山里、三里亭、民主、凤凰、鱼池头、源头、大湾、洞源、田家岭、陶宝、塘家洞、木山塘、土珠山、大历县、龙脉塘、上车、欧家塘、罗家山、东门桥、柳溪坊、小岗、蚂蝗洞、过肥田、青山脚、潭田、挂兰、榨上、观音坪、田家、柏家、瑶塘窝、蛟龙塘、盘家坝、志木下、鱼游、砠下、环灵桥、白鹤仓、马步岭、石甑源、坪头岭、大桥头、李子源50个行政村，200个自然村，374个村民小组。

■ **位置面积**：地理坐标为：东经112°02′～112°23′，北纬25°40′～26°06′，是新田县城中心，县委、县政府驻地，全县政治、经济、文化中心。东与本县莲花乡相邻、南与大坪塘镇接壤、西与毛里乡、冷水井乡交界、北与茂家乡相连。全镇辖区面积143平方公里，耕地面积26379亩，水田面积20287亩，旱土面积6092亩，山林面积53777亩。城镇中心面积18平方公里。总人口11.5万人，城镇人口4.85万人,农村人口约6.64万人。

【自然环境】 镇域地势中部低，东西两侧高。以丘岗地貌为主，海拔200米～443米。境内最高峰野岭寨，海拔443米；最低点，罗溪村，海拔200米。舂陵河（日东河、日西河）、流经全境，金陵水库西干渠居高临下，肥源水库右干渠有16公里流经其境，另有塘下、铁炉冲两座小（2）型水库，灌溉便利。土壤属南岭山地红壤，类型多样，主要为水稻土、红壤、山地黄壤、石灰土等4个土类，其中红壤、石灰土面积占全土壤面积的80%以上。一般土壤厚在40厘米左右，土壤多为偏碱性，有机质含量丰富，含硒元素丰富，其他养份含量中等。年平均日照时数1384～1688小时，太阳总辐射量101.5～133千卡平方厘米。地处中亚热带大陆性季风湿润气候区，气温较高，严寒期短，夏热期短，春温多变，寒潮频繁，夏季多雨，夏秋多旱，光照充足，无霜期限长，四季分明。年平均气温17.6℃～18.5℃无霜期限286～311天，日最低气温在0℃以下只有8～15天，年平均降雪天数4～7天，极端最低气温 -4.9℃至～8.4℃。日平均气温不低于10℃的积温6450℃～6800℃。年平均降雨量1280毫米～1530毫米。

【经济发展】 龙泉镇是“湖南省安全示范乡镇”。

■ **农业：**耕地26379亩，水田20289亩，旱土6092亩。以生产水稻、烤烟、蔬菜、水果为主。2014年，种植烤烟3800亩，收购烟叶90万公斤。2015年，以突出富硒特色，按办点示范模式进行，种植烤烟3300亩，种植蔬菜1.7万亩，油菜4000亩，优质大豆5000亩。富硒蔬菜远销沿海城市。全镇形成烤烟蔬菜、蔬菜、水稻等齐头并进的产业格局。

■ **林业：**山林面积 53777亩。 实施植树造林，着力创建绿色乡镇和国家森林城市。2014年，荒山造林3589亩，通道造林3284株，森林覆盖率达54.7%，建成潭田、柳溪坊、欧家塘3个造林绿化示范点。2015年，完成荒山造林4195亩，通道造林5321株，建成潭田、土株山、小岗、源头4个秀美村庄。

■ **水利：**50年前靠一些小山塘和林溪河水灌溉农田，一遇雨季便呈涝灾，一遇旱情就颗粒无收。在20世纪五六十年代，县里修建金陵水库（中型）、肥源水库（中型）、塘下水库、铁炉冲水库、木田根水库、肖家槽水库、石头窝水库、罗里源水库、千山水库等，大修山塘和兴建电排、水电泵及河坝，解决全镇农业用水问题。在境内整改修建日东河、日西河，确保全镇水源充足。

■ **畜牧水产：**全镇养殖大户36户，其中特种养殖9户；存栏猪19650头，存栏牛764头，存栏羊925只，存笼家禽19360羽。鱼产量27521公斤。

■ **工业：**境内有新田工业南园、工业北园、方达工业区、新田华泰家私产业园、新粤湘产业转移园等。全镇拥有各类企业343家，个体私营主6000多户，形成以家具制造业、食品加工业、木材加工业、机械制造业为支柱的主导产业，民营经济产值占全县民营经济总产值50%以上。龙泉镇借招商引资的东风，抓住沿海产业内移和本地能人回乡创业的机遇，引进企业10多家，年产值1000万元以上。

【基础建设】 ■ **用水：**境内有新田河（日东河、日西河），四季流水不断。新田河为湘江二级支流北源，发源于新田瑶族门楼下乡九峰山南麓，流经新田8个乡镇。城镇主要生活、生产用水由新田县自来水公司从金陵水库引水供给。

■ **供电：** 村村通电，全镇总用电量超过10万千瓦时，电力方面总体能满足全镇人民生活生产需要。

■ **道路：** 龙泉镇位置优越，交通发达，新嘉二级公路、省道S323、省道S215、京珠高速公路复线连接线贯穿全镇。形成四通八达的交通网络，为承接沿海产业转移，增强经济发展后劲创造有利条件。

■ **村镇建设：**实现村村通电，村村通公路，新田县电视信号覆盖率100%。村村建有卫生室。

■ **邮电通信电视：**邮电全部实现农村电话程控化。移动电话覆盖率达100%。县邮政局、电信局，中国移动公司、联通公司、广播电视台等通信宣传单位坐落在镇中心区。全镇服务网点多，为广大群众提供便利服务。

【社会事业】 ■ **教育：**龙泉镇有完全小学6所，归口管理的事业单位有县一中、县二中、瑞华实验学校、职业中专、教师进修校。

■ **文化生活**：村村设有文化活动中心，镇中心区内设有较大群众文化活动广场6个，文化体育活动中心1处，新田电影队巡回放映爱国电影。建设有全国最大孝文化主题公园。每年开展全民健身活动。各大广场每天有民间乐队及舞蹈表演，群众文化生活相当丰富。

■ **卫生**：实现食品药品安全监管城乡一体化网络建设，村村建立卫生室，将村食品药品安全监管信息室建设与村卫生室建设相结合，实行“两块牌子、一套人马”，聘请村卫生员为兼职食品药品安全信息员，村支书、主任、会计、计生专干为协管员。对村级食品药品协管员、信息员培训到位。

■ **人民生活**：2014年全镇居民和农民人均可支配收入分别为21225元、4188元。人均住房面积50平方米。农村低保救助对象和城镇低保救助对象分别达到3550人、5998人。“五保”供养对象127人，优抚对象273人，发放“五保”供养金32万元，发放城乡大病救助金83.52万元，临时救助金15万元。全镇有一家敬老院，一家光荣院。

石羊镇

【概况】 ■ **建置沿革**：境内在解放初期属第四区。1956年设石羊圩乡。1961年，成立石羊公社。1984年，撤社改名为石羊乡。1995年10月批准为建制镇。

■ **行政区划**：现辖石羊、地头、宋家3个居委会和田心、厦源、乐山、东田、龙眼头、塘罗、立新、欧家窝、水车洞、文明、长亭、赤湾头、坪山、周山、三源头、田头、乐大晚、清水湾、张家湾、史家、沙田、山口洞、廖宅晚23个行政村，180个村民小组。

■ **位置面积**：位于湖南省新田县西南部，因原驻地石羊圩村前洞中许多自然石形似真羊而得名。地处永州、郴州两市三县交界之地，东经112°12′01″～112°12′03″，北纬25°42′03″～25°42′04″。镇人民政府设在地头村，位于县城南端，距县城21公里，面积46平方公里，与嘉禾县、宁远县交界，新嘉公路、新土公路在石羊镇交汇成“十字”路口，素有新田南大门之称。有耕地15530亩，其中水田12919亩，旱土2611亩。人口民族　镇总人口3.49万人。汉族为主。

【自然环境】 ■ **地势**：典型的喀斯特地貌，四周群山高耸，属丘陵地带，石灰岩质山体。

■ **水利**：境内有石羊河，长7.8公里，流域面积21平方公里，水利资源丰富，有可灌田2.4万亩的立新水库，总干渠和左右干渠及支干渠密布全镇；鹅井水量充足，年排水量1180万立方米，可灌溉石羊洞80%的稻田。

■ **气候**：亚热带大陆性季风湿润气候，湿润温和，四季分明，年均气温28.6摄氏度，平均降水量1450毫米。

■ **土壤**：土壤类型多样，以以黄石灰土面积分布最大，占全镇压面积70%以上。

■ **日照**：年平均日照时数在1400个小时以上。

【经济概况】 石羊镇系湖南省烤烟名镇，湘南重镇、新田县农业大镇。全镇2014年农村经济总收入15729万元，其中，种植收入7873万元，畜牧业收入638元，渔业收入215元，林业收入4174万元，第二、第三产业收入2300万元，其他收入529万元，农民人均纯收入2910元，属温饱小康乡镇。全镇粮食作物以稻谷、红薯、黄豆为主；经济作物以烤烟为主，畜牧业较为发达。

■ **农业**：农业人口占镇总人口90.3%，耕地面积15530亩，人均0.54亩。粮食作物以稻谷、玉米、红薯、马铃薯为主。2014年农业总产值613万元，粮食总产量13960吨，人均400公斤，其中，稻谷8000吨，玉米2300吨，薯类3660吨，经济作物有油菜、花生、三木药村等，2014年，花生产量5.1吨。由于镇内土地肥沃，适合烤烟种植，从20世纪60年代起，石羊开始种植烤烟，至今有50多年历史，2014年，种植烤烟上万亩，年产烟300万公斤，其石羊“金叶”品牌在湖南省内享有盛名。

■ **林业**：林地绿化率62%，境内保存许多珍稀古木，2014年有树龄百年以上古木118棵，其中，石古寨峰下的银杏树已有300多年树龄，古银杏树有11棵，被称为“十一姐妹共生”，每年产银杏数百斤，属国家一级保护珍稀古木。长亭村至今保留的5棵重阳木均有上百年历史，最大一棵树龄达二百多年，其树冠占地达1.2亩，树上长树，十分状观，树围需5人方能合抱，属国家一级保护珍稀古木。境内有许多桂花树，每年中秋节，武当群峰洋溢浓浓桂花香，令人心旷神怡。

■ **工业**： 2007年12月开工建设石羊冶炼工业区，规划面积2平方公里，设计产值达5.6亿元。主要为有色金属冶炼和化工业生产。该工业区位于镇内省道 S215线和新土公路交叉口，新田、嘉禾、宁远三县交界处，距县城22公里，距嘉禾、宁远30公里，距二广高速、京珠高速复线32公里，距厦蓉高速20公里，区位优势明显。至2014年，金地有色金属有限公司、正和工贸公司、加鑫铝业集团、新贵工贸公司、大地金属公司等企业签约入园。

【基础设施】 石羊镇与嘉禾县、宁远县交界，境内建设有 新嘉公路、新土公路并在石羊镇交汇成“十字”路口，村村通电、通水，拥有石羊河和得天独厚的鹅井、鸡井，终年水流不断，出水量相当于中型水库。村村通水泥路，交通四通八达。村村通有线电视，移动通讯覆盖各村。

【社会事业】 村村建设有乡村卫生室，文化活动室，学校主要有石羊中心校，石羊中学等。小学适龄人口入率100%，初中适龄人口入学率99%以上。镇内有群众文化广场。设有敬老院1家，床位50张。

■ **居民生活**：2014年，全镇完成生产总值5.72亿元，比2013年增长10%，完成固定资产投资5000万元，比2013年增长11.8%；完成财政总收入1590万元，比2013年增长8.9%；农民人均年收入2910元，各项经济指标稳步提升，人民生活水平总体提高。

金陵镇

【概况】 ■ **建制沿革**：镇沿用驻地地名。金陵圩土地肥沃、山青水秀，可与金陵（南京）比美，故名金陵，后设圩场，得名金陵圩。新中国解放初属第一区。1956

年为金陵圩乡。1958年归东门桥公社管辖。1961年从东门桥公社析出设金陵公社。1984年撤社为乡。1994年9月撤乡建镇。

■ **位置面积：** 金陵镇位于县境东北部，镇人民政府驻地距龙泉镇16公里。镇境东、北与郴州市桂阳县接壤，南与莲花乡、龙泉镇毗邻，西与门楼下瑶族乡为界。镇人民政府驻金陵圩。

■ **行政区划：** 辖金陵圩、永桂城、傲头、龙珠、下兰冲、山林岗、土地堂、磨刀岭、千马坪、鸡公嘴、桥头、天地山、贺赐岭13 个行政村。其中金陵圩、永桂城、傲头设居委会，鸡公嘴为瑶族村。

■ **地形地貌：** 金陵镇属于阳明山山脉南面。境内地势北高南低，呈滑梯状。北部以中山、中低山为主，南部以丘陵、低山为主，地势低平开阔。

■ **气候：** 金陵地处中亚热带大陆性季风湿润气候区，气温较高，严寒期短，夏热期短，春温多变，寒潮频繁，夏季多雨，夏秋多旱，光照充足，无霜期长，四季分明。境内大部分地方年平均气温17.6℃～18.5℃，无霜期286～311 天，日最低气温在0℃以下只有8～15 天。年平均降雪日数4～7 天，极端最低气温－4.9℃～－8.4℃。日平均气温≥10℃的积温达6450℃～6800℃。年平均日照时数1384～1688小时，太阳总辐射量101.5千卡平方厘米～133 千卡平方厘米，年平均降水量1280毫米～1530毫米。

■ **自然资源：** 金陵镇金属矿产多为零星矿点，可供开采价值不高，非金属矿以重晶石、石灰石、砖用黏土矿为主。金陵水库为新田县城饮用水源，其周边山区禁止一切以矿产品开发为目的开发建设。

■ **土地资源：** 金陵镇土母岩以砂岩、石灰岩为主，土壤属南岭山地红壤。人多耕地少，难以利用的土地多，土地后备资源不足。镇域总面积67平方公里，林地多于耕地，全镇林业用地约为8万亩。耕地面积5000亩。土壤种类多，宜农荒地少，适宜开发的面积不多。

■ **人口民族：** 2014年年末，辖区总人口11159人。总人口中，男性5917人，占53.02 %，女,5242人，占46.98 %；18岁以下3025人，占27.10%；18～35岁3371人，占 30.20 %；35～60岁3566人，占31.96 %；60岁以上1197人，占10.73%。人口出生率 14.96 ‰，死亡率6.27‰，人口自然增长率8.69 ‰。辖区鸡公嘴村为少数民族聚居地，有瑶族等少数民族，少数民族人口206人，占村内总人口的42.47%。

【经济发展】 ■ **农业：** 全镇农业从业人口5130人，占全镇总人口的46%。耕地面积5000亩，其中，水田3290亩，旱地1710亩。金陵镇农副产品比较丰富，主要种植水稻、蔬菜、水果、烤烟等农作物。已初步形成规模种植，并逐步向一村一品发展。永桂城、金陵圩药材、蔬菜种植规模为800亩；桥头、永桂城、傲头、龙珠、金陵圩烤烟种植规模为600亩；下兰冲杨梅种植规模为200亩；贺赐岭村香瓜种植规模为200亩；山林岗板栗种植规模为200亩。

■ **林业：** 全境大部为山区，森林总面积约8万亩，盛产松、杉、楠竹，是县内主林区之一。境内珍稀名贵树木众多，其中，鸡公嘴村拥有超过2000亩野生红豆杉，千马坪村长有一棵树龄达1500年的银杏树。当地通过合理保护、规范开发，精深加工提高林产品附加值，有效促进山区百姓致富，实现兴林与富民的有机结合。通过招商引资，采取“公司+基地+大户”的模式，苗木产业不断壮大。

■ **商贸服务业：**金陵镇集镇已基本成为具有多功能、高层次、集散能力强、辐射范围广的集镇商贸中心。小商品、餐饮、蔬菜、服装、家电、建材、客运等个体工商店有200多家，从业人员1800多人，实现日用消费品商贸中心服务功能。因与桂阳接壤，辐射金陵及桂阳塘市、四里等周边乡镇7公里，每逢赶圩日，周边市、县、乡镇商人到金陵赶圩，商贸十分繁荣，是新田县重要的边界物资贸易集散地之一。

【基础设施】 ■ **交通：**金陵镇位于新田县东北部山区，位置较为偏远，交通一直十分闭塞，随着省道S228的修通，逐步打通全镇南北脉络。为全县及周边地区北上提供一条十分便利的捷径。全镇13个行政村除鸡公嘴村以外，已基本实现道路硬化。镇域内有一客运站，客运车辆以私营为主，客运车辆集中于永桂城村待客。

■ **邮政通信：**金陵镇设有一个邮政营业厅，电信、移动、联通等在均有营业点，集中位于永桂城村内。服务范围及业务量基本满足镇域内的居民需求。

■ **供电饮水：**2014年，位于金陵镇傲头村的县重点工程——24千伏变电站建设完工，开始供电，满足金陵镇及周边乡镇的用电需求。辖区水源较为充足，金陵水库污染小，可供饮水水源，是县城及周边10万余人的引用水源。但除集镇居民外，各行政村用水基本为山泉水和地下水。

■ **水利建设：**金陵镇属于日东河上游，湘江源头，三级支流。日东河坡降大、河床窄，水易涨易退。新田河汛期最大流量可达每秒609立方米，枯水期仅每秒0.025立方米,且枯水期长。境内地下水开发困难。主要有下兰冲河、金陵河，有中型水库1座（金陵水库）、小（2）型水库2座（灯盏窝、凉亭桥）、山塘156。金陵水库于1958年7月正式动工，1959年3月主体工程基本竣工。坝高45米，坝底长26米，宽228米，坝顶长200米，宽6米。副坝高21.5米，坝底长46米，宽100米，坝顶长180米，宽4.5米。全库汇水面积116.72平方公里，正常蓄水量3850万立方米，蓄水量6340万立方米，死库容360万立方米。金陵水库是以灌溉为主，结合发电等的综合工程，库区水质清澈，泥沙含量少，是县城及周边10余万人生产、生活用水的主要来源地。

■ **村镇建设：**金陵镇已完成镇区总体规划（2014年—2030年）。在主要路段均安装太阳能路灯，完善各类便民服务场所，环卫、教育、医疗、金融、防洪等功能配套建设齐全。在全镇实施绿化、美化、亮化等工作，大大改善群众的居住环境。同时，全镇供电、供水工程、排污管线、垃圾站场等也正在逐步完善，基础设施得到改善，稳步推进建设步伐。

【社会事业】 ■ **教育：**金陵镇教育氛围良好，目前布局多所学校，其中，中学1 所，中心小学1 所（在千马坪、龙珠设有分校），中心幼儿园1所，部分村建有私立幼儿园。但学校的办学条件、教学水平、硬件设施、人才储备等方面相对落后，各行政村内幼儿园仍十分欠缺。2014年年底，中学、中心小学均新建新大楼，正争取合格学校建设。

■ **文化体育**：辖区13个行政村都设有农家书屋，很好地打造一个群众喜爱的文化平台，借阅人次逐渐增多，丰富群众的业余文化生活，营造一个良好的文化氛围。大部分村的活动中心建好文体室，篮球、乒乓球等运动在各村蓬勃开展，金陵篮球队曾在县农民运动会上获得过冠军。广场舞在金陵圩、永桂城两村得到巩固并向周边其他村发展。 金陵狮队、龙队、乐队等民间艺术团体享誉县内外，被广泛受邀要到各地演出。其中永桂城村被评为永州市文化建设先进村。永州电视台《品读永州》之永州边界行栏目专程到金陵拍摄纪录片，在其第49集《三市交界金陵镇》、第50集《接地气的金陵文化》连续两集介绍金陵的经济、文化生活。

■ **医疗卫生**：辖区有中心卫生医院1所，B超、心电图等设备齐全。村卫生室有7个。2014年，新建的卫生院大楼完工，为在达标卫生室规范运营的基础上，全面推进新型农民合作医疗。现各村卫生室规范运作，村级医疗网络得到完善。

■ **社会保障**：投入30余万元，在全镇网格内安装70多个视频监控装置，设计专门的社会管理信息软件，全面了解和掌握各类动态信息，不断增强社会治安防控能力，加强农村基层基础工作和防控体系建设。2014年年底，发放农村低保金72万元；发放“五保” 对象供养资金8万元；帮扶特困户建房26户，发放危房改建补助资金35.9万元；发放大病救助救济资金10万元。重要节日期间对农村困难家庭、优抚对象、孤儿发放慰问金、补贴共8万元。新农保、新农合等工作稳步推进，缴费率保持高位。

新圩镇

【概况】 ■ **建置沿革**：新圩镇沿用驻地名。新圩前河中有一石，形状如牛，得名石牛圩（在原铁厂处有石牛观）。清嘉庆二十三年（1818年）改建圩场，改名新圩。解放初境内属第五区。1956年为新圩乡。1958年为新圩公社。1961年新圩公社分为大坪塘、邓家村、新圩、高山、新隆五个公社。1981年因同名，以驻地名改为下漕洞公社。1984年改为下漕洞乡。1986年撤乡建镇，为下漕洞镇。1994年因名称不雅，更名为新圩镇。

■ **行政区划**：辖新圩、蒋家、桐木窝、仓下坠、上禾塘、兰溪、白芒、伍家、山水塘、大岭脚、梧村、道塘、车田、三占塘、杏干、祖亭下、万年、磻溪头、湾头等19个村民委员会，182个村民小组，46个自然村。

■ **位置面积**：新圩镇位于新田县东南部，东与高山乡相邻，南与石羊镇交界，西与茂家、三井乡相连，北与大坪塘镇接壤。东经112° 12' 51"、北纬25° 54' 37"。政府驻地新圩居委会，距县城15公里。新圩镇是全县粮食生产和烤烟生产重点区之一。辖区东西最大距离4.6公里，南北最大距离7.7公里，总面积40.5平方公里。

■ **人口民族**：2014年年末，全镇总人口 24614人，其中，男13106人，女 11508人；18岁以下6325人，占26 %，18岁以上18298人，占74 %，18～35岁7757人，占32%，35～60岁7789 人，占32%，60岁以上2743 人，占11%，人口出生率13.1‰，死亡率6.25‰，人口自然增长率 6.85‰。辖区内为汉族聚居地，有瑶族、傣族、藏族、朝鲜族、布依族等少数民族35人，皆为结婚进入，分别散居在道塘、白芒、湾头、杏干、三占塘等村。

【自然环境】 ■**地势**：境内属典型的丘陵地区，地势平缓，土地肥沃。

■ **河流**：辖区四条河流和一条小溪过境，新田河自道塘入境经道塘、梧村、杏干、祖亭下、万年等村进入大坪塘镇；大洞河由兰溪入境，属鸡井、鹅井水系，入境后分为两条河流，一条电站引水渠于山水塘汇合后注入新田河；坝上河承三井乡、茂家乡两河汇合后经道塘注入新田河；车田门口河从大坪塘乡入境经三占塘到道塘注入新田河；礤溪头水库集上游溪涧水后成小溪河流经高山乡注入新田河。

■ **气候**：属亚热带季风湿润气候，气候温和，热量富足，雨量充沛，降雨集中，旱涝明显。年平均气温18.1摄氏度，日照充足，年平均日照1712小时。

■ **土壤**：类型多样，以黄壤土和红壤土为主。

■ **自然资源**：地表水相对短缺，地下水丰富；矿产资源有铁、锑、铅锌等，但蕴藏量不大，无大的开采价值。探明境内土壤富含硒，水富含锶，极具开采价值和开发前境。

【经济发展】 ■ **农业**：农业人口22798 人，占总人口93%，耕地面积18228亩，人均 0.74亩，2014年年末，农业总产值4557万元。粮食作物以水稻、红薯、玉米为主，2014年，粮食总产量2241吨，人均 179.2公斤；经济作物以烤烟为主，年产烟叶102.3万公斤，产值1535万元，所产烟叶质量上乘，烟叶生产收入是全镇农民增收财政增长的重要产品。其他经济作物有花生、黄豆、瓜子、油茶、药材等。

■ **林业**：林地面积1.95万亩，林木以松树、柏树为主，近年来，陆续种植杉树、桉树3800 亩，实施退耕还林4080 亩，生态林3680亩，2014年，森林覆盖率63 %。

■ **水利**： 全镇有小（2）型水库2 座，未上型号的水库3座，骨干山塘10 口，总蓄水量 53.7万立方米，大小溪河主要支流5 条，水电站2个，利用丰水季节发电，年发电量 922千瓦。由于水资源的相对短缺，党委政府一直致力于加强农业基础设施的建设。2014年，全镇有排洪灌溉渠39.6 公里，维修或护砌水渠9.7公里，维修新修河坝 2处，水库2 座，山塘2口，投入资金 84.7万元。

■ **畜牧水产**：畜牧业以猪牛为主，大户养猪，散户养牛。近年来，多采取“公司+农户+基地”的产业发展模式，引进外资发展特色养殖。2014年，养猪大户20户，年出栏生猪 3.6万头，富硒产业园出栏豪猪5000 头，野猪 200 头，万家鹅业礤溪头基地年销售鹅10万羽；水产以草鱼等家鱼为主。

■ **企业**：“大跃进”时有乡办企业“五·七”厂，因炼钢俗称“铁厂”。20世纪90年代发展乡镇企业，办毛巾被厂，几年后停办。2014年，有梧村、上禾塘、伍家砖厂3家民营企业。

■ **商贸财政金融**：2014年年末，全镇个体工商户421户，餐饮服务行业 21户。财政收入598万元，境内金融机构存款余额1.65亿元。

■ **劳动力转移**：外出务工收入是多数家庭的重要收入来源，全镇有 69 %劳动力长期在广东等发达地区务工经商，2014年，输出人数为10726人，增加收入21452 万元。

【基础设施】 ■ **用水**：2014年，全镇有水库5座，骨干山塘10口，排洪灌溉渠道39.6公里，河坝45个，正常年景生产生活用水有保障。2014年，党委政府争取600万元的资金在上禾塘、兰溪、白芒3村实施土地整治项目，极大地改善3个村的生产生活条件。投资898万元建设集中供水工程，10个村1.63万人用上安全放心的自来水。

■ **供电**：全镇19个行政村46个自然村实现村村通电，5个行政村实施农村电网改造，电力能满足全镇人民生产生活需求。

■ **道路建设**：2014年年末，全镇19个行政村46个自然村都村村通公路，路面全水泥硬化，通村公路总里程93 公里。35个村建成环村公路。

■ **集镇建设**：2014年9月，新圩镇被住建部等7个部委列为“全国重点镇”之一，党委政府着力改造、发挥市场功能，投资150万元对市场扩容提质，整治环境卫生，投资80万元改造下水道和路灯；新增 6 个信号发射塔，实现网络信号100%覆盖；镇政府、新圩卫生院、新圩电站共150套公租房立项建设。新农村建设示范村杏干村规划36亩住宅区，安排宅基地80户，2014年年末，建成住宅48座，已入住12户，道路、路灯、水电、绿化等公共设施完工，正申报“省级秀美村庄、省级新农村建设示范村、省级卫生村”。2014年年末，全镇完成农村危房改造项目43个，补助发放资金32.5万元。

■ **邮政通信**：有邮政局1所，报纸、杂志发行量 52种3800 份，电信局1所，互联网用户180 户，固定电话用户600户，手机用户1.56万人；有线电视用户2810户，入户率40%。

【社会事业】 ■ **教育**：新圩是开发较早的南蛮之地，儒风渐兴，芹溪书院是全县第一个官办学校，由新田知县宋庭旂创办于清雍正七年（1729年），主要是为科举考试而设，地址在今蒋家村。清光绪三十年（1904年）在新圩开办南七小学（校址设老公社处），民国19年（1930年）改为私立南华高小，民国32年（1943年）建私立南七中学（校址同上），第一任董事长蒋默掀，校长谢义伟。新中国成立后设白面司完小，1958年改为新田第二初级中学。2014年年末，有公办幼儿园1所，在园幼儿100人，教师4人；私立幼儿园5所，在园幼儿409 人，教师18人；中心小学1所，在校学生1171人，教师54人，其中，高级教师32人，村级小学1所，在校学生34人，教师2人；中学1所，在校学生300人，教师36人，高级教师1人。政府财政对教育资金充分保障，教育经费占财政预算总支出的9.8%。

■ **文化体育**：2014年年末，有文化广播电视站1个，村级文化活动中心19个，图书室24个，民间舞蹈队3个、

18人；有学校综合体育场2个，村级综合体育活动场所17个，设施齐全。2014年12月，举办首届“全国重点镇”杯象棋围棋邀请赛，参赛人员36人。

■ **卫生**：2014年年末，有镇卫生院1所，村卫生室内19个，病床45张，专业卫生人员 20个，基中执业医师6人。2014年，医疗机构完成诊疗 2万余人次。新型农村合作医疗参合人数21230人，参合率93.9％。

■ **人民生活**：2014年，农民人均纯收入3724元，人均住房27平方米，城镇最低生活保障户数25 户，人数29人，支出10.1万元，同比增长15％，农村最低生活保障户数1645户，人数1663人，支出16万元，同比增长6％；农村“五保户”107户，分散供养107人，支出107万元，同比增长10.5％；民政部门资助参加合作医疗1663人次，支出 6.65万元，国家抚恤补助各类优抚对象113人，支出32.4万元，同比增长20％，参加新型农村养老保险9295人，参保率98%。

■ **社会治安**：通过“平安创建”活动，人民安居乐业。2014年年末，全镇刑事案件13件，发案率0.07％，同比下降7.9％，治安案件27件，发案率0.19%，同比下降8.6%，民调工作排全县第6位，群众满意度高。有公安派出所1所，警力7人，有司法所1所、5 人，有人民调解队伍1支，调解员3人

【特色地情】 ■ **历史人文**：新圩镇古属楚地，宋朝时便有人居住，至宋末元初各姓祖先便陆续进入繁衍生息。因新圩大洞古时溪流河汉交错曾称下漕溪，后又因河中有青石形状如牛，称石牛洞，与石羊洞相呼应，传说道教始祖老子骑青牛出函谷关后不知所踪，实际上他是折回南方到九嶷山拜祭舜帝，而所骑青牛则溜达到下漕溪，见此地水草丰美便驻足不走，最后得道石化，成为保佑一方苍生黎民的神兽，后人建石牛观以记之。

■ **三教汇萃之地**：佛教传入新圩以兴建嘉禾寺为标志，宋乾道二年（1166年）兴建嘉禾寺，由下元山先祖何梦龙捐资兴建，地址在今供销社处。现寺下湾村村名源于此，是全县仅次于新隆龙会寺的第二座丛林寺庙，香火一度兴旺，直到民国年间才渐次衰落，还有一座经筵庵（建于何时何地失考）；相比于佛教，道教在新圩的发展更具盛名，道教肇始地便是万华山，今蒋家村和下元山村的后龙山，山以人传，据何氏族谱记载，有何氏先人于宋乾道元年（1165年）在山上诛草结庐潜心修道，后声闻朝廷，皇上便敕敕封何嵩为“道庵真人”，何岳为“松渥真人”，并旌其山为“万华山”。五十年后，又有何启濂、何启汉被皇上敕封为“高士真人”“瑞芳真人”。道教一时兴起，境内陆续建有道观三座，分别是石牛观、漕溪观、湾头观。关于万华山的传说众多，都在民间口口相传。

■ **名胜古迹**：道教胜地万华山状如道士帽，林木葱郁，遗址和传说众多，山上万华庵也曾是蒋先云在新圩开展农运工作的秘密联络点，极具旅游开发价值。明建文帝避难的南国武当山是下漕洞的门户和天然屏障，山上怪石林立、

翠竹婀娜，是户外运动和登山爱好者的不二选择；庵堂清泉位于境内万年村边的一个突兀的小山上，该泉水大雨不浑天旱不竭水流量稳定，据老人们说这泉水以前是供应山上的和尚用，现供应三十多户村民的日常生活用水，因所处位置比周边高，水从何处来便成村民们的未解之谜。

骥村镇

【概况】 ■ **建置沿革**：骥村镇沿用原驻村自然地名。相传一官员骑马下乡巡查，至村北面山边下鞍，后村民誉官员所骑之马为“骥”，得名骥村。镇境解放初属第二区。1956年设骥村乡。1958年为骥村公社。1961年，骥村公社析分为田家、冷水井、骥村3个公社。1961年骥村公社驻地迁往李家山村，仍袭原名。1984年改社为乡。1986年撤销骥村乡，建立骥村镇。

■ **行政区划**：镇辖陆家、李家山、胡家、乌下、流芳桥、黄栗山、音洞、砠（chou）坪、下荣、下槎（zha）、上槎、小岭、杨家、黄公塘、肥源、林家源、肥溪源、星子坪18个行政村，181个村民小组，5256户。

■ **位置面积**：位于新田县西北部，距离县城8公里，南面与新田县龙泉镇、东面与门楼下瑶族乡毗邻，西北面与新田县冷水井乡、宁远县、祁阳县、金洞交界，地势北高南低，东、西、北面是山区，南面是山丘坡地。全镇总面积87.7平方公里，耕地面积9064亩，其中，水田7047亩，旱土207亩；水面2500亩；林地9.6万亩。

■ **自然环境**：地势北高南低，东、西、北面是山区，南面是山丘坡地。骥村镇属半山区，果木、林木遍布全境，是理想的避暑、度假、休闲圣地。境内有长4公里的由溶岩形成的秀丽多姿多彩的“黄公洞”；有辽阔壮观、一马平川，全县面积最大达4000多亩的“桐木洞”；有碧波荡漾、清凌凌绿油油的“肥源水库”。镇内林木种类繁多，用材林有杉树、国外松、枳树、桉树等；经济林有油茶、椪柑、脐橙、奈李、黄花梨、“六月雪”梨、红心桃、油桃、杨梅等；还有如楠木、水杉、银杏、厚朴、红豆杉等名贵树种，森林覆盖率达69%。

■ **人口民族**：2014年年末，辖区总人口21230人，其中，非农业人口609人，瑶族人口475人。总人口中，男性11336人，占53.4%；18岁以下5201人，占24.5%；18～35岁5859人，占27.6%；35～60岁6135人，占28.9%；60岁以上4035人，占19.01%。人口出生率15‰，死亡率7‰，人口自然增长率8‰。

【经济发展】 ■ **农林业**：骥村镇传统产业有林业、果业、蔬菜、粮食等。全镇有山林面积9.6万亩，其中有用材林4.8万亩，楠竹3.6万亩，药材林1.2万亩。果业方面，有优质水果园7600亩，水果产量6850余吨，主要品种有奈李、碰柑、大五星枇杷、六月飞霜梨子、红心桃、油桃、日本红石榴、板栗、杨梅等。2014年，种植水稻1.14万亩，粮食总产量9000吨，在砠坪和下荣两村种植富硒有机水稻200亩，亩产达400公斤。2014年，全镇种植蔬菜7500余亩，其中种植红皮萝卜1000亩，菜心1800亩，茄子1600亩，全镇蔬菜收入达1700万元。完成秋冬油菜种植3000亩，其中在乌下村栗山洞连片种植油菜500亩。全镇出栏肉猪1.81万余头，出笼鸡、鸭、鹅9万羽。同时，新发展特色养殖30余户，有PK虾、蟹养殖水面20余亩；土鸡养殖1户，年出笼土鸡2万羽；豪猪养殖场2个，年出栏豪猪500多头；田鸡、鳝鱼养殖场1个，年产值10余万元。

■ **商贸财政金融：**2014年年末，全镇个体工商户325户，从业人1054人；餐饮服务行业10户，从业人员30人。2014年，全镇财政总收入368万元，比2013年增长10%，农民人均纯收入2678元。辖区内有信用社、邮政储蓄银行各一所。2014年年末，金融机构各类存款余额1.2亿元，比2013年增长15%；各项贷款余额1200万元，比2013年增长20.4%。

■ **劳动转移：**2014年，农村剩余劳动力1.42万人。从20世纪80年代初，镇内农村少数剩余劳动力开始外出到广东等地务工。每年外出务工的农村剩余劳动力逐年增多。1990年，全镇剩余劳动力8200人左右，农闲时短期外出的3500余人，长期外出4700余人。境内长期外出务工人员绝大多数是在广东沿海开放地区务工。20世纪90年代，人均年创收入在1万元左右。2014年，全镇劳务输出1.25万余人，人均年创收入在4万元。“空巢”老人和留守儿童成为社会普遍关心的热点问题。

【基础设施】 ■ **水利：**境内有中型水库1座——肥源水库，蓄水1368万立方米；小（2）型水库3座，蓄水47万立方米；大小山塘380余口，蓄水11万立方米；河流3条、沟渠62公里，全镇蓄水总量为1591.4万立方米。镇区供水管网完善，排污系统齐全，日供水量为4000立方米，新建的肥源水库集中供水工程可供水4万余人，日供水量达2.5万立方米，能保证龙泉、骥村两镇6万人口发展规模的生产生活用水。

■ **道路建设：**骥村镇地处新田、宁远、祁阳三县交界之地。解放前是三县贸易重镇，外来客商靠步行进入，货物运输采用肩挑。解放后，政府发动群众改造乡道。20世纪80年代，修建全县第一条通乡镇的柏油路。90年代，修通直通冷水井乡的乡级公路。2005年，修通直通金洞的简易公路。至2014年，辖区内交通得到极大改善，境内乡道、村道实现全部硬化。

■ **村镇建设：**镇区面积4平方公里，镇区人口0.8万人左右。有汽车站、农贸市场、自来水厂。至2014年，全镇18个村通村道路全部水泥硬化，90%村组道硬化。

■ **邮电通信：**20世纪80年代设立邮电支局。90年代，邮政、电信机构一体。之后镇内邮政、电信分立，分为骥村镇邮政支局、骥村镇电信营业所。进入21世纪，通信事业不断发展，又设立移动、联通营业所。

【社会事业】 ■ **教育：**20世纪90年代，全镇18个行政村设有村小，有一所农村中学和完全小学。骥村中学原为新田县三中，设有高中部，后撤销高中部，更名为骥村中学。至2014年，辖区内有村小4所，中学1所、完全小学1所，幼儿园6所，全日制中小学在校学生2022人，小学入学率100%，巩固率100%，初中入学率100%，巩固率98.2%。

■ **文化体育：** 至2014年，辖区内建成文化大楼1座，文化广播站1所，18个行政村设有“农家书屋”，有线电视入户率90%，10个村建有篮球场，人民文化娱乐生活得到改善。

■ **卫生**：辖区内有中心医院1所，2014年全院在职人员36人。18个行政村设村卫生室，2006年实行新型农村合作医疗制度，2015年全镇新农合参合率98%，基本实现医疗保险全覆盖。

■ **人民生活**：2014年，完成工农业总产值2.7亿元，同比增长5.8%，共实现固定资产投资6700万元，同比增长13.6%。人民生活水平总体提高，城镇居民年人均消费13280元，农民人均纯收入2678元。人民衣食住行条件明显改善。

枧头镇

【概况】 新田县枧头镇是湖南省中心镇、永州市新农村建设示范镇、小城镇建设示范镇。

■ **建置沿革**：枧头镇沿用驻地自然地名为名。枧头圩因村边井内有天然石枧槽而得名，后此地建圩场，得名枧头圩。境内解放初属第三区。1956年设富柏乡。1958年建枧头公社。1961年枧头公社分为毛里、十字、枧头3个公社。1984年撤社为枧头乡。1995年撤销枧头乡，建立枧头镇。

■ **行政区划**：辖水子岭村、黑砠岭村、龙秀村、老屋村、新屋村、龙元茂村、三元头村、枧头村、豪山村、彭梓城村、尹家村、农科站村、上富村、下富村、山溪村、新塘铺村、龙潭村、砠湾村、平乐脚村、洞心村、唐家村、大山铺村22个行政村，227个村民小组。

■ **位置面积**：位于新田县城西北方向，镇人民政府位于龙元茂行政村，距离县城18公里，枧头镇东与毛里相临，南与三井、茂家、石羊接壤，西临十字、金盆圩，北临宁远，省道S323线贯穿全境，距二广高速公路接口仅8公里，总面积54.17平方公里，耕地面积23413亩，其中，水田17398亩，旱土6015亩；山林面积3.8万亩，水面积2100亩。人口密度为每平方公里495人。

■ **人口**：全镇总人口2.68万人，居民以汉族为主。

【自然环境】 ■ **地形**：属于典型的喀斯特地貌，地势北高南低，海拔多在200～500米之间，地形复杂，山地丘陵交错，五分山丘、三分岗地、二分平原和水面。

■ **气候**：具有复杂的气候特点。枧头镇地处亚热带大陆性季风湿润气候区，气温较高，严寒期短，夏热期短，春温多变，寒潮频繁，夏季多雨，秋季干旱，日照充足，无霜期长，四季分明。年平均气温为17.6摄氏度～18.5摄氏度，年平均降雨量为1279.6毫米～1527.2毫米之间，年平均日照时长为1384小时～1688小时。降水主要集中在春夏雨季，约占年总雨量的70%，秋冬雨季约占30%，其中春多于夏，秋多于冬，降水最大的月份在4月或6月，最少在1月或2月。

■ **土壤**：属于富硒土，土壤种类多样，包括红壤、山地黄壤、石灰土等土类，以红壤分布面积最广，属于酸性土质。土壤侵蚀敏感性强，存在水土流失的现象。

■ **自然资源**：森林覆盖率达46%。地下水资源丰富，全镇拥有1座可供万人的集中供水站，1座中型水库杨家洞水库和9个小（2）型水库。

【经济发展】 **农业**：农业人口2.47人，占总人口的92%；耕地面积23503亩，人均耕地面积0.95亩。粮食作物以稻谷、玉米、红薯为主。经济作物以烤烟为主，2014年收购烟叶108万公斤。

■ **养殖业**：蛋禽养殖和牲猪养殖发展势头强劲。其中，下富村“新田县加壹农业开发有限公司”，蛋鸡存栏4万羽，每年产出鸡蛋120多吨；全镇拥有规模300头以上生猪养殖企业4家。全年出栏生猪1.1万头、牛2300头、山羊3000只、家禽9万羽、渔产品315吨。

■ **种植业**：种植业发展势头良好。其中，烟业方面，枧头镇2014年烤烟种植面积5000亩，收购烟叶108万公斤，烟叶税279万元。全镇现拥有密集型烤房190座，修机耕道10条17公里、排灌渠6条5.4公里，全镇散烟收购安排闲置劳动力67人，烤烟产业涉及全镇千家万户，带动上万人投资投劳和参与基础设施建设。全镇种植商品蔬菜达5500亩，比2013年增长600亩，全镇蔬菜收入1200余万元，人平比2013年增收100元；高粱种植500亩；药材种植以青蒿、颠茄为主，种植面积达3500余亩，药材收入280余万元。

■ **林业**：2014年枧头镇共完成2000余亩的造林任务，植树35万余株，品种有湿地松、柏树、油茶等。其中，荒山造林1688亩，“四边”（公路边、铁路边、河边、山边）绿化200亩，种植桂花、红叶石楠、樟树、栾树、红豆杉等名贵树种5000多株。在镇政府所在地龙元茂村种植10厘米以上桂花树200余株，省道S323沿线两边补植6～7排樟树和栾树，老屋和彭梓城路段补植大苗2000余株，龙家大院旅游公路两边补植樟树1500余株，枧三公路补植樟树和杨树1000多株，老屋村种植湿地松320多亩，洞心村种植杉树300余亩，下富村完成300亩国外松种植；建设秀美村庄3个，分别为黑砠岭、龙元茂、老屋。

■ **财政金融**：辖区内金融机构有邮政储蓄银行、农村信用合作社。

【基础设施】 ■ **水利**：2014年，杨家洞病险水库除险加固项目实施，蓄水260万立方米，为历年最高值，保障农田灌溉和人蓄饮水。鸡婆砠、新塘铺、龙凤圩、石禾冲等小（2）型水库除险加固项目顺利竣工；枧头至金盆圩小农水项目顺利实施，河道、山塘改造成效明显。财政“一事一议”整合移民、交通、扶贫、水利等部门项目资金，实施机耕道、环村路、水渠及饮水工程建设。

■ **供电**：2014年年末，全镇村村通电，有6个行政村实施农村电网改造，供用电水平大幅提高；尚有16个行政村电网改造未进行，电网质量、安全系数相对低下，正按计划逐步予以改造。电力方面总体能满足全乡人民生产生活之需。

■ **道路**：全乡村村通公路，2014年，村级道路、集镇街道全部实行水泥路面硬化。省道S323顺利通车，毛黄公路连接省道S323、省道S215、省道S282三条省道，区位优势更加明显。

■ **集镇建设**：枧头镇以列为湖南省中心镇和永州市新农村建设示范镇为契机，开展小城镇建设。2013年6月，依法完成小城镇项目用地征地工作。2015年2月9

日，县委常委会专题研究枧头镇特色小城镇建设工作。2月16日，对枧头特色小城镇开发建设项目进行招商招标公开挂网，完成相关程序。4月16日，征地示范区土地由永州中骏置业有限公司摘牌，在公示后签定土地出让协议，4月28日清表后正式动工。枧头小城镇开发建设项目规划区内实施旧村改造、完善基础设施建设的同时，进行示范性开发建设，将把枧头镇建设成为年接待能力10万人次以上的游客集散服务中心，打造成全省知名的、集旅游观光、休闲度假为一体的品质活力示范镇。

■ **饮水**：建成万人集中供水工程,全镇安全饮水问题解决。

■ **邮电通信**：有邮政代办所1所，报纸、杂志累计期发行64种。通邮、通电、电视、电话全面普及，全镇有线电视用户3000户，程控电话600多户，手机用户1350户。

【老屋新农村建设】 枧头镇老屋村是省级新农村建设示范村、省级卫生村、县小康示范村和县百岁健康示范村。全村辖4个自然村，13个村民小组，380户，1489人；全村总面积3.7平方公里，耕地面积1380亩，山塘等水域面积100亩；经济收入以烤烟、水稻和蔬菜种植为主，村集体经济年平收入12万元。2014年，农民人均纯收入6820元。老屋村夯基础增后劲。新修机耕道6条计4000米，新建山塘3口，山塘清淤5口，水渠护砌2000多米；新建密集型烤烟房30座；新建老年公寓1座；投资60多万元实施自来水工程，建成沼气池40多个。改旧村求宜居。全面实施“空心村”改造，拆除“空心房”30余座，面积2680平方米，硬化环村公路1800米；改建旧村下水道、居民生活排水道，排放到废水池进行集中处理。建新村提品质。流转土地整体开发建设新村,平整土地7万平方米，统一建筑标准和外观装饰规划100户宅基地，每户156平方米，按市场运作的方式公开投标购地自建房屋。至2014年，有86户在新村购买宅基地，65户完成内外装修并住进新村。按政府、村集体、房主平摊共筹资金完善路网硬化、绿化、亮化和给排水工程。新建成新村两条6米宽的进村水泥路，群众自筹资金68万元新建成村活动中心大楼和风景塘。调结构促增收。因地制宜调整农业产业结构，不断加大土地流转力度，培植和引进种养大户，烤烟种植规模不断扩大。2014年，全村烤烟种植面积420亩，比2013年增加180亩，利用荒山发展油茶面积350亩，低产田改种蔬菜、青蒿面积100亩，牲猪年出栏800头，农民人均增收300元。村庄周边种植绿化树8000棵，荒山造林630亩。抓创卫优环境。为创建省级卫生村，改善人居环境，投资6万多元集中新建焚烧炉、堆肥池、可回收垃圾存放站，新建10个垃圾池和2个集中填埋场。新购1200个垃圾桶分发到每户，并购置十余个移动垃圾箱。严格实行门前三包，倡导垃圾分类减量，制定完善卫生保洁与垃圾清运、卫生设施维护、保洁人员管理考核等机制。保民生、促和谐。坚持以人为本，突出民本民生。新建1座老年公寓，全村“五保”户供养率、特困户救助率达到100%,按政策落实低保人员42人，落实两项制度有效衔接人员98人，积极争取困难户、无房户、困难残疾人的房屋改建项目12个，最低生活保障基本覆盖，水电信全覆盖。抓党建促发展。落实村级重大决策“四议两公开”“六步决策法”，不断深化财务、合同、公章“三项监管”制度，促进村干部依法办事。

【社会事业】 **教育**：2014年末，有幼儿园3所，在园幼儿600人，专任教师20人；九年一贯制学校1所。枧头镇学校位于枧头镇龙元茂村，距离镇政府驻地约0.8公里。枧头镇学校是九年一贯制学校，占地面积90余亩，是新田县农村中小学中规模最大、学生人数最多、办学条件最完备的学校。校园内环境优美，绿树成荫。学校教学区、生活区布局合理，有配备齐全的实验室、藏书丰富的图书室、宽敞明亮的阅览室、高速光纤网络的电脑室、设施先进的多媒体教室；有标准化的运动场；有干净卫生、物美价廉的学生食堂；学生宿舍安装有自来水，配置澡堂、卫生间和防盗设施。洞心中心校位于新田县枧头镇洞心村，与十字、金盆、石羊、三井等乡镇相邻，距离新田县城有32公里。该校建校于1997年，占地面积14亩，总建筑面积2200平方米。下属1个村小，中心校现有一至六年级共12个教学班，共有学生469人。现有在职教师30人，小学高级教师13人。

■ **文化体育**：2014年年末，有村级文化活动中心20个，各类文化专业户50户，各类图书室20个，藏书30余万册。全镇22个行政村，除水子岭村、彭梓城村的村活动中心工程正在进行外，其他20个村都有功能较为完善的村级活动中心，且有藏书2000册以上的农家书屋及其他相关配套设施。

■ **卫生**：2014年末，有各级医疗卫生机构25个，其中，镇卫生院1所，村卫生室所24个。病床15张，专业卫生人员38名，其中，执业医师2人，执业助理医师10人。2014年，医疗机构完成诊疗4100余人次。新型农村合作医疗参合人数2.92万人，参合率93%。

■ **便民中心**：2013年至2015年，为更好地服务群众，枧头镇党委、政府先后筹集资金60余万元，将原综合服务大楼进行旧房改造，将一楼改为6个100余平方米的办事大厅，成立便民服务中心。整合综治、民政、计生、国土、林业等部门，内设政务中心、群众工作站、党代表工作室、民政工作室、村账镇代管办、计生服务中心、国土站、林业站等办公室，实行集中办公、为老百姓服务。针对办事人员多，需要排队等候的情况，镇党委、政府在每个大厅内安放两套茶几靠椅，设置等候区，安装饮水机，方便群众办事。设立群众工作站，实行每天1名镇领导班子成员坐班接待制，倾听群众诉求，使群众理有处讲，苦有处诉，难有人帮。加强党代表工作室建设，全镇设立党代表工作室7个，有党代表79人，其中，政府机关片区有党代表14人，党代表实行坐班制和派班制，逢农历二、五、八“赶墟日”由党代表坐班接待群众来访。

■ **社会保障**：2014年全镇发放农村居民最低生活保障金1859人，200万元；发放“五保”户定期定量补助105人，25万元；解决临时救助350余人，13万元；全镇争取大病医疗救助23万元；为38户困难群众进行农村危房改建，发放危房改建资金40万元；通过“两项制度”有效衔接扶持有劳动能力农户1065人，扶持资金21.3万元；加强对弱势群体的救助工作，全年救助孤儿26人，发放资金18.72万元，90岁以上老人36人，发放资金4.3万元；敬老院现有孤寡老人28人。

新隆镇

【概况】■ **建置沿革**：新隆镇因驻地龙会寺有一闻名的新隆桥而得名。镇政府驻地龙会寺，清乾隆年间（1736年～1795年）开设圩场，新田、桂阳、嘉禾3县物资在此交汇。镇境解放初属第五区。1956年撤区并乡设龙会寺乡。1958年为新圩公社所辖。1961年从新圩公社分出单设新隆公社。1984年撤社改乡为新隆乡。1995年撤乡建镇。

■ **行政区划**：辖龙会寺、野乐、大坪塘、侯桥、樟树下、东溪、神脚、游塘、石桥、乐塘、龙会塘、乔亭、山田湾、心安、佃湾15个村民委员会，36个自然村，141个村民小组，辖区内有中华林场。

■ **位置面积**：新隆镇位于新田县东南角，北知市坪乡相邻，南与陶岭乡、嘉禾县石桥镇和坦坪乡接壤，西与高山乡交界，东与桂阳县飞仙镇和古楼乡相连。东经112°20′40″～112°24′02″，北纬25°49′20″～25°44′08″。镇人民政府驻龙会寺村，距县城26公里。辖区东西最大距离6.5公里，南北最大距离10公里，总面积34.43平方公里。陆地占99.2%；水域0.8%；耕地10964亩，林地面积31000亩，现有耕地面积10676.61亩，其中，水田面积8497.1亩，旱土面积2179.51亩，两季旱涝保收的面积2100亩，一季旱涝保收的面积4500亩。

■ **人口民族**：2014年年末，辖区总人口1862:5人。总人口中，男性9778人，占52.5%；女性8847，占47.5%；18岁以下5405人，占24.2%；18～35岁5196人，占27.9%；35～60岁5774人，占31%；60岁以上3147人，占16.9%。人口出生率13.2‰，死亡率6.6‰，人口自然增长率6.6‰。

【自然环境】 ■ **地形地貌**：全镇属丘陵地区，坡度平缓，以山丘为主。地面高程一般在海拔200米左右，土壤类型多样，主要以砂岩、石灰岩、砭石土为主，土壤属南岭山地红壤，境内分布着紫色土，土壤理化性质保留有亩岩特质，呈紫色或者紫棕色，土壤厚度多在40厘米左右。耕地区地势平坦，集中连片，有利于农业开发。

■ **河流**：新田河、春陵河穿流其境，新田河源自石桥村入境，由北向南，流经石桥村、油塘村、神脚、龙会寺村、野乐村、樟树下、东溪村，由纱帽岭出境，注入春陵河。新田河水位季节变化大，每年的3～8月为汛期，夏季以后为枯水期。春陵河流经心安村、佃湾村，境内长2.5公里。

■ **气候**：属亚热带季风湿润气候，气候温和。热量富足、余量充沛、降雨集中、春季其特点四季分明、春季寒潮频繁，天气阴晴多变，气温升降无常，夏旱经常，暑热期长，秋季温凉，天高气爽，冬季少严寒，霜雪较少。

■ **日照**　太阳有效辐射量

（光量）全年为105.7千卡/平方厘米，太阳辐射量在各月的分配与温度基本一致。从1～7月逐月增加，从7月至次年1月逐月减少。7、8月两个月是一年中太阳辐射量最多的时期。多年日照时数为1244.3小时，多的年份也能达到1400小时以上，少的年份仅1000小时。

■ **植被**：新隆植被覆盖面积为31000亩，次生林在逐步发展，人工植被面积比例在不断增加，实施退耕还林1200亩。2014年年末，森林覆盖率60%。

【经济发展】 ■ **农业**：农业人口18628人，占总人口的96.6%；耕地面积10626亩，人均0.58亩。粮食作物以稻谷、红薯、马铃薯、玉米为主，2014年，粮食总产量7952吨，人均426公斤，其中稻谷7014吨，玉米387吨。全镇经济作物种植以辣椒、烤烟、西瓜、甘蔗为主。辣椒种植主要集中在邻近陶岭的心安、佃湾、乔亭、山田湾、龙会塘、大坪头村；烤烟种植集中在野乐、神脚、龙会塘、樟树下、乐塘；西瓜集中在石桥；甘蔗集中在佃湾、心安、山田湾、乔亭。2013年，新隆镇流转心安村、乔亭村、侯家冲村的荒山约13000亩，引进中粮天地有限公司种植油茶，建成“万亩油茶基地”。

■ **水利**：境内溪河纵横，两条河流过境，拥有得天独厚的水资源优势。新田河建有野乐电站，春陵河建有心安电站2座水电站。但由于镇境地理自然条件限制，骨干性水源少，农田灌溉和农村人畜饮水难和饮水安全的问题在一定区域较为突出。2015年，镇党委、政府投资1200万元,加强农业基础设施、饮水工程建设，重点解决山田湾水库下游农田水利基础设施;投资600万元解决骨干山塘整修及小河流的整治；投资400多万元项目重点解决合口亭水库、桑园头水库和高血水库的除险加固，投资400万元集中供水项目解决镇区及其周边地区安全饮水问题。这些工程的实施，解决全镇人民人畜饮水难和饮水安全的问题，安全用水条件逐步改善。

■ **畜牧水产**：畜牧业以猪、牛、鸭、鸡为主。成立鑫隆公司种鸭场，养殖种鸭2万多只。成立养牛合作社3家，养牛780头。2014年，饲养生猪4800头，养殖鸭6万羽，鸡10万羽。

■ **商贸财政金融**：2014年年末，全镇个体工商户132户，从业人312人；餐饮服务行业6户，从业人员14人。全年完成地方生产总值19906万元，完成社会固定资产投资931万元，农民人均纯收入3589元,镇财政收入331万元。

■ **劳动力转移**：农村剩余劳动力为增加家庭经济收入，自发向广东、深圳等沿海经济发达，劳动力短缺的地区转移就业，转移规模日渐扩大。2014年，转移输出人数8650人，人均年创收3万～5万元。“空巢”老人和留守儿童成为社会普遍关心的热点问题。

【基础设施】 ■ **供电**：2014年末，全镇实现村村通电，有4个村实施农村电网改造，供用电水平大幅提高，其中有4个村电网是小电站发电供电，电网质量、安全系数相对低下，正在按计划逐步予以改造。电力方面总体能满足全镇人民生产生活之需。

■ **道路建设**：境内有新知

公路、新岔公路穿境而过，村级公路发达，多条道路通往嘉禾县、桂阳县。全镇除黄牛冲和牛坳岭外，其他自然村村村通水泥公路。

■ **村镇建设**：2014年，村级道路全部实行水泥路面硬化，集镇道路实现道路划线以及人行道的改造，并修建一个大型停车场，投资150万元进行集镇市场的升级改造。集中供水项目建设，使全镇安全饮水问题基本解决。投入1000多万元正在建设合格学校和中心幼儿园；投资350万元的公租房建设已动工；投资260万元新建敬老院正在施工建设；油塘村和东溪村启动“空心村”改造计划，拆除旧村面积分别为1.8万平方米和1.5万平方米，规划设计图完成，2016年内完成新农村建设。

■ **邮电通信**：2014年年末，有邮政局1个，报纸、杂志累计期发行55种213份。电信、移动、联通分公司3个，总计用户12667人。

【社会事业】 ■ **教育**：2014年末，有幼儿园2所，在园幼儿253人，专任教师16人；中心小学1所，在校学生1236人，专任教师62人，小学适龄儿童入学率100%，中学1所，在校学生634人，专任教师33人。

■ **文化体育**：2014年年末，村级文化活动中心15个，各类文化专业户30户，各类图书室16个，藏书10余万册。有市民广场1个，可供200人在此休闲娱乐，有学校综合体育场2个，体育设施齐全，并经常开展群众文化体育活动，举行全民运动会，将民族体育和现代体育项目融为一体，增强全民体质。

■ **卫生**：2014年年末，有各级医疗卫生机构16个，其中，镇卫生院1所，村卫生室所15个。病床23张。专业卫生人员13名，其中，执业医师6人，执业助理医师4人。2014年，医疗机构完成诊疗1.21万余人次。新型农村合作医疗参合人数1.8万人，参合率约99%。

■ **人民生活**　2014年，全镇干部职工年平均工资4.2万元，农民人均纯收入3589元，人均住房面积50平方米。城镇最低生活保障户数15户，人数17人，支出5万元；农村最低生活保障户数1380户，人数1400人，支出140万元，同比增长20%，月人均20元。农村“五保”集中供养10人，支出2.7万元；农村“五保”分散供养38人，支出10万元；国家抚恤、补助各类优抚对象30人。有敬老院1家，床位30张，收养农村“五保”人员8人。

十字镇

【概况】 ■ **建置沿革**：镇沿用驻地自然地名,十字圩因在明崇祯四年（1631年），由陈、邓等十姓人在新田县通往宁远县柏家坪的十字路口开设圩场而得名。镇境解放初属第三区，1956年撤区并乡后设十字圩乡。1958年归枧头公社管辖。1961年从枧头公社分出建十字公社。1984年撤销公社改置十字乡。2014年7月撤乡设镇，是为十字镇。

■ **行政区划**：辖胡志良、马鞍塘、大塘背、花塘、三夏荣、五通庙、老夏荣、燕村、管家、盘家、乐塘、乐聪、新夏荣、坪源洞、欧家山、黄斗坡、周家山、欧家山、大岭头19个村民委员会。

■ **位置面积**：十字镇地处新田县西南部，东与金盆圩交界，南面与宁远县保安镇交界，西面与宁远县中心铺乡、鲤溪镇柏万城交界；北面与枧头镇交界(其中管家、盘家、燕村地处宁远县鲤溪镇境内）。东经112°03′03″～112°10′30″，北纬25°44′34″～25°47′09″。镇政府驻地为五通庙村，距离县城24公里。

■ **人口民族**：2014年末，辖区总人口19790人。总人口中，男性10659人，占53.86%；18岁以下4969人，占25%；18～35岁6044人，占31%；35～60岁12456人，占62.9%；60岁以上2369人，占1.87%。人口出生率12.5‰，死亡率6‰，人口自然增长率6.5‰。辖区为汉族聚居地，无少数民族。

【自然环境】 ■ **地势地貌**：境内地势北高南低东高西低，地形以山地丘陵为主。境内最高峰为大冠岭山系的灯盏窝，海拔633.3米。全境属典型的喀斯特岩溶地貌。

■ **气候**：属亚热带季风湿润气候，春季温暖，夏季炎热，秋季凉爽，冬季寒冷，四季变化分明，由于纬度较低，太阳角度较大，全年光能充足，年平均日照1423小时。受季风环境影响，多气旋、锋面活动，水汽充足，降水丰沛，但因喀斯特岩溶地貌，不易蓄水，秋冬干旱，是全县典型的干旱死角区域。

■ **土壤**：土壤类型多样，主要以砂岩、石灰岩为主，土壤属于南岭山地红壤。经检测，大部分地区土壤富含硒元素。全镇人多地少，难以利用的土地多，土地后备资源不足。

■ **地下水资源**：境内地表无河流，无一小型水库。但十字镇地下水资源丰富，其中，刀疤岩地下水蕴藏量不可计量，日抽水1600立方米，水位丝毫不见降低，堪比一座大型地下水库。

■ **旅游资源**：十字镇域范围属于典型的喀斯特地貌，境内的仙姑岩，宗教文化浓厚，周边县乡烧香祈福、求签者往来不绝，是人文景观、度假休闲、旅游观光、宗教朝拜的理想胜地；境内的刀疤岩鬼斧神工，有云诡波谲的万千气象。由于交通等基础设施落后，旅游资源没得到充分开发。

■ **野生动物资源**：十字镇植被保存完好，兽、禽、两栖、爬行、鱼、昆虫等动物种类极具多样性，尤其野兔、野鸡、野鸭、野猪、果子狸、獐等野生动物出没频繁。其中，欧家山村还频发野猪偷食花生、玉米的情景，不少村民都曾亲眼目睹野猪带队出没的现象。

【经济发展】 全镇工业基础薄弱，经济发展以农业为主。2014年全镇完成国民生产总值2.16亿元,比2003年的4378万元,增加1.72亿元。财政总收入达644万元,比2003年的85万元，增加559万元，翻近六番。农民人均纯收入2250元,比2003年的1543元，增加707元。

■ **农业**：农业人口1.92万人，占总人口的98.0%；耕地面积1.06万亩，人均0.55亩。2014年，农业总产值2452万元。粮食作物以稻谷、玉米、红薯、马铃薯为主，2014年粮食总产量8752吨，人均427公斤，其中，稻谷7303吨，玉米1125吨，薯类324吨。经济作物以烤烟为主，2012年～2014年，烤烟种植面积稳定在2500亩左右，年均烤烟产量近6万公斤。全镇种植油茶3000亩，实现产值2000万元，油茶种植户平均收入5500余元。全镇共发展无公害蔬菜4000多亩，努力打造成县城的“菜篮子”基地，实现产值近2600万元，蔬菜种植户平均收入6000余元。积极引导农户种植特色产品，组织大冠岭一带的大岭头、周家山、黄斗坡、欧家山等村，发展“香辣5号”等适销对路的优质辣椒新品种。每年发展种植本地优质辣椒500余亩，实现辣椒种植户人均增收400元。

■ **林业**：林地总面积1.9万亩，实施退耕还林600亩。2014年植树造林2600亩，至2014年末，森林覆盖率达60%。

■ **畜牧水产**：畜牧业以生猪和山羊为主。2014年，饲养生猪9600头，山羊4300只。出栏瘦肉型牲猪1.4万头，出笼家禽4万羽，出笼樱桃谷鸭1.5万羽，实现水产品产量40吨。农民人均来自养殖收入约3900元，农民的增收渠道拓宽。

■ **劳动力转移**：农村剩余劳动力为增加家庭经济收入，自发向广东、深圳、浙江等沿海经济发达，劳动力短缺的地区转移就业，转移规模日渐扩大。2014年，转移输出人数6000余人，创收9700万元，占全镇总收入的71%。

【基础设施】 ■**道路**：境内省道S323公路，是宁远至新田县城的必经之路；县道“金十”、乡道“青十”公路穿境而过，镇政府所在地距“二广”高速入口仅8分钟车程，是新田横贯东西、通粤达桂的重要交通干线。全镇95%的行政村完成通畅工程，基本形成对外大开放、对内大循环路网格局。

■ **邮电通信**：镇内有信用社1个、邮政所1个，自动取款机2个，电信企业1家，固定电话用户600余户，移动电话用户1万余人，互联网用户500余户。有电视用户2000余户，入户率90.8%。

■ **供电**：全镇已村村通电，各村也完成农村电网改造，供用电水平大幅提高。电力方面完全能满足全镇人民生产生活之需，全镇总用电量20万千瓦时。

■ **用水** ：十字镇境内地下泉眼几十处，水资源丰富，农业和生产生活用水较为便利。2010年，县委、县政府，镇党委、政府利用地下水资源，投入1260万元修建刀疤岩水利工程，解决十字镇乐塘、乐冲、老夏荣、五通庙、花塘等9个行政村1.2万人的安全饮水和0.5万亩农田灌溉用水问题，满足群众生产生活用水之需的同时，全镇安全用水也得到改善。

■ **水利**：十字镇受自然地理条件限制，骨干性水源少，农田灌溉和农村人畜饮水难的问题较为突出。镇党委、政府一直致力于加强农业基础设施和饮水工程建设。2009年，投入1000万元修建引水、排水工程——新花渠道5000多米，惠及8个行政村。2010年，投入1260万元修建刀疤岩饮水工程，为9个行政村接通自来水。

■ **村镇建设**：全镇除欧家山村通村公路正在施工建设外，其余18个行政村完成村级道路硬化。新农村建设有序推进，乐聪村开展新农村建设，实施穿衣戴帽工程，拆除废旧危房，硬化村内人行道路面，建成村民休闲广场，实施绿化、亮化、净化工程，开展环境污染治理。其中环境污染治理工作走在全县前列，成为周边县乡学习的典型。马鞍塘、大塘背、胡志良、新夏荣、坪源洞等村开展土地整理项目，完善农田基础设施；新夏荣、坪源洞、马鞍塘修建幸福院，提升公共服务。全镇95%的行政村完成村级活动中心建设。S323十字圩路段进行扩宽加高，硬化维修道路36公里；境内S323集镇路段安装60盏太阳能路灯；收回11条黄金门面，建成小型文娱广场和省级标准化示范服务大厅；新增绿地面积6000平方米，集镇街道种植罗汉松、桂花树等名贵树种1000余株，建成独具特色的桂花大街；集镇路段安装200余个环保分类垃圾桶；S323沿线新建集镇排水管道1000米，集镇路段铺设地板砖，对旧市场进行硬化改造，全镇基础设施逐步完善，人民生活水平不断提高。

【社会事业】 ■ **教育**：2014年年末，有幼儿园1所，在园幼儿86人，专任教师5人；小学1所，在校学生1164人，专任教师57人，小学适龄儿童入学率100%；中学1所，在校人数308人，专任教师25人，政府财政对教育的资金给予充分保障，预算内教育经费占财政总支出的4%。

■ **文化体育**：2014年年末，有镇文化广播电视站1个，村级文化活动中心19个，各类图书室19个，藏书30余万册。有学校综合体育场2个，体育设施齐全，并经常开展群众文化体育活动，举行全民运动会，增强全民体质。其中，周家山村蒋艳飞在第十七届仁川亚运会和2014年全国田径冠军赛上均获得女子跳远第三名的好成绩。

■ **卫生**：2014年年末，有各级医疗卫生机构20个，其中镇卫生院1所，村卫生室所19个。病床45张。专业卫生人员23名，其中执业医师8人，执业助理医师3人。2014年医疗机构完成门诊9000余人次，完成住院门诊1500次。新型农村合作医疗参合人数1.63万人，参合率100%。

■ **社会保障**：2014年，全镇干部职工年平均工资2.6万元，农民人均纯收入2250元，人均住房面积50平方米。城镇最低生活保障户数3户，人数6人，支出15.1万元，同比增长8%，月人均210元；农村最低生活保障户数947户，人数1478人，支出212.8万元，同比增长48%，月人均120元。农村五保户99人，支出28.6万元，同比增长10%，月人均241。参加新型农村养老保险7252，同比增长5%，参加新型农村合作医疗参保人数17903，同比增长10%。

大坪塘镇

【区域概况】 ■ **建置沿革**：镇沿用驻地自然地名。大坪塘因建村前是大草坪，村口有塘而得名。乡境解放初属第五区。1956年撤区并乡后设大坪塘乡。1958年归新圩公社辖。1961年从新圩公社分出建大坪塘公社。1984年撤社为大坪塘乡，2014年10月撤乡设镇。

■ **位置面积**：大坪塘乡位于新田县东南部，距县城9公里，北与郴州市桂阳县四里乡接壤，东、南、西面分别与新田县知市坪乡、高山乡、新圩镇、茂家乡、龙泉镇相邻。东经112°14′18″～112°19′9″，北纬25°49′20″～25°53′33″。镇人民政府驻大坪塘村，距县城15公里。辖区东西最大距离8.9公里，南北最大距离8.3公里，总面积59.1平方公里。陆地占99.2%；

水域0.8%；耕地面积15482亩，其中，水田1.16万亩，旱地3882亩；森林面积2.8万亩，覆盖率达45.8%。人口密度为每平方公里36人。

■ **行政区划**：辖大坪塘、草坪、大凤头、中和圩、火柴岭、大冲、枇杷窝、小塘、白杜、麻塘窝、长富、社湾、黄沙溪、云里、秀岭水、大窝岭、土桥坪、坪陆坊、下村、留家田等20个行政村。

■ **人口民族**：2014年年末，辖区总人口21986人。总人口中，男性11698人，占53.2%；女性10287占46.8%。人口出生率6‰，死亡率3‰，人口自然增长率3‰。辖区内均为汉族。

【自然环境】 ■ **地势**：境内属丘陵区，地势北高南低。地形以山地为主。地面高程一般在海拔200米～300米，境内最高峰位于秀岭水小岗岭海拔445米，最低点草坪行政村社下洞自然村海拔162米。

■ **河流**：境内河道属潇水流域。水源自云里村入境，由西向东，流经云里、社湾、长富、大凤头、草坪全长20公里。船只可通行，境内有大小河流5条，溪沟千余条。

■ **气候**：属亚热带季风湿润气候，其特点四季分明，春季寒潮频繁，天气阴晴多变，气温升降无常；夏旱经常暑热期长；秋季温凉，天高气爽；冬季少严寒，霜雪较少。日照时间长，年平均日照数为1712小时。

■ **土壤**：土壤属南岭山地红壤，主要红壤、黄红壤、红壤性土，一般土壤厚度在60厘米左右，土壤侵蚀敏感性强，水土流失较为严重。

■ **自然资源**：境内森林资源，主要分布于社下洞林场、秀岭水林场；境内水利资源，主要有1条大河、5条溪沟纵横全境，水能蕴藏量10万千瓦；矿藏贫乏，除铁矿有零星分布外，另有少量铜、猛、钨、锑、重晶石和萤石等分布。

【经济概况】 **农业**：农业人口19630人，占总人口的89%；耕地面积13138亩，人均0.67亩。2014年，农业总产值1226万元。粮食作物以稻谷、玉米、红薯、豆类为主，2014年，粮食总产量4052吨，人均775公斤，其中，稻谷2202吨，玉米1132吨，薯类952吨，大豆362吨。经济作物有烤烟、油菜、花生、辣椒等，2014年烤烟产量42万公斤。

■ **林业**：林地总面积5万亩，实施退耕还林0.4万亩、天然林保护工程3万亩。2014年年末，森林覆盖率56.3%。

■ **水利**：境内地理自然条件限制，骨干性水源少，农田灌溉和农村人畜饮水难的问题较为突出。镇党委、政府加强农业基础设施建设和饮水工程建设，投入120多万元实施衡枣干旱走廊治理工程；投入108万元修建引水、排水渠道2.8万多米，投入200多万元在全镇修建畜水池48个，安装饮水管3.5万多米。沿河村提水设施9处，装机11台，提水总量48万立方米，蓄、引、提水量总计1050万立方米。

■ **畜牧水产**：畜牧业以生猪、牛、家禽为主。2014年，饲养生猪11235头,生猪饲养大户9户（100头以上）；牛存栏637头；家禽8122羽。养殖成鱼1.86万尾。

■ **商易财政金融**：2014年年末，全镇个体工商户532户，从业人1512人；餐饮服务行业6户，从业人员18人。2014年，财政总收入963万元，比2013年增长37.8%。

2014年年末，境内金融机构各类存款余额9200万元，比2013年增长14.2%；各项贷款余额8100万元，比2013年增长28.4%。

■ **劳动力转移**：农村剩余劳动力为增加家庭经济收入，自发向广东、深圳、浙江等沿海经济发达，劳动力短缺的地区转移就业，转移规模日渐扩大，2014年，转移输出人数5358人，创收1.25亿元，占全镇总收入的61.7%。

【基础设施】 **用水**：境内村民采用打井、建蓄水池储水，架设管道引山泉水等方式解决日常用水，新田河、大冲河流经的云里、社湾、长富、大凤头、草坪、大冲水源充沛，生产生活用水较为便利。镇党委、政府争取到上级资金建成烟水配套项目，使农业用水得以改善。唯小塘、火柴岭等4个村因境内无河流，水资源短缺，存在饮水困难。

■ **道路**：境内有新嘉公路、大田公路、大知公路穿境而过，形成两纵一横的格局，随着毛黄公路的建设镇际交通更为便利。全乡村村通公路，公路总里程102.8公里。

■ **村镇建设**：2014年，村级道路、集镇街道全部实行水泥路面硬化；全镇安全饮水问题基本解决；投入50多万元的乡政府综合办公大楼建成使用；完成农村危旧房改造项目30户；“一事一议”财政奖补项目，实施小塘村、中和圩村人畜饮水工程，全乡基础设施逐步完善。

■ **邮电通信**：2014年年末，有邮政代办所1所，报纸、杂志累计期发行35种153份。电信企业1家，固定电话用户531户，移动电话用户9128户，互联网用户304户，全年电信业务收入98万元。有电视用户4153户，入户率90.8%。

【社会事业】 ■ **教育**：2014年末，有幼儿园4所，在园幼儿320人，专任教师15人；小学8所，在校学生1295人，专任教师73人，小学适龄儿童入学率100%，政府财政对教育的资金给予充分保障，预算内教育经费占财政总支出的4%。

■ **文化体育**：2014年年末，有镇文化广播电视站1个，村级文化活动中心20个，各类文化专业户100户，各类图书室20个，藏书60余万册，音乐、美术、书法、摄影及文学业余创作队伍达256人。定期举办“纪念革命先烈蒋先云”活动，弘扬、传承红色文化。有学校综合体育场1个，体育设施齐全，并经常开展群众文化体育活动，举行全民运动会。

■ **卫生**：2014年年末，有各级医疗卫生机构7个，其中，乡卫生院1所，村卫生室所6个。病床13张。专业卫生人员13名，其中，执业医师1人，执业助理医师2人。2014年，医疗机构完成诊疗9100余人次。新型农村合作医疗参合人数19630人，参合率100%。

■ **人民生活**：2014年，全镇干部职工年平均工资2.6万元，农民人均纯收入2250元，人均住房面积50平方米。城镇最低生活保障户数7户，人数11人，支出2.7万元，同比增长8%，月人均210元；农村最低生活保障户数947户，人数1347人，支出161.9万元，同比增长33%，月人均120元。农村“五保”供养78人，支出19.4万元，同比增长9%；农村医疗救助

74人次，民政部门资助参加合作医疗1590人次，支出7.5万元。国家抚恤、补助各类优抚对象41人，抚恤事业费支出14.5万元，同比增长46%。

莲花乡

【概况】 ■ **建置沿革**：乡沿用驻地名。莲花塘因此地塘中夏季莲花盛开而得名。乡境解放初属第一区。1956年设莲花圩乡。1958年属东门桥公社辖。1961年从东门桥公社分出建莲花塘公社，不久即演变为莲花公社。1980年，公社驻地迁往下户大队犁头嘴，仍袭原名。1984年撤社为莲花乡。■ **位置面积**：莲花乡位于新田县东北部，距县城7公里，东南面与郴州市桂阳县接壤，北面与金陵镇接界，西面与龙泉镇相接。乡人民政府驻下户村。土地面积33.34平方公里，耕地面积8359亩，其中，水田6580亩，旱地1779亩。

■ **行政区划**：辖上户、下户、双溪岭、岗上、大源冲、新屋场、瓦日头、小源、南塘、兰田、社门口11个行政村，有104个村民小组，35个自然村。

■ **人口民族**：2014年末，辖区总人口1.4万人。总人口中，男性7364人，占52.6%；女性6636人，占47.4%。人口出生率6‰，死亡率3‰，人口自然增长率3‰。人口密度为每平方公里42人。辖区内均为汉族。

【自然环境】 ■ **地势**：境内北高南低，大部为丘陵区。地形以山地为主。地面高程一般在海拔300米左右，境内最高峰位于新屋场村秀峰山海拔726米。

■ **河流**：境内河道属潇水流域。水源自瓦日头村入境，由东向西，流经瓦日头、大源冲、下户、新屋场、岗上。境内有金陵水库东西干渠2条，溪沟千余条。水能蕴藏量10万千瓦。

■ **气候**：属亚热带季风湿润气候，其特点四季分明，春季寒潮频繁，天气阴晴多变，气温升降无常；夏旱经常暑热期长；秋季温凉，天高气爽；冬季少严寒，霜雪较少。日照时间长，年平均日照数为1712小时。

■ **土壤**：土壤属南岭山地红壤，主要为红壤、黄红壤、红壤性土，一般土壤厚度在60厘米左右，土壤侵蚀敏感性强，水土流失较为严重。矿藏贫乏，少量铁矿、铜、猛、钨、锑、重晶石和萤石等零星分布。

【经济发展】 农业是经济的主体，农作物以水稻和烤烟为主。■ **农业**：农业人口1.47万人，占总人口的98%；耕地面积8186亩，人均0.58亩。2014年，农业总产值5650万元。粮食作物以稻谷、玉米、红薯、豆类为主，经济作物有烤烟、油菜、花生、辣椒等，2014年烤烟产量12万公斤。

■ **林业**：林地总面积5万亩，实施退耕还林0.4万亩、天然林保护工程3万亩。2014年年末，森林覆盖率56.3%。

■ **水利**：境内新屋场、岗上村外，其余各村虽有东西干渠流经境内，但往往是“看得见水、用不着水”，农田灌溉和人畜饮水难的问题较为突出。乡党委、政府坚持不懈加强农业基础设施建设和饮水工程建设，新修建“三面光”渠道23.8公里（社门口—双溪岭廖干渠5公里、瓦日头4.5公里、新屋场3.5公里、岗上3公里、下户2.5公里、双溪岭2公里、兰田1.8公里、南塘1.5公里）；整修河道和渠道13.9公里（双溪岭4.6公里、上户2.8公里、大源冲2.5公里、岗上2公里、瓦日头2公里）；完成金陵水库莲花段11公里工程；完成莲花乡集中供水工程和小源居民生活用水工程；高标准维修下户、上户、南塘水井3口；完成清淤护砌山塘382口。

■ **畜牧水产**：畜牧业以牲猪、牛、家禽为主。2014年，饲养生猪2350头,牲猪饲养大户9户（100头以上）；牛存栏130头；家禽7500羽。

■ **劳动力转移**：农村剩余劳动力向经济发达、劳动力短缺的广东、深圳、浙江等地区转移就业，转移规模日渐扩大。2014年，转移输出人数5210人，创收1563万元，同比增加9%。

【基础设施】 ■ **供水**：境内村民采用打井、建蓄水池储水等方式解决日常用水。2014年，县集中供水工程开始动工，工程完工后将改善居民饮水状况，全乡9个村近1.2万人将同城里人一样喝上安全放心的饮用水，实现24小时不间断供应。

■ **道路**：境内有莲金公路、省道S323公路、新田连接线公路穿境而过，随着S228公路的建设，形成“东西贯穿、南北纵横”的格局，交通将更为便利，区位优势更为突出。乡党委、政府夯实基础，新修环村路17.3公里（兰田村6.8公里环村路、2公里东升农场道路、新屋场村2公里环村路、上户村2公里环村路、双溪岭村1.5公里环村路、岗上村1公里环村路和米田寺2公里进村道路肩）；接通双溪岭、新屋场、岗上、小源的断头路；新修机耕道29公里（双溪岭6公里、岗上6公里、新屋场5公里、兰田3公里、上户2公里、瓦日头5公里、大源冲2公里）；养护乡村公路45公里，省道S228征地拆迁工作基本完成。

■ **村镇建设**：2014年，村级道路、集镇街道全部实行水泥路面硬化；投资2300万元惠及全乡9个行政村、1.1万人的莲花乡集中供水工程完成主管网铺和入户安装，近期供水，全乡安全饮水问题基本解决；投资600万元建设莲花乡中心学校并投入使用；投资500万元岗上土地整理项目和投资400万元的雷公窝葡萄基地项目；投资100万元建设乡卫生院综合门诊大楼；投资50万元改造老圩场和投资120万元实施莲花中学合格学校工程。

■ **邮电通信**：2014年年末，有邮政代办所1所，报纸、杂志累计期发行35种153份。电信企业3家，固定电话用户200户，移动电话用户5500户，互联网用户210户。有线电视用户2800户（含卫星接收机），入户率83%。

【社会事业】 ■ **教育**：2014年年末，有幼儿园1所，在园幼儿120人，专任教师6人；小学1所，在校学生850人，专任教师21人，小学适龄儿童入学率100 %。2013年下半年，正式启动校车运营，开通5条校车线路，覆盖全乡10个行政村。

■ **文化体育**：2014年年末，有乡文化广播电视站1个，村级文化活动中心11个，各类文化专业户100户，各类图书室11个，藏书36余万册，音乐、美术、书法、摄影及文学业余创作队伍达126人。

■ **卫生**：2014年年末，有各级医疗卫生机构12个，其中，乡卫生院1所，村卫生室所11个。病床15张。专业卫生人员14名，其中，执业医师5人，执业助理医师2人。2014年医疗机构完成诊疗9800余人次。新型农村合作医疗参合人数11210人，参合率85%。

■ **人民生活**：2014年，全乡干部职工年平均工资2.5万元，农民人均纯收入2100元。农村最低生活保障户数972户，人数1039人，支出123万元，同比增长60%，月人均1184元。农村"五保"供养36人，支出9.5万元，同比增长10%；农村医疗救助25人次，民政部门资助参加合作医疗762人次，支出8.5万元。国家抚恤、补助各类优抚对象92人，抚恤事业费支出23.25万元，同比增长25 %。

冷水井乡

【概况】 ■ **建置沿革**：冷水井因八景之一、西樟下的草本端的凤形槽下有两口四季不枯的古井而得名。解放初期乡境属第二公区，1956年撤区改乡，后设冷水井乡。1958年归骥村公社管辖。1961年从骥村公社分离设置冷水井公社，1984年撤销公社设冷水井乡至今。

■ **位置面积**：冷水井乡位于新田县城西北部，距县城15公里，与新田县骥村镇、毛里乡、龙泉镇相邻，与宁远县鲤溪镇、荒塘瑶族自治乡交界。全乡总面积36.49平方公里，山林面积32918亩，耕地面积9300亩，其中，水田5600亩，旱地面积3700亩。

■ **行政区划**：乡辖冷水井、九丘田、六合圩、上庄、潮水铺、坦头坪、少步岭、刘家山、贺家、李家湾、黄庆11个行政村，96个村民小组，40个自然村。

■ **人口**：全乡2014年年末总人口11674人，常住人口7077人,流动人口4597人。其中，女性5435人，男性6239人，分别占总人口的46.6%和53.4%；农业人口11160人，非农业人口514人，分别占总人口的95.6%和4.4%；人口自然增长率为4‰。

【自然环境】 ■ **地势**：地势北高南低，境内石灰岩广布。地表易干旱，属典型的喀斯特地貌丘陵区。最高点位于北部的贺家村杨梅凼，海拔550米，最低点位于少步岭村，海拔400米。

■ **河流**：乡境内西南方向有一条过境河流，属宁远县石家洞河自北向南流经六合圩和上庄两村，长4.5公里。

■ **气候**：全乡属于亚热带季风气候，四季湿润温和，全年气候四季分明，热量高，雨水充足，而且雨热同季，年均温度28℃，年平均无霜期336天左右。

■ **土壤**：境内土壤属湘南南岭的山地红壤区，境内土壤按土体层分为水稻土和旱地土。2014年，全乡共有林地面积32918亩，水田面积5600亩，旱土面积3700亩。

■ **日照**：太阳有效辐射量（光量）全年为100.7千卡/平方厘米，太阳辐射量在各月的分配与温度基本一致。从1月～7月逐月增加，从7月至次年1月逐月减少，7、8月两个月是一年中太阳辐射量最多的时期。多年日照时数为1366.3小时，多的年份能达到1400小时以上，少的年份仅1000小时。

■ **自然资源**：夏无酷暑，

冬无严寒，乃湘南避暑御寒之地。公益林面积23818亩。植物资源有松、柏、杉、竹等林。境内自然灾害主要有旱、涝、风、雹、寒冻等。以旱灾危害最大。寒害主要是倒春寒、寒露风、降雪、霜冻等。

【经济发展】 ■ **农业**：2014年，稻谷面积4400亩，产量1600吨；玉米种植1800亩，产量420吨，大豆种植2200亩，产量560吨。烤烟种植面积1210亩，产量12.3万公斤。

■ **林业**：林地面积32918亩，占全乡土地总面积78%，林地绿化率70.5%。荒山造林2099亩，林木种类繁多，林副产品有桐油、松脂、杉皮。

■ **水利**：全乡有小（1）型水库1座（平湖水库蓄水量达108万立方米），小（2）型水库2座（竹子坪水库蓄水量量12万立方米，李家湾神下水库蓄水量16万立方米）。乡境内西南部有一条自北向南长达四五公里的过境河流，能浇灌六合圩和上庄村两村的1400亩农田。全乡有蓄水量500立方米以上的大小山塘260口，有大小灌溉源45条长达2.6万米。冷水井是全县干旱死角乡之一，乡党委、政府致力于加强农田水利基础实施建设，2014年，组织各行政村引导群众自筹和向上争取资金130万元，进行山塘扩容加固，渠道维修清淤，改善农田的排洪、灌溉条件。

■ **畜牧水产**：2014年，培育新增年出栏100头以上的牲猪养殖大户6户，少步岭敦高生猪养殖场，存栏生猪达1000头以上。新增存栏50头以上的养牛、羊大户9户，养殖本地土鸡、土鸭存栏400羽以上大户12户，养殖家蛇户2户，特色养殖业发展来势较好。

■ **商贸财政金融**：2014年年末，全乡个体工商户36户、从业人员 65人。财政总收入298万元，比2013年增长9%。

■ **劳动力转移**：1983年开始，乡内农村剩余劳动力开始外出到广东等地务工。随后每年外出务工的农村劳动力逐年增多，劳务经济成为增加家庭经济收入的重要渠道。1990年以后逐步开始自发向广东、浙江、福建等沿海经济发达但劳动力短缺的地区转移就业，转移规模日渐扩大，截至2014年年末，输出转移劳动力达5000余人，人均创收 2.5万元～3万元。“空巢老人”和留守儿童成为社会普遍关心的社会热点问题。

【基础设施】 ■ **道路**：冷水井乡属于丘陵山区地带，村落较为稀疏，新中国解放前，境内主要道路全是羊肠小道，外来客商靠步行进入，货物运输采用水运和肩挑。解放后，政府发动群众改造乡道，乡境内有公路与省道 S215线相连，交通较为方便。2014年，乡党委政府高度重视并加强公路路网建设，六合圩、黄庆、上庄和潮水铺村投入资金150万元新修环村公路，全乡各村组的通达率100%，自然村水泥硬化路畅通率达95%。全乡境内水泥公路总里程60公里。

■ **乡村建设**：乡境内无湖泊河流，但人饮水井和山泉水源优质充沛。现有贺家村、刘家山村、冷水井村、九丘田村、六合坪村、坦头坪村、李家湾村7个行政村安装自来水。2014年冬，乡政府所在地冷水井对门自然村投入400万元，建成集中供水水厂，解决6000余人生产生活用水。

■ **供电**：2014年年末，全乡有7个村实施新一轮农村电网改造，供用电水平大幅提高，其余4个村正在按计划逐步实施农网改造。

【社会事业】 ■ **教育**：乡党委、政府坚持科教兴乡，重视教育事业发展。2014年年末，有幼儿园2所，小学1所，九年一贯制中学1所。全日制中小学在校学生528人，小学入学率100%，初中入学率99.2%，巩固率95.8%。

■ **文化体育**：2014年年末，有乡文化站1所，村级文化活动中心11个，“农家书屋”11个，藏书70余万册，有文化业余乐器队3个，传承民族传统文化。学校综合体育场1个，篮球场14个，文体设施较为齐全。

■ **卫生**：2014年年末，有乡村医疗机构16个，其中，乡卫生院1所，住院病床10张，村卫生室15个，专业卫生从业人员20人，其中职业医师1人。2014年，医疗机构完成诊疗1460余人次，新型农村医疗参合人数10260人，参合率97%。

■ **人民生活**：2014年，农民人均纯收入 2920元，城镇最低生活保障户数14户，人数14人，年支出3.96万元，同比增长－0.36%，月人均300元。农村最低生活保障户数837户，人数915人。农村“五保”集中供养11人，支出3.96万元，同比增长－0.360%；农村“五保”分散供养56人，年支出14.78万元，同比增长0.07%；民政部门资助参加合作医疗1059人，共支出49510万元。国家抚恤、补助各类优抚对象84人，抚恤费年支出23.496万元，同比增长－0.043%。有敬老院1家，床位35张，集中供养农村“五保”人员11人，完成农村危旧房改造219户。

毛里乡

【概况】 ■ **建置沿革**：乡沿用驻地自然地名。毛里圩因建村于栗树多的坪上而得名“毛栗坪”，后谐音演化为“毛里坪”。乡境解放初属第二、第四区管辖。1956年撤区并乡后设石古湾乡。1958年归枧头公社辖。1961年从枧头公社分出设置毛里公社。1984年撤销毛里公社设置毛里乡。

■ **位置面积**：毛里乡地处新田县县城西南部，与宁远县鲤溪镇交界，乡境东与龙泉镇、茂家乡、三井乡毗邻，南与枧头镇接壤，西与宁远县交界，北与冷水井乡相连。离县城13公里。省道S323线及柏新坦公路穿境而过，全乡总面积49.19平方公里。全乡总面积49.19平方公里，耕地面积11591亩，其中水田8928亩，山林面积38734.5亩。

■ **行政区划**：毛里乡人民政府驻毛里圩，辖毛里坪社区、星塘村、青龙村、珠美村、梅湾村、田坠村、桑梓村、查林村、水晶坪村、火炉岭村、石古湾村、龙珠湾村、上青龙村、青龙坪村、刘家桥村、石龙头村、马场岭村、大利村、新宅岭村、向西林村，1个社区19个行政村，147个村民小组。

■ **人口民族**：全乡总人口18884人，人口以汉族为主。

【自然环境】 毛里乡属丘陵区，地势西高东低，一般海拔380米左右，属石灰岩地带、丘陵地区、岩溶显露明显，喀斯特岩溶地貌显著，地表易干，土壤系红土。

【经济发展】 毛里乡是国家省定扶贫村，经济落后，经济以农业为主，经过多年的不懈奋斗，2014年全乡粮食总产量6872吨，比上2013年度增长3%；农村经济总收入8974万元，农民人均纯收入2792元，比上2013年增长2%。2014年，毛里乡党委、政府科学规划确定以油茶为主的经济林和以柏树为主的生态林为重点，坚持高标准种植，通过加快林地流转、引进公司承包等方式，壮大村集体经济。稳定发展烤烟产业，按照推进现代烟草农业“基地化建设，科学化管理，规模化经营，产业化发展”的要求，推进烤烟产业向专业化、规模化发展。加快发展养殖业，重点扶持以生猪为主的传统养殖和黑山羊等特种养殖。2014年，生猪饲养大户3户，生猪发展13693头，黑山羊养殖大户8户。牛存栏1105头；羊存栏1220只；养鸡大户2户，鸡出笼12万羽。加快青龙坪村一带土地流转，为引进农业企业打好基础。2014年，全乡稻谷面积13691亩，产量6024吨；烤烟种植2800亩，完成收购任务34万公斤，红薯种植1345亩，产量1350吨；花生种植785亩，产量164吨；油菜2638亩，产量306吨；茶油种植面积500亩；西瓜种植400亩。林地总面积44000亩，森林覆盖率60%。林木种类繁多，有树种25种，如红豆杉、桂花树、樟树、松树、柏树等。2014年，造林抚育3450亩，幼林抚育1220亩，育苗14亩；2014年，木材采伐6立方米。林副产品有桐油、茶油等。2014年，林业工作实现新突破，全乡积极开展荒山造林、路边造林，在石龙头村、龙株湾、石古湾等村种植600余亩松树苗。乡政府投入资金2万余元，成立20人的森林防火专业扑火队。

【基础设施】 ■ **交通运输：**坚持项目带动战略，通畅公路全面完工。2014年，刘家桥村新修环村水泥路2.3公里,石古湾村新修环村水泥路1.7公里,龙珠湾村江边山自然村新修水泥路约1公里，大利村玉屏山自然村新修道路1.5公里，全乡19个村实现村村通水泥路。

■ **邮政通信：**2014年毛里乡邮政所工程竣工，2015年投入使用。

■ **人民生活：**毛里乡大观岭上的大利村、桑梓村、响西林村、新宅岭村、田坠村5个自然村自然条件十分恶劣，是国家级、省级贫困村。当地地质严重石漠化，村民生产生活本来就不易，2013年，旱灾严重，水井山塘干涸、禾苗枯萎、土地龟裂。

【社会事业】 教育科技 均衡发展，全面推进教育。至2014年，全乡有幼儿园3所，小学3所，初中1所。在校学生达864人，教职工 102人。

■ **文化体育：**毛里乡有“农家书屋”20座，2014年新建枫林山公园体育健身场所1个，篮球场有4座。

■ **医疗卫生：**毛里乡中心卫生院建设一期工程（业务综合大楼）于2014年投入使用，有医师7人，护士3人，乡村医院18所，乡村医师18人。2014年，全镇农合参合率85 %，基本实现医疗保险全覆盖。2013年7月5日，由中央财政投入100万元，新建1座标准的医疗大楼，有床位14张。

■ **社会保障：**稳定和扩大就业，社会保障能力提高，健全和完善最低生活保障制度， 2014年，全乡发放救助金15万余元，大病医疗救助金11.5万元，完成危房改建工程35座，危改资金34万元。完成农村合作医疗费用收缴130万余元，参合率80%，收缴社会养老保险70万余元，社会养老保险参保率93%。低保1323人，发放低保扶助资金150万余元，“两项”扶贫扶持291户1118人，扶持资金447200元。

三井乡

【概况】 **■ 建置沿革：** 该乡沿用驻地自然地名。三井因村前有三口水井而得名。乡境解放初属第四区。1956年，撤区并乡后设三井圩乡。1958年，归石羊公社所辖。1961年，从石羊公社分出建立三井公社。1984年，撤销三井公社，建立三井乡。

■ 行政区划： 全乡辖三井圩、谈文溪、上凤、高峰、塘坪、长冲、罗家坪、车头水、晒鱼坪、塘伏坊、曹家窝、油麻岭、油草塘、栗里洞、山下洞、石岩头、山下、七贤山18个行政村，141个村民小组。

■ 位置面积： 三井乡位于新田县南部，东与新圩镇相连，南与石羊镇相接，西靠枧头镇，北邻茂家乡。乡境交通便利，区位优势明显，新土公路贯穿南北，通畅公路路通各村，枧三公路连接县旅游群。政府驻三井圩，距新田县14公里。辖区东西最大距离21公里，南北最大距离12公里，总面积29.11平方公里。其中陆地28.12平方公里，占96.6%；水域0.99平方公里，占3.4%。

■ 人口民族： 2014年年末，辖区总人口16593人，常住人口10728人，流动人口5865人。总人口中，男性9093人，占54.8%；女性7860人，占45.2%；14岁以下3119人，占18.8%；15～64岁12229人，占73.7%；65岁以上1244人，占7.5%。总人口中，以汉族为主，达16576人，占99.9%；2014年，人口出生率10.8‰，人口死亡率4‰，人口自然增长率6.6‰。

【自然地理】 **■ 地形地貌：** 乡境为丘陵区，东低西高，石灰岩地质。

■ 气候： 属季风湿润气候，气候温和、雨量充沛，年均气温18.1℃，1月平均气温6.6℃，7月平均气温28.8℃，年际变幅为17.4℃～19℃，降水时间比较集中，夏末至冬初少雨。无霜期达 288天。

■ 水文： 上万方山塘有罗江凹水库、葡田洞水库、山羊塘水库、莲花塘水库、青年水库、对门山塘、雷米冲水库9个，小（1）型有大坝水库；小（2）型有尹家水库、赤壁下水库、长冲水库3个。境内最大的河流为晒鱼坪大河，从石羊鹅井至新隆，流经境内车头水、塘伏坊。

■ 自然灾害： 主要自然灾害有旱灾、涝灾、低温冰冻等。旱灾发生率较高。旱灾最严重的一次发生在2011年，洪灾最严重一次发生在1998年。

【经济发展】 2014年，三井乡完成地方生产总值2340万元，年均增长7%；实现财政总收入600 万元，年均增长9%，农民人均纯收入2924元，实现净增102元。种养殖业和劳务输出是农民的主要收入来源。三井乡不断优化产业结构，逐步壮大实体经济，全乡从农业产业结构调整的出发，确定稳定烤烟产业规模的发展思路，鼓励老户扩面积，培育大户上规模，提高烟叶种植的整体水平，继续推广地膜覆盖和稻草覆盖，完善主产村的排灌渠、机耕道等基础设施建设。2014年，种植烤烟3870亩，收购烟叶43.5万公斤。利用三井富硒资源优势，采取“公司+基地+农户”的全新经营模式，逐步扩大富硒大豆、富硒蔬菜和富硒罗汉果的种植面积。积极引导村民调整产业结构，形成3种示范基地：在高峰片建立千亩富硒大豆生产基地；在上凤、山下等村建立蔬菜种植示范基地；在油草塘建立罗汉果种植示范基地。巩固壮大油草塘“银丰”生猪养殖合作社；积极发展高峰、石岩头和罗家坪生猪养殖；罗家坪生态园小香鸡畅销各地；山下杨柳冲自然村肖艾英的“富硒山羊”合作社成功通过省级验收，进入省、市“菜篮子”工程，多元促增收格局逐渐形成。

■ **农业：**三井乡是典型的农业乡，总耕地9619亩，其中，水田8039亩，旱地1580亩，森林面积1.9万亩，覆盖率达43.5%，境内有著名的山下大洞，主要水利设施有大坝水库，水资源较丰富。2014年，农业总产值达到1.74亿元，比2013年增加0.8%，占GDP的比重98.4%。粮食作物以水稻、玉米、豆类、薯类为主，2014年，生产粮食6420吨，人均386千克，其中，水稻5475吨，玉米468吨，豆类429吨，薯类47吨。主要经济作物有烤烟、水稻、玉米、豆类等。油料作物种植面积606亩，产量96吨，其中，花生74吨；蔬菜种植面积4518亩，产量5687吨。

■ **畜牧业：**猪、牛、羊、禽为主，2014年，生猪饲养量 1.75万头，牛饲养量1021头；羊饲养量523只；家禽饲养量29.6万羽。2014年，生产肉类1668吨，其中，猪肉1201吨，牛肉37吨，羊肉6吨；禽蛋29吨。至2014年末，累计造林 5858亩，其中，防护林1030亩，经济林4828亩，农民住宅四旁树木4万株，林木覆盖率45.6%。2014年，水果种植面积1653亩，产量928吨，主要品种有李子、桃、柑、橘、梨、枇杷，其中，李子347吨，桃89吨，柑13吨，橘8吨，梨107吨，枇杷57吨。

【基础设施】 ■ **交通运输：**全乡道路交通较完善，县乡（镇)级公路新土公路贯穿南北，总长14公里。省道S282在建中。日均发送30辆客车，日客运量600人次。客运汽车8辆、150座位。基本实现全乡所有行政村道路“硬化”，全乡环村路建设达到60%。高峰村至枧头镇平乐脚村断头路建设顺利完工，有效缓解群众“出行难”问题。

■ **邮政通信：**2014年年末，有邮政网点1个，投递路线单程总长度20公里，投递点2个，乡村通邮率100%；全年投递国内函件3000件，国内汇票业务完成500笔，国内异地特快专递信件完成400件，征订报纸80份、杂志50册。电信服务网点3个，电话交换机总容量3800门，固定电话用户700户，比上年减少20户，电话用户普及率达到18%，比2013年降低0.5个百分点；移动电话用户3700户，比2013年增加200户，移动电话普及率为93%，比2013年提高5个百分点；光缆线路总长达50公里，主干电缆达25对公里，互联网端口总数300个，其中，已占用端口总数150个，宽带接入用户150户，比2013增加30户。

■ **供电饮水**：三井乡1991年完成各村通电，2013年至2015年，完成第四期农村电网改造1260户，变压器改造9个，三井供电由石羊农电站管理，全乡共有1260个专用电压器，34个变压器，电线杆427根，总容量2270千立方米，低压供电线路为213.5公里。三井乡集中供水工程于2010年由省发改委、省水利厅批准立项，项目设计运用大坝大库水资源，解决三井集镇及周边10个行政村农村人口的饮水安全问题。项目设计供水厂区水处理能力1000立方米/日，设计供水人口 l0384人。一期工程概算投资240万元，于2010年8月动工兴建，同年12月底建成通水，解决三井集镇机关企事业单位及谈文溪、上奉、塘坪、三井圩4个行政村1325户4958人的饮水安全问题。二期工程投资27O 万元，2011年年底，建成通水，解决七贤山、山下、山下洞、石岩头、粟里洞7个行政村近7000人的饮水安全问题。2014年，农村安全饮用水普及率100%。

■ **水利建设**：三井境内有小（1）型水库1座，小（2）型水库2座，骨干山塘300口，三面光渠道40公里，土渠20公里，电排15座，机耕道30公里，河道整治累计6000米。2004年招商引资重建大坝水库电站，是全县较大的水力发电站之一。

■ **村镇建设**：按照以点带面、总体规划、稳步推进、连片创建的工作思路，在创建油草塘和石岩头村新农村建设示范点后，2009年争取国土资源部在谈文溪村进行新农村建设，实施谈文溪等五村整体推进新农村建设工作。2012年，实施塘坪村的“空心村”改造，拆除危房1.6万多平方米。2013年，投资60万元，在三井圩、谈文溪村完成村小游园建设（群众休闲中心），2014年，投资50余万元，在七贤山、三井圩、谈文溪和塘坪村安装近90余盏路灯。全乡实现远程教育全覆盖，全乡18个村均新建或在建村活动中心和村卫生室。新建垃圾池40个，垃圾转运车6台，配备垃圾桶4000余个，基础设施建设大改变，乡村面貌焕然一新。

【社会事业】 ■ **教育科技**：全乡有幼儿园（所）5所，在园幼儿270人，专任教师20人；小学5所，其中，小学在校生630人，专任教师35人，小学适龄儿童入学率100%；初中1所，在校生280人，专任教师44人，初中适龄人口入学率100%，小升初升学率100%，九年义务教育覆盖率达100%。

■ **文化体育**：文化馆（站）1个，建筑面积120平方米；“农家书屋”12个，建筑面积306平方米，藏书2.5万册；2014年年末，村级体育场地15处。安装健身器材，经常参加体育活动的人员占常住人口的10%。

■ **医疗卫生**：2014年年末，卫生院1所，病床15张。专业卫生人员11人，其中，执业医师3人，执业助理医师4人，注册护士4人，平均每千人拥有卫生技术人员0.69人，平均每千人拥有执业（助理）医师0.18人，平均每千人拥有注册护士0.18人。新型农村合作医疗参保人数1.55万人，参保率95%；居民人口平均期望寿命72.8岁，其中，男性71岁，女性74岁。

■ **社会保障**：2014年，农

村最低生活保障1260人，累计发放“五保”生活补助、低保救济、特困救济、优抚款、危改资金等各种救助金140余万元。新增就业人员320人，有56名下岗失业人员实现再就业，就业困难人员再就业42人，全年帮助15户零就业家庭实现每户至少一人就业。

茂家乡

【概况】 ■ **建置沿革**：茂家乡，因境内森林茂密，风景宜人而得名。解放初期归属三区三小乡，1956年设五柳塘乡,1958年归东门桥公社所辖,1961年从东门桥公社分出建立茂家公社,1967年改名立新公社,1981年地名普查时恢复原名茂家公社,1984年改茂家公社为茂家乡。

■ **行政区划**：辖罗溪、山田、丰美塘、石坠、杨柳塘、石林岗、古牛岗、塘家铺、梅溪、五柳塘、茂家、天头坪、小坪塘、白云山、大凤15个行政村，94个村民小组。

■ **位置面积**：茂家乡位于新田县南部，东与大坪塘镇、新圩镇相邻，南与三井乡接壤，西与枧头镇、毛里乡交界，北与龙泉镇相连，乡人民政府驻茂家村，距县城8公里。总面积33.19平方公里。陆地占98.9%；水域1.1%；耕地11324亩，其中，水田9913亩，旱地1411亩。

■ **人口民族**：2014年年末，辖区总人口12849人，总人口中，男性6891人，占53.6%；18岁以下3082人，占24.0%；18～35岁3949人，占30.8%；35～60岁3929人，占30.6%；60岁以上1889人，占14.7%。人口出生率11.5‰，死亡率7.1‰，人口自然增长率4.4‰，人口密度每平方公里387人。辖区为汉族聚居地，有瑶族、彝族、壮族、苗族、土家族11个少数民族，少数民族人口42人，占总人口的0.32%，以外来迁入为主，达37人，占少数民族人口的88.09%。

【自然环境】 ■ **地势**：地势中部低，东西两侧高。地面高程一般在海拔200米～443米，境内最高峰野岭寨位于梅溪村，海拔443米，最低点罗溪村海拔200米。

■ **地貌**：属县东南部岗平地形带，地形以丘陵为主，地质构造主要由石灰岩及第四纪松散堆积物等组成，在长期外引力作用下，侵蚀、溶蚀强烈，表面形态波状起伏，坡度平缓，岗平交错分布。

■ **河流**：境内河流林溪河属舂陵河水域。林溪河源头为双合水库，由北向南，流经石林岗、古牛岗、丰美塘、山田、石坠、罗溪、大凤村，最后由大凤村兔子岭自然村出境入新圩镇道塘村，境内长5公里，平均宽度2.72米，主要用于农田灌溉。

■ **气候**：属亚热带季风湿润气候，其特点四季分明，春夏多雨，夏秋凉爽，秋季干旱，冬季有雪冰冻，日照时间长，属新田县气候温暖地域，全年无霜期220～230天，年平均气温21摄氏度。

■ **土壤**：土壤属南岭山地红壤，类型多样，主要有水稻土、红壤、山地黄壤、石灰土4个土类，以红壤、石灰土面积分布最大，占全乡土壤面积的80%以上。一般土壤厚度在40厘米左右，土壤多为偏碱性，有机质含量丰富，其他养分含量中等，含硒元素丰富。

■ **日照**：日照充足，年日照1712小时。

■ **自然资源：** 境内森林资源丰富，其中山田村有自然风景林300余亩，吸引大批游客前来参观；水利资源贫乏，境内无大江大河经过，属全县干旱重点区域；矿藏自然资源贫乏有少量品位低无开采价值的铁、煤、铅、锌、猛、汞、镓、银、钨、石英、重晶石等11种矿藏；有各类木本植物300多种，常见的树种有松、杉、油茶、柏木、竹、樟树，珍贵植物有银杏、红豆杉、樟树等7种；鸟类、峰类、虫类等野生动物200余种。全乡有人工草场100多亩，适宜规模畜牧养殖。生态环境良好，富硒土壤无重金属污染，非常适合种植绿色、有机富硒农产品。

【经济发展】 解放前，茂家乡经济落后，各种农作物产量低并且一受干旱就无收成，素有“十年九旱，干死蛤蟆（青蛙）”之说，群众的生活是“糠菜半年粮”之状。解放后，进行土地改革，贫苦农民分得田土，农业生产出现新面貌，农民有收入，生活有所改善。但由于农业技术落后，水稻每亩产量仅200公斤。1952年，政府实行“查田定产”（查实田亩面积，分等级定产，依率计征粮，依法减免征粮的政策）。1953年11月实行统购统销，号召农民卖余粮，“多余多购，少余少购，缺粮供应。”由于部分干部强迫命令，使部分农户卖过头粮，有的甚至清仓，导致1954年夏荒，农民吃返销粮。1954年各村由贫下中农开始组建互助组。1955年实行三定（定产、定购、定销），定产、定购一定三年，定销一年一定。各村开始建立初级农业合作社。1956年农业合作化发展到高潮，由初级转为高级农业生产合作社，全体村民均为社员。1958年9月，人民公社成立。随之建立公共食堂，实行吃饭不要钱，开始大搞水利建设。1959年，浮夸风盛行，一平二调（平均分配，多余的粮食调出）的“共产风”，挫伤生产好的村的积极性，加上干旱，生产收入下降，到1960年，出现粮荒，各种物资奇缺，人人饿肚子，非正常死亡现象不断出现，公共食堂艰以维持。1961年3月，中央下令，解散公共食堂，大公社改制，1961年7月成立茂家人民公社。公社改制后，社员分自留地，农村经济从极度贫困中开始复苏。1973年从茂家大队划出天头坪自然村，成立农科站，开始种植推广水稻良种，进行各种农技培训，进行病虫实报，指导全公社农业生产。1984年4月体制改革后，开始建立乡农技站，1988年配备乡农机专干辅导全乡农业生产。1963年时，公社开始改水稻一熟为二熟，推广种植双季稻。1977年推广种植杂交水稻后，双季稻每亩产量高达800至1100公斤，粮食产量空前富足。1971年茂家乡开始种植烤烟，1973年以生产队为主，是种植烤烟的大时期。1982至1983年形成户户大种烤烟的高潮。因收购价低，挫伤种植户积极性，种烟高潮低落，到后来各村仅少数种植户（种烟技术好的户）。能坚持种植到2010年的农户，年收入均达2万元～6万元，成为各村的带头富裕户。

■ **农业：** 全乡农业人口12606人，占总人口的98.1%；耕地面积11324亩，人均0.90亩,以种植水稻、烤烟、无公害蔬菜为主，是县重点产粮乡之一。2014年，农业总产值12613万元。粮食作物以稻谷、大豆、红薯、玉米为主，2014年粮食作物播种面积20550亩，总产量7393吨，人均359.7公斤，其中，稻谷5800吨，玉米1036吨，豆类285吨，薯类272吨。经济作物有烤烟、油茶、花生、无公害蔬菜、甜瓜、茶叶、药材等。2014年，完成烤烟收购4251担，价格排位全市第一位；2015年种植烤烟面积1860亩，可收购烤烟22.5万余公斤，实现收入700余万元，被评为“县烤烟工作先进单位”。新开发的林溪河沿岸3000亩烤烟种植示范基地已完成规划。

■ **林业：** 林地总面积2.44万亩，实施退耕还林0.67万亩、天然林保护工程1.1万亩，种植富硒油茶4000亩。2010年来，乡党委、政府以建设“绿色乡镇”为重点，每年稳定种植珍贵树种2500余株，完成荒山造林3000余亩。截至2014年年末，全乡森林覆盖率47.6%，被评为“全市绿色乡镇建设先进单位”，《永州日报》在县区动态推介茂家乡植树造林情况。其中，山田村有县林业局认定自然风景林300余亩，是茂家乡打造休闲旅游产业重点区域。2011年，茂家乡作为全省林权制度改革试点乡镇之一，严格按照程序操作，顺利通过上级检查验收并得到充分肯定。

■ **水利：** 水利条件特别差，“十年九不收”，新中国成立之前只有小山塘和林溪河、梅溪为农田灌溉，只能在春雨夏初给河溪塘旁边的农田灌溉两三次水，干旱季节禾苗缺水枯死，也无可奈何。解放后，从建互助组至高级社，年年冬修山塘、清淤渠道、护砌为主。1958年至1959年，投入全乡80%的劳力修建金陵水库、大坝水库、肥沅水库。1958年到1960年，茂家乡开始修建双合水库（即1958年修筑的罗家厂水库，1959年至1960修筑的野牛山水库），1961年至1962年水库灌渠配套完工，石林岗、古牛岗、塘家铺、梅溪、杨柳塘、茂家、石坠等村受益，基本上种双季稻不缺水。山田村，长寿自然村靠大坝水库灌溉一部分农田，白云山修筑较大型的山塘16口，在雨水好的年景里，中季、双季稻够水灌溉。石坠，丰美、小坪塘、天头坪、大凤等村的岸上田，在雨水少的年成里，缺水失收严重。罗溪村建成电排站，林溪河下游、有双合水库余水流下，基本上种双季稻不缺水。2010年以来，通过整合“一事一议”、以工代赈、扶贫开发等项目资金，全乡农村基础设施建设全面推进，维修改建丰美塘村自来水工程；新修罗溪、大塘尾、梅溪、山田、古牛岗等村机耕道5公里；丰美塘、大凤、五柳塘、石林岗、茂家、天头坪整修护砌骨干山塘7座；石坠村新修南头岭水库引水渠620米。投资1200万元的“小农水”建设项目（其中茂家标段700万元）已完工，金陵水库水源连通工程正在扫尾，同时争取金陵水库水源连通工程计划外建设项目资金130万余元，分别实施秦家—李家渠道护砌、杨柳屋大塘扩容改建、小坪塘后背山塘护砌、茂家窝排洪渠护砌、天头坪消防塘护砌，塘家铺机耕道新建等工程项目。2014年，乡财政共安排奖补资金22万元，完成山塘清淤102口，新建山塘5口，渠道清淤护砌42公里，小水池整修6个，整修小河坝5处，小水泵2处。这些工程的实施，实现境内耕地灌溉“全覆盖”，解决全乡人民用水难问题。

■ **畜牧水产：** 畜牧业以牲猪、兔、土鸡为主。2014年，出栏牲猪17888头，出售和自宰兔11840只、狗1289只、牛383头、羊724只、土鸡23.72万羽；水产品总产量6436吨，其中，捕捞产量1767吨，养殖产量4669吨，主要是草鱼、鲢鱼、鲤鱼、龟、鳖、牛蛙。

■ **乡（村）办企业：** 茂家乡解放初期，只有个体手工。如：木工、石工、铁匠、缝衣工艺。土改后，大多数在所住村，分得田地安居。1957年手工业改造，本乡的木工、石工、铁匠、缝衣工组成手工业联社。1959～1981年在茂家圩场烤烟站边，办起简易五七厂（即手工联社），1988年实行联产承包后，社办企业解散。1987年9月，在新田县城关镇办起乡编织厂，厂长是石坠村干肖祖先。1989年撤销。2009年罗溪村兴办村红砖厂。2011年成立新田县茂华烤烟服务专业合作社。2014年温氏集团屠宰场落户茂家乡；2014年年底，引进投资3000万元举办养牛基地1个，落户梅溪村，年出栏1000头；总投资4.2亿元人民币的50兆瓦地面光伏电站项目落户茂家乡罗溪村及周边地区，项目总用地约1600亩。

■ **商易财政金融：** 2014年年末，全乡个体工商户52户，从业人137人；餐饮服务行业3户，从业人员10人。2014年，全乡完成国民生产总值1.38亿元，增长8%；实现财政总收入397万元，增长30%；农民人平纯收入达2900元。

■ **劳动力转移：** 2014年，全乡劳动力资源数8062人，转移输出人数3127人，创收4835万元，是新田县劳动力输出大乡镇之一。

【基础设施】 ■ **用水：** 境内无大河流经，但森林覆盖率高，气候宜人，生态环境良好，无重金属污染，山上清泉密布，多村采用建蓄水池储水，架设管道引水等方式饮用山泉水。境内有双合水库、滚山水库、兰头窝水库、山塘蓄水以及“小农水”、金陵水库水源，基本能满足生产生活用水。建制以来，通过上级扶持、乡财政支持及村民自筹等，整合“一事一议”，茂家村、罗溪、山田、丰美塘、石坠、塘家铺、五柳塘、白云山、大凤9个村先后接上自来水，解决全乡9000余人安全饮水问题。唯石林岗、古牛岗、梅溪、小坪塘、杨柳塘、天头坪6个村存在饮水困难。石林岗被列为党建扶贫驻点村之一，安全饮水问题是该村重点扶贫项目。

■ **供电：** 1994年全乡通电，家家户户用电灯照明，告别煤油灯时代，经济条件相对较好的家庭购买黑白电视机及其他家用电器，丰富业余生活。至2014年，有10个村实施农村电网改造，供用电水平大幅提高，有5个村电网改造未进行，电网质量、安全系数相对低下，正在按计划逐步予以改造。电力方面总体能满足全乡人民生产生活之需，全乡总用电量9万千瓦时。

■ **道路：** 境内有省道S231公路穿境而过，是通往石羊武当山和郴州嘉禾重要交通要道。全乡村村通公路，公路总里程102.8公里。

■ **村镇建设：** 1966年至1976年全乡15个行政村，全由村里投工，修好通村公路，1996年至2009年全乡通村公路全部建成水泥、砂石硬化公路，部分村内道同时也实现水泥硬化。2014年，投入200多万元的烟草站收购大厅基本完工；投入100多万元乡卫生院公租房项目正在建设之中；投入100多万元的乡政务服务大厅和30余万元水冲式厕所已完工使用，“五小设施”建设完善；完成农村危旧房改造项目30户；“一事一议”财政奖补项目有序推进，实施茂家村、五柳塘村农网改造工程，实施白云山村人畜饮水工程，全乡基础设施逐步完善，人民生活水平不断提高，共建小康社会的进程不断加快。

■ **邮电通信**：2014年年末，有邮政代办所1处，报纸、杂志累计期发行26种129份。电信企业1家，固定电话用户209户，移动电话用户2692户，互联网用户267户，全年电信业务收入62万元。有线电视用户2213户，入户率63.8%。

【社会事业】 ■ **教育**：1950年，全乡有初小18所，到1957年建立石坠完小，校长是谢超群、黄昭文，1961年石坠完小迁到五柳塘庵寺，改称五柳塘完小，校长是蒋木旺、黄云斌。1968年五柳圹完小迁到现在的茂家学校原校址的简易校舍，称茂家完小，并附设初中班。1969年下期调任危又新为立新公社教育专干、中小学校校长和学区支部书记。在原有一、二、三年级初中班的编制下，增收高中班两个，该高中班毕业后，未继续收高中班。1984年改制为茂家学校中学部和小学部。中学部历任校长是：罗金付、胡久义、蒋文端、王永生。小学部历任校长是：雷元发、邓显芬、宋荣金、谢荣夏、邓任芳、文植正、罗江福、罗良付。直到2000年初中、小学合校称茂家学校。历任校长是：黄明慧、陈小安、谢华平，现任校长是蒋美胜。1993年学校开始校舍改新，至2010年改新结束。现建有综合楼、科教楼、教学楼（三幢）、礼堂、学生宿舍楼、学生食堂等有利教学的设备。2010年10月，经省市义务教育九年制合格学校析查组析查验收，茂家学校评为省九年制义务教育合格学校。2011年学校建立“廉政文化进校园”和“孝德文化进校园”教育基地。同时优化教学硬件，整合教育资源，小学、初中入学率100%，初升高升学率稳定在80%以上。

■ **文化体育**：2014年年末，有乡文化广播电视站1个，村级文化活动中心15个，各类文化专业户70户，各类图书室16个，藏书40余万册，音乐、美术、书法、摄影及文学业余创作队伍达150人。石林岗、茂家村等9个村配备农村标准水泥篮球场。篮球、拔河等群众喜爱的活动项目经常开展，七一或重大节日会组织篮球、拔河比赛。有学校综合体育场1个，室内篮球场1个，体育设施齐全。

■ **卫生**：2014年末，有各级医疗卫生机构16个，其中，乡卫生院1所，村卫生室所15个。病床35张。专业卫生人员31人，其中执业医师2人，执业助理医师5人。2014年，医疗机构完成诊疗6000余人次。新型农村合作医疗参合人数1.21万人，参合率100%。

■ **人民生活**：2014年，全乡干部职工年平均工资2.8万元，农民人均纯收入2929元，人均住房面积50平方米。农村最低生活保障户数

813户，人数905人，支出108.7 万元，月人均100.9元；农村“五保”分散供养51人，支出13.1万元;农村医疗救助36人次，民政部门资助参加合作医疗994人次。国家抚恤、补助各类优抚对象79人，抚恤事业费支出16.5万元。参加新型农村养老保险7820人，参保率100%。

陶岭乡

【概况】 ■ **建置沿革**:乡沿用驻地自然地名。陶岭乡在解放前属三和乡，1949年8月解放初期，又设置四区的李绅志乡、仁岗坊乡和五区的东山岭乡。1956年9月撤区并乡后，总设陶岭乡。1958年9月，陶岭乡归属石羊“火箭人民公社”管辖。1967年2月，新田与桂阳分县后，新田原六大公社又分设21个小公社，陶岭从石羊公社分离出来，成立陶岭人民公社，辖15个大队，1个农科站。1984年撤销公社，置陶岭乡。

■ **行政区划**：辖大坪、郑家、周家、陶市、富上、彰美坊、仁岗、门背下、楼下、刘何、东山岭、上马塘、禾仓坊、李家、郑溪、溪子脚、石塘、牛塘、胡头、大村、泥龙头、田心、田美坊23个行政村。其中，陶市村辖陶岭圩、唐家湾两个自然村，富上村辖富上、欧家、磨石湾、柏树下、唐枝园5个自然村，李家村辖李绅志、江头圩、罗塘3个自然村，牛塘村辖牛塘窝、大坪岭、上大坪岭3个自然村，郑溪村辖郑溪、寨窝坊2个自然村，其他各村各辖1个自然村,33个自然村，136个村民小组。

■ **位置面积**:陶岭乡位于新田县东南边陲，乡境东与新隆镇接壤，南与郴州市嘉禾县广发乡、坦坪乡、石桥镇毗邻，西连石羊镇，北接高山乡，距离新田县城22公里。东经112°17′48″～112°21′53″，北纬25°42′11″～22°45′48″。乡人民政府驻陶市村，距县城22公里。辖区东西最大距离10.8公里，南北最大距离10.4公里。全乡总面积33.11平方公里，耕地面积9600亩，其中，水田面积7200亩，旱土面积2400亩；人口密度为每平方公里513人。

■ **人口民族**：2014年年末，辖区总人口1.7万余人。总人口中，男性9205人，占52.4%，女性8018人，占46.6%；18岁以下4349人，占25.25%；18～35岁6042人，占35.08%；35～60岁5176人，占31.05%；60岁以上1656人，占9.62%。人口出生率15.9‰，死亡率6.2‰，人口自然增长率9.7‰。辖区内几乎都是汉族，有少数由外地嫁入的少数民族。

【自然环境】 ■ **地势**：境内地势西北高、东南低，地形以山地为主。乡境系丘陵区，喀斯特地貌。位于乡境西部的陶岭主峰白云峰海拔687.3米，为境内最高峰，山体面积7平方公里。最低点是东山岭村的暗峡锁口处，海拔为150米。

■ **河流**：境内唯一的一条小河位处南面的赤背洞，源于嘉禾县广发镇千家洞水库，流经田心村，东山岭村前河的暗峡锁口处为出口，全长约为9公里。

■ **气候**：属亚热带大陆性季风湿润气候，气温较高，严寒期短，夏热期短，春温多变，寒潮频繁，夏季多雨，夏秋多旱，光照充足，无霜期长，四季分明。气温年际变化基本一致，年平均气温在18℃左右，有明显的周期性，且南部相对高于北部。年最高气温出现在7月底至8月初，最低气温出现在1月初至2月底，4～5月升温明显，是春暖夏热之际，10～11月降温明显，及秋凉转秋寒之际。农作物生长活跃期247～256天，积温5538℃～5841℃。

■ **土壤**：境内以黏质土和砂质土为主，其中黄色黏质土面积分布最大，占全乡土壤面积的66%以上，红壤分布最少，仅在郑家村、大坪村境内，约占14%。一般土壤耕作层厚度在30厘米左右，有机质来源丰富，但分解快，流失多，故土壤中腐殖质少，土性较粘。

■ **日照**：年平均日照时数在1384.1～1688.0小时之间。夏秋最多，冬春最少，7、8月是日照最多的月份，一般在200小时以上，2月份日照极少，在53.7～58.9小时之间。

■ **自然资源**：境内森林资源丰富，陶岭林场7平方公里的林区曾设置5个工区，是新田县木材主产之一。现陶岭山由原来的木材开发为经济林，8500亩土质较好的山地广种油茶、红豆杉、杉树及国外松等食用、药用经济植物。陶岭山中蕴藏着大量的铁矿石，1958年“大跃进”时代的大炼钢铁运动，陶岭圩场西端的畜牧贸易区被用来建7座炼铁炉，利用陶岭山上的木材和嘉禾运来的煤，从陶岭山脚采集的铁矿石进行钢铁生产。陶岭南麓半山腰还蕴藏着稀有的汞矿，山中现还留下9口清朝、民国时期开采国的龙口矿井。陶岭乡10个村约3000亩土地含硒的比例比别的地方高出3至4倍，硒资源丰富。

【经济发展】 境内以第一产业为主，第二产业次之，第三产业非常薄弱，主要有农业、林业、建筑业和零售业等。2012年到2014年，陶岭乡地方生产总值平均每年完成2.08亿元，财政收入平均每年514万元，农民人均纯收入由2010年的1760元增至2014年的2520元，2014年，平均每户存款额度达13335元，人民生活水平逐渐提高。许多人从外地打工创业回来建房，两三层的小洋房各村每年都在建，电视、冰箱、洗衣机、电风扇等已成为常用家电，几乎每家都有。

■ **种植业**：农业人口16821人，占总人口的97.67%；耕地面积9600亩，人均1.75亩。2014年，农业总产值613万元。粮食作物以稻谷、玉米为主，2014年，粮食总产量7087吨，人均421.3公斤，谷物6580吨，其中稻谷5370吨（早稻2362吨，优质稻1510吨；中稻与一季晚稻343吨，优质稻219吨；晚稻2665吨，优质稻2148吨），玉米1210吨。经济作物有黄豆、辣椒、油茶、薯类等。2014年，豆类总产量238吨，其中，大豆203吨，绿豆7吨，蚕豌豆27吨，红小豆2吨；油料总产量78吨，其中，花生果52吨，油菜籽26吨；薯类总产量264吨，其中，甘薯221吨，马铃薯48吨。

■ **养殖业**：畜牧业以肉牛为主，2014年，饲养肉牛380头，与2013年持平；生猪350头，因猪价下跌，全乡养殖生猪比2013年减少120头，散养户基本消除；散养家禽逐年减少。有肉牛养殖大户1户，存牛30头，肉牛养殖场正建中，可饲养肉牛190头。水产品养殖较为丰富。

■ **林业**：全乡林地总面积23万亩。2010年来，乡党委、政府以打造绿色乡镇为目标，创建宜居陶岭，实施石漠化治理3250亩，退耕还林2140亩，裸露山地造林988亩，全乡森林覆盖率提高22.3%。

■ **工业：**新中国成立以来，陶岭乡先后兴办三味辣椒厂、鞭炮厂等社、乡办企业，后根据国家法规、政策规定和市场变化等原因关闭停产。随着改革开放，产业结构调整，乡域资源优势逐步显现，乡村企业呈现新亮点，个体私营、民营企业快速发展。禾仓精石灰厂于2007年建成，2008年正式投入生产,产品除供应省内常宁市、资兴市、嘉禾县、祁东县，桂阳县以及永州市内的零陵区、冷水滩区、道县、新田县知市坪乡、莲花乡、大坪塘乡和金陵镇等乡镇，远销至广东、广西两省。精石灰厂现有员工35人，近三年平均每年销售8万吨，总收入1600万元。湖南省富林富硒食品有限公司前身系新田县陶鼎红富硒三味辣椒合作社，成立于2008年，为适应市场要求，合作社不断扩大经营范围和生产规模，于2013年注册变更为有限公司。公司现有生产厂房1200平方米，生产加工人员68人，在仁岗村有占地约3000亩的富硒专业生产种植基地，配备独立的生产加工车间，引进多种先进设备和生产技术，常年聘请当地有关技术顾问，返聘农民1360人种植富硒辣椒，现开发种植2000余亩。生产"陶鼎红"辣椒系列产品，采用新田县陶岭乡的三味辣椒，远销新加坡、斯里兰卡和印度尼西亚等国。国家质监总局23号文件认定陶岭"三味辣椒"为国家地理标志产品。2012年峰茂环保砖厂建厂，2013年处于调试阶段，2014年正式生产，是全县唯一一家拥有排污许可证并验收合格的环保砖厂，有员工31人。2014年年末，环保砖产量4000万块，总收入140万元。

■ **商贸服务业：**2014年年末，全乡个体工商户108户，从业人员300余人。全年完成地方生产总值2.15亿元，同比增长11%；财政收入672万元（含上争资金、项目资金），为年初预算的104.6%；农民人均可支配收入5195元，比2013年增收260元。2014年年末，境内信用社各类存款余额590万元，比2013年增长11.3%；各项贷款余额1200万元，比2013年增长27.7%；邮政储蓄银行各类存款余额4500万元，比2013年增长9.8%，无贷款。

■ **旅游业：**东山岭村是七祖活佛郑秀峰故里，村里有秀丽的山水风光、丰富的民间传说和深厚的文化底蕴。2008年与2011年，东山岭村依托秀峰寺成功举办两届"东山岭原生态乡村旅游节"，通过开发挖掘秀峰文化资源，扩大对外交流与合作，在省内外产生一定的影响，为全县旅游事业的发展积累宝贵经验。2011年年底，秀峰寺被永州市民族宗教事务委员会批准为宗教活动场所，为秀峰文化的发展提供良好契机。新田县政府把东山岭村进村公路确定为5.0米宽的旅游公路来建设，使该村的交通条件得到极大改善。东山岭村将"东山岭原生态乡村旅游节"升格为"秀峰文化节"，通过出版书籍《神奇的东山岭》、举办民间艺术作品展、开展民俗风情文艺演出等活动，结合新田县正在开展的孝德文化建设和旅游开发战略，将"秀峰文化节"打造成一个文化品牌，为推动全县旅游事业的发展、促进社会的和谐进步做出贡献。

■ **劳务输出产业:** 1983年，农村剩余劳动力1800余人。1985年开始，乡内农村少数剩余劳动力开始外出到广东等地务工。随后，每年外出务工的农村剩余劳动力逐年增多，2000年，全乡剩余劳动力6000人左右，农闲时短期外出的2000余人，长期外出4000余人。境内长期外出务工人员绝大多数是在广东、上海、浙江等沿海经济发达、劳动力短缺的地区务工，人均年创收入在8500元～1万元左右。2014年，全乡劳务输出7700余人，人均年创收入在2.5万元～4万元。

【基础设施】 ■ **交通运输:** 境内有新嘉公路（省道S215）穿境而过，是连通新田县与郴州市嘉禾县的交通要道，沿线村有富上、彰美坊、陶市、禾仓坊、溪子脚、李家、郑溪、胡头、田美、泥龙头、田心共11个行政村。另有县道新土公路贯穿陶岭，沿线村有大坪、郑家、周家、陶市、禾仓、仁岗、楼下、门背8个行政村，与新嘉公路在和禾仓坊村交汇。全乡村村通公路，村际公路总里程51.5千米。

■ **邮政通信:** 2014年年末，有邮政所1个，报纸、杂志累计期发行32种120份，销售额达3.5万元。移动、联通授权代理商各2家，电信授权代理商1家。全乡市内移动电话用户1987户，联通电话用户1000户，电信手机用户154户，固定电话用户154户，宽带用户88户，有线电视用户40户。

■ **供电:** 2014年年末，全乡23个村通电，其中15个行政村与乡政府驻地村陶市的1台变压器所供用，电户已实施农村电网改造，供用电水平大幅提高，郑家、富上、彰美、东山岭、田心和李家6个行政村电网改造尚未进行，大坪、陶市的另一台变压器所供用电户（包括其自然村唐家湾）进行线路改造但是没有更换电表，电网质量、安全系数相对低下。电力方面总体能满足全乡人民生产生活之需，2012年全乡总用电量2363660千瓦时,2013年全乡总用电量3636400千瓦时，2014年全乡总用电量4545420千瓦时。

■ **饮水:** 陶岭乡春夏降水充沛，但由于河流较少，干旱少雨季节，就成干旱死角。因此，人们利用陶岭的特殊地形，在地势较高的陶岭山上兴修水库山塘，地势高、集水面广，水质天然无污染，是优质的饮用和生产生活用水，其中以狗头窝水库、牛婆溪水库为典型。境内有山塘178口，容量1万立方米以上的有13口，1000立方米至1万立方米的有27口，1000立方米以下的有138口，总水面245亩，总灌溉面积1734亩。全乡小（2）型水库4座，为仁岗水库、上马塘岭背下水库，牛塘水库和石塘狗头窝水库。这4座水库拟在2015年冬季进行除险加固。2014年，加快病险水库除险加固建设进度，申报山塘整修等项目，对大坪、郑家等村进行土地整理总面积达1500余亩，投资250余万元兴修渠道、机耕道，对片区土地进行重新整合和规划。在秋冬农业生产过程中，陶岭乡完成山塘清淤9口，渠道清淤22千米，小水池建设6个，小泵站维修2处，河坝维修2处，村民投工投劳3000余个，在全乡范围内掀起大干水利的高潮。牛婆溪人畜饮水续建工程已经启动，在县水利局完成陶岭乡集中供水项目管网安装（水源点为牛婆溪山塘和井塘水库）与自来水厂建成后，有望在2016年彻底解决11个村8000余人的生产生活用水。整合约400万元对富上、田心、仁岗、东山、彰美、门背等村的“五小”水利设施进行建设，村级“一事一议”奖补70万余元，改善陶岭乡环境，恢复农村秀美面貌。

■ **村镇建设：** 陶岭圩场面积2000平方米，900余人，主要街道总长1000米，集镇街道全部实行水泥路面硬化，有农贸市场、候车室、加油站；投资40余万元装修新的政府办公综合楼，院内新设停车区与休息亭，小食堂、小澡堂、小厕所、小文体室、小阅览室“五小”设施齐备，机关院内绿化、亮化和美化加快，乡镇办公和生活条件改善；于2014年3月26日正式挂牌成立“陶岭乡退役军人之家和陶岭乡青年民兵之家”，并投资20余万元对社会保障服务中心和退伍军人之家暨青年民兵之家进行改造，方便老百姓来乡政府办理相关事务；投入160余万元完成乡卫生院建设；近三年平均每年完成农村危旧房改造60户。

【社会事业】 ■ **教育科技：** 公社化时期，“村村办学”，因计划生育人口减少，缩减为“数村一校”。文化大革命时期乡内曾开设高中、初中和中心校。2014年年末，有幼儿园3所，其中，陶市村两所，智慧树幼儿园在园幼儿160人，专任教师5人，童乐幼儿园在园幼儿50人，专任教师3人，田心村金色摇篮幼儿园在园幼儿80人，专任教师4人；中心校1所，在校学生740人，专任教师45人，小学适龄儿童入学率100%；中学1所，在校学生306人，专任教师35人，初升高率62.7%。政府财政预算内教育经费占财政总支出的0.4%。

■ **文化体育：** 文化设施逐年改善，2014年年末，有乡文化广播电视站1个，村级文化活动中心6个，各类文化专业户2户，各类图书室23个，藏书30余万册，音乐、美术、书法、摄影及文学业余创作队伍达28人。2014年末仁岗、楼下、大坪、陶市、李家、田心和石塘共7个行政村建成篮球场。全乡所有行政村都配备远程教育和文化资源共享设备。

■ **医疗卫生：** 建成城乡医疗体系，人民健康生活得到改善。2014年年末，有各级医疗卫生机构22个，其中，乡卫生院1所，村卫生室所21个。乡卫生院有专业卫生人员12名，其中，执业医师2人，执业助理医师6人；病床15张，全自动血液分细胞析仪、尿液分析仪、离心沉淀机、电解质心电图仪等医用设备各1台，救护车1辆。2014年乡卫生院完成诊疗6083余人次。新型农村合作医疗参合人数15933人，参合率98.3%。

■ **社会保障：** 2014年，全乡干部职工年平均工资3万元，农民人均纯收入2520元，人均住房面积50平方米。城镇最低生活保障户数19户，人数19人，支出47880元，同比增长8%，月人均210元；农村最低生活保障户数1307户，人数1440人，支出1755144元，同比增长33%，月人均99元。农村“五保”集中供养32人，支出23.8万元，同比增长9%；农村“五保”分散供养29人，支出76560元，同比增长33.3%；

农村医疗救助52人次，民政部门资助参加合作医疗1549人次，共支出248460元。国家抚恤、补助各类优抚对象70人，抚恤事业费支出233520元，同比增长46%。有敬老院1家，床位30张，收养农村“五保”人员32人。参加新型农村养老保险5906人，参保率97.5%。2012年1月7日陶岭乡成立驻花都流动党支部、人民政府办事处、流动人口计划生育协会、社会管理综合治理办公室、法制宣传办公室。

知市坪乡

【概况】 ■ **建置沿革**：知市坪乡在明崇祯十二年（1639）前属宁远县，是年新田置县，属之；清朝大部分属南十都，机丝墟为商品交易中心；解放初属第五区；1956年撤区并乡后设邓家村乡；1958年归新圩公社辖；1961年从新圩公社分出设邓家村公社，因驻地在定家村，而方言“定”与“邓”同音，故取名邓家村公社；1969年公社驻地迁往千山，公社名称改跃进；1971年驻地迁往知市坪，公社仍袭原名；1981年以驻地名代替原公社名；1984年撤社为乡。

■ **行政区划**：辖知市坪、山下、山口、小明路、黄家舍、石溪、龙溪、板溪、大山银、定家、齐家、龙井塘、王家寨、白杜窑、窑头、冷水塘、大富山17个行政村，45个自然村，155个村民小组。

■ **位置面积**：知市坪乡位于湖南省永州市新田县东南部，乡人民政府驻地知市坪村距县人民政府驻地龙泉镇16公里。乡境东、北与郴州市桂阳县毗邻，南与新隆镇、高山乡接壤，西与大坪塘乡为界。地理坐标为：东经112°18'54～112°21'54，北纬25°49'30～25°53'6。辖区总面积43平方公里。陆地占99.2%；水域0.8%；耕地1058公顷，其中，水田657公顷，旱地401公顷,林地面积2269公顷。

■ **人口民族**：全乡4645户，20703人，辖区常住居民19990人，人口密度为每平方公里392人。居民以汉族为主。方言以桂阳话为主，部分村落沿用新田南乡土话，集镇有部分居民使用新田官话。桂阳方言接近桂阳县流峰片，明显特点是：有大量的鼻化韵。

【自然环境】 ■ **地势**：境内地势北高南低。地形以丘陵山地为主。境内最高峰位于白杜尧村雄鸡仙岭。

■ **河流**：境内河道属潇水流域。5条溪流纵横全境，地下水资源丰富。

■ **气候**：知市坪乡地处中亚热带大陆性季风湿润气候区，气温较高，严寒期短，夏热期短，春温多变，寒潮频繁，夏季多雨，夏秋多旱，光照充足，无霜期长，四季分明。全乡境内大部分地方年平均气温17.6℃～18.5℃，日最低气温在0℃以下只有8～15天，无霜期286～311天。年平均降雪日数4～7天，极端最低气温－4.9℃～－8.4℃。

■ **土壤**：土壤类型主要有第四纪红土壤、青泥田土、黄沙泥土等8个土类，其中，以黄沙泥土面积分布最大，占全乡土壤面积的70%以上。

■ **日照**：全县年平均日照时数在1384.1～1688.0小时之间。夏秋最多，冬春最少，7、8月是日照最多的月份，一般在200小时以上，2月份日照极少，在53.7～58.9小时之间。

■ **降水**：全乡年平均降水量在1279.6毫米～1527.2毫米之间，降水主要集中在春夏雨季，约占年总雨量的70%，秋冬雨季约占30%，其中春多于夏，秋多于冬，降水最大的月份在4月或6月，最少在1月或2月，降水在春夏之交，尤以4～6月降水最多，占全年总量的40%。全乡雨季一般3月中、下旬开始，6月底结束。

【经济发展】 ■ **农业**：农业人口19990人，占总人口的96.5%；耕地面积15870亩，人均0.79亩。粮食作物以稻谷、大豆、红薯为主，2014年粮食总产量2026.45吨，其中，稻谷1096吨，薯类476.5吨。经济作物有油菜、花生、烤烟等，2014年烤烟产量48万公斤。

■ **林业**：林地总面积2269公顷，实施退耕还林2550万亩、2014年年末，森林覆盖率86.3%。

■ **畜牧水产**：畜牧业以猪、黄牛、水牛、黑山羊为主。2015年，饲养生猪4100头、黄牛600头、水牛78头、黑山羊1000只。

■ **劳动力转移**：党的十一届三中全会后，知市坪乡外出打工人员日渐增多，主要到广东学做沙发的手艺和从事家私产业，其中以沙发制造为主，知市坪乡由此被誉为"沙发之乡"。

【基础设施】 ■ **供电**：全乡村村通电，电力方面总体能满足全乡人民生产生活之需。

■ **道路**：境内有县道X043穿境而过。全乡村村通公路。

■ **水利**：境内有小型水库1座，小（2）型水库7座，骨干山塘55口。其中，下圩水库位于知市坪村以东，下圩村以北，山下村以西，解放初修建，是知市坪乡最大的蓄水工程，是流经乡域的江河源头。龙脑背水库位於冷水塘村龙脑背岭上，修建於1958年，属小（2）型水库，总库容24.6万立方米，有效灌溉面积800亩，受益人口2000人，该水库由内、外2个水库连接而成。

■ **村级活动中心**：全乡17个行政村，除齐家村的村活动中心重建工程仍未完工外，其他16个村都有功能较为完善的村级活动中心，且有藏书2000册以上的农家书屋及其他相关配套设施。

■ **乡便民服务中心**：2014年，知市坪乡党委、政府筹集资金60余万元，将原职工住宿办公一体的综合服务大楼进行旧房改造，把一楼全部改为4个80余平方米的办事大厅，成立便民服务中心。2015年4月，便民服务中心正式开放使用。人口和计划生育服务中心、人力资源和社会保障服务中心、乡财政、中国农技推广中心4个办事大厅，设办事窗口23个，每个窗口安排业务人员对口接待办事群众，将办事流程，服务人员、服务制度公开。针对赶集日办事人员多个别窗口需要排队等候的情况，乡党委、政府在每个大厅内安放两套茶几靠椅设置等候区，每个大厅都有饮水机，以"一站式"服务让广大群众来办事省时、省力、便捷。将原来临街1座建筑面积近800平方米的旧办公大楼拆除进行绿化，新建停车位20个。

■ **知市坪乡敬老院**：2014年，改造该乡敬老院被列为为民办实事项目，共投入建设资金290余万元，新建宿舍两栋共1400平方米，有40个房间、80张床位，综合活动场所1幢500平方米，以及其他配套设施，可入住对象80人。2015年4月，新敬老院正式投入使用，有22名"五保"老人入住。敬老院配套设施齐全，有阅览室、医务室、会议室、活动室、健身室、电视室、公共淋浴室、保管室、餐厅等，房间内配有卫生间、衣柜、吊扇、电视、桌凳等生活用品，院内装有太阳能热水器、电热水器随时有热水供应。敬老院管理规范，制订“八项制度”“九个职责”，且各种制度、职责上墙公示；院民档案健全；院内应急设施齐备，值班巡查保卫制度落实到位。敬老院以供养“五保”老人为己任，发挥集中供养“五保”对象的作用，积极探索新型养老模式，是农村“五保”老人理想、幸福的养老家园。

■ **知市坪乡自来水工程：** 知市坪乡是新田县著名的干旱乡，用水十分困难。2014年，自来水工程项目经过勘测，选址知市坪村大岭头山，山涧水源优质，植被良好、无污染，水质符合生活饮用水标准。工程建设包括水井、管理阀、加油阀、过滤池、沉淀池、清水池等设施，并铺设管道4000米，总投资320万元，占地面积10亩，其中，征地6.5亩，净水池日供水量达380立方米。该工程于2014年9月正式开工，现主体工程基本完工，尚未通电，安装水管即可进行工程试水。工程全面竣工后，可保障知市坪村、山口村近3500人用上安全洁净的自来水，解决村民生产发展生活用水需求，加快知市坪村民脱贫致富奔小康的进程。

■ **知市坪乡中心幼儿园：** 2012年8月，新田县教育局联合知市坪乡人民政府建设乡中心幼儿园。知市坪乡中心幼儿园位于知市坪乡集镇，占地面积约8亩。一期工程投入资金近300万元，完成土建工程、水电安装、附属及配套设施等项目建设；2014年8月主体工程建设完工，进行园内装修工程。中心幼儿园规划设计标准高，辐射带动能力强，开设6个班，可容纳200余名幼儿，目标打造成一个省级示范性幼儿园，可解决乡域5公里以内幼儿“入园难”问题，是一项普惠乡村广大人民群众的利民工程。2015年9月，知市坪乡中心幼儿园开园。

■ **邮电通信：** 有邮政代办所1处，报纸、杂志累计期发行64种。通邮、通电、电视、电话已全面普及，全乡有有线电视用户1000户，程控电话600多户，手机用户350户。

【社会事业】 ■ **教育：** 2014年年末，有幼儿园3所，在园幼儿136人，专任教师7人；小学6所，在校学生236人，专任教师47人，小学适龄儿童入学率100%。政府财政对教育的资金给予充分保障，预算内教育经费占财政总支出的4%。知市坪中学是该乡唯一一所中学，位于乡中南部，距离乡政府驻地约4公里。该校占地面积3.75公顷，有教学楼1幢，科技楼1幢，学生宿舍2幢，教师宿舍1幢，多功能操场1个，电教室、图书室和实验室设施齐全，学生约1000人，教职员工58人。

■ **文化体育：** 2014年年末，有村级文化活动中心17个，各类文化专业户50户，各类图书室17个，藏书30余万册。

■ **卫生：** 2014年年末，有各级医疗卫生机构15个，其中，乡卫生院1所，村卫生室所14个。病床25张。专业卫生人员25名，其中，执业医师4人，执业助理医师6人。2014年，医疗机构完成诊疗4100余人次。新型农村合作医疗参合人数2.92万人，参合率92%。

■ **人民生活：** 2014年，全乡干部职工年平均工资2300元，农民人均纯收入2250元，人均住房面积50平方米。城镇最低生活保障户数9户，人数10人，支出2.772万元，同比增长8%，月人均210元；农村最低生活保障户数1377户，人数1601人，支出112.9万元，同比增长33%，月人均120元。农村“五保”集中供养15人，支出30.3万元，同比增长9%；农村“五保”分散供养89人，支出4.356万元，同比增长33.3%；农村医疗救助28人次，国家抚恤、补助各类优抚对象115人，抚恤事业费支出14.5万元，同比增长46%。有敬老院1家，床位80张，收养农村“五保”人员22人。参加新型农村养老保险8450人。

金盆圩乡

【概况】 ■ **建置沿革：**乡沿用驻地自然地名。金盆圩因地处山中盆地，金盆意喻地肥景美，又开过圩场，故名。乡境解放初属第四区，1956年撤区并乡后设陈晚乡。1958年归石羊公社管辖。1961年从石羊公社分出单置公社，因公社驻地在徐家铺，取名徐家公社。1970年改前进公社。1975年驻地迁往陈晚村，仍为前进公社。1981年地名普查时因同名改为金盆圩公社。1984年撤销公社改置金盆圩乡。

■ **行政区划：** 乡人民政府驻地陈晚村，辖陈晚、陈维新、徐家铺、大坪、下塘窝、李进、奉家、和平、黎家湾、河三岩、青山坪、徐家、刘志孙、李千二、云砠下、金盆窝、骆伯二、骆铭孙、陈继、新民20个行政村，56个自然村，178个村民小组。

■ **位置面积：**金盆圩乡位于县境西南端，乡人民政府驻地距县城38公里。乡境东邻石羊镇，西、南与宁远县交界，北与十字镇、枧头镇毗邻。全乡总面积48.88平方公里。地理经纬度，东经112°13′～112°20′，北纬25°66′～25°46′。

■ **自然环境：**乡境系丘陵地带，四周高、中间低，一般海拔300米左右。石灰岩分布广、土壤以红壤为主。属亚热带季风湿润气候，其特点四季分明，春夏多雨，夏秋凉爽；秋季干旱，霜雪较少，日照时间长，多年平均气温19.5摄氏度。

■ **人口民族：**2014年末，辖区总户数7675户，其中农业户7423户，非农户252户；总人口27066人。其中，男性14572人，占53.9%；18岁以下7288人，占27%；60岁以上3166人，11.7%。汉族占绝大多数。

【经济发展】 ■ **经济综述：**2014年，全乡实现地方生产总值1.9亿元，同比增长12%；地方财政一般预算收入完成320万元，同比增长14.2%；农民人平纯收入2813元。乡党委、政府坚持优化以烤烟、油茶、水稻三大产业为主，畜牧水产、经济林果、蔬菜药材为辅的“三主三辅”农业产业化发展格局，发展壮大特色优势产业。2014年，全乡烤烟种植面积3250亩，实际收购36.5万公斤，为农民创收1800余万元；引进中联天地等数家油茶开发公司，在刘志孙、李千二、下塘窝等村流转土地1.2万亩用于油茶开发；以下塘窝村为中心的蔬菜种植规模达1600亩。引进温氏集团种猪场落户骆铭孙村，用地1800亩，计划投资1亿元，将建成年出栏仔猪30万头的种猪场。与此同时，畜牧水产、经济林果、养殖药材等传统特色农业健康发展。

■ **农业：**农业人口25694人，占总人口的95.1%。耕地面积21687亩，人均0.84亩；有效灌溉面积11430亩，流转面积3390亩，种植大户16户。2014年，农业总产值7121万元。粮食作物以稻谷、玉米、薯类、豆类为主，粮食总产量11561吨，人均450公斤，其中，稻谷9497吨，玉米1034吨，薯类405

吨，豆类627吨。农民耕作一年分两季，春夏季种植烤烟；烟后插水稻，俗称“烟后稻”。经济作物有烤烟、油料、蔬菜、瓜果等，完成烤烟收购36.5万公斤，油料产量84吨，蔬菜产量6866吨，瓜果产量514吨。

■ **林业：**林地总面积3.3万亩，实施退耕还林2100亩、多年植树面积达2万余亩，林地主要树种以马尾松、杉树、油茶林为主。2014年末，全乡森林覆盖率66.3%，活立木蓄积量28万立方米。

■ **畜牧水产：**畜牧业以牲猪、牲羊、家禽为主。2014年，出栏生猪16038头，出栏羊350只，出栏家禽112400羽，禽蛋产量39.2吨。耕牛存栏334头。水产养殖总面积2114亩，产量231吨。

■ **商贸财政金融**:2014年年末，全乡金融机构1家，邮政代办点1个，居民储蓄存款余额1125万元。规模以下企业9户，从业人员133人。个体工商户50户，从业人员110人，其中，批发零售业47户，从业人员101人，餐饮服务行业3户，从业人员9人。

■ **劳动力转移：**20世纪80年代，乡农村富余劳动力为增加家庭经济收入，自发向沿海发达地区转移就业。2014年年末，转移输出人数达7856人，人均年创收入在2.5万元～3万元，务工地点以广东清远和东莞居多。针对在外务工的流动党员较多的情况，乡党委在清远和东莞两地分别成立驻外流动党员党支部。

【基础建设】 ■ **交通运输：**县道 X046穿境而过，西连十字镇东接石羊镇、嘉禾县，是全乡通往外界的交通要道；乡政府驻地陈晚村有定时班车来往县城，全盆圩乡争取列入全县农村赶集客运试点乡，群众出行更加安全便利。全乡村村通公路，公路总里程68公里，实现行政村通水泥路100%。

■ **供电通水**: 2014年年末，全乡村村通电，部分村实施农村电网改造，供用电水平大幅提高。电力方面总体能满足全乡人民生产生活之需，全乡总用电量102万千瓦时。境内地下水资源较丰富，全乡有老井51口，基本设有饮用水水源保护标志。随着生活条件的改善，村民自行拉管抽井水到家，结束“吃水担水”的历史。2010年，投资200万余元实施集镇集中安全饮水工程，覆盖乡属单位、4个行政村，受益人口7000余人。

■ **水利建设：**境内溪流较少，大都以井为源头，较大者为李进水。全乡有1座中型水库——立新水库，但金盆圩乡是非受益区；2座小（1）型水库——赵家水库、东岭水库，5座小（2）型水库，76口骨干山塘，2条较大溪流适合灌溉。受自然条件差的制约，干旱时有发生。乡党委、政府充分利用国家扶贫、新农村建设、“五小”水利建设等政策，上争项目，下筹资金，整治山塘105口，提质加固渠道19处，共50余千米；实施2座小（1）型、1座小（2）型水库除险加固工程。2014年11月，启动投资近800万元的小农水整治项目，涉及全乡8个村，整治河道9千米，项目区涉及农田面积约5000亩、山塘26口、支流5条。小农水等项目的实施极大地改善全乡生产生活用水状况。

■ **村镇建设：**2014年，村级道路基本实现水泥路面硬化，唯有通往黎家湾村接宁远的通乡路未硬化；乡级养老院和投资140万元的乡卫生院住院大楼建设项目完成；投入200万元的乡级公租房项目正在加紧建设；完成农村危房改造项目410户；利用“一事一议”项目财政奖补资金，逐步实现各村村级道路硬化、山塘整修、机耕道兴建、渠道整修等工程，全乡基础设施逐步完善。

【社会事业】 ■ **教育科技:**2014年年末，有幼儿园5所，在园幼儿313人，专任教师20人；小学14所，在校学生1613人，专任教师74人，小学适龄儿童入学率100%；初级中学1所，在校生624人，专任教师54人。政府财政对教育的资金给予充分保障，预算内教育经费占财政总支出的3.5%。

■ **文化体育:** 2014年年末，有乡文化站1个，村级文化活动中心16个，各类文化专业户14户，各类图书室20个，藏书30余万册，音乐、美术、书法、摄影及文学业余创作队伍达25人。

■ **医疗卫生:** 2014年末，有各级医疗卫生机构11个，其中，乡卫生院1所，村卫生室所26个。病床25张。专业卫生人员13名，其中，执业医师1人，执业助理医师5人。2014年医疗机构完成诊疗11200余人次。新型农村合作医疗参合人数18764人，参合率90%。

■ **人民生活:** 2014年，全乡干部职工年平均工资2.6万元，农民人均纯收入2813元，人均住房面积32平方米。城镇最低生活保障户数12户，人数15人，支出4.5万元，同比增长8%，月人均250元；农村最低生活保障户数1801户，人数2023人，支出242.7万元，同比增长30%，月人均100元。农村“五保”集中供养165人，支出47.8万元，同比增长9%；农村“五保”分散供养33人，支出6.6万元，同比增长33.3%；农村医疗救助44人次，民政部门资助参加合作医疗590人次，共支出3.5万元。国家抚恤、补助各类优抚对象44人，抚恤事业费支出14.5万元，同比增长46%。有“五保”之家3家，床位30张，收养农村五保“五保”人员27人。参加新型农村养老保险10567人，参保率91%。

高山乡

【概况】 因乡政府驻地在高山村而得名。

■ **建置沿革:** 明崇祯十二年（1693年），由宁远东南部、桂阳西部部分地带设置新田县。民国后期，新田设一镇六乡，现高山、陶岭一带为三合乡，下设保甲制。新中国成立后，境内行政区划频繁变更。1949年11月，全县划为4个区，区政府驻石古寨，辖高山、陶岭、石羊一带。1950年5月，全县改为5个区51个乡。今高山乡的石门头、何昌、何佑、秀岗、洪仁、塘下、邝家、新老胡家、下村、水富头属四区；周家、程家、石古凤、梅家、洞水、高山、三千圩属五区，区政府驻大凤头。1952年～1953年，区、乡调整。1956年5月，撤区并乡、水富头、新老胡家、邝家、塘下、洪仁、秀岗、何昌、何佑划为陶岭乡，洞水、高山、石古凤、梅家、周家、程家、石门头划为龙会寺乡。1958年9月，龙会寺乡、大坪塘乡、邓家村乡、新圩乡四乡合并为新圩人民公社。1959年3月，新田、桂阳合并。1961年7月，恢复新田建制，属郴州专区。1961年7月，撤销大公社，从龙会寺乡、陶岭乡各划一部分村增设高山人民公社。高山公社辖14个生产大队，1个农科所（三千圩），113个生产队。1962年12月，新田县由郴州专区划归零陵专区，高山乡随改之。1984年4月，体制改革，高山人民公社改为高山乡人民政府，原大队改为行政村，设村主任，生产队改为村民小组。全乡15个行政村，32个自然村，115个村民小组。

■ **行政区划：**辖高山村、石门头村（含石门头、大元里、断尾桥、石塘）、何佑村、何昌村、秀岗村、洪仁村、塘下村（含塘下、老胡家）、邝家村、龙山村（含新胡家、下村）、洞水村（含洞水、水富头）、石古凤村、梅家村（含梅家、塞口、王家、李家）、程家村（含程家、洪城、畔红、平头洞、粗石岭）、周家村（含周家、长冲岭、沙平头、枫木洞、大山仁）、三千圩村。

■ **位置面积：**位于新田县东南部，东经112°20′54～112°16′35，北纬25°49′48～25°49′32。地处丘陵地带，东与知市坪乡、新隆镇接壤，南与陶岭乡交界，西邻石羊镇、新圩镇，北毗大坪塘乡。辖区总面积29.52平方公里（折合43665亩），其中，陆地41716亩，占95.5%，水域1949亩，占4.5%。耕地面积9552亩，其中稻田8287亩，旱土1683亩。

■ **人口与民族：**户籍人口15323人，常驻人口10345人，其中，男8581人，占56%，女6742人，占44%。民族以汉族为主，占全乡人口99.01%，其中，壮族1人、满族6人、瑶族6人、布依族6人、侗族1人。

【自然环境】 ■ **地形地貌：**地势较为平坦的丘陵地（海拔200米左右），最高的山为粗石岭（海拔296.7米），最低地石古凤（海拔152.6米）。何佑、何昌、石门头、三千圩（含三千洞）属溶蚀平原，占全乡总面积1/4。从周家、程家、王李家、三千洞到秀岗、洪仁一带山脉呈红壤山脉走向。

■ **气候与日照：**境内属中亚热带湿润季风气候，其特点是春季寒潮频繁，天气阴晴多变，气温升降无常，夏秋多干旱，冬季干冷少雪，四季分明。年平均气温22℃，1月最低，平均9℃；7月平均气温28℃，极端气温40℃（1998年、2003年）；极端最低气温－3℃（1957年、1990年2月）。年无霜期325～330天。年平均雨量1400毫米，极端最大降雨量2160毫米（1994年），极端年份最少降雨量748.9毫米（1963年、2011年）。年日照时数1680小时以上，太阳幅射值111.93千卡/平方厘米；全年蒸发量1446.5毫米，极易夏秋干旱。年际变幅17.4℃～19℃。年生长期为246天，最短206天，最长305天。

■ **河流：**境内流经河流属湘江流域春陵河的春陵水（又名新田河），由西向东流经粗石岭、周家、程家、塞口、石古凤进入新隆镇、桂阳，进入耒阳春陵河，境内全长6.5公里。第二条河钟水，从嘉禾进入心安入桂阳，全长2.5公里。小溪2条，一条从陶岭富上村进入洞水村，到石古凤进入新田河；一条从新亭岭水库流经秀岗、何昌、何佑、石塘、石门头到粗石岭进入新田河。遇干旱年景，小溪常常断流。

【经济发展】 ■ **农业：**境内以稻谷、烤烟、黄豆为主的农产品。20世纪50年代，水稻品种均是高杆，麻谷粘、桂东粘、长沙禾等，极易倒伏。60年初，推广矮杆品种。如湘矮早、珍珠矮、农垦五八等，产量高，不易倒伏，并开始推广双季稻，改水稻一熟为两熟。1977年推广杂交稻，第一年播种时一粒一粒的摆在苗床上，叫“摆播”。全公社当年增产110万斤。1985年，全乡全部实现早、中、晚稻杂交化，双季稻每亩产量过千斤。2001年起，高山乡调整产业结构，逐渐形成“一村一品”的新格局。2001年从广西引进马蹄，试种成功。清甜可口的马蹄，作早稻和烤烟后庄作物，每亩可收入2000元～3000元，深受农民欢迎，成为高山乡畅销的绿色食品。以石门头为马蹄种植专业村，洪仁、何佑、何昌、秀岗、洪仁为烤烟种植专业村；周家、程家、梅家、洞水等为优质稻种植专业村；石古凤为农产品购销专业村。2002年，从江西引进灰鹅200羽，试养成功。1976年冬，高山公社租用何佑、何昌、下村、新胡家四村三百余亩红壤山地建立“高山村柑桔场”。县农业局提供苗木。1982年开始大量挂果，后产量逐年增加，到1989年产柑橘105万斤。高山蜜橘，清甜可口，深受全县人民青睐，1999年省农博会上，得到专家肯定，签回一大批订单，主销广东与邻近县市。由于柑橘树的生长寿命是25年左右，2005年，桔梗树逐渐老化。2006年，何某重新承包这片残桔林，种柑橘苗200亩，红心桃、桂花等多种果木，2009年开始挂果，2014年，产蜜橘1万多斤。2012年，总产量粮食69885吨，烤烟15.5万公斤，产值375万元。2013年，生猪饲养大户8户，年生猪饲养量6540头，年存栏1950头；养牛520头，年存栏352头。2014年，全乡农业总产值1.36亿万元，同比增长12.1%，农民纯收入4080元。

■ **林业**：2002年，全乡启动退耕还林和荒山造林工程。2014年，退耕还林、荒山造林、生态林7506.7亩。1984年，全乡集体所有山林，除留足集体的山林外。给村民划定自留山，由县人民政府发给“山林权属所有证”。至2014年，全乡发证15025亩。通过退耕还林、荒山造林、生态造林，辖区已消灭荒山，森林覆盖面积已达70%，从周家至洪仁一带红壤山脉已全部绿化。2014年，全乡各村均配备专职防火员，从2005年至今未发生森林火灾，并受到市县森林防火指挥部嘉奖。

■ **金融、财政**：辖区内金融机构有信用社。2014年，各类存款余额3006.5万元，各类贷款余额2085.7万元。乡财政收入192万元，比2013年增长8%。2014年地方财政收入243.66万元。全乡农业总产值1.36亿元，同比增长12%。农民纯收入人均4050元。

■ **劳务输出**：1984年农村推行联产承包后，开展出现剩余劳动力。1986年开始外出务工的剩余劳动力逐年增多，到2012年各村在家务农的都是50岁以上的人，很少有年轻人在家务农。境内务工农民大多数在广东沿海地区，一般外出务工农民人均创收在3万元～8万元之间。现今，“空巢”老人和留守儿童已成为社会普遍关心的热点问题。

【基础设施】 ■ **道路**：解放初期，境内全是羊肠小道。一条石板路从心安经洞水石门头直达县城。往来行人和客商都是肩挑走在泥泞道上。新田河经过境内常有货船直通县城和衡阳。从1949年至1969年，高山乡交通仍十分闭塞。到县城20多公里都是步行。1953年征交公粮，农民肩挑送到宁远县城；1954年肩挑送到毛里坪（25公里）；1955年后肩挑送到石古寨（公里）；1973年还要挑送到心安粮库（6公里）和新圩粮库（5公里）。1969年高山公社发动全公社社员自筹资金修建新圩至高山的简易公路。当年高山建粮库。2001年～2002年县道大田公路修通，北从大坪塘经高山、圹下南到陶岭乡。2003年～2005年新嘉二级公路修通，途径何佑何昌、秀岗、洪仁、塘下村。高山乡境内5.9公里，到塘下与大田公路连接。从2005年起，经过7年的建设，到1912年全乡各行政村通畅工程全部完成，到2014年，全乡32个自然村全部实现水泥公路。

■ **水利**：解放前，高山乡水利条件极差，素称“十年九旱，干死蛤蟆，饿死老鼠”的地方。新田河擦肩而过，一些山塘、小溪解决不干旱年月。1959年修建新亭岭小（1）型水库，蓄水127万立方米。2009年至2012年水库排险和渠道改造工程投资380万元，左右干渠延伸5公里，解决全乡半数农田灌溉。新田河边的周家、程家修建拦河坝加上电排，解决两村2500余亩农田用水。石古凤河堤解决石古凤360亩农田用水，占全村农田用水三分之二。塞口电排灌溉农田100余亩。2006年，三千洞农田整理127公顷，投资380万元。2011年，投入农业开发资金800余万元，对烟（水）路（机耕道）水渠进行配套，涉及全乡10个村。国家每年下达40万元～80万元专项资金进行农田基本建设。至2014年，全乡人畜饮水还有三分之一的村子没有解决。大旱年紧，仍存在旱灾威胁。

■ **供电**：2000年，由国家投资，全乡实现电力改造。电费由原来的1.2元/度和1.4元/度降至0.58元/度。

■ **村镇建设**：2014年，邝家村新农村建设试点起动，实现四通八达水泥路、自来水供应、空心村改造、建成篮球场、农家书屋、幼儿园、老年人活动中心、合作医疗室等。全乡32个自然村均设有垃圾池、配清洁员1名。各村清理消防圹38座。全乡有大巴、中巴客车15辆，小车、摩托遍布各村。辖区邮电所1处，电信、移动各1家。电话、移动电话覆盖各村。

■ **集贸市场**：乡级市场三千圩，建于民国24年（1935）。1994年通过改造、征地8亩，迁移民宅8户，新增铺面15个。2012年政府投资50万元市场建设。加上市场处于全乡中心地带，县乡公路呈十字形于圩场边，交通便利，圩场日趋繁荣，营业额急速上升，2014年达3000余万元交易额。

【社会事业】 ■ **教育**：清光绪十八年（1892），由地方绅士在洪仁村创办“文化书院”。是新田县办学最早的学校之一。校长何筱山（何祥人），主讲邝玉阶（邝家人）。清末民国初期，境内有私塾5处。1929年，在武昌驻防的第二军第九师54团郑作民带头捐资三百元，联合石古凤村郑振声、洪仁村邝昭等创办“南华高小”（后改为南七中学，设在新圩）。1913年，洞水村、石古凤村开办全县首批村级小学。至1952年全乡村级小学共有21所，各村办学之风盛行，学校设有“学田”，用以补充教学设施及教师工资。解放前，村级小学只设四年级（即读八册），五、六年级属高级小学。新隆、陶岭、高山、新圩一带的五、六年级学生必须到塘下附近的清泉庵中心小学读书。1961年，在高山村小学设立五六年级班（完全小学）。1964年起，高山完全小学逐渐发展，至2014年已发展到15个班。适龄儿童入学率100%。1964年兴建高山中学，通过50多年的发展，高山中学已拥有2幢教学楼，综合楼、电脑教室、学生宿舍、教工宿舍、音乐室、化学实验室、物理实验、电脑室、仪器室、多媒体教室等多功能各式1间。在校生590人，专职教师30人。小学升初中九年制教育覆盖率100%。辖区有中心幼儿园1所，在园幼儿95人，专任教师7人。村级幼儿园5所，在校幼儿180人，专任教师10人。2014年，县政府配给小学校车1部，专门接送学生。敦朴的教育风气造就高山学子奋发读书的浓厚情怀。塘下村，100来户，300多口人，近十年来，出现20多位大学生、,1位留美博士。连续4年，年年有上线本科生。2011年，“五朵金花”（五位女生）均考入本科。单亲母亲邝土贞，在县城当清洁工，2个女儿分别考取本科（一位湖南工程学院化学系，一位华中科技大学）。石塘村，110户，460人，1925年就开办小学。民国时期，出现3位国民党军校校官（黄埔六期、八期毕业生二人）。改革开放后，全村考上大中院校的有30多人。半文盲何三富，3个儿女却考上大学本科……有诗赞曰：“兴农重教气昂昂，人杰地灵代代扬。早见英才荣故里，继来学子竟高黉。文明世代千般顺，勤俭治家百业昌。国运隆隆时运好，康庄道上奋图强”。

■ **医疗卫生：**1962年，高山公社建立第1所卫生院，有医生3名，在三千圩借租民房。1967年建立新卫生院。1971年各大队办起合作医疗。开始培养乡村医生。全社有赤脚医生32人。接生员15人。1981年合作医疗停办。到2010年，全乡防疫员、个体医生24人，统一由卫生院培训管理。2005年推行新型合作医疗，全乡参加合作医疗人数逐年增多。2014年，参合人数98%，参合人员报销医药费逐年增多。国家投入26万元，于2006年改造旧卫生院工程，兴建楼房,1幢，新增X光机、心电图、尿液析仪、B超，新增床位20张。2013年，卫生院搬迁到原乡政府驻地，面积增加7倍，医务人员已增至10余人，配有防保、幼妇保健、医疗、护理、合管办等专职人员。2010年，省卫生厅配给卫生院120救护车1辆。

■ **社会保障**：全乡享受低保生活保障困难户1130人。“五保”老人68户，72人，每人每年发放养老金2480元。全乡抚恤补助各类优抚对象64人。优抚事业费支出10余万元，社会福利费20余万元。2014年，全乡交纳养老保险金5681人。占全乡98%的老年农民养老金发放1773人，城镇户53人。

■ **文体宗教：**新中国成立之前，辖区很多民间艺人活跃乡间。各村在农闲和春节期间都有文艺演出活动。秀岗的花灯戏、金毛狮子；圹下的南岳狮班；何佑、邝家、石门头、高山的祁剧团；洪仁、石塘、洞水的南岳狮班；老胡家的花鼓戏等在1962年、1975年重新组建演出。2013 全乡15个行政在都建立篮球场和“农家书屋”。辖区的宗教活动主要以道教为主。新中国成立之前，辖区有庵庙5处，1950年先后改为学校或折除。现有居家道士（师公）2人，专为民间丧事安葬做道场超度亡魂、镇宅、谢龙神、还愿等宗教活动。

门楼下瑶族乡

【概况】 ■ **建置沿革：**门楼下瑶族乡，因原有一座大门楼（牌坊）而得名，解放前一部分属于仁智乡，一部分属于崇益乡。解放初期分属一区和二区管理。1956年11月成立门楼下民族乡，1958年9月改称团结人民公社，1968年至1981年为门楼下公社。1982年1月成立门楼下瑶族人民公社，1984年改成瑶族乡建制，是全县唯一的少数民族乡镇。

■ **位置面积：**位于东经112°7′30"～17′59"之间，北纬25°58′59"～26°7′20"之间。新田县境北部高寒山区，北与郴州市桂阳县杨柳瑶族乡、衡阳市常宁塔山瑶族乡、祁阳县晒北滩瑶族乡毗邻，东与本县金陵相接，西南与骥村镇、龙泉镇相连。乡政府所在地门楼下村，距县城龙泉镇19公里。全乡面积127平方公里,境内山地宽田土少，总耕地面积4068亩，其中水田1865亩、旱土2193亩。

■ **行政区划:** 2014年年末，辖门楼下、李北坑、起头岭、上里源、青皮源、小桥岭、长田、小水岗、大桥边、竹林坪、漕头源、马家、高岱源、鲁塘、泥塘、刘家、枫树脚、舍子源、三塘源、坳背20个行政村，1个居委会，118个村民小组，328个自然村。

■ **人口民族:** 门楼下瑶族乡为农业乡， 2014年年末，辖区总人口9035人，总户数为2501户，其中农业人口为8613人，占总人口的95.7%。总人口中男性4653人，占51.5%；女性4382人，占48.5%。总人口中以瑶族和汉族为主，瑶族5221人，占57.8%；汉族3814人，占总人口的42.2%。门楼下瑶族为秦时和唐朝时期从江浙、洞庭湖沿岸迁徙而来。旧时瑶族多无土地，只能租土借种，每当一处垦种成林，不能再种杂粮之后，又要迁徙到另一处租土垦种，终生要搬家许，故称之为“过山瑶”。

【自然环境】 ■ **地貌:** 境内山地19.087万亩，森林覆盖率为90%。境内九峰山群峰环绕，东西相距35公里，南北横贯32公里，地形呈梯形状，全境群山逶迤、山峦重叠、坡陡谷深、极少平地，最高山峰天岐岭海拔985米。

■ **河流:** 全乡有大小溪流33条，汇合成三大水系，分别汇集于舂陵河、茶陵河后流入湘江。

■ **气候:** 属热带湿润季风气候区，全年气候具有温暖湿润，具有四季分明，光照充足，热量丰富，雨量充沛，雨日偏多，冬暖夏凉，无霜期长等特点。年平均气温16℃～17℃，无霜期250天左右，年平均降雨量1500毫米～1900毫米。年平均日照时数为1599.6小时，年日照率为3%。以7月日照最多，2月最少。全年太阳能辐射总量为每平方厘米109.7千卡。全年气候属湿润区，年湿润系数1.6～1.8，平均相对湿度80%以上。最大相对湿度在3月，最小相对湿度在11月。年均降雨量1600毫米～1800毫米，年均降水日数180天。多集中在4月～9月，占全年降雨量的70%，年暴雨日5～7天。

■ **自然灾害:** 主要有冰雹、旱涝等地质灾害。雹灾平均5年3遇，雪灾最严重是2008年1月10日～2月14日持续降雪，百年一遇，涉及全境20个行政村，受灾面积达1500余公顷，造成600余公顷森林大面积折技、断腰、倒伏。2007年在“8·4”、2008年的“6·15”洪灾，全乡6个行政村的40余个自然村受灾。

■ **语言:** 门楼下瑶族乡人民日常用语为3种，即瑶族的“勉语”、新田官话和郴州桂阳方言。门楼下瑶族乡人民都讲“勉语”，属汉藏语系苗瑶语族瑶语支。靠近郴州桂阳县的大桥边、长田、小桥岭、竹林坪、漕头源村的村民也讲郴州桂阳方言，乡民们也用新田官话作为日常交流语言。

【经济发展】 新中国成立之前，门楼下的老百姓大多过着“刀耕火种”的游耕生活，受到封建势力的欺压，常常是食不果腹、衣不蔽体。新中国成立之后，老百姓才过上定居生活。据调查统计，1988年全乡经济总收入为341万元，比1984年增长54%，人均收入339元，比20世纪50年代初的50元增加289元。资产粮食372万斤，人均口粮350斤，比20世纪50年代的285斤净增23%。2014年，全乡地方生产总值12390万元，比2013年增长12%，实现财政收入220万元，比2013年增加10万元，农民人均可支配收入2181元，比2013年增加100元。

■ **农业：**粮食作物主要有稻谷、玉米、红薯、马铃薯。1958年，门楼下瑶族乡成立木器社，1984年又成立企业联合公司，主要进行木材加工，山苍子油加工、竹木贸易等。1986年全乡农业总产值245万元。2014年，农作物播种面积1338公顷，其中，粮食作物播种面积518公顷，粮食总产量3807吨，人均421.4公斤。乡内有1个农业技术服务机构，其中，从业人员5人，农村合作社1家。

■ **林业：**全乡山林面积19.7万亩，森林覆盖率90%以上，主产为杉树、楠竹。全乡最大的林场是九峰林场，1959年创办的乡办林场。九峰林场的创办，得到县林业部门的支持，当时省农业厅给1万元的开办费，创办之时，只在九峰山区域砍土3000亩，并烧光垦挖、次年春插上杉树苗。1970年在县林业部门的支持下又开辟莲花庵工区、茶场工区（位于小水岗村与漕头源村之间），1974年后又陆续开辟九峰山工区、架枧源工区和平里源工区，共6个工区，总场设阳西坪。总面积1.4万余亩，2014年九峰林场木材储蓄量约15万立方米。

■ **畜牧：**2014年，牲猪饲养大户3户（50头以上）。牛存栏128头，羊存栏110只，鸡出笼670万羽。特种养殖品种有竹根鼠、石板蛙等。

【基础设施】 ■ **交通运输：**门楼下瑶族乡地处深山，周围高山陡岭，绝少平地，1990年以前，无车马等交通工具，往来运输全靠肩挑脚运。瑶山道路有主线和支线，主线路面较宽，行人常走，每年修补，是山内山外的主要通道；支线由主线分通各个村寨，密如织网，路窄坡陡。道路虽然崎岖险峻，但是经常得到锻炼的山民们却行走如飞。山岭重叠，溪流众多，大小道路所经之处，逢溪架桥。桥的种类多为木板桥、石板桥、吊桥、独木桥，架桥所需都是就地取材。21世纪以后，门楼下瑶族乡的交通条件发展迅速。2004年门楼下完成金杨公路竹林坪段6公里的新修任务，实现与周边临近的金陵镇、骥村镇、桂阳县杨柳乡的联通，实现全乡20个行政村村村通简易公路。2005年投资600万元，完成全长12千米，宽为5米的乌门（乌下——门楼下）公路水泥硬化，投资150万元完成门晒公路（门楼下——晒北滩）大风路段全长5千米的扩宽改造，2010年，完成门晒公路的水泥硬化。2009年完成舍子源村通畅工程，是全乡最早完成的通村水泥路。截止2014年年底，全乡除漕头沅、刘家、小桥岭之外所有行政村完成通畅。

■ **供电：**由新田县龙泉供电所供电。2006年完成漕头源村接通高压电，自此，实现全乡20个行政村村村通电。截至2014年年末，仍有舍子源杉木坑、小水干百里源、高岱源崩漕等少部分自然村没有通电。2014年，起头岭村完成农村电网改造，全乡尚有19个村电网改造尚未进行。

■ **饮水：**2009年，门楼下村和舍子源完成集中供水工程且都能供应全村使用，是全乡最早建成的集中供水工程。2012年，高岱源村集中供水工程完成能供应全村使用。2013年，坳背村建成3个集中供水工程、刘家建成1个，只能供应部分村组村民使用。2014年，泥塘村集中供水工程建成，供应全村。2014年年底，全乡使用自来水用户480户。上里源起头岭集中供水工程在建设中、板子桥集中供水工程也完成选址和签订实施合同。

■ **水利建设**：境内拥有山塘5座，大小溪流33条，河道40余公里，大小河坝70余座。中型水库1座，即两江口水库，2014年9月建成开始蓄水，总库模1310万立方米。

■ **村镇建设**：新中国成立之前，门楼下无圩场，群众生产必需物资的交换活动，主要依靠专业的小贩和兼营商业的农民，他们把商品肩挑脚运送到山上，采取物物交换的方式交换土特产品，少数银制装饰品和贵重物品才用货币交易。生活物资有食盐、布匹、陶器碗碟、火柴、针线等。从门楼下交换出山的土特产主要是木材、茶叶、棕片、药材、兽皮等。新中国成立初期，本乡的老百姓通过新田城关镇圩场、骥村圩场、金陵圩场进行贸易。1956年办起供销合作社，门楼下的贸易变得活跃起来。1986年开办门楼下圩场，逢公历3、8号赶集，五天一圩，1995年开办板子桥圩场，逢公历5、0号赶集，五天一圩，不仅有该乡的乡民来赶圩，还有临近的桂阳、常宁、祁阳几个地方的百姓到此进行贸易。

【社会事业】 ■ **教育科技**：门楼下最早的“私塾”是民国初年开办的，当时有门楼下、舍子源、小桥岭3所，学生20名。官办学校是从民国后期办起的，1943年开办泥塘小学，1945年开办长田国民小学，1946年开办忠智亭小学，3所小学学生总数82人。从1956年到1962年，门楼下17个大队都有小学，共21所。1970年，在“小学不出村，初中不出队，高中不出社”的办学要求指导下，又新增黄沙源、大坪、起头岭等19所小学，门楼下公社有小学40所，学生1130人。门楼下瑶族乡学校始建于1958年，是新田县唯一的一所民族学校，也是一所九年制学校。2014年门楼下瑶族乡学校有专任教师30人，专任教师中大学本科学历13人，大学专科学历13人，中专学历5人，中学高级教师1人，中级职称教师13人。学生357人，一至九年级共9个班。有办公楼1幢、综合楼2幢、教学楼1幢，学生宿舍1幢，教师宿舍2幢，师生食堂1座。学校占地面积7646平方米，建筑面积7044平方米。有现代化的理化生实验室、电脑室、图书室、阅览室、多媒体教室、音、体、美、科学功能室等20个功能室。2013年，新建立乡村少年宫，开通远程教育网。在2014年初中毕业会考中，升小教大专班1人，升高中10人，职中20人。

■ **文化体育**：2002年12月建成广播电视站，2008年由县广播电视局接收。2014年年末，有乡文化站、广播电视站各1处，村级文化活动中心20个，各类图书室8个，藏书4.5万余册。门楼下瑶族乡人民久居深山、在长期的生产生活中，创造出自己独特的文化艺术。

■ **歌谣**：唱歌是瑶族最普遍的文娱活动。除有关禁忌外，不管什么时候什么场合都可以唱歌。例如在野外可以唱劳动歌、情歌，在家可以唱酒歌、茶歌、出嫁歌等等。其歌谣涉及面广，按内容可分为9类，即爱情歌、祭神歌、婚姻歌、劳动歌、甲子时令歌、创造歌、盘歌、滑稽歌、迁徙歌。

■ **长鼓舞**：瑶族舞蹈是从其生产生活中产生的，一般用于祭祖或其他宗教仪式，长鼓舞就是门楼下瑶族人民特别喜爱、普遍为群众掌握的代表性舞蹈。门楼下瑶民为“过山瑶”，终身要迁徙数次，他们每迁至一处，都要用木板为墙，以树皮为瓦建造木屋安家，因此建造房屋就是长鼓舞的重要内容之一。此外，长鼓舞还能表现山区的事物、自然景象和生活细节等。长鼓舞是盘王节必演节目，表演时有两名男子对舞，有四人合舞，也有二男二女合舞。

■ **医疗卫生：**门楼下瑶族乡地处偏远，交通不便，老百姓长期遭受封建剥削和民族压迫，生活条件差，生食、冷食现象严重，缺衣少被普遍，住房多阴潮湿，环境卫生条件落后，他们时有疾病缠身。据调查，当时常见疾病有痢疾、麻疹、天花、霍乱、伤寒、水痘等。一旦有病，老百姓通常寻找土方土药医治，若还不见效，则寄托于问卦、巫术等。门楼下境内有1600多种草药，很早就有一些医药知识和民间草药医师，有其独特的看病用药方法。主要通过“望、闻、问、切”来确定病症，治疗方法有烧火艾、烧灯芯火等灸法，用碎瓷片刺穴位的针挑法，用草药煎水洗身、外灼法，用草药煎水内服法等等。新中国成立之后，党和政府于1950年后进行爱国卫生宣传和疾病普查防治工作。1956年建立乡卫生院，1972年板子桥和大桥边办两个医疗点。1983年上级拨款新建乡卫生院，配备必备的医疗器械。2014年，乡卫生院有病床6张，医务人员12名，此外还有13个村级卫生室。2014年全乡新型农村合作医疗参合达率95%以上。

■ **社会保障：**2014年，全乡开展农村低保重新评议，评选出725人享受农村低保、25人享受城市低保，当年还有36人享受“五保”，26户危房户列入农村危房改造工程，确立203户667人作为当年“两项制度”有效扶持对象。

附　录

一、县委、县政府文件目录

表 1

县委文件目录

发文字号	文件标题
新委〔2015〕1 号	关于请求支持新田县全面小康建设工作的请示
新委〔2015〕2 号	关于请求省国土资源厅继续在我县定点扶贫的请示
新委〔2015〕3 号	关于请求省国土资源厅继续在我县定点扶贫的请示
新委〔2015〕4 号	关于举办全国首届建文帝踪迹新田暨文化旅游产业发展研讨会有关事项的请示
新委〔2015〕5 号	关于请求省林业厅支持我县举办 2015 年全省家具博览会的请示
新委〔2015〕6 号	关于请求对新田县 2014 年度绩效评估亮点工作给予加分的请示
新委〔2015〕7 号	关于将新田县富硒农产品加工园列为省级重点项目的请示
新委〔2015〕8 号	关于批准新田县政府职能转和机构改革方案的请示
新委〔2015〕9 号	关于请求增加一般性转移支付资金的请示
新委〔2015〕10 号	关于延长霍修勇同志在我县挂职的的请示
新委〔2015〕11 号	关于推荐欧阳涛同志任职的请示
新委〔2015〕12 号	关于 2014 年度县处级干部考核结果认定的请示
新委〔2015〕13 号	关于外出考察学习的请示（常德市武陵区、长沙市岳麓区、株洲市荷塘区）
新委〔2015〕14 号	关于扶持电视剧〈黄埔时代〉的请示
新委〔2015〕15 号	关于请求支持新田县全面小康建设工作的请示
新委〔2015〕16 号	关于陈国盛所犯错误处分的请示（市委）
新委〔2015〕17 号	关于陈国盛所犯错误处分的请示（市纪委）
新委〔2015〕18 号	关于清理调整县纪委书记分工和兼职的情况汇报
新委〔2015〕19 号	关于赵红萍所犯错误处分的请示（市委）
新委〔2015〕20 号	关于赵红萍所犯错误处分的请示（市纪委）
新委〔2015〕21 号	关于撤销新田县纪委、监察局派出四个纪工委、监察分局的请示
新委函〔2015〕1 号	关于邀请番禺区领导出席我县流动党工委驻粤办事处及我县驻广州招商办事处揭牌仪式的函

续表 1

新委函〔2015〕2 号	关于赴北京首都之窗考察学习的函
新委函〔2015〕3 号	关于赴常德市武陵区、长沙市岳麓区、株洲市荷塘区考察学习的函
新委函〔2015〕4 号	关于赴祁阳县考察学习的函
新委函〔2015〕5 号	关于赴国土资源部、中国地质调查局汇报工作的函
新委函〔2015〕6 号	关于通报中国石油化工股份有限公司湖南新田县石油支公司有关情况的函
新委函〔2015〕7 号	关于对湖南省新华书店有限责任公司新田县分公司经理何莉芳问责的函
新委函〔2015〕8 号	关于赴中国光大集团汇报工作的函
新发〔2015〕1 号	关于印发《新田县机关作风效能建设问责暂行办法》的通知
新发〔2015〕2 号	关于加强干部队伍执行力建设的意见
新发〔2015〕3 号	印发《关于贯彻落实〈建立健全惩治和预防腐败体系 2013—2017 年工作规划〉的实施意见》的通知
新发〔2015〕4 号	关于落实党风廉政建设党委主体责任纪委监督责任的意见
新发〔2015〕5 号	印发《关于加强对乡科级党政正职监督的暂行办法》的通知
新发〔2015〕6 号	转发《政协新田县委员会关于民主评议工作的实施办法（试行）》的通知
新发〔2015〕7 号	关于批转《新田县第十六届人大常委会 2015 年工作计划要点》的通知
新发〔2015〕8 号	关于批转《政协新田县第八届委员会常务委员会 2015 年工作要点》的通知
新发〔2015〕9 号	关于加强和完善县级投融资公司转型改革的意见
新发〔2015〕10 号	关于 2015 年基层党建工作的实施意见
新发〔2015〕11 号	关于印发《新田县 2015 年创先争优加快发展大考核方案》的通知
新发〔2015〕12 号	关于印发《新田县 2015 年绩效评估实施方案》的通知
新发〔2015〕13 号	关于印发《2015 年新田县重点工作调度方案》的通知
新发〔2015〕14 号	关于印发《新田县分类指导加速推进全面建成小康社会实施方案》的通知
新发〔2015〕15 号	关于印发《新田县人民政府职能转变和机构改革方案的实施意见》的通知
新发〔2015〕16 号	关于新田县人民政府机构设置、职能职责变化及部分单位机构级别调整的通知

续表 1

新发〔2015〕17 号	关于从严正风肃纪坚决查处和纠正“四风”突出问题的通知
新发〔2015〕18 号	关于开展乡镇区划调整改革工作的实施意见
新发〔2015〕19 号	关于贯彻落实中央、省市委精准扶贫战略部署的实施意见
新发〔2015〕20 号	转发《政协新田县委员会关于政治协商、民主监督、参政议政的规定（试行）》的通知

表 2

县政府重要文件目录

发文字号	文件标题
新政发[2015]1 号	关于印发《新田县人民政府工作规则》的通知
新政发[2015]2 号	关于表彰 2014 年度建议用为先进个人的决定
新政发[2015]3 号	关于石羊鹅井水源保护区划定范围的实施意见
新政发[2015]4 号	关于印发《新田县国有产权交易实施细则》的通知
新政发[2015]5 号	关于印发《新田县工程建设项目招标实施细则》的通知
新政发[2015]6 号	关于《整合资金、整区推进小型农田水利招标投标实施意见》的通知
新政发[2015]7 号	关于公布县政府工作部门责任清单的通知
新政发[2015]8 号	关于实行封山育林、保护森林资源的意见
新政发[2015]9 号	关于公布县政府工作部门清单的通知
新政发[2015]10 号	关于我县乡镇区划调整的通知
新政发[2015]11 号	关于调整一批行政审批事项的通知

二、县委办、县政府办文件目录

表 3

新田县委办文件目录

新办发〔2015〕1 号	关于印发《新田县 2015 年保障性住房项目建设实施方案》的通知
新办发〔2015〕2 号	印发《关于开展县级领导定期坐班接访、律师参与接访活动的实施意见》的通知
新办发〔2015〕3 号	关于表彰 2014 年度落实党风廉政建设责任制推进惩治和预防腐败体系建设先进单位的决定
新办发〔2015〕4 号	关于印发《新田县干部队伍执行力建设公开和考核评估暂行办法》的通知
新办发〔2015〕5 号	关于落实领导干部带头在公共场所禁烟的通知
新办发〔2015〕6 号	关于 2014 年度全县综合目标管理考核结果的通报

续表 3

新办发〔2015〕7 号	关于 2014 年度全县机关作风效能建设和优化经济环境工作“满意不满意单位”民主评选结果的通报
新办发〔2015〕8 号	关于 2014 年度综治维稳、信访、民调、人口计生、安全生产、招商引资、优秀村干部、农业农村等工作考核结果的通报
新办发〔2015〕9 号	关于认真抓好 2015 年烤烟生产工作的实施意见
新办发〔2015〕10 号	表彰 2014 年度全县党务工作先进单位和先进个人的决定
新办发〔2015〕11 号	关于印发《新田县创新创业园区“135”工程建设实施方案》的通知
新办发〔2015〕12 号	印发《关于加强村级组织运转经费管理使用的实施意见》的通知
新办发〔2015〕13 号	关于做好社会管理综合治理民调工作的通知
新办发〔2015〕14 号	关于印发《新田县 2015 年清明期间重大纠纷隐患重点守护方案》的通知
新办发〔2015〕15 号	关于加强人口和计划生育工作的补充意见
新办发〔2015〕16 号	关于加强安全生产监管能力建设的实施意见
新办发〔2015〕17 号	印发《关于推进幸福社区建设的实施意见》的通知
新办发〔2015〕18 号	关于印发《中共新田县委领导成员分管工作安排》的通知
新办发〔2015〕19 号	关于 2014 年度创建国家卫生县城、打击“三非”行为和耕地保护等工作考核结果的通报
新办发〔2015〕20 号	关于在县城规划区继续开展县级领导和县直单位联系村社打击“三非”行为工作的通知
新办发〔2015〕21 号	关于印发《新田县创建国家卫生县城工作攻坚推进方案》的通知
新办发〔2015〕22 号	关于印发《新田县创建湖南省安全生产示范县实施方案》的通知
新办发〔2015〕23 号	关于印发《县委常委会议组成人员、县政府领导带头解难题》的通知
新办发〔2015〕24 号	关于印发《2015 年市委经济工作会议报告和〈政府工作报告〉相关事项责任落实分解表（新田县）》的通知
新办发〔2015〕25 号	关于印发《2015 年县委经济工作会议和《政府工作报告确定的任务责任分解表》的通知
新办发〔2015〕26 号	关于印发《新田县城市建设投资发展集团有限公司组建方案》的通知
新办发〔2015〕27 号	关于印发《新田县城社区标准化建设工作实施方案》的通知
新办发〔2015〕28 号	关于印发《新田县乡镇网格化建设工作实施方案（试行）》的通知
新办发〔2015〕29 号	关于印发《新田县 2015 年重点项目建设考核办法》的通知

续表 3

新办发〔2015〕30 号	关于转发《中共新田县委宣传部 2015 年宣传思想文化工作要点》的通知
新办发〔2015〕31 号	关于印发《新田县干部驻村帮扶工作方案》的通知
新办发〔2015〕32 号	关于印发《新田县 2015 年农村环境污染治理工作实施意见》的通知
新办发〔2015〕33 号	关于表彰 2014 年度全面小康村创建工作先进单位的决定
新办发〔2015〕34 号	关于表彰 2014 年度全县“优秀医务工作者”的决定
新办发〔2015〕35 号	关于转发《新田县关心下一代工作委员会 2015 年工作计划安排要点》的通知
新办发〔2015〕36 号	印发《关于在全县处级以上领导干部中深入开展“三严三实”专题教育的实施方案》的通知
新办发〔2015〕37 号	印发《关于深入开展“三严三实”专题教育的安排意见》的通知
新办发〔2015〕38 号	关于印发《2015 年新田县重点民生实事项目实施方案》的通知
新办发〔2015〕39 号	关于表彰全县 2014 年度记三等功和嘉奖人员的决定
新办发〔2015〕40 号	关于印发《新田县“守纪律讲规矩”专题教育活动实施方案》的通知
新办发〔2015〕41 号	关于表彰 2014 年度全县先进基层党组织、优秀基层党组织书记、优秀党务工作者和优秀共产党员的决定
新办发〔2015〕42 号	关于转发一永州市闲置土地清理处置和房地产开发小区集中整治工作责任追究暂行办法
新办发〔2015〕43 号	关于印发《新田县城乡网格化管理事件处置办法（试行）》的通知
新办发〔2015〕44 号	关于印发《2015 年全县优化经济环境和机关作风效能建设工作“满意不满意”县直单位、二级机构和股室测评方案》的通知
新办发〔2015〕45 号	关于印发《2015 年新田县招商引资工作目标管理考核办法》的通知
新办发〔2015〕46 号	印发《关于建立新田县在职党员干部驻点普遍直接联系群众制度的实施意见》的通知
新办发〔2015〕47 号	关于印发《新田县创建省级文明县城攻坚推进方案》的通知
新办发〔2015〕48 号	印发《关于全面推进“诚信计生”工作的实施意见》的通知
新办发〔2015〕49 号	关于 2015 年上半年全县综治民调工作考核情况通报
新办发〔2015〕50 号	印发《关于落实省委巡视第七组对新田县巡视反馈意见的整改工作方案》的通知
新办发〔2015〕51 号	印发《关于持续深入推进“四风”和侵害群众利益行为整治的实施意见》的通知

续表 3

新办发〔2015〕52 号	关于 2015 年全县优化经济环境和机关作风效能建设工作“满意不满意”县直单位、二级机构和股室上半年测评通报
新办发〔2015〕53 号	印发《关于落实全县重大事项社会稳定风险评估工作的指导意见》的通知
新办发〔2015〕54 号	关于开展第 31 个教师节庆祝活动的通知
新办发〔2015〕55 号	关于表彰 2014—2015 学年度先进教育工作者的决定
新办发〔2015〕56 号	关于加强司法行政基层基础工作的意见
新办发〔2015〕57 号	关于印发《新田县 2015 年征地工作实施方案》的通知
新办发〔2015〕58 号	关于规范纪检监察机构领导干部职务任免工作的通知
新办发〔2015〕59 号	关于县级领导和部门联系规模工业企业破解问题和困难的通知
新办发〔2015〕60 号	关于加强乡镇土地管理和耕地保护工作的意见
新办发〔2015〕61 号	关于印发《新田县领导干部土地管理和耕地保护离任审计办法》的通知
新办发〔2015〕62 号	关于做好 2015 年新田县小康示范点建设的通知
新办发〔2015〕63 号	关于印发《新田县 2015 年绩效评估指标细则》的通知
新办发〔2015〕64 号	关于印发《新田县 2015 年迎市绩效评估实施方案》的通知
新办发〔2015〕65 号	关于印发《新田县 2015 年秋冬农业生产实施意见》的通知
新办发〔2015〕66 号	关于印发《新田县开展领导干部 “进村入户、访困问需、访贫问计”活动实施方案》的通知
新办发〔2015〕67 号	印发《关于党员干部带头推动殡葬改革的实施意见》的通知
新办发〔2015〕68 号	关于印发《新田县“干部考核任用看党建”实施办法（试行）》的通知
新办发〔2015〕69 号	印发《关于新提拔干部报告个人有关事项实施办法（试行）》的通知
新办发〔2015〕70 号	关于印发《新田县 2015 年度落实党风廉政建设责任制检查考核实施方案》的通知
新办发〔2015〕71 号	关于印发《新田县 2015 年迎接省市全面小康考评、扶贫实绩综合考核、绩效评估创先争优调度考核办法》的通知
新办发〔2015〕72 号	关于印发《2015 年全县优化经济环境和机关效能建设工作考核办法》的通知
新办发〔2015〕73 号	关于转发《中共永州市委办公室永州市人民政府办公室关于印发永州市较大环境问题（事件）责任追究办法（试行）的通知》的通知

续表 3

新办发〔2015〕75 号	关于印发《2016 年度县级领导及县直单位联系乡镇情况表》的通知
新办发〔2015〕76 号	关于印发《新田县乡镇区划调整改革卫生计生机构重组方案》等乡镇区划调整改革配套实施方案的通知
新办发〔2015〕77 号	关于印发《新田县龙泉镇等 12 个镇（乡）党委、人大、政府主要职责内设机构和人员编制规定》的通知
新办发〔2015〕78 号	关于印发《新田县片区便民服务中心设置方案》的通知
新办发〔2015〕79 号	关于 2015 年度县绩效评估考核情况的通报
新办发〔2015〕80 号	关于调整《新田县创建国家卫生县城工作攻坚推进方案》的通知
新办发〔2015〕81 号	关于印发《新田县文艺创作奖励及培训工作扶持办法》的通知
新办发〔2015〕82 号	关于表彰 2015 年度烤烟工作先进单位的决定
新办发〔2015〕83 号	关于认真抓好 2016 年烤烟生产工作的实施意见
新办发〔2015〕84 号	关于做好 2016 年元旦春节期间有关工作的通知
新办发〔2015〕85 号	关于印发《新田县建制村合并工作实施方案》的通知
新办〔2015〕1 号	关于做好县城临街单位停车场和公厕免费对外开放的通知
新办〔2015〕2 号	关于成立新田县创新创业园区“135”工程联席会议制度的通知
新办〔2015〕3 号	关于做好当前宣传工作的通知
新办〔2015〕4 号	转发县打击非法占用耕地专项行动领导小组《打击非法占用耕地行为工作督查方案》的通知
新办〔2015〕5 号	关于印发《新田县亿通水务有限公司组建方案》的通知
新办〔2015〕6 号	关于印发《2015 年全县处级以上领导干部开展“三严三实”专题学习组织方案》的通知
新办〔2015〕7 号	印发《关于严格干部借（抽）调工作纪律的通知》的通知
新办〔2015〕8 号	关于印发《2015 年全县优化经济发展环境工作要点》的通知
新办〔2015〕9 号	关于成立县委加强干部队伍执行力建设领导小组等领导机构的通知
新办〔2015〕10 号	关于做好“新田发布”政务微信推广使用和信息采编工作的通知
新办〔2015〕11 号	关于新田县党风廉政建设责任制工作领导小组主要职责、组成人员和任务分工的通知
新办〔2015〕12 号	关于明确新田县委反腐败协调小组国际追逃追赃工作职责及设立新田县委反腐败协调小组国际追逃追赃工作办公室的通知
新办〔2015〕13 号	关于加强和规范信息报送工作的通知
新办〔2015〕14 号	关于调整新田县委党建工作领导小组等领导机构的通知
新办〔2015〕15 号	关于成立温氏集团生猪养殖一体化建设指挥部等领导机构的通知

续表 3

新办〔2015〕16 号	关于印发《新田县财政专项资金管理使用情况专项巡查工作方案》的通知
新办〔2015〕17 号	关于印发《新田县三年交通大建设活动实施方案》的通知
新办〔2015〕18 号	关于做好国庆期间有关工作的通知
新办〔2015〕19 号	关于成立新田县电子商务工作领导小组的通知
新办〔2015〕20 号	关于印发《新田县城市建设投资发展集团公司薪酬管理办法（试行）》的通知
新办〔2015〕21 号	关于从严加强政工人事干部队伍建设的若干规定
新办〔2015〕22 号	关于印发《新田县文艺创作奖励及培训工作扶持办法》的通知

表 4　**县政府办公室重要文件目录**

新政办发〔2015〕1 号	关于印发《新田县第二次地名普查实施方案》的通知
新政办发〔2015〕2 号	关于印发《新田县行政审批服务事项进驻县政务服务中心的实施方案》的通知
新政办发〔2015〕3 号	关于印发《新田县肉品质安全监管专项整治行动的工作方案》
新政办发〔2015〕4 号	关于印发《新田县重度残疾人护理补贴制度实施细则》的通知
新政办发〔2015〕5 号	关于转发县春运工作领导小组《新田县 2015 年春运工作实施方案》的通知
新政办发〔2015〕6 号	关于印发《新田县人民政府重大行政决策程序规则》的通知
新政办发〔2015〕7 号	关于印发《新田县人民政府领导成员分工》的通知
新政办发〔2015〕8 号	关于印发《2015 年环境污染隐患大排查工作实施方案》的通知
新政办发〔2015〕9 号	关于印发《新田县 2015 年上半年校园及周边环境综合治理专项行动工作方案》的通知
新政办发〔2015〕10 号	关于印发《新田县县级公立医院综合改革实施方案》的通知
新政办发〔2015〕11 号	关于印发《新田县税收保障工作考核暂行办法》的通知
新政办发〔2015〕12 号	关于印发《湖南省环境保护工作责任规定（试行）》的通知
新政办发〔2015〕13 号	关于印发《新田县行政审批服务事项进驻县政务服务中心的实施方案》的通知
新政办发〔2015〕14 号	关于印发《关于开展电动车生产、销售和使用管理专项整治行动工作方案》的通知
新政办发〔2015〕15 号	关于印发《新田县县城地名标志设置工作实施方案》的通知
新政办发〔2015〕16 号	关于做好新田县 2015 年全国 1%人口抽样调查的通知

续表 4

新政办发〔2015〕17 号	关于转发《新田县 2015 年农业保险实施方案》的通知
新政办发〔2015〕18 号	关于印发《新田县中药资源普查工作实施方案》的通知
新政办发〔2015〕19 号	关于印发《新田县河道保洁工作实施方案》的通知
新政办发〔2015〕20 号	关于转发《新田县 2015 年度柑橘黄龙病防控工作方案》的通知
新政办发〔2015〕21 号	关于印发《新田县 2015 年义务教育合格学校、农村公办幼儿园建设规划》的通知
新政办发〔2015〕22 号	关于印发《新田县餐饮食品安全专项整治工作方案》的通知
新政办发〔2015〕23 号	关于印发《新田县食品安全黑名单管理办法（试行）》的通知
新政办发〔2015〕24 号	关于印发《2015 年义务教育合格学校建设实施方案》的通知
新政办发〔2015〕25 号	关于印发《新田县 2015 年主要污染物总量减排计划》的通知
新政办发〔2015〕26 号	关于印发《新田县应急知识宣传活动方案》的通知
新政办发〔2015〕27 号	关于印发《新田县贯彻<湖南省爱卫条例>实施办法》的通知
新政办发〔2015〕28 号	关于印发《新田县爱国卫生暂行管理规定》的通知
新政办发〔2015〕29 号	关于印发《新田县除“四害”实施办法》的通知
新政办发〔2015〕30 号	关于印发《新田县政府工作部门推行权利清单制度工作实施方案》的通知
新政办发〔2015〕31 号	关于印发《增强新田县农村信用合作联社支农资金实力和发行社保惠民“一卡通”工作方案》的通知
新政办发〔2015〕32 号	转发《永州市人民政府办公室关于加强建筑行业农民工工资保障工作的通知》的通知
新政办发〔2015〕33 号	关于转发《加强乡镇财政工作管理的意见》的通知
新政办发〔2015〕34 号	关于印发《新田县国有资产划转工作方案》的通知
新政办发〔2015〕35 号	关于印发《新田县城市供水工程用地补偿实施办法》的通知
新政办发〔2015〕36 号	关于印发《新田县农村广播“村村响”工程建设实施方案》的通知
新政办发〔2015〕37 号	关于印发《新田县出口食品农产品质量安全示范区建设实施方案》的通知
新政办发〔2015〕38 号	关于印发《〈新田县金融产业扶贫试点工作细则〉、〈新田县金融产业扶贫风险补偿资金管理办法〉和〈新田县金融产业扶贫贷款贴息管理办法〉》的通知
新政办发〔2015〕39 号	关于转发《湖南省社会信用体系建设规划（2015—2020 年）的通知
新政办发〔2015〕40 号	关于转发《关于加强“三公”经费管理的意见》的通知

续表 4

新政办发〔2015〕41 号	关于加强政府网站信息建设的意见
新政办发〔2015〕42 号	关于奖励 2015 年全国普通高考优秀师生的决定
新政办发〔2015〕43 号	关于加强政府网站信息建设的意见
新政办发〔2015〕44 号	关于加强和规范招标投标工作的通知
新政办发〔2015〕45 号	关于印发《新田县开通农村赶集客运班车实施方案》的通知
新政办发〔2015〕46 号	关于印发《新田县农村供水水质监测工作实施方案》的通知
新政办发〔2015〕47 号	关于印发《新田县县城规划区内“三非”行为处置办法》的通知
新政办发〔2015〕48 号	关于印发《新田县卫生和计划生育委员会主要职责内设机构和人员编制规定》的通知
新政办发〔2015〕49 号	关于印发《新田县 2015—2020 年殡葬事业发展规划》的通知
新政办发〔2015〕50 号	关于印发《新田县行政机关应诉工作规则》的通知
新政办发〔2015〕51 号	关于印发《新田县规范性文件制定程序规定》的通知
新政办发〔2015〕52 号	关于印发《新田县人民政府常务会议学法制度》的通知
新政办发〔2015〕53 号	关于印发《新田县食品药品违法行为举报奖励办法》的通知
新政办发〔2015〕54 号	关于印发《新田县农村直供电网管理体制改革实施方案》的通知
新政办发〔2015〕55 号	关于转发《市人力资源和社会保障局市财政局〈关于调整机关事业单位工作人员基本工资标准实施办法和增加机关事业单位离退休人员退休人员离退休三个实施办法〉》的通知
新政办发〔2015〕56 号	关于转发《〈永州市城镇职工基本医疗保险实施办法>和<永州市城镇居民基本医疗保险实施办法〉》的通知
新政办发〔2015〕57 号	关于印发《新田县城市建设资金管理（试行）办法》的通知
新政办发〔2015〕58 号	关于印发《2015 年度新田县金融机构支持地方经济发展考核奖励办法》的通知

三、2015 年经济社会主要统计资料

表 5

指 标 名 称	计量单位	2015 年	2014 年	增长%
户籍人口	万人	43.15	43.07	0.2
常住人口	万人	33.92	33.73	0.6

续表 5

城镇人口	万人	12.74	12.13	5.0
乡村人口	万人	21.18	21.60	-1.9
地方生产总值	万元	630391	575916	8.9
第一产业	万元	167633	152712	3.9
第二产业	万元	177256	167085	9.4
#工业增加值	万元	145503	137644	9.8
第三产业	万元	285502	256119	11.1
农林牧渔业总产值	万元	302458	275287	3.9
规模以上工业总产值	万元	558912	478026	16.9
规模以上工业增加值	万元	158508	131346	11.2
固定资产投资	万元	638826	542873	17.7
社会消费品零售总额	万元	223771	200350	11.7
财政总收入	万元	56316	46939	20.0
财政总支出	万元	212278	175568	15.2
金融机构存款余额	万元	814777	668336	18.0
金融机构贷款余额	万元	312197	220494	29.4
城乡居民人均可支配收入	元	10912	9892	10.3
城镇居民人均可支配收入	元	19112	17551	8.9
农村居民人均可支配收入	元	6971	6377	9.3